第一屆饒宗頤與華學國際學術研討會論文集

賈益民　李焯芬　主編

齊魯書社

《第一屆饒宗頤與華學國際學術研討會論文集》
編委會

名譽主任：蔡素玉（華僑大學校董）
　　　　　邱季端（華僑大學校董）
主　　任：賈益民　華僑大學校長
　　　　　李焯芬　香港大學饒宗頤學術館館長

主　　編：賈益民　李焯芬
執行主編：鄭煒明　王建設
委　　員：王建設　華僑大學文學院前任院長
　　　　　許　總　華僑大學文學院前任副院長
　　　　　孫汝建　華僑大學文學院院長
　　　　　徐　華　華僑大學文學院副院長
　　　　　鄭煒明　香港大學饒宗頤學術館副館長（學術）
　　　　　羅　慧　香港大學饒宗頤學術館助理研究主任
　　　　　陳德好　香港大學饒宗頤學術館助理研究主任

序 一

雖然有人嗟嘆"我們這個時代是大師遠去的時代！"但理性的人們還是走出對"大師遠去"的恐慌，普遍把目光聚焦於95歲高齡的東方鴻儒——饒宗頤，這不能不說是當今社會的正確選擇，因爲中華文化的傳承與傳播需要"華學"，更需要饒公這樣的"華學"大師。

一直以來，漢學作爲西方關於中國的知識系統，是西方人發起的對中國文化所進行的研究，而國學則是中國人對自己傳統文化進行的研究，但饒宗頤先生對漢學、國學有不同的看法。他覺得，中華民族的文化不應該簡單地被名稱割裂開來，中國還有少數民族，還有海外華人，他們都有自己的文化，也都促進了中國文化的發展。如果需要一個稱呼，應該叫"華學"。

饒宗頤先生70年間治學領域遍及十大門類，學問涵蓋甲骨學、敦煌學、古文字學、上古史、近東古史、藝術史、中外關係史、音樂、詞學、經學、潮學、宗教學、文學、藝術學、目錄學、簡帛學，他精通英語、法語、日語、德語、印度語、伊拉克語6國語言文字。至今出書70種，學術論文過500篇。藝術方面於繪畫、書法造詣尤深。"獨立之精神，自由之思想"是饒宗頤一生做學問的座右銘。季羨林曾對饒宗頤一生學術的造詣有如此評價："饒宗頤先生在中國文、史、哲和藝術界，以至在世界漢學界都是一個極高的標尺。"學界用"南饒（宗頤）北季（羨林）"來評價他的地位并不過分。

2011年12月11日，第一届"饒宗頤與華學國際學術研討會"在華僑大學泉州校區召開。饒宗頤先生作爲華學泰斗，本身就具有重大研究意義。饒公提出的"華學"概念，更具包容性，也更容易爲外國朋友以及華人華僑所認同，因此意義非常大。另外，"華學"概念的提出也符合歷史發展的史實。華學融合了我們歷史上的漢文化、少數民族文化以及海外華僑華人的文化，可以説它是世界範圍内所有中國人沉澱下來的文化，在文化上符合我們"大中華"的概念。一直以來，海外華人華僑在异國的生活和工作本身就是在傳播我們中華民族的文化，他們在社會、經濟、政治、文化等方面都有力地傳播了中華文化，因此"華學"概念對他們而言會有很强的認同感。當然也不能忽視這數百年來西方文明對我們中華文明的研究，我們稱他們的研究爲"漢學"。概念的不同所造成的局限性會在交流上產生一些障礙，我們中華

民族要走向世界,需要華學,需要跨文化的交流。世界範圍内的學者參加的這個研討會,對今後華學在國際範圍内的傳播和弘揚有着深遠的意義,同時也指明了一個重要的研究方向。

華僑大學是國内唯一以"華僑"二字命名的綜合性大學。饒宗頤先生是"華學"的首創者。華僑大學辦校60多年來,爲大陸、港澳臺以及東南亞地區輸送了大量的人才,在港澳臺以及東南亞地區形成了一定的影響力,而且和這些地區聯繫密切。從這一點上來説,華僑大學是中華文化輸出的一個前沿陣地。它一直以來都在推動華學研究和華文教育,并且爲當地培養輸送了大量師資力量,所以華僑大學有承擔華學發展的義務,在推動華學的國際化傳播方面有着重大責任,學校也有能力和信心成爲"華學"傳承和傳播的推動者。

饒宗頤先生贈送了華僑大學校園精神的題詞"寬容爲本,和而不同",此前季羨林爲華僑大學題寫了"會通中外,并育德才"的校訓。兩位泰斗級人物和華僑大學的這種關聯,在提升華僑大學影響力方面、在人才的培養和引進以及師資力量提升方面都有促進作用。兩位大師都是學貫古今、融會中外的大家,華僑大學的校訓以及校園精神從治學角度來説也體現出了兩位大家的治學態度。二老的題詞豐富了這兩句話的含義,對華僑大學師生而言是一筆寶貴的精神財富。

我與華文教育結緣多年。作爲校長,我對華僑大學華文教育的未來充滿信心。華僑大學一直倡導"面向海外、面向港澳臺"的辦學方針,堅持"爲僑服務、傳播中華文化"的辦學宗旨和"會通中外,并育德才"的辦學理念。要辦出國際化的特色,凸顯僑校優勢,今後勢必要多參加或者舉辦這種國際性的學術會議,加强交流。同時,針對我們的優勢學科,比如漢語國際教學以及一些其他重點學科的建設,加强師資力量的整合,重點引進相關人才。一直以來,我們在華文教育這方面做了很多工作,現在我們每年都會選派一些綜合能力優秀的畢業生前往東南亞一帶支教。此外,還有華語青少年冬(夏)令營、中華文化大樂園、孔子學院等,已經在當地社會形成了很大的影響力。今後將根據實際情况,整合一些力量,致力於"華文"的學科建設,重點整合文學院以及華文學院的師資力量,建設好這個學科,擴大與東南亞及其他國家在中華民族文化方面的交流,讓華僑大學的華文教育再上一個新臺階。

2013年12月,"第二屆'饒宗頤與華學'暨香港大學饒宗頤學術館成立十周年慶典國際學術研討會"在香港舉辦,《第一屆饒宗頤與華學國際學術研討會論文集》也將付梓,我對延綿不斷的饒公"華學"思想研究深感欣慰。"獨立之精神,自由之思想"是饒宗頤一生做學問的座右銘,也應該成爲今後饒公"華學"思想研究一以貫之的精神。延綿不斷的饒公"華學"思想研究,具有劃時代的意義,因爲中華文化的傳承與傳播需要"華學",更需要饒公這樣的"華學"大師。

賈益民

2013年11月於華僑大學

序 二

2011年12月11日至12日，第一屆"饒宗頤與華學國際學術研討會"在福建泉州華僑大學舉行。是次會議獲得香港的蔡素玉女士和邱季端先生慷慨贊助，又承蒙泉州市政府、華僑大學、香港大學主辦，由香港大學饒宗頤學術館和華僑大學文學院、華僑大學美術學院承辦，泉州海外交通史博物館協辦。爲了配合這一研討會，還在泉州中國閩台緣博物館舉辦了名爲"通會境界——饒宗頤教授二十一世紀書畫新路向"的大型展覽；這也是饒宗頤教授在福建省的首次書畫展，盛況空前。從以上個人、地區和單位的解囊和衷心合作，可以得見閩南與嶺南兩個相鄰的地區文化，在我們尊敬的饒宗頤教授和他首倡"華學"觀念的號召下，社會、文化和學術研究可以達到一個更高的層次和境界。

饒宗頤教授學問淵博，學識渾厚，在甲骨、文學、敦煌、歷史、考古、中外交通等學科領域，都有着舉世矚目的成就。20世紀末以來，饒教授一直倡導華學，并創辦主編《華學》刊物，爲中華文化學術和溝通中西文化做出巨大的貢獻。饒教授本人的傳奇人生、巨大的學術成就和他對中華文化傳承發展的卓越貢獻，亦成爲學界研究的重要課題，"饒學"方興未艾。可巧的是，饒教授本人是潮州人，至今鄉音不改，而潮州的語言和文化又和閩南有着血緣關係。因此，第一屆"饒宗頤與華學國際學術研討會"在泉州的華僑大學召開，亦稱得上是學術、文化界的一段佳話。

這次會議，參加的學者來自法國、美國、日本、韓國、馬來西亞以及中國大陸、香港、臺灣等地，共近百人，共收到研究論文70餘篇。在兩天會期内，法國巴黎高等學院汪德邁教授、臺灣成功大學陳益源教授、美國普林斯頓大學馬泰來教授、吉隆坡馬來亞大學中文系主任蘇慶華教授、臺灣清華大學陳玨教授等專家作大會主題發言。同時，圍繞"饒宗頤學術成就""饒宗頤人生及文藝創作""古典文獻與歷史""傳統文化、宗教及民俗"4個主題，與會者進行了分組研討。其中，屬於"饒學"者有30餘篇，屬於饒宗頤教授倡導之"華學"者有40餘篇，充分彰顯了大會的主旨。但遺憾的是，會議部分文章或因作者另有安排，或因體例所限，未能盡録於本論文集中。本書最後實際收録論文51篇，按原有的4個會議主題分類編目，以志紀念。

在論文集即將出版之際，我想在此感謝華僑大學文學院及香港大學饒宗頤學術館學術部同人在會務工作及論文集編校方面所做的大量工作和努力，更感謝爲贊助會議及論文集出版的蔡素玉女士、邱季端先生；同時，也感謝所有出席該次盛會的專家學者們的大力支持。

饒宗頤教授在21世紀之初曾滿懷信心地預言，21世紀應是我們國家踏上"文藝復興"的時代。推動中華文化復興，對於未來世界文明的融合和發展意義非凡。我們期待借着此次"饒宗頤與華學國際學術研討會"及會議論文集的正式出版，能爲這一大業略盡一份薄力，提高大家對中華文化的重視，讓華學進一步走向國際。

李焯芬教授

香港大學饒宗頤學術館館長

目 録

序 一 .... 賈益民(1)
序 二 .... 李焯芬(1)

·饒宗頤學術成就·

簡述饒宗頤先生的經學思想與成就
　　——以《饒宗頤二十世紀學術文集》經術部分爲例 .... 董恩林(3)
教授的教授,導師的導師
　　——略述饒公宗頤先生對中國古典學術的發揚光大 .... 譚世寶(13)
饒宗頤先生的目録學成就 .... 郝潤華(18)
椎輪爲大輅之始:論饒宗頤先生與歷史考據學 .... 胡孝忠(30)
淺談饒宗頤開闊的賦學視域
　　——以一場賦學演講爲例 .... 于浴賢(44)
饒宗頤先生的清代"正統論"研究 .... 周國林　陳冬冬(51)
饒宗頤教授與東南亞研究 .... 蘇慶華(57)
饒宗頤教授與藏學研究 .... 黄杰華(69)
慧目探驪　妙手點金
　　——饒宗頤先生關於前絲綢之路時期中西文化交流的研究 .... 邵小龍(98)
要確立饒宗頤方志實踐與理論在方志學和饒學研究中的應有地位 .... 黄繼澍(106)
《外國音書》的發現與初步研究
　　——兼論選堂公對華人海外拓殖史的關注 .... 陳漢初(115)

目錄

饒宗頤潮學研究的新建樹
　　——著力宣導僑批文化 ……………………………………… 王煒中（120）
鴻篇巨制　嘉惠後人
　　——整理饒宗頤總纂《潮州志補編》工作中的點滴體會 …… 曾楚楠　蔡少賢（124）
饒宗頤戲曲觀探析
　　——從《〈明本潮州戲文五種〉說略》說開去 …………………… 馬華祥（129）
饒宗頤教授與潮州考古
　　——以潮州窰爲中心 …………………………………………… 李炳炎（136）

·饒宗頤人生及文藝創作·

選堂字考
　　——兼及先生名、字、號的其他問題 ………………………… 鄭煒明　陳玉瑩（145）
略論葉恭綽對饒宗頤治學道路的影響 ………………………………… 陳賢武（160）
饒宗頤教授與泰國緣分述略 …………………………………… 楊錫銘　王僑生（170）
饒宗頤辭賦駢文分類舉隅 ……………………………………………… 陳　偉（181）
論饒宗頤的賦 …………………………………………………………… 王曉衛（198）
通會之際
　　——饒宗頤先生博大精深的書法觀 …………………………… 魯錦寰　王愛平（206）

·古典文獻與歷史·

"二陸"的悲情與創作 …………………………………………………… 劉躍進（217）
當前歷史文獻學研究與學科建設芻議 ………………………………… 周少川（226）
關於史學批評史研究的若干構想
　　——《批判史學的批判——劉知幾及其〈史通〉研究》再版前言 …… 張三夕（237）
越南丁朝的雙軌政治研究 ……………………………………………… 耿慧玲（243）
變相與變文關係論爭平議 ……………………………………………… 鄭阿財（260）
敦煌流行的佛教齋文範本——《齋琬文》 …………………………… 王書慶（271）

俄藏敦煌寫卷Ф242號《文選注》考异
——兼論寫卷的版本系統及作注年代 ······················ 徐　華（284）
王梵志及其詩歌的性質獻疑 ······························ 王志鵬（296）
黑水城文獻《新雕文酒清話》殘本考論 ···················· 陳國軍（307）
釋印光校勘佛教古籍之批判
——《善慧大士録》校讀記之一 ···················· 張勇（子開）（313）
杜甫"熟精《文選》理"解 ································· 林英德（325）
少翁以方夜致王夫人、李夫人神貌考 ······················ 許云和（337）
"閭左"新證
——以秦漢基層社會結構爲中心 ······················ 臧知非（344）
説"反枳"：睡虎地秦簡《日書》交通"俗禁"研究 ··········· 王子今（357）
《中文大學文物館藏建初四年"序寧病簡"與"包山簡"》補議 ··· 朱曉雪（365）
再訪施觀民：明人傳記資料數據評估 ······················ 馬泰來（368）
關於正倉院《王勃詩序》之《秋日登洪府滕王閣餞別序》 ····· 道坂昭廣（373）
讀新見王念孫《管子》校本雜志 ·························· 張錦少（386）
論李善《文選注》的文獻學價值 ·························· 郭康松（396）
論高羅佩《琴賦》英譯中的一些問題 ······················ 羅　慧（402）

·傳統文化、宗教及民俗·

中國民間宗教研究60年 ································· 馬西沙（417）
故宫博物院與故宫學 ···································· 章宏偉（439）
真文與天文
——論古靈寶經中的兩種秘篆文系統 ·················· 劉　屹（451）
道教碑文之史料價值初探
——以明《道藏》爲例 ····························· 黄海德（460）
明本《荔鏡記》戲文所見潮泉方言之差异
——從饒宗頤先生《〈明本潮州戲文五種〉説略》談起 ··· 王建設（478）
《點石齋畫報》求雨風俗考論 ····························· 李道和（486）

再論《西游記》中孫悟空形象之來源 ················· 張振國(519)

脱褐、上頭與成年禮、笄禮
——以一個澳門水上居民婚禮爲例 ················· 陳德好(525)

·附　錄·

歲月悠悠説大師
——追憶與饒公兩代交誼的往事 ················· 詹伯慧(543)
即之彌近,仰之彌高
——我所認識的饒宗頤教授 ················· 楊式挺(551)

饒宗頤學術成就

簡述饒宗頤先生的經學思想與成就

——以《饒宗頤二十世紀學術文集》經術部分爲例

董恩林

（華中師範大學）

筆者是一個文化保守主義者：一是非常崇拜中國傳統文化，以爲中國如果不能傳承與弘揚傳統文化非亡國亡族不可；二是對於我們這一代學人的文化創新能力相當悲觀，以爲我們祇能總結前賢文化成果，没有功力與環境來創新文化，很難在學術上取得創造性成就，很難產出像饒宗頤先生這樣的國學大師，許多論著是没有學術價值的。因爲我們這一代學人在學術上先天不足、後天有限。先天不足是指我們直到"老大徒傷悲"的年齡纔開始讀四書五經，所受文史教育與訓練遠遠不足以研經探史；後天有限是指學術評價機制與學術管理體制局限太多、干擾太多，術業難以專攻。但我們又不能因此而裹足不前，至少應該好好總結前人的研究成果與方法，爲後繼者鋪好路、搭好橋，筆者相信我們的後代在從小打好傳統文化功底和更爲寬鬆的政治環境中有可能會繼續產出學術大師的。這就是筆者這幾年率領團隊著手整理標點《皇清經解》的初衷，也是筆者這篇小文的出發點。

饒先生編著近百種、論文在400篇以上，數以幾千萬字，其學術猶如一座巍巍高山，遠不是我們這些才疏學淺的後學所能仰望。即如其《饒宗頤二十世紀學術文集》（以下簡稱《文集》）中，關於十三經的論文有34篇，内容博深，考證精辟。就筆者的學力而言，也難以一一總結其宏論深思，祇是在此略作導讀而已。

一

對中國傳統經學，饒先生顯然是深情服膺的，但他又是不滿足的。故其《文集》經術禮樂部分以"經學昌言"爲名，第一篇文章便是《新經學的提出——預期的文藝復興工作》，這

是先生2001年在北京大學的一篇演講。其中，饒先生提出了一個重要預期——21世紀是我們中國的"文藝復興時代"，而重建"新經學"是此中要義，他說："經書是我們的文化精華的寶庫，是國民思維模式、知識涵蘊的基礎；亦是先哲道德關懷與睿智的核心精義，不廢江河的論著。重新認識經書的價值，在當前是有重要意義的。""'經學'的重建，是一件繁重而具創辟性的文化事業，不僅局限文字上的校勘解釋工作，更重要的是把過去經學的材料、經書構成的古代著作成員，重新做一次總檢討。"那麼，新經學的範圍如何確定呢？饒先生提出了五點意見：

（1）訓詁書像《爾雅》，不得列作經書。

（2）與《尚書》具有同等時代與歷史價值、一些較長篇而重要的銅器銘辭，可選取二三十篇，以及《逸周書》的一部分，作爲彌補《尚書》的文獻。

（3）古代史家記言與記事分開。記言的重要文獻，保存了許多古賢的微言大義，像《國語》一類著述可以入經。

（4）思想性重要的出土文獻，可選一些，像馬王堆的《經法》《五行》就可入經。

（5）儒、道兩家是中國本有文化的兩大宗教思想基礎，儒、道不相抵觸，可以互補，各有它的優越性，應予相容并包。《老子》《莊子》等書原已被前人確認爲經，自當列入新的經書體系之內，作爲一重要成員。

在談到"經"的重要性時，饒先生指出，經講的是常道，樹立起真理標準，去衡量行事的正確與否，取古典的精華，用篤實的科學理解，使人的文化生活，與自然相調協，人與人之間的聯繫達到和諧的境界。"經"的內容，不講空頭支票式的人類學，而是實際受用而有長遠教育意義的人智學。對待中國這種傳統學術，自大、自貶都不必要，我們的價值判斷似乎應該建立於"自覺""自尊""自信"三者結成的"互聯網"之上，而以"求是""求真""求正"三大廣闊目標的追求，去完成我們的文藝復興和新經學的重建任務。在科技領先的當代，更應當把經學原理發揚光大，以免人淪爲物質的俘虜。古經典舊本子的出現與整理，是弘揚我們的民族精神和先進文化的光輝，培養我們對過去知識的新的理解。我們對古先文獻不是不加一字地不給以批判，而是要推陳出新，與現代接軌，把保留在歷史記憶中前人生命點滴寶貴經歷的膏腴，給以新的解釋。總之，他說："經書對現代推進精神文明的建設，有積極性的重大作用。"

饒先生還在此文中再次強調了他於1997年提出的新編《經典釋文》的設想，即利用出土文獻材料，依照清代學者研究經典異文的成果，在陸德明《經典釋文》基礎上編一部新的《經典釋文》，因爲在整理出土文獻和傳世文獻過程中，最令人頭痛的一個問題就是"異文"複雜繁擾。"這不僅是語文方面的貢獻，實際上也是某一語彙的探討，是文化史重點問題來龍去脈的綜合性研究的基礎。"在1997年發表的《從楚簡〈易經〉談到新編〈經典釋文〉的建議》一文中，他專門談到經典異文釋讀問題，對楚簡的一些異體字提出新見，并鄭重提出"宜疏理出土文獻，重撰新的《經典釋文》。若干簡帛上的已佚舊書，正須作綜合性的異

文异训的结集,大可補陸德明之不逮,并以考證舊訓,以求改進之方"。隨後,又於2002年發表了《由刑德二柄談"㿋"字——經典异文探討一例》,考證了郭店楚簡中《禮記·緇衣》引《吕刑》"非用靈"作"非用㿋"之"㿋"字義,并指出:"古經异文多歧,往往可以益人神智,新出土文獻所以可貴也在此。"由此也彰顯出新編《經典釋文》的意義所在。

1996年在香港出版的胡曉明《饒宗頤學記》載有饒先生一段話:"章學誠是夷經爲史,是很不對的。'經'應是'史'的升華與提煉,是更高級的産品。'史'是事實的原本,'文'是事實的記録,'經'是由事實中提煉而出的思想。……現代人多立新義,有甚麽貢獻?有甚麽價值?應'不負如來西來意',應順著中國文化的脉絡講清楚。我并不疑古,相反我很愛惜、敬惜古義。"

由此可見,饒先生對"經"的認識,是基於中國幾千年來儒家傳統的認識,相對於20世紀中國多數學者的以反傳統爲榮,這是值得我們認真思考的。

二

《易》是十三經中最難理解與研究的經典,而饒先生有關《易經》研究的論文有7篇之多,爲其"經學昌言"部分之最。《殷代〈易〉卦及有關占卜諸問題》一文分"考古新資料證明殷代確有契數的卦象""殷《歸藏》六十四卦與馬王堆本《易經》卦名比較""辛店期陶器之契數迹象""論用九及古《易》异本之多""天星觀楚簡以一、ᄉ表陽爻陰爻""夏、殷占象及'八'之取義""龜象、筮數與鬼神""後記"8節。運用陝西周原、殷墟、四盤磨、山東宋家橋、湖北王家臺等地出土的卜甲簡帛資料,證明殷時已有六十四卦。將馬王堆漢墓出土的《易經》與宋人傳下來的《歸藏》《周易》卦名相比較,認爲人們懷疑爲僞書的殷代《歸藏》"實有根據";古《易》不祇一種,异本較多,變卦、繫辭每有不同;夏、殷《易》占象,祇論卦不論爻,《周易》占變,這是夏、殷之《易》與周《易》的不同之處;殷人已能分别生數與成數;湖北王家臺秦簡出土之《歸藏》證明周人所傳之"古有三《易》"完全可信;夏之《連山易》以艮卦爲首,殷之《歸藏易》以坤卦爲首,周《易》以乾卦爲首。

《談〈歸藏〉斗圖》一文對古文獻所載《歸藏斗圖》做了考證,解釋了早期卜辭"從斗"的意義,追溯了北斗信仰的起源。《由卜兆記數推究殷人對於數的觀念——龜卜象數論》分"引言""鑽鑿、兆、數、辭的連帶關係""龜腹甲上數字性質的分析""數字排列的通例""論數止於十和龜數爲五""論數的順逆""論以'一'爲共數""三三方陣式與《洛書》九宫""對稱與對應在龜甲上表現之數的意義""揲策定數與灼龜見兆""筮法創於殷代説兼論筮數出於龜數""極數知來之占可包括卜與筮""從龜數論古代思想的幾個主要觀念""餘論""附論　上代之數字圖案及卦象以數字奇偶表示陰陽之習慣"共15節。論證了鑽鑿、現兆、記數、卜辭刻辭之間的辯證關係,以及數字排列的通例,研究了殷人的數字概念和《洛書》九宫問題,以證明筮法創於殷人、筮數出於龜數。并從龜數推論了古代的數與陰陽、本末與

數度等幾個主要觀念。

1974年,長沙馬王堆出土西漢帛書《周易》抄本,饒先生憑著《文物》上發表的一頁抄本的圖版,寫出《略論馬王堆〈易經〉寫本》《再談馬王堆帛書〈周易〉》兩文。前文分"寫本八宮卦序、'無咎'未脫及异文舉例""與漢'中古文本'比較""先漢易學家中的楚人""與《序卦》比較""馬王堆本卦序之推究及卦名之异文""馬王堆寫本《易經》與賈誼爲長沙傅時代相近"6節,比較了馬王堆帛書《易經》與現行《易經》、漢代"中古文本"的异同,推究了帛書《易經》的卦序和异文,指出馬王堆帛書本的卦序與後世通行本的卦序不同,以"乾"爲首,繼之以"艮"(通行本乾、坤、震、巽、坎、離、艮、兌),將其與"京氏易"八宮卦乾、坎、艮、震、巽、離、坤、兌排序比較,認爲馬王堆寫本開其先河,而通行本卦序與同時代燕人韓嬰所傳相同,與帛書本出於不同傳本。考證了先漢易學家中的楚人,并推論帛書本《易經》與漢代"中古文本"相近,大約相當於賈誼爲長沙王傅的時代,其時《繫辭》與《說卦》尚未離析,充分肯定其文獻價值。這些至今都是不刊之論。後文論證了中國先人以成數八、七、九、六爲紀而非僅以八爲紀,陰陽爻的標記法有多種,長沙馬王堆帛書《易》卦序與京氏《易》卦序、宋人所見《歸藏初經》卦序相似而與北周衛元嵩《元包》卦序無關等問題。

《貞的哲學》一文分"殷代以'貞'(訓正)作爲人神溝通的共理""貞卜及斷志""《文言》乾卦四德的'貞'""說'永貞'、'利永貞'與'歷年得正命'""受天永命、定命與用德""'德元'的意義""餘論 談'訓詁哲學'"共7節。最後指出:治中國古代哲學,宜除開二障,一是西方框框之障,二是疑古過甚之障。東方思想的源泉由本土苗長而生,有自己的模式,不必套取西方模式。《古文尚書》有許多精義尚待理董,《墨子》引用的佚書尤爲緊要,同事异文的比勘會通,不可掉以輕心,不宜一概目爲僞書而摒弃之。饒先生這一思想特別值得我們學人認真反思,直到今天,筆者認爲,學術界仍然存在某種程度上的"西化"嚴重、疑古過甚,思想觀念在20世紀下半葉基礎上并沒有太多的進步與改變,甚至是一些知名學者也對傳統文化與文獻持不信任態度,對儒學、經學、國學的提倡仍然心有餘悸,剛剛開始便擔心其負面影響。

三

饒先生不僅是一位大學者,也是大詩人,故其對十三經中的《詩經》也情有獨鍾,撰有六篇論文。《詩一名三訓辨》分析了孔穎達《毛詩正義》所謂"詩一名三訓:承也,志也,持也"之說,以爲"承之與持,自是一義",故詩一名實僅兩訓。"詩言志"首見於《今文尚書·堯典》,饒先生《詩言志再辨——以郭店楚簡資料爲中心》以郭店楚簡提供的有關"詩"和"志"的新資料爲基礎,論證了"詩言志"之"志"字義,及其與"信""言"的關係。指出,古人極重視"志","志"爲"心"所主宰,"設中於心"便是"志",可謂是一種"中心思維",在思想上具有核心作用。立志是儒家思想起點的要義,所以《論語》説"志於道"。中心必須定

志,定志必須持敬。《詩》之爲書,正薈萃著古今人"志"之所托,故曰"詩以道志",教詩明志、賦詩言志便成爲古人一種常用方式。并與其《貞的哲學》一文相參證《左傳》。

《讀阜陽〈詩〉簡》一文就安徽阜陽夏侯竈墓出土的《詩經》簡冊進行了釋讀,他從秦漢之際的《詩經》學入手,認爲此簡一是有助於瞭解《左傳》引《詩》的古本,二是爲《說文》古文提供佐證,三是有助於解決《詩經》异文的疑難問題,四是爲我們提供了一些罕見的《詩經》异文。《詩妖說》一文論證了詩妖之說實與諫書、謗書异曲同工,皆"有國者所當審辨,而引爲鑒戒者也"。《竹書〈詩序〉小箋》兩篇箋證"吝"與"隱"兩字之義,是有感而發的商榷。

四

三《禮》是十三經中的重要經典,禮學是儒家思想學說的基礎,饒先生對此十分重視,并特別將《春秋》及《左傳》與禮經,即把史與禮聯繫起來研究禮學的理論與實踐,《文集》中收有這方面的論文四篇。《史與禮》一文分"引言""奠系世說——太史公書與禮家言""史以禮爲綱紀"三部分,論史與禮的關係、"義理"與禮的關係極精當、新穎。以爲義理非始於宋人,亦非僅指空洞抽象理論。《禮記·禮器》云:"先王之立禮也,有本有文。忠信,禮之本也;義理,禮之文也。無本不立,無文不行。禮也者,合於天時,設於地財,順於鬼神,合於人心,理萬物者也。"故知"義理"一詞實本諸禮,禮者實爲"理"之同義詞。宋人講義理之學,揆諸《禮經》本旨,實指禮之文采光華在行爲上有真切著明之成就,非謂抽象空洞之理論,所重在行而不在知。《禮》所謂"無文不行",即謂其人行動於義理不合則無足觀采者。由此一義的理解,更可認識"博文""約禮"二句的真義,實與《春秋》有密切關係。"博文"之"文",實道德禮法之事。《周語》云:"以文修之。"韋昭注云:"文,禮法也。"現在一般以文采或廣泛的文化說之,遠非孔子之原意。故知博與約二者,乃《春秋》宣喻表達的手段。史原於《春秋》,必以禮爲依歸,此"禮經"一義之真精神。《禮器》所以稱之爲"禮之大經、禮之大倫"也。最後總結說:"史不能離乎禮,禮可以釋回邪,增美質,其在人也,如竹箭之有筠,松柏之有心(見《禮記·禮器》),吾華重人學,史記人事,必以禮爲綱紀,此溫公之歷史哲學,以禮字貫串整部歷史,其說所以歷久而不磨者也。"

《殷禮提綱》一文運用傳世文獻資料與湖北雲夢睡虎地所出《日書》等出土文獻相比勘,分別考證和解釋了殷代的日祭與日書、祝冊、工典、殷祭禮賓尸等有關禮制的問題。

受到宋代以來疑古思潮的影響,20世紀,孔子修《春秋》的成說受到普遍懷疑,董仲舒的《春秋》公羊學也遭到批判與否定。但饒先生在《〈春秋左傳〉中之"禮經"及重要禮論》一文中,首先肯定孔子修《春秋》,先引《史記·十二諸侯年表序》云:"西觀周室,論史記舊聞,興於魯而次《春秋》……約其辭文,去其煩重,以制義法,王道備,人事浹。""《春秋》明是非,故長於治人。"以爲孔子與《春秋》的關係,在《孔子世家》裏面有很明確而詳細的記

録,再引用董仲舒的話説:"《春秋》者,禮義之大宗也。"指出:禮是《春秋》立言的根據,《春秋》是禮義的寶庫,二百四十二年的史事,經孔子指示,按照舊史的記録,以禮義爲標準定其是非,給以新的意義,作爲天下的儀表,使人知所勸戒,從歷史中吸取教訓,又引《莊子·齊物論》加以旁證,故知《春秋》的意義是重大的。《春秋》所以爲禮義的大宗,是因爲《春秋》所揭示的合乎禮義與違背禮義的種種事例,可以取得明辨是非的效果,以作爲行動的準則。其次,指出《春秋》的"君子曰"那些説明義例的話,過去以爲是劉歆造的,後經楊明照的研究,證明許多也見於他書,都是出自先秦賢人君子的心聲,綽有根據,故不應加以否定。以此立論,又分析了《春秋》與禮義、禮法的關係,説明理解與研究《春秋》不能離開禮。《春秋》所欲明的是非,處處必以禮爲準則,可見禮在《春秋》書中的重要性,故治《春秋》必先懂得禮制。所以,劉文淇《左傳舊注疏證》注例中有一則云:"釋《春秋》必以禮明之。"饒先生又一一摘出《春秋左傳》論禮之處,計有"鄭子產論禮""晋叔向論禮""齊晏嬰論禮"等。最後,指出,司馬遷説孔子修《春秋》"約其文辭而旨博",可見孔子取資於舊史而大有所損益,借舊史來寄托他的理想,舉事以申述其義理,事約於前而義茂於舊,非客觀的陳述而是主觀的批判,是根據禮義來立言的,故《春秋》是經而非史,不能作爲史料來看待。因而饒先生《春秋》的宇宙義也做了精闢分析,認爲後世僅把禮理解爲禮儀、禮節是不妥的,值得重新認識和抉發。饒先生的這些論斷雖然秉承的是傳統認識,但對於内地學者來説,應是振聾發聵、醍醐灌頂的,因爲内地學者普遍信奉"六經皆史"説。

五

饒先生以儒家思想爲立身、治學之本,融貫古今,兼通於藝,深涵儒家追求博雅、崇尚聖賢的人文精神,故他對儒學内涵、儒學中的道德精神、儒學的發展路徑、經學脉絡等分别進行了深入的探討,寫成一組内容豐富的文章。《釋儒——從文字訓詁學上論儒的意義》一文,針對章太炎《原儒》和胡適《説儒》,作了商榷和補充考證。饒先生首先考證"儒"字之義,説明許慎《説文》"儒,柔也"之"柔"不是柔弱,他從《爾雅·釋詁》"柔,安也"入手,并引《尚書》《詩經》《中庸》《淮南子》和青銅器銘文來説明"柔"是"柔遠能邇""柔民",即安遠安民;柔又有和義、善義。又"柔"通"濡",雙聲之轉,故儒不是柔弱義,而是懷柔安遠、和民以善的意思,即安、和。《禮記·儒行篇》鄭玄疏:"儒之言優也,柔也,能安人,能服人。"賈誼在《過秦論》中對這一點説得很明白:"先王見終始之變,知存亡之機,是以牧民之道務在安之而已。"安即是儒的意義。怎樣達到安和的境界呢?儒家提出禮、樂二者,因爲"樂者天地之和,禮者天地之序"。由於安的哲學的建立,長治久安,成爲中國政治家和老百姓共同的目標,且成了普遍的民族觀念,通信、見面都要問"安"。饒先生還在《後記》中補充了郭店楚簡中有關"安""和"的史料加以佐證。特别是饒先生從儒家思想與理論體系入手,説明儒家并不主張柔弱,孔子主張的是不剛不柔。《尚書·洪範》:"沉潛剛克,高明柔克。"《詩·商頌》:"不競不絿,不剛不柔,布政優優。"《左傳·昭公二十年》:"仲尼曰:……寬以濟猛,猛以濟寬,政是以和。又曰:不競不絿,不剛不柔,布政優優,百禄是遒,和之至也。"剛柔兼用,以致中和,這是孔子的中道,也是周人的傳統觀念。主張柔弱的老子是道家,故"儒"一名不可能是柔弱義,僅從這一點看,訓"儒"爲柔弱也是不確的。接著,饒先生討論了"儒"的起源問題。根據《周禮》記載,説明了儒即周代保氏,專負教育"道""藝"之責,"師氏以德行教民""保氏以六藝教民"。指出,儒家出於司徒,以及《周禮》所載,并没有什麽可疑之處,值得相信。饒先生又詳細檢討了傳世文獻資料,反駁了章太炎"儒是方術之士"的説法,認爲,"術"應有二義,一是方術、術數,這是"術"的别義;一是道藝之術,這是"術"的通義。《説文》所謂儒是術士,指的是道藝之人,與《周禮》"儒以道得民"一義可相參證。總之,儒的古義,還是以鄭玄在《周禮》中的訓釋(師儒,鄉里教以道藝者)爲確當。

《天神觀與道德思想》一文,有"帝與天神崇拜的起源""殷周文字中所見的德""畏天威與敬德觀念的確立""天命説下的政治與道德之關聯""作《易》之憂患心理與修德的建立""時義思想的形成"六個部分。他廣引周秦傳世文獻,如《尚書》《周禮》《詩》等,以及青銅銘文和出土文獻,指出:敬、德、天帝、天命靡常等觀念在殷代文獻中已出現,《尚書·盤庚》"上帝將復我高祖之德",可見當時已認識到天帝與德的堅強聯繫。又引《文中子·周公篇》、孔穎達《周易正義》序《論卦爻辭誰作》説明無論《易》爲周公還是文王所作,其憂患意識是明顯的,而應對措施則是修德。認爲"時"的觀念在《周易》中有極重要的地位,《周易》象辭上每説"時之義大矣哉",又有"敬授民時""君子而時中"等大量用到"時"的資料,故"時"的意義值得我們認真思考。最後,饒先生把先秦文獻、金文中所見"上帝""德""天命"的資料列成表,直觀性極強。

《神道思想與理性主義》是一篇内容相當豐富的文章。其一,饒先生分析初民的神、民地位的升降,三代以前是"神、民未能完全分隔的舊習慣"。夏、商、周則是"天聽自我民聽,天視自我民視""民之所欲,天必從之""民,神之主也"。因此,以德撫民、封建尊賢、尊德必爲民佑,成爲統治者的要義。其二,論德的類型及其與禮樂的關係。饒先生以爲,周人以修德、立德爲開國訓典,春秋以來,德的理論異常發達,計有《尚書·皋陶謨》和《左傳·昭公二十八年》的"九德説"、楚莊子"武有七德"説,《周禮·天官·大司徒》六德説,《尚書·洪範》及《左傳》的三德、四德説等。古人還把德與音樂結合起來,稱之爲"德音",所以漢代以後的樂舞多以德爲名;饒先生還將《樂記》中樂器、樂音與德音之思的關係、禮與樂內外報反的關係等列成表格,給予直觀的說明。其三,對於德與刑的關係,饒先生指出:西周尚德,《尚書·吕刑》載"德威惟畏,德明惟明""朕敬於刑,有德惟刑"。"畏"指罰,"明"指賞,可見"德"包含"威"和"明"兩個方面:一是消極的懲罰,一是積極的獎勵。即威和明都可以納於德教的範疇,而特别强調敬刑、慎刑,有德於民,惟刑爲重。慎刑則民被其德,濫刑則民蒙其害。刑衹是敬德的一種不得已的手段,敬刑也就是敬德。《漢書》有《刑

德》7卷,列在五行;長沙馬王堆漢墓出土了《刑德》殘文等,這些都表明了德與刑的關係。其四,分析了五行思想與"德禮"的宇宙義。饒先生引《尚書·大禹謨》和《左傳·文公七年》資料,把五行與德禮的關係形之於表:"德禮"包括三事、六府;三事即天德——厚生、人德——正德、地德——利用;六府即水、火、金、木、土、穀。禮在春秋被賦予了新的天地意義,并引《左傳》"夫禮,天之經也,地之義也,人之行也。天地之經,民實則之"等加以證之。其五,分析了天法與德法的關係。饒先生就馬王堆漢墓《老子》甲本後所附一些文字資料,做了分析,以爲有新意:"善,人道也;德,天道也。"把德與善對立起來,看成天人關係。特別是把德看成天道,值得注意,以爲鄒衍五德終始學説可能與此有些關係。《大戴禮記·盛德》:"明堂者,天法也;禮度,德法也;所以御民之嗜欲好惡,以慎天法,以成德法也。刑法者,所以威不行德法者也。"以爲這裏提出天法與德法的命題是出於"反對法家的專以刑法御民之失的",德法要依循天法而行。但到了秦代,奉行鄒衍的五德終始學説,去掉了儒家"止乎仁義"的德法,專尚刑法。其六,分析了道德的先後與天人的分合問題。饒先生以爲秦漢以來是先道而後德的,如《呂氏春秋·季春紀·先己篇》:"五帝先道而後德,故德莫盛焉;三王先教而後殺,故事莫功焉;五霸先事而後兵,故兵莫強焉。"但長沙馬王堆漢墓所出《老子》帛書甲、乙本都是先德經而後道經。董仲舒《春秋繁露》也有"德道"一詞。先秦諸子中,道家是"道德"、法家是"道法"、儒家是"至德要道"。饒氏認爲,從思想發展史來説,道的觀念的誕生,應當在德的觀念確立之後,所以德在先而道在後,纔是思想發展的實際情形。但儒、道、法家都喜歡用"道德"這一聯綿詞,都是先道而後德的,這是道家擴展"道"義的結果,故用"道德"二字作爲聯綿詞使用的事實應該是先"道"而後"德",而馬王堆漢墓帛書甲、乙本的《德經》在前而《道經》在後,應當是偶然的。最後"結語"指出:中國在西周,貴族提倡"敬德""明德"的道理,在上則配合天命,在下則踐履純德,天與人相資爲用。由春秋的"德禮"(以德合禮)發展到戰國的"德法"(以德配法),從禮治到法治,都是一貫地以德作爲它的内涵。同時人們把德與符應關聯起來,便形成了鄒衍政治道德學的基本構架,發展成爲秦漢以來新的生命説和德運論。而自春秋以來,民人的地位逐漸提高,到了荀子遂以制天爲主,天神的地位反屈居人下,人本的理性主義可謂發展到了最高峰。但另一方面,陰陽家的興起,承接原來的敬天傳統,"序天地四時之大順"(司馬談《論六家要旨》),以天律人,而道家的莊子反對以人滅天、天人相分的理論,復變而爲"天人相合",鄒衍一派的理論得以風行。春秋以來,理性主義的發軔,其特別成就在於思辨的推理方面,名家在這方面的努力,爲儒、墨、法各家所吸收。但秦漢以來陰陽家的"天人相應"論籠罩了理性主義,社會距離理性主義遂越來越遠了。

《宋學的淵源——後周復古與宋初學術》一文分"問題的提出""貶佛與崇儒""儒學史上最重要的一件事——《九經》刻版的完成""宋初之禮學""宋學淵源之地域性——蜀學與南唐學術""宋學中的漢學""《四書》學的發軔""餘論——官學與私學之分合"八個部分。饒先生指出,陳寅恪先生在馮友蘭《中國哲學史》審查報告中所説智圓提倡中庸、自號中庸子,應是宋代新儒學的先覺這一結論不確。宋初以"中庸子"爲號的應是陳充(見《宋史》卷四四一《文苑三》本傳),故不能說重視《中庸》出於佛氏提倡。後周世宗的貶佛與崇儒,以及《九經》刻版的完成,是宋學興起的源泉。宋初不是全講義理,相反注重文字、音韻、校勘之學,與清代乾嘉學風很接近,故有徐鉉、徐鍇的《說文解字》著作,《廣韵》《集韵》《類篇》的重修與編纂等。宋代將《大學》《中庸》作獨立研究者是司馬光,他撰有《大學廣義》《中庸廣義》,把《禮記》中的一篇抽出單行的第一人是宋太宗,他曾將《禮記》中的《儒行》單刻賜給儒臣及新進舉人等。宋代官方提倡儒學很有力,宋太宗是個大學者,兼通三教,對經學的提倡詳見《李至傳》,如果沒有官學的提倡,周敦頤、朱子的私人學術很難有這麼大的影響。朱子以前的《大學》論則回溯了《大學》逐漸成爲四書之首的歷程。

　　《華梵經疏體例同異析疑》一文就牟潤孫《論儒釋兩家之講經與義疏》一文提出了補充意見。饒先生認爲:其一,印度現存最早疏體之書爲帕檀闍利(Patanjali)的《摩訶婆沙》,漢譯義爲《大疏》,其書有經有注有疏,成書於公元前2世紀後半,可見印度之有疏體遠較中國爲早。但從《開元釋教錄》來看,未見有翻譯《大疏》者,"則其書對漢土經生恐無何影響可言"。其二,中印兩國之"經"的含義不同,梵文的"經"乃貫穿、縫綴之義,意在綴字綴音爲經,是指短句而言;而漢語之"經"雖訓織從絲,但意在縱向之絲,與緯相對,訓義爲常道,是從書本內容重要性立言的,故兩者"在性質上截然二物"。其三,佛典原不稱經,東漢傳入中國前,中國傳統五經早已定於一尊,故道家等其他各派亦漸名其書爲"經"以重之,"疑佛徒之譯經者托漢土'經'名以自重",正如道教之經如出一轍。其四,佛家經疏不可分,疏必附經以行,而中國儒家經、疏最初皆別本單行,後世始經疏合刊;梵經之注疏中皆有自問自答之例,儒家經注中絕少問答,這又是兩者迥異之處。其五,講經與義疏在中土自身的發展,其源頭最遲在西漢已形成。如漢之記、說,魏之義說等,目的在羽翼經義、引申前言,初與釋氏無關。其六,魏晉以來,玄學既盛,辨難之風蔚然興起,論題既廣,爭論益密,以其方法用之經學,遂生答問釋駁之書和義例專論之作,此與漢代辨古今、論異同,以章句家法爲重者殊爲不一;且儒生講論的目的是解經,佛徒講論的目的是弘法,兩者精神也不一樣。直到南北朝以來,儒家經疏之作,風起雲涌,遂漸染佛經之深蕪繁瑣,而成義疏之學。總之,饒先生的研究結論就是:儒家經疏自有其源與流,東漢佛教傳入之前已自成體系;魏晉以後始漸受佛教影響而趨於繁蕪。

　　《明代經學的發展路向及其淵源》一文則詳細縷述了明代經學的發展歷程及其淵源關係。以爲宋濂開明代重經學義理的先河,對明代開國時期的學術方向起了決定性作用。而宋濂之師吳萊實承元代崇儒的開山祖趙復。其次,宋濂主修《元史》削去《文苑傳》,以爲"文以載道",經藝、文章不可分而爲二。這是明代學術新的總路向,明代文學的偏於復古,與宋濂將經、文合一不無關係。其三"道在六經",捨經無從知道,經外無學,道學即經學,這是明人的通旨。明代經學家也有特出者,並不能像皮錫瑞《經學歷史》那樣一概抹殺。其特出之士的著作特點,一是重視旨義,如金幼孜《春秋要旨》、高拱《春秋正旨》、姜寶《春

秋事義全考》等；二是尚稽疑，明人富有懷疑精神，如周藩朱睦㮮《五經稽疑》、陳耀文《經典稽疑》、馬明衡《尚書疑義》等；三是視《春秋》爲刑書；四是《樂經》論著突出，如朱載堉的《樂律全書》內容十分豐富，《四庫》樂經存目即有 26 種之多。其四，明代經學家最大毛病就是妄改及作僞。其五，義理一詞原出於禮，所謂"義理之文"原義是指禮之實行而有光輝成就者，非謂抽象的理論。清人區別學術爲考據、義理、詞章三分法，衡以宋濂的見解，是難以成立的。元明人治經，最重要的還是實踐功夫。明儒爲貫徹義理，在實踐上發生了許多殉道的悲壯義舉，表現出可歌可泣的犧牲精神，這種精神就是從經學中孕育出來的，是經學與理學放射出來的"人格光輝"。饒先生最後指出：近世提倡新儒學的學人們，似乎太偏重於"知"的部分，勤於造論而忽於篤行，知與行不免有點脫節，缺乏親身證驗，造詣與明儒之純立於"大"與"正"的精神，相去甚遠。明儒是直接受到經學的熏陶，明代經學的偉大地方不在表面的道問學層次，這一點應該作進一步的認識。

饒先生論經學的一個特點，是大量采用了出土簡帛文獻，如郭店楚簡、上博簡、湖北王家臺秦簡、湖北包山楚簡、湖北雲夢睡虎地簡、山東銀雀山漢簡等，老先生幾乎對內地所有出土文獻都隨時掌握并研讀。另一特點是可以隨時隨地信手拈來浩如烟海的傳世文獻資料與出土文獻相參證。這樣的論證，如果沒有十分深厚的傳統文化功底，祗是臨時來一本一本地翻檢文獻，窮年累月都不可能考證清楚一個問題，就不可能做到如此碩果累累。這一點正是內地學者應該急起直追的薄弱之處。

教授的教授，導師的導師
——略述饒公宗頤先生對中國古典學術的發揚光大

譚世寶

（澳門理工學院）

饒公宗頤先生是學藝（學術與藝術）雙修而都取得豐碩成果的大師。本文祇就其學術部分略陳淺見，就正於方家。對於其書畫等藝術部分，已經有衆多名家裏手評論盛贊，筆者完全外行，不敢置喙。

一、對饒公學術的品評之各説平議

對於饒公宗頤先生的學問領域廣博及其學術地位高大之品評贊譽，或稱之爲"百科全書式的學者"，或稱之爲"國學大師"，或稱之爲"通儒，學兼中西"等。筆者竊以爲這些説法都有點名不副實，甚至違背了饒公本人的意願。故值得首先提出略加討論。

第一，衆所周知，"百科全書"乃源於西洋古典哲學以哲學爲包羅萬有的學問的近代産物。顧名思義，"百科全書"本來是指概要記述人類一切知識門類的工具書，後來兼指某一知識門類的工具書。而所謂"百科全書派"，乃指18世紀法國啓蒙思想家狄德羅等人在編纂《百科全書》（全稱爲"百科全書，科學、藝術和工藝詳解詞典"）的過程中形成的派別。至於中外古今曾被稱爲"百科全書式的學者"的有德謨克利特、亞里士多德、朱謙之、鄒伯奇、朱載堉、丁福保、余瀟楓等人。① 這裏符合西洋古典哲學包羅萬有的知識意義的"百科全書式的學者"，就祇有德謨克利特與亞里士多德，其餘大都祇能稱爲"某一知識門類"的"百科全書式的學者"。無論是從西洋古典哲學意義的"百科全書"看，或是從西洋的"某

---

① 見"被譽爲百科全書式的學者是誰？"載 http://wenwen.soso.com/z/q166594352.htm。

一知識門類"的"百科全書"看,都不可能把饒公歸入"百科全書式的學者"。

第二,所謂"國學大師"之稱,固然反映了饒公對中國學術研究之博大高深。但是不能兼及其對諸多外國古典文明例如古埃及、古巴比倫、古印度、波斯、日本等的歷史語言文獻研究的豐碩成果。例如,有記者報導說:"(饒公)他翻譯及研究世界最古老的巴比倫史詩,《近東開闢史詩》成爲該領域的第一部中文譯本。他致力於佛學及中印古代文化交往史等艱深課題的研究,包括古印度梵文婆羅門經典,曾深入鑽研《梨俱吠陀》,并獨樹一幟、自成一家,爲紀念這段因緣,他將書齋命名爲'梨俱室'。他在悉曇學上更是獨繼絶學,在學術界相關領域深受推崇。這些都超出一般學者的研究範圍。"①而且"國學"這一概念,自20世紀初的五四運動以來,就頗有爭議。例如,傅斯年把"國學"與"國故"放在一起反對說:

> 我們反對"國故"一個觀念。如果我們所去研究的材料多半是在中國的,這並不是由於我們專要研究"國"的東西,乃是因爲在中國的材料到我們的手中方便些,因爲我們前前後後對於這些材料或已經有了些研究,以後堆積上研究去方便些,好比在中國的地質或地理研究所所致力的,總多是些中國地質地理問題,在中國的生物研究所所致力的,總多是些中國生物問題,在中國的氣象研究所所致力的,總是些中國各地氣象觀察。世界中無論那一種歷史學或那一種語言學,要想做科學的研究,祇得用同一的方法,所以這學問斷不以國別成邏輯的分別,不過是因地域的方便成分工。國故本來即是國粹,不過說來客氣一點兒,而所謂國學院也恐怕是一個改良的存古學堂。原來"國學""中國學"等等名詞,說來都甚不詳,西洋人造了支那學"新諾邏輯"一個名詞,本是和埃及脱邏輯亞西里亞邏輯同等看的,難道我們自己也要如此看嗎?果然中國還有將來,爲什麽算學、天文、物理、化學等等不都成了國學,爲什麽國學之下都僅僅是些言語、歷史、民俗等題目?且這名詞還不通達,取所謂國學的大題目在語言學或歷史學的範圍中的而論,因爲求這些題目的解決與推進,如我們上文所叙的,擴充材料,擴充工具,勢必至於弄到不國了,或不故了,或且不國不故了。這層并不是名詞的争執,實在是精神的差异之表顯。②

而且,饒公本人對目前非常流行的"國學""國學大師"等提法也不完全認同,同上之記者報導說:

---

① 見《與季羨林齊名,國學大師饒宗頤治學入木三分》,來源:《光明日報》,轉引 http://www.ce.cn/culture/rw/cn/xw/200710/24/t20071024_13356671.shtml.

② 見傅斯年:《歷史語言研究所工作之旨趣》,原文發表於1928年,引自歐陽哲生主編《傅斯年全集》第3卷,長沙:湖南教育出版社,2003年,第9頁。

饒宗頤跳開中國看中國,所以對"國學""國學大師"等提法都有保留。他說,國學就是本國的文化,每個國家都有本國的文化,把中華文化稱爲國學,放到世界上就不通了,因此主張稱"漢學"或"華學"更準確。①

但是,有關記者雖然明知饒公對"國學""國學大師"等提法的態度,仍然把這篇報導定題爲《與季羨林齊名,國學大師饒宗頤治學入木三分》。這實在是非常無可奈何之事,世俗訛傳之成見,是不會因爲學者提出的真心正見而消失。正如身爲梵文專家的季羨林先生一再力辭"國學大師"之頭銜而不得。目前,這個所謂"國學"成了極爲熱門流行之學,不但不少著名高校建立"國學院",開辦各種類型級別的"國學"課程,而且還有一些學術超男與超女以大衆娛樂節目方式在電視臺大談所謂"國學",實際上却不知有幾人真正懂得"國學"一詞的含義。此乃真懂"國學"者,皆不願廁身於其間之故也。

第三,所謂"通儒,學兼中西"之稱,對於饒公廣博的治學領域也是不契合的。首先,就"通儒"而言,所能反映饒公的學問祇是其中的一部分。因爲衆所周知,饒公不但"通儒",而且兼通"佛、道"等,其對中國古代的"三教九流",可以說是無所不研,無所不通。再看"學兼中西"之說,亦有欠缺。以"中"對"西"雖然是國人的一種習慣用法,但是從現代世界國家地理知識的嚴謹學術角度來看,應該是"中"對"外"比較合理。漢、唐、宋等古人把印度西域諸國看成西方是合乎當時人的地理知識的。但是從今天的地理知識來看,這些國家和中國一樣都屬於東方之國。而且,在中國東面還有韓國、日本等國。饒公身處香港而又是天賦極高、才華全面的高級學者,故可以充分借助現代的交通工具,使其幾十年求學、治學、教學的行迹能夠遍及中國各地以及全球各洲諸國,訪古讀書與尋師交友的範圍遠超倡行"讀萬卷書,行萬里路"的董其昌、顧炎武等前人,這也是很多曾受不同制度的國家限制的今人鮮有能達到的境界。故筆者認爲,饒公可以說是學通三教九流,識兼中外諸國古典。其學問之博大精深是東西方諸國很多號稱博學多聞之"百科全書式的學者"都無法企及的。在當代學者中,饒公對司馬遷提倡的"究天人之際,通古今之變,成一家之言"②之史學境界追求,已經達到了巅峰。

二、饒學乃中國古典學術——歷史(含語言文字)學的發揚光大

中國古典學術與西洋古典學術不同之處,在於彼以哲學統帥一切學問,大學問家皆稱之爲哲學家。而中國古代自孔子以來,皆以史學統帥一切學問,當然,無論西洋的古典哲學還是中國的古典史學,都離不開語言文字這個工具。因此,清人章學誠有"六經皆史"之

---

① 見《與季羨林齊名,國學大師饒宗頤治學入木三分》,來源:《光明日報》,轉引 http://www.ce.cn/culture/rw/cn/xw/200710/24/t20071024_13356671.shtml.

② 見司馬遷:《史記·太史公自序》。

説,近人傅斯年有"中國本無所謂哲學"①,"三百[年]所謂'漢學',實在包含兩門學問:一是語文學;二是史學、文籍考訂學"②。傅斯年甚至稱"哲學"爲日本人搞出來的"賤貨"。因爲有如此的理念主導,在1928年創辦的中央研究院就祇設立歷史語言研究所,而沒有設立哲學研究所、文學研究所。

然而,隨著包羅萬有的古典史學後來逐漸被講究專業分工的現代史學所取代,世上也就不可能再有博古通今、學貫中外的大師了,有的祇是視野與研究都局限於某一極狹小範圍的專家。這就是後來殘存於臺灣的"歷史語言研究所"已經祇有狹義的"歷史"研究,而無語言文字研究,故不得不另設獨立於古典史學研究之外的語言研究所了。而後設的哲學研究所、文學研究所更是説明包羅萬有的古典史學本身已經成爲絕學。保留較多中國傳統的臺灣學術界尚且如此,而中國内地學術界由於受蘇聯的影響,自1949年以來是按照西方的學術路向割分學科,實行以哲學爲人文社會科學中統帥之學,原本包羅萬有的古典史學,就變成了哲學社會科學領域中的一個日益狹小而被邊緣化的歷史專業學科。因此,在這種無法改變的學術發展趨勢和環境中,中國古典史學及其傳人之滅絕,可以説是爲期不遠了。除非奇迹出現,決無此類英才再出,復興此學之可能了。這就像在自然環境受到無法逆轉的日益嚴重破壞的現實中,越來越多的物種正在迅速走向滅絕之境一樣,是祇有"無可奈何花落去"之時,而沒有"似曾相識燕歸來"之日。

如上所述,饒公的學術其實就是包含古典語言文字學的中國古典史學在現代的發揚光大,兼及外國古代經典的歷史語言文獻研究。其學問之廣博高深雖然可以説是前有古人,但很可能是後無來者了。因爲由於片面的專家分工所限,將來的學者個人絕對無法全面承傳饒學。如果有人能夠在某一方面對饒公開拓研究的古悉曇文字學、古埃及文字與古漢字的比較研究等有所繼承發展,也就可以説對饒公有所交代了。

三、教授的教授,導師的導師

在20世紀八九十年代,中國内地學術界對饒公還處於"有眼不識泰山"的時期,筆者中山大學的本科指導老師姜伯勤先生就已經開始大力推介饒公的學術成就了。而且,姜老師本人後來成爲著名的敦煌學家,開始擔任中國敦煌吐魯番學會副會長;1988年起,曾先後任七屆、八屆、九屆、十屆全國政協委員;1997年起,曾擔任國務院學位委員會歷史學科評議組成員、副召集人,在中國内地和國際上都逐漸享有崇高的學術地位和聲譽,有些人曾因此而勸姜先生不要再如此起勁宣揚饒公和饒學,但是姜先生一直没有改變其對饒

---

① 見傅斯年:《與顧頡剛論古史書》,原文發表於1928年,引自歐陽哲生主編《傅斯年全集》第1卷,長沙:湖南教育出版社,2003年,第459頁。
② 見傅斯年:《與顧頡剛論古史書》,原文發表於1928年,引自歐陽哲生主編《傅斯年全集》第1卷,長沙:湖南教育出版社,2003年,第446頁。

公和饒學的贊頌與宣揚,毫不隱諱饒公在學術上對他的啓迪幫助,特別是在其撰寫有關《石濂大汕與澳門禪史》等論著時,公開表達了對饒公發自肺腑的感謝之情。① 對此,筆者在向姜先生問學時更是常有親聞。中國向來有所謂"文人相輕,自古而然"之説,在此情形每況愈下於今尤甚的學壇中,如此出類拔萃的英才識英才、敬英才之事是極爲罕見的。

筆者在20世紀80年代末以山東大學歷史學博士的身份,回到香港、澳門地區任教并繼續尋師訪友、求學問道,得以有機會親近饒公領教,從其所賜的教益啓迪中展開了筆者在港澳地區20多年治史的兩大重點:其一,是研究由饒公重新傳播的絶學之絶學——悉曇學,撰寫了筆者第二個博士學位論文《悉曇字音學的傳習與漢字字音分析的發展的關係》(後整理爲《悉曇學與漢字音學新論》一書出版);其二,是受饒公指導澳門本地首位歷史學碩士鄭煒明兄研究路環氹仔歷史的碩士學位論文啓發,以澳門地區的廟宇碑刻鐘銘分別撰寫了《金石銘刻的澳門史》和《金石銘刻的氹仔九澳史》,其中直接、間接受教益於饒公、饒學之處甚多。僅從姜先生和筆者師徒皆從饒公問學的經歷,加之筆者多年的見聞,可知如我等已經學有所成的海内外學者繼續從饒公問學得益者極多。故筆者深感饒公堪稱古典史學界中教授的教授,導師的導師。

---

① 見姜伯勤:《石濂大汕與澳門禪史——清初嶺南禪學史研究初編》之《緣起》第2頁及《跋》第615頁,上海:學林出版社,1999年。

饒宗頤先生的目錄學成就

郝潤華

(西北師範大學)

饒宗頤先生治學追求博通,其學術視野開闊,治學領域廣泛,學貫中西,成就卓著,已取得的學術成就廣涉經學、史學、甲骨學、敦煌學、地理學、目錄學、諸子學、佛學、文學、藝術學等各個領域。目錄學是饒宗頤的研究重點之一,在這一領域中,代表性成果,一般認爲是其完成於 20 世紀 60 年代的《詞集考》(一名《詞籍考》)與 20 世紀 70 年代完成的《香港大學馮平山圖書館善本目錄》二種①。其實,筆者以爲其《楚辭書錄》以及早年在其父基礎上完成的《潮州藝文志》二部著作也充分體現了其目錄學成就。② 以下分三個方面對饒宗頤的目錄學思想與成就做一些探究。

一、對目錄學的運用與實踐

余嘉錫論"目錄學之意義及其功用"時認爲目錄是考辨古籍文獻的重要依據,他總結了 6 種方法:"以目錄著錄之有無,斷書之真僞;用目錄書考古書篇目之分合;以目錄書著錄之部次,定古書之性質;因目錄訪求闕佚;以目錄考亡佚之書;以目錄書所載姓名卷數,考古書之真僞。"③因此,20 世紀以來的學者在繼承傳統目錄學的基礎上也十分注意編撰各種有價值的學科目錄,以此總結與研究傳統古籍文獻乃至學術與文化,饒宗頤即是如

---

① 臺灣新文豐出版公司 2003 年出版的《饒宗頤二十世紀學術文集》,將《楚辭書錄》收入第 11 卷《文學》,將《潮州藝文志》收入第 9 卷《潮學》。第 10 卷《目錄學》祇收入《詞集考》與《香港大學馮平山圖書館善本目錄》二種。
② 本文所依據之饒宗頤先生論著是臺灣新文豐出版公司 2003 年出版的《饒宗頤二十世紀學術文集》。
③ 見余嘉錫:《目錄學發微》,北京:中國人民大學出版社,2004 年,第 14~16 頁。

此。其目錄學成就主要是目錄學實踐與運用,即通過編撰目錄著作展現其目錄學,因此,筆者以爲饒宗頤對目錄學的研究主要體現在四部目錄著作中。

第一,《潮州藝文志》。

該書完成於1937年,先由饒宗頤的父親饒鍔編纂,父卒後,饒宗頤接替其父繼續編纂工作,直至完成,卷一至卷一三刊登於《嶺南學報》1935年第4卷第4期,1937年第6卷第2、3期合刊。

該書全面著錄古代(包括民國時期)潮州地方鄉賢著述,體例以經、史、子、集四部分類,每大類下又分小類,小類之下則以時代先後著錄,卷一、二、三爲經部,卷四、五、六、七爲史部,卷八、九、一〇爲子部,卷一一、一二、一三爲集部。每部書先列書名、卷數,然後依次介紹存佚(或未見)、作者事迹、文獻出處及著錄情況,還收錄有關序、跋資料,最後是饒鍔與饒宗頤的按語,或考作者,或考存佚,或考著錄等。如《潮州藝文志·史部·地理類》著錄宋代王中行《潮州記》1卷,解題云:

《潮州記》一卷《宋史·藝文志》三

佚道光《廣東通志·藝文略》五

乾隆《揭陽縣志》六《賢達傳》:王中行,隆興元年,癸未木待問榜進士。淳熙十二年,授東莞知縣。慈祥愷悌,博學能文,以興學崇化爲首務。舊學湫隘,弗稱輒遷之,文風以振。勸農桑,均賦役,恩敷澤流,有古循吏風。

光緒《廣州府志》一百五《宦迹傳》二:王中行,潮州揭陽人,淳熙十二年,知東莞縣,慈祥愷悌,輿人頌之。

鍔按:王縣令中行所撰圖志(筆者按:指前所著錄王中行《廣州圖經》二卷),自來目錄家及舊《府縣志》,著錄均不詳其籍貫。陳振孫《書錄解題》,於"廣州圖經"條下云:教授王中行撰,是中行嘗爲廣州教授矣。(考《通志》《縣志》《中行本傳》,不言曾爲是官,據此可補志傳之闕。觀中行著述,於原籍則有《潮州記》一卷;於教授羊城,則有《廣州圖經》二卷;於出宰東莞,則有《增江志》四卷。)則中行必精輿地之學,惜書已無傳,末由審其體例也。……

宗頤按:王中行《潮州記》一卷,曾著錄於《宋史·藝文志》三。余考《千頃堂書目》無其名,蓋佚已久矣,《阮通志·藝文略》著錄此書,列入地理類中,風土雜紀門。然記之爲書,其體例雖有異夫今日之志乘,而實亦"地方志"之一種也。潮州之有志,或謂明弘治知府車份所修五卷,爲其初本。然中行爲宋隆興淳熙間人,已先著有《潮州記》。則吾潮方志,最古而可考者,實唯此書。(《文淵閣書目》卷十九暑字號,舊志有《潮州府志》一册,又《三陽志》一册,又潮州府《三陽志》二册,又潮州《三陽志》二册,又《三陽志》一册,卷二十往字號,新志有潮州府并屬縣志一册,共六部,皆不言修於何時。考書目卷首有楊士奇正統六年題本,稱各書自永樂十九年,由南京取來移貯文淵閣,則此數志者,當爲永樂十九年以前所修輯也。其所謂潮州《三陽志》,則必修於宋宣和以後。蓋宣和三年,析海陽置揭陽,潮州始領有三縣也。至各書爲何

人所撰,《文淵閣書目》并未著録,今亦不可考矣。)

饒鍔考出作者王中行曾任廣州教授之職,并"必精輿地之學",饒宗頤則通過分析《文淵閣書目》著録,考出《潮州記》爲潮州最古之方志。再如,《潮州藝文志·集部·別集類》著録"陳氏國英《青松居集》",解題云:

陳氏國英《青松居集》乾隆《潮州府志》二十九《義行傳》
　　未見

宗頤按:雍正《惠來縣志》十四,作《青松集》,無"居"字。

於此可見其義例之一斑。有些條目叙録十分詳細,按語也有多如近千字者,體現出作者對於鄉邦文獻的認知態度與扎實的目録學功力。

第二,《楚辭書録》。

該書於1956年完成,在香港出版。《楚辭書録》包括"書録""別録""外編"三部分。"書録"包括五章:知見《楚辭》書目、元以前《楚辭》佚籍、擬《騷》、圖像、譯本。

"書録"第一部分,"知見《楚辭》書目"應該是作者最用力的地方,在這一部分中,作者對包括王逸《楚辭章句》在内的96部有關《楚辭》的著作做了考證性解題。其後又著録介紹包括古寫本、篆文本在内的《楚辭》各種版本15種。最後介紹日本學者有關《楚辭》著述8種。詳述作者、卷數、内容體例、版本、存佚等,時有考證。如,著録桐城馬其昶《屈原微》二卷,解題曰:

　　是書依王船山説以《九歌》之《禮魂》爲前十篇通用送神曲,用黄、林、蔣諸家説以二《招》爲屈原作,因總爲二十五篇以合《漢志》之數。各篇義訓上采王、洪、朱三家以至方苞、姚鼐、吴汝倫、姚永樸諸説,頗合博觀約取之義,其尊敬鄉先輩之意,亦可於言外得之。
　　光緒三十二年合肥李國松刊《集虚草堂叢書》甲集本　第十三册。

解題并非泛泛而述,對於作者的學術承繼與淵源亦有評論,還列舉主要版本,使讀者便於查檢。

第二部分,"元以前《楚辭》佚籍",爲26種元代以前完成而今已散佚的《楚辭》著述撰寫考證性解題。如南朝梁代劉杳所撰《離騷草木疏》2卷,解題云:

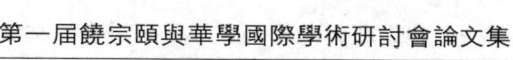

杳於梁天監中，代裴子野知著作郎事，仕至尚書左丞。博綜群書，事詳《梁書·文學傳》。此書《隋志》著錄。兩《唐志》并草木下有"蟲魚"二字。宋寧宗時，吳仁杰撰《草木疏》，自序稱杳書已亡。

按阮孝緒《七錄序》："文集錄内篇四：《楚辭》類五種五帙二七卷。"所稱五種，不知視現存者同異如何？序謂，有梁普通四年始述此書。又謂平原劉杳所抄集，盡以相與，嘆爲康成傳釋，盡歸子慎。此指杳所著《古今四部書目》。杳又有《壽光書苑》二百卷。

這篇解題不僅考證作者劉杳事迹，而且引前人蛛絲馬迹般的資料以考《離騷草木疏》的亡佚時間及成書情況。

第三部分，"擬《騷》"，考證介紹包括漢代揚雄《反離騷》在内的51篇古代文人模擬《離騷》的作品，正編著錄25篇，續編著錄26篇。內容包括文章題目、作者、卷數、文獻出處、版本等。

第四部分，"圖像"，著錄介紹包括宋代李公麟《九歌圖》在内的古代有關屈原及《楚辭》的圖畫20幅。內容包括卷帙、作者、版本（××紙本）、文獻出處等。

第五部分，"譯本"，著錄德文、英文、法文、意文、日文譯本《楚辭》27種。內容包括書名（篇名）、譯者、版本及譯本的大致體例內容等。對於瞭解域外《楚辭》研究情況十分有用。

"別錄"包括兩章：近人《楚辭》著述略、《楚辭》論文要目。

第一部分，"近人《楚辭》著述略"，著錄介紹包括劉師培《楚辭考異》在内的近代以來學者所撰《楚辭》研究著作31部。

第二部分，"《楚辭》論文要目"，分六個部分著錄近代國內外有關屈原與《楚辭》的論文，內容包括文章題目、發表刊物及時間。六部如下：（1）"屈原與《楚辭》"，共著錄包括陳介石《屈子發微》在内的41篇論文。（2）"《離騷》"，著錄包括廖平的《離騷釋例》在内的論文20篇。（3）"《九歌》"，著錄有關《九歌》研究論文23篇。（4）"《天問》"，著錄有關《天問》研究論文17篇。（5）"《九章》《九辯》"，著錄有關《九章》《九辯》的文章4篇。（6）"《遠游》《招魂》《大招》"，著錄有關這3篇作品的研究論文7篇。

"外編"即"《楚辭》拾補"，收集作者對《楚辭》遺文的考校札記7篇。書末附錄元趙孟頫繪屈子像及有關《楚辭》的版本圖錄24張。

第三，《詞集考》（一名《詞籍考》）。

饒宗頤編撰《詞集考》（一名《詞籍考》）之"唐五代宋金元編"，香港大學出版社1963年印行，1986年增訂再版，有中華書局1992年版、臺灣新文豐出版公司《饒宗頤二十世紀學術文集》本等。全書分"別集類""總集類""外編"三個部分。"別集類"：卷一《唐五代詞集考》，卷二、卷三、卷四、卷五、卷六《宋代詞集解題》，卷七《遼金元詞集考》。"總集類"

爲卷八、卷九、卷十。"外編":卷一一《詞評類》,卷一二《詞樂詞韵類》。分別對唐五代、宋、金、元近 300 家詞人的生平經歷以及 370 多種詞籍的内容梗概、版本流傳、歷來評價等作出考證。如該書"金"下所著録:

  東山樂府　吴激撰
  激,字彦高,自號東山,福建建州人,米芾婿(《中州集》稱激爲宋宰臣栻之子。《金史》稱栻官終朝請郎)也。使金被留,仕爲翰林待制。皇統二年(宋紹興十二年,一一四二),出知深州,到官三日而卒。事迹具《金史》一二五。《中州集·激傳》云:"《(東山)樂府》:'夜寒茅讓不成眠''南朝千古傷心事''誰挽銀河'等篇,自當爲國朝(金)第一手。而世俗獨取'春從天上來',謂不用他韵;《風流子》取屬對之工;豈真識之哉。"《直齋書録》有《吴彦高詞》一卷,久佚。趙萬里從《永樂大典》等書輯得十首,附録誤混二首,視葉申薌《閩詞鈔》所録爲詳確。
  趙萬里《校輯宋元人詞》(孫德謙《金史藝文略》稱搜得吴詞七首,趙輯雖未引録,然已包有其詞)。
  [參考]《中州集》一及《中州樂府》(存吴詞五首)

對於南宋吴激的《東山樂府》從作者事迹、作品評價到歷代文獻記載情况均作了考訂。《詞集考》對於唐代至元代的詞別集、詞總集、詞評、詞話等著述從作者事迹的辨證到版本的比對均作出系統考證研究,其中也涉及近代日本、朝鮮刻本等,對於瞭解這一時期的詞作家及詞學著述,研究這一時期的詞作、詞學及其發展演變具有重要參考價值,"是一部空前的佳作"。①

  第四,《香港大學馮平山圖書館善本目録》。
  該書完成於 1970 年,由香港龍門書店出版。馮平山圖書館爲新會藏書家馮平山捐建,建成於 1932 年,善本書來自於吴興嘉業堂、南海劬學齋,計刊本、抄本共 200 餘種。此書分"宋元本""明刊本""抄本"三個部分著録,每部分又以經、史、子、集分類,"本編所録宋元明刊本,爲數無多,非盡秘笈,而鈔本則不少爲清代經學家手稿,吉光片羽,彌爲可珍,亦足矜耀於士林矣。馮平山圖書館中文藏書,三十年來,總數積至十六萬册,其中清初至中葉刻本爲數尚夥,以今日得書之難,允宜厠諸善本之列……"②可見其藏書之一斑。該書采取的是解題式書目,解題主要對藏書的版式、行款、内容、刻工、序跋、印記、著録等情况進行介紹,如集部著録明李夢陽《空同子集》66 卷,解題云:

---

① 見楊成凱:《詞學研究的一座豐碑——評饒宗頤〈詞集考〉》,載《文學遺産》1994 年第 6 期。
② 見饒宗頤:《香港大學馮平山圖書館善本目録·序》,載《饒宗頤二十世紀學術文集》卷一〇,第 430 頁。

明萬曆壬寅(三十年)刊本

每卷前題:"北郡李夢陽撰,東莞鄧雲霄、歙潘之恒搜校。"卷三十八及五十一末有潘之恒箋語。每卷末有參閲者姓氏,如:歸隆閟、錢允治、洪大德、吴文策、程可中、潘鳳、董其昌、陳繼儒、黄叔暘、梅守箕、張桂芳、劉一燝、何白、喬一琦、曹以植等二十許人。

每半頁十行,行二十字。

鄧雲霄序(萬曆壬寅),馮夢禎序(萬曆壬寅),沈時可(本文作者按,當爲"馮時可")序(萬曆壬寅),黄尚温序。

印記

曹氏珍藏　執甫　陳百斯藏書印　百斯過眼

參考

國會圖書館《所藏中國善本書目》,頁九二五—九二六　《八千卷樓書目》卷一六①

著録文字十分詳細,尤其"參考"部分,詳注其他書目記載,對於讀者查檢、閲讀以及研究圖書版本十分有用。

此書體現了香港大學馮平山圖書館所藏古籍善本情况,有利於讀者利用該館藏書,這是十分有意義與價值的目録工作。

二、目録學思想及其成就

通過對饒宗頤四部著作的閲讀解析,筆者以爲它們充分體現出作者的目録學思想及方法,具體表現在以下三點:

(一)目録學意識

饒宗頤研究學術非常重視目録學,他在香港大學中文系任教時,常年教授目録學,因此,將目録學思想與意識貫穿於其所有學術研究之中,這是毋庸置疑的。有學者由此稱饒氏"以目録學爲治一切的探燈"②,可謂切中肯綮。饒宗頤的研究領域十分廣泛,但總結起來,無非經、史、子、集四部,如像甲骨學、敦煌學、地理學、目録學等均屬史部範疇,佛學、宗教學、書法、繪畫的研究則屬子部範疇,《楚辭》、詩詞的研究即是集部之學。可以説,饒宗頤學術研究是基於對中國傳統四部之學的全面研究。除本文所研究的四部書目外,饒氏還編撰有《遠東學院藏唐宋墓志目》《虚白齋藏書畫解題》二書,前者是域外所藏出土墓志目録,後者是書畫目録,均寫有解題,也是典型的專科目録。可見,饒宗頤在治學中非常

---

① 饒宗頤:《香港大學馮平山圖書館善本目録・序》,載《饒宗頤二十世紀學術文集》卷一〇,第517~518頁。

② 見胡曉明:《饒宗頤的治學態度與方法》,載《華東師範大學學報》1995年第6期。

經意於作爲中國傳統學術的最基礎學科——目錄之學。

饒宗頤在初始研究一門學科領域時，總是先從目錄入手。比如，他研究《楚辭》，即先撰寫《楚辭書錄》，厘清歷代《楚辭》版本以及各代《楚辭》的注疏研究著作，國内外一網打盡，然後再進行《楚辭》其他方面的研究。這就是清代王鳴盛《十七史商榷》所説："目錄之學，學中第一要緊事。必從此問途，方能得其門而入。"這一點趙尊嶽在爲《詞集考》所作序中即云："茲編部居既嚴，搜羅至當。沿流必溯其源，導長江於積石；探本兼尋其脉，匯九流爲具區。題名陳晁，開珠塵蘭畹之先；踵事李黄，負曲海詞山之譽。雲礽有自，奕葉可徵，目錄之傳，重在統緒。此其嘉惠士林者一也。"陳晁即宋代目錄學家陳振孫與晁公武，這裏也强調的是《詞集考》的文學目錄學價值。

通過編纂某一學科的目錄，瞭解古代乃至於今日本學科的發展與演變，這是目錄學的功用之一。章學誠《文史通義·互著》云："古人著錄，不徒爲甲乙部次計……蓋部次流别，申明大道，叙列九流百氏之學，使之繩貫珠聯，無少缺逸，欲人即類求書，因書究學。""因書究學"便是我國傳統目錄學的思想之一，饒宗頤編纂這幾部目錄，就是欲"因書究學"，如，通過撰寫《楚辭書錄》，瞭解古今《楚辭》學的發展與演變；通過編纂《潮州藝文志》梳理潮州地方文獻目錄，瞭解潮州古代文化的發展與變遷；通過編撰《詞集考》研究詞籍目錄，瞭解唐、五代、宋、金、元時期詞學的發展與演變，這纔是饒氏編撰學科目錄、研究目錄學的終極目的。以上三點都説明饒宗頤在學術研究中具有很强的文獻目錄學意識甚或思想。

（二）重視書目解題

目錄的功用在於能"辨章學術、考鏡源流"，因此，一部好的書目一定要具有完備的體例，尤其是要撰寫叙錄，即解題或書錄，這是漢代劉向父子創立的目錄學方法。劉向當時所撰書錄大多已佚，現僅存 8 篇，以其《荀子書錄》體例來看，先列 32 篇篇目於前，再綜述整理經過、所用校本、作者行事、内容提要等，比較完備。清代四庫館臣編撰《四庫全書總目》其提要的撰寫："每書先列作者之爵里，以論世知人；次考本書之得失，權衆説之异同；以及文字增删，篇帙分合，皆詳爲訂辨，巨細不遺。而人品學術之醇疵，國紀朝章之法戒。亦未嘗不各昭彰癉，用著勸懲。"①縱觀饒宗頤的四部目錄學著作，都始終貫穿這樣一思想方法，十分重視目錄解題的撰寫，如《楚辭書錄》之"知見《楚辭》書目"，這一部分就反映十分明顯，比如，著錄王逸《楚辭章句》17 卷，有很長一段的解題文字，首先引宋代晁公武《郡齋讀書志》關於王逸《楚辭章句》的解題，説明該書成書、篇目、内容等情况，繼引《四庫提要》説明"知自宋以來，已非逸之舊本"，又引清代姚振宗《隋書經籍志考證》説明 16 卷本與 17 卷本之區别。接下來是對版本的梳理，饒氏列舉該書的 13 種版本，如北宋本、元刊本、明正德十三年戊寅刊本、隆慶五年辛未刊本、萬曆翻夫容館本、萬曆蘇州郡守朱燮元刻本、

---

① 《四庫全書總目·凡例》，北京：中華書局，1965 年。

萬曆十四年丙戌馮紹祖校刊本、萬曆十四年俞初校刊本、明楊鶴刊本、清嘉慶六年辛酉大小雅堂刊本、光緒十七年趙尚輔《湖北叢書》本、日本寬延三年莊益恭校刊本。他不衹列舉版本，還對卷帙、版式、行款、著錄情況、版本特點、刊刻者、收藏者等作了一些必要的叙述與考證，有時并有結論性語言，比如版本間的關係、版本質量優劣等。兹舉一例説明。如第三部分"擬《騷》"著錄《反離騷》一書，解題云：

> 漢成都揚雄撰
> 《漢書·雄傳》云："怪屈原文過相如，至不容，作《離騷》，自投江而死。悲其文，讀之未嘗不流涕也。以爲君子得時則大行，不得時則龍蛇。遇不遇，命也，何必湛身哉？乃作書，往往摭《離騷》文而反之。自岷山投諸江流以吊屈原，名曰《反離騷》。"
> 唐寫本　東瀛藏古鈔卷子《漢書·揚雄傳》，卷端殘闕，起《反離騷》之"反"字，終傳之上卷。卷尾有天曆二年(即五代後漢乾祐元年，公元九四八)藤原良秀題記。日本官定爲國寶(神田喜跋語)，京都帝國大學編入景舊鈔本第二集(昭和十年版，本册名。《漢書揚雄傳殘卷》)。神田喜(一郎)有校記。其昭和九年跋云："書法率更，精健俊逸，'淵''民'二字缺筆，蓋初唐人書。"欄内外有良秀校語，所徵引皆六朝隋唐佚籍，有曰'訓'曰'察按'者，乃姚察'漢書訓纂'；有曰'集'者，乃顧胤'漢書古今集義'，多至百餘條。服(虔)應(劭)古義，韋(昭)晉(灼)佚訓，横遭顔監割弃者，亦得藉存什一。今并録姚顧古訓，附本書外編《反離騷》校記之後，藉見唐宋以前佚籍之一臠，諒爲汲古者所不廢也。
> 宋刊本　半葉七行，行十五字，左右雙欄。現藏臺灣"中央圖書館"。此書蓋朱子《楚辭後語》卷二之第十六篇，但葉數由一至十四自爲起訖，前後及中縫并無卷次，故張鈞衡跋謂頗似單行。又因"瞿氏書目《天禄續目》定爲嘉定六年本，而疑《後語》未刊，僅此《反離騷》十餘葉"。按端平本朱鑒跋云"《反離》一篇亦附卷末"，乃指初刊《集注》時言，故此附末之十四葉似爲單行本也。（參本編《楚辭集注》"宋嘉定本"條。書影見《中華文物集成》第五册四四〇及本書卷首。）
> 乾隆間綿州李調元《函海》本　《函海》雕版始乾隆辛丑秋。
> 民國五年吴興張鈞衡《擇是居叢書》初集影宋尹家本　第十三册。
> 《古書叢刊》第二輯本　即從擇是居本出。①

首先根據《漢書·揚雄傳》考知成書情況，然後考述5種版本，詳及版式、刊刻、版次、藏書處以及各本之間的遞嬗關係等，爲瞭解該書提供了詳細的學術信息。其餘3部著作也同

---

① 饒宗頤：《楚辭書録·擬〈騷〉第三》，《饒宗頤二十世紀學術文集》卷一一，臺灣：新文豐出版公司，2003年，第264~265頁。

樣重視叙録的撰寫,如《潮州藝文志》解題,或短或長,或詳或略,反映出饒宗頤對潮州地方歷史文化的梳理與研究。《香港大學馮平山圖書館善本目録》也是一部反映香港大學馮平山圖書館所藏善本古籍的解題目録。

這些解題緊密關涉學術,能使讀者"觀目而悉詞""覽録而知旨"不見古人之面而見古人之心"①,體現傳統目録學的思想與功用。

(三)强調書目的學術功用

饒宗頤的目録學研究雖然不是對傳統目録學思想與理論的具體研究探討,但在他所編撰的目録書中滲透著較强的學術性。章學誠《校讎通義叙》云:"校讎之義,蓋自劉向父子部次條别,將以辨章學術,考鏡源流。"饒宗頤在編撰這四部目録著作時并非祇列舉目録,而是十分注意反映學術,這主要體現在書目解題之中。目録解題在學術研究方面主要有四項職能:第一,通過目録考訂典籍的存佚;第二,通過目録考知亡佚書籍的内容概要;第三,通過目録考校古籍篇名分合与卷帙增減的情形;第四,通過目録考辨古籍版刻源流與優劣异同。饒宗頤的《詞集考》(一名《詞籍考》)明顯體現出較强的學術性。以下即結合這四個方面對《詞集考》作一些分析:

"考"這一體裁的目録首創於元代馬端臨,其《文獻通考》特設《經籍考》,是典型的輯録體式的文獻目録,如子部小説家類著録《尚書故實》1 卷,解題曰:

　　晁氏曰:唐李綽編。《崇文總目》謂尚書即張延賞也。綽記延賞所談,故又題曰《尚書談録》。按其書稱嘉貞爲四世祖,疑非延賞也。

　　陳氏曰:其書首言賓護尚書河東張公三代相門,謂嘉貞、延賞、弘靖,弘靖盧龍失御,貶賓客分司。綽,唐末人,未必及弘靖,弘靖之後,文規、次宗、彦遠皆不登八座,未詳所謂,《唐志》即以爲延賞,尤不然。②

清代朱彝尊受其影響乃著《經義考》,成爲我國第一部完整而系統的經學書目録,對於後世學科目録的發展產生了很大影響,隨後謝啓昆又著《小學考》,成爲一部系統著録文字、音韵、訓詁等小學書籍的專科目録,民國時期有黎經誥的《許學考》,是一部有關《説文解字》著述的學科目録,近人王重民著《老子考》則是一部專門著録《老子》版本及研究著作的專科目録。這種輯録體書目,一般以抄録前人資料成爲自己的書目解題,包括原書的序、跋、前人書目解題以及其他相關文獻材料等,也間或有作者自己的按語,對該文獻的有關問題作一些考辨。饒宗頤的《詞集考》不僅保存大量珍貴的詞學史料,而且介紹該書的著録、存佚及版本情况,并時有自己的考證發微,這一點已是對古代傳統輯録體書目的超越。如卷

---

① 見毋煚:《古今書録序》,載《舊唐書·經籍志》卷首,北京:中華書局,1997 年。
② 〔元〕馬端臨:《文獻通考》,北京:中華書局,1986 年,考一七五七下。

一著録韓偓《香奩詞》與和凝《紅葉稿》時涉及《香奩集》的作者問題，饒宗頤指出：

  沈括《筆談》一六謂在秀州和凝曾孫家，見凝舊藏諸書，稱凝有艷詞名《香奩集》，後貴，乃嫁名韓偓。同書一七謂慶曆中在南安偓十世孫家見偓手集，字極淳勁。是括曾見兩家真本，説似可信。然葛立方《韵語陽秋》五，以《香奩集》中辛酉、丙寅等紀年，與偓序及《唐書》本傳相合，定爲偓作。方回《瀛奎律髓》亦以同時吴融集有依韵和作，定爲韓偓無疑。豈世傳者非沈括所見本耶？……①

又進一步考證：

  《舊五代史》凝傳云："平生爲文章，於短歌、艷曲尤好聲譽，有集百卷，自篆於板，模印數百帙分惠於人。"附注引《宋朝類苑》稱："凝有艷詞一編，名《香奩集》，後貴，乃嫁名爲韓偓，今傳韓偓《香奩集》，乃凝所爲也。"説本《夢溪筆談》《韵語陽秋》《瀛奎律髓》皆證爲偓作無疑。②

饒宗頤雖然没有明確斷定哪一種説法正確，但他引證唐宋時期各種文獻，舉出兩種不同觀點及理由，并對這些記載進行對比分析，最後表示了自己的傾向性意見。對於《香奩集》的作者問題，自宋代以來聚訟紛紜，莫衷一是，明代胡應麟認爲《香奩集》的作者是和凝，他説："有耻於自名而僞者，和氏《香奩》之類是也。"③究竟誰是《香奩集》的真正作者還有待於進一步探討，但通過對這一問題的分析反映出的饒宗頤的問題意識、對待學術的認真態度以及細密謹慎的考證過程值得我們借鑒。該書的學術價值，正如日本學者吉川幸次郎所評價："……體裁有承乎釣師，而非勤勤録序跋，如吏胥之寫官牘已也。有疏證，有品騭，考詞人之生平，叙詞流之升降，字句异同，亦舉其要，詞之史、之話、之平議寓焉。……至於甄録版本，言之盤盤，尤非釣師之所夢想。……幸次郎昔亦治目録之業矣，而厭之，以類賈人之簿録者多，能爲讀書者目如宋之晁、陳者寡也。今教授之書，誠可謂讀書者之目，自此以後，讀詞者必發軔於此，猶三十年前幸次郎之讀詞，發軔於釣師之《詞綜》也。"④吉川氏認爲《詞集考》繼承宋代晁公武《郡齋讀書志》、陳振孫《直齋書録解題》的學術傳統，是"讀書者之目"，恰如其分地指出了該書的學術特點與價值。

  饒宗頤通過書目所體現的學術性不僅反映在《詞集考》中，其他3部著作也不同程度地反映出作者的學術思想與方法。如《楚辭書録》《潮州藝文志》在彙輯各類文獻中相關記

---

① 見《詞集考》卷一《香奩詞》解題，第22頁，載《饒宗頤二十世紀學術文集》卷一〇。
② 見《詞集考》卷一《紅葉稿》解題，第23頁，載《饒宗頤二十世紀學術文集》卷一〇。
③ 見胡應麟：《少室山房筆叢·丁部·四部正訛》，上海：上海書店出版社，2009年。
④ 見吉川幸次郎：《詞集考序》，《詞集考》卷首，《饒宗頤二十世紀學術文集》卷一〇。

載的基礎上，融入作者自己的考訂與見解，《香港大學馮平山圖書館善本目錄》中對於藏書的規範著錄以及善本形態、版本的考訂等，無不反映出很强的學術性，完全是讀書者與研究者的目錄，也證明饒宗頤對目錄學這一學科的深刻體認。

三、餘　論

通過以上分析，筆者以爲饒宗頤對於中國傳統目錄學的繼承與發展做出了貢獻，不僅如此，他編撰的這些目錄在 20 世紀學術史上均占有重要學術地位。具體包括以下幾點：

第一，《潮州藝文志》，是饒宗頤爲潮州地方所編的文獻目錄，内容關涉潮州地方政治、経濟、文化等方面，雖然港臺及内地出版機構將其單列爲"潮學"一類，但毋庸置疑，它是一部著錄地方鄉賢著述的目錄著作，是我們瞭解與研究潮州地方文獻與文化不可多得的一部目錄學文獻。清代學者孫詒讓編《温州經籍志》，對後世地方著述志編纂風氣影響甚大，至 20 世紀二三十年代，學者們更加認識到地方文獻對於地域經濟、文化發展的重要性，因此，形成了編纂地方藝文志的風氣，20 年代就有項元勛編《台州經籍志》、陳衍編《福建藝文志》，30 年代則有李時燦等編《中州藝文録》、丁祖蔭編《常熟藝文志》等，饒宗頤繼承其父遺志所編《潮州藝文志》受到孫詒讓《温州經籍志》的影響，也是順應時代學術潮流的産物，因此，該書是研究潮州地方文獻與文化的重要參考著作。

第二，臺灣和大陸方面的出版社未將《楚辭書録》列入目錄學一類，筆者以爲它實際是一部體現饒宗頤文學目錄學的《楚辭》學目錄；《楚辭書録》完成出版於 1956 年，大陸方面 1961 年由中華書局上海編輯所印行姜亮夫的《楚辭書目五種》，收書比饒著多，但饒著比姜著早 5 年時間，因此，饒宗頤的《楚辭書録》是中國第一部有關《楚辭》的書目，是《楚辭》目錄學研究的開山之作，對於國内 20 世紀 80 年代以來形成的編輯《楚辭》書目的風氣具有發凡起例的作用。①

第三，《詞集考》（一名《詞籍考》）第一版完成出版於 1963 年，唐圭璋在完成其《全宋詞》的同時編成"《全宋詞》引用書目"，完成出版於 1965 年，是内地首次編纂宋詞書目。饒著比唐著早兩年完成，其内容包括唐、五代、宋、金、元；唐著是簡目，饒著不但有詳細解題，還有考辨。後來學界也陸續産生了幾部詞學書目，但時間基本在 20 世紀 80 年代以後。②因此，饒宗頤的《詞集考》是 20 世紀以來中國學術界最早的詞學目錄著作。到目前爲止，

---

①　國内在 20 世紀 80 年代以來陸續産生了如洪湛侯《楚辭要籍解題》（武漢：湖北人民出版社，1984年）、崔富章《楚辭書目五種續編》（上海：上海古籍出版社，1993 年），潘嘯龍、毛慶《楚辭著作提要》（武漢：湖北教育出版社，2003 年）等幾種《楚辭》書目。

②　國内 20 世紀 80 年代以來産生的主要是宋詞目錄如：賈筱新輯録《宋詞書目》（北京：北京燕山出版社，1987 年）、龍瀚輯《全宋詞書目輯録》（北京：中國婦女出版社，1995 年），蔣哲倫、楊萬里編撰《唐宋詞書録》（長沙：岳麓書社，2007 年）等。

内地學界尚未產生一部貫穿歷代的系統的詞學目錄解題，這是我們深感遺憾的地方，也是需要努力的方向。

第四，《香港大學馮平山圖書館善本目錄》完成於1970年，2003年香港大學出版了《香港大學馮平山圖書館藏善本書錄》，就是在饒宗頤此書的基礎上編成，又增補了20世紀70年代以後陸續入藏的善本古籍，著錄乾隆六十年(1795)以前之刻本、稿本、抄本、批校題跋本以及乾隆六十年以後的稿本、抄本、校本及稀見刻本等，共著錄馮平山圖書館所藏善本古籍704種11427册。全書共分經、史、子、集、叢五部，每書著錄內容包括書名、卷數、著者、版本、册數、行款、尺寸、序跋、刻工、藏印、後人批校等。另外還有有關本書版本、刻書鋪及諸家著錄情況的介紹等，該館索書號列於書目資料之後。這些大體是保持饒宗頤原書體例，可見饒氏的發凡起例之功，也反映出作者的學術眼光及其目錄學成就。

椎輪爲大輅之始：論饒宗頤先生與歷史考據學

胡孝忠

（香港大學饒宗頤學術館）

衆所周知，饒宗頤先生治學領域十分廣博，往往爲學界提出新論題。饒先生在充分繼承和發揚乾嘉學派以來的歷史考據學基礎上有所開拓和創新。可以説，其學術起點就是將考據學與歷史地理學及方志學的有機結合，并將這種方法貫穿其一生的學術研究。陳其泰先生著《20世紀中國歷史考證學研究》（北京師範大學出版社，2004年）第六章第二節有一半的內容是對饒宗頤先生在甲骨學、敦煌學、簡帛學、宗教史、潮汕文化等方面的研究成果和方法作歸納，但是由於篇幅所限，并未完全展開，而是留給後學進一步探討的餘地。饒宗頤先生幼承家學，又從20世紀30年代起就受到史學宗師顧頡剛先生的青睞，并加入禹貢學會，目前是唯一健在的會員。本文就嘗試以饒先生早年在歷史考據學領域的成就爲例，來一窺先生治學之道。

一、歷史地理及方志學

誠如晚清的劉晚榮《藏修堂叢書第二集序》云："讀史以洞明地理爲要，尤以考析地理爲最難。"1940年，著名歷史學家童書業先生爲饒先生的成名作《楚辭地理考》作序云："考據之學，愈近愈精，讀宗頤饒君之書，而益信也。君治古史地學，深入堂奧，精思所及，往往能發前人所未發！"① 這是對饒先生在治古史地學時運用考據方法所取得成果的高度評價。

根據《饒宗頤教授著作目錄新編》② 所列饒先生早期的學術成果，有《廣濟橋考》《韓山

---

① 見童書業：《楚辭地理考·序》，上海：商務印書館，1946年，第1頁。
② 見鄭煒明、林愷欣編：《饒宗頤教授著作目錄新編》，濟南：齊魯書社，2010年。

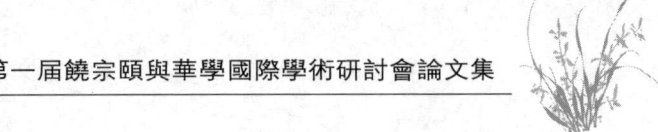

名稱辨異》《海陽山辨》《汕頭釋名》《韓文編録原始》等,而 1940 年撰成的《楚辭地理考·自序》,開篇即云:"予爲《古地辨》,此其一種也。以篇帙較多,故抽出單行。"①可以看出先生早期治學重點是以歷史地理和方志學爲主。1941 年 9 月 1 日出版的《責善半月刊》有顧頡剛先生請饒宗頤先生所編古地辨擬目,其中有饒先生自作論文《古書地名舉例》《〈禹即九州考〉跋》《十二州解》《三苗考,附九黎考、三危考》《夏殷民族考》《子氏考》《殷困民國考》《鬼族考》《昆夷與昆吾》《于越名稱考》等文章,通觀篇名,有稱"考""辨""解""釋""發微""證""原始",不僅顯示其研究上古史、歷史地理學的深度和廣度,而且體現了饒先生在考據學領域取得的豐碩研究成果。茲簡要分類例舉先生治學方法和成果如下:

(一)有關典籍、志書考據

目前能讀到饒先生最早發表的論文係 1934 年 11 月 1 日出版的《禹貢半月刊》第 2 卷第 5 期的《廣東潮州舊志考》,已展現其考索之功。饒先生在文中否定"潮志自明弘治以前,無可考矣"的觀點,認爲南宋乾道、淳熙之際猶有書名可考見者,明文淵閣所庋潮州府志、圖志共 6 部。饒先生從《宋史·藝文志》等書考證出王中行撰《潮州記》1 卷,認爲"潮州方志最古而可考者惟此,然書僅一卷,當爲粗具雛形之志書也"②。對鄉邦文獻的考證,引起了同鄉耆老和學界名師的關注,奠定了饒先生往後治地方史的堅實基礎。

(二)有關名詞考證、辨誤

《周書·王會》言八方所獻有"海陽大蟹",潮州府縣志皆以爲是潮州海陽縣貢獻之始。饒先生考證古海陽應在江蘇,理由有三:

第一,"潮州海陽縣,晉始置,自晉以前,縣無有海陽也,名起於後世,尤不得指爲《周書》之所云。"③這是以名稱出現的先後來作考據。

第二,《史記》《漢書》之功臣年表記載"海陽齊信侯搖毋余",後魏酈道元始以爲此海陽在遼西,而光緒《嘉應州志》等認爲秦漢間南海郡有海陽縣矣。饒宗頤先生認爲這兩種觀點均不正確。其考證認爲:

> 謂封於遼西,則地太遠,雖云"越境而封,亦間有之事"(周壽昌語),然毋余子孫世居餘杭,自與遼西無關;且《索隱》言《地理志》闕,則此海陽非屬遼西郡甚明。若謂爲南海之海陽,則"晉始置爲縣,且其時地屬趙佗,高祖安所取而封之"。謂爲虛封,然《漢書》明云千七百户,非封而何。④

---

① 見饒宗頤:《楚辭地理考·自序》,上海:商務印書館,1946 年,第 1 頁。
② 見饒宗頤:《廣東潮州舊志考》,《禹貢半月刊》1935 年第 2 卷第 5 期,香港龍門書店 1968 年再版,第 34 頁。
③ 見饒宗頤:《古海陽地考》,《禹貢半月刊》1937 年第 7 卷第 6、7 期,香港龍門書店 1968 年再版,第 255 頁。
④ 見饒宗頤:《古海陽地考》,《禹貢半月刊》1937 年第 7 卷第 6、7 期,香港龍門書店 1968 年再版,第 257~258 頁。

第三，根據鄧名世《古今姓氏書辨證》記載，以及徐廣曰"摇，東越之族"，周壽昌曰"是以其國主名爲氏"，判定"毋余爲東越之族，故封於楚東海陽，由是子孫世居餘杭。……古楚東海陽，實處今常熟東南濱海之地。自《周書》《國策》《史記》《吴越春秋》，其地望皆指此。後世以爲在遼西或南海者，皆因同名牽涉而誤。今爲辨正，以與孳治地學者商榷焉"①。

（三）有關地名、職官沿革考證

1994年，楊振寧先生在《明報月刊》"讀者來信"欄撰文説，根據《大英百科全書》第十五版（1974年）"利瑪竇"條説當時肇慶是廣東首府，丁克先生曾兩度來信與其討論。楊先生因此向史學家提問：兩廣總督府所在地是否在史書上稱爲"兩廣首府"？② 饒先生的《明末兩廣軍事首府正在肇慶》一文回答楊振寧先生的質疑：

編輯先生：本年九月號貴刊"讀者"一欄，刊出楊振寧教授函，詢及兩廣首府一事，不揣固陋，謹奉答如下：

明代官制，地方設承宣布政使司，布政使掌一省之政，這屬行政方面，廣東布政使首府當然是廣州府。但軍事則不然，兩廣總督之職是提督軍務，駐地不一定。《明史》卷七十（引者：中華書局版爲七十三卷）《職官》云：景泰三年，苗亂（引者：寇）起，以兩廣宜協濟應援乃設總督。成化元年兼巡撫事駐梧州。……嘉靖四十五年，另設廣東巡撫，改提督为总督，正（引者：止）兼巡撫廣西，駐肇慶。……萬曆三年仍改總督。

第一任兩廣總督是王翱（見《明史》十一《景帝紀》），總督駐地先在梧州，後來改在肇慶。應檟於嘉靖三十年（一五五一）督兩廣，他編著《蒼梧總督軍門志》一書，那時兩廣督府正在梧州（此書藏臺灣"中央圖書館"。史書如《東莞縣志》、羅氏《香港前代史》都誤"蒼梧"作"蒼格"，因不知梧州亦是總督所在地。現有大東圖書公司影印本）。

移駐肇慶是嘉靖四十五年（一五六六），其時吴桂芳爲總督（見《實録》）。利瑪竇於一五八三年（即萬曆十一年）到一五八九年（萬曆十七年）居肇慶，是時肇慶正爲兩廣總督所在地。這時期的總督有郭應聘、吴文華、吴善、劉繼諸人（見《明督撫年表》頁六六三、六六四），名字不很著聞，没有前此凌雲翼、劉堯誨的功績昭著史傳。入清，承前制仍置兩廣總督，《清史稿》卷一一六云："順治元年，置廣東總督，駐廣州，兼轄廣西。十二年徙梧州。康熙三年，別置廣西總督，移廣東總督駐廣州。三軍復并爲一，駐肇慶。"順治至康熙初，南明奉永曆正朔，亦可説是"明末"。永曆即位於肇慶，行政首府正在此地。清廷設總督蓋沿明制，而兩廣分合無定。要到康熙三年方有兩廣總

---

① 見饒宗頤：《古海陽地考》，《禹貢半月刊》1937年6月1日第7卷第6、7期，香港龍門書店1968年再版，第258頁。

② 見楊振寧：《明末廣東首府非肇慶》，《明報月刊》1994年9月號，第146頁。

督,駐於肇慶。楊教授說兩廣首府在肇慶,依前例沒有錯的。如果說"明末廣東首府非肇慶",反而有點不太正確。

一個月前楊教授約我在沙田午飯,可惜沒有談及這一問題。楊教授虛懷若谷,希望史學家指教。這不過是一般的歷史常識,由於我在年青時曾參加省志工作,對地方沿革的事情較為熟悉,故敢貢一得之愚。兩廣總督駐地屢有更動,具見上述,很不容易用一句話來概括。該標題說"明末廣東首府非肇慶",但分明有一段時間駐於肇慶,則又講不過去。一般都知廣州是廣東省的首府,這是對行政區域而言,管軍務的總督則又不同了,知一而不知二,隨便說來,是不符合事實的。①

由於此文係饒先生在20世紀30年代受聘中山大學《廣東通志》館時深入研讀兩廣方志的"副產品",也是饒、楊兩位學者的一段學術往來趣史,而有關研究者多未提及此文,故將其全錄於此,以供參考。該文末尾還有饒先生與周策縱先生論"夏"字的補充,研究甲骨、簡帛的學者或可參考。可見,饒先生熟知兩廣地方志記載,對職官和典章制度沿革熟記於心,故能將多種史料有機結合而作考據,往往發前人所未發。

這也印證了饒先生於1944年發表信史首先必須來源於真實史料的觀點:

近代史學之發達,邁越前古,大半由於研究對象之開拓及史料之日見增加:如中西交通及域外史地諸問題,皆前此史家所未措意者也。……夫專史之作,莫切於史料之鑒核,苟史料不實,則凡所論述,均不足令人置信;椎輪為大輅之始,理固然也。②

(四)考據學的規律總結

饒宗頤先生治學不僅注重考據,而且擅於發現規律、總結治學方法。他為《楚辭地理考》作自序:

曾謂考古代地理,其方法有二:一曰辨地名,二曰審地望。前者為考原之事,所以窮其名稱之由來,與所指之範圍也;後者為究流之事,即求其地之所在與遷徙沿革也。辨名者,當知地名之種類不一。有泛稱之地名,如"江南"之指大江以南一帶之地是也;有專稱之地名,如江南亦為邑名是也。有合稱之地名,如"鄢郢"為宜城之鄢及江陵之郢之合稱是也;有別稱之地名,如楚徙陳後,所謂鄢、郢乃轉指鄢陵及郢陳是也;有借稱之地名,如楚都江陵曰郢,復假為楚都代稱,故在紀謂之紀郢,在鄢謂之鄢郢,在陳謂之郢陳是也;有混稱之地名,如邊裔地名,多所淆亂,南方蒼梧之名,亦訛傳於

---

① 見饒宗頤:《明末兩廣軍事首府正在肇慶》,《明報月刊》1994年10月號,第142頁。
② 見饒宗頤:《張璉考》,《南洋研究》1944年第11卷2號,第13頁。

東西方是也；故宜詳加辨析，庶無舛誤。至於審地望，則當留意於其民族遷徙與建置沿革。遷徙之，例如邿爲楚亡，徙之江夏，仍號曰邿；蔡爲楚滅，遷於武陵，謂之高蔡；（尚有上蔡下蔡，例同）建置之例，如楚黔中之疆域及所治，異於秦漢之黔中郡，并且區別而論之。古代地名，多同號而異地，或殊名而同實，其紛紐繁賾，至難悉究，然亦有大例，可資尋考，循是以求，或可得其情實。①

考求規律，還在於類比。《〈魏策〉吳起論三苗之居辨誤》一文云：

  《策》文謂"汶山在南，衡山在北"，《韓詩外傳》則云"衡山在南，岐山在北"，適得其反，又別作岐山。余考《策》文言夏桀之國云"廬、嶧在其北，伊、洛出其南"，其例先言北而後南。而言文山、衡山，獨先南而後北，詞氣甚不順，是南北二字亦爲倒置；當云"汶山在其北，衡山在其南"乃合矣。②

這是從用字習慣和詞氣是否順暢兩方面作考據，非博覽群書之大家不能提出此種觀點也。著名史學家童書業先生點評此文道：

  饒先生的治學方法最是謹嚴，他從種種方面考出《魏策》論三苗之居的文字有誤，他的大作雖然簡短，但是影響到古代地理的研究却是很大，因爲三苗疆域的問題關涉到夏、周、戎三種民族發展的歷史。在此以前，錢穆先生曾作過一篇《古三苗疆域考》，是一篇研究古代地理的權威文字，影響於學術界極深。饒先生這篇《辨誤》，便是針對錢先生的著作而發，錢先生已有答辨，并載本刊，兩先生的說法各有理由，其是與非，可請讀者公評。③

饒先生時年21歲，《禹貢半月刊》刊登其對權威文字提出的商榷，也登載回應文章供學界公評，促進學術討論，從側面反映出當時的學術風氣和學術水準。

二、文　學

饒宗頤先生幼承家學，并得同鄉先賢時俊的指點，青年時代就已在編纂藝文志和文學史考據方面嶄露頭角。1933年，饒宗頤先生作《潮州藝文志總目序》，闡明了饒氏父子的考據學淵源及成就：

---

① 見饒宗頤：《楚辭地理考・自序》，上海：商務印書館，1946年，第3頁。
② 見饒宗頤：《〈魏策〉吳起論三苗之居辨誤》，《禹貢半月刊》1937年第7卷第6、7合期，第98頁。
③ 見童書業：《序言》，《禹貢半月刊》1937年第7卷第6、7合期，第3頁。

先君子鈍盦先生平生致力考據之學，所著有《王右軍年譜》一卷、《西湖山志》十卷、《漢儒易學案》一卷、《佛國記疏證》十卷，皆裒輯成書。惟晚年撰《潮州藝文志》二十卷尚未完編而卒。其稿自明以上皆纂定，清人集部僅具書目而已。先君之爲是書，蓋感鄉邦文獻之凋殘，郡縣舊志雖於先賢簡籍有所論列，然疏漏踳駮，實無裨於考證，乃大索遺書，鈎稽排纂。……今春因鄭先生雪耘之介，得識同邑黃嵩園先生。先生好古嗜學，尤關心鄉獻賸篇。方其初納交於予也，殷殷然以先君遺著垂詢，及見是編，則嘆其考核詳密，稱爲一郡文獻之幟志。復惜其未能成書，督促宗頤亟爲校補，并令依其原著先編成簡明目錄。①

黃嵩園即黃仲琴先生，曾給予饒宗頤先生研究地方史和上古史很多幫助。此序末尾有"中華民國廿三年三月三日宗頤謹序"，而饒宗頤先生於當年九月將此序修訂後作爲《潮州藝文志》的序言發表在《嶺南學報》1935 年 4 卷 4 期，篇首即是黃仲琴先生所作序。

《潮州藝文志》的例言認爲郡邑殊地，往往今古同名。所以饒氏父子對舊志誤錄及撰人未詳者，"姑爲綴錄，更加疏證，纂爲'訂偽''存疑'兩編。'訂偽'者蓋仿孫氏'辨正'之體；至於'存疑'，雖屬創例，究亦徵文考獻者所不廢也"②。這既有對前人學術成果的繼承，也有一定創新，實爲徵文考獻者所不廢也。

饒先生在其文學史論文集《文轍——文學史論集》提出治文學也可用考據之學："念平生爲學，喜以文化史方法，鈎沉探賾，原始要終，上下求索，而力圖其貫通；即文學方面，賞鑒評騭之餘，亦以治史之法處理之。"③該論文集就收錄饒先生於 1945 年在《東方雜志》發表的《蕪城賦發微》一文。鮑明遠《蕪城賦》，千古傳誦。說者以爲此賦作於宋世祖孝建三年，因竟陵王誕據廣陵反，沈慶之討平之，命悉誅城內男丁，以女口爲軍賞。照蓋感事而賦。饒宗頤先生考證道：

予考《南史·孝武紀》："大明三年四月乙卯，司空南兖州刺史竟陵王誕有罪，貶爵。誕不受命，據廣陵反。秋八月己巳，克廣陵城，斬誕。"其事實在大明三年。……再考劉宋時，廣陵爲南兖州治。《宋書·州郡志》："文帝元嘉八年，始割江、淮間爲境，治廣陵。"（以前治京口）照以文辭之美，歷事臨川王義慶，始興王濬，爲佐史國臣，皆於二王爲南兖州刺史時。義慶鎮南兖州，在元嘉十七年十月（《宋書·文帝紀》），及在廣陵有疾，始求解州（《南史·臨川烈武王附傳》）。照時以貢詩見賞，奉筆相從，（照集中有瓜步山揭文云"鮑子醉吳客楚，指兖歸揚"，必遷都赴兖時作，詳譜）……《南史·

---

① 見饒宗頤：《潮州藝文志總目序》，《潮聲月刊》1934 年第 1 卷第 12 期，上海潮州同鄉會，第 31～32 頁。
② 見饒宗頤：《潮州藝文志》，《嶺南學報》1935 年第 4 卷第 4 期，上海古籍出版社 1994 年再版，第 5 頁。
③ 見饒宗頤：《文轍——文學史論集》（上），臺灣：學生書局，1991 年，第 1 頁。

文帝紀》:"元嘉二十八年正月丁亥,魏太武帝自瓜步退歸,俘廣陵居人萬餘家。"此當日廣陵塗炭之情狀。其後竟陵王誕敗,孝武命城中無大小悉斬,沈慶之執諫,自五尺以下全之,男丁殺爲京觀,死者數千人(《南史·誕傳》)。廣陵經再度摧殘,於是間閻撲地之名都,遂爲荒烟蔓草野鼠城狐之窟宅。照親臨其盛,復睹其衰,情發於中,遂爲賦之如此。①

《文化之旅》這類學術札記也多利用正史和地方志資料,考訂史實、人物。如該書的《柘林與海上交通》②一文就利用歷代《潮州府志》、萬曆《東里志》等地方志和《明史》《讀史方輿紀要》等史料,考證了饒平縣柘林鎮的歷史形勝及有關海盜林鳳的史實,將人、事和物聯繫起來,充分證明了該鎮在明清時期的海防要地角色。

饒宗頤先生學貫中西,會通古今,所以其考據之學也兼具中西兩方面,更具說服力。1980年4月,先生在巴黎舉行之"文字——觀念體系與實踐經驗會議"發表演講《漢字與詩學》,就利用古今對照的方法考證出中國詩的省略習慣,也是漢語的一般慣例。其考據推理如下:

> 許多人談漢詩,認爲省略(Ellipse)是漢詩的特徵。在詩的語言裏,主詞的人名及表示位置的介詞(Proposition)往往省略。其實在殷代武丁時期的卜辭,已大量使用省略的方法。我們可以從同時同事的占卜文字中體會出來,在不同的甲骨上面細心比較便可瞭然。譬如A片上記著主詞(有卜者名)及日期,B片、C片上可以省去。有時同一版上同事的占卜在上文很具體的記錄,到了下面,便省略去了。介詞的省略,更隨便可以看到。例如"用一牛於兄丁",可以作"用一牛兄丁";甚至連動詞亦省去,祇作"兄丁一牛"。銅器上亦普遍采用"略辭"。從同一地區出土的銅器群,經過比勘之後,可確定是略辭。例如(洛陽東郊西周墓出土):
>
> ⺈射作尊(甗)
> 射作父乙(爵)
> 作父乙(觚)
> ⺈射(尊)
>
> 在不同器上所鑄的文字,有的省去作器的人名,有的省去先祖名及器名。這種用極少數文字簡括地來表達的特殊手法,淵源甚早。……可見省略的習慣,不限於詩,這是漢語的一般慣例。詩的語言,因爲字數的限制,省略更進一步罷了。③

---

① 見饒宗頤:《蕪城賦發微》,《東方雜志》1945年第41卷第4期,第58頁。
② 見饒宗頤:《文化之旅》,香港:牛津大學出版社,1997年。
③ 見饒宗頤:《文轍——文學史論集》(上),臺灣:學生書局,1991年,第70~71頁。

從本文所舉實例可見,饒先生分別運用了本證、旁證、推理審音之法,綜合多種語言文字,廣徵博引,尋找多重證據。

三、甲骨學

饒先生花費 20 多年心血撰巨著《殷代貞卜人物通考》,1959 年一出版,就在學術界引起轟動。該書運用多種考據方法,開創了以貞人爲綱排比卜辭的先例,在理論和方法上都超越前人,對瞭解各個貞人的占卜內容及其所屬的時代很有參考價值。饒先生因此在 1962 年獲得法國漢學儒蓮獎。

其實饒先生在 1941 年 9 月發表的《古史辨第八冊(古地辨)擬目》即有《殷困民國考》(稿本),學界多以爲此文并未發表。筆者近期偶見廣東省立文理學院於 1946 年 6 月 1 日出版的《文理學報》刊登此文(署名"饒頤"),對羅振玉、王國維等甲骨學名家的研究成果提出不同觀點,可謂饒先生運用考據學研究甲骨文的典範之作。《山海經·大荒東經》記載:"有困民國,勾姓,而食。有人曰王亥,兩手操鳥,方食其頭。王亥托於有易、河伯僕牛,有易殺王亥,取僕牛。"饒先生認爲困民一名僅見於斯,學者以其怪僻罕見,故從未探究。他根據《山海經》和甲骨文、金文、《墨子》等史料記載,考訂出:"神囷山近洹水,帝囷山近朝歌,凡此之地皆殷之舊廬。其山與水有神囷帝囷之號,殆以囷民所居而得名。囷困二字古通。……困民國人王亥爲殷之先公,而帝囷神囷諸山,在朝歌洹水間,正通殷都,則困民者,必殷人之先。"①在該文的下篇《困民之舊居》考"泰卷":

> 泰卷地望,舊罕解釋。按《漢書·地理志》安定郡朐卷下注:"應劭曰'卷音箘箂之箘',《釋名·釋宮室》'囷綣也'。"則泰卷猶言大箘,當因箘人居之而賜名,其所以冠以大字者,蓋箘人爲殷之先。又卷曾爲殷都,故有斯號。如夏爲禹都,亦稱大夏,例正同也。……頤謂箘官必在殷都之泰卷,因地在箘,故名箘官。如商都牧野,有牧官。周都豐,有豐官也。②

這是利用甲骨文、傳世文獻和考古實物結合,加以合理的規律總結,考訂出地名的讀音和演變。饒先生在文末認爲劉師培先生在《古代南方建國考》一文中提出"古漢水附近之國,均爲箘人後裔所宅居,乃箘人之由湘桂北遷"值得商榷,認爲此觀點:"則仍昧其淵源,不知箘人即困民,爲殷之先。鄖地之箘乃由漢、衛徙東,以殷亡國後,其族被迫南遷,遂入處於江漢之間,非其民自南而北也。"③既有辨地名,又有審地望。

---

① 見饒宗頤:《殷困民國考》,《文理學報》1946 年 1 卷第 1 期,第 29 頁。
② 見饒宗頤:《殷困民國考》,《文理學報》1946 年 1 卷第 1 期,第 34 頁。
③ 見饒宗頤:《殷困民國考》,《文理學報》1946 年 1 卷第 1 期,第 38 頁。

文末有"廿八年四月初稿,卅三年春易稿於桂林,卅五年夏重録於廣州光孝寺"。附録的文末有"三十三年初夏,脱稿於桂林穿山之麓"①。此文從撰寫初稿到最終發表,共經歷七年,是先生在抗戰前後輾轉多地的見證。穿山即桂林市東南隅的穿山村,係饒先生在廣西任教無錫國專所做的《瑶山詩草》所提到的蒙山、金秀、北流山圍之外的又一重要科研和創作地點。

四、歷史考據學的方法論

顧頡剛先生曾提出"層累地造成中國古史"這一著名史學觀點,并相繼編成多册《古史辨》,第三册《序言》曾説:

> 一種學問的研究方法必不能以一端限,但一個人的研究方法則盡不妨以一端限,爲的是在分工的學術界中自有他人用了别種研究方法以補充之。我深知我所用的方法(歷史演進的方法)必不足以解决全部的古史問題,但我亦深信我所用的方法自有其適當的領域,可以解决一部分的古史問題,這一部分的問題是不能用它種方法來解决的。②

由此可見,顧先生雖然善於考據辨僞,但也認識到學術分工的必然性,故而邀請饒宗頤先生編輯《古史辨》第八册。據蘇州市檔案館藏1945年12月造報的《無錫國學專修學校三十四年度教員名册》記載,時年32歲的饒宗頤先生爲該校專任教授,所授課程及時數是"實用文字學、修辭學、國學概論,共九小時",上年度著作及研究成果爲"古史鈎沈(沉)、《古史辨》第八册、字源學",足見當時饒先生是著力於文字學、古史鈎沉和字源學等重在考據的學問上。

鄭煒明先生認爲:"作爲一個劃時代的大學者,有没有自己一套獨特的研究方法論,也是能否獲得認同和肯定的關鍵要素之一。饒先生就是一位有自己的方法論的學者。"③饒宗頤先生非常重視考據學的方法論,根據自己多年運用歷史考據學的方法在人名和地名方面的研究基礎上,於1970年提出創立兩門專門研究,"我個人主張在史學上應該開闢二門專門研究,一是人名學,一是地名學,雙軌并進,對於治史將有極大的裨益"④。後來又在1982年香港夏文化探討會上提出三重證據法,即田野考古、文獻記載與甲骨文相結合,之

---

① 見饒宗頤:《殷困民國考》,《文理學報》1946年1卷第1期,第38、43頁。
② 見顧頡剛:《古史辨》第三册"自序",上海:上海古籍出版社,1982年,第8~9頁。
③ 見鄭煒明:《饒宗頤先生的國學新視野》,《國學新視野》,香港:中華出版社,2011年春季號,第29頁。
④ 見饒宗頤:《序言》,蕭遥天《中國人名的研究》,馬來西亞:檳城教育出版公司,1970年,第2頁。

後又提出五重證據法①,不斷豐富完善已有的考據學方法和理論。鄭煒明先生曾點明該方法的突出理論貢獻:

> 饒教授研究上古史,首倡五重證據法。我對這一點的理解是:饒師是先將有關史料證據分爲直接、間接二種,再分成中國考古出土的實物資料、甲骨、金文等古文字材料,中國傳統的經典文獻與新出土的古籍(例如簡帛等)資料,中國域内外的民族學資料和異邦古史資料(包括考古出土的實物資料和傳世的經典文獻)等五大類的;前三類爲直接證據,後二類爲間接證據。他最主要的方法是通過比較研究各種證據中各類資料的關係(特别是傳播關係)與異同,從而希望得出較爲客觀的論點。②

饒先生在《論古史的重建》一文指出當今考據學發展的新方向:

> 出土文物如果没有文獻作爲媒介説明的根據,直接的報導,祇有考古學上的數據。這和當時的人地關係無法取得某歷史事件的聯繫與説明。僅有"物"的意義、没有"史"的實證。許多人輕視紙上記載,我認爲二者要互相提攜,殊途而必同歸,百慮務須一致,纔是可靠可信的史學方法。③

即歷史考據學不僅要文物與文獻相結合,最重要的是不能爲考據而考據,而是要研究各種證據中各類資料的關係,特别是要揭示其後的人地關係,要把學問做"活"。

---

① 見饒宗頤:《談三重證據法——十干與立主》,《饒宗頤二十世紀學術文集》第 1 册《史溯》,臺灣:新文豐出版公司,2003 年。
② 見鄭煒明:《史溯》,洪楚平、鄭煒明主編《造化心源——饒宗頤學術與藝術》,香港:香港大學饒宗頤學術館、廣州藝術博物院,2004 年,第 8 頁。
③ 見饒宗頤:《論古史的重建》,《饒宗頤二十世紀學術文集》第 1 册《史溯》,臺灣:新文豐出版公司,2003 年,第 11 頁。

潮州月刊　第一卷　第十二期　文藝

潮州藝文志總目序

潮安饒宗頤

先君子鈍盦先生平生致力攷據之學，所著有王右軍年譜一卷、西湖山志十卷、漢儒易學案一卷、佛典與記統證十卷、齊真輯成書，惟晚年譔潮州藝文志二十卷，佝未完編而卒。此稿自明以上者，纂定清人集部傳其書目而已。先君之為是書蓋感鄉邦文獻之淪殘，郡縣舊志雖於先賢簡牘有所論列，然疏漏踳駁實無稽

（未完）

[Left column text - partial:]

"騎驢衝烏者木林（見閒見錄）半輪新月到天心"（見潮集）。"人生何閒園到缺"（見閒見錄），且向中庭酒滿斟（見潮集）。

饒盦他的十三夜月詩，第一句故事作"飲翠陽烏匿木林"。第三句惠志作"人生何閒園到缺"；而故事則作"且過中霄酒滿斟人生何閒到缺"。第四句閒見錄作"且過中霄酒滿斟"。饒盦的"匿木林"的"匿"字，想是"若"字的形誤。第

"海來三字的"國豢缺"，未免乏力，乔譜在抑揚律上又犯失調。所以，還是惠其餘缺"，也沒有力些，乔譜在抑揚律上又犯失調。所以，還是

"向"字、"庭"字更寫貼切。

"暗侁天中過半輪，溶溶清景照黃昏；忘眠待到三更動，體佳餘光伴酒樽。"（見閒見錄）

這卷幅的十三夜月詩，第一、二句惠志與故事都作"暗侁天乙過半輪"和"微微清影照黃昏"。第二句"溶溶"二字情道具！"曉至"二字便太直率。第二句"延佇

二字比"微微"二字，不但現成，而且覺得十分優美和穩賦。至於"景"與"影"二字，可以說是"弗"換"不"，這裏我們無須多費。

"冰輪欲見缺些兒，後夜陰晴那得知？已有清閒連四些兒，何妨對此酌金巵。"（見潮志）

這是懋的十三夜月詩，第一句閒見錄作"一輪求滿缺"，饒惠志與故事又都作"後夜陰晴未得知"。我以為十三夜月不可說是"半輪"，也不可說是"一輪"，所以都不若

"冰輪"二字的妍好；第三句的"那"字、"求"，也不若"得安貼。第二句第五字的"那"字、"求"字更覺生曲"得欲"二字更佳了。

這樣，總算潮志所載為佳了。

説明：《潮聲月刊》第 1 卷第 12 期所載《潮州藝文志總目序》，末尾有"中華民國廿三年三月三日宗頤謹序"，此文向不爲學界注意，實與當年九月修訂後作爲《潮州藝文志》序言發表在《嶺南學報》1935 年第 4 卷第 4 期之文略有不同。

第一卷第一期　文理學報　·四七·

殷困民國考

饒頤

上篇

一　困民即箇氏

自殷虛甲骨出土，羅叔蘊始於卜辭文字中，發見王亥之名，王靜安繼之，益加攷究，知是卜辭之王亥爲殷之先公，與世本作篇之胲，帝系之核，天問之該，呂覽勿躬之王冰，竹書之王子亥，史記殷本紀及三代世表之振，漢書古今人表之垓，同爲一人。其說既出，學者翕然無異辭。（王氏之前，有徐文靖竹書紀年統箋，梁玉繩史記志疑，[illegible]，劉夢鵬屈子章句，均曾論及王亥之事。近來顧頡剛[illegible]亦論之。）是王亥事蹟，其詳乎山海經之文。大荒東經云：

有困民國，勾姓而食。有人曰王亥，兩手操鳥，方食其頭。王亥託于有易、河伯僕牛，有易殺王亥，取僕牛。

困民一名，僅見於斯，學者以其語焉不詳，從未措意。（一）[illegible]以王氏之洞悉，亦略而不論。竊嘗攷論其名，證諸經典，知困民之當爲困人，即用之厭以事姓射之人，蓋殷之本氏族也。

山海經北次三經「又北三百里曰神囷之山，黃水出焉，東流注于洹；滏水出焉，而東流注于歐水。」又中次七經「（朝歌之山）又東南二百里曰帝囷之山……帝囷之水出於其上。」按神囷山近洹水，帝囷山近朝歌，凡此之地，皆殷之舊虛，其山其水，有神囷帝囷之稱，殆以困民所居而得名。囷困二字古通。（例[illegible]）……國矣。……囷……說文「稇，絭束也」。……囷……作囷……

爲殷之先公，而帝囷神囷諸山，在朝歌、洹水間，正適殷都，則困民者，必殷人之先。廣韻

説明：廣東省立文理學院於1946年6月1日出版的《文理學報》刊登《殷困民國考》一文,罕見地以饒先生的手寫本形式發表,此前并未被學界發現。該文既有辨地名,又有審地望,實爲饒先生早年運用歷史考據學研究甲骨文和歷史地理之典範。

淺談饒宗頤開闊的賦學視域
——以一場賦學演講爲例

于浴賢

泉州師範學院

  當代中國文壇泰斗季羨林先生在《饒宗頤史學論著選》序言中說："饒宗頤教授是著名的歷史學家、考古學家、文學家、經學家，又擅長書法、繪畫，在中國臺灣省、香港，以及英、法、日、美等國家，有極高的聲譽和廣泛的影響。"[①]指出了饒宗頤先生淵博的學識，文史哲藝兼擅的學術造詣，以及在海内外漢學界所具有的崇高聲譽和廣泛影響。饒宗頤先生精通經史子集，又學貫中西，多學科知識融會貫通，使他學術視野寬廣，思維開闊，識見深刻，方法路徑常新，因此在許多學術領域中都獲得了著人先鞭、開風氣之先的地位，在衆多學科領域研究中都取得了卓越的成就。其研究領域之廣，涉及古文字學、敦煌學、考古學、金石學、歷史學、中印關係學、宗教學、楚辭學、目錄學、方志學等。因此，海内外學術界稱他爲"百科全書式的大學者"。

  寬廣的學術視域，開放多維的研究視角及創新精神貫穿於饒宗頤多學科的研究中，也體現在他的賦學觀及賦學研究的學術實踐活動中。今以饒宗頤先生一次特邀賦學演講爲視角，藉以窺見其賦學視域之開放及多維研究方法之一斑。

一

  1992年10月，第二屆國際賦學研討會在香港中文大學召開，饒宗頤先生應邀在大會開幕式上作了一場題爲《賦學研究的展望》的特邀演講。演講稿後來發表於《新亞學術集

[①] 饒宗頤：《饒宗頤史學論著選》，上海：上海古籍出版社，1993年11月。

刊·賦學專輯》第十三期。① 筆者作爲本屆賦學研討會的代表,現場聆聽了先生極爲精彩的演講。這場特邀演講,成爲本屆賦學會一大亮點,它令與會的海內外賦學研究者眼界大開,其"展望"之種種,成爲代表們談論的熱門話題。饒宗頤先生的演講從六個方面對賦學研究作了展望:第一,言志類賦之獨立研究;第二,賦音佚書之輯錄;第三,賦與圖關係之研究;第四,賦之文化史研究;第五,賦與修辭學之研究;第六,《賦學紀事》之作。饒先生從六方面進行點撥和啓發,宣導和呼籲學界從多學科多角度去探討賦、研究賦,以期獲得對賦更爲全面深刻的認識。這是饒宗頤先生在自己賦學研究基礎上的歸納、總結和思考的結果,也是對未來賦學研究工作及目標方向的設計。這個展望表現了饒先生極爲開闊的學術視野和諸多學科交叉研究的方法和思路,給人以極大的啓發。

第一,關於"言志類賦之獨立研究"。饒先生首先提出了一個專題研究的話題。考察賦的發展歷程,"討其源流,信興楚而盛漢矣"②。自漢賦繁盛以來,歷代以下賦體雖幾經變化却興盛不衰。故歷代賦卷帙浩繁,且涉及題材面極廣。面對歷代賦的衆多題材,饒先生特別關注"言志賦",呼籲對其做專門獨立之研究,何者?饒先生以爲"詩言志,賦亦言志"。自漢代以來,歷代言志賦數量不少,開展獨立研究,"以見賦以言志之遺"。饒先生對言志賦研究的關注和宣導,乃在於提醒學界不要忘記賦言志的功能及其客觀存在;旨在糾正當代學術界一味強調詩以言志,騷以抒情,賦以諷頌;過分強調大賦之鋪張揚厲的頌美目的和效果方面,而忽略了賦體文學體制(騷體、散體、詩體、駢體等,或曰散體大賦、抒情小賦等)和功能的多樣性,題材和內容的豐富性特點。他根據《隋書·經籍志》《藝文類聚》的記載,列舉了漢唐一批言志賦,指出歷代賦中此類賢人失志之作,即是言志的。"言志類賦之獨立研究"——一個專題研究的話題,表現了饒宗頤先生對當代賦學研究狀況的深刻瞭解和把握,體現的是他敏銳的學術眼光。賦之言志前人亦有論及。陸機《遂志賦》序曰:"昔崔篆作詩以明道述志,而馮衍又作《顯志賦》,班固作《幽通賦》,皆相依仿焉。"③指出以上諸賦皆"明道述志"。劉勰《文心雕龍·詮賦》曰"賦者,鋪也;鋪采摛文,體物寫志"是也。又曰:"夫京殿苑獵,述行序志,并體國經野,義尚光大。""體物寫志""述行序志",賦言志之效用,劉勰作了明確概括。然而,漢人論賦則始終強調其諷頌功能。揚雄曰:"或曰:'賦可以諷乎?'曰:'諷乎!諷則已,不已,吾恐不免於勸也。'"④認爲賦的諷喻性不強,因此表示不滿。漢宣帝則曰:"……辭賦比之,尚有仁義諷喻,鳥獸草木多聞之觀,賢於倡優、博弈遠矣。"⑤認爲賦有諷喻意義,可矣!班固論賦曰:"或以抒下情而通諷喻,

---

① 饒宗頤:《賦學研究的展望》,香港:香港中文大學新亞書院,1994年。
② 見劉勰撰,周振甫注:《文心雕龍·詮賦》,北京:人民文學出版社,1981年。
③ 見陸機撰,金濤聲點校:《陸機集》,北京:中華書局,1982年。
④ 見揚雄:《法言·吾子》,《新編諸子集成》之汪榮寶《法言義疏》,北京:中華書局,1987年。
⑤ 見班固:《漢書·王褒傳》,北京:中華書局,1982年。

或以宣上德而盡忠孝。雍容揄揚,著於後嗣,抑亦雅頌之亞也。"①認爲賦之功能非諷即頌。王延壽曰:"物以賦顯,事以頌宣,匪賦匪頌,將何述焉?"②強調頌美是賦的最基本功能。可見,賦的諷頌功能在漢代得到普遍認同與強調,而"言志"説僅偶爾提及,幾乎被忽略。此種現象,歷代而下,基本如此。真正爲"賦亦言志"争得一席之地的,實在罕見其人。當然賦體文學善事鋪陳、窮極聲貌的特點,使它很好地擔當起諷頌的政治功能,但忽略"賦亦言志",則非客觀態度。在歷代賦家筆下,賢人失志之賦數量不少,"賦亦言志"的文學現象,賦體文學豐富多樣的表現功能必須受到重視。饒宗頤先生以其對賦體文學發展史的深刻瞭解和認識,提醒人們要充分認識到賦體文學多重表現功能,正確認識賦史的總體面貌,果斷提出"詩言志,賦亦言志"。饒先生曾撰文論騷以言志,糾正向來人們所謂的"騷以抒情"説的片面性。其"賦亦言志"當與"騷以言志"説相提并論,共同體現了饒先生全面客觀的學術態度,善於發現問題提出問題的學術敏鋭和寬廣的學術視野。

第二,關於"賦音佚書之輯録"。饒宗頤先生認爲"賦音佚書之輯録"是賦學研究的重要工作。他鈎沉史書,得知古代賦多有音,如《隋書·經籍志》記載有《二京賦音》2卷,李軌、綦毋邃撰;《二都賦音》1卷,李軌撰。《兩唐志》載有李軌《齊都賦音》1卷,綦毋邃《三京賦音》1卷,薛綜《二京賦音》2卷,褚令之《百賦音》1卷,郭微之《賦音》2卷。據史傳所載,賦之有音明矣。饒先生進一步考察認爲,"賦之有音,因多奇字不易曉,賦音與文字聲訓極有關係"。由於賦多奇文僻字,艱澀難懂,佶屈聱牙,給閱讀口誦帶來一定困難,并影響對内容意義的理解,爲賦注音,乃是爲賦的誦讀解決難題,并幫助對賦文意義的理解。饒宗頤先生認爲應借助各類典籍資料,對賦音佚書加以稽考、整理;在此基礎上開展賦音之研究。饒先生認爲"賦音與文字聲訓極有關係",此項研究必然"惠及語言文字之學"。饒宗頤先生向賦學界提出了一個賦學研究的新方向,把賦文學研究與文字、音韻、訓詁相結合,通過多學科互證研究賦,這是多麽開闊的視野!衆所周知,漢代由於社會發展,社會生活進一步豐富,推動了文字與文字學的長足發展,因而漢代辭賦家往往精通小學,或者就是小學家。如司馬相如作《凡將篇》,揚雄作《訓纂篇》《倉頡訓纂篇》《方言》,張衡作《周官訓詁》,班固作《倉頡訓纂篇》續篇等。他們既是辭賦家,又是小學家。加以漢人"賦兼才學"觀念的形成,因此,賦作家們在創作中往往發揮自身固有的文字、音韻、訓詁等方面知識,運用於物件的描繪中,極盡"鋪采摛文",爲體物寫志、狀物抒懷服務,并爲賦之口誦創造良好的辭章音樂效果。漢代特定的社會文化環境形成的賦學觀及賦體文學的諸多特徵一直對後代產生著深遠的影響。饒宗頤宣導從賦音研究入手,推而廣之,擴大到文字、音韻、訓詁的角度研究賦,不僅可以加深對賦體文學藴含的豐富的學術文化内容的認知和瞭解,而且以賦爲依托,開展對特定時代文字、音韻、訓詁的研究,必然"惠及語言文字之學"

---

① 見班固撰,嚴可均校輯:《兩都賦序》,《全後漢文》卷二四,北京:中華書局(影印),1985年。
② 見王延壽:《魯靈光殿賦·序》,嚴可均校輯《全後漢文》卷五八,北京:中華書局(影印),1985年。

了。從賦音角度研究賦一直是賦學研究的薄弱環節。就當代賦學研究現狀來看,研究論文層出不窮,而從音韻、文字、訓詁角度作研究的則了了無幾。饒先生注意到賦音文獻輯佚的重要意義,并進一步主張打破學科門類的界限,運用多學科交匯融通的方法研究賦,表現出學術視野的開闊、思維的活躍和拓展。

第三,關於"賦與圖關係之研究"。饒宗頤先生援引文獻記載,説明古代賦與圖關係密切,或因圖作賦,或爲賦而作圖。他認爲《天問》"即先有圖,而後有文"。又舉《世説新語·巧藝篇》"戴安道就范宣學"一則中"戴乃畫《南都賦圖》",爲先有賦後有畫之例。又舉例説"張彦之《歷代名畫記》載,晋明帝有《洛神賦圖》,顧愷之繼作;晋史道碩有《蜀都賦圖》《琴賦圖》;宋史敬文有《張平子西京賦圖》。《隋志》著録梁有《雜賦圖》十七卷,亡",都是因賦作圖的,足見賦與圖關係之密切。基於以上賦圖資料的掌握及其關係的認識,饒宗頤先生提出開展賦圖關係之研究,既是賦學深入研究的一個途徑,"亦繪畫史之重要資料也",對繪畫史的研究亦極有意義和價值。從繪畫史的角度認識賦,從賦史的角度揭示繪畫史某個階段的發展狀況,在文學與藝術的結合點上,開展研究,真可謂各得其所,各臻其妙。

當代學者以學術、藝術兼擅評價饒宗頤的學術造詣及成就,絶非溢美之詞,其賦圖關係研究之思路和方法的提倡,既是基於他自身學、藝兼擅的文化素養,又是其學術、藝術融通互證研究、實踐的經驗總結和概括。如,饒宗頤在研究國畫史過程中,面對長沙陳家大山周冢出土帛畫"神女夔鳳圖""惟所繪神女雜以夔鳳,義不甚明"。① 於是他援引《九歌·山鬼》之描寫内容,互相參證,覺得圖、文内容十分相似。以畫證詩則明瞭:"(《九歌》)神人相戀之情,於焉可睹。《九歌》所祀之鬼,乃爲神女,斯其明證。"以辭證畫:"則是圖也,則目爲山鬼之圖無不可也。"②饒宗頤在藝術史論上,大量運用"以畫補史""以畫證史"的研究方法,解決了許多學術難題。正是這種文學與藝術互通,學術與藝術相容的學術研究實踐,使得他主張開展"賦與圖關係之研究"。

第四,關於"賦之文化史研究"。賦體文學尤其是大賦的表現物件,相當集中於"京殿苑獵,述行序志,并體國經野,義尚光大"③;其表現手法爲"鋪采摛文,體物寫志"④。賦體文學這一表現物件及其技法特點,使它注重客觀外部世界的描摹和反映,高度集中地展示現實的社會場景、人文景觀,因此賦中保留著大量的社會文化資料,文學的時代烙印尤其突出。誠如饒宗頤先生所説"賦文資料,乃文化史之寶藏"。正是基於這樣的認識,饒宗頤

---

① 見饒宗頤:《畫頛——國畫史論集》,臺灣:臺北時報文化出版企業有限公司,1993年,第27~28頁。
② 見饒宗頤:《畫頛——國畫史論集》,臺灣:臺北時報文化出版企業有限公司,1993年,第27~28頁。
③ 見劉勰撰,周振甫注:《文心雕龍·詮賦》,北京:人民文學出版社,1981年。
④ 見劉勰撰,周振甫注:《文心雕龍·詮賦》,北京:人民文學出版社,1981年。

先生主張開展賦之文化史研究。他指出，張衡《西京賦》中關於長安百戲表演的描寫，"實爲研究古代雜技史之重要資料"。而班固《兩都賦》、張衡《二京賦》中關於長安、洛陽之城市規劃、宮殿建構，描寫詳盡，"甚有功於古代建築史之研究"。他如《水經注》《藝文類聚》所引有關宮室臺榭賦作之零章斷簡，"均爲古代建築史之吉光片羽寶貴資料"。饒宗頤先生僅從雜技史和建築史兩個角度作點撥示範，已然揭示了賦體文學中如此多姿多彩的文化景觀，那麼，從衆多文化學門類開展"賦之文化史研究"，在文化學的廣闊背景下來解讀文學、認識賦，則猶如顯處視月，必然淵綜廣博，精彩絶倫，於賦學研究、於文化史研究，均大有裨益。

第五，關於"賦與修辭學之研究"。饒宗頤先生説："修辭學近年發展甚快，惟辭賦在修辭學上之意義，尚未聞有通體之研究。辭賦修辭學，實屬研究之新領域，亟待開拓。"饒先生以多維的學術視角去觀察賦學研究現狀，洞察到辭賦在修辭學研究上的薄弱，乃至留下許多空白處；提出新問題，指明新領域，呼籲開展"辭賦修辭學"的系統研究。饒先生引用東晉葛洪《抱樸子·鈞世篇》關於《詩》與賦語言之比較的一段話，推崇葛洪的觀點。由於社會的進步、語言文字的發展以及詩賦文體特點的差異，他認爲，賦的語言運用技巧遠勝於"詩三百"，也更爲成熟，"辭賦之語言藝術、修辭技巧，較諸詩騷，更臻成熟"。因此，開展辭賦修辭學的研究，十分必要。"賦與修辭學之研究"的提出，是基於先生對賦的語言技巧的深入理解和掌握，以及對文學語言藝術的發展、變化、成熟歷程的認識和瞭解；總之，是以先生深厚的文學史和語言文字學知識爲前提的。饒宗頤先生的中國古代文學研究成績卓著，在許多領域都取得了開創性的成果。他第一次提出"楚辭學"概念。雖然自漢代開始就把楚辭作爲一門學問來研究，但明確提出"楚辭學"概念，饒宗頤則是第一人。而今，他又提出了"辭賦修辭學"的新概念，主張對辭賦作專門的修辭學研究。爲推進"辭賦修辭學研究"，他主張著手對前人《賦譜》《文筆要訣》等關於賦學語言、修辭藝術文獻做專門的整理研究，并進一步編撰擴大爲"賦修辭學"，完成對古代辭賦修辭學資料的整理，爲當代賦修辭學研究提供寶貴資料。

第六，關於"《賦學紀事》之作"的編撰。饒宗頤先生指出"筆記雜書，叙及賦者，無慮百數；以賦之資料論之，亟待好事者爲之鈎稽纂集"。主張仿效《唐詩紀事》《全唐文紀事》，編撰《賦學紀事》，以鈎稽纂集散落、隱藏於各類筆記雜書中關於賦的文字與故事；并認爲這些有關賦的記載資料，往往保存著富有價值的東西。《賦學紀事》的編撰，對於賦史、文學史以及文學批評史的研究，都具有積極的意義。饒先生治學注重"實事求是""無徵不信"，善於借助典籍，引經據典，以史實爲證。因此也必然重視史料的整理，重視開展學術文化建設。這不僅功在當代，且惠及千秋，確實是大學者的眼光、思維和氣魄。無論是"賦修辭學"還是《賦學紀事》的編撰，都反映了饒先生極强的史料意識，重史料，重依據，嚴謹的治學態度；同時又表現了先生擅於開拓新領域、發現新問題的開放思維和眼界。

饒先生曾表達自己的治學觀點，"學問要'接'著做，而不是'照'著做，接著便有所繼承,照著僅沿襲而已"①。這種開拓精神與創新思維在他的賦學展望中表現得十分突出。

二

饒先生《賦學研究的展望》,令人耳目一新;非有淵博學識及深刻識見者,不能及於如此境界。先生對賦學研究諸多視角的揭櫫、問題的提出、觀點的亮相,都有深入的思考和初步探析,故言之鑿鑿,令人嘆服。如關於"言志賦之獨立研究"一題,他列舉出歷代諸多言志賦,主張對它們進行獨立研究,但這并非該方向研究的最終目的,其目的在於"以見賦以言志之遺";旨在揭示出關於賦體文學功能的見解"詩言志,賦亦言志";以糾正前賢與時人論賦之偏頗。又如"賦音佚書之輯録"一題,作者從史籍中稽録出一系列賦音著作,以證明古賦之有音。在此基礎上步步推進,深入發掘,闡明該研究工作的意義"賦音與文字聲訓極有關係",又進一步指出,"賦音之輯佚整理,不但有功於賦學,且惠及語言文字之學云"。若不是對此論題已有深入的思考,是提不出如此深入的論斷的。饒先生的六點展望,雖然僅是方向的點撥、問題的揭櫫、觀點的亮相,尚未做全面深入的研究,但每論一事,各類史料汩汩而出,資料十分豐富,已然表現出作者淵博的知識和高超的論證技巧。如"賦之文化史研究"一題,舉京都大賦中所描繪的百戲雜技、宮殿建築、街市格局等内容,以爲文化史資料,又引《水經注》《藝文類聚》中所引的宮殿臺榭賦的片斷文字描寫以及石刻資料,以明證賦之文化史研究之必要,其涉及面之廣,可馳騁餘地之大,令人嘆服。其中許多資料都是沉没於史籍而不易爲人所發覺、所注目的,但未能逃過饒宗頤先生敏鋭的學術目光。經史子集融會貫通的厚實知識結構,使饒先生善於從來自衆多學科門類的資料中,排沙揀金,豐富的史料佐證使其立論謹嚴扎實,觀點不容置疑。

當然,饒先生賦學研究之展望給人印象最深刻與震撼的,是其多學科交叉的研究思路所表現出的寬廣的學術視野。他跨越了向來人們對賦體文學研究的基本視野和範圍,即如題材内容、藝術成就、賦史賦論、賦家作品等,而是慧眼獨具,另闢蹊徑,引導人們或關注賦學研究的冷門話題,開拓新境界;或從諸多學科的角度入手,通過多學科交匯融通,交叉互證,以期獲得對賦體文學嶄新的體認。其賦學研究視角包括文字學、音韵學、修辭學、文學批評史、文化史、繪畫藝術史和文史資料的整理等,由衆多視角入手,揭示出賦體文學更爲豐富深刻的内涵,從而獲得了賦學研究的新視野、新啓示、新内容和新的見解。當代學者總結評價饒先生治學特點指出"饒宗頤學術特點即尚新尚奇,幾乎是打一槍换一個地方,幾乎是村村點火,處處炊烟"②。"饒宗頤先生治學特點,在能不斷創新,極具開拓本領,擅提出新問題,新方法"③。概括精到,評價極高。

---

① 見《饒宗頤:大隱於市一鴻儒》,《羊城晚報》2006年12月11日。
② 見饒芃子:《對饒宗頤先生治學方法的體會》,《文藝理論研究》2007年第2期。
③ 見鄭煒明:《論饒宗頤》,香港:三聯書店(香港)有限公司,1995年,第474頁。

饒宗頤先生《賦學研究的展望》所表現的博學、深識與開闊視野,是以其既有的賦學研究實踐活動、學術成果及理論思考爲前提的,也是與其向來的學術研究活動一脉相承的。考量饒宗頤先生的辭賦研究實踐,無論作宏觀的審視還是微觀的探討,都表現出視角的獨特、見解的新穎,以及多學科多視角互證研究的廣闊視域。如他的《重讀〈離騷〉——談〈離騷〉中的關鍵字"靈"》①,以一"靈"字的研究,得出"靈"字的多重含義,并指出"揚靈"即爲"揚善","揚精誠之德,正是屈子全篇中心思想"。"其執善不放,以事神之道事君,故知'揚靈'正是揚善"。"《離騷》之重靈字,及再三申言神之揚靈,與己之揚靈者,其用意正在此"。文章不唯識見獨到,觀點新穎,言人之所未言,尤其令人嘆服的是,就一"靈"涵義的揭示,文章既立足《楚辭》文本互證、解讀,同時大量運用出土文物材料,以及文獻典籍資料,包括《尚書》《詩經》《後漢書》《文選注》《説文》《爾雅》等,或引史料以佐證,或假訓詁以釋義;運用了文學、史學、文字訓詁學的多學科交叉研究,多重印證,進退有據,極富説服力。又如他的《賈誼〈鵩鳥賦〉及其人學》一文②,從作品研究入手,揭示出作家之人格精神——所重在人學。觀點獨到,方法極爲靈活,思路十分開放。其釋"鵩",引用了陝西出土文物、《章懷太子墓志》文字資料、馬王堆軑侯墓文物圖案,以及筆記、史書、方志等有關文獻記載,并且進一步引印度古經典中相關記載及出土文物作爲旁證,資料十分豐富,把"鵩"之特性、內涵闡釋得淋漓盡致,極見作者的博學深識。饒先生論《鵩鳥賦》之人學,更是縱橫捭闔,視野廣闊,左右逢源。以賦文末段"貪夫徇財,烈士徇名,誇者死權,衆庶馮生"諸語立論,探析賈誼人品追求的目標——"賈子所重在人之道德"。文章均廣徵博引,廣涉經史子集,并旁及他國之典籍文物,形成其文章既謹嚴渾厚又雄辯恣肆,確爲大師之鴻文。

　　饒宗頤先生曾自叙云:"念平生所學,喜以文化史手法,鉤沉探賾,原始要終,上下求索,而力圖其貫通;即文學方面,賞鑒評騭之餘,亦以治史之法處理之。"③學貫中西、博古通今的淵博學識形成了饒宗頤先生寬廣的學術視域和深刻睿智的學術見解,這是何等卓越的學術品格與境界!這種學術品格與境界不僅在饒先生的《賦學研究之展望》,及賦學研究的實踐活動中有所體現,而且始終如一地表現在他的整個學術生涯中。今借先生賦學演講之一斑,期以達到管窺蠡測之效。在當代海內外漢學界,凡是瞭解饒宗頤先生學術活動、研究成果的人,無不對其學術品格與境界贊嘆不已,并報以崇高的敬仰之情。先生的學術道路和研究方法,以其開創性和獨特性而成爲一面旗幟,給予學界同人與後學以崇高的榜樣和深刻的啓示。

---

①　見饒宗頤:《重讀〈離騷〉——談〈離騷〉中的關鍵字"靈"》,《浙江師範大學學報(社會科學版)》2000年第4期。
②　見饒宗頤:《賈誼〈鵩鳥賦〉及其人學》,《東南大學學報》2003年第5卷第4期。
③　見鄭煒明:《論饒宗頤》,香港:三聯書店(香港)有限公司,1995年,第471頁。

饒宗頤先生的清代"正統論"研究

周國林　陳冬冬

（華中師範大學）

饒宗頤先生字選堂，號固庵，1917年生於廣東省潮安縣。幼承家學，自學成家。據季羨林先生概括，其在敦煌學、甲骨學、詞學、史學、目録學、考古學、金石學和書畫8個領域，均有突出的成就①，是極爲博通的一位學者。其中，饒先生1977年在香港龍門書店出版的《中國史學上之正統論》一書，是其史學方面的代表作，也是研究中國古代史學正統論的奠基之作。

正統論是中國古代的一種歷史觀，是史學家撰寫史書的依據，是判斷歷代王朝政權興衰成敗的標準。20世紀50年代以來，學者們對正統論問題的研究爲數不多，據學者統計，僅有專著兩部、論文數十篇。② 在這些有限的論著中，研究對象又不平衡。就朝代而言，集中在宋、元、明三朝；就學者而言，集中在歐陽修、司馬光、朱熹、王褘、王世貞、邱濬等少數幾個學者身上。對清代正統論的研究不僅文章數量較少，且基本集中於王夫之一人。③ 這樣，饒先生《中國史學上之正統論》一書中，對清代正統論相當篇幅的論述，在今天仍具有不可取代的價值。本文將從三個方面對這一問題進行初步的探討。

一、對清人"統紀"之著作及正統説的研究

中國史學的"正統論"，據饒先生考證，始於《春秋》，與編年體史書關係密切。"正統

---

① 見季羨林：《饒宗頤史學論著選序》，收入饒宗頤《饒宗頤史學論著選》，上海：上海古籍出版社，1993年，第3~6頁。
② 見謝貴安：《饒宗頤對史學正統論研究的學術貢獻》，《史學理論研究》2005年第2期。
③ 見侯德仁：《近三十年來中國史學正統論研究綜述》，《蘭州學刊》2009年第7期。

之確定,爲編年之先務,故正統之義,與編年之書,息息相關。""統紀"即"正統年代隨甲子",與星象紀年有緊密關係。"統紀"的概念,目前所知最早出於長沙馬王堆三號漢墓出土帛書《五星占》。"統紀"學著作的大量涌現,則在唐代陳鴻《大統紀》、陳岳《大唐統紀》等書出現之後。宋代葉適《紀年備遺序》云:"孔子殁,統紀之學廢,經、史、文詞裂而爲三……而間學統紀之辨,不可觀也。"據饒先生評價,"其反對經、史、文詞裂而爲三,尤徵卓識,開戴東原、姚姬傳之先路"。至於元明清之後的"正統之辨","猶是葉説統紀之支裔也"①。

清代學者,特別是乾嘉學者對中國學術的貢獻,主要在於系統的文獻整理與總結性研究。至於清代學者對"統紀"和"正統説"的研究,則集中於對前代學説的批判與發揮。《中國史學上之正統論》一書對這一問題的討論,主要是在《通論》部分的第十節《明清學人"統紀"之著作及正統説》之中。

饒先生對清代"統紀"著作的論述,始於王夫之《讀通鑒論》。他將王氏的正統論概括爲"深非正統之説",王氏認爲"統之爲言,合而并之之謂也,因而續之之謂也,而天下之不合不續之多矣",唐承隋,而隋難言承北周,還是承陳,正統論產生了斷裂,"無所承,無所統,正不正存乎其人而已"。②通過揭示中國歷史上所謂"正統"存在許多斷裂,事實上否定了"正統"的存在。王氏此説,其實是痛感明清易代的劇變,深感滿洲人的入主再次使中國歷史產生了斷裂,通過否定"正統"的存在,間接否定清朝統治的合法性。

饒先生對清代"統紀"著作的論述,接下來則論及明末清初魏禧的《正統論》三篇。魏氏對正統論的貢獻,則在於批判繼承歐陽修、蘇軾、鄭思肖的觀點,將古今之統的類型重新劃分爲"正統""偏統""竊統"三種。其中,"正統——以聖人得天下:德不及聖人而得之,不至於甚不正,功加天下者,亦與焉;偏統——不能使天下歸於一統,擇其非篡弒居中國而強大者屬焉;竊統——身弒其君而篡其位,縱能一統乎天下,終不與之以正統,而著之曰竊統。"③具體的朝代劃分,魏氏"列東晋、唐、南宋於正統,而以秦、西晋、隋及北宋則係之'竊統'之列。所立綱領,乃爲折衷之論,而辨析各代,屬之正、竊,則誠具特見"④。

魏氏的三分法,在清代"正統論"中影響最大,引起了學者們不同的反應。

第一種反應屬於以邵廷采爲代表的補充派。邵氏引用魏氏三分法而加以豐富,認爲"故取其足當正統者,僅有漢、唐及明""叔子歸竊統於秦、隋,與吾人天人之説有相合也"。⑤饒先生指出,邵氏雖沿襲魏禧之説,却"又於史統中析爲天人之辯",是其獨到之處。

---

① 見饒宗頤:《中國史學上之正統論》,上海:上海遠東出版社,1996年,第1~3頁。
② 見饒宗頤:《中國史學上之正統論》,上海:上海遠東出版社,1996年,第61~62頁。
③ 見饒宗頤:《中國史學上之正統論》,上海:上海遠東出版社,1996年,第62頁。
④ 見饒宗頤:《中國史學上之正統論》,上海:上海遠東出版社,1996年,第62頁。
⑤ 見饒宗頤:《中國史學上之正統論》,上海:上海遠東出版社,1996年,第63頁。

第二種反應是以甘京、蔣汾功爲代表的反對派。饒先生將二人的學說分別概括爲："甘氏稱叔子既目西晉、北宋爲竊統，而於東晉、南宋則稱爲正統，有失公允。而析正統之外，凡取之不於其道，宜別立篡統與攘統二者，其正統、篡統、攘統之子孫，概得爲繼統，但篡與攘不可不書，如是正統始可而定。蔣氏則譏叔子正而竊之，偏而正之，不免自亂其例，概不可以言統。魏氏立竊統之名，其失與宋章望之之分霸統相同，夫曲爲之名而名益舛矣。"①反對魏氏之說的還有葉燮，他認爲："統以正重，不以正得之，而統分之則爲偏爲竊。魏禧因前人霸統之言，故爲正統、偏統、竊統之論……與不知統之爲義而爲分晰之論者，皆不得其本者。"②

饒先生書中列舉的清代有代表性的"正統論"觀點和學者，還有辨析正統名實的錢維城，將正統之變劃分爲"無先君之嗣""有先君一綫之嗣"兩種的徐世佐，駁斥朱子《通鑒綱目》的儲同人，認爲三代以後"治正"與"道統"分離不足言"正統"的梁廷枏，泥於統爲朝代繼承的魯一同，以及認爲"正閏當論邪正，不當論內外"的李慈銘等人③，此不贅述。

二、對清人本正統觀念改撰之史書的研究

如果說《中國史學上之正統論》一書對清人"統紀"之著作及正統說的研究，著力於探討清代"正統論"理論，那麼該書對清人本正統觀念改撰之史書的研究，則著力於研究這些正統觀在史書編撰實踐中的體現。對這一問題的研究，主要體現在該書第十一節《宋、元、明以來本正統觀念改撰之史書》之中。

饒先生對宋、元、明以來本正統觀念改撰之史書的研究，主要著眼於三國史及其正統問題。三國時期魏、蜀、吳孰爲正統，歷來衆說紛紜。在史書編纂實踐中，陳壽《三國志》、司馬光《資治通鑒》揚魏抑蜀，習鑿齒《漢晉春秋》、朱熹《通鑒綱目》尊劉貶曹。大抵處於統一王朝的史學家，多以居於中原、土地廣大作爲正統標準，不問其政權獲得由來，而以魏爲正統，處於偏安政權的史學家，多以政權上有所承爲標準，不問統轄大小，而以蜀爲正統，其實均是爲自己所在政權尋找合法性。後代學者亦圍繞擁曹擁劉各執一端，莫衷一是。

對於清代本正統觀念改撰史書，饒先生主要選取了趙作羹《季漢紀》、黃中堅《擬更季漢書昭烈皇帝本紀》、魏裔介《三國論》、俞樾《蜀漢非正統說》及胡玉縉《三國志集解》五家作爲代表。趙氏、魏氏、黃氏均尊蜀漢爲正統。趙氏繼承了前代陳聖觀正閏說、楊奐《正統書序》、楊維楨《正統辨》、周必大《續漢書序》及謝少連《季漢書》之正統觀，"別仿荀悦、袁宏《兩漢紀》之例繋年紀事，撮録成紀"。孫寳仁（伯純）曾爲該書作序云："何爲不曰蜀漢

---

① 見饒宗頤：《中國史學上之正統論》，上海：上海遠東出版社，1996年，第63頁。
② 見饒宗頤：《中國史學上之正統論》，上海：上海遠東出版社，1996年，第64頁。
③ 見饒宗頤：《中國史學上之正統論》，上海：上海遠東出版社，1996年，第64~65頁。

而曰季漢,尊正統也。嘗讀楊鐵崖《正統辨》而知正統之有攸歸也。"①點明了該書的特點爲一本元末人楊維楨的正統觀,而持擁劉反曹的態度。魏氏《三國論》認爲"曹與孫,其才與德既無足取,而昭烈仗義討賊,才雖不足,其義則正矣,是以君子取之以續漢統"②。亦擁劉反曹。黃氏之書,據饒先生言,"蓋取謝陛之書《昭烈本紀》,少加增删,間有論斷,茲載附錄以存參,無精義之可言也"③,故不贅述。

持尊魏抑蜀態度者,則爲晚清學者俞樾。俞氏認爲:"以正統事蜀者,朱子之失,其理不過是時中原之地已盡入魏,安見天下之統不在中原之魏而在於區區一州之蜀? 使昭烈而能爲光武,以之黜魏可也。若夫據一州之地而欲竊天下之統,則君子所不許也。"④從統轄地域大小及事功成敗的角度,斷定三國當以占據中原的曹魏爲正統。

有人認爲《三國志》一書本爲傳體,無本紀一目,稱爲書,又以魏蜀吳三國鼎足三分,故分國撰寫,顯得體例不純。清人胡玉縉通過考證指出:"今本《國志》由晉時范頵上書,遂入於官,可能經人改竄,非頵本人即劉宋人所私改者。其楊戲《季漢輔臣贊》末云:'世主能承高祖之始兆,復皇漢之宗祀。'正以尊蜀而不帝之者,痛乎漢禪已爲魏所奪,先主雖自稱帝,而史法不能帝之,惟因不能帝遂三國之,此《春秋》謹嚴之旨也。"⑤胡氏發現,陳壽之書本經後人改竄,且從今本的蛛絲馬迹中仍可發現,陳氏表面尊魏,實則同情蜀漢,爲陳壽以魏爲正統這一屢遭後人指摘之處翻案。

從饒先生對清代本正統論改作之史書的梳理可以看出,清初趙作羹、魏裔介等人,經歷明清易代之世變,或對於前明有故國之思,或一本理學繼承朱子尊劉之傳統,故多以蜀爲正統;而晚清俞樾等人在世時滿人入主中原已久,樂於肯定現有王朝,故以魏爲正統,與前代人尊曹尊劉多從自身處境出發相似。胡玉縉對陳壽《三國志》正統觀的辨析,從有限的材料中鈎稽出新見,顯示出清代學者扎實的考證功力。

三、對清代"正統論"資料的收集及按語評價

饒先生《中國史學上之正統論》一書的《通論》部分,惜墨如金,總共祇有6萬字。而《通論》之後又詳列參考資料3篇,照錄原文,注明出處,按照時間順序排列。資料一《當爲四世紀後歷代學者直接論正統的著作》,資料二《是秦以後德運説和議禮文的輯録》,資料三《爲有關史論》。"三類總計録文一七〇篇(節),按語四十七則,近説十六則,又附文一

---

① 見饒宗頤:《中國史學上之正統論》,上海:上海遠東出版社,1996年,第71頁。
② 見饒宗頤:《中國史學上之正統論》,上海:上海遠東出版社,1996年,第71頁。
③ 見饒宗頤:《中國史學上之正統論》,上海:上海遠東出版社,1996年,第71頁。
④ 見饒宗頤:《中國史學上之正統論》,上海:上海遠東出版社,1996年,第71頁。
⑤ 見饒宗頤:《中國史學上之正統論》,上海:上海遠東出版社,1996年,第71頁。

篇,凡提及姓名的學者史家,超過一五〇人,全部字數超過二十萬,是通論字數的三點三倍"①。可以説,全書的重點落在資料部分,而資料豐富、史料價值高則是該書的特色之一。

清代部分,饒先生在書中收集的資料也頗爲豐富。資料一中收集了魏禧《正統論(上、中、下)》(《魏叔子文集》卷一)、王夫之《讀通鑒論卷末》、宋實穎《黜朱梁紀年論》(《檀几叢書》卷五)、邵廷采《正統論(四篇)》(《思復堂文集》卷八)、甘京《正統論》(《國朝文錄》卷五)、蔣汾功《正統論》(同上,卷七)、葉燮《正統論》(上、下)(《己畦文集》卷一)、錢維城《續蘇子正統論(上、下)》(《國朝文匯》卷一四)、徐世佐《正統論(上、中、下)》(《遁齋文集》卷一)、計東《紀元匯考序》(《清儒學案》卷五四)、刁包《與史子敏論史書》、張宗泰《通鑒論正統閏統》(《魯岩所學集》)、葉維庚《紀元通考序例》(《清儒學案》卷二〇二)、段長基《歷代統紀表序》(該書卷首)、趙翼《綱目書法所本》(《陔餘叢考》卷一五)、魯一同《正統論》(《通甫類稿》卷一)、儲同人《正統論(六篇)》(《在陸草堂文集》卷一)附袁枚《隨園隨筆》四、周樹槐《書東坡正統論後》與《再書正統論後》(《續古文辭類纂》卷五)、梁廷枏《正統道統論》(《廣東文徵》卷三一)、梁玉繩《元號略序》(《清儒學案》卷一〇三)、龔自珍《壬癸之際胎觀》(《定盦續集》卷一)、方宗誠《繼統論》(《柏堂集後編》卷一)及李慈銘《論正統》(《越縵堂讀書記》卷一二)24 種附 1 種。資料三中收集了魏裔介《三國論》(《兼濟堂文集》卷一四)、孫寶仁《季漢紀序》(該書卷首)、趙作羹《季漢紀緣起》(該書卷首)、黄中堅《擬更季漢書昭烈皇帝本紀(識語)》(《昭代叢書辛集》卷六)、俞樾《蜀漢非正統説》(《賓萌集》卷二)、胡玉縉《三國志集解序附言》(《許廎學林》卷一一)、謝啓昆《西魏書叙錄》(本書卷首)、潘飛聲《東魏、西魏論》(《説劍堂集》)、姚瑩《與徐六襄論五代史書》(《東溟文集》卷二六)、陳鱣《續唐書自序》(《清儒學案》卷八七)、費密《統典論》(《弘道書》上)及熊錫履《學統序例》(本書卷首)12 種。種類多出《通論》正文所引用提及的一倍有餘,許多文章係文集中析出,不易查找,書中也一一注明出處,爲後人繼續研究提供了不小的幫助。

饒先生在資料部分不僅羅列前人文章,對其中有代表性的還加以按語。僅清代部分的按語,在資料一、資料三中,就分别有 2 處和 4 處。或評價史事,如刁包《與史子敏論史書》後之按語,稱贊明代大禮議諸臣"舉朝同聲,大抵本司馬光、程頤《濮園議》,守先賢大儒之成説,以求無罪於天下後世。據理力争,前仆後繼,此明儒殉道之精神,爲求正統之正,而粉身碎骨。爲真理而犧牲,於'大禮'一案,可以見之"②。又如,方宗誠《繼統論》後之按語,亦肯定大禮議諸臣"當日朝廷禮官堅執是説,以爲最得義理之正,可以爲萬世法。不惜一死以正名分,伏闕力争,以至撼門慟哭,死節不渝,雖或過激,而意氣奮發,信道之篤,浩然之氣與天地長存。而導諛者雖另執一理,若張璁進《大禮或問》,朝廷且有《明倫大典》二

---

① 見朱維錚:《中國史學上之正統論序》,收入饒宗頤《中國史學上之正統論》,上海:上海遠東出版社,1996 年,第 4 頁。

② 見饒宗頤:《中國史學上之正統論》,上海:上海遠東出版社,1996 年,第 221 頁。

十四卷之頒布,終不足以服人心。下至清季,桐城方宗誠,著《繼統論》,重予揚榷是非,誠正統論中之重要文字,故備錄之,以見明儒力爭正統出於實踐,非徒托之空文;爲真理而奮鬥,其精神有不可磨滅者在"①。文字飽含感情,表露出饒先生對於正統問題,看重道德正義勝於空言正論的思想。或注釋典故,如趙作羹《季漢紀緣起》後按語,注明陳壽爲諸葛亮門下書佐出於《魏書》卷四三,"黃氣見於秭歸""加兹謗議"出於《史通・曲筆篇》,"開基井絡"出於左思《蜀都賦》及《三國志・秦宓傳裴注》引《河圖括地象》。② 或辨析各代"正統論"脉絡,如黃中堅《擬更季漢書昭烈皇帝本紀》後按語,指出:"南宋學人多主蜀以宗室爲正,魏雖受漢禪晋,仍爲篡逆,故是習鑿齒而非陳壽。清人則頗反是説。"③對南宋、清代"正統論"學説概括極爲簡練。或辨析學説,如胡玉縉《三國志集解序附言》後按語,針對胡氏《三國志》經後人篡改的説法,提出:"胡氏以《三國志》原爲傳體,乃謂今於魏稱紀者,爲後人所竄改,此與劉子玄目劉、孫二《傳》,實以紀體之例作傳,説正相反……然《國志》一書,既爲荀勖、張華所深愛,必經二者寓目……故其立言更爲慎重,筆削之間,諒徇荀、張之見不能全出己意,於魏之不能不以紀出之。"④在史料基礎上,提出了與胡氏不同的意見,有利於澄清對陳壽《三國志》正統觀的認識。

饒先生此書,也并非沒有可以修正之處。即如清代部分,朱維錚先生就曾指出,《通論》和《資料》部分都沒有涉及黃宗羲《明夷待訪錄》這樣有重大影響的作品,不能不説是一個缺憾。⑤

雖然存在一些白璧微瑕,但饒先生在《中國史學上之正統論》一書論及清代"正統論"時,仍然保持了該書的優點,如《通論》部分,在材料基礎上,用典型史家、史籍説明清代"正統論"的由來和變化,并能貫穿自己的思想;資料部分照錄原文,注明出處,且附有獨抒己見的按語;通論、按語提供的考辨和探討的成果,與資料提供的系統史料既無混淆,又有機結合,堪稱研究中國古代"正統論"的奠基之作。

具體到對清代"正統論"的研究,饒先生在《通論》部分論及的十餘位元史家的作品,資料部分涉及的三十餘種資料,在目前爲止,仍然無人超越。今後對清代"正統論"的繼續研究,需要突破僅限於王夫之等少數學者的限制,擴展到這數十種乃至更多史家及史籍,纔有可能在饒先生的基礎上有所超越。

---

① 見饒宗頤:《中國史學上之正統論》,上海:上海遠東出版社,1996年,第243頁。
② 見饒宗頤:《中國史學上之正統論》,上海:上海遠東出版社,1996年,第343頁。
③ 見饒宗頤:《中國史學上之正統論》,上海:上海遠東出版社,1996年,第344頁。
④ 見饒宗頤:《中國史學上之正統論》,上海:上海遠東出版社,1996年,第348頁。
⑤ 見朱維錚:《中國史學上之正統論序》,收入饒宗頤《中國史學上之正統論》,上海:上海遠東出版社,1996年,第6頁。

饒宗頤教授與東南亞研究

蘇慶華

（馬來亞大學）

前　言

　　被譽爲"國寶級"學術界名人的饒宗頤教授，乃蜚聲國際的漢學大師、著名書畫家，亦同時爲日益受國際學界重視之"潮州學"的創導人和積極推動者。① 作爲一代宗師、學界泰斗，饒宗頤先生的學問博大精深；其所涉及領域包括：經學、史學、敦煌學、甲骨學、簡帛學、目錄學、考古學、金石學、楚辭學、詞學、宗教學及中國藝術史研究等多方面，形成了中、外學界所推重的博大精深，且具饒公開拓創新精神之治學宗風和專門學術成就和體系——"饒學"。

　　饒公字選堂，號固庵，廣東潮安人，1917年8月9日出生於廣東省潮安縣城。1949年10月，年32歲時移居香港。自是年至1962年，歷任香港大學中文系講師、高級講師及教授等職。1967年（50歲）離港。自是年至1973年，受聘爲新加坡大學中文系首任教授兼系主任。1973年（56歲）返回香港，任香港中文大學中文系講座教授及系主任。1978年（61歲）自香港中文大學中文系教授退休。1979年至1986年擔任香港中文大學中國文化研究所榮譽高級研究員。1987年（70歲）任香港大學中文系榮譽講座教授。1993年（76歲）任泰國華僑崇聖大學顧問暨中華文化研究院院長。2000年（83歲）獲香港特別行政區

---

① 在饒公的創議下，首屆"潮州學國際研討會"於1993年12月20—22日在香港中文大學舉行。饒公於會上作"潮州學在中國文化史上的重要性——何以要建立'潮州學'"專題演講。有關饒公於潮學的貢獻，請參閱郭偉川《饒宗頤教授與潮學》（收入郭偉川著《饒學與潮學研究論集》，香港：藝苑出版社，2001年，第94～102頁）。

頒授大紫荆勳章。2009年(92歲)12月,香港特別行政區政府宣布將百年建築舊茘枝角醫院命名爲"饒宗頤文化館"。①

杜經國先生於郭偉川著《饒學與潮學研究論集·序》中盛贊:

> 饒宗頤先生作爲一代宗師,學界泰斗,其學問博大精深,我輩後學難窺堂奥。(本書)前部"饒學研究"收集的幾篇文章,雖僅涉及饒學某些側面,但仍可使人們對饒公在學術上的開拓創新精神和過人的學術生命力有進一步的認識。

郭偉川於其所著《饒學與潮學研究論集·自序》中亦指出:

> 饒公所拓學術領域廣無際涯,學問之淵博爲中外學界所推重。以其八五之年②,新作迭出,議論縱橫,影響日著,學林向慕之風,遍及大江南北;尤其學術與藝術成果并隆,享譽環宇。

施議對於其編纂的《文學與神明:饒宗頤訪談録·緒論》中贊譽饒公:

> 學藝兼修,是一位百科全書式的學者。所做學問,包羅萬象,樣樣都有自己的建樹,都在最前沿;而百科中的任何一科,又不能概括所有,很難找到一個 term,就是一個合適的術語加以歸納。③

本文擬專注於較少被人研究和論及的饒公與東南亞研究這個面向,嘗試填補這方面之空缺,以凸顯饒公早期篳路藍縷、致力於星馬碑銘史料采集之開拓,及其於此一時期所進行之方方面面相關史學之考究。限於時間和個人的淺薄知識,失當之處,尚祈方家有以教正。

---

① 以上所列舉者,僅限於饒公犖犖學術成就當中與香港和南洋學界相關之極小部分,用以鋪墊本文所專注之饒宗頤教授與東南亞研究研討,以及凸顯饒公對香港學界之巨大貢獻和受香港特別行政區政府之肯定。(摘引自施志咏輯《饒宗頤學術年表》,見施議對編纂《文學與神明:饒宗頤訪談録》,北京:生活·讀書·新知三聯書店,2011年,第252、254~258、264頁。)

② 此指(2001年)饒公八十五華誕暨從事學術研究66年。該書《饒學研究》部分,共輯入相關論文7篇,即:《饒宗頤教授傳略(附年表)》《從〈固庵文録〉論選堂先生的古典文學成就》《論饒宗頤教授之史學觀》《略論〈瑶山集〉之時代精神與風骨》《饒宗頤教授與中日文化交流》《饒宗頤教授與歐洲漢學界的深厚淵源》《饒宗頤教授與潮學》。

③ 參引自施議對編纂:《文學與神明:饒宗頤訪談録》,北京:生活·讀書·新知三聯書店,2011年,第20頁。

一、饒公與《南洋學報》①

  如前所述,饒公於 1949 年 10 月自潮州移居香港,時年 32 歲。自是年至 1962 年,歷任香港大學中文系講師、高級講師及教授等職。早在香港大學任教期間的 1952 年,饒公已開始在新加坡南洋學會出版的《南洋學報》發表與東南亞研究相關的論文。饒公於 1967 年(50 歲)離港。自是年至 1973 年,受聘爲新加坡大學中文系首任教授兼系主任,并於此後與新加坡、馬來西亞學術界結下深厚之情誼。饒公早期發表於《南洋學報》的多篇論文,并爲南洋學會出版的多種書刊題簽,即是很好的説明。爲了方便討論,兹將相關論文之出版年份抄列如下:

《談伯公》(《南洋學報》第 8 卷第 2 輯,1952 年 12 月)
《西洋番國志書後》(《南洋學報》第 16 卷第 1、2 輯,1960 年)
《安南古史安陽王與雄王問題》(《南洋學報》第 24 卷,第 1、2 合輯,1969 年)
《龍飛與張璉問題辯證》(《南洋學報》第 29 卷,第 1、2 期,1976 年)②

---

① 南洋學會於 1940 年創立,爲本區域東南亞學術研究帶來了新氣象。其成員包括新加坡、馬來西亞學界人士韓槐准、許雲樵、陳育崧、許蘇吾、劉子政等人,及中國的劉士木、張禮千、姚楠、李長傅、朱杰勤諸前輩。《南洋學報》乃由南洋學會於 1940 年 6 月創刊。二戰前出 2 卷,日軍南侵時停刊。1946 年復刊,是東南亞地區刊齡最長的一份華文學術性期刊。(參引自《馬新華人研究——蘇慶華論文選集》第 2 卷,雪蘭莪:聯營出版有限公司,2009 年,第 8 頁。)

② 葉苔痕於《麻六甲甲必丹李君常與青雲亭》文中《頌德碑竪立的年代》一節,對"龍飛"二字解曰:"至於'龍飛'兩字,有人指明清代并没有這個年號,可能是杜撰的,因明末清初,許多不願爲清朝順民的義士紛紛南渡,他們拒絶承認清廷,故自創'龍飛'兩字,書於頌德碑之上;也有人説'龍飛'是明代一些人所慣用,常書於年號之下,如'天啓龍飛甲子年'等是……又有人對該頌德碑爲什麽要書上'龍飛'兩字,却有些意見,因明末廣東人張璉(或作漣)曾糾集同志組織反清復明運動,嘗以'龍飛'兩字爲年號。……惟據饒宗頤教授在他編的《新馬華文碑刻繫年》中指出:'張璉自稱飛龍人主',是'飛龍'而非'龍飛',以飛龍爲年號實誤"云云。(刊《新社季刊》第 5 卷第 4 期)饒氏於《龍飛與張璉問題辯證》文中加以辯證,指葉文中"有兩處錯誤,第一,張璉生存的時代,是在明朝嘉靖年間。根據官書及石刻,他在嘉靖四十一年六月已被誅了。他是明朝人,絕對不可能組織什麽反清運動。第二,他在饒平山地區作亂稱帝,是'自號飛龍人主'不是'飛龍主人','主人'應作'人主'。張璉與南洋殖民糾葛的問題,多年以來嘗引起許多誤會。……其實'龍飛'一詞,本來用作皇帝登位的通稱,自漢代以來便成'慣語'。……張璉本自稱'飛龍人主',清李兆洛著《歷代紀元編》卷上,載着'龍飛爲明嘉靖中廣州賊張璉僭號'。按:李書既誤張璉名字作'漣',復倒稱'飛龍'爲'龍飛';而且張璉的活動範圍,祇在廣東饒平與福建的雲霄等縣境,和廣州完全没有關係。許多辭書、甚至日本人編的《大漢和辭典》(卷一二)都沿襲他的錯誤,這是應該訂正的。……有二件有關張璉極重要的碑刻,應該提出研究:一、潮安縣金山馬公墓前《平潮寇碑》,二、平和縣俞大猷《討張璉碑》……粵閩有關張璉的石刻,向來不甚爲人注意,兹爲刊出,作爲澄清這一問題的根據,想是留心南洋史的人們所樂聞的。"(刊《南洋學報》第 29 卷,第 1、2 期,1976 年,後輯入《論明史外國傳記張璉之訛》附録,見饒宗頤《選堂集林·史林》下册,香港:中華書局香港分局,1982 年,第 1196~1200 頁。)

二、饒公與《新加坡古事記》之編纂

鄭煒明、林愷欣編《饒宗頤教授著作目錄新編·饒宗頤教授學術歷程述要》中載云:"1994年出版《新加坡古事記》,是書乃先生未赴新加坡前所搜集的民國以前有關新加坡的各項資料,後經歷年增訂而成,爲東南亞國別華僑史提供了一部新體例的著作。"①

饒公於香港中文大學1994年版的《新加坡古事記·引》中説明編纂此書之始源時云:"(一九)六八年之秋,余自香港於役星洲,未至之初,嘗致力於民國肇建以前華人苞星篳路藍縷以啓山林之史迹。"公强調:"立國之道,有不可動摇者,以文字歷史爲其長久之根柢,國之靈魂繫焉。……良以善治史者,貴乎尋其根株,而無務摭其枝葉。……余書命名曰古事記,雖假扶桑之名號……欲爲讀史者,啓其户牖,但直説事狀,提供資料,視爲史鈔也可,非敢侈言史學,以自炫也。"②

又,饒公於該書1976年撰寫之《跋》中指出:"未赴任前,嘗以半載之力,搜羅清季以來史籍有關星洲記録者,輯爲一册,以備省覽,即本書之初稿也,歷年以來,於役東西,橐筆所至……流覽奇書,則爲摘記於槧,排纂詮次,早已成帙,而踵事增益,至再至三,頃始勒成稿本。向在星洲,嘗出示德國傅吾康教授(Prof. Wolfgang Franke),承其推許,欣爲弁言,日月易得,及今亦將六載矣。……自七三年十月遠去星洲……已逾十年,不忍棄擲,聊復構綴成編,以供治海外華人史者之搴擇。"③

饒公於1996年12月於香港撰寫之《饒宗頤東方學論集·自序》中,復提及是書。爲方便參閱,茲將原文移録於下:

> 余於近東舊史,有《開闢史詩》之譯述;於印度研究,有《梵學集》之印行;於星洲又有《新加坡古事記》,皆屬專著。④

---

① 該書乃香港大學饒宗頤學術館·研究叢書第一輯·第一種,濟南:齊魯書社,2011年,《述要》引文見該書第4頁。

② 華按:該《引》寫於1989年元旦日,時公已自新加坡返回香港。(摘引自饒宗頤《新加坡古事記》,香港中文大學出版社·香港中文大學中國文化研究所·中國考古藝術研究中心專刊九,1994年,第XI頁)

③ 《跋》文摘引自饒宗頤編《新加坡古事記》,香港中文大學出版社,1994年,第345頁。傅吾康教授於其以英文撰寫的《序文》中,贊譽是編爲"a pioneer work in the unfolding of Chinese sources for the history of Singapore……[N]ot only in the field of academic scholarship, but also……a major contribution to the new nation of Singapore."(摘引自饒宗頤編前揭書,1994年,第XI頁。)

④ 摘引自黄贊發、陳梓權主編:《饒宗頤東方學論集》(20世紀潮人文化萃英叢書),汕頭:汕頭大學出版社,1999年,第1頁。

由此可見,饒公對《新加坡古事記》是書之重視與"鍾愛"。惟是事之刊印,却因種種原因而延至二十餘年後之1994年始得以落實付梓。其後,復收入《饒宗頤二十世紀學術文集》(卷七《中外關係史》),臺灣:新文豐出版公司,2003年,第367~830頁。①

三、開拓東南亞金石志治學嚆矢之饒公

除了前述論文,饒公最爲人稱道者,乃其於1969年發表於《新加坡大學中文學會學報》第十期之《新馬華人碑銘繫年(紀略)》這篇非常重要和具啓發性的文章。饒公於該文《引言》中,清楚表明自己當時撰寫該文的動機。爲了方便參考,茲將原文抄錄於下:

> 有可據之史料,而後有翔實之史書。碑刻者,史料之最足徵信者也。……余向有歷史癖,南來一載,古刹荒丘,時勞登頓。橐筆懷槧,苦無餘晷。馬來亞地廣,行踪難遍,凡所載錄,以青雲亭爲主,他處未遑遍考。稍爲排比年月,斷自清季,藉備研討南域華人史事之參考。他日有撰"星馬金石志"者,吾文敢謂爲其嚆矢,抛磚引玉,企予望之。②

自稱"向有歷史癖"的饒公,於文中開宗明義地指出:"有可據之史料,而後有翔實之史書。碑刻者,史料之最足徵信者也。"故此南來新加坡一載,即致力於"古刹荒丘"碑刻之田野載錄工作。雖"未遑遍考",仍將所錄"稍爲排比年月……藉備研討南域華人史事之參考"。

陳鐵凡、陳璋於所撰《檳城閩僑蒿里遺文錄·附記》中指出:"本研究計畫所獲資料,乃作者等先後與傅吾康教授、徐柳常君共同搜集者。……饒宗頤教授《新馬華人碑銘繫年(紀略)》爲南中金石學開其先河;而以時間匆促,不免遺珠之憾,今所獲差多,乃不避重複,彙入'萃編'。又,今夏拙撰《檳城福建公冢之碑石木版》載於《星檳日報》,惟因篇幅所限,影本概未刊出。本文即據此藍本,廣及辜、謝、邱氏私家冢,增補幾達二分之一。"③

二十餘年後的1996年,饒宗頤於其爲傅吾康主編《泰國華文銘刻萃編》撰寫的《序》中,仍不無自豪地追憶當年自己"首倡綴錄星、馬地區華人碑刻,以備考史之資"的往事,及因此創舉而對傅氏其後"殫心力於此事,鍥而不懈,歷二十餘載,集東南亞華碑研究之大成"所帶來的巨大影響。除了寫序和親筆爲書名題簽,饒公亦曾對《泰國華文銘刻萃編》之出版盡了心力。該《序》原文如下:

---

① 參引自鄭煒明、林愷欣編:《饒宗頤教授著作目錄新編》,香港大學饒宗頤學術館·研究叢書第一輯·第1種,濟南:齊魯書社,2011年,第23~24頁。
② 參引自黃贊發、陳梓權主編:《饒宗頤東方學論集》,汕頭:汕頭大學出版社,1999年,第418、430~431頁。
③ 該文刊《班苔學報》1972年第5期,吉隆坡:馬來亞大學華文學會編,第21~36頁。據個人所知,是篇乃在饒公影響下,最早發表於學刊的"本地金石銘刻采集錄"文章之一。

憶 1970 年在星洲，余首倡綴錄星、馬地區華人碑刻，以備考史之資，傅吾康教授韙之。繼起有作，既網羅馬來西亞所有華文碑碣，復遍及印尼、泰京，孜孜矻矻，殫心力於此事，鍥而不懈，歷二十餘載，集東南亞華碑研究之大成，本書特記泰國者耳。共收巨細約千品，載錄周詳，圖文并茂，補泰地華文《語石》之缺，有裨史學者多矣。余忝主聖大研究院事，爲言於鄭董事長午樓先生，刊爲本院華文研究叢書之一，力促其付梓，頃者全書刊成……①

自 1977 年提早從德國漢堡大學退休後，傅吾康教授即潛心於他所熱衷的東南亞華文碑銘史料之搜集、整理、編輯和出版工作。在這之前，傅老和已故陳鐵凡教授爲了搜集這方面的史料，不憚跋涉地深入東、西馬，文萊，印尼和泰國境內之城鄉僻壤，走訪各地的寺廟、祠堂、會館和義山墳地。許多幾乎遭受淹没命運之東南亞華人史迹和碑銘資料，因了二老的發掘或搶救而得以重見天日。

在傅、陳二老的并肩合作之下，3 卷本的《馬來西亞華文銘刻萃編》相繼於 1982 年、1985 年及 1987 年間出版。這套厚達 1510 頁的《萃編》，爲研究早期新、馬華族史之編撰做出了積極的貢獻。隨著陳鐵凡教授於 1976 年自馬來亞大學榮休，并於較後移民加拿大，補充編輯和出版印尼及泰國華文碑銘的工作，便落在傅老的肩膀上。爲了使這些史料早日編印成書，八十餘高齡的傅老仍馬不停蹄地穿梭於馬、新、泰和中國香港之間，爲校閱書稿及協調出版事項而奔波。可喜的是：在李氏基金、國外基金會、學術團體及熱心人士財力援助下，全套四册的《印尼華文銘刻萃編》陸續於 1988 年至 1997 年間出齊。而全書厚達 786 頁的《泰國華文銘刻萃編》，亦由臺灣新文豐出版公司於 1998 年出版。馬來亞大學中文系畢業生協會也於 1998 年爲傅吾康教授歷時 30 年方始全套編齊、出版的 8 巨册《東南亞華文碑銘彙編》，舉行了隆重的推介禮，藉以向傅老鍥而不捨的努力和巨大貢獻致敬。②

此外，饒公上述開拓性東南亞金石志治學嚆矢之作，亦對新加坡年輕學人產生了頗大的影響。柯木林即於《新華歷史研究的回顧與前瞻(1965—1986)》③一文中指出：

1969 年，饒宗頤教授在新加坡大學中文學會學報第十期，發表了一篇《新馬華人碑銘繫年(紀略)》的文章，引起了史學界的注意。1972 年元旦，新馬史學界泰斗陳育崧先生在《南洋商報》發表《新加坡華文碑銘集錄緒言》的長文，肯定了碑銘的史料價

---

① 摘引自傅吾康主編：《泰國華文銘刻萃編》，臺灣：新文豐出版公司，1998 年，第 1 頁。華按：該《序》寫於 1996 年，時饒公任泰國華僑崇聖大學顧問暨中華文化研究院院長。傅師吾康嘗語余云：是書終未能由泰京聖大出版。嗣後再經饒公推薦，乃由臺灣新文豐出版公司於 1998 年印行。

② 參引自蘇慶華主編：《慶賀傅吾康教授八秩晉六榮慶學術論文集》，《徵文緣起》，吉隆坡：馬來亞大學中文系畢業生協會，2000 年，第 1~2 頁。

③ 該文原刊馬來西亞《星洲日報》1987 年 5 月 31 日及 6 月 13 日，後輯入柯木林著《石叻史記》，新加坡：青年書局，2007 年，第 246~247 頁。

值:碑銘不僅是新加坡華人重點文物之一,而且也爲我們提供了新華社會及華族史上很多重要的資料和新的觀點。伴隨著對碑銘史料的肯定,1973年5月,以林孝勝爲首的六位青年學人(其他五位是張夏幃、柯木林、吳華、張清江、李奕志),重新勘察了新加坡有代表性的華族歷史古跡,寫成專書出版(1975年4月)。書名《石叻古迹》,列爲"南洋學會叢書"第13種,係利用大量的碑文資料,分析了19世紀新華社會的幫權政治,爲新華歷史研究,擴展了新的領域。

四、饒公與《新加坡"五虎祠"義士考》

華按:有關"五虎祠"(又稱"社公廟")義士神主之考究,陳育崧先生早在1938年已啓其端。饒公復於1970年對之作進一步跟進,并修訂本身之前的看法。① 其後,乃有莊欽永於1985年發表之《新加坡社公廟神主牌研究》一文。② 再來,便是日本學者田仲一成(Tanaka Issei)於1989年完成的《新加坡"五虎祠"義士考——潮州天地會會黨與新加坡義興公司的關係》③文章。田仲氏以此文章慶賀饒公七十五歲誕辰,刊載於香港中文大學中國文化研究所1993年出版的《慶祝饒宗頤教授七十五歲論文集》中。

田仲氏於該論文中,對此課題研究之發展脈絡作出了頗爲詳盡的說明。爲了方便參考,茲摘引其原文如下:

> 早在1938年,新加坡華人史專家陳育崧先生就在他"廈門小刀會與新加坡"(《星洲日報半月刊》第四期)一文裏指出:新加坡加冷河畔有小廟(俗稱爲社公廟或五虎祠),廟裏奉祀八十多件反清復明義士的神主牌。這些義士很可能是咸豐四年(1854年)廈門小刀會黨徒,他們起義失敗後,曾流寓於新加坡而死,這些神主牌是他們的遺迹。陳先生發表上文以後,又更深入地研討這些神主牌的歷史,1970年再發表有關文章《新加坡開埠元勛曹亞珠考》(《南洋商報》1970年1月7日)。在此文中,他修改舊說,否定義士與廈門小刀會的關係,而著重指出義士跟新加坡開埠元勛曹亞珠的關係。但是陳氏所舉的證據似乎還不足夠證明他的新說。有些學人質疑其論。問題仍未解決,爭辯分歧,至於今日。

---

① 見陳育崧:《廈門小刀會與新加坡》,刊載《星洲日報半月刊》1938年第4期。輯入陳育崧《椰陰館文存》第1卷,1983年,第96~99頁。
② 該文分別刊載於馬來西亞《星洲日報》1985年7月13日、20日,8月10日、17日。後輯入莊欽永著《新加坡華人史論叢》,新加坡:南洋學會,1986年,第124~150頁。
③ 該文於1989年12月29日完稿,刊載於《慶祝饒宗頤教授七十五歲論文集》,香港中文大學中國文化研究所,1993年,第43~58頁。

筆者(按:指田仲一成)於1982年10月訪問過該廟,在廟祝黄鴻泰先生的允許和幫助之下,打開了這一群神主牌,檢查牌板内部所寫的文字(每人的生卒年、籍貫地名、墳墓位址等等,用朱筆寫明)。這一次調查所得却有些出乎預料,就是説:神主牌所奉祀的義士之中,廈門人(閩南人)或四邑人(曹亞珠的同鄉人)幾乎没有,而差不多都是潮州人(海陽縣人最多,澄海縣人次之)。本文根據這一事實,擬研討道光、咸豐間潮州天地會會黨與新加坡義興公司的交流關係。(田仲一成1993:43)

這之後,饒公於1993年發表之《新加坡:五虎祠——談到關學在四裔》短文①中指出:

這廟的歷史向來無人注意,扶桑友人田仲一成研究,認爲奉祀諸義士的秘密會社,爲義興公司的前身。星洲檔案館莊欽永仔細考察,利用檔案及碑銘材料,考出其中神主義士,像許茂芝,代理過緑野亭首事,張族昌、余增涌是茶陽會館副理,林亞泰是潮郡義興首領,想不到這座社公廟對移民史關係這麽重大。……可惜經過頻年城市緑化的洗禮,這古廟在歷史上的重要性,久已給人忘記了。

又云:

這廟中所有神主都標識義士的徽號,廟祀以關公爲首。關公在海外的秘密會社成爲忠義的表徵,似乎和滿洲人有點淵源。

饒公於文末結語云:

新加坡五虎祠的"義士"觀念,自然亦是受到關公的影響,所以,我在此再作一點補充。②

饒公於具"小中見大"深意的上引學術小品短文中,對"關公與海外秘密會社"課題不經意的"點撥",對此古廟被人淡忘的嘆息,以及於文中對田仲一成和莊欽永二人研究成果的引述,却給予莊欽永莫大的鼓勵,并刺激後者繼續挖掘和研究相關的史實。這一點,從

---

① 該文刊香港《明報月刊》(1993年12月號),第123~124頁。後又輯入饒宗頤《文化之旅》,瀋陽:遼寧教育出版社,1998年,第27~29頁。饒宗頤於1996年中秋節撰寫《文化之旅·小引》時嘗云"我這些(學術小品的)短文,敢自詡有點'隨事而變化',抓問題偶爾亦可能會搔到癢處。……這是我個人的認識論。在付印之前胡謅幾句,也許不無'小中見大'的深意吧"。
② 摘引自饒宗頤著短文集《文化之旅》,1998年,第27、29頁。華按:該文集中輯入與關羽相關的文章,尚有:《關聖與鹽》和《玉泉山·關陵》短文兩篇,見饒著上揭書,1998年,第21~26頁。

莊氏於《實叻峨嘈五虎祠義士新義·引言》的自述中可以清楚看出。

莊欽永於上揭書《引言》中①述云：

> 1985年，筆者（按：指莊欽永）在馬來西亞《星洲日報·文化版》發表了《新加坡社公廟神主牌研究》，利用庋藏在英國公共檔案局的殖民部編號273系列檔案第35卷（即CO273/35），正式確定神主義士是新加坡義興公司領導層顯赫人物。論文也根據碑銘資料，找出神主義士許茂芝在1840年代曾擔任綠野亭首事及張族昌與余增涌在1850年代為茶陽會館副理等等。論文發表後數年，我陸續搜集到一些新的史料，也有一些新的論點。九年後，在拜讀了日本東京大學東洋文化研究所田仲一成教授之大作《新加坡"五虎祠"義士考——潮州天地會會黨與新加坡義興公司的關係》，及饒宗頤教授在香港《明報月刊》（1993年12月號）發表的《新加坡：五虎祠——談到關學在四裔》後，再次引起我對社公廟神主研究的興趣，於是再根據舊稿以新史料重新撰寫這篇論文。②

田仲一成教授於上揭文中，嘗據陳育崧之說法作出以下的論證：

> 據陳育崧先生所論，義士們很可能多為曹亞珠手下的曹氏族人或他的同鄉（臺山縣人或四邑人）。但是，（從上表來看），除了曹符義、曹符成之外，找不到曹姓之人或四邑之人。在可以知道籍貫的二十五名之中，潮州系人士達二十三名之多。所以這些反清復明義士，可以說是潮州系會黨集團。

莊欽永則針對田仲一成教授之上述分析，加以評論曰：

> 田仲教授（於"義士籍貫"）之說法，目前還有待檔案史料之證實。（其所達致上述）這個結論是受到神主內涵資料所限制。

并指出：

> 假若我們利用新加坡十九世紀所遺留下來的會館、書院與冢山碑銘資料，（則其）

---

① 莊欽永著《實叻峨嘈五虎祠義士新義》一書，由新加坡南洋學會出版於1996年。傅吾康於該書《序》中贊譽莊欽永："是少數對自己社會歷史有興趣的新加坡學者。他利用了少為人知的殖民部官方檔案，早期出版物與其他碑銘資料考證這批神主（牌），從而提供對十九世紀新加坡華人社會史以及義興公司歷史許多有價值與創新的見解。"（見《新義》1996年，第ⅱ頁）

② 華按：此指出版於1996年的《實叻峨嘈五虎祠義士新義》一書。

結論可就不同了。①

憑著鍥而不捨的精神，莊欽永復於 3 年後的 1999 年，以英語撰寫了《實叻峨嘈五虎祠義士新義》（以下簡稱《新義》，1996 年版）的增補和修訂本——David K Y Chng. *Heoric Images of Ming Loyalists: A Study of The Spirit Tablets of The Ghee Hin Kongsi Leaders in Singapore*, Singapore: Singapore Society of Asian Studies, 1999.

五、饒公與文萊宋碑研究

華按：陳鐵凡教授嘗將傅吾康教授於 1972 年間在文萊訪獲一石碑拓本（即《有宋泉州判院蒲公之墓·景定甲子男應□甲立》）影印本寄示饒公，請公爲之鑒定。饒公認爲：

> 在東南亞各處知見的華文古碑碣，就目前（指 1970 年代）而論，惟汶萊此碑爲南宋末年（1264）之物，故其價值最高。（第 1074 頁）

并鑒定：

> 其爲宋碑，絕無疑問。（第 1077 頁）

饒公經考證云"過去僅知碑刻上記載蒲氏的文獻，祇有泉州出土的明永樂十五年五月陣撫蒲和日爲鄭和往西洋忽魯謨厮諸國所立的碑石。今海外汶萊又出（土）宋末的蒲氏墓碑，時代更在其前，尤爲難得"，認爲"這不能不説是很重要的發現"，并對"判院"一名，詳加考證。②（第 1078、1087 頁）

隨此文萊宋碑的發掘和經饒公對之的確認，陳鐵凡與傅吾康二人聯名發表了以下相關論文：

陳鐵凡、傅吾康：《東南亞最古（老）的華文史料：汶萊宋碑》，刊載於馬來西亞《星洲日報》第四版，1972 年 11 月 26 日。

陳鐵凡、傅吾康："A Chinese Tomb Inscription of A. D. 1264, Discovered Recently in Brunei: A Preliminary Report", *Brunei Museum Journal* 3:1(1973), pp. 91~99.

陳鐵凡、傅吾康：《略論汶萊宋碑新證》，刊馬來亞大學中文系《學術論文集》第 5

---

① 摘引自《新義》，1996 年，第 18~19、26 頁。
② 摘引自饒宗頤《汶萊發現華文墓碑跋》（輯入饒宗頤《選堂集林·史林》下册，香港：中華書局香港分局，1982 年，第 1074~1089 頁）

輯,1992年,第7~15頁。

饒公也先後發表了以下兩篇相關的論文:

  饒宗頤:《汶萊發現宋代華文墓碑的意義》,刊載於新加坡《新社季刊》第4卷第4期,1972年6月,第1~4頁。
  饒宗頤:《汶萊宋碑再跋》,刊載於新加坡《新社季刊》第5卷第3期,1973年9月,第1~4頁。

莊欽永復於1997年發表《有關汶萊南宋蒲公墓兩則史料之考證》①,嘗試對研究此課題之學者留下尚待解決的三個主要問題作出考證:

  1. 墓主蒲公究竟爲誰?
  2. 判院是何等(級)職官?
  3. 泉州是否是蒲公的籍里,抑係當聯下讀作"泉州判院"?

以上諸篇相關課題之考究發軔於20世紀70年代,竟延續至近30年後的1997年仍見跟進文章之發表!足見研究課題不論新舊,關鍵在於有心人於新資料之挖掘和應用而已。

六、饒宗頤與其撰研之《三教論及其海外移植》②

饒公上揭文之内容,包括以下諸章節:

  《三教論及其海外移植》
  《由星洲林三教廟再論宋金時代之三教同源思想》
  《三教調和論之歷史意義》
  《三教思想之滲入文學與藝術》
  《三教論衡之列爲朝儀及逐漸戲劇化》

饒公於文中指出研究此課題的重要性和意義:

---

① 該文刊載於《南洋學報》1997年第50卷第1、2期,第87~95頁。後又輯入氏著莊(欽永卷)《新甲華人史史料考釋》,新加坡:青年書局,2007年,第145~156頁。
② 該文輯入饒宗頤著:《選堂集林·史林》下冊,香港:中華書局香港分局,1982年,第1207~1249頁。

三教混合之現象，在當代中國已成爲歷史上之陳迹，惟仍保存於星馬之民間信仰，極值得研究。

　　饒公嘗將新加坡奉祀林三教（即三一教主林兆恩）之廟宇——九鯉洞記憶體兩碑（內容述及福建莆田九鯉洞之形勝，及卓晚春真人與林兆恩之皈依三教等事），錄示傅吾康教授。後者特爲文 "Some Remarks on Lin Chao-en, Three-in-one Doctrine and its Spread in Singapore and Malaysia" 介紹，并於1971年1月在澳洲堪培拉舉行之第28屆東方學者大會中宣讀，頗引起國際人士之注意。

　　已故季羨林教授嘗於饒公演講（集）——《中國宗教思想史新頁》①書《序》中指出：

　　我個人覺得選堂先生的學術研究有四大特點：第一，涉及範圍廣，使人往往有汪洋無涯涘之感。這在并世學人中并無第二人。第二，選堂先生的論文引用材料範圍極廣。古典文獻，固無論矣。對當代學人的文章，他也幾乎巨細不遺。第三，選堂先生非常重視考古發掘的地下新資料。他對大陸考古發掘情況瞭若指掌。第四，由於具備了以上諸條件，加以能讀書得閑，所以饒先生在論文中時有新的創新。

　　誠哉斯言！因了季氏所説的上述特點，使饒公廣無涯涘的論述中常見創新；其所提出的考究問題與發掘的新課題，引起學界的注意，并啓發其他學人作進一步的深入探討和研究。證諸饒公於三教論及新馬三一教信仰之論述，與乎其對相關碑銘資料之挖掘均開風氣之先，引領後來之學者賡續其風，成就彼等於研究中國和海外三一教信仰課題之累累學術成果，如林國平、[加拿大]丁荷生等是。

小　結

　　本文以上所列舉者，乃饒公於犖犖東南亞研究中較顯著的些許例子。證諸以其後源源不絕之相關課題研究的開展②，則饒公於當日所掀起的研究風潮和其所產生之影響力不可謂不大矣。由此，亦可一窺饒公於金石志綴録和撰述之先導所帶來的巨大影響。

---

① 該演講集列北京大學講演叢書第11種，北京：北京大學出版社，2000年，第1頁。
② 例如，蘇慶華：《吉蘭丹聖春宮匾額文字校補記》，刊《文道》月刊1982年第19期；張少寬編著：《檳榔嶼福建公冢及家冢碑銘集》，新加坡：亞洲研究學會出版，1997年；莊欽永：《麻六甲、新加坡華文碑文輯録》，刊臺灣"中央研究院"《民族學研究所資料彙編》1998年第12輯；蘇慶華：《有關（馬來西亞）"敬惜字紙"的習俗和碑刻文》，刊砂華文協出版《文海》創刊號，1998年；蘇慶華：《雪蘭莪吧生五條路觀音亭的歷史：以現存銘刻資料與歷史文獻爲探討中心》，刊新加坡《南洋學報》第65卷（2011年8月），第123~136頁。

饒宗頤教授與藏學研究

黄杰華

(香港大學饒宗頤學術館)

引　言

　　饒宗頤教授不論文學、史學、簡帛、經術禮樂、敦煌學及中外關係等 15 類學術成就，早爲學界稱頌①，然而對於饒教授在藏學領域的研究，至今未有學人專文介紹，是故本文之旨在於以《頓悟大乘政理决》的考證和研究爲例，標示饒教授的藏學論文及其貢獻。藏學與敦煌學一樣，已爲國際顯學之一，饒教授早在 20 世紀 60 年代已利用敦煌文獻從事敦煌學研究，亦爲學術界肯定和注意。另一方面，饒教授的敦煌學研究，部分與藏學有關。因此，本文提出，作爲顯學之一的藏學研究，饒宗頤教授早於 20 世紀 60 年代就已參與，在 70 年代初就已發表相關論文。

　　藏學研究（bod-kyi-shes-rig ②，Tibetan Studies 或是 Tibetology），顧名思義是指研究西藏的學問，所謂西藏的學問，更正確一點，就是有關藏族的研究，除西藏外，藏民還分布於青海、甘肅、雲南和四川。因此，祇要研究藏族的語言文字、考古、歷史、地理、宗教、繪畫、音樂、曆法等學科，不論藏民聚居在哪一區域，一律算作藏學研究。③

---

①　見黄嫣梨:《饒宗頤教授文史互證的治學方法》，饒宗頤主編《華學》(第 9、10 輯)，上海：上海古籍出版社，2008 年，第 1127 頁。
②　bod-kyi-shes-rig,是 bod-kyi-shes-bya'i-rig-pa（藏民族的學問）的縮寫，參見王堯、王啓龍、鄧小咏：《中國藏學史(1949 年前)》，北京：民族出版社、清華大學出版社，2003 年，第 3 頁。
③　對於藏學的研究對象和範圍，詳可參看王堯、王啓龍、鄧小咏：《中國藏學史(1949 年前)》，北京：民族出版社、清華大學出版社，2003 年，第 4~8 頁。

西方的藏學研究,早在200年前已經出現。① 匈牙利藏學家喬瑪(Alexander Csoma de Koros,1784—1842)曾在拉達克(Ladakh)生活7年,後來相繼出版了《藏英字典》(*Tibetan English Dictionary*)②、《藏語文法》(*A Grammar of Tibetan Language*)③、《梵藏英詞彙》(*Sanskrit-Tibetan-English Vocabulary*)④ 等,奠定了歐州藏學研究的基礎。經過幾百年的發展,今天歐洲的藏學研究已非常成熟,成一龐大體系,著作恒河沙數,已成一門國際顯學。⑤

饒宗頤教授的相關藏學論文,共有10種,其中包括序跋3篇。這些屬於藏學範疇的論文,內容又與敦煌學關涉,反映出敦煌學是教授念茲在茲的研究課題,這包括《神會門下摩訶衍之入藏兼論禪門南北宗之調和問題》《論敦煌陷於吐蕃之年代——依〈頓悟大乘政理決〉考證》《禪門南北宗的匯合與傳播》《王錫〈頓悟大乘政理決〉序説并校記》《吽字説》《〈𠀉考〉續記》《"羊"的聯想——青海彩陶、陰山、西藏岩畫的⊕號與西亞原始計數工具》。可以説,這數篇藏學論文,亦可界定爲敦煌學的研究成果,這還包括了他爲中央民族大學王堯(1928—)《吐蕃時期的占卜研究——敦煌藏文寫卷譯釋》及楊銘(1952—)《吐蕃統治敦煌研究》所寫的序文;另有《西藏與中國古代哲學文法後記》。其中,最值得重視的,首推《王錫〈頓悟大乘政理決〉序説并校記》一文。本文分兩部分,第一部分略説饒宗頤教授的藏學論文及相關序跋;另一部分略窺《王錫〈頓悟大乘政理決〉序説并校記》一文的整理和研究,從而一窺饒教授藏學論文的特色。

一、饒宗頤教授藏學論文説略

(一)《〈吐蕃統治敦煌研究〉序》⑥

序文本爲楊銘的專著而作,列香港敦煌吐魯番研究中心叢刊第7種,於1997年版。從序文得知,饒宗頤教授早留心於藏學研究的發展,得知法國於1978—1979年間刊印由今枝由郎(Yoshiro Imaeda)及麥克唐納夫人(Ariane Mac Donald)主編的《伯希和藏文文書選集》

---

① 見李四龍:《歐美佛教學術史》,北京:北京大學出版社,2009年,第308頁。
② Alexander Csoma de Koros, *Tibetan English Dictionary*, New Delhi:Manjusri Publishing, 1973.
③ Alexander Csoma de Koros, *A Grammar of Tibetan Language*, Calcutta,1834.
④ Alexander Csoma de Koros, *Sanskrit-Tibetan-English Vocabulary*, Royal Asiatic Society of Bengal, 1944.
⑤ 對於國外藏學的研究情況,詳參馮蒸:《國外西藏研究概況(1949—1978)》,北京:中國社會科學出版社,1979年;李四龍:《歐美佛教學術史》,北京:北京大學出版社,2009年,第308頁;沈衛榮:《德國的西藏研究和教學》(蒙藏專題研究叢書),臺北:"蒙藏委員會",1994年;櫻井龍彥、李連榮:《百年日本藏學研究概況》,《中國藏學》2006年第4期,第100~110頁;蘇發祥:《英國藏學研究概述》,《中國藏學》2008年第3期,第226~238頁;Donald S. Lopez, Jr. *Prisoners of Shangri-la:Tibetan Buddhism and the West*, Chicago:The University of Chicago Press,1998,pp. 156-180.
⑥ 《饒宗頤二十世紀學術文集》將序文名稱誤印爲《〈吐魯番統治敦煌研究〉序》,需更訂。序文注釋中援引 Christopher I Beckwith 誤植爲 I Beekwith,亦需訂正。

2辑(*Choix de documents tibétains conserves à la Bibliothéque Nationale*)①、王堯的《吐蕃金石錄》《吐蕃簡牘綜錄》《敦煌本吐蕃歷史文書》等書的重要性,除認真研讀四書外,還留意當下藏學研究的最新動態,自饒教授於四川認識楊銘,得悉楊君從事 P. T. 1288 號《大事紀年》,於是將作者文章彙集成書,并爲之作序。

(二)《吽字説》

學人讀錢曾(1629—1701)《讀書敏求記·印道要一卷大手印無字要一卷》一節,主要著眼於元順帝庚申君修藏密演揲兒法,沉迷酒色導致失天下的過失。②饒教授則因偶讀陳寅恪《柳如是別傳》引上書一節,提到"吽"字即"哞"字表示疑問,因而撰寫《吽字説》一文。文中廣徵博引,包括漢文資料、日本悉曇學者空海和安然的悉曇文獻、密宗咒語的異寫:六字大明咒及馬頭觀音金剛咒,還有叙利亞文阿伯亞罕的譯音、敦煌莫高窟至正八年守朗刻石的漢文六字大明咒、甲骨文的證據。又用印度早期《唱贊奧義書》對"吽"字的用法等加以分析,以證"吽"字作爲 hum,亦即《玉篇》《廣韻》等的"吼"字。據饒教授所説,"吽"一字亦早在殷代甲骨已有發現,或作感嘆詞用。"哞"字後起,以豐作聲,與"吽"字沒有關連。

文中饒教授又解釋六字真言 Om mani padme hūm 的意義,又謂:"hum 在巴利文作爲神秘音節(mystical syllables)。《普曜經》中的 humkara,意思是叫出 hum - hum 之音,亦用以指象的呼聲,及動物的吼聲。佛教常用的獅子吼,即由此演變而來。"③此段可見饒教授深通佛典中"吽"(hum)一詞的意義。他續説:"《玉篇》吽與吼爲一字,和梵語的 hum 音義完全符合。但'吽'字見於殷契,似作感嘆詞用,此一事爲前人所未知……與'吼'是同一個字,它的聲母是 h,華、梵正是一致。"④此段將兩個民族之間的共通語言現象鈎沉出來,不單有他的發現,更在在顯示出他深厚的梵學及中國聲韻學根底、會通中西的能力。

(三)《〈卍考〉續記》

此文足本《饒宗頤二十世紀學術文集》失收,祇有部分文字以《卍符號與古代印度》之名刊在《饒宗頤二十世紀學術文集》卷一⑤,全文祇見於《饒宗頤東方學論集》⑥及《符號·初文與字母——漢字樹》。⑦《〈卍考〉續記》是《卍考》的續記,是作者對 Swastika 這一吉祥的宇宙性符號的更深入討論。據饒教授所説,殷代的甲骨文卍字有兩個意思,一作爲天象,一作爲卍舞。此卍字在殷代與万、萬兩字可以互相通借。在考古學的材料裏,卍與卐字沒有嚴格分別,然而在西藏的苯教和佛教則各有所持;卐名爲"雍仲"(g. yung-drung),作

---

① 該書中譯該作《法國國家圖書館藏敦煌藏文寫卷選集》,此書一般學者不易覓得。
② 關於藏密演揲兒法,可參考卓鴻澤:《"演揲兒"爲回鶻語考辨》,沈衛榮主編《西域歷史語言研究集刊》第 1 輯,北京:科學出版社,2007 年,第 227 ~ 258 頁。
③ 《饒宗頤二十世紀學術文集》卷五《宗教學》,臺灣:新文豐出版公司,2003 年,第 773 頁。
④ 《饒宗頤二十世紀學術文集》卷五《宗教學》,臺灣:新文豐出版公司,2003 年,第 773 頁。
⑤ 《饒宗頤二十世紀學術文集》卷一《史溯》,臺灣:新文豐出版公司,2003 年,第 452 ~ 458 頁。
⑥ 見饒宗頤:《饒宗頤東方學論集》,汕頭:汕頭大學出版社,1999 年,第 56 ~ 67 頁。
⑦ 見饒宗頤:《符號·初文與字母——漢字樹》,香港:香港商務印書館,1998 年,第 98 ~ 106 頁。

爲苯教最高的象徵,將佛教的卍區別開來。饒教授又細察西藏阿里日土縣的古代岩畫調查材料、西藏納木錯及扎西島洞穴岩壁畫,從而懷疑藏民較先接受卍符號。納木錯及扎西島洞的岩畫,顯示了卍字與苯教雍仲的密切聯繫,并謂:"卍號原來流行於西亞及印度,苯教吸收之,自是順理成章,後加以發揚,成爲獨特教義。"① 苯教的卍字符號,含有永生、永恒的意思,與佛教的無常觀迥异,與佛教的卍方向相反。饒教授謂西藏的卍符號,可遠溯至石器時代的青海。

饒教授分別發表《卍考》與《〈卍考〉續記》,反映出他對這個具宇宙性、宗教重要性的符號十分重視。綜觀二文,作者廣引中西古今典籍比對研討,除了厘清與比對符號在不同民族的個別特殊意義外,還有一個更重要的目的:透過符號在不同民族間的共同意義,揭示上古中外文化早有交流的事實,饒教授的《中國古代"脅生"的傳説》②、《鬱方與古代香藥之路》③及《殷代黄金及有關問題》④等篇,在在展示東西方的古史活動早已存在,正如《〈卍考〉續記》所説:"印度與華之間,卍符在殷代早已被吸收成爲契文,與万、萬二字互相通用,遠在佛典傳入之前。"⑤至於印度哈拉巴(Harappa)文明的万字陶紋,與漢土的越戈一樣,令饒公匪夷所思。從饒文可知,東方與西方的上古文化交往,可爬梳鈎沉而又讓人嘖嘖稱奇者,不知凡幾。饒教授的《符號·初文與字母——漢字樹》一書,正好讓我們大開眼界。

《〈卍考〉續記》一文在排印上十分困難,牽涉不少中外文字及符號。《饒宗頤東方學論集》該文排印錯訛漏印極多,這側面反映出饒教授所學所知者,非爲一般讀者知悉。因此,要研讀此文,必須使用《漢字樹》一書。下表以《漢字樹·〈卍考〉續記》校正《饒宗頤東方學論集》內文的錯訛部分,表內頁碼均出自《饒宗頤東方學論集》。

頁　碼	錯　訛	更　正
56 頁第 6 行	Gobeet D'Aevietta	Goblet d'Alviella
56 頁第 9 行	myethev	特洛伊(Troas)
56 頁第 10 行	myeene	Mycenoe
57 頁第 1 行及 8 行	《學術述林》	《學術集林》
57 頁第 17 行	卿雲爛兮,糺漫漫	卿雲爛兮糺漫漫
57 頁尾 2 行	口乎万舞	☐乎万舞

---

① 見饒宗頤:《饒宗頤東方學論集》,第 66 頁。
② 見沈建華編:《饒宗頤新出土文獻論證》,上海:上海古籍出版社,2005 年,第 32 ~ 48 頁。
③ 見饒宗頤:《西南文化創世紀:殷代隴蜀部族地理與三星堆、金沙文化》,上海:上海古籍出版社,2010 年,第 239 ~ 242 頁。
④ 見饒宗頤:《西南文化創世紀:殷代隴蜀部族地理與三星堆、金沙文化》,第 250 ~ 255 頁。
⑤ 見饒宗頤:《饒宗頤東方學論集》,第 60 頁。

（續表）

頁　碼	錯　訛	更　正
57 頁尾行	万字作卍屈……	万字作万,屈萬里……
58 頁第 5 行	甲骨文字所見卐字/在殷世卐與万……	甲骨文字所見卍字/在殷世,卍與万……
58 頁第 6 行	以卐爲万	以卍爲万
58 頁第 13 行	其上都有卐紋/刻有卍紋	其上都有㊗符紋/刻有㊗符
58 頁第 14 行	右舞部刻卍紋/越器戈内亦有卐符	右舞部刻卍紋/越器戈内亦有卍符
58 頁第 15 行	繪豆以卍爲紋飾	繪豆以卐爲紋飾
58 頁第 17 行	Mehnganh	Mehrgarh
58 頁尾行	Javvigt	Jarrige
59 頁第 1 行	civilagatin, gndus	civilization, Indus
59 頁第 7~8 行	Sidhanth	Sidharth
59 頁第 15 行	Telelat tat Ghasûe	Telelat Ghasûl
59 頁第 16 及 17 行	卐, Shibengan	卍, Shibergan
59 頁第 19 行	卐	卍
59 頁第 20 行	I LioD	Iliod
59 頁尾 3 行	赫梯	赫梯（Mittani－Hittite）
59 頁尾行	卐	卍
60 頁第 1 行	Mehrganh	Mehrgarh
60 頁第 2 行	Coni	Cori
60 頁第 3 行、5 及 8 行	卐	卍
60 頁第 8 行	Rangpun	Rangpur
62 頁第 3 行	Sawwan	Sawavan
62 頁第 3 行	Samana	Samara
62 頁第 10、11 及 12 行	卐	卍
63 頁第 2 行	Etnunca	Etruria
63 頁第 7 行	卐	卍

（续表）

頁　碼	錯　訛	更　正
63 頁第尾行	Angto – Ssaons, Nonse	Anglos – Sasons, Norse
64 頁第 1 行	産量數, Eot（Eoot）	等量數, fot（foot）
64 頁第 5 行	Bhanata	Bharata
64 頁第 6 行	Swtika	Swastika
64 頁尾行	gndva	Indra
65 頁第 2 行	g. yang	gyung
65 頁第 5 行	Suastika	Swastika
65 頁第 15 行	卐	卍
65 頁第 21 行	納木狙, 營雄	納木錯, 當雄
66 頁第 1 行	ggig	gziq
66 頁第 7 行	gyen	gyer
66 頁第 8 行	g·yang dung	g·yung drung
66 頁第 16 行	卐	卍
67 頁第 4 行	一爲雲采, 即縵	一爲雲采, 疑即縵
67 頁第 4 行	一爲萬舞男	一爲萬舞

此外，在《饒宗頤東方學論集》第 66 頁"王家祐云"上方有一大空白，漏印了如下一段：

　　赤松德贊立第穆薩摩崖刻石，末書十一個卍（雍仲），即十一面觀音之數。《唐蕃會盟碑》背面第 13 行："G. yung drung gi rgyal po chen po"，"此威德無比雍仲之王威煊赫"（頁 43），《建札昭恭紀功碑》第 10 行："na nyi dbab par g. yung drurg"固若雍仲（頁 83），菩提薩埵被名爲雍仲薩埵（gyang-drung-sems dpay），九、十三在苯教中都被目爲吉祥數字。①

此外，文中不少變形的 Swastika 符號未能植圖，特別是《饒宗頤東方學論集》第 27、58、60、62 頁的符號，讀者必須參考《符號·初文與字母——漢字樹》。從上種種錯漏，并非饒教授過失，而是文中所述深入專門，不易爲一般人讀懂之故。因此，本文未編入《饒宗頤二

---

① 見饒宗頤：《符號·初文與字母——漢字樹》，第 105～106 頁。

十世紀學術文集》,《符號·初文與字母——漢字樹》就成爲研讀該篇的標準文本。

(四)《"羊"的聯想——青海彩陶、陰山、西藏岩畫的⊕號與西亞原始計數工具》

饒宗頤教授在調查西藏阿里日土縣古代岩畫中,除了注意吉祥符號卍及卐外,還注意到動物岩畫"田"的記號,此記號的意義詳述在《"羊"的聯想——青海彩陶、陰山、西藏岩畫的⊕號與西亞原始計數工具》一文内。饒教授留意到蘇美爾(Sumerian)的古代泥板有楔形文⊕的記號,代表羊字,并從⊕字演化成"田"字,另外通過西亞 Jemdet Nasr 的出土泥板證明⊕字即羊,泥板還有其他遠古的記數符號。通過那些泥板,饒教授一方面認爲人類的文字最初起源於刻劃標記①;一方面將西亞的⊕字比對青海樂都彩陶⊕字及前述阿里日土縣的"田"字,此"田"符繪於動物群中,極有可能即西亞的羊字。這種觸類旁通的識見,多見於饒教授的論文中。文中認爲,西亞的⊕字,有可能在中國西北地區,特別是羌人活動地區廣爲流傳。這一發現,又再一次證明遠古中外文化有著密切聯繫,文中呈現的文化關聯性、文化源流的複雜性和多樣性,在在是饒教授念兹在兹的課題,在在是一種華學新視野。②

(五)《西藏與中國古代哲學文法後記》

《西藏與中國古代哲學文法後記》一文,原爲中央民族大學藏學研究院王堯教授的《從"河圖、洛書""陰陽五行""八卦"在西藏看古代哲學思想的交流》的跋文③,重刊於《饒宗頤序跋集》時更名爲《西藏與中國古代哲學文法後記》。饒教授在跋文裏,以當時新的出土安徽含山凌家灘玉龜夾資料,補充河圖、洛書的起源,證明五千年前漢人早有河洛的觀念。此外,跋文又舉敦煌寫卷《九宫圖》説明唐代占術盛行,并傳播至吐蕃。另一方面,饒教授據今枝由郎、石泰安(R. A Stein)的研究,指出伯希和藏文寫卷 P. T. 1291 并非《戰國策·魏策》而是東晋孔衍的《春秋後語·魏語》,因伯希和漢文寫卷有唐寫本《春秋後語》之故。然而,王堯教授認爲 P. T. 1291 藏文似與《戰國策》接近,此點未被《饒宗頤二十世紀學術文集》編者注意,没有將王教授的跋文增補放於文末。④王堯教授在《西藏文史探微集》相關文末補上跋語:"選堂先生所見甚是,容當斟改,謹致謝意。"⑤

饒教授一貫地利用新出土文物資料、敦煌文書、古籍史册(《漢書》《潛夫論》《通志》《左傳》等)及時賢著述(今枝由郎、石泰安、馬明達等)加以補充校正,於此又見饒教授觸類旁通、行文穿梭於古今典籍及出土文獻的特點。王、饒兩學人的跋文酬唱,又是一次漢

---

① 見饒宗頤:《"羊"的聯想——青海彩陶、陰山、西藏岩畫的⊕號與西亞原始計數工具》,《饒宗頤二十世紀學術文集》卷一,臺灣:新文豐出版公司,2003年,第61頁。

② 見鄭煒明:《饒宗頤的國學新視野》,《國學新視野》2011年3月春季號,香港:中華能源基金委員會、中華(出版)社,第26頁。

③ 見王堯:《從"河圖、洛書""陰陽五行""八卦"在西藏看古代哲學思想的交流》,王堯《水晶寶鬘》,臺灣:佛光出版社,2000年,第162~163頁。

④ 見王堯:《水晶寶鬘》,臺灣:佛光出版社,2000年,第164頁。

⑤ 見王堯:《西藏文史探微集》,北京:中國藏學出版社,2005年,第246頁。

藏文化交流的因緣。

(六)《〈吐蕃時期的占卜研究——敦煌藏文寫卷譯釋〉序》

1985年8月,饒教授參與第二屆敦煌吐魯番學術研討會,會中對王堯及陳踐的《吐蕃時期的占卜研究——敦煌藏文寫卷譯釋》極感興趣,於是將文稿推薦給香港中文大學中國文化研究所出版,并爲之作序。① 所謂鳥卜,就是剖開特定的鳥或雞的胃,觀其所吃食物以卜吉凶。② 序中先廣説古代阿爾泰、突厥及中國皆以胛骨占卜。漠北一帶多蓄羊,是故占卜以羊骨爲主,吐蕃用羊骨問卜,承襲自突厥及契丹。此外,他引殷商卜辭、《太平御覽》、《隋書·經籍志》及《兵要望江南》,認爲吐蕃的鳥卜與漢人的"鳥情占"關係密切。此外,藏人占卜文獻《諸葛出行圖》及《金龜圖》等極有可能源自漢族,他説:

> 藏語稱吉兆曰 bzang,當是漢語之"臧",故知吐蕃占術實與漢人息息相關,其因襲異同之迹,尚有待於抉發也。③

對於吐蕃的鳥卜是否與漢人關係密切,意見雖有异同。④ 然而饒教授對西藏文化的認識及關注,亦見於其序文中。後來出版的《饒宗頤二十世紀學術文集》,他再次補上後記:

> 鳥占起源於西亞,Samau-iluna 王朝(公元前一七四九—公元前一七一二)曾以六鳥爲 Ibbi-sin 所使用而作占。印度梨俱吠陀亦有鳥占之記録。梵稱爲 sakuna(其義即鳥),在《阿闥婆吠陀》十、三六可以見之。⑤

祇就鳥卜一事,足以窺見饒教授會通古今中西的能力。

二、《頓悟大乘政理决》的整理和研究

(一)吐蕃僧諍始末

吐蕃僧諍,始於赤松德贊(khri srong lde btsan,742—797)時代,贊普得到寂護(Śāntarakṣita,Zhi ba'tsho)和蓮花生(Padmasambhava)的支持,使佛教大弘吐蕃。桑耶寺(bSam yas)於779年建成後,除了有第一批吐蕃僧侣(即初試七人,sad mi mi bdun)外,還

---

① 見王堯、陳踐:《吐蕃時期的占卜研究——敦煌藏文寫卷譯釋》,香港:香港中文大學出版社,1987年。
② 見王堯、陳踐:《吐蕃時期的占卜研究——敦煌藏文寫卷譯釋》,香港:香港中文大學出版社,1987年,第5頁。
③ 饒宗頤:《〈吐蕃時期的占卜研究——敦煌藏文寫卷譯釋〉序》,第vii頁。
④ 參考[法]矛甘:《敦煌漢藏文寫本中鳥鳴占凶吉書》,耿昇主編《國外藏學研究譯文集》第8輯,拉薩:西藏人民出版社,1992年,第253~277頁。
⑤ 《饒宗頤二十世紀學術文集》卷一四,第123頁。

附設有譯經場供僧侶翻譯佛經,漢土禪宗亦於此時流布吐蕃。786年,沙州被攻陷後,禪僧摩訶衍入藏弘法,影響甚廣,不少禪籍翻成藏文,如《二入四行論》《楞伽師資記》及《頓悟真宗金剛般若修行達彼岸法門要訣》等。① 一時佛教頓漸的修行法門產生了嚴重分歧,最終出現了由赤松德贊主持,代表頓門派的摩訶衍(Mohoyen)與代表漸門派的蓮花戒(Kamalaśīla)展開了激烈辯論。結果各有自己的説法,漢文《頓悟大乘政理決》謂摩訶衍獲勝,禪宗繼續於吐蕃弘傳;藏文文獻説摩訶衍先勝後敗,贊普下令禪宗從此絶迹吐蕃。

(二)學界對吐蕃僧諍的研究

自法國戴密微(Paul Demiéville,1894—1979)於1952年出版《吐蕃僧諍記》(Le concile de Lhasa)後②,不少學者對公元792—794年間於吐蕃的一場佛教頓漸之爭展開研究③,其中包括圖齊(Giuseppe Tucci,1894—1984)、上山大峻(Ueyama Daishun,1934—)、原田覺(Harada Satoru,1947—)、今枝由郎(Yoshiro Imaeda,1947—)、木村隆德、范德康(Leonard van der Kuijp)、吕埃格(David Seyfort Ruegg,1931—)、噶爾美(Samten Karmay,1936—)、大衛·杰克遜(David Paul Jackson)等。日本學者的研究如上山大峻、木村隆德及今枝由郎等,多能運用漢藏兩種語文討論,特別是上山大峻,早年已對吐蕃僧諍及相關問題下了不少功夫,其後出版的《敦煌仏教の研究》第三章便是作者對此課題的集成和總結。④ 國外學者,大多從藏文文獻著手,如大衛·杰克遜分析了藏傳佛教薩迦派學者薩迦班智達(Sa skya Paṇḍita Kun dgar rgyal mtshan,1182—1251)對吐蕃僧諍的看法⑤;吕埃格亦就論諍寫成專著,書内運用了大量藏文史籍⑥,然而對於漢文寫本《頓悟大乘政理決》,外國學者(日本除外)祇運用戴密微的研究成果,即P.4646寫本,未若饒公使用S.2672作對照校證。

---

① 見沈衛榮:《西藏文文獻中的和尚摩訶衍及其教法——一個創造出來的傳統》,金雅聲、束錫紅、才讓主編《敦煌古藏文文獻論文集》下册,上海:上海古籍出版社,2007年,第603頁。

② Paul Demiéville, *Le concile de Lhasa*:*Une Controverse sur le Quéitisme entre*,*Bouddhistes de L'inde et de la Chine au VIIIe Siécle de L'ère Chrétienne*, Paris: Imprimerie Nationale de France, 1952. 戴氏此書得到王重民的協助歷十餘年之功纔能完成,王君在巴黎亦曾爲伯希和編目,又與戴氏討論吐蕃僧諍的敦煌漢文文書,每周三將一己資料所穫帶到戴氏家中研討。見張廣達《唐代禪宗的傳入吐蕃及有關的敦煌文書》,見張廣達《西域史地叢稿初編》,上海:上海古籍出版社,1995年,第198頁。

③ 這是戴密微的説法,也有斷代爲780—782年,詳見[日]上山大峻,《吐蕃僧諍問題的新透視》,《國外藏學研究譯文集》(第11輯),拉薩:西藏人民出版社,1994年,第260頁;亦見巴宙:《大乘二十二問之研究》,臺灣:慧炬出版社,1992年,第160~161頁。

④ 見上山大峻:《敦煌仏教の研究》,京都:法藏館,1990年。書中第三章《チベシト宗論の始終》,見第247~338頁。

⑤ David Jackson, "Sa skya Paṇḍita the 'Polemicist': Ancient Debate and Modern Interpretations", *JIABS* 13,2 1990,pp.17–116.

⑥ David Seyfort Ruegg, *Buddha – Nature*,*Mind and the Problem of Gradualism*, London:School of Oriental and African Studies,1989.

(三)饒宗頤教授的吐蕃僧諍研究

饒教授的《王錫〈頓悟大乘政理決〉序說并校記》一文,早於 1970 年發表於香港中文大學《崇基學報》第 9 卷第 2 期①,饒宗頤教授治學細密又觸類旁通,在校讀《頓悟大乘政理決》以前,首先序說與寫本有關的根本性問題,分爲"早期漢蕃佛教關係之史實""吐蕃之延聘漢僧說法""漢僧開示禪門所至吐蕃地名考證""從摩訶衍所引經典論後期禪宗對金剛經、楞伽經之并重""建中至長慶間佛教關係二三事" 5 部分,從不同角度梳理漢藏佛教的關係。

文中校記部分以斯坦因 S. 2672 記摩訶衍問答寫卷補校伯希和 P. 4646《頓悟大乘政理決》。校記分兩部分,"校記 A"以 S. 2672 比對 P. 4646,作用有四:還原伯希和寫卷中的俗字及錯字,指出 S 本的多字及缺字,根據文意選取正確的詞彙,指出 P 本及 S 本文字的錯誤。"校記 B"則校正戴密微《吐蕃僧諍記》的缺失,校記以 C. L 代指 *Le Concile de Lhasa*。這樣,附校記的原文就成爲一個可讀的善本,正如饒公所說:"王錫此文,出自莫高窟秘笈,爲中古禪學史重要資料,惜乎流通未廣,今合 P、S 兩本,細加參訂,撰爲校記,以便瀏覽。"②"惟校記之作,對於研讀王錫《理決》,或不無涓埃之助。"③饒教授早年得方繼仁之助購藏斯坦因寫卷的微縮膠卷④,其功之一即對《理決》的校讀起了決定性作用。

除了序說和校記外,文末還另附《摩訶衍及四川之曹溪禪兼論南詔之禪燈系統》一文,以藏文史籍《巴協》(*sBa bzhed*,約 8 世紀)、《大臣布告》(即《大臣遺教》,*Blon po bka'i thang yig*,約 14 世紀)考察摩訶衍、金和尚及無住禪師與四川禪宗之關係。饒文刊於 20 世紀 70 年代初,是時得悉此課題及從事研究者著實不多,據饒教授在文中謂,前言"屬稿在十年前,曩曾郵往巴黎,請戴教授訂正"⑤,可知文稿構思於 60 年代初。學界一般注意饒公與戴密微的交往,始於二人合作撰寫《敦煌曲》一書,然從上引文,可知饒教授與戴密微在討論《敦煌曲》之時,早留意戴氏的《吐蕃僧諍記》的內容。呂澂(1896—1989)在 20 世紀 30 年代寫成的《西藏佛學原論》僅略提僧諍此末,亦未有作專題研究。⑥戴密微以後,祇有圖齊、立花孝全、小畠宏允(Hironobu Obata, 1945—   )、島田虔次(Kenji Shimada, 1917—   )、芳村修基(Shuki Yoshimura)及上山大峻等數人研究而已。饒教授自 20 世紀 60 年代初已留意并撰寫序說校記,在 1970 年付梓前,教授續有修訂,這可從文中附注所引專書可知。那十年間,饒教授不斷引用新的學術成果加以補充,這包括王忠發表於《歷史研究》第 5 期

---

① 該文又見於《選堂集林·史林》中冊,香港:中華書局,1982 年,第 713~766 頁;又見於《饒宗頤二十世紀學術文集》卷八《敦煌學》,臺灣:新文豐出版公司,2003 年,第 104~171 頁。三種版本均未作修訂,今以《饒宗頤二十世紀學術文集》本爲底本。
② 見饒宗頤:《王錫〈頓悟大乘政理決〉序說并校記》,第 129 頁。
③ 見饒宗頤:《王錫〈頓悟大乘政理決〉序說并校記》,第 129 頁。
④ 見胡曉明:《饒宗頤學記》,香港:香港教育圖書公司,1996 年,第 26~27 頁。
⑤ 見饒宗頤:《王錫〈頓悟大乘政理決〉序說并校記》,第 129 頁。
⑥ 見呂澂:《西藏佛學原論》,《呂澂佛學論著選集》第 1 卷,北京:中華書局,1996 年,第 477 頁。

(1965)的《唐代漢藏兩族人民的經濟文化交流》①、立花孝全的《Kamalaśīla 與法成之關係》②。此外,我們從饒教授在文中不斷增補新的研究成果,包括"附記"(第 127～130 頁)、"增注"(第 166～167 頁)、"附說"(第 167～170 頁)及"附表"(第 171 頁),可知饒教授對吐蕃僧諍的關注。可以說,華裔學人從事吐蕃僧諍專題研究者,饒教授當爲第一人。

1993 年,臺灣新文豐出版公司特別出版了該文的單行本,內容排版雖複印自《選堂集林·史林》,然而反映了該文的重要性,作爲"近世自敦煌出土的重要佛教文獻"③,封面祇列王錫著《頓悟大乘政理決》,內容則以饒教授《頓悟大乘政理決》勘誤本爲善本,供學人研習,此舉無疑對敦煌學、藏學及佛教學的研究都帶來一定的意義。

三、《王錫〈頓悟大乘政理決〉序說并校記》的特點

對於《頓悟大乘政理決》的整理和研究,饒文有如下的特色:

(一)徵引當前最新的學術著作以助研究

松贊干布迎娶文成公主及尼泊爾赤尊公主,文成公主帶來了釋迦牟尼十二歲等身像,另赤尊公主帶來了不動金剛④,并於拉薩分別興建大昭寺和小昭寺⑤,這是漢藏佛教關係史實重要一環。饒教授除引用《衛藏通志》以點出史實外,還引用桑耶寺碑記譯文,突顯大昭、小昭二寺和文成公主的關係。對於釋讀桑耶寺碑文,當時的學術著作僅有圖齊的《吐蕃贊普陵墓考》(The Tombs of Tibetan Kings)、李察遜(Hugh Richardson,1905—2000)於 1952 年出版的《拉薩古代歷史文告和唐蕃會盟碑》及佐藤長(Sato Hisashi,1913—2008)的《古代西藏史》,至於王堯的《吐蕃金石錄》要到 20 世紀 80 年代初纔出現。饒公在論述漢藏佛教關係,不忘援引當時最新的學術研究成果,包括藏學研究著作。治學細密全面,是饒教授的特點之一。榮新江謂:"饒先生治學,往往能夠抓住一代新學術的重點,而做出奠基性的工作。"⑥觀本文附表二足可證之。

---

① 見饒宗頤:《王錫〈頓悟大乘政理決〉序說并校記》,第 166 頁。
② 見饒宗頤:《王錫〈頓悟大乘政理決〉序說并校記》,第 167 頁,立花孝全一文見《印度學佛教學研究》14 之 2,1966 年。
③ 見單行本封面內頁的提要,王錫著(封面錯排成王錫),《頓悟大乘政理決》,臺灣:新文豐出版公司,1993 年,共 58 頁。(ISBN 957—17—0829—1)
④ 饒教授引《衛藏通志》:"唐公主帶來釋迦牟尼佛像,拜木薩公主帶來墨居多爾濟佛。"其中"墨居多爾濟佛"是藏文 mi－bskyod rjo－rje(不動金剛)的音譯。
⑤ 饒文引《布敦佛教史》謂大昭寺又名 Rasa hprul snan,hprul snan 即 rphrul snang,譯作神變;Rasa 即拉薩,大昭寺又稱神變寺廟(rphrul snang gtsug lag khang),見張怡蓀《藏漢大辭典》,北京:民族出版社,1998 年,第 1794 頁。
⑥ 見榮新江:《饒宗頤教授與敦煌學研究》,見榮新江著《辨僞與存真——敦煌學論集》,上海:上海古籍出版社,2010 年,第 386 頁。

(二) 善用"華學"材料,以助論證

所謂華學,簡言之是不分疆界,探討一切與中華文明有關的學問,華學一詞亦早由饒教授提出。① 《王錫〈頓悟大乘政理決〉序說并校記》裏,有關摩訶衍的事迹,漢籍所見不多,饒教授特於文中詳加考證,除了從《頓悟大乘政理決》得知摩訶衍就學於降魔、小福、大福等北宗神秀的傳人外,還分別從《中華傳心地禪門師資承襲圖》及唐李邕的《麓山寺碑》考出摩訶衍同時問學於南北禪宗,早年更任長沙岳麓寺住持。② 此外,饒教授還參考了曾提及摩訶衍的伯希和敦煌藏文寫卷 P. 116、117 及 812 號及藏文史籍《大臣布告》等,突顯當時摩訶衍對吐蕃佛教影響深遠。③

詩詞之道,本爲一己比興。然古人詩文在饒教授法眼,即成另類文獻,甚至可以"文史互證"。20 世紀 60 年代末,饒教授適值與戴密微教授魚雁往返,討論敦煌曲子詞之時,故對敦煌文學尤爲敏感。在閱讀戴氏《吐蕃僧諍記》時,饒教授注意到敦煌若干曲子所反映的民生願望,正如《王錫〈頓悟大乘政理決〉序說并校記》中第 5 部所記:

> Demiéville 書中,附載若干詩歌,爲當日流落西蕃者之作,憂愁覉思,讀之墜淚。抑敦煌石室所出曲子,若頁三一二八之《菩薩蠻》,頁三一二八、S. 五五五六之《望江南》,亦皆紀實之篇。S. 二六〇七且有《贊普子》一詞,以吐蕃王號爲調名,是又蕃、漢文化交流之結果,則軼出宗教範圍矣。④

此外,文中通過 S 本《政理決》的文字聯想到 S. 646 的揚州顗禪師的偈頌,由此再聯繫到 S. 6042《行路難》殘卷,與《樂府詩集》、鮑照、費昶及龍谷大學敦煌寫卷的相同內容,并發現日人入矢義高討論《行路難》論文未收 S. 6042 一首。⑤ 作者研討之廣,以《政理決》爲重心,旁及文學、漢藏史及宗教藝術,討論穿梭於華學材料之間,這種以此觀彼的方法,靈活運用古今文獻,旁徵博引,反映出深厚的治學功力。

(三) 關注交通史地

這裏可補充一點,饒教授運用各種文獻以助論述,亦能鈎沉前人所未知者,如文章第

---

① 見饒宗頤主編:《華學》第 1 輯《發刊辭》,廣州:中山大學出版社,1995 年。另鄭煒明《饒宗頤先生的國學新視野》:"但他(饒宗頤)認爲這是研究中華文明這個屹立於大地之上一個從未間斷的文化綜合體的學問,所以他會稱之爲華學。"《國學新視野》春季號總第 1 期,香港:中華能源基金委員會及中華出版社,2011 年 3 月,第 26 頁。
② 見饒宗頤:《王錫〈頓悟大乘政理決〉序說并校記》,第 115~118 頁。
③ 見饒宗頤:《王錫〈頓悟大乘政理決〉序說并校記》,第 167~169 頁。
④ 見饒宗頤:《王錫〈頓悟大乘政理決〉序說并校記》,第 125 頁。引文中"頁三一二八之《菩薩蠻》,頁三一二八"的"頁"字,恐是排印缺失,"頁"字實爲"伯"字之誤。該號之曲子詞寫卷圖片見饒宗頤《敦煌曲》一書。
⑤ 見饒宗頤:《王錫〈頓悟大乘政理決〉序說并校記》,第 127~129 頁。

一部引義净(635—713)《大唐西域求法高僧傳》論述當時行人有取道吐蕃前往天竺者,其中就發現了文成公主乳母之子曾在尼泊爾學習梵文這一有趣而又没人注意的訊息①;不單單如此,饒教授引《大唐西域求法高僧傳》論述早期漢藏佛教關係,"是時適天竺者,取途吐蕃,每經泥波羅,今之尼泊爾也"②,從中外交通切入討論,在在反映出他對交通史的關注和興趣。

(四)關注地名考辨

地理地名的考證,一直是饒教授關心的課題之一,從《王錫〈頓悟大乘政理决〉序説并校記》一文即可窺見他讀書治學時,每對地名異常留心,此種敏鋭觸角當來自早年曾替顧頡剛編輯《古史辨》第8册《古地辨》,書雖未能編成,然而他對地理考證的關注影響到後來的研究,《楚辭地理考》正是一個明顯的例子。

P.4646《頓悟大乘政理决》謂:

> 臣沙門摩訶衍言:當沙州降下之日,奉贊普恩命,遠追令開示禪門,及至邏娑,衆人共問禪法,爲未奉進止,罔敢即説,復追到割,屢蒙聖主詰訖,却發遣赴邏娑,教令説禪,復於章蹉及特使邏娑,數月盤詰。又於勃礜湯尋究其源,非是一度。③

文中除"邏娑"即拉薩最明顯外④,饒教授認爲其餘"訟割""章蹉""勃礜湯"三地皆需予以考證。蓋因地名陌生,亦非漢地,且漢文名稱當與藏文有異,厘清地理位置對寫本討論的吐蕃僧諍之地當有幫助。這點可見他對辨識地理的敏感度。

饒文謂戴密微所據 P.4646,"訟割"一地衹有一字"割",戴氏又未能據 S 本補證⑤,此項已爲饒教授點出。⑥ 此外,戴氏未能辨識"勃礜湯"中"礜"一字,衹寫成"勃□湯"。⑦ 饒教授先 S.2672 與 P.4646 比對,發現上列引文倫敦本少 23 字,繼而分别考辨上述三地所在。

勃礜湯一地,饒教授通過 P.S. 兩個文本比較,立即確認了戴密微所缺的"礜"字,再比對了意大利藏學家圖齊(Giuseppe Tucci,1894—1984)在《小部佛典》(*Minor Buddhist Texts*)對該地讀音 Poman,從而確定該地爲吐蕃贊普冬天所居地 Brag dmar。⑧ 饒教授續説:

---

① 見[唐]義净著,王邦維校注:《大唐西域求法高僧傳》,北京:中華書局,2004年,第65頁;饒宗頤:《王錫〈頓悟大乘政理决〉序説并校記》,第104頁。
② 見饒宗頤:《王錫〈頓悟大乘政理决〉序説并校記》,第104頁。
③ 見饒宗頤:《王錫〈頓悟大乘政理决〉序説并校記》,第118~119頁。
④ *Le concile de Lhasa*, p.154.
⑤ "Par la suite, je fus mandé à Ko", *Le concile de Lhasa*, p.154.
⑥ 見饒宗頤:《王錫〈頓悟大乘政理决〉序説并校記》,第119頁。
⑦ *Le concile de Lhasa*, p.155.
⑧ 見饒宗頤:《王錫〈頓悟大乘政理决〉序説并校記》,第120頁。

勃，漢、藏互譯作爲語音前綴，而礜字見《廣韻》二十一麥"力摘切"，與 rag 音相近，故"勃礜"可相當於 Brag；dmar 自即"漫"。①

藏文 brag dmar 一名，brag 是山岩，dmar 爲紅色，合起來就是紅岩山，乃吐蕃贊普的冬宮所在地，"勃礜漫"是漢譯藏音，或有譯作"扎瑪"②，紅岩山附近即是桑耶寺。饒教授以清代編修的《衛藏通志·薩木秧寺》中記有"札瑪爾正桑廟"證明 brag dmar 即勃礜漫。札瑪爾正桑廟是桑耶寺的別名，藏文爲 brag dmar lhun gyis grub gtsug lag khang③，lhun gyis grub 是任運（自然）成就，合起來就是紅岩任運成就寺。饒文結合聲韵學、中國方志及當時國外最重要的藏學研究成果，爬梳鈎抉，解決了寫卷中勃礜漫的地理位置。

至於另一地"訟割"，饒教授考訂爲赤松德贊與烏仗那國高僧蓮華生初會之地 Zung mkhar。④ "章蹉"一地所指爲何，饒文通過音近推論，引《衛藏通志·察木珠寺》及《大招寺》（即大昭寺）兩條綫索，嘗試論證該地可能在昌諸寺⑤，最後總結出"摩訶衍與蓮華戒諍論所到之所，其地皆已有寺。王錫但舉其地名，茲更補述寺廟，以爲考證之助"⑥。

饒宗頤教授對辨析地理的關注，明顯延續了《楚辭地理考》、《三苗考》⑦、《古海陽考》⑧等對古地辨研究的精神。其閱覽之廣，心思之細，觀教授對上述三則地名之梳理，可見一斑。

四、小　結

藏學與敦煌學、甲骨學、文學、簡帛學等學科一樣，同是饒教授念茲在茲的課題。除上述文章外，饒教授在各個範疇的論文裏，不時引用藏學文獻或藏學研究成果以助論述分析，如《穆護歌考》附錄就有"藏文資料中之末摩尼"⑨、《敦煌曲》中討論"偈贊與長短句"

---

① 見饒宗頤：《王錫〈頓悟大乘政理決〉序説并校記》，第 120 頁。
② 見王森：《西藏佛教發展史略》，北京：中國社會科學出版社，1997 年，第 9 頁。
③ Giuseppe Tucci The Tombs of the Tibetan Kings Roma：Istituto Poligrafico dello Stato, 1950, p. 81.
④ 見饒宗頤：《王錫〈頓悟大乘政理決〉序説并校記》，第 121 頁。原文拼寫爲 Zun mk'ar，Zun 一詞，漏印一 g 字，Zung 中 ng（讀作 nga 爲一個後加字），現據 The Tombs of the Tibetan Kings p. 22 更訂。mk'ar 即 mkhar。
⑤ 見饒宗頤：《王錫〈頓悟大乘政理決〉序説并校記》，第 122 頁。
⑥ 見饒宗頤：《王錫〈頓悟大乘政理決〉序説并校記》，第 123 頁。
⑦ 據訪談所記，《三苗考》發表於《禹貢》古代地理專號，見胡曉明、李瑞明整理：《饒宗頤學述》，杭州：浙江人民出版社，2000 年，第 11 頁。查該文即《魏策吴起論三苗之居辨誤》，刊於《禹貢》（古代地理專號第 7 卷第 6、7 期），1937 年 6 月，第 97～99 頁，資料見鄭煒明、林愷欣編：《饒宗頤教授著作目錄新編》，濟南：齊魯書社，2010 年，第 63 頁。
⑧ 見饒宗頤：《古海陽考》，《饒宗頤潮汕地方史論集》，汕頭：汕頭大學出版社，1996 年，第 159～164 頁。
⑨ 見饒宗頤：《文轍——文學史論集》下册，臺灣：學生書局，1991 年，第 493 頁。

一節參考了《翻譯名義大集》，得石泰安教授幫助釋讀了藏文 spel ma 即韻散結合之"長短句"，與漢人之詞異曲同工①，《論釋氏之崑崙說》引用了《翻譯名義大集》、《衛藏通志》、《漢藏史集》(Grya-Bod-Yig-Tshan)及《西藏王統記》②，在在表現出饒教授經常留心藏學研究的發展及相關成果。又如他在1979年《敦煌學》第四輯發表的《論敦煌殘本登真隱訣(P.2732)》。③ 該文主要研討道家修行寶典，梁代陶弘景的《登真隱訣》。然而寫卷第二頁有一行正楷藏文，饒教授留意到藏文 bstan-sum，參考了伯希和、戴密微及湯瑪斯(F. W. Thomas,1867—1956)的著作，或有可能是吐蕃貴族(尚婢婢)贊心 Bcan-gsan，同時得悉《登真隱訣》在貞元時已流進吐蕃會人之手。④

此外，從附圖可知，饒教授在細閱藏學研究論文時，不忘寫下讀書札記。在香港大學饒宗頤學術館所藏王堯所著《吐蕃金石錄》一書內，就附有饒教授的讀書筆記，包括藏文宗教史料劉立千(1910—2008)譯的《土觀宗派源流》書名，象徵智慧與方便的明王明妃(yab yum)及四大金剛的藏文拉丁拼寫。學術館還藏有王堯主編的《國外藏學研究譯文集》第1~9輯、馮蒸的《國外西藏研究概況(1949—1978)》、羅列赫(George Roerich,1902—1960)及更敦群培(Dge-'dun-chos-'phel,1903—1951)合作英譯迅魯伯(gos lo-tsa-ba gzon nu dpal,1392—1481)的《青史》(deb-ther snon-po, The Blue Annals)、蔡巴·貢噶多杰(tshal pa kun dgar rdo rje,1309—1364)的《紅史》(deb ther dmar po)、陳觀潯編的《西藏志》等，在在看出他非常留心藏學研究的情況。

從饒教授的相關藏學研究論文裏，不難發現他運用中外古今文化的相關資料，做文化史的關聯研究。鄭煒明博士說："許多新知灼見，足堪垂範後學。"⑤祇消翻開《符號·初文與字母——漢字樹》及《西南文化創世紀：殷代隴蜀部族地理與三星堆、金沙文化》，足以發人深省且大開眼界。

至於吐蕃僧諍的論點，在於兩地對佛教義理之不同闡釋，而兩地佛教關係的史實，尤應注意。饒教授對漢藏佛教關係史實，尤多關注，《王錫〈頓悟大乘政理決〉序說并校記》一文，旁徵博引，先引後析，層層遞進，從文成公主入藏、興建桑耶寺、赤松德贊推動佛教到頓

---

① *Airs de Touen-houang* (*Touen-houang k'iu*): *text à chanter des VIIIe-Xe siecles*: *manuscrits reproduits en fac-similé*, avec une introduction en chinois par Jao Tsong-Yi; adaptée en français avec la traduction de quelques Textes d'Airs par Paul Demieville. Paris: Editions du Centre national de la recherche scientifique,1971,p.206(22).

② 見饒宗頤：《論釋氏之崑崙說》，《選堂集林》上冊，香港：中華書局香港分局，1982年，第446~458頁。

③ 見饒宗頤：《論敦煌殘本登真隱訣(P.2732)》，香港新亞研究所敦煌學會編《敦煌學》1979年第4輯，第10~22頁，另附黑白寫卷圖版10頁。

④ 見饒宗頤：《論敦煌殘本登真隱訣(P.2732)》，香港新亞研究所敦煌學會編《敦煌學》1979年第4輯，第12頁。

⑤ 見鄭煒明：《饒宗頤的國學新視野》，第29頁。

漸之諍，通過比對 P.4646 及 S.2672《頓悟大乘政理決》，爲後來學人整理出一個準確的版本，以供研習。新文豐出版公司出版單行本，以《王錫〈頓悟大乘政理決〉》作書名，在在顯示校記本當爲漢文《頓悟大乘政理決》的標準本。上山大峻在討論《政理決》，特別是關注"昌都"一地的注音時，即參考了饒教授的鴻文。① 劉宇光《桑耶論諍中的"大乘和尚見"——"頓入説"的考察》一文所用的《正理決》版本，即是饒教授的校本。②

《王錫〈頓悟大乘政理決〉序説并校記》一文在排版上有一美中不足，就是不少藏文拼寫有欠準確，這實非饒教授過失，而是教授徵引文獻英文、日文、梵文及藏文皆有之，校對或排印者如不懂基本拼寫規則，錯漏實難避免，如文中藏文名 ye ses dban po（意希旺波，即《巴協》的作者巴·賽囊）③，原拼寫該是 ye śes dbaṅ，或可拼寫成 ye shes dbang po；又如 rin cen（大寶）④，當拼寫爲 rin chen。當然，此等小瑕疵無損文本價值，學人要研讀《頓悟大乘政理決》，饒教授的專文乃必備的參考資料。

附表一：饒宗頤教授藏學論文一覽表

備注：本表製作曾參考鄭煒明、林愷欣編《饒宗頤教授著作目錄新編》（濟南：齊魯書社，2010 年）一書。

	論文名稱	出　　處	頁　碼
1	《神會門下摩訶衍之入藏兼論禪門南北宗之調和問題》	1.《香港大學五十周年紀念文集》（第 1 册），香港：香港大學出版社，1964 年。 2.《選堂集林·史林》（中册），香港：中華書局香港分局，1982 年。 3.《饒宗頤二十世紀學術文集》（卷八《敦煌學》），臺灣：新文豐出版公司，2003。	173～181 697～712 86～103
2	《王錫〈頓悟大乘政理決〉序説并校記》（附説：摩訶衍及四川之曹溪禪兼論南詔之禪燈系統）	1.《崇基學報》（第 9 卷第 2 期），香港：香港中文大學崇基學院，1970 年。 2.《選堂集林·史林》（中册），香港：中華書局香港分局，1982 年。 3. 王錫：《頓悟大乘政理決》，臺灣：新文豐出版公司，1993 年。 4.《饒宗頤二十世紀學術文集》（卷八《敦煌學》），臺灣：新文豐出版公司，2003 年。	127～148 713～766 共 58 頁 104～171

---

① 見上山大峻：《敦煌仏教の研究》第三章《チベシト宗論の始終》，第 263 頁。
② 見劉宇光：《桑耶論諍中的"大乘和尚見"——"頓入説"的考察》，臺灣大學文學院佛學研究中心編《佛學研究中心學報》2001 年第 6 期，第 151～180 頁。
③ 見饒宗頤：《王錫〈頓悟大乘政理決〉序説并校記》，第 109 頁。
④ 見饒宗頤：《王錫〈頓悟大乘政理決〉序説并校記》，第 113 頁。

(續表)

	論文名稱	出處	頁碼
3	《論敦煌陷於吐蕃之年代——依〈頓悟大乘政理决〉考證》	1.《東方文化》(第9卷第1期),香港:香港大學出版社,1971年。 2.《選堂集林·史林》(中册),香港:中華書局香港分局,1982年。 3.《饒宗頤二十世紀學術文集》(卷八《敦煌學》),臺灣:新文豐出版公司,2003年。	1~14 672~696 60~85
4	《禪門南北宗的匯合與傳播》	1. 本文爲饒教授於1963年11月19日在泰國曼谷潮安同鄉會的演講辭,後刊登於《泰國星暹日報》及《世界日報》。 2. 王僑生、陳瑞雲編:《香港饒宗頤教授與泰國緣份》(特刊),2005年。	缺 38~39
5	《吐蕃時期的占卜研究——敦煌藏文寫卷譯釋》序	1. 王堯、陳踐著:《吐蕃時期的占卜研究——敦煌藏文寫卷譯釋》,香港:香港中文大學出版社,1987年。 2.《固庵文録》,臺灣:新文豐出版公司,1989年。 3.《饒宗頤東方學論集》,汕頭:汕頭大學出版社,1999年。 4.《饒宗頤二十世紀學術文集》(卷一四《文録、詩詞》),臺灣:新文豐出版公司,2003年。 5.《選堂序跋集》,北京:中華書局,2006年。	缺 263~267 141~144 120~123 165~167
6	《吽字説》	1.《中印文化關係史論集·語文篇——悉曇學緒論》,香港:香港中文大學中國文化研究所,1990年。 2.《梵學集》,上海:上海古籍出版社,1994年。 3.《饒宗頤二十世紀學術文集》(卷五《宗教學》),臺灣:新文豐出版公司,2003年。	143~153 277~288 766~778
7	王堯《從"河圖、洛書""陰陽五行""八卦"在西藏看中國古代思想交流》跋	1.《華學》(創刊號),廣州:中山大學出版社,1995年。 2. 王堯著:《水晶寶鬘——藏學文史論集》,臺灣:佛光出版社,2000年。 3. 更名《西藏與中國古代哲學文法後記》後收入《饒宗頤二十世紀學術文集》(卷六《史學》),臺灣:新文豐出版公司,2003年。 4. 王堯著:《西藏文史考信集》,北京:中國藏學出版社,1994年。 5.《選堂序跋集》,北京:中華書局,2006年。 6. 李克主編:《當代名家學術思想文庫·王堯卷》,瀋陽:萬卷出版社,2010年。	257~258 162~164 820~821 245~246 203~204 424~425

（續表）

	論文名稱	出　處	頁　碼
8	《吐蕃統治敦煌研究》序	1.楊銘著：《吐蕃統治敦煌研究》，臺灣：新文豐出版公司，1997年。 2.《饒宗頤二十世紀學術文集》（卷八《敦煌學》），臺灣：新文豐出版公司，2003年。 3.《選堂序跋集》，北京：中華書局，2006年。	缺 253～254 237
9	《〈卐考〉續記》	1.《符號·初文與字母——漢字樹》，香港：香港商務印書館，1998年。 2.《饒宗頤東方學論集》，汕頭：汕頭大學出版社，1999年。	98～106 56～67
10	《"羊"的聯想——青海彩陶、陰山、西藏岩畫的卐號與西亞原始的計數工具》	1.《明報月刊》1990年第299期。 2.《符號·初文與字母——漢字樹》，香港：香港商務印書館，1998年。 3.《饒宗頤二十世紀學術文集》（卷一《史溯》），臺灣：新文豐出版公司，2003年。	44～49 106～116 59～70

附表二：有關吐蕃僧諍的研究論文

注：本表部分缺頁碼之文獻，參考自上山大峻《敦煌佛教の研究》（京都：法藏館，1990年）第三章所列之注記。從下表可見饒教授對吐蕃僧諍問題早具慧眼，開國人研究此題之先河。

	作　者	論文名稱／書名	出　處
1	Paul Demiéville（［法］戴密微）	1. *Le concile de Lhasa* 2.《吐蕃僧諍記》，耿昇譯	1. Paris：Imprimerie Nationale de France，1952. 2. 蘭州：甘肅人民出版社，1984年。 　拉薩：西藏人民出版社，2001年。
2	Giuseppe Tucci	*Minor Buddhist Texts*，Part II	Roma：Is. M. E. O，1958.
3	Paul Demiéville	Bibliographie，Giuseppe Tucci：*Minor Buddhist Texts*，Part II	*Toung Pao*，Vol. 46 Leiden，1958.
4	饒宗頤	《神會門下摩訶衍之入藏兼論禪門南北宗之調和問題》	《香港大學五十周年紀念文集》（第1冊），香港：香港大學出版社，1964年。

(續表)

	作　者	論文名稱/書名	出　處
5	[日]立花孝全	Lam rim chen mo に見 bsam yas 宗論について	《印度學佛教學研究》15—1，1966年。
6	饒宗頤	《王錫〈頓悟大乘政理決〉序説并校記》（附説：摩訶衍及四川之曹溪禪兼論南詔之禪燈系統）	《崇基學報》（第9卷第2期），香港：香港中文大學崇基學院，1970年。
7	饒宗頤	《論敦煌陷於吐蕃之年代——依〈頓悟大乘政理決〉考證》	《東方文化》（第9卷第1期），香港：香港大學出版社，1971年。
8	[日]長谷部好一	《吐蕃仏教と禅》	《愛知學院大學文學部紀要》1，1971年。
9	[日]芳村修基	《サムエ論義とカマラシーラの思想》	《インド大乘佛教思想研究》第1篇，1974年。
10	G. W. Houston	The bsam yas Debate: according to the rGyal rabs gsal ba'i me long	Central Asiatic Journal, XVIII, 1974.
11	[日]上山大峻	《チベシトにおける禅とカマラーラとの争點》	《日本佛教學會年報》40，1975年。
12	[日]山口瑞鳳	《Rin lugs rBa dPal dbyans – bSam yas の宗論をめぐる一問題》	《平川彰博士還暦記念論集》，1975年。
13	Yoshiro Imaeda	《Documents tibétains de Touen-houang concernant le concile du Tibét》	JA, Tome 263, 1975.
14	[日]原田覺	《bSam yas 宗論以後における頓門派の論書》	《西藏學會會報》22，1976年3月。
15	[日]小畠宏允	《古代チベシトにおける頓門派(禪宗)流れ》	《佛教史學研究》18，1976年。

(續表)

	作　者	論文名稱/書名	出　處
16	[日]冲本克己	《摩訶衍の思想》	《花園大學研究紀要》8,1977年。
17	[日]原田覺	《頓悟大乘正理決の妄想説について》	《印度學佛教學研究》25—2,1977年。
18	[日]原田覺	《摩訶衍禪師考》	《佛教學》8,1977年。
19	[日]原田覺	《摩訶衍禪師と頓門》	《印度學佛教學研究》28—1,1979年。
20	G. W. Houston	*Sources for a History of the bSamyas Debate*	Sainkt Augustin：VGH – Wissenschaftsverlag ,1980.
21	[日]山口瑞鳳	《中國禪とチベシト仏教・1、摩訶衍の禪》	《講座・敦煌8・敦煌佛典と禪》,東京：大東出版社,1981年。
22	[日]原田覺	《敦煌藏文 mKhen po Ma ha yan 資料考(1)》	《印度學佛教學研究》30—1,1981年。
23	張廣達	《唐代禪宗的傳入吐蕃及有關的敦煌文書》	1.《學林漫錄》第3期,北京：中華書局,1981年。 2 張廣達：《西域史地叢稿初編》,上海：上海古籍出版社,1995年。 3. 金雅聲、束錫紅、才讓主編：《敦煌古藏文文獻論文集》上冊,上海：上海古籍出版社,2007年。
24	[日]冲本克己	1.《敦煌出土のチベシト文禪宗文獻の内容》 2.《敦煌出土的藏文禪宗文獻的内容》,李德龍譯。	1.《講座・敦煌8・敦煌佛典と禪》,東京：大東出版社,1981年。 2. 王堯主編：《國外藏學研究譯文集》第3輯,1992年。
25	[日]木村隆德	1.《敦煌出土のチベシト文禪宗文獻の性格》 2.《敦煌出土藏文禪宗文獻的性質》,李德龍譯。	1.《講座・敦煌8・敦煌佛典と禪》,東京：大東出版社,1981年。 2. 王堯主編：《國外藏學研究譯文集》第12輯,1995年。

(續表)

	作　者	論文名稱/書名	出　處
26	[日]御牧克己	《頓悟與漸悟——蓮花戒的〈修習之第〉》	《講座大乘佛教 8·中觀思想》，東京：春秋社，1982 年。
27	Roger Jackson	Sa skya Pandita's account of the bsam yas Debate: History and Polemic	*The Journal of the International Association of Buddhist Studies* (*JIABS*) 5, 1982.
28	Luis O. Gómez	The Direct and the Gradual Approaches of Zen Master Mahayana: Frangments of the Teachings of Mo-ho-yen	Gimello and Gregory ed. *Studies in Chan and Hua-yen*, Honolulu: University of Hawaii Press, 1983.
29	Luis O. Gómez	Indian Materials on the Doctrine of Sudden Enlightenment	Whalen Lai and Lewis R. Lancaster ed. *Early Chan in India and Tibet*, Berkeley: Asian Humanities Press, 1983.
30	Leonard van der Kuijp	Miscellanea to a Recent Contribution on/to the bsam yas Debate	*Kailash*, 11/3-4, 1984.
31	Leonard van der Kuijp	On the Sources for Sa skya Pandita's Notes on the bSam yas Debate	*JIABS* 9/2, 1986.
32	Flemming Faber	The Council of Tibet according to the *sBad bzhed*	*Acta Orientalia* 47, 1986.
33	M. Broido	Sa skya Pandita, the White Panacea and the Hva-shang Doctrine	*JIABS* 10, 1987.
34	[法]今枝由郎	《有關吐蕃僧諍會的藏文文書》，一民譯	王堯主編：《國外藏學研究譯文集》第 2 輯，1987 年。
35	[法]戴密微	《新發現的吐蕃會諍漢文檔案寫本》，施肖更譯	王堯主編：《國外藏學研究譯文集》第 3 輯，1987 年。

(續表)

	作　者	論文名稱/書名	出　處
36	Luis O. Gómez（戈麥斯）	Purifying Gold: The Metaphor of Effort and Intuition in Buddhist Thought and Practice 《成佛如煉金: 佛教思想和修行中精進與直顯的隱喻》, 袁荷荷譯	P. N. Gregory ed. *Sudden and Gradual Approaches to Enlightenment in Chinese Thought*, Honolulu: University of Hawaii Press, 1987. 彼得·N. 格里高瑞編:《頓與漸:中國思想中通往覺悟的不同法門》, 上海:上海古籍出版社, 2010 年。
37	Samten Karmay	*The Great Perfection*	Leiden: E. J. Brill, 1988.（Second Edition, 2007）
38	David Seyfort Ruegg	The Great Debate between 'Gradualists' and 'Simultaneists' in Eighth-Century Tibet	David Seyfort Ruegg, *Buddha-Nature, Mind and the Problem of Gradualism*, London: School of Oriental and African Studies, 1989.
39	David Seyfort Ruegg	Models of Buddhism in Contact and opposition in Tibet: Religious and Philosophical Issues in the Great Debate of bsam yas	*Buddha - Nature, Mind and the Problem of Gradualism*, London: School of Oriental and African Studies, 1989.
40	David Seyfort Ruegg	The Background to some issues in the Great Debate	*Buddha - Nature, Mind and the Problem of Gradualism*, London: School of Oriental and African Studies, 1989.
41	David Jackson	Sa skya Pandita the "Polemicist": Ancient Debate and Modern Interpretations	*JIABS* 13, 2 1990
42	［日］上山大峻	《敦煌仏教の研究》	京都:法藏館, 1990 年。
43	［日］冲本克己	《關於桑耶論的諸問題》	山口瑞鳳編:《西藏的佛教》, 許洋主譯, 臺灣:法爾出版社, 1991 年。
44	Guiluine Mala	How the Oral Tradition Corroborates the Touen - Houang Manuscripts' Version Concerning the Influence of the Hva - San（和尚）in Tibet	《第二屆敦煌學國際研討會論文集》, 中國文化大學中文系、漢學研究中心, 1991 年。

（續表）

	作　者	論文名稱／書名	出　處
45	Helmut Eimer	Eine frühe Quelle zur literarischen Tradition über die "Debatte von bSam yas".	E. Steinkellner ed, *Tibetan history and language*: *studies dedicated to Uray Géza on his seventieth birthday*, Wien: Arbeitskreis für tibetische und buddhistische Studien Universität Wien, 1991.
46	David Seyfort Ruegg	On the Tibetan Historiography and Doxography of the "Great Debate of Bsam yas"	1. Ihara Shoren ed. *Tibetan Studies*: *Proceedings of the 5th Seminar of the Inational Association for Tibetan Studies*, *Narita 1989*, Narita: Naritasan Shinshoji, 1992. 2. David Seyfort Ruegg, *The Buddhist Philosophy of the Middle*, Boston: Wisdom Publications, 2010.
47	巴宙	《大乘二十二問之研究》	臺灣：慧炬出版社，1992年。
48	王堯	《藏族翻譯家管·法成對民族文化交流的貢獻》	1. 王堯著：《西藏文史考信集》，高雄：佛光出版社，1994年。 2. 金雅聲、束錫紅、才讓主編：《敦煌古藏文文獻論集》下冊，上海：上海古籍出版社，2007年。
49	David Jackson	*Enlightenment by a Single Means*	Verlag：Der osterreichischen Akademie der Wissenschaften, 1994.
50	［日］上山大峻	《吐蕃僧諍問題的新透視》，耿昇譯	王堯主編：《國外藏學研究譯文集》第11輯，1994年。
51	Hugh Richardson	Political Rivalry and the Great Debate at Bsam–yas	1. M. Aris ed. *High Peaks*, *Pure Earth*: *Collected Writings on Tibetan History and Culture*, London: Serindia Publications, 1998. 2. Alex Mckay ed. *The History of Tibet* Vol. 1, London: Routledge Curzon, 2003.
52	劉宇光	《桑耶論諍中的"大乘和尚見"——"頓入說"的考察》	臺灣大學文學院佛學研究中心編：《佛學研究中心學報》2001年第6期。

(續表)

	作　者	論文名稱/書名	出　處
53	Carmen Meinert（［法］梅開夢）	Chinese *Chan* and Tibetan *Rdzogs Chen*: Preliminary Remarks on Two Tibetan Dunhuang Manuscripts	Henk Blezer, Alex Mckay & Charles Ramble ed: *Brill's Tibetan Studies Library*, Vol. 2/2, (Leiden: Brill, 2002)
54	索南才讓	《關於吐蕃佛教研究的兩個問題——頓漸之諍和朗達瑪滅佛》	《西藏民族學院學報》（哲學社會科學版）2003年第25卷第5期。
55	許德存	《試釋桑耶寺僧諍的焦點》	《西藏研究》，2003年4月。
56	Sven Bretfeld	The Great Debate of Bsam-yas: Construction and Deconstruction of a Tibetan Buddhist Myth	*Asiatische Studien/Etudes Asiatiques: Zeitschrift der Schweizerischen Asiengesellschaft*, LVIII-1, 2004.
57	沈衛榮	《西藏文文獻中的和尚摩訶衍及其教法——一個創造出來的傳統》	1.《新史學》第16卷第1期，臺灣：新史學雜志社，2005年。 2. 金雅聲、束錫紅、才讓主編：《敦煌古藏文文獻論集》下冊，上海：上海古籍出版社，2007年。 3. 沈衛榮著：《西藏歷史和佛教的語文學研究》，上海：上海古籍出版社，2010年。
58	Carmen Meinert	The legend of *Cig car ba* Criticism in Tibet: A list of six *Cig Car ba* Titles in the *Chos 'byung me tog snying po* of Nyang Nyi ma 'od zer (12ᵗʰ century)	Ronald Davidson and Christian K. Wedemeyer, *Tibetan Buddhist Literature and Praxis: Studies in its Formative Period*, 900-1400 (Leiden: Brill, 2006)
59	沈衛榮、邵頌雄、談錫永	《聖入無分別總持經對勘與研究》	1. 臺北：全佛出版社，2005年。 2. 北京：中國藏學出版社，2007年。
60	尹邦志	《薩班對摩訶衍遺教的遺判》	《宗教學研究》，2007年3月。
61	李元光	《試論漢地禪宗在藏區的傳播和影響》	《西南民族大學學報》（人文社科版）總第198期，2008年2月。

附圖

圖1 《頓悟大乘政理決》(臺灣:新文豐出版公司,1993)單行本

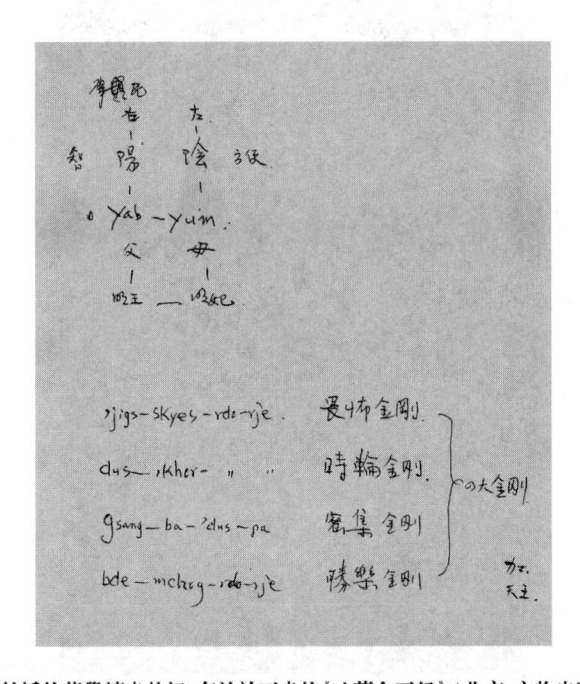

圖2 饒宗頤教授的藏學讀書札記,存放於王堯的《吐蕃金石錄》(北京:文物出版社,1982年)一書內(原書及札記現藏香港大學饒宗頤學術館)

圖3 另一張饒宗頤教授的藏學讀書札記,存放於王堯的《吐蕃金石錄》內(原書及札記現藏香港大學饒宗頤學術館)

圖4 饒宗頤教授的《梵學集》,收有與藏學有關的《吽字說》

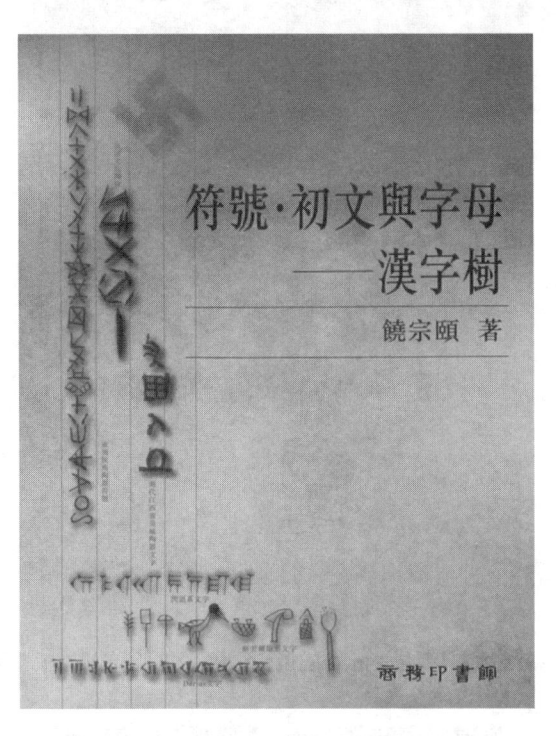

圖5　饒宗頤教授的《符號·初文與字母——漢字樹》(香港:商務印書館,1998年),呈現了遠古中西文化交流的證據

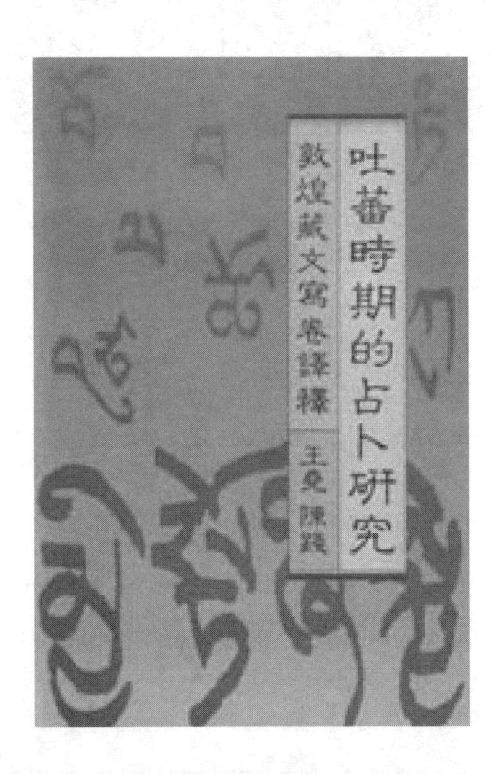

圖6　饒宗頤教授曾爲王堯及陳踐的《吐蕃時期的占卜研究》(香港:香港中文大學出版社,1987年)一書作序

圖7　《饒宗頤二十世紀學術文集》還有不少論文未收,包括《〈卣考〉續記》

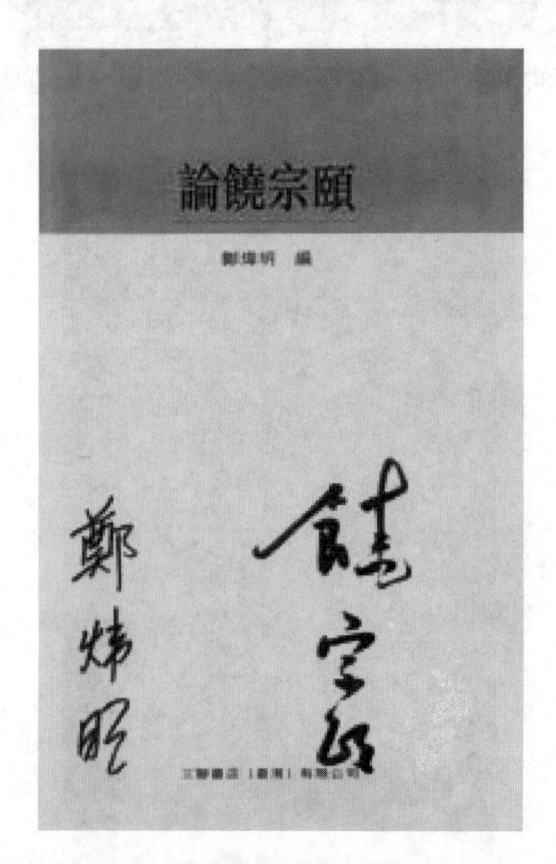

圖8　鄭煒明博士的《論饒宗頤》(香港:生活・讀書・新知三聯書店,1995年)是第一本論討饒學論文的結集,開饒學研究之先河。那時仍未有學者提出饒宗頤與藏學研究這一領域

圖9 饒宗頤教授曾爲楊銘的《吐蕃統治敦煌研究》（臺灣：新文豐出版公司，1997年）作序

圖10 饒宗頤教授與中國藏學家王堯教授，攝於2012年5月28日香港大學饒宗頤學術館

慧目探驪　妙手點金

——饒宗頤先生關於前絲綢之路時期中西文化交流的研究

邵小龍

（西北師範大學）

小　引

關於饒宗頤先生的學術研究及文學與藝術創作，法蘭西科學院戴密微先生（Paul Demiéville, 1894—1979）、蘇州大學錢仲聯先生（1908—2003）、北京大學季羡林先生（1911—2009）、美國哈佛大學楊聯陞先生（1914—1990）、澳大利亞國立大學柳存仁先生（1917—2009）、日本創價大學池田温先生等海内外學者皆有評述。但綜觀諸論，有關饒先生在先秦時期中西文化交流方面的研究鮮有人言。

2010年8月，我們在《略論先秦時期對外文化交流史的重建》一文中，針對史前時期至張騫出使西域這一時段的中西文化交流，提出了"前絲綢之路時期的中西文化交流"的概念，并對饒先生有關先秦時期對外文化交流研究的兩篇論文加以簡要評述。筆者近閱饒

---

① 參戴密微《〈選堂書畫集〉序》、錢仲聯《以古茂之筆　抒新紀之思——序饒宗頤教授的〈固庵文錄〉》、季羨林《〈饒宗頤史學論著選〉序》、楊聯陞《饒宗頤、戴密微合著：〈敦煌曲〉》、柳存仁《饒宗頤教授九十華誕國際學術研討會賀辭》等，以及《慶祝饒宗頤教授七十五歲論文集》、復旦大學中文系編《選堂文史論苑——饒宗頤先生任復旦大學顧問教授紀念文集》、《華學》編輯委員會編《華學》第7輯、饒宗頤主編《華學》第9、10輯、季羨林與饒宗頤主編《敦煌吐魯番研究》第8卷、曾憲通等編《饒宗頤學術研討會論文集》、郭偉川編《饒宗頤的文學與藝術》、鄭煒明編《論饒宗頤》、陳韓曦主編《梨俱預流果——解讀饒宗頤》及《東洲鴻儒——饒宗頤九十壽慶集錦》等。

② 參伏俊璉、邵小龍：《略論先秦時期對外文化交流史的重建》，《慶賀饒宗頤先生九五華誕暨敦煌學國際學術研討會論文集》，甘肅敦煌，2010年。後收入趙逵夫主編《先秦文學與文化》第1輯，上海：上海遠東出版社，2011年。

先生所著《西南文化創世紀：殷代隴蜀部族地理與三星堆、金沙文化》（上海：上海古籍出版社，2010 年）和施議對教授編纂《文學與神明：饒宗頤訪談錄》（北京：生活·讀書·新知三聯書店，2011 年）兩書，獲益良多，更爲饒先生精湛的學識和深刻的見解所嘆服。因此筆者希望在《略論先秦時期對外文化交流史的重建》的基礎上，能對饒先生關於前絲綢之路時期中西文化交流的相關研究成果有進一步的考察。

饒先生認爲研究古史應該盡量運用出土文物上的文字記錄，并且充分利用各地區新出土的文物，詳細考察其歷史背景，做深入的探究。在可能的範圍內，使用同時代的其他古國的事物進行比較研究，經過互相比勘之後，取得同樣事物在不同空間的一種新的認識與理解。① 在此基礎上，饒先生又提出"五重證據法"，通過考古學資料、甲骨與金文材料、傳世文獻、民族學資料和異邦古史資料相結合的方法來研究古代文明。②

有鑒於此，故本文從三個方面分別對饒先生關於前絲綢之路時期中西文化交流的研究成果加以概述。

符號與字母

（一）十

1980 年，在陝西扶風邵東村西周宮殿乙區遺址，考古工作者發現了兩枚蚌雕人頭像。這兩件蚌雕都戴有尖帽，高鼻深目，窄面薄唇，其中一件頂部還刻有十字。據有關學者研究，這兩件蚌雕頭像可能是塞人（Saka）。③ 此外，在周原所發掘的建築的板瓦繩紋陽面，也發現了十字。

饒先生將這一符號加以追溯，指出公元前 5500 年西亞哈雷夫（Halaf）時期的陶器上，及陶制女神像的肩部，也刻有十字。此外，女神像肩部的字被塗爲紅色，具有一定的宗教意義，發掘者則認爲女神身上的十字，可能代表豐饒和吉祥。

周原蚌雕上的十字，在甲骨文中也曾出現，被釋爲"巫"字。由此可見，甲骨文中的十字，與西亞哈雷夫時期的十，不僅在形態上完全相同，而且在意義上也有可近之處。饒先生進而認爲，周原蚌雕人頭像將十字刻於頭頂，可能受到西亞文化中將十刻於女神肩上的影響。

通過對這兩種文明的符號的比較，饒先生考察出早在遠古時代，中國與西亞就在文化

---

① 參饒宗頤：《談"十干"與"立主"——殷因夏禮的一、二例證》，《饒宗頤史學論著選》，上海：上海古籍出版社，1993 年；饒宗頤：《論古史的重建》，《饒宗頤二十世紀學術文集》卷一，北京：中國人民大學出版社，2009 年；饒宗頤：《古史重建與地域擴張問題》，沈建華編《饒宗頤新出土文獻論證》，上海：上海古籍出版社，2005 年。

② 參饒宗頤：《談三重證據法——十干與立主》，《饒宗頤二十世紀學術文集》卷一，北京：中國人民大學出版社，2009 年。

③ 參尹盛平：《西周蚌雕人頭像種族探索》，《文物》1986 年第 1 期；斯維至：《從周原出土蚌雕人頭像談嚴允文化的一些問題》，《歷史研究》1996 年第 1 期。

上有一定接觸。而饒先生通過周原蚌雕頭頂上十字的考釋,進而對這兩件蚌雕頭像人物身份的論斷,對上古史中胡巫的研究具有極大的啓發。①

(二) 卍與卐

卍(svastika)與卐(swastika)在佛教和藏傳佛教中被作爲特殊的符號,學術界普遍認爲卍(卐)是通過佛教從印度傳來。饒先生將青海、遼寧、甘肅、廣東等地所出土的陶器上的卍加以對比後,指出在新石器時代羌人的文化中就已經出現了卍,饒先生并且對卍的來源加以上溯,認爲卍最早源於4000年前死海東北部泰利拉特·加蘇爾(Teleilat Ghassul)文化中的一枚石權杖的頭部,其後在希臘、馬其頓、古印度等印歐語系文化中不斷傳播。在甲骨文中,卍已與"万""萬"2字相互借用。而與卐相似的紋飾,此前已經出現在古印度俾路支(Baluchistan)地區的米哈迦爾(Mehrgarh)文明及西亞的薩瑪拉(Samarra)的陶器以及哈孫納(Hassuna)和哈雷夫(Halaf)時期。亞歷山大東征以後,卐又從歐洲傳播到了中亞,出現於月氏人的金飾上。此外,饒先生還指出古印度米哈迦爾文明的陶器上出現的圓圈中帶卐的符號,在西周時期的叔鐘及戰國時期的越戈上,都有類似的圖案。

饒先生的這些論斷,不僅把卍在中國出現的時間推前了數千年,而且針對上古時期中國與中亞、古印度和西亞的文化交流,展開了細密的探索,具有極大的啓發性。②

(三) ⊕

在西亞的泥板上,⊕被用來代表羊,饒先生指出與之類似的符號,在青海東部的彩陶和内蒙古、四川、西藏等地發現的岩畫上都曾經出現⊕,因此二者應該有一定聯繫。所以青海彩陶和陰山岩畫上出現的,也可能用來代表羊。此外,饒先生認爲四川珙縣懸棺岩畫和雲南晋寧石寨山發現的銅片上使用的計數符號,也與蘇美爾人的計數方法很接近,尤其石寨山銅片上的分割綫,明顯是蘇美爾人使用的方法。

饒先生不僅參考了西亞綫形文字的研究成果,而且與相關考古發現相結合,對遠古時期農業文明的傳播加以考察,尤其對羌人的起源和流動範圍的研究,具有重要的意義。③

---

① 參饒宗頤:《符號·初文與字母——漢字樹》,上海:上海書店出版社,2000年,第83～88頁;饒宗頤:《胡里安(Hurrian)與"胡"之來源——上代塞種史若干問題》與《歷史家對薩滿主義應重新作反思與檢討——"巫"的新認識》,二文皆載《饒宗頤二十世紀學術文集》卷一,北京:中國人民大學出版社,2009年;施議對編纂:《文學與神明:饒宗頤訪談錄》,北京:生活·讀書·新知三聯書店,2011年,第48～49頁。

② 饒宗頤:《説卍(Svastika)——從青海陶文談遠古羌人文化》,《饒宗頤史學論著選》,上海:上海古籍出版社,1993年;饒宗頤:《符號·初文與字母——漢字樹》,上海:上海書店出版社,2000年,第85～106頁;饒宗頤:《卍符號與古代印度》,《饒宗頤二十世紀學術文集》卷一,北京:中國人民大學出版社,2009年;施議對編纂:《文學與神明:饒宗頤訪談錄》,北京:生活·讀書·新知三聯書店,2011年,第50～52頁。

③ 參饒宗頤:《符號·初文與字母——漢字樹》,上海:上海書店出版社,2000年,第106～113頁;饒宗頤《"羊"的聯想——青海彩陶、陰山、西藏岩畫的⊕號與西亞原始計數工具》,《饒宗頤二十世紀學術文集》卷一,北京:中國人民大學出版社,2009年。

(四)陶文與腓尼基字母

關於字母的形成問題,學術界一直衆説紛紜。饒先生創造性地將半坡文化彩陶上的符號與腓尼基字母加以對比,指出 22 個腓尼基字母中,就有 20 個與半坡遺址彩陶上的符號極爲相似,而半坡陶符出現的時代,遠遠早於腓尼基字母產生的年代。饒先生進而指出,在陝西白家聚落文化所發現的彩陶上,就已經出現與字母相同的符號。據有關學者研究,目前國内所出土的彩陶中,以白家聚落彩陶的年代最爲久遠,大約在公元前 6000 年。在比白家聚落文化稍晚的寶鷄北首嶺文化和秦安大地灣文化的彩陶上,也有十餘種刻畫符號。在此基礎上,饒先生指出古代閃米特人曾與西戎通商,因此腓尼基人可能采用了陶器和刀幣上的刻符,其後逐漸形成了字母。

"字母學假説"提出後,在學界產生了重要影響。① 同時,饒先生的研究不僅考察了史前時期中國與西亞的文化交流方式,而且對西亞文明的研究也具有深刻的借鑒作用。②

(五)越人與古印度文明

自古以來,越人就以燦爛輝煌的良渚文化在華夏文明中占有重要的位置。饒先生將古印度古吉拉特(Gujarat)的朗布林(Rangpur)地區出土文物上的刻符,與廣州華僑新村、半坡羌寨、江西清江吴城、湖北宜昌楊家灣等地發現的陶文作了對比,并結合印度阿薩姆(Assam)及中部地區出土的石斧和石鏟等文物,認爲朗布林出土文物的刻符可能來自古越人的文化,所以早在史前時期古越人已進入印度境内。

饒先生在研究中不僅深入研究了遠古時期中印文化之間的交流,揭示出古印度古吉拉特和阿薩姆古文明的創造者,而且通過對出土陶文的比較,考察出古越人的活動範圍,爲古民族學的研究,提供了極好的範例。③

饒先生積 30 年之功,對前後相距數千年且看似雜亂無序的陶文加以整理,廣泛吸收海内外的學術成果,并通過與同時期域外的材料相對比,以探尋其中的規律。然而從事這樣的研究,不僅需要豐厚的學養,更要求恒久的毅力。

語言與文獻

(一)Hor、Hur 與胡

在西藏北部與西北部,散居著一支被稱爲 hor 的種族,歷來關於 hor 的解説莫衷一是。饒先生則認爲 hor 是"胡"字的音譯在西北的殘迹。在此基礎上,對"胡"字的來源重新加

---

① 參曾憲通:《治學游藝七十春——賀饒宗頤教授米壽》,《華學》編輯委員會編《華學》第 7 輯,廣州:中山大學出版社,2004 年;姜伯勤:《選堂先生新世紀著作的先聲——讀〈符號·初文與字母——漢字樹〉》,饒宗頤主編《華學》第 9、10 輯,上海:上海古籍出版社,2008 年。

② 參饒宗頤:《符號·初文與字母——漢字樹》,上海:上海書店出版社,2000 年,第 118~144 頁。

③ 參饒宗頤:《符號·初文與字母——漢字樹》,上海:上海書店出版社,2000 年,第 62~74 頁。

以考釋。饒先生認爲西周以後文獻中出現的"胡"字,可能與西亞的胡里安人(Hurrian)有關。胡里安人是雅利安人的一支,曾建立過米丹尼(Mitanni)王國。在人類文明史上,胡里安人對馴馬和戰車的貢獻極大,他們在埃及文獻中被稱爲Hrw(Hur)。受胡里安人的影響并出於對馬的崇拜,塞種人(Saka)用馬作爲錢幣的標志,匈奴人則以胡爲名。此外,饒先生還指出商周之際的混夷,春秋時期的緄夷,都可能與Hrw(Hur)有關,《左傳》中記載的姜戎之祖吾離,則可能是Hurri的對音,至於甲骨文中出現的鬼方與虺(隗)伯,與"胡"也有一定的聯繫。

饒先生結合《國語》《穆天子傳》《逸周書》等文獻的記載,指出胡早在西周時期就已與犬戎連稱,并結合希臘文的記載,認爲犬戎就是塞種(Saka),因此Hrw(Hur)一詞最初可能由塞種傳入。最後饒先生結合甲骨文中犬方與犬伯的相關記載,指出在殷商時期,塞種就已進入中國。

塞種人又稱爲斯基泰人,屬於歐羅巴人種,其活動範圍橫跨亞歐大陸,影響廣泛。塞種人對促進中國與中亞、古印度、古波斯和西亞之間的文化交流有重要的作用。關於塞種人的記載,晚至《漢書》纔出現。饒先生的研究不僅補充了正史的記載,而且對先秦時期西北民族的研究具有開拓性的意義。①

(二)波斯與脅生

在古印度文化中,大神因陀羅(Indra)和佛陀都是從脅下生出。饒先生依據《梨俱吠陀》的記載,指出古波斯國名也與脅生傳説有關,又列舉《世本》《大戴禮記》《帝王世紀》等文獻中禹、契及陸終之子剖背而生的傳説,以及上博簡《子羔》關於禹"畫於背而生,生而能言"的記載。饒先生認爲古代中國和古印度及古波斯的脅生傳説之間,必然有一定聯繫。可能是由塞種人將《梨俱吠陀》中的故事傳到西北地方,爲羌人所濡染,其後被中原文化又吸收。饒先生進而分析禹曾興於西羌,契母簡狄爲狄人,陸終之妻子隤氏出自鬼方,這三者都與羌文化有關。

此外,饒先生還指出在《左傳》中,"禮"字共出現453次。與此相當,古梵文rta表示宇宙的和諧秩序,在《梨俱吠陀》中同樣出現了約300次。而波斯一詞在希羅多德的《歷史》中,被記作Arteans,也表示祭典禮儀所反映的宇宙秩序。② 由此可見,夏商以來中華文明與雅利安文明的接觸已成事實,難容否定。

---

① 參饒宗頤:《上古塞種史若干問題——于闐史叢考序》,張廣達、榮新江《于闐史叢考》,上海:上海書店出版社,1993年;《胡里安(Hurrian)與"胡"之來源——上代塞種史若干問題》,《饒宗頤二十世紀學術文集》卷一,北京:中國人民大學出版社,2009年。
② 參饒宗頤:《中國古代"脅生"的傳説》,《饒宗頤二十世紀學術文集》卷一,北京:中國人民大學出版社,2009年;饒宗頤:《〈春秋左傳〉中之"禮俗"及重要禮論》,《饒宗頤二十世紀學術文集》卷四,北京:中國人民大學出版社,2009年;饒宗頤:《〈詩〉與古史——從新出土楚簡談玄鳥傳説與早期商史》,沈建華編《饒宗頤新出土文獻論證》,上海:上海古籍出版社,2005年。

(三) 黔首

秦始皇二十六年,天下一統,改民曰"黔首"。饒先生結合古波斯刻石和西亞古文獻,認爲"黔首"一詞,可能是承襲了西亞的舊稱。秦分天下爲三十六郡,也可能受古波斯分省制度的影響。古波斯大流士一世(Darius I)等都曾刻石以記頌其功德,而秦始皇出游巡視,也曾在泰山等地留有石刻。① 除此以外,波斯帝國對道路的修建和維護,也足以與秦始皇時的馳道相比。古波斯的道路以帝國的四個首都爲中心,形成完備的驛道網絡。其中向西的幹道由古都蘇撒(Susa)直達小亞細亞的以弗所(Ephesus),這條御道全長2400千米,每20千米都設有驛站和商館,驛站特備快馬和專差傳送公文,急件可逢站換騎,如果日夜兼程,7日便可到達。這種完備的道路網絡也延向帝國東部,主要幹綫起自巴比倫,橫貫伊朗高原,經中亞城市,抵達帝國邊陲的大夏和印度。顯然,波斯帝國通過道路使中亞、兩河流域、小亞細亞、敘利亞和埃及聯繫爲一體。② 秦始皇爲游覽天下和抵禦匈奴,命蒙恬開闢了自九原到甘泉的馳道,據《漢書》記載:"(秦始皇)爲馳道於天下,東窮燕齊,南極吳楚,江湖之上,瀕海之觀畢至。道廣五十步,三丈而樹,厚築其外,隱以金椎,樹以青松。"③ 雖然秦代的馳道未能將秦帝國的各郡相連接,但是其規模之宏大,與古波斯"御道"有一定的相似。

饒先生在研究中往往從細處入手,廣徵博引,并極力揭示各層材料之間的聯繫,運用古梵文等語言知識,結合蘇美爾、巴比倫和古埃及文獻,通過對材料的梳理,燭幽洞微,最後得出令人信服的結論。

考古與古文字

(一) 鬱方與古代香料之路

通過對甲骨文的考釋,饒先生指出殷商時有鬱方(《甲骨文合集》11252、20624、20626)。在甲骨文中,還記載了鬱方與商王朝的往來(《甲骨文合集》5426、8182、8185正)。饒先生考證商代的鬱方就是漢代的鬱林郡,治所位於今廣西貴港市。漢武帝元鼎時改桂林郡爲鬱林郡,沿用殷商地名。鬱方由於出産鬱金香而得名。在商周時期,鬱已經被用於祭祀之中。《周禮》記載有"鬱人",專司鬱金香和鬯酒之職,由此可見周人在祭祀中對鬱金香的重視。

饒先生又引用《太清金液神丹經》《翻譯名義大集》《和香方》《南州異物志》等文獻,指出鬱金香原產自罽賓。所以鬱方入貢的鬱金香可能是由印度、罽賓等地從西南傳入,此後

---

① 參饒宗頤:《中國古代"脅生"的傳說》,《饒宗頤二十世紀學術文集》卷一,北京:中國人民大學出版社,2009年,第276頁。

② 參張國剛、吳麗葦:《中西文化關係史》,北京:高等教育出版社,2006年,第32頁。

③ 《漢書》卷五一《賈鄒枚路傳》,北京:中華書局,1962年,第2328頁。

在中國得以種植。在此基礎上,饒先生提出了"香藥之路"。①

(二)𩣡𩦺

甲骨文中記載馬的種類極多,其中有𩣡𩦺一詞,饒先生認爲𩣡𩦺可能是梵語 haya 的對音,其意爲速度,也是日神的標志。殷代諸羌與塞種人多有往來,通過文化的往來與融合,印歐語的成分已深入殷商詞彙之中,因此𩣡𩦺可能是一個外來詞。② 實際上,在希羅多德的記載中,塞種人有馬祭的習俗。因爲他們在諸神中衹崇拜太陽,認爲衹有跑得最快的馬,纔能配得上諸神中最快的太陽,所以選擇馬作爲犧牲。③

(三)牙璋與銅戈

到殷商以後,由於形成一定的國家政權,因此中國文化向外輻射的動向更爲明確。饒先生將越南出土的牙璋與國内發現的牙璋加以對比後指出,越南出土的牙璋,一類近似龍山文化時期的牙璋,另一類與二里頭、鄭州及三星堆出土的牙璋一脉相承。饒先生認爲越南牙璋的發現,説明商人的活動地域已經到交趾(阯)一帶,另一方面牙璋又由中原地區傳播到長江中上游,通過蜀地傳入南越與雒越。④

饒先生還將越南河内東山文化出土的一件銅戈與湖北荆州紀南城、荆門包山楚墓和湖南常德德山楚墓出土的銅戈加以對比,認爲河内出土的銅戈與湖北等地出土的銅戈無論形制還是銘文,都有相似之處,可以斷定爲楚器。饒先生還根據銅戈上的銘文,指出河内出土的銅戈與僰人有關,僰人出自氐羌,被封於僰侯國,秦時僰侯國大致在四川宜賓一帶,後來僰人大量徙入滇,遠至越南境内。⑤

(四)紅山文化熏爐與三星堆琥珀蟬紋墜飾

在世界文明中,西亞最早開始使用香爐。大約公元前3000年的紅山文化遺址中,也發現了一件豆形鏤孔熏爐。饒先生認爲,中國使用香料歷史應當上溯至紅山文化時期。在

---

① 參饒宗頤:《論古代香藥之路——鬱與古熏香器》,北京圖書館敦煌吐魯番學資料中心、臺北《南海》雜志社合編《敦煌吐魯番學研究論集》,北京:書目文獻出版社,1996年;饒宗頤《〈太清金液神丹經〉(卷下)與南海地理》,《饒宗頤二十世紀學術文集》卷七,北京:中國人民大學出版社,2009年;饒宗頤:《西南文化創世紀:殷代隴蜀部族地理與三星堆、金沙文化》,上海:上海古籍出版社,2010年,第239~242頁。

② 參饒宗頤:《上古塞種史若干問題——于闐史叢考序》,張廣達、榮新江《于闐史叢考》,上海:上海書店出版社,1993年;《胡里安(Hurrian)與"胡"之來源——上代塞種史若干問題》,《饒宗頤二十世紀學術文集》卷一,北京:中國人民大學出版社,2009年。

③ 參王以鑄譯:《希羅多德歷史》,北京:商務印書館,1997年,第108頁。

④ 參饒宗頤:《由牙璋分布論古史地域擴張問題——南中國及鄰近地區古文化研究國際研討會開幕演講》《由牙璋略論漢土傳入越南的遺物》,《饒宗頤二十世紀學術文集》卷一,北京:中國人民大學出版社,2009年;饒宗頤:《古史重建與地域擴張問題》,沈建華編《饒宗頤新出土文獻論證》,上海:上海古籍出版社,2005年。

⑤ 參饒宗頤:《由牙璋略論漢土傳入越南的遺物》,《饒宗頤二十世紀學術文集》卷一,北京:中國人民大學出版社,2009年。

西周時期的文獻中,已經記載諸侯祭祀要用薰。據《太清金丹神液經》等文獻記載,薰陸香原出於大秦。大秦,一名驪軒。《後漢書》言大秦"宫室皆以水精爲柱,食器亦然。……土多金銀奇寶,有夜光壁、明月珠、駭雞犀、珊瑚、虎魄、琉璃、琅玕、朱丹、青碧"①。《晋書》亦載其地"屋宇皆以珊瑚爲棁栭,琉璃爲墻壁,水精爲柱礎。……其土多出金玉寶物、明珠、大貝,有夜光璧、駭雞犀及火浣布"②。故此,饒先生認爲華夏與大秦交往之昔,七寶亦有同然,并引三星堆出土的琥珀蟬紋墜飾爲證③,再結合國内使用薰陸香的記載,最後認爲殷商時紅海周圍的文化已傳入中國。④

20 世紀以來,現代考古學取得重要成就,極大地豐富了古史研究的材料,也不斷推動古史的重建。饒先生著重强調地下出土文物中的文字記錄,認爲這些文字材料是研究古代文明的直接證據,所以其價值比出土實物更高。饒先生根據甲骨文等出土材料的記載,結合相關的出土文物,并與傳世文獻相對照,因此能够高瞻遠矚,建構起上古時期各文明之間的交流與聯繫。

餘　論

饒先生治學所涉廣闊,被學術界稱爲"業精六學,才備九能",讀先生之文,如行山陰道上,使人目不暇接;又如入寶山富礦,令人滿載而歸。饒先生所倡的"五重證據法",也在以上的研究成果中也有充分的體現。關於中外文化交流的研究,不過先生所學之一隅,本文所述亦不及饒先生關於中外文化交流研究之十一。除此以外,饒先生關於前絲綢之路時期中西文化交流的相關問題,尚有許多重要的論斷與認識,限於學力,難以盡數。

綜觀以上所列饒先生關於前絲綢之路時期中西文化交流的研究成果,可見自史前時期至張騫"鑿空"之前,中華文明與中亞、古印度、古波斯、西亞及北非的文明之間,已通過不斷的接觸和交流,以增進彼此文化的進步。自殷商已降,中西文明之間的交流已成浩浩湯湯、蔚爲大觀之勢。因此,前絲綢之路時期中西文化之間的交流,應當引起學術界的重視。

---

① 《後漢書》卷八八《西域傳》,北京:中華書局,1965 年,第 2919 頁。
② 《晋書》卷九七《四夷傳》,北京:中華書局,1974 年,第 2544 頁。
③ 詳見四川省文物考古研究所編:《三星堆祭祀坑》,北京:文物出版社,1999 年,第 116、117、124 頁;許曉東:《中國古代琥珀藝術——商至元》,《故宫博物院院刊》2009 年第 6 期。
④ 參饒宗頤:《論古代香藥之路——鬱與古薰香器》,北京圖書館敦煌吐魯番資料中心、臺北《南海》雜志社合編《敦煌吐魯番學研究論集》,北京:書目文獻出版社,1996 年;饒宗頤:《〈太清金液神丹經〉(卷下)與南海地理》,《饒宗頤二十世紀學術文集》卷七,北京:中國人民大學出版社,2009 年;饒宗頤:《西南文化創世紀:殷代隴蜀部族地理與三星堆、金沙文化》,上海:上海古籍出版社,2010 年,第 239～242 頁。

要確立饒宗頤方志實踐與理論在方志學和饒學研究中的應有地位

黄繼澍

(廣東省潮州市地方志辦公室)

  1932年,年僅15歲①的饒宗頤便承其先嚴遺志,著手續修《潮州藝文志》②,開始步入學術殿堂。

  1934年,年僅17歲的饒宗頤作5000餘字的《廣東潮州舊志考》長文,刊登於北平顧頡剛主編的《禹貢》半月刊二卷五號上。這是饒宗頤發表的第一篇論文,也是方志界首篇系統研究潮州舊志的論文。

  此後,饒宗頤關於地方志的著述,則一發而不可收。1935年,應廣東通志館及老夫子溫丹銘之邀,出任《廣東通志·藝文志》③專任纂修,并著手纂修潮州《韓山志》。④ 1936年又纂修《廣濟橋志》,發表於中山大學文科研究所主辦的《語言文學專刊》。當時,年僅19歲的他,却應請爲黄仲琴老夫子的《金山志》⑤作序。以後10年間,饒宗頤有關方志的著述頗豐。1996年,汕頭大學黄挺教授編輯50餘萬字的《饒宗頤潮汕地方史論集》(汕頭大學出版社),大部分文章是饒宗頤這一時期發表的方志論文,如《古海陽考》(《禹貢》,1937

---

  ① 饒宗頤出生於1917年8月19日。

  ② 《潮州藝文志》刊登於1935年嶺南大學《嶺南學報》第4卷及翌年之第5、6卷,1994年4月,上海古籍出版社又將其作爲單行本印行。

  ③ 溫丹銘,饒宗頤父親饒鍔的老師輩。《廣東通志》因故未能修成刊行。2010年,廣東省地方志辦公室印行的《廣東歷代方志集成》(嶺南美術出版社)中《(民國)廣東通志未成稿》,有饒宗頤的《廣東通志藝文略》一門。

  ④ 《韓山志》原稿散佚。2006年,潮州市地方志辦公室將其發表於民國《大光報》"方志"旬刊中稿件輯入《潮州三山志》刊行。

  ⑤ 黄仲琴(1885—1941),潮州名宿。《金山志》也輯入《潮州三山志》一書。

年)、《潮州韓文公祠沿革考》(《潮州叢著初編》,1938 年)、《揭陽方志考》(《文獻》,1943 年)等。

1946 年 7 月,已頗顯聲望的饒宗頤受聘爲潮州修志委員會副主任兼《潮州志》總纂,引領温丹銘、翁子光、蕭遥天、吴雙玉、蘇乾英、林超等一批潮籍碩彦鴻儒編潮州的地情巨著《潮州志》。在戰火連連、時局多變、經費無著、官員不管的艱難困境中,饒宗頤應古人"三十而立"之説,將《潮州志》從官修引爲民修,獨撑大局,與衆同仁一道,半天教書,半天修志,至 1949 年 7 月,終於基本完成定 30 門、計 1 萬面、分 50 册、共 500 萬字的宏篇巨著的總纂任務。但由於經費和時局的原因,僅有 15 門、20 册、140 萬字付梓。

1965 年,定居香港的饒宗頤將《永樂大典·潮州府》①、明嘉靖郭春震《潮州府志》②、清順治吴穎《潮州府志》以及他總纂的已刊行《潮州志》③共 4 部編集爲《潮州志匯編》縮印本,爲其作序,由香港龍門書店出版,爲保護方志遺産和研究方志起了很大作用。

1993 年,饒宗頤又將其門人李鋭從東京謀得的明萬曆郭子章《潮中雜紀》影印本,爲其作序,交香港潮州商會印行,使潮志孤本流行於世。

内地恢復修志傳統,設立修志機構以後,饒宗頤一直關心方志事業,指導潮州市的修志工作。1999 年,他將從其職務方能獲得的已是孤本的清康熙林杭學《潮州府志》影印本,并以其 1997 年發表於《潮學研究(六)》的《記康熙林杭學修之〈潮州府志〉》一文代序,轉托潮州市地方志辦公室整理翻印,從而引發潮州市地方志辦公室用近 10 年時間翻印 30 部潮州府、縣舊志的文化工程。而整個工程中,饒宗頤均全程指導。

2004 年,饒宗頤委托潮州市地方志辦公室整理存稿,重刊《潮州志》。2005 年 8 月發行,在原有 15 門、20 册的基礎上,增卷首、志末,補 4 門 1 目,新編爲 10 册,使《潮州志》以完整體例面世。

2009 年,饒宗頤將找到的《潮州志·古迹志》等 4 個門類稿件送回潮州,委托潮州海外聯誼會代爲整理出版。2011 年 10 月,《潮州志補編》問世。此時,饒宗頤已是 94 歲高齡。

綜觀饒宗頤 80 年的學術生涯,貫穿著方志的編纂實踐與理論研究。尤其是 500 餘萬字的《潮州志》融匯了饒宗頤的一生心血,是他的學術代表作。但是,中國方志學界幾乎没人研究饒宗頤及其《潮州志》,而饒學分類中也未提及方志學一門,這是學界的一大憾事。本人認爲,方志界應研究饒宗頤的方志實踐與理論,饒學研究應增立方志學一門。

---

① 《永樂大典·潮州府》即《永樂大典》卷 5343 和卷 5345。
② 嘉靖《潮州府志》原爲孤本,由饒宗頤從日本内閣文庫獲得影印件。
③ 《潮州志匯編·潮州志》中,饒宗頤僅録入 1949 年《潮州志》原版的 18 册,缺《實業志一·農業》《實業志二·林業》2 册的内容。

獨具一格的《潮州志》全貌面世，是研究饒氏方志學的基礎

民國雖也重視修志，但多灾多難，能修成者甚少。"民國時期全國以舊州府爲地域修志的，祇有30多個地區，多屬續修。其中1945—1949年，祇修出3部地區志，即廣東的《潮州志》和貴州的《定番州志》《遵義新志》。《定番州志》祇有一個鉛印本，《遵義新志》祇有17萬字。"①在廣東省，《廣東通志》於民國五年（1916）和民國二十四年（1935）兩修，均未成稿。以縣修志，也僅有近20種，以溫丹銘的《大埔縣志》爲突出。溫志與舊志比，體例雖有變化，但仍因多創少。而以舊州府爲地域修志，有潘載和的《潮州府志略》和饒宗頤《潮州志》兩部，潘志僅抄摘舊志，集爲一簡本，少有使用價值。惟《潮州志》既宏篇巨著，且飽含創新精神。著名學者葉恭綽爲其作"序"，對其"體例之愜當""紀載之翔確"的兩大特色給予高度評價，贊其"有此精心結撰之作，所謂雞鳴不已，鳳舉孤騫，誠空谷足音，荒年穎秀矣"。②

《潮州志》有幾大與衆不同的特點，是方志學探索、饒學研究所不能忽視的。

（一）專家修志，鴻儒雲集

史稱專家修志。修國家或省級志書，找專家似不難，但修地區（府）級志書，要找來各方面專家當分纂可是難事。我國首輪市、縣級修志，大多是部門資料員參修，而不是請來專家參修。

但是《潮州志》的分纂，全是潮汕籍的頂尖專家。

《人物志》分纂溫丹銘（1869—1954），又名廷敬，大埔縣人。1902年與丘逢甲等同創嶺東同文學堂，1912年任省立惠潮梅師範學校校長，1928年修《大埔縣志》，1930年任廣東通志館總纂，新中國成立後受聘爲廣東省文史館研究員。一生著述頗豐。

《風俗志》分纂翁輝東（1885—1963），字子光，原籍潮安金石。同盟會會員，1915年任省立惠潮梅師範學校代校長，1924年任大埔縣縣長，1947年任潮安縣文獻館主任，新中國成立後受聘爲廣東省文史館研究員。一生著述頗豐。

《物産志·藥用植物志》分纂楊金書（1902—1978），潮州城區人。1924年就學於日本帝國大學農科，1929年回國後在省立金山中學、省立第二師範學校等學校任教。新中國成立後，曾任潮安縣科協副主席、潮安縣政協副主席。1962年任韓山師專生物科主任。

《地質志》原分纂林超（1909—1991），揭陽縣人。1925年就學於嶺南大學，1926年轉

---

① 澤泓：《修志貴創不貴因》，《廣東省地方志理論研究優秀論文集（2007）》，廣州：嶺南美術出版社，2007年。

② 《潮州志·卷首》第3頁，潮州市地方志辦公室編印，2005年。

學於中山大學;1938年獲英國利物浦大學博士學位,歸國後任中山大學教授、理學院代院長;1940年參與籌建中國地理研究所,歷任研究員、所長;新中國成立後,歷任清華大學、北京大學教授。他主持的《中國自然地理·總論》獲中國科學院科學技術一等獎。

《僑況志》分纂蘇乾英(1910—1996),潮安磷溪人。1926年就學於省立第二師範學校;1930年就學於上海暨南大學,畢業後留校任教,後升任教授;主編《南洋研究》,是華僑史學專家,受聘分纂後曾三次赴東南亞調研。1952年後任復旦大學教授。一生著述頗豐。

《戲劇音樂志》分纂蕭遥天(1913—1990),又名公畏,潮陽縣人。20世紀30年代就學於上海美術專科學校,畢業後從事中學教學工作。1953年定居馬來亞檳城,是新、馬華文界有影響人物,曾任馬來西亞聯邦教育部課程委員。一生著述頗豐。

此外,《水利志》原分纂王昇榮係珠江水利局水文站長,《佛教志》分纂釋寬鑒係廣州六榕寺及潮州開元寺住持,還有吴雙玉、林德侯、林適民等,都是潮汕文化名人。

(二) 從官修到民修:典型的纂修屬性轉化

修志,是中國獨特的文化形式;志由官修,是我國固有的歷史傳統。但《潮州志》的纂修是特殊的修志現象,它經歷了一個從官修到民修的屬性轉變。

《潮州志》,初純爲官修。抗戰勝利,"民國35年(1946)3月6日,鄭紹玄(豐順人)正式就任廣東省第五區督察專員兼保安司令。4月29日,第五區年度行政會議決定:'鑒於修志之不容緩,爰提議編纂《潮州新志》一案,經會議一致通過,并定於7月1日成立潮州修志委員會,推鄭紹玄爲主任委員,負責修志事宜'"①。接著有關人員做了大量準備工作:起草修志細則,擬定修志委員會、編纂委員會入選名單,議定并籌集修志經費等。1946年5月23日,區公署以教社字第256號文就修志及籌印先正叢書事呈報省政府②并發各縣市局;6月7日,以教社字第293號文致"廣州兩廣監察使署饒秘書宗頤"商請其任修志委員會副主任委員;7月10日,以社教字第390號文發函正式聘請饒宗頤爲副主任委員兼總纂。③ 初開局於潮安城,附設於專署内;11月移汕頭,設修志館於同益後路6號,即民生路7號。④ 一切工作順利進展。

俗稱盛世修志,而《潮州志》的纂修很快就進入"亂世"之中。抗戰勝利後,人民想建立和諧社會的美夢因國民黨的挑起内戰而破滅。解放戰爭開始,人民解放軍節節勝利,國民黨的政權極不穩固。1947年12月,鄭紹玄專員去任,辭去修志委員會主任委員職務。1948年1月喻英奇任第五區行政督察專員兼保安司令,但他不願繼任修志委員會主任委員職務。1948年1月28日,修志會召開第二次委員會會議,時值劉公(侯武)從兩廣監察

---

① 見《潮州志纂修經過》,《潮州志·志末》第5頁,潮州市地方志辦公室翻印,2005年8月。
② 見《潮州志纂修經過》,《潮州志·志末》第6頁,潮州市地方志辦公室翻印,2005年8月。
③ 見汕頭市檔案館檔案列第一號全宗第3號目錄第39卷,第25頁。
④ 見《潮州修志館簡史》,《潮州日報》2011年6月30日。

使上卸任歸里,衆遂推主其事。① 劉侯武已卸職爲民了,可以說,此時是《潮州志》從官修變爲民修的轉捩點。

確認志書是否官修,筆者認爲有兩個條件十分重要:其一是應由地方行政長官主持修志工作并審定稿件。《潮州志》在這一項自1947年底隨著鄭紹玄辭去修志委員會主任委員職務,而繼任的專員喻英奇又不願擔當此職而給予否定。其二是應由地方政府撥付修志費用。此項也因物價飛漲,尤其是國民黨政權日趨崩潰而逐漸消失。1949年初志書已次第成稿,付梓在即,饒宗頤先生知道依靠國民黨政府撥款已完全無望,袛好通過報刊向社會發出呼籲:"顧茲事體大,需助實殷,端賴邦人碩彥,旅外同僑,鼎力勗勤,與乎館中同人之繼續努力,庶幾此百年巨業,早觀厥成。""潮志館自開創以來,幾至中輟者屢,賴余子亮、林連登、方繼仁、黃芹生、林子明諸先生及海内外熱心文化事業諸君子贊勷之力,工作得以持續。去(指1948年)秋而後,又告不繼,劉(侯武)公鬻書維持,方(繼仁)先生亦逐月欸助"②。由此可見,修志的大部經費,還是依靠民間捐助支持。

雖然國民黨政府已不顧及修志事宜,也無力撥付修志費用,但依賴饒宗頤、劉侯武等修志同仁的努力與聲望、海内外潮人的鼎力相助,《潮州志》從幾至中輟中仍成稿刊行。此爲潮州文化事業之大幸。

從官修變民修,《潮州志》實現了史所少有的纂修屬性轉化,饒宗頤爲中國修志史創造了一個典型的範例。

(三)接力出版,概貌漸現

根據《潮州志》的修志檔案,《潮州志》的篇目,自1946年7月初擬後,幾經變動。至1949年定稿時定爲:卷首,包括序、述例、纂修題名、地圖、全志總目、引用書目;本志(30門),包括沿革志、大事志、疆域鄉村志、氣候志、地質土壤志、山川志(地形、水文附)、古迹志、物產志、民族志、户口志、方言志、政治志(職官表附)、交通志、教育志、兵防志、財賦志、實業志、水利志、建置志、社會志、僑况志、風俗志、戲劇音樂志、宗教志、金石志、宦績志、藝文志、人物志(選舉表、仕宦表附)、叢談、叙録;志末,修志經過。③

因歷史的原因,1949年《潮州志》未能完全刊行,後經重刊和補編,現有4種内容包含不同的版本問世。

(1)1949年版,即《潮州志》原印本。藍色封面,長26厘米,寬16.5厘米,共20册。録入沿革志、疆域志、大事志、地質志(總目稱地質土壤志)、氣候志、水文志(比總目增加的一門)、物產志(缺目)、交通志、實業志(缺工業目)、兵防志、户口志、教育志、職官志(比總目增加的又一門)、藝文志、叢談志共15門。除中山圖書館外,現藏者不多,且多缺册。

(2)1956年版,即《潮州志匯編》中的《潮州志》。長25.5厘米,寬19厘米,香港龍門

---

① 見《潮州修志館簡史》,《潮州日報》2011年6月30日。
② 見《潮州修志館簡史》,《潮州日報》2011年6月30日。
③ 見汕頭市檔案館檔案列第一號全宗第3號目録第39卷,第237頁。

書店印行。或因饒宗頤先生收藏原版欠冊,比1949版缺《實業志》的農業、林業兩目。現藏本也不多。

(3)2005年版,即潮州市地方志辦公室翻印的《潮州志》重刊本。長21厘米,寬14厘米。以1949版掃描重印,合爲6冊;前加《卷首》,後加《志末》各1冊;志文補編民族志、山川志、實業志五·工業、風俗志、戲劇音樂志,合爲第七、第八2冊。總共10冊,220萬字。

(4)2011年版,即潮州海外聯誼會編印的《潮州志補編》,長21厘米,寬14厘米。《潮州志補編》錄入古迹志、金石志、宦績志、人物志4門,并增"外編"一門。分5冊,150萬字。

至此,出版的《潮州志》以2005年重刊版加2011年補編版計,共23門并加《外編》,370餘萬字。比1949年確定總目增《水文志》(該門原定爲《山川志》的附錄,因《山川志》未能及時出版而改爲單門)和《職官志》(該門原定爲政治志附表)2門,并加《外編》(因2009年饒宗頤送來《古迹志》等4門原稿中夾有很多資料,經饒老首肯,由編輯部整理附後),但仍缺方言志、政治志、財賦志、水利志、建置志、社會志、僑況志、宗教志、叙録等9門。據饒宗頤言,方言志或仍存其香港舊屋中,候找到再送回補編。

方志學界應重視對饒宗頤方志實踐與理論的研究

長期以來,方志界把對饒宗頤方志實踐與理論的研究給忽略了。廣州市地方志辦公室陳澤泓研究員指出:"觀夫方志界之著述,論及近代之方志學,多未言及饒氏。已出版的《中國近代方志學》(江蘇古籍出版社)、《中國現代方志學》(方志出版社),均隻字未提及饒宗頤的修志活動及主張。如果説,這些著作都不是嶺南人的著作,那麼,畢業於華南師範大學、講學於香港大學等處的林天蔚①的專著(《地方文獻論集》),論及方志理論與新方志之興起,也隻字未提及饒宗頤。可見饒氏在方志學方面的貢獻,尚未得到方志界應有的重視,更談不上深度的發掘和系統研究。究其原因,可能是因爲饒宗頤在漢學研究不少領域中有着令人注目的光彩,因此掩蓋了他在方志學方面的成就。同時,李泰棻、黎錦熙等方志名家有專著,而饒氏之理論則體現在其爲方志所作的序例、志書行文及修志實踐中,不易爲人注意。"②

筆者以爲,方志界對饒宗頤方志實踐與理論的忽視,不僅在於因他的博學而形成對其方志學造詣的掩蓋,而還有深層次的歷史原因。因爲自1949年以後,饒宗頤一直旅居海外,内地學界以及政界對饒宗頤的瞭解與認識,在改革開放以前一直是個盲區。

---

① 2007年,林天蔚在温哥華病逝,他生前對廣東修志工作十分關心與瞭解。2002年1月在温哥華、2004年8月在新加坡、2005年6月在潮州,筆者曾多次向他請教,他對饒宗頤很熟悉。筆者2005年8月在主編的《走近饒宗頤》一書前言中,曾引用林天蔚對饒宗頤學術贊語。

② 陳澤泓:《修志貴創不貴因》,《廣東省地方志理論研究優秀論文集(2007)》,廣州:嶺南美術出版社,2007年。

饒宗頤是有公正的政治立場的，觀其總纂《潮州志》，基本是對史實的客觀描述。饒宗頤是愛國愛家的，更愛未竟的方志事業，1965年6月在香港出版的《潮州志匯編》序中，他傾訴衷情："久去鄉關，累十餘稔，山川喬木，望之暢然，往日藏書，不可復問。① 而余爲學之方，日益旁騖，舊記都忘，何論新知。矧於煨燼之後，掇拾之餘，集腋成編，取資异國，嘆精力之將衰，慚韋編之莫就，姑存初稿，未遑刪訂，敢謂足以護聞，庶不没其苦心，以俟後之君子，斟酌去取云爾。"但我們没有公正對待饒宗頤。1984年9月，季羨林爲《饒宗頤史學論著選》寫了一篇17000多字的長序，《序》文開篇則指出："饒宗頤教授是著名的歷史學家、考古學家、文學家、經學家，又擅長書法、繪畫，在中國臺灣省、香港，以及英、法、日、美等國家，有極高的聲譽和廣泛影響。由於一些原因，在我國大陸，他雖然也享有聲譽，他的論著也常常散見於許多學術刊物上，而且越來越多；但是他的著作還没有在大陸上獨立出版過，因而限制了大陸學人對饒先生學術造詣的瞭解。這不能不説是一件令人十分遺憾的事。"季羨林教授一語道破原委。可以説，在改革開放之前，不但饒宗頤的方志學造詣不受我們重視，他的整個學術造詣都不受我們所重視，是我們没有主動走近饒宗頤的。

廣東省原省長、原地方志編纂委員會主任盧瑞華在《重印〈潮州志〉序》中指出："饒宗頤教授是譽滿寰宇的著名漢學大師、國際學術和藝術大師，亦是現代方志界宗師……先生對地方志之研究、發掘、整理、纂修、傳播諸多方面，均有卓犖建樹，馳騁掉鞅於史志文場。"②應當説，方志界不研究饒宗頤的方志實踐與理論，也是一件令人遺憾的事。

歷經60年滄桑，《潮州志》已有300多萬字的内容刊行了。《潮州藝文志》《廣濟橋志》《韓山志》出版了，彙集饒宗頤方志理論與研究的《饒宗頤潮汕地方史論集》也出版了，《饒宗頤二十世紀學術文集》也問世了。"饒宗頤星"已在太空閃閃發光，方志界認真探索饒宗頤方志纂修實踐與理論研究的時候應當到來了。

饒學研究應確立方志學一門

20世紀80年代以後，内地學者特别是潮汕學者逐漸走近饒宗頤，饒學研究也逐步開展，並有人對饒學的領域作探討；90年代初，饒宗頤曾自我界定。據曾楚楠在《即之彌近仰之彌高——從饒宗頤教授問學瑣記》③中講："先生自己歸納，他的治學領域可分爲8個方面，即敦煌學、甲骨學、史學、楚辭學、詞學、目録學、考古金石學及書畫。"

1996年8月，在潮州市韓山師範學院舉辦了一次高規格的"饒宗頤學術研討會"。由中山大學曾憲通教授主編的《饒宗頤學術研討會論文集》，在綜述中把論文分爲宗教與哲學、考古學、史學、目録學、詩詞學、潮州學、書畫及其他等9個方面。

---

① 饒宗頤赴香港定居前，舊居天嘯樓藏書10萬多卷，因戰亂等之故，已散失殆盡，至今未見1册。
②《潮州志·卷首》，潮州市地方志辦公室編印，2005年8月，第4頁。
③《即之彌近　仰之彌高——從饒宗頤教授問學瑣記》，載《潮州》1996年第3期。

2003年,由臺灣新文豐出版公司印行的《饒宗頤二十世紀學術文集》,則把饒宗頤的治學領域分爲14個方面,即史溯、甲骨、簡帛學、經術禮樂、宗教學、史學、中外關係史、敦煌學、潮學、目録學、文學、詩詞學、藝術、文録詩詞。

　　不管如何分,都没有提及將少年饒宗頤引入學術殿堂,貫穿饒宗頤80年學術生涯的方志學。從《饒宗頤二十世紀學術文集》看,饒宗頤關於"方志學"方面的著述,都歸納爲"潮學"。

　　其實,饒宗頤早已對自己在方志學方面的學術傾注很重視。他在《潮州志匯編序》一文中説道:"余自三十以前,頗留心地志之學,既於中山大學參預粤志之修纂,復於新修潮志,忝董其役,遭時多難,兩無所成。"他年輕學壯,精心傾注的《廣東通志藝文略》僅成藏稿,而忘我投入的《潮州志》僅有三分之一的内容出版,餘稿散佚。"嘆精力之將衰,慚韋編之莫就""而余爲學之方,日益旁騖,舊記都忘,何論新知"。① 本來方志學是饒宗頤的學術閃光點,但因有不堪回首之故,他或也想不提及方志學了。

　　於今,《潮州志》經重刊補編,全貌已現;《廣東通志藝文略》,也在2009年出版的《廣東歷代方志集成》中面世了,已"兩有所成",饒老也不應再有遺憾之感觸了。

　　饒學研究將饒宗頤的方志實踐與理論歸入"潮學"一門,有其地域與人際的原因。潮學是地方學,潮學研究的發起者是饒宗頤,參加者以潮籍專家和潮汕地方學者爲主體,其研究必會以饒宗頤的地方史論爲載體。而饒宗頤的地方史論主要是20世紀三四十年代完成的,40年代末饒宗頤移居香港以後,便步入其他治學領域,而且越來越廣博,即其所説的"治學之方,日益旁騖"了。這些地方史論,也是他的方志實踐與理論,即其所説的"余自三十以前,頗留心地志之學"。這樣,饒宗頤的"地志之學"就歸屬於潮學了。而饒學的研究發起後於潮學研究,其參與物件也是潮學研究的群體,在饒學研究領域的劃分中,將其"地志之學"定爲"潮學"也是必然的。況且,中國方志界尚未重視研究饒宗頤的方志實踐與理論。

　　筆者不想討論饒宗頤"地志之學"是否可以爲"潮學"替代。但要注意方志學是國學,潮學是地方學。將《饒宗頤二十世紀學術文集》卷九(2册)包含的《廣濟橋志》《潮州沿革志》《潮州藝文志》《潮汕地方史論集》《薛中離年譜》《郭之奇年譜》作方志學劃分也未不可。而且,這些首先應歸於方志學,然後纔是潮學。

　　饒學研究者要注意到青年饒宗頤總纂《潮州志》對其成爲博學大師的影響。其一,年僅三十的他便指揮一批碩彦鴻儒工作,爲其成爲大師提供早期磨煉。其二,志書門類的廣博,爲他此後的博學奠定了基礎。1948年他爲修志親赴潮汕各地考古考察,并完成《韓江流域史前遺址及其文化》初稿,爲其以後的考古學造詣提供準備。其三,因爲修志需到香

---

① 《潮州志匯編序》,載《饒宗頤二十世紀學術文集》卷九,臺灣:新文豐出版公司,2003年,第1248頁。

港籌集資金,促成他定居香港,爲其成爲博學大師提供環境條件。

因此,饒學研究不能忽視對饒宗頤方志實踐與理論的研究,饒學研究應確立方志學一門。

結　語

饒宗頤長達 80 餘年的學術生涯,一直與方志學結緣。其獨特的地方志纂修實踐與理論研究,是我國方志事業的一份財富,是方志界的驕傲;其總纂《潮州志》的機緣,促成一位博學大師的誕生,成爲學術界的一段佳话。方志學一定要研究饒宗頤的方志實踐與理論,饒學應當確立方志學一門。否則,是學界的損失。

《外國音書》的發現與初步研究

——兼論選堂公對華人海外拓殖史的關注

陳漢初

（潮汕歷史文化研究中心）

一

饒宗頤先生是一位聲名遠播的國際華學大師。他的研究範圍廣及神話傳說、甲骨、簡帛、經術、禮樂、宗教、敦煌學、史學、中外關係、潮學、目錄學、文學、藝術、詩詞學等諸多領域。早在青少年時期，饒先生便開始研究地方史，任《廣東通志》纂修；30歲那年，便擔當"總纂《潮州志》重任"[1]，尤其在研究潮人的海外拓殖史方面有大批研究成果問世。

1993年，選堂公在《潮州學在中國文化史上的重要性——何以要建立"潮州學"》一文中說："中國文化史上，內地移民史和海外拓殖史，潮人在這二方面的活動的記錄一向占極重要的篇幅，這是大家所熟悉的。潮人若干年來在海外拓殖成果和豐厚的經濟高度發展的各種表現，在中國以外各個地區孕育出無數繁榮美麗的奇葩，爲中外經濟史寫下新頁，久已引起專家們的重視而且成爲近代史家嶄新的研究對象。"[2]選堂公的這一論述，把潮人在內地移民史、海外拓殖史兩個方面，提升到中國文化史的位置，并提醒人們應予充分的重視。

隨著潮學研究的進一步深入和史料的新發掘，再次證明選堂公這一論述的高瞻遠矚。

---

[1] 陳漢初、陳楊平：《汕頭埠圖論》，北京：中國文史出版社，2009年。
[2] 見《饒宗頤二十世紀學術文集》卷九，臺灣：新文豐出版公司，2003年10月，第1305頁。

二

2011年3月,筆者在汕頭接到一位書友電話,説他收到一本《外國音書》。① 一聽書名,筆者便爲之一震,知是涉及海外移民的資料,馬上一睹芳容,果然不失所望。

《外國音書》是一本潮籍"猪仔華工"的花名册,内有潮州各屬"猪仔華工"3000多名。

該書封面正中竪書"外國音書"四字,右上書"光緒九年(1883)新鑴";左上"每部注明紙數印工銀二分一厘,樂善者千祈多印多送,功德無量";左下"粤東潮州會館藏版,學院前寶翰樓刊刷"。

其前言説:

我華人往外洋顧工,其在大吕宋即古巴埠者約有4萬餘口。當日或被誘枴,勢不自由;或繫途窮,迫於不得已,以致重洋遠隔,音問難通,父母妻孥,如同曠世异鄉,回首能不悲哉。現逢聖世,四海一家,皇風遠被,遐邇同欽。我國家特命劉湘浦星使持節古巴,通兩國之情文,永聯和好,拯斯民於水火,免受欺凌。復荷星使胞與爲懷慈悲是念,將該處顧工華人姓字、年歲、籍屬設法遍查,逐一注明,自捐廉俸彙刊成書,郵寄來華派送各府、州、縣,使仁人君子一經寓目,便知某鄉某人尚存某處,互相傳播,不特資訊可通,其人亦得旋返家室宜爾,骨肉團圓,喜溢門間,氣凌霄漢,其功德實屬無量。惟是書帙繁多,費貲頗巨,要爲推廣又恐難周,僅就該册詳查如係潮人,特爲揀出,另行集貲刊刷,裝訂成編。寧凡城市鄉村,廣爲傳送,千祈閲是編者,倘有姻眷姓字年歲相符者,萬望早爲通知,速備音書前來,以便代寄古巴總領事署轉爲飭交,如得音問相通,里門重返亦方便之一功也。

編内年歲係就光緒六年計算,合當告知;

信面可寫内信煩至古巴大清總領事府查收飭交册籍某字第某號某縣人姓某名某收啓,末書自己地方姓名,俾回音時可爲送交;

華人原不止此四萬餘人,不過就六年是歲已經注册者開列,其餘未經注册及注册後再易姓名者,亦復不少,容俟查明續刊;

寄信沙頭可交義安醫院,香港可交東華醫院,省城可交潮州會館。

光緒九年夏五月粤東潮州會館公啓

《外國音書》正文66頁,132面。首頁第一行爲:

---

① 光緒九年夏五月粤東潮州會館印,學院前寶翰樓刊刷。

今將現在寄居日國古巴埠光緒六年(1880)已領執照華人姓名抄列於左。

書中羅列的華工名單分列4項內容：

編號。按《千字文》"天地玄黄"等分組排列。《千字文》是我國南北朝以來流傳最廣的蒙學讀本，全書一千字，無一重複。唐末起，佛藏開始用《千字文》作帙號，排列有序，是我國現存最古昔的書籍排序號。《外國音書》記錄的華工名單用《千字文》分組，采用了我國古昔的排序特色。

《千字文》分組裏的華工名單序號使用商碼(潮汕民間稱"蕃薯碼")。
《外國音書》華工名單第一組爲"天"字，最後一組爲"圖"字，共109組。
姓名。全書記錄華工3466人。除一名女性外，其餘全部爲男性。這名女性，名梁美姐，34歲，潮州人，吳容之妻，號列洪字44號；吳容，潮州人，39歲，號列洪字42號。
籍貫。3466名華工的籍貫分別是潮陽、潮州、揭陽、汕頭、海陽、惠來、普寧、澄海、饒平、大埔、豐順等12屬。
年齡。從十多歲到七十多歲不等，大多爲三四十歲、五六十歲，部分二三十歲，少數七十多歲。年齡最小18歲，郭金，大埔人，號列兄字5號；年齡最大的77歲，鄭進，潮州人，號列令字65號。
音書最後刊登"捐資芳名"，共16家商行、會館、個人捐款大元90兩，如方燕詒堂、丁積善堂、合興行、元發興、乾泰隆、蔡任庵、方緯星、義順泰、和記行、怡泰行、協泰號、李敬亭、榮利行、南美號、八邑會館等。
這項捐款的支出，寶翰樓板價刊工付48兩，印2000本，紙料印工付42兩。

三

《外國音書》，具有重要的文物價值和學術價值。它是帝國主義販賣華人人口的實物見證，也是潮人海外拓殖較早一批"猪仔華工"活生生的名錄，展現了華人在海外篳路藍縷、艱辛創業的血泪途程。外國人在中國最初做了兩件很不光彩的事：一件是販賣鴉片。清中期，僅汕頭一處，每月就有三萬三千磅的鴉片進口，價值25萬英鎊；一件是販賣"猪仔工人"。他們利用中國廉價的勞動力，把這些勞工運往南洋或南美洲等地去做苦工。這些苦力，大部分是被强募去的。他們被關在擁擠的船艙中，吃喝拉撒全在其中，病了得不到醫藥，病死的被抛入海中喂魚。據外國傳教士統計，從咸豐二年(1852)至咸豐八年(1858)，僅從汕頭港由美國船隻運出的苦力就達四萬多人。"通常在航程中能活命的不過

總數的三分之二"①。這些"豬仔華工",奴隸般生活、工作,默默地爲當地的拓殖做出了重大的貢獻。

中國人也許是受儒家思想的影響,祇有拓殖,没有霸占,祇有貢獻,没有掠奪,與所在地人民肩并著肩,和諧相處。從鄭和下西洋到鄭信稱王暹京,均係如此。明代鄭和從永樂三年(1405)到宣德八年(1433),統率龐大遠洋船隊,七下西洋,所歷"番國大小凡三十餘國,涉滄溟十萬餘里",在地球近三分之一的經緯度球面上輪番滑滾了28年,巨舸浩蕩,却原來祇是利用瓷器、絲綢、鐵器,禮節性地交換了各國的珍珠、寶石、香料,以及珍禽异獸,爭取一批新國家加入"朝貢系統",壯大了明朝的聲威,這一光明正大的歷史,久留於世人的腦海中。而西班牙的麥哲倫不是這樣。他征服海洋的船隊雖然比鄭和晚了114年,但他的船隊配備了握有最先進武器的軍隊;他們的目的非常明確,就是霸占。出發前,麥哲倫與西班牙國王簽署好利益分配協議,麥哲倫可得到新發現土地全部收入的二十分之一。這樣的指導思想,哪有不打、不占的呢?

難怪,後世的中國文人有人發出了嘆息之聲。1929年農曆八月廿七日,汕頭孔教總會主辦的《鐸報》刊登了一叟《湄江書感》詩一首②,現將原詩和原注轉録於下:

十五年前重游地,依然萬里雁南飛。【壬子與友人南游來暹組織報館。】
詩龍酒虎風仍在,城郭人民事已非。
一榻尋花春有主,二豪對酒老忘機。
閑來海外搜遺史,得客清談塵屢揮。
三保雄風震八溟,當時群醜懾威靈。
高牙大艑朝天使,白象黄熊貢大廷。
奇迹遺民爭紀述,湄江古廟自香馨。
開疆拓土鴻圖杳,空付西人作户庭。【明初三保太監鄭和征服南洋群島,暹羅尤懾聲威,當時如效歐人,則中國屬地遍遠洋矣。惜納貢稱藩,不貪土地,南洋各島,終爲歐人所有,豈非政治不同故哉。】
海國騰驤八大王,【華僑在南洋各島爲王者八人,見《飲冰室叢書》所引。】鄭昭崛起亦堂堂。
揮戈北部屠番虜,【時暹羅國被烏吐番所滅,招募民兵恢復之,被招爲駙馬,後傳暹王位。】飲刃新都出婿鄉。【鄭王爲其婿元帥某所殺,今暹羅第一世王。】
駕牒一家妃嬪史,【第一世王鑒已所爲,不招駙馬,立法,後王即位,盡以諸妹爲后,姐即守寡終身,至今60世。雖改革之,然也不招駙馬。】龍燈古殿帝王床。【暹宫

---

① 陳漢初、陳楊平:《汕頭埠圖論》,北京:中國文史出版社,2009年。
② 見汕頭孔教總會主辦:《鐸報》1929年第26期。

現挂鄭王龍燈,爲鄭王留一紀念,撤去則大不利,鄭王御床,今猶在殿中。】

何人當日參帷幄,枉使英雄大業荒。

尾閭此地殖民多,商戰新奇壁壘摩。

幾見空拳能立志,【華僑多有白手成家、擁資數百萬者。】常憐私鬥輒操戈。【僑民下等社會多立會結黨,至相殘殺,暹羅政府嚴加干涉,此風未衰。】

饑鷹覓食人爭附,【每次船,華僑來暹千百計,由內地困苦,故争出外洋。】猛虎揚威政已苛。【入口稅、身稅漸次加多,諸般取締也嚴。】

空嘆華人財力薄,者間舊是漢山河。

詩中説到的鄭昭,就是鄭信(1734—1782),暹羅國(即今泰國)歷史上著名的抗敵復國英雄,吞武里王朝的創建者,祖籍現汕頭市澄海區上華鎮華富村。1765年,緬甸軍隊大舉侵犯暹羅,暹羅大城王朝國都阿瑜陀耶(又稱大城)被包圍之際,時任暹羅達府太守的鄭信毅然率領軍隊勤王。由於阿瑜陀耶城被緬軍攻陷,暹羅大城王朝被滅亡。爲了抗敵復國,鄭信組織兵力挺進暹羅灣東岸羅勇、莊他武里等地,建立根據地。其後,他在暹羅廣大民衆和華僑的支持下,經過艱苦奮戰,於1767年11月,把緬甸侵略軍趕出暹羅國境。由於抗敵有功,鄭信被暹羅大城王朝國王招爲駙馬,傳暹羅王位,建國都於曼谷湄南河對岸的吞武里。後被其女婿殺害。一叟先生在詩中對鄭王之死表示惋惜,也抒發出自己的一番感想。現在看來,其觀點顯然有失偏頗,但反映時人的看法。

通過鑒賞以上兩件藏品,深感華人海外拓殖史確實是一座富礦,也倍覺選堂公的高瞻遠矚。

饒宗頤潮學研究的新建樹
——著力宣導僑批文化

王煒中

（潮汕歷史文化研究中心）

國際漢學大師饒宗頤教授，耄耋之年仍治學不輟，以"不尤人，不尤己"的不倦超越精神，不斷拓展潮學研究新領域，著力宣導僑批文化，爲學術研究做出了新的貢獻。在他的指引、推動下，原來散落在民間的僑批，已成爲令人矚目的重要歷史文獻。金融、郵政、歷史、文化等方面的專家學者正形成合力，著重發掘蘊藏在僑批中深刻的文化內涵。這是他在學術研究上的又一"厚積薄發"。

僑批，是海外僑胞通過民間渠道及後來的金融、郵政機構寄回國內、連帶家書或簡單附言的特殊匯款憑證，兼有郵傳信遞、金融匯兌的功能，基本特徵是"銀信合一"。學富五車的饒宗頤教授，早就關注僑批這一原生態的"草根"檔案文獻。在他總纂的《潮州志》中，專門辟有《僑批業》的章節，對僑批的起源、沿革、經營等方面，作了言簡意賅的介紹，并明確指出："潮州經濟之發展以華僑力量爲多，而有造於僑運之發揚，應推華僑匯寄信款之僑批業。"[①]

2000年11月，兼任潮汕歷史文化研究中心顧問的饒宗頤教授，在"研究中心"舉辦的潮學講座上，對僑批作了"畫龍點睛"的論述，他說"徽州特殊的是有契據、契約等經濟檔，而且保存很多"，"潮州可以和它媲美的是僑批，僑批等於徽州的契約，價值相等。價值不是用錢來衡量的，而是從經濟史來看的"。[②] 他的這番論述，高度評價了僑批的文獻價值，

[①] 饒宗頤總纂：《潮州志》新編第3冊，潮州市地方志辦公室編印，2005年，第1308頁。
[②] 潮汕歷史文化研究中心：《通訊》2000年第20期，第37頁。

并爲僑批研究指明了正確的方向:由於僑批蘊藏著豐富的歷史資訊和深厚的文化内涵,今後不僅要重視僑批封,尤其要注重批信,在文化層面上加强研究;由於僑批融通了中外交流、經濟往來、移民開發、郵傳信遞、金融匯兑等要素,因此需要多學科聯袂,以形成研究的合力。這樣,作爲他對潮學研究的新建樹——僑批文化便應運而生。這是他以深邃的眼光、運用比較的科學方法發掘僑批深厚底藴的結果,事實表明,通過比較,能够探尋和確定事物之間的异同關係,有效地突破偏於一隅的觀察,對僑批有了更爲深刻、全面的認識。饒公提及的徽州契約,是在唐宋時期文化教育發達、徽商漸漸崛起和法制觀念逐步加强的背景下産生的。明清甚至上溯到宋元時期的土地買賣契約,到了民國改元之後,祇要經當時政府驗核證明是合法,再貼上驗契紙就依然有效,故有"有契斯有業""全以契券爲憑"之説。正是由於徽州契約文書的發現,導致一門新的學科——徽學(也稱徽州學)的産生。歷代下南洋的僑胞儘管背井離鄉、漂泊海外,仍然遵循著中華民族的傳統倫理道德,形成了强烈的"根"的意識,希望將得來不易的血汗托寄回故鄉,恪盡瞻養長輩、養育妻兒的義務。在金融、郵訊機構尚未建立或極不健全的情况下,僑批就是最好的托寄方式。因此,近代沿海民衆到海外謀生、創業,則催生了僑批這一特殊的匯款憑證。

僑批檔案緣何可與徽州契約媲美?主要依據如下:

民間特色鮮明。在《徽州文書》第一輯收集的徽州契約中①,有賣田契、押田契、典田契、賣地契、賣屋契、典屋契和賣園地契、典茶山契等,契約的簽訂都在民間進行,一般是由立約人、典約人或賣契人、典契人與中見(證)人、依口代筆人三面言定、立字爲憑,并在民間保存。

僑批的民間特色尤爲鮮明,如上所述,它不僅與徽州契約一樣發軔於民間、收藏於民間,而且是流轉於民間、經營於民間,光緒二十二年(1896)大清郵政局成立後至民國期間,官方多次要取消、取締僑批局,但因它深深扎根於民間、服務於民間,獲得民衆的信賴,結果都未能有其他機構取而代之。正如饒公所言,因僑胞"在外居留範圍既極廣,而國内僑眷又多爲散處窮鄉僻壤之婦孺。批業在外洋采代收方法或專雇夥伴一一登門收寄,抵國内後又用有熟習可靠批脚逐户按址送交,即收取回批寄往外洋,仍一一登門交還,減少華僑爲寄款而虚耗工作時間。至人數之繁多、款額之瑣碎,既非銀行依照駁匯手續所能辦理。其書信書寫之簡單,荒村陋巷位址之錯雜,亦非郵政所能送遞。故批業之産生與發展,乃隨僑運因果相成,純基乎實際需求而來"②。鮮明的民間特色,使僑批的文獻價值更不一般,有評論指出:"當今傳統文史學科的研究有一個共同的趨向,就是研究重點下移,學者們越來越注重對社會基層的研究。這一趨向發展的結果,將徹底改變過去研究領域囿於上層社會的局限,爲我們展現一個全新而生動鮮活的社會歷史。僑批及其發掘和整

---

① 劉伯山主編:《徽州文書》第 1 輯,桂林:廣西師範大學出版社,2005 年。
② 饒宗頤總纂:《潮州志》新編第 3 册,潮州市地方志辦公室編印,2005 年,第 1308 頁。

理,將爲中國學術界的這次巨大轉變提供有力的支撐。"

內容翔實豐富。作爲徽州契約,主要是記錄了土地、房屋等財產的買賣、承租、典當等民間經濟活動,內容翔實,大致是:立賣契人或當契人等,由於生活困難諸原因,情願將田、屋出賣或典當給某人,經商定價值多少,其錢款當日親手收足,田、屋未出賣、典當之前并無重迭交易,今欲有憑,立此契約云云,顯得比較單一、格式化。僑批內容也很翔實,但比徽州契約豐富得多,原原本本地反映出大至國家、國際,小到社會"細胞"——衆多家庭的具體狀況,從中不僅可以解讀出海外僑胞和故鄉家庭的家情,海外僑胞故鄉的鄉情,海外僑胞僑居國和祖居國的國情和國際風雲變幻的世情,而且從中能感受到海外僑胞與家鄉眷屬的親情。如果说徽州契約是"鐵骨",具有剛性的約束力,那麼僑批則是維繫海內外親人情根的紐帶,充滿"柔情",如 1935 年 4 月,泰國僑胞陳松錦得知自己的兒子在家鄉澄海出生之後欣喜异常、夜不能眠,便在燈下疾書,一口氣爲小兒子擬了"濟民""華民""永强"等十多個名字,請家人"將比較評論,擇一個最合意者寫來吾知",舐犢之情躍然紙上。印尼僑胞李芝敏雖長年在外飄泊,仍決定回故鄉澄海娶杜愛群爲妻,把"根"留住,他在 1949 年 2 月寫出的僑批中,向母親明確表示"對此親事今決定合意,兒於是月十六日由(有方批局)寄上金圓券三萬元,到祈查收此款,以供買金戒指一隻,送與杜愛群女士做訂婚戒指,何日收定,望母親賜音示知",并請"母親可將此事乞告知愛群及她之父親",對家鄉、親人的眷戀溢於言表。

記載系統完整。首先是時間的系統性,據專家推斷,包括徽州契約在內的徽州文書,經歷了宋、元、明、清代等,以明、清最著;敦煌文書目前已知最早的是晋,晚至北宋年間,其中唐代的文書最多。而潮汕僑批產生於 19 世紀上半葉,至 20 世紀 80 年代,經歷了清代、中華民國、中華人民共和國 3 個時期,在時間上不僅有自身的系統性,而且與敦煌文書、徽州契約形成自然的連結,比較系統完整地反映了時代的變遷、社會的演進和經濟的發展。僑批還具有空間的系統完整性,再以潮汕僑批爲例,從海外的寄批地看,有來自海外僑胞居住地的泰國、馬來西亞、新加坡、越南、柬埔寨、印度尼西亞等國及中國香港地區。從國內的收批地看,幾乎涵蓋了潮汕僑鄉的縣和鄉鎮,其中包括汕頭、潮安、澄海、饒平、潮陽、揭陽、普寧和大埔、豐順等地。寄批地和收批地長期穩定,極少發生變動。時空的系統完整性,在許多海外僑胞祖居地的家庭中也有具體反映,以潮安縣東鳳鎮二房後厝的陳宏烈爲例,他的 4 個兒子集允、集亮、集祥、集軒先生出洋僑居新加坡,從此,他們的僑批便不斷地寄回家鄉,現收集到的是民國元年(1912)至 1958 年的僑批 566 封,從没有中斷過,在時空上自成體系。這樣系統完整、内容豐富的僑批,是研究社會史、郵政史、金融史不可或缺的寶貴文獻資料。

跨國屬性獨特。這一點是徽州契約所没有的,因爲僑批源於海外移民,在跨國的特殊環境中誕生,成爲海外僑胞與家鄉親人的"兩地書"。而僑批業則是在跨國的管道中運作,

開始是由個體的水客往返於海外與國内之間遞送,後來出洋的僑胞激增,僅潮汕地區,從清乾隆四十七年(1782)至同治七年(1868)出洋人數累計有150多萬人,清同治三年(1864)至1911年,出洋人數達294萬人。在此情況下,水客遞送僑批的傳統做法已適應不了新的需求,由民間自發興起、專門辦理僑批業務的僑批局便應運而生。據1946年《潮州志》統計,設在南洋(東南亞)諸國由潮人創辦的潮幫僑批局達451家之多,設在潮籍僑胞祖居地潮汕一帶的僑批局也有131家①,海外僑胞托寄的僑批和僑胞家鄉人寄出的回批,就在這跨國的管道中雙向運作。

　　海外僑胞和故里親人的資訊,也在跨國的網絡裏雙向交流。其中有僑胞傾訴在异國他鄉謀生的境况的,如僑胞陳應傳就在批信中寫道,在外"奔波十餘載,尚赤手空拳,未得酬願",本應多寄批款回鄉讓母親購新穀,無奈力與心違,祇得表示:"傳非不知家中之間痛苦,奈命生如此,惟有昂首向天嘆息而已。"有隔洋通過僑批對子女進行"遠端教育"的,希望他們要懂得"學無止境""今後要迎頭趕上,勿落人之後""切要謹慎從事,不可在外放蕩,以免養成不良習慣"。家鄉親人寄給海外親人的回批,則通報僑胞故里情况,祈望他們在外平平安安,有朝一日能返回老家團聚等。由此可見,跨國屬性是僑批的"天生麗質",體現出它的本質特徵,其文獻價值已超越了國界,成爲研究海外移民史、海外交通史、國際關係史等跨國學科的寶貴文獻資料。

　　綜上所述,説明饒公關於僑批又與徽州契約相媲美的論斷非常深刻、中肯。在他大力宣導下,使塵封在民間多年的僑批終於公之於世,并且登上了大雅之堂,2010年2月,包括潮汕僑批在内的"僑批檔案",正式列入《中國檔案文獻遺産名録》,目前正向申報《世界記憶亞太地區名録》的更高目標努力。

　　總而言之,僑批能有如此風光的今天,饒宗頤教授功不可没。

---

① 饒宗頤總纂《潮州志》新編第3册,潮州市地方志辦公室編印,2005年,第1314~1315頁。

鴻篇巨制　嘉惠後人

——整理饒宗頤總纂《潮州志補編》工作中的點滴體會

曾楚楠　蔡少賢

（廣東潮州市政協文史委）

　　1949年春，由饒宗頤教授總纂的《潮州志》終於成稿。是志原擬立30門、分訂50冊，但由於資金匱乏等諸多原因，僅出版了15門20冊，且刊布不廣，遂使此一盛舉成爲潮州史志領域中的一大憾事。

　　2008年秋，在潮州市黨政領導的重視和陳偉南先生的鼎力相助下，《潮州志》得以重刊，并增補了卷首、志末及《山川志》《民族志》《風俗志》《工業志》《戲劇音樂志》五個分志，共10冊，使其規模格局更接近當年原擬之體制。但正如饒公在《重刊〈潮州志〉序》中所言："尚有叢稿，有待理董，他日不辭續貂之誚，當再謀刊布云。"[①]2009年春，"有待理董"之叢稿終於由饒公從浩瀚的書稿圖籍中尋得，饒公喜甚，旋將志稿交付訪港的林英儀先生帶回潮州整理出版。

　　叢稿包括由温丹銘先生分纂的《人物志》《金石志》，温克中先生分纂的《宦績志》，林德侯先生分纂的《古迹志》以及由林德侯、吳珏先生摘錄的全國各地志乘中涉及潮州部分的史料彙編《外編》卷，共計150多萬字。經饒公首肯，命名爲《潮州志補編》。

　　在饒宗頤教授、陳偉南先生的眷顧、敦促下，潮州海外聯誼會於2010年3月成立了"《潮州志補編》整理工作小組"（組長：沈啓綿；副組長：曾楚楠、黃挺；成員：李來濤、林英儀、黃繼澍、吳二持、吳榕青、陳賢武、蔡少賢、陳偉明），著手開展整理工作。至2011年11月，該項工作終於完成，志稿即將面世。

　　整理過程中，同仁們獲益非淺，感悟良深，現僅擇要言之：

[①] 饒宗頤：《重刊〈潮州志〉序》，刊《潮州志》卷首，潮州市地方志辦公室編印，2005年，第12頁。

(一) 體例愜當，博采衆長

1949 年，葉恭綽先生在《潮州志·序》中說："自來方志義例，每病支離，非蔓衍即空疏，非混淆則駁複，繁簡分合，每費經營，因創之間，更難適愜。茲則融通新舊，義取因時，纂組裁量，各依條貫……此體例之愜當，爲全書之特色者一也。"①名家之論，誠空谷跫音。試以本書《古迹志》爲例，略申其說。

歷來地志在古迹的歸屬處理上，往往雜糅錯綜，詳略不一。如阮元《廣東通志·古迹略》分城址、署宅、冢墓、寺觀四門，附以園亭、樓臺、堂閣，并摻入詩文、碑記；張士璉《海陽縣志》則將古迹歸入《地集》；張珝美《惠來縣志》古迹闕焉不錄，唯散見於《山川》之篇；溫廷敬《大埔縣志》則將古迹雜於《地理志·勝迹》中……由於體例雜駁，讀者查考時極不方便。《潮州志》則將古迹獨立成志且按類編排，厘爲 10 卷。試觀其目錄：

《卷一》：城、縣、署、驛；
《卷二》：宮、莊、宅、第、屋、館、廬、室、精舍、山房、草堂、齋、軒、園、圃；
《卷三》：山、嶺、村、鎮、寨、殿、埔、營、徑、磜、谷、窩、場、坪、壘、階、處；
《卷四》：湖、池、潭、泉、井、溪、水、坑、澗、沼、圳、窖、灘、洲、嶼、磯、塢、渡、橋；
《卷五》：亭、臺、樓、閣、堂；
卷六至卷十從略。

10 卷中共分細目 81 項。分類之精當，令人嘆爲觀止。而且各類之中，再分縣著錄，如此，可令讀者檢索起來，有如探囊取物。更難得的是，該志還參照阮元道光《廣東通志》、吳道鎔光緒《海陽縣志》在某一古迹之後博引廣徵并及詩文的做法，又推而廣之，標明其址之所在，詳述其沿變之由；同一古迹而各種志書記述互有同异者，則加按語爲之考核；一址數稱者，則不憚其繁，分隸入各門類；其存廢有徵者則書之，未明者寧闕。此外，又從各種書中的建置、山川、人物、藝文諸門中鈎稽相關材料，從各家詩文集中撮拾相關記述，務求更全面地反映古迹的歷史與風貌。

已謄錄的志稿中，不時可見各種眉批、旁批，以及書於另紙上夾入相應條目中的"夾批"，這是審校者表達對成稿有不同意見或提出建議的特殊方式。透過那一處處的批語，我們完全可以想見當年修志過程中，編纂者一絲不苟的謹嚴精神，以及既互相尊重又堅持原則的風氣。

(二) 務根調查，耻於捫籥

蘇東坡在《日喻》中，講了一則寓言故事：瞎子不知太陽的樣子，有人告訴他太陽光像蠟燭，他摸了摸蠟燭，後來又摸到一根叫"籥"的管樂器，也以爲是太陽。後人遂以"捫籥"

---

① 饒宗頤：《重刊〈潮州志〉序》，刊《潮州志》卷首，潮州市地方志辦公室編印，2005 年，第 2 頁。

來比喻瞎説一氣的人和事。①

其實,在治學、修志時祇知鸚鵡學舌,沿襲舊説,不願亦不敢突破藩籬的"捫籥"者,古今皆不鮮見。在治學上,饒公多次強調:"學問要接著做,不要照著做。"正是在他的帶領下,當年的《潮州志》編纂們一本重調查分析、實事求是,以科學爲依歸的精神,爲當代的修志工作樹立了樣板。今仍以《古迹志》爲例,予以介紹。其《張璉城基》條按語謂:

> 烏石埔……俗傳璉舊衙署在此。清末上倉井壟曾掘得城磚數片,長一尺,厚四寸,上鑴"南靖縣"字樣。據鄉民張利之言,彼曾目睹其物。蓋璉攻陷南靖後,移其城磚來此以備築城之用。《福建通志》稱"南靖陷於璉凡二次,首次爲嘉靖三十九年秋八月,末次在四十一年",而璉之誅實於同年六月,則是城之築,當在三十九年以後矣。

民間傳説、田野調查、文獻考證,將三者結合起來分析,這樣的推論自能服人。

又如《綏安故縣》條按語説到古綏安縣縣址所在的梁山,半跨於大埔與漳浦縣之間。然諸志之載梁山,均曰"大埔西北",而漳浦梁山實位於大埔東南。考諸志异其方向而稱西北者,蓋誤舊志連續句法之行文,實即曰大埔在梁山西北若干里耳。《元和郡縣志》《太平寰宇記》之記方向亦多如此。故世多有摘録一句沿用而誤者。

這種"摸不著北"的記載,實爲誤讀舊志而又不肯實地調查,一味陳陳相因所帶來的必然結果。而《潮州志》中類似上例的敢於"撥亂反正"、糾偏匡謬的實例,可謂舉不勝舉。

例如:傳爲韓愈所書之《白鸚鵡賦》碑,歷代志書多目爲真迹,如乾隆《潮州府志·古迹》云:"鸚鵡碑,在韓文公祠内。先是,王右丞有《白鸚鵡賦》,爲文公手書,其墨迹傳於羊城。雍正年間,知府龍爲霖得於廣州故家,以重價購歸,勒諸石,置祠東壁。夫韓文垂古今而韓字不多見。字兼行草,徑四五寸,遒勁生動,結構緊嚴,浩氣溢於豪端。書家稱爲米芾所祖,信足寶也。"②顯然,府志對此深信不疑。爲此,饒教授特於《潮州志補編·金石志》卷八"退之書《白鸚鵡賦》"條中親加按語曰:

> 世傳韓愈書,惟此碑及陽山縣廨"鳶飛魚躍",賢令山《千岩表》二石刻而已。
> 《千岩表》無題識年月,未必爲愈書。"鳶飛魚躍"四字,汪瑔《松烟小録》謂,高州楊孝廉以爲前明湖廣人僞作,要非韓愈手書無疑。此賦予疑係别一退之所書。
> 《西陂類稿》:王士禎十八歲中順治辛卯鄉試,祖方伯公年九十一,猶及見,以家藏邢太僕所書《白鸚鵡賦》賜之。考邢太僕即邢侗,《大沁山房集》《列朝詩集·丁集》:

---

① 張志烈、張曉蕾選注:《蘇軾選集》,北京:人民文學出版社,2002 年,第 294~296 頁。
② [清]周碩勳纂修:乾隆《潮州府志》,2001 年潮州市地方志辦公室、潮州市檔案館影印本,第 225 頁。

侗字子願,臨邑人,進士,終陝西行太僕卿。此賦或即侗所書,惟不知退之是否爲侗別字耳。《玉劍尊聞》謂侗書模二王,幾於奪真。《來禽館集小引》:"侗法書工諸體,章、懷、鍾、索、虞、米、褚、趙,規模肖像,呬呬逼人。"又謂"其擘窠大字,體勢洞精,奕奕生動雄强,劍拔弩張,奇絕如危峰阻日"。此賦盡用大書之筆法爲之,非模橅二王者也。當俟再爲考定。陸耀遹謂此爲愈刺潮時所書,直妄言也。

此刻《阮通志·金石略》録入唐代,光緒《海陽縣志》從之。然其上石,實在雍正十二年,依刊刻之年著録,當列入清代爲是。

400餘字之按語,竟徵引文獻8種,而辨僞考證之功力,尤令人折服:(1)《千岩表》無題識年月,未必爲愈書;(2)"鳶飛魚躍"四字,阮元《廣東通志·金石略五》已斷爲明代萬承風所僞①;(3)陸耀遹②謂《白鸚鵡賦》碑"爲愈刺潮時所書,直妄言也";(4)上碑立於雍正間,著録時當歸入清代;(5)明代邢侗③曾書《白鸚鵡賦》,墨迹爲清初王士禎家所存,上賦是否即邢侗所書,俟再考定。饒教授雖"不知'退之'是否爲侗別字"而未遽加判定,但否認上賦石刻爲韓愈手書之結論,灼然可辨。三十二年後,饒教授在《趙德及其〈昌黎文録〉——韓文編選溯源》附論《韓愈題名及其書法》一文中,又引申前說曰:

考愈書用"退之"題款者,今可見有遼寧博物館藏小楷《曹娥碑》上端題字:
國子博士韓愈,趙玄遇,著作佐郎樊宗師,處士盧仝觀。元和四年五月二十日退之題。"退"字中間微損,字極古拙,必爲真迹無疑。④

1986年,按饒教授之提示,潮州市韓愈紀念館在吳南生、蘇庚春、啓功先生之促成下,在韓文公祠北壁鑲嵌據宋代群玉堂刻本《曹娥碑題名》放大複製之碑石,并陳列出遼寧博物館館藏絹本《曹娥碑》影印件。以上述物事中之字迹相對照,益信饒教授所説的"《白鸚

---

① 道光《廣東通志·金石略五》:"韓文公'鳶飛魚躍'四字,草書存。謹案:四字在連州陽山縣。後有'退之'二小字,下刻萬承風詩,中云:'手迹留鳶魚,鑱摹供資借。'則四字即萬所刻,僞作也。"刊廣東省地方史志辦公室輯《廣東歷代方志集成·省部》第19册,廣州:嶺南美術出版社,2006年,第3360頁。
② 陸耀遹(1771—1836),字紹聞,號劭文,江蘇陽湖人。道光元年(1821)舉孝廉方正,試二等。選授阜寧縣教諭,至任百日,卒。與叔父陸繼輅齊名,時稱"二陸"。工詩,嗜金石文字,尤長尺牘。所著有《雙白燕堂詩文集》16卷,又嘗補王昶《金石萃編》成《續編》4卷。
③ 邢侗(1551—1612),字子願,號知吾,自號啖面生、方山道民,晚號來禽濟源山主,世尊稱來禽夫子。山東臨邑人。家資巨富,後中落。明萬曆二年(1574)進士,官至陝西太僕寺少卿。善畫,能詩文,工書,書法爲海內外所珍視。與董其昌、米萬鍾、張瑞圖并稱"晚明四大家"。有《來禽館集》等。《明史·列傳第一百七十六·文苑四》有傳。
④ 香港潮州商會六十周年紀念特刊編輯委員會編輯:《香港潮州商會六十周年紀念特刊》,香港潮州商會,1981年。

鵒賦》亦署退之,惟字體近米襄陽,非唐人書"的論斷,確爲極具前瞻性之不刊之論。而《潮州志補編》不因襲舊說、以實事求是爲依歸之精神,令人嘆服。

因此,葉恭綽先生纔會在批評往昔志乘"轉相蹈襲,有類鈔胥,雖富有千篇,實貧無一字"之後,盛贊《潮州志》"義取求真,事皆徵實,如山川、氣候、物產、交通之類,皆務根測驗,一以科學爲歸;更重調查,期與實情相副,迥殊捫籥,可作明燈。此記載之翔確,爲全書之特色者二也"①。

(三)荒年穎秀,鳳舉孤騫

1946—1949年,正是戰火紛飛、物價騰貴的年代。而潮州修志館諸君,又多爲三十上下的學人,爲謀稻粱,他們須到中小學兼課,上午舌耕,下午筆耕。但就在如此惡劣的環境下,他們置個人出路於不顧,攻苦食淡,甚至枵腹從公,夙夜匪懈,辛勤采輯,幾近虔誠地爲鄉邦修志,并爲後輩學人樹立了博大、精深、謹嚴、務實的學術典範!今天,摩挲著一疊疊發黃漫漶的手稿,映入眼簾的是一行行結構茂密端謹的蠅頭小楷,或筆力勁駿的飄逸行書,而沁入心田的,則是荒年穎秀的驚喜與鳳舉孤騫的哀愁。難怪饒公在找到志稿後,激動地致電沈啓綿先生:"真乃天上有星,志稿讓我找到了,我終於可以告慰先賢,完成了歷史使命!"并再三叮囑:"志書整理出版後,一定要把手稿入藏頤園。"

《潮州志補編》是一份不可多得的歷史資料,更是一份珍貴無比的文化遺產。鑒於該志屬從未刊行的手稿,爲保留原稿本來面目,整理小組同仁醞釀再三,擬定了"既忠於歷史原作,又便於現代讀者閱讀"的整編宗旨,整理過程中則遵循"錄而不作",即不增、不補、不刪,悉依原稿標點、編排的原則。我們衷心希望,經整理出版的《潮州志補編》,能爲中國地方志學、潮州學的研究提供寶貴的文獻依據,在優秀傳統文化的繼承和弘揚中發揮其應有作用并產生深遠的影響。

---

① 饒宗頤:《重刊〈潮州志〉序》,刊《潮州志》卷首,潮州市地方志辦公室編印,2005年,第2頁。

饒宗頤戲曲觀探析
——從《〈明本潮州戲文五種〉説略》説開去

馬華祥

（華僑大學）

國學大師饒宗頤先生因一個偶然的機會涉足古典戲曲文獻的整理和研究工作。20世紀50年代、70年代在饒先生的故鄉潮州相繼出土了明代戲曲舞臺演出本——嘉靖抄本《蔡伯喈》和宣德寫本《劉希必金釵記》；80年代，廣東人民出版社將這兩部抄本影印與饒先生從國外帶回來的攝影嘉靖刻本《荔鏡記》（附刻《顏臣》）、萬曆《金花女》和複印的萬曆刻本《荔枝記》一起影印出版，并邀請饒先生寫一篇介紹性文章，書名爲《明本潮州戲文五種》。饒先生《〈明本潮州戲文五種〉説略》（以下簡稱《説略》）就刊於該書《序》後。該書的出版帶來了一股潮州戲文研究浪潮。饒先生的《説略》以其淵博的學識和獨特的見解在學術界引起強烈的反響。本文僅就饒先生在《説略》中的兩個戲曲觀點談談自己的認識。

一、地方戲曲各有不同的脚本

饒先生在《説略》中指出："明代以來，地方戲曲的演出，各有不同的脚本。以最流行的《琵琶記》爲例，其演化極爲複雜，大抵有京（金陵）本、閩本、吳本、徽本之差别。"[1]這一論斷非常精辟，極具説服力。

明代傳奇都是地方戲曲，是爲某一聲腔而創作或改編的劇本，是屬於某一聲腔的劇本。元雜劇通常是一個劇碼祇有一個劇本，但明傳奇往往是同一個劇碼出現多個劇本。

---

[1] 饒宗頤：《〈明本潮州戲文五種〉説略》，《饒宗頤二十世紀學術文集》卷九《潮學》，第1298~1299頁。

除了聲腔不同的原因外，同一聲腔不同時代不同戲班也會對劇本進行改編以適應不同的觀衆，這就使得一部傳奇不止一個劇本。在明代每一聲腔劇種都曾經大量移植別的聲腔的傳奇，海鹽腔、弋陽腔、餘姚腔、泉州腔、潮州腔就是移植溫州腔戲文發展起來的。移植不是照搬別的聲腔的劇本，而是要進行改編。聲腔相近的改動就少，如崑山腔藝人改編海鹽腔的劇本改動就不多。聲腔相遠的改動就多，如弋陽腔藝人改編溫州腔戲文或海鹽腔傳奇，泉州腔、潮州腔藝人改編弋陽腔傳奇改動就很大。屬於某一聲腔的劇本，其他聲腔移植後就可以演唱，劇本改編之後聲腔屬性也隨之改變。明代各聲腔劇種的傳奇，雖然在方言和音樂上出現差異，但還是有許多共同因素的，比如，都是用漢語創作和改編的，都是由南戲發展而來，都是以演唱南曲爲主等。儘管各聲腔劇種曲調不一樣，但曲牌名有很多是相同的。即便方言發音不同，但使用的字詞也有許多一致性。因而，各聲腔劇種雖然都有自己的劇本，但同一劇碼的劇本有不少曲牌甚至部分曲文都是完全一致的。任何一種改編都是局部的，而不是推倒重寫。也因爲這樣，用崑山腔也能演唱曲牌名相同、句數字格相差不遠的弋陽腔曲文。這就如今天用普通話也能唱粵語歌曲一樣。我們姑且不去評論演唱效果，但是，我們還得面對一個現實問題：唱一兩支曲子是一回事，演出一部傳奇是另一回事，畢竟一部傳奇是專爲某種聲腔劇種而創作或改編的，有很多曲子是自己聲腔獨有的，有很多文字表達是自己方言固有的，別的聲腔要演唱時就得改掉這一部分內容，在民間沒有哪一個戲班拿到一部別的聲腔的傳奇會一字不改就排練演唱的。因此說某一聲腔劇種的傳奇別的聲腔劇種要改編來唱。

戲曲學家徐朔方先生認爲"崑腔藝術家對《琵琶記》、《荊釵記》和《玉簪記》、《牡丹亭》等唱腔和世代累積的創造和發展是一回事，但他們原本都不爲崑腔創作，那是另一回事，所有的南戲和文人傳奇都是南方各聲腔的通用劇本。崑山腔和海鹽腔以及別的聲腔的區別不在於劇本本身，而在於不同的聲腔和舞臺藝術"①。拙作《關於明傳奇是否通用及其主導因素問題的新思考》②談論明傳奇是否通用的問題就是針對徐先生這一觀點而發的。如果明代真存在通用的傳奇，各聲腔劇種爲何不共用這部傳奇，而是各自演唱自己的劇本？曹禺的話劇《雷雨》、老舍的《茶館》適用北方方言演出，粵語方言、吳語方言則不通用。如果吳人、粵人一定要演出《雷雨》和《茶館》，就得花工夫用自己的方言把劇本改編過來纔能演出。如果説吳人、粵人也會説普通話，也可用普通話演出，那還不也是北方方言通用，吳語方言、粵語方言不通用？在明代，海鹽腔傳奇在海鹽腔舞臺通用，弋陽腔傳奇在弋陽腔舞臺通用，就如黄帝造的曆法在黄帝統治的時代通用，陝西的糧票在特定時期的陝西管

---

① 見徐朔方：《我和小說戲曲》，《杭州大學學報》1998 年第 3 期。《徐朔方説戲曲》，上海：上海古籍出版社，2000 年，第 10 頁。

② 見馬華祥：《關於明傳奇是否通用及其主導因素問題的新思考》，《戲劇藝術》2009 年第 1 期，第 49～51 頁。

用一樣。而弋陽腔不唱海鹽腔傳奇、昆山腔不唱弋陽腔傳奇正如殷人不用夏曆、周人不用殷曆、北京不用陝西糧票一樣。理論上一部傳奇在一個聲腔劇種內部可以通用，但事實上同一聲腔劇種各個戲班所采用的劇本是不盡相同的。任何一種漢語方言都有小方言，小方言不同，詞彙就不一致。戲曲都是面對自己方言的觀眾演出的，習慣於使用當地方言，所以各地戲班都有自己的劇本，而不是共用一個劇本。

傳奇不能通用於各聲腔，最根本的原因就在於聲腔之間存在差異。因爲傳奇是用方言創作、改編和演出的，而方言又存在諸多差異，有的甚至互不相通，所以一部傳奇無法在不同的聲腔中通用。我們還是以《胭脂記》中《郭華買胭脂》一齣爲例來說明因各聲腔劇種的方言與曲調的差異導致劇本的不同。弋陽腔傳奇文林閣本《胭脂記·買脂》使用的曲牌是【稱人心】、【梁州序】、【又】、【解三酲】、【混江龍】、【皂羅袍】、【又】、【又】；明刊閩南戲曲《滿天春·郭華買胭脂》使用的曲牌是【萬】（按：即【慢】，閩南話同音字）、【北調】（按：疑似【駐雲飛】，閩南所云北調實爲其北方的弋陽腔曲調，而非雜劇北曲）、【又】（按：此外還有兩支未標明曲牌曲子）、【叠字駐馬聽】、【雙鸂鶒】。兩者曲牌不同，腔調不一，曲文、賓白也相去甚遠。

《琵琶記》向被譽爲"南戲之祖"，在整個明代一直走紅：無論是文人學士，還是民間百姓，無不喜愛《琵琶記》；不論是溫潤雅静的海鹽腔、昆山腔，還是粗俗熱鬧的弋陽腔、青陽腔，無不把《琵琶記》作爲看家戲、樣板戲。陸貽典《元本蔡伯喈琵琶記·自序》中指出，有明一代，《琵琶記》"刻者無慮百千家"。根據錢南揚先生的約略統計，今存《琵琶記》明抄本、刻本及清抄明本就有 13 種之多。① 俞爲民先生又有所補充，得 23 種。② 這些抄本或刻本，正是"百千家"《琵琶記》之幸存者。潮州揭陽縣漁湖公社西寨村的黃州袁公墓出土的《蔡伯喈》文字與嘉靖《風月錦囊》選錄的《伯喈》比較接近，但兩者分屬於不同的聲腔劇種。《風月錦囊》本《伯喈》爲弋陽腔傳奇③，揭陽出土本《伯喈》則爲潮州腔傳奇。它們基本上是以全本或近全本的面貌出現，還有數量眾多的《琵琶記》散齣被明代戲曲選本收錄。僅萬曆年間收錄《琵琶記》散齣的選本就有《風月錦囊》《詞林一枝》《玉谷新簧》《八能奏錦》《樂府菁華》《樂府紅珊》《群音類選》《堯天樂》《樂府玉樹英》《大明天下春》《大明春》《時調青崑》《樂府萬象新》《摘錦奇音》《怡春錦》等，那些在各地民間演出却又無人搜集整理、刊行、抄錄的真不知有多少。

二、"正字"就是"讀書的正音"

宣德本《金釵記》全名是《新編全相南北插科忠孝正字劉希必金釵記》屬何聲腔劇種傳

---

① 見錢南揚：《元本琵琶記校注》，上海：上海古籍出版社，1980 年，第 1~2 頁。
② 見俞爲民：《宋元南戲考論續編》，北京：中華書局，2004 年，第 291~292 頁。
③ 參見拙作《明嘉靖錦本〈伯喈〉聲腔考》，《戲劇》2006 年第 1 期，第 5~13 頁。

奇？用甚麼方言曲調演唱？賴伯疆、黄雨青云：

> 正字戲，戲曲劇種。用中州官話演唱。因粤東閩南稱中州官話爲"正字"或"正音"，故名正字戲或正音戲。流行於以海豐、陸豐爲中心的粤東和閩南地區。1975年，潮安縣從古墓中出土的明宣德七年（1432）六月出土的手抄本《劉希必金釵記》卷末題："新編全相南北插科忠孝正字劉希必金釵記卷終下。""正字"，即指正字戲。可見距今500多年以前，正字戲已在當地流行。①

這裏説得很清楚，《金釵記》是正字戲，是用中州官話演唱的。持這一觀點的大有人在。劉念兹認爲："現在仍然流行在粤東沿海一帶的正字戲古老劇種與此有很大關係。"②李平也認爲該劇是"用官話音韵"來演唱的。③

國學大師饒宗頤先生在《説略》中提出了不同的觀點：

> 宣德本《金釵記》篇題有"忠孝"名目和《永樂大典戲文》著録的《忠孝蔡伯喈琵琶記》稱謂一樣，最可注意的是"正字"一名稱的使用。潮州戲稱正字，亦稱爲正音，意思是表示其不用當地土音而用讀書的正音念詞。元本《三陽志》風俗條有云："或曰韓公出刺之時，以正音爲郡人誨。"韓愈爲潮州刺史不到一年，這一説法并不準確。但可以理解"正音"是與本地鄉音相對立的雅言（地方舊時稱曰"孔子正"，是指讀書諷誦的語音）。潮州語每一字多數有兩個音，至今尚然。一是方音，另一是讀書的正音，例如歌字方言 kua 入麻韵，雅（正）音則爲 ko，歌韵。清季海陽王定鎬的《鱷渚摭談》説："潮俗菊部，謂之戲班。正音、白字、西秦、外江凡四等。正音似乎昆腔，其來最久。"正音即是正字，與白字（潮音）分爲二類。以前不知"正音戲"起始於何時，現在從宣德抄本的正字劉希必（文龍）一名稱，可以看出南戲傳入潮州之早，正音戲分明是受到南戲的影響。雖然賓白仍不免雜滲一些土音，但從曲牌和文醉看來，應算是南戲的支流，所以當時稱曰"正字"，以示別於完全用潮音演唱的白字戲。

意思也很明確：《金釵記》是用潮州話讀書正音演唱的，是潮州腔戲曲，而不是用中州官話演唱的外來南戲。

兩種説法誰是誰非，我們還是對劇本進行深入探討方能明白。

---

① 見《中國大百科全書·戲曲曲藝卷》，第578頁。
② 見劉念兹：《〈金釵記〉校注後記》，《宣德寫本金釵記》，廣州：廣東人民出版社，第136頁。
③ 見李平：《中國戲曲劇種詞典·潮劇》條目釋文，《潮劇研究資料選》，廣東省藝術創作研究室，1984年，第189頁。

《金釵記》,《永樂大典·戲文九》收錄,題作《劉文龍》,可惜全本已佚。徐渭《南詞叙錄·宋元舊篇》亦著錄,題名《劉文龍菱花鏡》。徐慶卿輯、鈕少雅訂《彙纂元譜南曲九宮正始》收錄,題《劉文龍》,注云"元傳奇",載有佚曲21支。劉念茲認爲潮本《金釵記》"是一部早已失傳的著名的宋元南戲劇本"①。我們拿《金釵記》與《劉文龍》曲文相對照,發現兩本文字是有出入的。南戲出自溫州,《劉文龍》和《永樂大典戲文三種》一樣爲溫州腔戲文,具有濃郁的溫州方言、地域特色,《金釵記》則不同,別具潮州方言和地域特色,此一本已非彼一本了,完全是明代潮州腔傳奇了。

《金釵記》的曲子除了沿用元代南戲《劉文龍》曲牌名外,還加入了一些潮州本地的土調俗曲,如下錄曲文:

【太平哥(歌)】:(玉唱)常作念,望團圓,不念公姑各老年。娘行瘦損多嬌面,心腹悲哀怨,小玉日夜泪漣漣,朝夕望不見官人轉。

(旦唱)梧桐葉淒淒,一夜梧花開滿枝。如今敗葉飄街砌,教人没情意。思量無計送寒衣,日夜望夫回。

(玉唱)人歸到,飲羊羔,再續絲弦不用膠。重陽訴盡千般話,祗恐没倚靠。一心永定莫相抛,祗望鳳歸巢。(第十九齣)

【梨花兒】(玉唱)韶光催人似前忙,千紅百紫開芬芳。幾時逢得好情郎,(又,)雙雙共伊同賞玩。

(丑上唱)安童年已念一七,厨中閑坐專偷吃。祗因長大無妻室,(又,)我和你兩人雙比翼。(第三十四齣)

【牧牛歌】(旦唱)一年過了一年春,今年不見去年人。借問去年人何在?荒郊野外佐孤魂。(第六十三齣)

這些曲子文白融合,雅俗兼該,清新自然,情韵十足,正是潮州山歌,使人忘其爲戲曲。再如賓白:

[争(按:净之俗寫)白]教我怎麽好?我死!我死!不認得路。(生白)自古道在家千日好,出路一朝難。怎麼好?這參叉□□,那條路是?恐怕不是行叉了?(争白)我也不認得了。莫佐去,前頭有一□,□來問他。【出隊子】(丑唱略)(争白)公公拜揖。(丑白)你是誰人?來這裏何幹?(争白)好教公公得知,我官人在這裏。(丑白)官人在那裏?(生白)公公拜揖。(丑白)官人何往?(生白)好教公公得知,我是朝廷奉使,差下西番,不認得路,煩公公指引。(丑白)我和你説,從那山轉去,見個樹林,從

---

① 見劉念茲:《〈金釵記〉校注後記》,《宣德寫本金釵記》,廣州:廣東人民出版社,1985年,第135頁。

這山轉去見那山脚,入山裏面去,轉東轉西轉南轉北,塢的□。(爭白)那裏是那裏?(丑白)我也知是那裏?(爭白)害害,官人,祇是死,你去我不去。(生白)胡説!伴當,將些啁餿與他,纔和你每説。(爭白)這私酒錢便有與你,千萬引我去。莫要風説。(丑白)我實和你説。(丑白)蠻子,○不肯説,有錢與你便説,捨與你買棺柴。(第二十七齣)

此段白出現的潮州俗語土話,吴國欽在《論明本潮州戲文〈劉希必金釵記〉》中已作出了解釋:

> 我死(潮人口頭語,意爲我今次壞事了),參叉(交叉),莫佐去(不好再往前行),害害,風説(即説謊,潮語"謊""風"同音,故"謊"音假爲"風"),與你買棺柴(駡人的話,潮人將"棺材"讀成"棺柴"——"材""柴"兩字潮語發音不同)。①

這些俗語是用潮州話念白的,但又有大量的道白并不是俗語,而是雅言。如"誰人""何幹""何往"等,都屬於文讀字。從全劇看來,雅言遠遠超過俗語,也就是説,整部戲文是念雅言正音爲主,念俗語土話爲輔。俗語土話一般用於喜劇角色净和丑,起打諢調笑之作用,就如清代的昆劇一樣净丑愛用蘇州話打諢。

潮州腔戲曲,又稱潮調,由南戲發展而來,盛行於弘治、正德之際。它的母體是溫州腔,是溫州腔同潮州腔結合的產物,用的是南戲曲牌,唱念却是潮州腔。溫州腔不是用中州官話唱念,直到宣德時期也未見有用中州話的戲曲到潮州演唱的記錄。即便是當時流行很廣的弋陽腔和方言相近的泉州腔戲曲傳入潮州,也與官話無關。明代傳奇用官話演唱的祇有昆山腔,而第一部用新的昆山腔曲調創作用中州話演唱的傳奇《浣紗記》産生的年代遠在宣德之後的嘉靖末隆慶初。到過潮州供職的唐代文學家韓愈雖然是中州人,但其所操口音爲唐音。唐音分平上去入四聲,發音與今天的閩南話、潮州話非常接近。唐代的中州話跟明清時代的中州話不同,因此韓愈和潮人在語言交流方面問題不大,而潮州人聽元明清中州話就没那麼容易了。韓愈是文人,講雅言,這就跟潮州讀書人念書時的讀法差不多,故潮人把韓愈講話當正音看待了。潮州普通民衆能聽懂韓愈的講話,未必能聽懂用官話演唱的戲曲。乾隆辛巳(1761)《潮州府志·社會》載:"所演傳奇,皆習南音而操土風,聚觀晝夜忘倦。若唱昆腔,人人厭聽,輒散去。雖用絲竹,必鳴金節之,喧聒難聽。"爲何潮人討厭聽昆曲,不是因爲昆曲不好聽,而是因爲聽不懂。明清官話是强勢語言,對小方言的影響是越來越大。乾隆時期的潮州人尚且不喜歡聽用中州官話演唱的昆曲,而比此前早329年的宣德七年(1432)的潮人怎麼可能愛聽中州話戲曲?《金釵記》是潮州腔傳

---

① 吴國欽:《論明本潮州戲文〈劉希必金釵記〉》,《中山大學學報》1997年第5期。

奇,是潮州戲曲藝人的舞臺演出本,是唱給當地人聽的。劇本最後寫明劇本爲"在勝寺梨園置",表明劇本是當地在勝寺戲班所用的舞臺演出本。當地人都講潮州話,戲班演員所能唱念的不管是文念還是白念都不外是潮州話,如果硬要他們用官話唱念,豈不是難爲其情?就算唱念官話標準,又有幾個觀衆能聽下去?更何況《金釵記》是一部長達近七十齣的大戲,通常需要分兩晚演出,面對潮州觀衆,不用潮州話,而用他們聽不懂的中州話可能性不大。

綜上所述,饒先生提出的兩大戲曲觀點都是正確的。饒先生雖然不是戲曲專家,但偶然染指就能發表如此高見,解決了戲曲史上兩大懸而未決的難題,爲戲曲史研究提供了新知,實在令人仰慕。

饒宗頤教授與潮州考古

——以潮州窰爲中心

李炳炎

(潮州市頤陶軒陶瓷文化藝術研究所)

1993年12月20日,在香港中文大學召開"首屆潮州學國際研討會"上,饒宗頤教授作了《潮州學在中國文化史上的重要性——何以要建立"潮州學"》的重要報告,對"潮州學的内涵,除潮人在經濟活動之成就與僑團在海外多年拓展的過程,爲當然主要研究物件,其與國史有關涉需要突出作專題討論,如潮瓷之出產及外銷、海疆之史事、潮州之南明史等論題"①,作了高屋建瓴的宏觀把握,從此"潮州學"或"潮學"大旗真正豎起。饒公爲什麼要把潮瓷即潮州窰列爲潮州學的一個重要方面,本文試作些初探。

一、饒教授與宋代筆架山潮州窰研究

饒教授是潮州宋瓷研究導夫先路的學者,1955年,饒教授著《潮瓷説略》,發表在日本陶瓷協會出版的《陶説》第24期上,主要介紹潮州宋代筆架山窰。内容大概:其一,潮州瓷土礦的藴藏情況和潮州陶瓷製作工藝;其二,把1922年羊鼻岡出土的佛像,推斷爲筆架山窰生產;其三,以筆架山窰的瓷器製作工藝與國内其他名窰進行比較,肯定了該窰在中國陶瓷史上的地位。

《潮瓷説略》是對潮州宋瓷生產進行研究,是第一個讓學術界真正關注起宋代潮州窰的一篇重要論文。② 這跟先生的家庭背景有著深厚的聯繫,先生曾説"我的家庭可以説是

---

① 見黃挺編:《饒宗頤潮汕地方史論集》,汕頭:汕頭大學出版社,1996年,第574頁。
② 見黃挺:《宋代筆架山潮州窰序》,刊李炳炎編著《宋代筆架山潮州窰》,汕頭:汕頭大學出版社,2004年,第1~2頁。

潮安地區的首富""那四尊佛像不僅年代久遠,而且有窰工姓名。當時,我父親買了兩尊,我伯父買了兩尊""我小時候就接觸這些東西,天天看見宋瓷佛像放在桌子上供奉著"。①另外,先生還講"我因爲早年曾經編撰《韓山志》,韓山即潮州水東窰所在地,所以對潮州瓷窰向有留心"②,這些因緣决定先生關注潮州宋瓷并非偶然。

1982年,先生在原作《潮瓷説略》的基礎上,結合1954—1981年間的考古發現成果,又作《潮州宋瓷小記》一文,更加詳細地介紹筆架山窰的情况,主要爲:

(1)窰址之發現,首先推測唐、宋時,筆架山窰場的瓷土采集於筆架山及飛天燕山一帶;再引用西人斐得"親至筆架山采集磁片"的情况,其認爲"在中國所見之古代窰址,以筆架山窰址爲最大,殘片遍布幾及一英里而外"的史料;繼之,列舉了潮州古窰分布在各縣的具體鄉村。

(2)窰名之考證,考證了"水東窰"即位於溪東的筆架山窰,并從1922年在羊鼻岡出土的四尊佛像的銘文中的"水東中窰",確定爲筆架山中部的位置,以及對筆架山窰的規模作了介紹。

(3)潮窰之衰落,推斷筆架山窰至元代,因"元兵來潮",水東瓷業,因此中落。

(4)潮窰在瓷史上之地位,指出佛像的供養款内容的具體全面,包括窰址所在的地名、窰名、定制人姓名、製造的目的、製作的時間、匠人姓名等内容,是中國陶瓷史上所罕見的。

《潮州宋瓷小記》一文中,對窰址的地理位置,窰名的考證,窰場的興衰期等論題的旁徵博引,特別是運用文物上的銘文作爲論證材料,爲論題的論證提供了依據,如宋代筆架山窰佛像座上的銘文;開元寺之静樂禪院政和四年(1114)鐘款銘文"白瓷窰住弟子劉滿……捨錢……祈平安"中的捨錢人姓名、身份;"溪東關帝廟碑記"的名稱變化等,與《永樂大典》《廣東通志》《潮州志》《海陽縣志》等典籍中涉及的有關地名進行互證,來考證窰址的名稱和地理位置。同時,對宋代筆架山一帶,居住著許氏、劉氏兩盛族,有"山前許、山後劉之目",并對許氏、劉氏的家族背景作了深入的瞭解,得出窰場的衰落期。③

《潮瓷説略》和《潮州宋瓷小記》這兩篇論文的發表對潮州宋瓷的研究起到極大的推動作用。潮州瓷器生產開始於唐代,到宋代潮州的外銷瓷器生產已經十分發達,生產水準和製品品質很高。1922年在潮州城西羊鼻岡出土的四尊影青佛像,便是昭示於世人之前的明證。但是,20世紀50年代中期以前,潮汕瓷器生產與外銷的歷史,一直未受史學界和考

---

① 見胡曉明、李瑞明整理:《饒宗頤學述》,杭州:浙江人民出版社,2000年,第1~2頁。
② 見黄挺編:《饒宗頤潮汕地方史論集》,第581頁。
③ 見李炳炎:《饒宗頤教授與潮州宋瓷的研究》,刊潮州市潮州文化研究中心編《饒宗頤學術研討會論文集》,深圳:海天出版社,2007年,第44~46頁。

古學界的注意。在這種背景下,饒教授這兩篇文章就顯示出極重要的意義。① 這兩篇文章引起國內外學者們的研究興趣,從而使潮瓷在中國陶瓷史上有了它應有的地位。

二、饒教授總纂《潮州志》與近代潮州窯

1949 年,由饒教授總纂、潮州修志館出版的《潮州志》,"旨在略古詳今,尤著重於實際調查與延聘各方專家合作,而編排撰寫之法,亦多所變通,惟求與前志異趣而不蹈前規也"②。這部《潮州志》以較爲嚴謹的科學方法,收集了近代實業、金融業、商業等新興行業的發展變化,如《實業志》中"工業編"中詳細介紹了潮州陶瓷的生產經營情況,這些內容成爲研究者研究這一時期陶瓷業的重要資料。

1949 年《潮州志·實業志》之工業篇詳細記載,近代潮州窯的主要產地分布,生產品種及工藝,胎土釉料的采集及生產,窯爐的形狀、性能并對產品的運銷及市場環境作了綜述,認爲"陶瓷亦潮州土產之一大宗……產地以大埔之高陂、潮安之楓溪;次之爲饒平上饒之九村;再次爲浮山之湯溪,揭陽之棉湖,普寧之鯉湖等處……高陂產品之精美,爲潮州冠,而追踪江西之景德鎮……楓溪產缶數量長於高陂……饒平之上饒各村出產之缶,舊時集由高陂以銷出。民國初年間,始集中九村轉由黃岡運至汕頭行銷。陶瓷產品,除銷行當地之外,運銷出口尤多,計至廣東南路一帶、閩、浙、京、滬各地,又至香港、暹羅、安南、南洋群島等處"③。并對這一時期的社會局勢和產銷量作了比對。

> 潮州陶瓷業務,以民國初年間爲最盛。高陂一地盛時有客户三千餘家,抗戰發生間,仍有一千餘家,迨潮汕淪陷後,祇四十餘家而已。楓溪地方,據三十五年調查,亦祇一百一十餘家(淪陷期間尚無此數),規模較大者:如佘如合、陸榮利、陶真玉、吳任合數號。

> 舊時陶瓷工作,多係因循簡陋,及潮州辟爲商港,出口運銷,既受外貨打擊,而當地銷途,也時受洋貨侵奪,地方人士,遂銳心以攻改良。民國九年高陂特設瓷業研究會,派人留學日本專研窯學,以爲改進工業之圖。二十年間④,金山中學特增陶瓷一科於楓溪吳氏宗祠,以從事技術改良之講習。二十三年曾聘德國技師前至考察,而謀改進。顧工業雖謀改良,而政制每不配合,國內捐派之繁重,如自治經費則有載塗捐、鋪

---

① 見黃挺編:《饒宗頤潮汕地方史論集》,第 588 頁。
② 見饒宗頤:《重刊〈潮州志〉序》,刊《潮州志》卷首,潮州市地方志辦公室編印,2005 年,第 11 頁。
③ 見饒宗頤總纂:《潮州志》第 7 册,第 3335 頁。
④ 按:關於楓溪吳氏宗祠設陶瓷學校的時間,該志及林適民《楓溪陶瓷業》:"民廿年,金山中學特增陶磁(瓷)一科於吳氏宗祠,爲改良技術之研究,從學甚多。"(刊《大光報·方志周刊》第 83 期,1948 年汕頭)與《楓溪陶瓷歷史》(内部資料,1960 年,手抄本)標明時間相差四年。筆者根據調查資料及口述資料認爲,應該是 1935 年。

捐、窑捐、缶載捐等；教育經費則有報效捐、中傭捐、過境捐、教育捐各項。甚而掘取之原料，批由奸商專利，提高，摻混雜土，使成本增高，產品低下。國外市場之排斥：如安南、新加坡等處，特設保護花稅以增重潮瓷運銷之負擔。安南方面，更公然來潮運取原料，雇傭工人，前至安南設廠製造，政府皆未予禁絕維護，已使業務無增進可言，重以最近運輸出入之限制，工人生活之苦，益陷於衰落狀態之中。①

這些史料由多方調查所得，體現了這一時期志書編寫方法具有科學性。《實業志·工業篇》對當時潮州窑業作了客觀歸納，總結出近代潮州窑以外銷東南亞爲主的市場格局。"馬來亞除極少地方擁有瓷土資源，能夠生產一些陶瓷器皿外，大部分的日用瓷器都從潮州采購，瓷器的經營大部分與其他的日用雜貨一起銷售，稱爲雜貨店或日雜店。新馬地區生產，經營陶瓷者，大多爲潮僑。他們將這些產品供給當地市場，或通過麻六甲海峽、爪哇島等中轉銷往歐美等國；之後，爲方便銷售，降低成本，他們嘗試在當地直接經營生產，漸漸地促成本土陶瓷製造業的興起"②，從而削弱了本地市場對潮州窑產品入口的依賴。

近代潮州窑產品的外銷及潮州陶瓷業者在東南亞的經營、生產，揭示東南亞華人社會與華南僑鄉保持密切關係，利用血緣、業緣、地緣等關係發展跨國貿易。這是潮學中"對潮人在經濟活動之成就與僑團在海外多年拓展的過程，爲當然主要研究物件"的最好例證，以此拓展潮學的研究範圍。

三、饒教授與"粵東考古中心"

（一）潮州史前考古研究

饒教授1950年出版的《韓江流域史前遺址及其文化》，該書內容有：發見史略、遺址、石器、陶器及陶片、後記五部分，有附表及《韓江流域史前遺址分布圖》，它是對20世紀50年代以前潮汕地區史前遺址考古發現的第一個科學報告和系統研究。文章介紹了揭陽河婆、黃岐山，普寧貢山，饒平黃岡等地史前遺址發現情況，是研究潮汕地區史前人類活動及其文化性質的一項重要成果。

1993年，饒教授發表《從浮濱遺物論其周遭史地與南海國的問題》介紹粵東閩南浮濱類型遺址所發現的器物，將已發現浮濱類型遺址同漢初南海王國聯繫起來研究。1994年，先生又撰寫《由牙璋分布論古史地域擴張問題》介紹揭陽發現的牙璋，由牙璋的分布論及殷商的地域和上古內地與南海的文化交流等問題。

1999年，饒教授又在《嶺南學報》發表了《浮濱文化的符號》，認爲浮濱文化陶器上面

---

① 見《潮州志》第7冊，第3338～3340頁。
② 詳見拙文：《楓溪潮州窑對新馬陶瓷業的影響——以如合、萬和發（Claytan 佳麗登）、陶光爲中心》，刊《第九屆潮學國際研討會論文集（工作版）》，馬來西亞檳城，2011年，第96～99頁。

的刻符或文字，特別是浮濱大口尊，口沿上的"王"字，似乎表示浮濱在殷國之際曾經是屬於越族的一個王國，提出了浮濱在古代是一個王國的可能性。由此可知，先生對文物上文字的重視。

2005年，在第六屆潮學國際研討會上，饒教授談道："近期揭陽與普寧虎頭埔窯址的發現，使我們認識潮州的窯業可直追溯石器時代，而陶瓷業的淵源。"①可知先生一直利用考古資料去探索潮州陶瓷史。

（二）倡立粵東考古中心與推動潮州窯研究

"在潮州成立一個粵東考古與古文獻研究中心，它將是一個以發掘和研究揭陽和整個潮汕地區以至整個粵東的上古文明及其擴散關係爲主要學術方向的研究單位。"②近年來，饒教授一直倡議設立粵東考古中心，作爲構建潮州古史研究的平臺，使之能培養和造就一批熱愛潮州古史研究的學者。經多方籌備，2011年4月23日，在潮州饒宗頤學術館挂牌成立"粵東考古中心"，該中心的成立，對培養粵東專業考古人才、推動粵東的考古事業起到積極作用。讓更多的學者能以考證方式發現新史實，達到建立真實可信的潮州古史。2011年9月，又逢廣東省文化廳公布，筆架山潮州窯遺址被評審爲我省首批古文化大遺址，這對潮州考古調查，豐富潮州陶瓷文化研究，探索潮州陶瓷發展史又是一大福音，也意味著"粵東考古中心"應時誕生，將發揮作用。

饒教授以博大胸懷和高深學問的大家風範，栽培後學。以筆者爲例，2003年7月26日，當筆者獲悉先生回潮州時，抱著試試看的心情，期望得到先生的教誨，到饒宗頤學術館後，將拙作《宋代筆架山潮州窯》的草稿及插圖資料，呈奉先生指教，受到先生熱情接待，并認真地審閱。先生看後非常高興，談起他早年對筆架山窯研究的學術觀點，指出應在外銷方面加深對宋代筆架山窯的研究。當筆者請求先生將早年的著作《潮州宋瓷小記》入編拙著，并爲拙著賜題書簽時，饒公欣然應允。該書於2004年由汕頭大學出版社出版發行。2005年，饒公在澳門召開第六屆潮學國際研討會上致辭時，談到潮學與潮瓷的學術研究時，特意提到本書時說："至於潮安出土文物，請參李炳炎編著的《宋代筆架山潮州窯》一書。"③

2011年4月23日上午，96歲高齡的饒教授親臨潮州，與廣東省文物局局長蘇桂芬、敦煌研究院院長樊錦詩、潮州市委書記駱文智等領導、韓山師院院長林倫倫及香港知名人士等，參加粵東考古中心成立儀式，駱書記和饒教授共同爲粵東考古中心揭牌。饒教授在揭牌儀式發言說："……能夠把我一輩子努力的理想實現，希望潮州能夠真的做大考古工作，

---

① 饒宗頤：《海外潮人與近代中國》，刊《第六屆潮學國際研討會論文集》，澳門潮州同鄉會，2005年，第6頁。

② 饒宗頤：《海外潮人與近代中國》，刊《第六屆潮學國際研討會論文集》，澳門潮州同鄉會，2005年，第7頁。

③ 饒宗頤：《海外潮人與近代中國》，刊《第六屆潮學國際研討會論文集》，澳門潮州同鄉會，2005年，第6~7頁。

在世界上形成一種新的地位。""儀式上,潮州市頤陶軒陶瓷文化藝術研究所所長李炳炎先生向粵東考古中心捐贈了 60 件潮州古陶瓷藏品,潮州饒宗頤學術館向其頒發了捐贈證書。"①

當先生得知筆者在潮州牌坊街 70 號設立"頤陶軒潮州窰藏品館",展覽歷代潮州古陶瓷時,於當天下午撥冗親臨教誨。② 在展廳内,先生興致勃勃地詳細觀看著每一件藏品,對宋代筆架山窰的藏品作了評價,指出這些器物是宋代筆架山窰銷往海外的重要物證。當看到楓溪窰及高陂窰的藏品時,他記憶猶新地指出這兩個窰興盛於明清時期。對頤陶軒的建立,先生連稱:"很難得!"4 月 24 日,饒教授在接受《潮州日報》記者采訪時,説:"當地有不少半儒半商的人,也自發協助搞文化建設。凡此種種,纔有了今天的成績。這是國家的光榮。"③這對海内外熱心於潮州文化建設的"半儒半商"的人來説,將是莫大的鼓舞。

由饒公題名的"南國瓷珍——潮州窰瓷器精品展覽"④,於 2011 年 9 月 1 日至 11 月 7 日在廣東省博物館展出,這是粵港兩地四家文博單位的首次合作,是對潮州窰半個世紀以來研究成果的集中展示。這是首次舉辦以潮州窰爲主題的展覽,共精選 200 多件展品,包括唐宋至今潮州地區窰址燒製的各式瓷器——青釉瓷器、青花瓷器、顏色釉瓷、彩瓷等,種類多樣,全面展示潮州窰瓷器造型、釉色、工藝特色,讓觀衆通過認識潮州窰,瞭解潮州文化。這次潮州窰瓷器精品的展出,正是饒教授所樂見其成和積極推動的結果。

四、小 結

20 世紀以來,是中國學術發展最爲重要的時期,其中以考古學的成績尤爲突出。考古學不僅爲現代人重新書寫中國歷史,提供了大量珍貴的第一手資料,即爲建立科學的古史系統服務,而且這一過程還在不斷地繼續。伴隨著考古成果的持續涌現和社會歷史的發展,考古學在不斷創造"歷史"的同時,亦在不斷地改寫"歷史"。在其誕生不到 100 年的時間裏,考古學備受學術界的關注,成爲一門最富生命力的學科之一,不但産生了許多重要的成果和杰出的學者,而且考古學的每一次重大發現,都導致了中國人文學術的重大變化

---

① 詳見《潮州日報》,2011 年 4 月 24 日第 1 版,《粵東考古中心在潮州成立——駱文智饒宗頤爲中心揭牌》。

② 2011 年 4 月 23 日下午 4 時 30 分,饒宗頤教授、陳偉南先生等在潮州市委書記駱文智先生,市政協副主席、統戰部部長沈啓綿先生等的陪同下,參觀潮州牌坊街 70 號的潮州市頤陶軒陶瓷文化藝術研究所的"潮州窰藏品館"。

③《饒宗頤先生接受本報記者專訪談家鄉行感受——"潮州古城建設是非常了不起的貢獻"》,《潮州日報》,2011 年 4 月 25 日第 1 版。

④ 該展覽由廣東省博物館、香港中文大學文學館、潮州市博物館及潮州市頤陶軒陶瓷文化藝術研究所聯合舉辦,於 2011 年 11 月 28 日在潮州市博物館展出,同時舉辦首次潮州窰學術研討會,并準備 2012 年 7 月在香港巡回展出。

和進展。可以説,考古學成了現代知識體系中最重要的組成部分。因此,亦就不難理解饒教授爲什麽在耄耋之年,把"粤東考古中心"的成立認爲是"能够把我一輩子努力的理想實現"的原因了。

饒教授對潮州的史前考古陶器和歷代瓷窑研究,主要是:

(1)堅持嚴謹治學,做到有一分史料説一分話。通過韓江流域、虎頭埔、浮濱等出土的陶器特徵,來考證潮州古史;以筆架山窑、楓溪窑、高陂窑爲中心,考證潮州窑在不同歷史時期的發展變化。以信古、疑古、考古、釋古①和三重論證法②,達到對潮州古史溯源尋根。

通過疑古、考古、釋古,啓發和影響廣大學者,將粤東考古新發現的新事實作基礎,共同爲重建真實的潮州古史系統開闢道路,促進對史學求真,史學科學化的進程。

(2)注重融會貫通,善於從小處發現大問題。饒教授把介紹潮州窑作爲"潮學"研究的重要部分,即對潮州古陶瓷的考辨,作爲潮州古史研究的輔助和佐證;同時又把"潮學"研究與"華學"研究聯繫起來,把潮州窑的生産和外銷,以及海外潮人拓殖和創業歷史等課題結合起來研究,拓寬了潮州窑研究的空間。

饒教授曾説"參於潮州瓷器的研究,我認爲那是古代潮州歷史文化的一個很重要的部分""在潮州來説,應該是海上陶瓷之路一重要站"。③先生曾在《地方史料與國史可以互補》一文中指示:"國史必資地志爲材料的要删,而地方研究,必從全國立場來看問題,纔能高瞻遠矚,輕重得宜,切中肯綮,不致流爲鄉曲武斷的庸俗看法。"④可知饒教授在潮州窑研究中,不僅立足於潮學之上,還站在中國歷史文化乃至世界歷史文化的高度上,去加以聯繫,使潮州文化融入中國文化和世界文化的領域中,也就是説把介紹潮瓷作爲研究潮州文化的一個重要部分,把弘揚"潮學"作爲研究"華學"的一個部分。

一個民族的崛起,除了政治、經濟外,也不能離開文化。人類的文化是由各民族的文化組成的。饒教授致力宣導"潮學"的研究,并在許多國際性、全國性的學術會議上,呼籲廣大學者興起對"潮學"的深入研究。可見,饒教授介紹潮州窑、宣導"潮學"研究的重要意義和深遠影響。

---

① 1937年馮友蘭先生在爲《古史辨》第6册所作序文中説:"我曾説過,中國現在之史學界有三種趨勢,即信古、疑古及釋古。"刊羅根澤:《古史辨》第6册,上海:上海古籍出版社,1982年,第1頁。
② 饒宗頤教授是最早明確提出"三重證據法",在《談"干支"與"立主"》一文中説:"我認爲探索夏文化必須將田野考古、文獻記載和甲骨文研究三個方面結合起來,即用'三重證據法'(比王國維的'二重證據法'多了一重甲骨文)進行研究,互相抉發和證明。"刊《饒宗頤史學論著選》,上海:上海古籍出版社,1993年,第22頁。
③ 見黄挺編:《饒宗頤潮汕地方史論集》,第581頁。
④《潮州日報》,2001年8月8日 第8版副刊。

饒宗頤人生及文藝創作

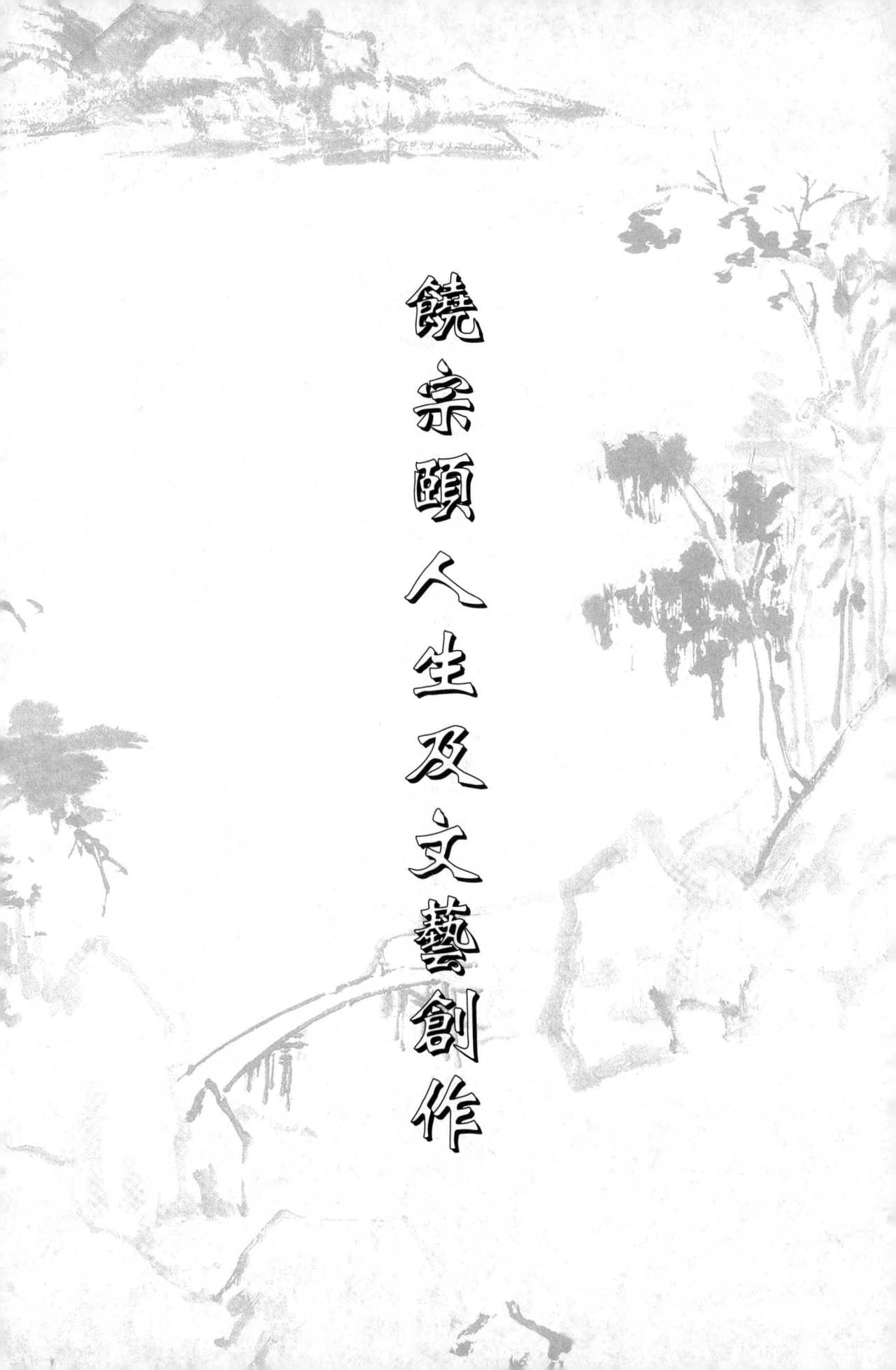

選堂字考

——兼及先生名、字、號的其他問題

鄭煒明　陳玉瑩

（香港大學饒宗頤學術館）

一、引　言

　　饒師宗頤教授（1917——　；下稱先生），乃中國傳統文化研究百科全書式的大師，又是一位成就卓越的藝術家和文學家。但關於他的字和號，在學術界一直有不同的説法。這種分歧主要體現爲兩大系統的表述：

　　第一，認爲先生字固庵，號選堂。這個觀點以潮州籍的學者爲主。如廣州中山大學中文系曾憲通教授就以先生"字固庵，又字伯子，號選堂"①。影響所及，後來潮州饒宗頤學術館編印的《饒宗頤學術館》一書，在先生"生平事略"部分，以先生"字固庵，號選堂"②；但此説其實早於1989年已見於選堂教授詩文編校委員會③編的《固庵文録》"作者簡介"部分。④　筆者早年亦持此説，以先生"字伯濂，又字伯子、固庵，號選堂"⑤。

　　第二，認爲先生字選堂，又號固庵。此説見諸著述的以廣州中山大學歷史系的姜伯勤

---

①　原載朱杰勤編：《海外華人社會科學家傳記》，廣州：廣東人民出版社，1991年。轉引自鄭煒明編《論饒宗頤》，香港：三聯書店（香港）有限公司，1995年，第447頁。
②　曾楚楠、王振澤編：《饒宗頤學術館》，潮州饒宗頤學術館編印，1991年，第7頁。
③　選堂教授詩文編校委員會，或又名選堂教授詩文編輯委員會，1978年時成員共31人，皆先生的好友及門人（見1978年1月香港出版的《選堂詩詞集》，第245頁）。
④　選堂教授詩文編校委員會編：《固庵文録》，臺灣：新文豐出版公司，1989年，第2頁。
⑤　見鄭煒明、林愷欣編：《饒宗頤教授著作目録》之"饒宗頤教授簡介"，香港：蓮峰書舍，1994年，第1頁。

教授爲最早。他在《中國大百科全書·中國歷史》卷Ⅱ之"饒宗頤"條中,以先生"字選堂,又號固庵"①。姜教授至今仍采用這個說法,可參考他的論文《從學術源流論饒宗頤先生的治學風格》。②筆者近年亦持此見,以先生"字伯濂,又字選堂,號固庵"③。

先生曾經說過"一個人名,一經研究起上來,亦不是一件簡單的事情"④。從上述這種莫衷一是的分歧說法看來,可見先生所言不虛。先生又說:"我個人主張在史學上應該開闢二門專門研究,一是人名學,一是地名學,雙軌并進,對於治史將有極大的裨益。"⑤先生肯定會是我國學術史和文化史上的一座巍峨的山峰,因此對於他的名、字和號,也是很應該嚴肅地加以研究的。

中國人名學系統研究的先行者蕭遙天先生曾經說過:

> 我覺得研究一個人的歷史,如須借助於名字,則家長所命,可證其身世;自己所命,可明其內心活動;群衆所命,可明其社會聲價,這三個來路最有用。⑥

其實,人物研究之中,一定會涉及人物名稱的種種史料。因此,本文擬從人名學的角度,針對上文所述的分歧,做一次比較系統的資料疏理和理論研究,以期對先生個人歷史中的字號問題,以至有關史實和先生的心理活動等,獲得更深入的認識。

二、關於先生名、字、號的一份文獻

先生名宗頤,字伯濂、伯子的說法,學術界本無異議。歷來的不同說法,祇集中在"選堂""固庵"到底是字還是號方面。向來以先生"字固庵,號選堂"一說占大多數,其中包括在20世紀80年代末以後,先生於自己出版的著作中的作者簡介在內,如《固庵文錄》(1989)、《文轍——文學史論集》(1991)、《固庵詩詞選》(2006)等。

但我們必須注意的是,在此之前,先生的許多編撰著作(1989年以前約有40餘種;可參鄭煒明、林愷欣所編《饒宗頤教授著作目録》⑦),都没有附刊作者小傳,縱有亦從未明確

---

① 轉引自鄭煒明編:《論饒宗頤》,香港:三聯書店(香港)有限公司,1995年,第455頁。
② 初發表於《學術研究》1992年第4期。2011年定稿,收入其饒學論文集《饒學十論》,香港大學饒宗頤學術館·研究叢書第1輯,濟南:齊魯書社,2012年。
③ 鄭煒明:《饒宗頤先生的國學新視野》,《國學新視野》,2011年3月春季號總第1期,第25頁。
④ 饒宗頤:《中國人名的研究題辭》,見[馬來西亞]蕭遙天《中國人名的研究》,檳城:教育出版公司,1970年。
⑤ 饒宗頤:《中國人名的研究題辭》,見[馬來西亞]蕭遙天《中國人名的研究》,檳城:教育出版公司,1970年。
⑥ [馬來西亞]蕭遙天:《中國人名的研究》,北京:國際文化出版公司,1987年,第99頁。
⑦ 鄭煒明編:《饒宗頤教授著作目録》,香港:蓮峰書舍,1994年初版。又可參鄭煒明、林愷欣編:《饒宗頤教授著作目録新編》,香港大學饒宗頤學術館·研究叢書第1輯·第1種,濟南:齊魯書社,2010年8月。

指出"選堂""固庵"二者到底是字還是號。因此筆者懷疑,最早持先生"字固庵,號選堂"這一説法的或乃1989年出版的《固庵文録》編輯者。①

目前有一份涉及先生字號問題最爲關鍵的文獻,標題爲"目前關於饒公字號的幾種説法"(見附録一),藏於潮州饒宗頤學術館(下稱潮州饒館)。據潮州饒館陳偉明館長告知,該文獻乃該館草擬,曾派專人送至先生處,與先生商討後,最後經先生親定,由其女兒饒清芬女士傳真送回潮州饒館。

該件(下稱"傳真")其實是一份由潮州饒館草擬,有關先生字號幾種説法的選擇題,其原意是請先生就所列出的三種説法中,指出其中最正確者。就目前的"傳真"影本所見,第二和第三種説法之上打有一個大交叉,似明確表示否定的意思。"傳真"第二項以先生"又字固庵,號選堂",第三項以先生"號固庵、選堂"。剩下的第一項全文是:

饒宗頤,字伯子、伯濂,別字選堂,號固庵。

但有人在這一行文字上,幾經增删修改,最後被改定的全文變成了:

饒宗頤,字伯濂,又稱百子。號選堂,又號固庵。

據曾楚楠教授及陳偉明館長告知,在"傳真"上打交叉和增删修改文字的人,就是先生自己。

"傳真"的下方另有手寫文字兩行:

饒宗頤教授於2010年元月8日下午覆函確定。
即:饒宗頤,字伯濂,又稱百子。號選堂,又號固庵。

這兩行字據説乃潮州饒館館員在收到先生回覆後所寫。如果此説不誤,那麼先生的字號問題,除了最初的"字固庵,號選堂"和"字選堂,號固庵"兩種説法以外,又多了第三種,即"號選堂,又號固庵",變成兩者都是先生的號。

但"傳真"作爲一份饒學的重要文獻,并不是沒有疑問的。筆者必須指出,在"傳真"的頂端,還有一行相信是傳真機印出的資料:

01/08/11 03:14PM HP LASERJET FAX　　P.01

這行資料明顯是説在2011年1月8日下午3時14分,透過HP牌子的鐳射噴墨傳真

---

① 饒宗頤著,選堂教授詩文編校委員會編:《固庵文録》,臺灣:新文豐出版公司,1989年,見該書第2頁"作者簡介"部分。

機所傳的一頁傳真文件。在時間點上，明顯與潮州饒館館員所寫的2010年，有著恰好一年的差异。這也許祇是他的筆誤而已。"傳真"可確信的傳遞日期，應定在2011年1月8日，絕非"2010年元月8日下午"。而"選堂""固庵"皆是先生之號的新説，其始見日期亦應定於2011年1月8日。

"傳真"還衍生出另外一個新問題：其第一項"字伯子"的上方，原寫上"又名"二字，隨又被刪去，而"字伯子"三字也被刪去；"傳真"的最終文本似乎顯示先生并無"伯子"一字。筆者必須指出，如果此説成立的話，就很難解釋先生的師友曾在著作以"饒伯子"稱呼先生的情况，如葉恭綽曾在《全清詞鈔·例言》第十四條中稱先生爲"饒伯子"（按據葉氏所言，先生實爲此書出力最多之助编）。① 對書畫收藏界來説，這一説法更難以解釋爲何先生的書畫作品中，常見"伯子"或"饒伯子"的署名或印鑒了，除非説凡署此字的或鈐有這些印鑒的都是贋品。

上文所指"伯子"一字被刪除的情况極不合理，也與先生的個人歷史事實嚴重相左。至此，我們不得不對"傳真"資料在先生個人歷史事實內容方面的可依據性打上一個大問號。此外，"傳真"的證據力，也要取决於其取得資料的方法。現在看來，"傳真"的取證手段也是可商榷的。"傳真"采用選擇題的形式讓先生去選答案，其實已經有一定的引導性。先生雖然依舊身體健康，思路清晰，但這些都是相對的；以一位九十多歲的老人而言，間中記憶有誤、對設問的理解有异、對語境的認知和反應不一等，都是很有可能的；而我們也未能完全排除先生被引導作答的可能性。上述各個因素都是會影響答案的。因此，關於"傳真"出現的過程和相關情况，是特別值得我們注意的。

筆者認爲祇憑"傳真"就完全排除其他説法，從先生個人史和人名學研究的角度來看，似尚有未妥，蓋未能完全符合史實。因此我們有必要對先生名、字、號的使用情况，作更全面而深入的考據和論證。

三、先生名、字、號的使用情况概述

（一）小名福森，小字百子，又稱伯子

先生最初名福森，字百子，又稱伯子。據説"福森"和"百子"，是先生的祖母鄭太老夫人所取的。二者皆有吉祥的寓意，大概在先生小時候，未定名宗頤之前使用。這種幼時取小名的習俗，或自晉唐以來已經盛行②，至清末民初仍未衰竭。先生生於民初，故其祖母爲其取小名，亦屬順理成章之事。先生小名福森的記載，見於潮州饒館王振澤老館長所編的《饒宗頤先生學術年歷簡編》。③ 筆者嘗聞先生説，他年幼時，祖母呼爲"百子"。按因先生

---

① 葉恭綽編：《全清詞鈔》，北京：中華書局，1982年，第7頁。
② 張亮采：《中國風俗史》，商務印書館1917年第6版，上海：上海文藝出版社，1988年12月影印本，第102頁。
③ 王振澤：《饒宗頤先生學術年歷簡編》，香港：藝苑出版社，2001年，第1頁。

已名福森,故這應該是先生的小字。此字應亦可以視爲先生的乳名。

"百子"這個字,因爲較少公開使用,所以知者不多。但在 1943 年 8 月,先生曾署"饒百子",發表了《揭陽方志考》一文①,又於 1948 年在《海濱》復刊第一期發表《傜山詠》及《寄傭石丈》等詩。先生又有一砆文方章,文爲"饒氏百子之印",此印曾鈐於 1994 年所繪的《辟邪迎福》圖上。②

至於"伯子",其實原爲"百子"的諧音,因先生是長子,而且百與伯同音(粵音),故師友輩大都稱先生爲"饒伯子";這個稱呼可見於温丹銘、葉恭綽、曾酌霞、詹安泰、陳湛詮等與先生唱和贈答詩詞諸題,於兹不贅。"伯子"一字,先生一直有使用,除了早期師友這樣稱呼之外,先生也長期(特別是早期)在他的書畫作品上,用"伯子"或"饒伯子"等印。

(二) 名宗頤,字伯濂

"宗頤"和"伯濂",是先生父親饒鍔(字純鈎,號鈍盦。1891—1932)爲他取的正式名和字。先生有《宗頤名説》一文(見附録二),曾説"先君爲小子命名宗頤,字曰伯濂,蓋望其師法宋五子之首周敦頤,以理學勖勉",又曾謂"我的兄弟排宗字輩,我二弟名叫宗栻……因中國宋朝有位理學家叫張栻"③。由此可知,"宗頤"和"伯濂"的來歷和内涵,都和鈍盦先生崇尚理學有關。即是要先生宗法周敦頤(號濂溪),希望他最終在理學方面有所成就。《禮記·曲禮上》有云:"男子二十,冠而字。"但先生"伯濂"一字,顯然并非在先生及冠時所取的,它早就由先生的父親所命定,因而實際上僅代表了其父要對前賢表仰慕的熱忱和對兒子發展方向的期許。

相信在更名之後,"宗頤"便取代了"福森"成爲先生正式之名,一直使用至今。此舉與漢魏時期"長則更名,而以小名爲諱"④的習俗相符。至於"伯濂"一字,先生自云"伯濂之號始終未用之"(見《宗頤名説》),其實不然。1934 年(廣州)《文學雜志》第 11 期發表了先生所作的《優曇花詩》,署名正是"饒宗頤伯濂"。這是筆者至今所知先生唯一一次曾使用"伯濂"一字的著録。除此之外,的確未見先生用此字,究其原因有二:因爲先生早慧,當時所交,大多是他的長輩或前輩,故須自稱名而不稱字;又先生曾親告筆者,他當時的興趣不在理學,而在文學(包括詩文及章回小説的創作)和藝術方面,因此筆者懷疑他有可能是在有意無意間避用"伯濂"一字。

(三) 號固庵

先生署"固庵"的文獻記載,最早可以追溯至 1938 年。當時先生 22 歲,在《更生評論》這一刊物上發表《固庵詩稿》,即署"固庵"。後來於 1968 年面世的《固庵詞》、1989 年的

---

① 見揭陽文獻委員會編:《文獻》創刊號,民國三十二年(1943)8 月 1 日。
② 見《意會中西·饒宗頤捐贈藝博館書畫作品展圖録》,澳門藝術博物館,2011 年。
③ 饒宗頤、陳韓曦:《選堂清談録》,北京:紫禁城出版社,2009 年,第 3 頁。
④ 張亮采:《中國風俗史》,商務印書館 1917 年第 6 版,上海:上海文藝出版社,1988 年 12 月影印本,第 102 頁。

《固庵文録》、2002年的《固庵詩詞選》等,亦以此號命名。先生又有"固庵"印章多款,是先生書畫作品上的常用印之一。

究竟"固庵"是號還是字,現有不同的説法。筆者傾向認爲是號,因爲先生很年輕便已開始用它,它的出現時間遠早於"選堂"(詳下文)。當時先生的正式名字是"宗頤"和"伯濂",常用字則有"百子"(或稱"伯子")。因此,"固庵"是號的可能性較大。

"固"有多重意義,訓有"牢堅,難攻易守""定""不傾移""安""一""專取""必""久""常""信,實""自然"等,又《逸周書·常訓》有"九德"之説,其中排第七的就是"固",朱右曾集訓校釋謂爲"不奪"之意。① 如果説號可以補充名和字的話,"固庵"之號與"宗頤"和"伯濂"配對下,就有要堅定意志,宗法理學的含義在內。而"固"字衆多美好的意涵,也符合《周禮·春官·大祝》"辨六號"注所説的"號爲尊其名更爲美稱焉"的理論。就是説,一個人的號,是可以代替他的名而行於世,而且可以被喊得響亮的。

我們尚未有足夠證據證明,"固庵"是先生自己取的,抑或由他父親所命。雖然一般文人的號,多是自取的,但筆者頗疑此號也許是先生的父親鈍盦先生所命的。先生曾自言"自童稚之年攻治經史,獨好釋氏書"(見《宗頤名説》),表明他少時的志趣已不想當理學家,這一點實有异於其父的意願。如果説"固庵"是先生自取的號,則難以確立"固"字的訓義、先生名字本意和先生當時志趣之間的關聯性。但如果説這個號是其父所命的,那麽"固"字就有著落了。當然,號無定法,"固庵"之號不一定要與名字相呼應,它亦可以表達與名字没有任何關聯的意思。我們也不能排除這是先生在其父英年早逝後爲自己所取的號,那麽"固"字在此處的訓義,就可能是"堅""久"的意思,以寄生命固久的寓意。

(四)字選堂

先生用"選堂"這個字,最早見於文獻的是1955年在《楚辭書録自序》中的自署:"乙未端午,饒宗頤選堂序。"②《楚辭書録》被先生列爲《選堂叢書》第一種,1956年1月在香港刊行;《選堂叢書》共有六種,出版時間一直至1959年11月。之後又有《選堂賦話》(1975)、《選堂詩詞集》(1978、1993)、《選堂書畫集》(1978)、《選堂集林·史林》(1982)、《選堂扇面集》(1985)、《選堂書楹聯初集》(1992)、《選堂書畫:饒宗頤八十回顧展》(1996)、《選堂雅聚:饒宗頤書畫藝術》(2001)、《選堂書法叢刊1—4》(2005—2006)、《選堂墨藪》(2005)、《選堂序跋集》(2006)、《選堂墨韻——饒宗頤書畫選集》(2009)等以"選堂"命名的書籍。可見這個字的使用,已貫穿了近一甲子。它的使用率是除了"宗頤"一名之外最高的,先生的書畫和題辭,落款最常署的就是"選堂"。

如上文所述,"選堂"是字抑或號,目前是有爭議的,筆者將在下文加以分析平議。

---

① 宗福邦、陳世鐃、蕭海波主編:《故訓匯纂》,北京:商務印書館,2003年7月,第398~399頁。
② 饒宗頤著,選堂教授詩文編校委員會編:《固庵文録》,臺北:新文豐出版公司,1989年9月臺灣第1版,第317頁。

至於先生字號的其他別署,如"選翁""固叟",別號如"今荆蠻民",室名如"梨俱室"等,筆者就不打算在這裏展開討論了。

四、《選堂字説》和《鈍盦號説》的關聯

要考察"選堂"是字還是號,我們必須參考先生所撰的《選堂字説》(附録三)一文。有學者稱,《選堂字説》篇名中的"字"字,應作"文字"解,而不是"名字"的字;所謂"選堂字説",而是談選堂這個號的字義云云。筆者認爲這個説法仍欠缺足夠的論據。當然,在研究作爲人名一種的"字"時,我們免不了會涉及説文解字的問題。但作爲文章的篇名,"選堂字説"這個表達,顯然就是爲了要解釋"選堂"這個作爲先生的"字"的涵意。

先生的尊人饒鍔先生曾著有《鈍盦號説》一篇(見附録四),縷述其自號"鈍盦"的緣由。文中饒鍔先生自述其本名寶璇,後赴上海讀書時,定名鍔,字純鈎,更謂自己"稟性柔懦,質復孱弱",故取古劍純鈎作字,以振勵自己。袁庭棟在《古人稱謂》一書中,把先秦到現代國人命字的方法分爲八類,一曰同義互訓,二曰反義相對,三曰近義聯想,四曰同義相及,五曰原名變化,六曰古語活用,七曰追慕古人,八曰名字相同。① 饒鍔先生蓋取"同義互訓"的方法來命字。後來由於一位朋友忠告,纔有改字的念頭。友人説:

> 物莫兩大,兩大則傷。一陰一陽之謂道,一伸一詘之謂運;道也,運也,天地盈虚消息之理存焉。惟人之於名字也亦然。……退而不敢忘義,勝而能守乎讓也。今子既名鍔矣,鍔於義爲利,而復以古寶劍爲字,揆之盈虚消息之理,鋒芒得毋太露乎?

大意説,鍔是利刃,純鈎是利器,恐怕會"兩大則傷"。饒鍔先生因爲其名字習用已久,最終没有改字,而增加了"鈍盦"之號,以此作爲一種平衡或補救。

饒鍔先生的《鈍盦號説》,反映出作者對其名、字、號三者之間的分野,是十分明晰的。後來先生編集鈍盦先生遺著爲《天嘯樓集》,其卷四便收有此文。既有了父親的《號説》在前,相信先生爲《選堂字説》一篇命名的時候,斷不會混同"字説"和"號説"之含義。命名是一種有意識的、正式的決定(deliberation)和表達。先生把這篇文章命名爲"選堂字説",而没有仿照其父的《鈍盦號説》命名爲"選堂號説",就是一種意識層面的決定。他選用"字説",其義必是名字的字,而不是文字的字。

論者又以《選堂字説》文中"或問於余曰:子曷以選堂名齋"和"余之以選名吾堂"等語,力辯選堂是號而非字。《選堂字説》是一篇散文,爲了顧及行文語氣的流暢性和美感,它的修辭用語不會像學術論文般嚴密和死板。所謂名、字、號等,皆可統稱爲人名,因此這

---

① 袁庭棟著:《古人稱謂》,濟南:山東畫報出版社,2007年5月,第56~58頁。

些概念之間有一定的互通性。從散文文體的語體敘述來說，應容許一定的隨意性。更何況，明清以來的文人，在日常交際往還的時候，常有字號混稱現象。先生在寫作《選堂字說》這篇散文時，的確有一些字號相混的表述；但這祇屬於從其潛意識層面，而引申到言語表述和寫作風格層面，遠不及命題篇名時的決斷性和準確度。此外，先生作爲一代華學大師，自然知道古人文集中多有"字說"一類屬於人名學範疇的篇章①，《選堂字說》就是這一類作品。

如果先生真的祇是爲瞭解釋"選"這一個文字及其相關的文化内涵，大可命其篇名爲《選字說》或《說選》《釋選》之類，一如他的《說祖》（1938）、《釋儒》（1948、1954）、《說鑪》（1953）、《說蠶》（1966）、《釋七》（1974）、《吽字說》（1984）、《說零》（1989）、《說詔》（1989）、《說卍》（1990）等。很明顯，《選堂字說》中的"字"字，指的是名字的"字"；而先生這篇文章的主旨，就是要說明爲甚麼要用"選堂"這個字作爲名稱之一，和這個字有些甚麼文化和學術上的内涵。所以說，"選堂"一定是先生名字中的"字"，至少在先生寫這篇文章的時候是如此。

五、《選堂字說》考析

《選堂字說》的寫作時間，約在 1985 年間。蓋文中有云："六十退休後，莅法京，以上代宗教與西方學者上下其論。"又謂"前歲游吐魯番"。據《饒宗頤先生學術年歷簡編》，先生 1978 年從香港中文大學中文系退休，9 月起應聘爲法國高等研究院宗教學部客座教授，主講中國古代宗教，至 1979 年夏秋間；1983 年秋天至蘭州，出席全國敦煌吐魯番學會第一屆會議。② 因此筆者認爲，先生的"游吐魯番"，應在 1983 年秋；而寫作《選堂字說》的時間，則應在 1985 年間。

先生在《選堂字說》文中指出，自己平生治學，有三次大變：自幼愛好文學，特別喜愛《昭明文選》，并在大學講授此書歷三十年，這是第一個選；中年重拾書畫藝術，并以元人爲依歸，尤其喜歡錢選，這是第二個選；六十歲退休之後，曾遠赴巴黎，向西方漢學家講授中國上古宗教，以道教徒創世紀遺說中的"選民"概念及吐魯番博物館藏伏羲女媧交尾圖圖意，比附於希伯來的"chosen people"，這是第三個選。這三個階段不同的"選"，概括了先生在學術上歷經三次大蜕變，充分顯現出先生爲學的創變圖強精神。

"選堂"所藴含的"創變"内涵，應也包括了先生變易其父爲他定下的爲學宗法濂溪的目標。筆者相信先生在 20 世紀 50 年代自取此字時的初衷，應也包括了強調要自由選擇治學方向的意思。當時他大概祇認知到自己的第一個選，可能還沒有想到後面兩個。直至

---

① 饒宗頤：《中國人名的研究·序言》，見[馬來西亞]蕭遥天：《中國人名的研究》，北京：國際文化出版公司，1987 年 1 月，"序言"第 2~3 頁。
② 王振澤著：《饒宗頤先生學術年歷簡編》，香港：藝苑出版社，2001 年 5 月第 1 版，第 77~89 頁。

他寫作《選堂字説》的時候,纔底定了"選堂"一字所繫的"爲學三變"圓滿而系統的詮釋,以寄托完全屬於他自己的抱負和追求。

關於第二選,先生後來在2002年的《學藝雙携小引》(見附錄五)中,又再作重要的補充説明,力指自己私淑錢選的,就是"學藝雙携"一義。他説:

> 故知非學無以養藝,非藝無以揚學。余之揭"學藝雙携"一義,蓋有得於錢翁,示私淑之心而已。①

這段話進一步解釋了第二選的內容。其重點不衹在於錢選的畫藝,乃在於先生近年大力提倡的"學藝雙携"治學思想和方法,其實得力於錢選。

而"選堂"一字,也反映了先生要求在學術文化上,應有自由選擇路向的意志。字是成年人的正式稱號,《册府元龜》有云:"古稱孩而名之,冠而字之。蓋以名者義之制,字者名之飾。"先生成年之後,長期從事學術研究,堂廡日大,絶非理學一途可以規限,因此他用"選堂"一字,正是要強調他自己所選擇的治學途徑,以突破其名"宗頤"原來意義的制約。筆者相信,先生開始用"選堂"這字時,所附有的意義,應祇包括選擇的"選"和《文選》的"選",後來他纔逐步悟得錢選的"選"和宗教學上"選民"的"選"。直至先生寫作《宗頤名説》和《選堂字説》時,似乎又悟到了天選的"選"這一層意思,指的是他治學生涯中的選和變,也許是冥冥中由上天所選擇。

六、《選堂字説》與《宗頤名説》的關聯性

探究《選堂字説》一文的主旨,又不能不與《宗頤名説》并談。這兩篇文章應是同一時期的作品,最早見收於先生的個人文集《固庵文録》(1989),可以肯定,它們是先生在編定文集之前寫成的。上文已經考定了《選堂字説》的寫作年份爲1985年。而《宗頤名説》,據內證應寫成於1981年秋以後。在《固庵文録》書中,《宗頤名説》和《選堂字説》前後并列,屬於姊妹篇,理應一并閱讀。

《宗頤名説》開篇,介紹了先生的父親爲他命名爲宗頤和命字爲伯濂的意涵。但這不是該文的主旨。"名"作爲對各種事物的稱呼,是要反映事物的特質的。《莊子·逍遥游》説:"名者,實之賓也。"便是這個意思。先生寫《宗頤名説》,就是要解説"宗頤"這個名所反映的特質的變易。

鈍盦先生原來賦予先生名字的意義,是期望先生爲學能夠宗法宋代理學家周敦頤,但先生自言"自童稚之年攻治經史,獨好釋氏書,四十年來幾無日不與三藏結緣"。無論是由

---

① 《學藝雙携小引》,見《學藝雙携——饒宗頤藝術天地》,香港國際創價學會,2002年。

於緣分亦好,性向亦好,"宗頤"一名,在先生個人歷史上的實質意義,已然有所變易。《論語·子路》:"必也正名乎！名不正則言不順,言不順則事不成。"於是,先生在《宗頤名說》文中,為自己的名,作了符合個人歷史的新詮釋,以副其實。

先生認為這種看來似是一己的主觀命定和自圓其說,都歸結為宿緣;他指出"宗頤"一名新意義的發生,并不是偶然的,而是冥冥中似有主宰。先生在《宗頤名說》中,以北宋末年的真定府慈覺大師宗頤,日本大德寺住持養叟宗頤,與其名偶合,恐非偶然,暗示其間有宿緣。其實,根據筆者的研究,先生與古代釋家字號偶合的例子,還有北宋洪州觀音院住持"選禪師"①和清乾隆年間青州法慶寺主"僧固庵"②等。看來先生果與釋家宿緣匪淺。

無論如何,《宗頤名說》可說是重新界定了"宗頤"這個名稱的屬性,使先生得以循名責實地、名正言順地從宋明理學這個相對較小的領域,向比較文化史這個大領域蛻變。

與"宗頤"相同,"伯濂"一字也是代表對周敦頤的仰慕的,但《宗頤名說》并沒有加以任何處理,祇簡單地說:"伯濂之號始終未用之。"先生把《選堂字說》編排在《宗頤名說》的後面,似隱含著以"選堂"替代"伯濂"作字的意思。

《顏氏家訓·風操》:"古者名以正體,字以表德。"如果說先生作《宗頤名說》是為了正體,那麼作《選堂字說》就是為了表德。從"表德"(表述文化屬性)的標準而言,無論字"伯子"抑或字"伯濂",皆不足以作為先生的文化屬性和理念的標識。先生自字"選堂",就是要有一個自己充分認同而有代表性的名稱,以便達到"表德"的效果。又據《中國民俗辭典》,"字與名通常義相比附,以字釋名"③。"字"往往是"名"的解釋和補充,上文所提到的第三選,涉及宗教意義上的緣因,恰好與"宗頤"一名的新詮釋有暗合之處,一定程度上達到了以字釋名的效果。

對於"宗頤"和"選堂"這一組名字而言,先生原來常用的號"固庵",就不必作任何改動了。"選"的訓義包括"遣""擇""善""引""行""迅""總""遷"等④,而"固庵"此號,除了可以對應"選堂"此字的"擇善"之義(即擇善固執)外,或更可以補救"選堂"這個字所帶來的經常變易和不確定性等意涵,能起到一種平衡的作用。

七、先生字號混稱、晚年以字為號的可能性

在這裏所謂字號混稱,講的就是"指字為號"或"指號為字"的現象。無庸諱言,先生也時有這種情況,特別是在使用口語或語體表述的時候:

---

① 見《建中靖國續燈録》卷二,選禪師列為饒州荐福承古禪師法嗣之一。
② 據《清嘉慶三年(1798)法慶寺碑》,見藏於山東省青州市博物館。王士禛從孫王祖昌於《秋水亭詩》卷二中,有與僧固庵贈答詩多首,嘗稱之為固庵大師。
③ 鄭傳寅、張健主編:《中國民俗辭典》"取名、字"條,武漢:湖北辭書出版社,1987年,第16頁。
④ 宗福邦、陳世鐃、蕭海波主編:《故訓匯纂》,北京:商務印書館,2003年,第2313~2314頁。

(1)"或有問余曰:'子以選堂爲號……'"(《學藝雙携小引》)

(2)"或問於余曰:子曷以選堂名齋?"(《選堂字説》)

(3)"余之以選名吾堂……"(《選堂字説》)

(4)"先君爲小子命名宗頤,字曰伯濂……然伯濂之號始終未用之。"(《宗頤名説》)

(5)"我還有兩個大家少知的別號,一個叫伯濂,一個叫伯子。"(《選堂清談錄》)①

從上述五條例證,可以看出在言語表達的時候,先生對人名概念中的名、字、號,分野并不森嚴,字與號混爲一談的現象很常見。

第(2)、第(3)條看似指選堂爲齋名,第(1)條更直指選堂爲號,但事實上先生從未有過名爲"選堂"的書齋,這30年來先生的書齋,名爲"梨俱室"。

必須指出,上述第(1)、第(2)條,都是別人設問的語境,嚴格地説,這種表述未必完全代表先生對名、字、號分野的認知立場。

第(4)條先生先説"字曰伯濂",句内隨即又謂"伯濂之號",表面上自相矛盾,但筆者認爲"伯濂之號"云云,衹是修辭上的選擇和需要而已,而"字曰伯濂"一語,纔是先生確指"伯濂"是字的正式表述。爲了行文的方便而作出修辭上的選擇,是寫文章常見的做法;這種做法也同樣見於第(2)、第(3)條。因此,要判斷選堂是字還是號,應以《選堂字説》的篇名爲正式依據。

第(5)條看似先生以伯濂、伯子爲別號,但我們要注意,這是在訪問者引導底下所作出的口語表述;訪問者的原話是:"您作書畫和題辭,落款最常見的用號是'選堂',還有無其他別號?"②號來號去,"用號"在前,"別號"在後,一個90多歲的老人,在這樣的引導作答的情況底下,也就衹能"號"下去了。上文第二部分所提及的"傳真"的產生過程,也很有可能存在著這樣的問題。

我們未能完全排除先生晚年亦以字爲號的可能性,蓋先生一向對名字號三者在表述方面不甚嚴格,這是原因之一。更重要的是,我們必須考慮"號以表功"這個人名學理論。《白虎通義·號》篇有云:"號者,功之表也。"《陔餘叢考》卷三八《別號》:"於字、名外,別立一號,以自標榜也。"這些説法,對先生這位一代華學大師而言,相信或多或少會起一些影響。如果先生真的以"選堂"一字爲號,那麼也許就暗含了標榜其"爲學三變"和"學藝雙携"的深層意義。而先生對當代學術文化的貢獻,功勛卓著,世人多知其然而不知其所以然,先生或以其中壯年時最常用的字,作爲晚年(88歲以後)的號,以示他畢生事功的所以

---

① 饒宗頤、陳韓曦:《選堂清談錄》,北京:紫禁城出版社,2009年,第3頁。
② 饒宗頤、陳韓曦:《選堂清談錄》,北京:紫禁城出版社,2009年,第3頁。

然,也是很有可能的。

八、結　論

先生名、字、號的更迭和它們在意義上的嬗變,概括地反映出先生治學格局的開拓和發展歷程。《宗頤名說》《選堂字說》《學藝雙携小引》,無疑是極爲重要的第一手文獻,值得我們深入研究。經過本文的考證和探討,筆者認爲先生的名、字、號資料,可暫定如下:

先生饒氏,初名福森,小字百子(又稱伯子)。名宗頤,字伯濂,後自字選堂。號固庵,晚或亦以選堂爲號。別署選翁、固叟。別號今荆蠻民。室名梨俱室。

附錄一："傳真"（鳴謝潮州饒宗頤學術館陳偉明館長惠贈影本）

目前关于饶公字号的几种说法：

一、饶宗颐，字伯子、伯濂，别字选堂，号固庵。

二、饶宗颐，字伯子、伯濂，又字固庵，号选堂。

三、饶宗颐，字伯子、伯濂，号固庵、选堂。

潮州市饶宗颐学术馆
联系电话：（0768）2255101　2228966
传真：（0768）2231933

饶宗颐教授於2010年2月8日下午最为确定。

即：饶宗颐，字伯濂，又称伯子，号选堂，又号固庵。

附錄二：《宗頤名說》（《固庵文錄》本）

宗頤名說

先君爲小子命名宗頤，字曰伯濂，蓋望其師法宋五子之首周敦頤，以理學勗勉，然伯濂之號始終未用之，自童稚之年攻治經史，獨好釋氏書，四十年來幾無日不與三藏結緣，插架有日本大正大藏、及秦京魄贈之巴利文藏，日譯南傳大藏經。初，余於法京展讀北魏皇輿金光明經寫卷，皆署文論之。八一年秋，遊太原，夜夢有人相告，不久，陟恆岳，於大同華嚴寺覩龍藏本是經，赫然見其卷首序題「元豐四年三月十二日眞定府宗頤序」。又於百丈清規卷八見有崇寧二年眞定府十方洪濟禪院住持傳法慈覺大師宗頤述」。元祐中，住長蘆寺，迎母於方丈東室製勸孝文，列一百二十位。晚年檢宋史藝文志，有釋宗頤署勸孝文，至是知其爲一人，以彼與余名之偶同，因端一印，曰「十方眞定是前身」。又余與扶桑素有宿緣，自一九五四年著文論照寧中潮州水東劉扶所塑瓷佛，爲小山富士夫取以迻譯，嗣後論文廣在兩京刊布。近時爲二玄社編敦煌書法叢刊凡廿九册，向不知何以結緣如此之深，後悉日本大德寺住持養叟宗頤，與一休宗純同出華叟宗曇之門。一休，即眞珠庵開祖也，養叟，與余名復相同。前生有無因緣不易知，然名之偶合，亦非偶然，因識之以俟知者。

附錄三：《選堂字說》（《固庵文錄》本）

選堂字說

或問於余曰：子曷以選堂名齋？應之曰：平生治學，所好迭異。幼嗜文學，寢饋蕭選，以此書講授上庠歷三十年。中歲重理繪事，以元人為依歸，尤喜錢選。六十退休後，旁法京，以上代宗教與西方學者上下其論。記敦煌本老子化胡經，其十一變詞有句云：「洪水滔天到月支，選擇種民留伏羲。」選民云云，正如希伯來之chosen people，此道教徒之創世紀遺說也。以為洪水過後，人類種民惟餘伏羲，如彼土之挪亞，今苗傜神話尚存其說。前歲遊吐魯番，見其博物館中，伏羲女媧交尾之圖凡數十事，圖之之意，似示人類祖先有再生之之義，是古代西域有伏羲種民傳說之明證也。由是觀之，選擇之說，亦有可取焉。余之以選名吾堂，蓋示學有三變。客曰善，因紀之以示後之人。

附化胡經第十一變詞

十一變之時。生在南方閻浮地，造作天地作有為。化生萬物由(猶)嬰兒，陰陽相對共相隨。眾生享氣各自為，晉(薈)息眾多滿地池。生活自為衛田桑穈(麻)，刧數滅盡一時虧。洪水滔天到月支，選擇種民留伏羲。思之念之立僧祇，唯有大聖共相知。

附錄四：《鈍盦號說》（《饒鍔文集》本）

鈍盦號說

余於家法行輩本名寶璇稍長就學名字迭更最後肄業海上始定名鍔而字之曰純鉤純鉤古寶劍也蓋余稟性柔懦質復屏弱憫憫然恆恐不足以自拔故取字於劍期振勵於無形抑亦欲異於世俗卿臣山川草木泉石之謂以自別也揭陽周次贍者積學篤行君子也歲之癸丑始與余交見余名字而異之一日逖巡謂余曰夫物莫兩大則傷一陰一陽之謂道一伸一詘之謂運道也運也天地盈虛消息之理存焉惟人之於名字也亦然故讀齡名濳字曰元亮考亭名熹字曰元晦誠有識於道與運之理退而不敢忘義勝而能守乎讓也今子既名鍔矣鍔於義為利而復以古寶劍為字撰之盈虛消息之理鋒芒太露有以易乎甚趣其言由是有改字之意然名字傳呼習解已久終莫有以易也已而次贍死於水越明年余始有鈍盦之號鈍盦之實以貽啓之也而已不及見矣今距次贍之死又八年往歲徂而子德不加修追念故人惓惓之意益不能無愴然於懷云作鈍盦號說

附録五:《學藝雙攜小引》(《選堂序跋集》本)

學藝雙攜小引

  或有問余曰:"子以選堂爲號,自云師法錢選,取義何由?"漫應之曰:"人皆知元畫肇於趙松雪,而不知吳興實得畫法於舜舉。不特師其畫,且又師其學焉。"黄公望曰:"趙文敏嘗師霄溪翁,不特師其畫,至於古今事物之外。又深於音律之學,其人品之高如此!今觀貞居所藏此卷,並題詩其上,詩與畫稱。知詩者,乃知畫焉。"此大痴八十歲時題浮玉山居圖語。松雪集中有論琴之文,知其音律之學,乃得之錢選也。故論元人畫,應溯源於錢翁,松雪不僅師其畫,且師其學,微子久言,世安得知其之所本耶?學與藝相倚相需之理,觀於松雪之與霄溪,可得一證。故知非學無以養藝,非藝無以揚學。余之揭"學藝雙攜"一義,蓋有得於錢翁,示私淑之心而已。又姚綬跋:"大痴云:知詩者,乃知其畫,亦名言耶,故以大書特書,不一書而足也。"惟知詩者乃能知畫,若徒謂詩中有畫,只是陳言,捨詩而求畫,何足以知箇中三昧哉。因不辭屨縷,並錄大痴之名言,及雲東之警句,世之好畫者,倘有取焉。

壬午春 選堂

《學藝雙攜——饒宗頤藝術天地》,香港國際創價學會,2002年

略論葉恭綽對饒宗頤治學道路的影響

陳賢武

（潮州市謝慧如圖書館）

饒宗頤的治學道路是深受葉恭綽的影響的。饒宗頤曾憶述早年學術經歷時説"記一九三九年,余在香港,曾繼楊鐵夫後,佐(葉恭綽)丈考證清代詞人仕履"①,"我如果没有這個工作的訓練,就寫不出《詞集考》"②,"他的著作中提到敦煌學的問題,這一點我也受他的影響"③。其文中提到主角就是葉恭綽。本文僅以一二事例簡介葉恭綽對饒宗頤治學道路的影響。

一、訂交香江,選編《全清詞鈔》

今天的人已經不大記得葉恭綽了,但在過去,他是一位相當知名的人物。"他相當於清代的阮元④,很有眼光"⑤。2009 年版《辭海》有他的條目:

葉恭綽(1881—1968),廣東番禺(今廣州)人,字譽虎,號遐庵。清末舉人。京師大學堂畢業。曾任清政府鐵道督辦。民國成立後,歷任北洋政府交通總長、交通銀行

---

① 饒宗頤:《饒宗頤二十世紀學術文集·詩詞學》,臺灣:新文豐出版公司,2003 年,第 420 頁。
② 《詞集考》搜集非常宏富,考證極精。日本學者吉川幸次郎比之清人朱彝尊的《經義考》,"自此以後,讀詞者必發軔於此"。
③ 饒宗頤述,胡曉明、李瑞明整理:《饒宗頤學述》,杭州:浙江人民出版社,2000 年,第 27 頁。
④ 阮元(1764—1849),字伯元,號芸臺,江蘇儀徵人。清乾隆五十四年進士。官至湖廣、兩廣、雲貴總督。是清代杰出的經學名臣,亦是清代學術史上地位顯赫的人物。
⑤ 饒宗頤述,胡曉明、李瑞明整理:《饒宗頤學述》,杭州:浙江人民出版社,2000 年,第 1~27 頁。

總理、交通大學校長、全國鐵路協會會長。1923年任廣東軍政府財政部長。1931年任南京國民政府鐵道部長。曾主持收回京漢鐵路主權,創辦交通銀行,籌建交通大學。抗日戰爭期間,拒受僞職。1950年從香港返回北京,任政務院文化教育委員會委員、中央文史研究館副館長、北京畫院院長。1953年參與發起組織中國佛教協會。爲第二屆全國政協常委。著有《退庵匯稿》《歷代藏經考略》等。有《葉退庵先生書畫選集》。①

葉恭綽像

饒宗頤先生是國際著名漢學家,學術研究的範圍非常廣泛,於詞學的研究也是成果豐碩,有專著6部,論文20多篇,而饒先生對詞學的研究,則是開始於對清詞的整理。

1929年,葉恭綽在詞學大師朱祖謀②的指導、支持下,於上海發起編輯《全清詞鈔》。"是編初就南京、北京、天津、杭州、蘇州、廣州、上海七地,著手搜集單行詞集,就地選鈔匯寄,以上海爲總匯。自各圖書館以至私家藏本,悉加訪求。繼復搜集罕見之總集、選本,加以采錄。"③時襄助的詞界同仁衆多,若夏敬觀、冒鶴亭、徐乃昌、唐圭璋、吳梅、龍榆生、盧前、黃孝紓、張元濟、夏承燾等達50餘人。廣州負責搜集、選抄的是楊鐵夫、汪兆鏞。④

由於同仁的努力,一兩年間,彙集上海的清詞集已逾5000種。1931年,朱老謝世,葉便全主其事。1937年日本發動侵華戰争,上海淪陷,葉恭綽避居香港,已搜集到的5000種清詞集,也運到香港,繼續選輯。饒宗頤則於1935年應中山大學之聘,任《廣東通志》館纂修。抗戰開始,已受聘爲中山大學研究員、擬隨校遷往雲南的饒先生,因中途染病而滯留香江。就因這偶然機會,使他有緣襄助及接替年邁的楊鐵夫選輯清詞的工作,助葉恭綽考證清代詞人仕履,編次校訂《全清詞鈔》。饒先生在考證詞人仕履、編校詞集過程中,對初選的4432種詞集,都一一寫了內容提要,達數十萬字之多。饒先生雖是中途加盟,但用力至勤,其功至顯,深得葉恭綽的嘉許。

書成後凡40卷,收錄有清一代詞作者3196人,詞作8260多首。搜羅之富,遠勝丁紹

---

① 辭海編輯委員會編纂:《辭海》(第六版縮印本),上海:上海辭書出版社,2010年,第2225頁。
② 朱祖謀(1857—1931),一名孝臧,號彊村,浙江歸安人。清光緒九年(1883)進士,纍官至吏部侍郎、廣東學政。辛亥革命後,寓居上海,以遺老終。錢仲聯《近百年詞壇點將錄》舉爲"天魁星呼保義宋江",評略云:"彊村領袖晚清民初詞壇,世有定論。雖曰楬櫫夢窗,實集天水詞學大成,結一千年詞史之局。"
③ 葉恭綽:《全清詞鈔·例言》,北京:中華書局,1982年,第5頁。
④ 楊鐵夫即楊玉衛(1886—1944),字季良,號鐵夫,香山(今中山)人。清光緒廿七年(1901)舉人,任廣西鎮安知府,1914年任廣東揭陽縣長。不久弃政,到上海師從朱祖謀,成爲有名的詞家。抗日戰争前夕移居香港大嶼山。1941年香港淪陷後,返回家鄉。汪兆鏞(1861—1939),字伯序,號憬吾,原籍浙江,出生於廣東番禺。清光緒十五年(1889)舉人。辛亥革命後,移居澳門,以吟咏、著述自適。

儀《清詞綜補》等諸書所錄。於每一詞人姓名之後,又"略注字里,兼及簡明仕履",并於書首附有"依姓之筆劃,以類相從"之"索引","藉便檢查",爲讀者提供了極大方便,堪稱後來居上。僅僅是詞人的小傳,其史料價值即不可低估。書前所開列的《引用書目》,亦爲研究清詞提供了大量的文獻綫索。而編者選詞,有強烈的詞史意識,"注意到有清一代作品的作風和流派的演變,希望於每一時期杰出和流行的作品中能以表現其迹象。如順、康初期之猶襲明風,康、雍之力追宋軌,乾隆初、中葉之漸入庸濫,乾隆末葉及嘉慶時之另辟途徑,等等,均設法顯明其内蘊"。此書宗旨,介乎存人存詞與選詞之間,既"選録清一代詞家佳作",又"意在網羅一代詞家作品""采擇仍力避浮濫""着手之始,經請教當代諸詞宗,并乞朱彊村先生决斷,以詞綜、詞徵、詞見之類體例較寬,詞選……定名詞鈔。意在因詞以存人,雖間或不免因人存詞,然可云居最少數"①。是書"對於瞭解清朝全時期的詞、這個文藝部門的輪廓和研究清詞,都有很大的參考價值,則是肯定的"②。

對於這段學術經歷,饒先生曾憶述説:

葉老搞《全清詞鈔》。收集的材料在那時可稱天下第一。

誰幫了他的忙,他前面都寫出來的,起碼有20多個人,都是當時有名的詞人。清代詞人那麽多,每個人都有幾本詞,收集起來談何容易。做了一大堆卡片,收了幾千人。當時稿本,抄起來就有104本,有一些是從總集抄來的,有些是從別集抄來的,抄的卡片一大堆。當時葉老就找我,說這件事怎麽辦?我問有没有人幫你?(我那時已很有名了,他曾在廣州開文物展覽會,印出來的東西有三大本,其中就有我的文章,就是我的《易學考》中較重要的幾篇。葉老是後來知道我是做學問的。)當我得知幫他忙的衹有一個老人,即楊鐵夫,當時住在大嶼山,我説老先生這麽大年紀了怎麽做得出來呢?

葉老將104册稿本都蓋了印,蓋有印章的表示是他要選的。因爲當時他選詞的標準主要是好不好,是藝術觀點不是文獻觀點。今天全是文獻觀點不是藝術觀點,是不管好壞都一網打盡。那時的一些老人們没有這種觀念,他們認爲那些詞差得很,收它幹嘛?又不協律,文字又不通,丢掉!取捨之間很講究。

我說你這部書,有很多方面的事根本没有做嘛,你什麽時候能弄成一部書呢?還有很多問題,如這幾千人的仕履也須介紹。我開始幫他查,每個人總要介紹幾句話的。仕履還是一個小問題,104册稿本要編成一部書,他都没有整理過,這是主要問題。104册稿本是無數人亂抄的還没有編過,也没有按年代編,衹是蓋印的就算要的。他那時要全部印出來,當然也很容易,但是問題在於他要"鈔"嘛。葉老説,"啊,那怎

---

① 葉恭綽:《全清詞鈔·例言》,北京:中華書局,1982年,第5~8頁。
② 葉恭綽:《全清詞鈔·出版説明》,北京:中華書局,1982年,第3頁。

麽辦呢？你可以幫我做。"我說那我要用很大的力量。

《詞鈔》前面有例言,開始是我代筆的,後來他又改了。

現在他的書出版了,其實沒有我是出不來的,我做了很多沒有講出來的事,別人不知道。

故葉老在《全清詞鈔·例言》中兩次肯定饒先生功績,先是說"是編工作""多賴同好諸君之力",其所列五十五位"同好諸君",就有"饒子伯子宗頤"的大名;後又特別指出,其間"編次校訂,則……伯子之績丕著"。褒獎之意,溢於言表。

如果說饒先生開始留心清詞是出於偶然,是客觀情勢的需要,那麽,這之後他對清詞的研究,則是出於主觀意欲的要求,出自自覺。他在佐葉選輯全清詞的過程中,"從葉老那裏知道了很多詞學的好東西",深深認識到"清詞蔚盛""凌越前古",很有研究的價值和意義,因此幾十年如一日,關注清詞,不間斷地研究清詞。清詞研究,在我國詞界是很不受重視的,據統計,從1949年10月至1979年的30年間,全國報刊發表的有關詞學的文章共605篇,而有關清詞研究的文章,寥若晨星,僅有14篇。① 至於《全清詞鈔》,雖於1952年定稿,然五六十年代學界對清詞的冷漠以及十年"文革"的社會動亂,使得是書之出版又耽擱了20餘年,直到1975年纔由中華書局在香港印行,"限於地區,印數亦少"。"四十六年成一書,這在20世紀之學術史上,可謂'空前絕後'了。"②儘管在20世紀80年代後漸爲學界所重,每年論文數均在10篇以上。然相對於唐宋詞研究論文平均每年不低於60篇的數量,清詞研究仍顯得過於冷清。

而饒先生在此期間,就有研究清詞的專著一部:《人間詞話平議》(1955),論文3篇:《朱彊村論清詞〈望江南〉箋》(1961)、《清詞與東南亞諸國》(1968)、《清詞年表》(1970)。20世紀80年代後又發表論文3篇:《張惠言〈詞選〉述評》(1985)、《全清詞順康卷序》(1989)和《論清詞在詞史上之地位》(1993)。在饒先生大量論詞專著和論文中,論及清詞的也不少。饒先生博古通今,學貫中西,足迹遍及世界各地,又熟悉多種語言,思路寬廣、視野開闊,對清詞的研究不爲某一種思潮所左右,不被某一種思想所束縛,不崇時尚,而是從實際出發,大量占有材料,盡力挖掘新材料,在此基礎上,研究分析,形成自己的觀點。祇要認爲材料新,有助清詞研究,他便形之於文,公之於衆。祇要認爲已形成的觀點、論斷,乃前人所未發,他便寫成專著、論文,發表出來。饒先生對清詞研究的領域很寬廣,大至目錄學、詞史、詞派、詞論、中外交流,小至詞人籍貫、官職的考證,詞人名字的讀音,都有所建樹,卓有成績。饒先生所作的清詞集提要,與他揚名海內外的《詞籍考》相類似,屬清

---

① 華東師範大學中文系古典文學研究室編:《詞學研究論文集:1949—1979》,上海:上海古籍出版社,1982年。

② 段啓明、汪龍麟主編:《20世紀中國文學研究:清代文學研究》,北京:北京出版社,2001年,第148頁。

詞目錄學的範圍。這部大作雖未正式出版，但於20世紀80年代初，先生無私地、主動地借給程千帆先生編輯《全清詞》參考、使用。饒先生《清詞年表》，考定清詞人的生卒年、彼此交往情況以及詞集刊布時間，對有清一代詞人、詞集，按年排比條例，使清詞嬗變的軌迹清晰可見，而對朱彊村先生論清詞的詞作《望江南》的箋注，則可以说是清詞史綱要。若把這三種論著合起來，實際上就是一部簡明清代詞史。

1993年4月，饒先生參加在臺灣舉行的"第一屆詞學國際研討會"并在會上作《論清詞在詞史上之地位》專題演講，文中表明他對清詞在詞史的重要性的認識："詞中之有宋與清，正猶詩中之有唐與宋，故清詞之地位，可與宋詩相比擬，應加以重視，不得因其時代較近而忽略，亦不可局限於研究少數幾個人而已。"①文章從清代詞家的時代與地理分布起論，闡述清詞流派變遷并同宋詞比較，探討了清詞的復盛。文中引用了葉先生1921年在暨南大學學術演講稿《清代詞學之撮影》②中對清詞人按年代、地域分類，認爲道光一朝詞人最多是受常州詞派影響的緣故之研究成果。但從文學史地位上看，詞人衆多的道光朝，詞的藝術成就并沒有超過康、乾兩朝。經饒先生縝密細緻的考證，認爲"詞人之所以集中於揚子江流域及珠江流域者，殆以其地區經濟繁榮""揚子江流域詞人之蓬勃，又有二因：一爲文學門第中人才之累葉繼承，一爲業鹺政者之樂於提倡風雅"③。文中要言不煩地舉出潘奕雋、潘世恩叔侄四代人共有12人出過詞集，足"見常州詞學之盛行"。究其原因，饒先生猶剝繭抽絲，洞悉微末："潘氏諸子，皆生華膴，席豐履厚，居有園林水石之勝，以書畫自娛……一時風雅士，皆出其門。而地方團防措款之務，亦以巨紳參與其事……不特主持風雅而已也。"④這是先生注重社會政治經濟生活對文學藝術的影響之故。先生在治學上往往能把握時代潮流，而做出奠基性的工作，如把清代江南地區詞的復興原因，歸納爲"康熙以來，主兩淮鹽政者，多嗜風雅，周亮工（櫟園）（以順治二年官兩淮鹽法道）、曹寅（楝亭）、盧見曾（雅雨）、曾燠（賓谷）以至杜文瀾（小舫）（署鹽運使），其著者也。彼輩喜刻書，亦網羅文士，相佐爲理。《兩淮鹽法志》，即出詞人黃之雋之手。………詞人之爲鹽官者不一而足……兩淮鹽政，聚於揚州，繁盛甲東南，需次鹽官多至數百，詞人依附著不少，故詞亦盛於揚州"⑤。鹽政宣導風雅，在時賢文學史裏常被忽略，結合上面按朝代、地域等方面來研究清代詞史，步武前賢，開代先鋒，這就是饒先生自成體系的清代詞史大綱。

饒先生再度與葉先生結緣是在對宋代秦觀的《淮海居士長短句》版本的校勘上。秦觀（1049—1100），字少游，號淮海居士，北宋江蘇高郵人。我國詞史上的大家，爲婉約派重要代表。他的《淮海居士長短句》問世後，海内風行，歷代翻刻傳寫，版本實繁。1930年，葉先

---

① 饒宗頤：《饒宗頤二十世紀學術文集·詩詞學》，臺灣：新文豐出版公司，2003年，第398~419頁。
② 葉恭綽：《遐庵匯稿演講》，《民國叢書》第二編第94册，上海：上海書店出版社，1990年，第80~84頁。
③ 饒宗頤：《饒宗頤二十世紀學術文集·詩詞學》，臺灣：新文豐出版公司，2003年，第401頁。
④ 饒宗頤：《饒宗頤二十世紀學術文集·詩詞學》，臺灣：新文豐出版公司，2003年，第402~403頁。
⑤ 饒宗頤：《饒宗頤二十世紀學術文集·詩詞學》，臺灣：新文豐出版公司，2003年，第405頁。

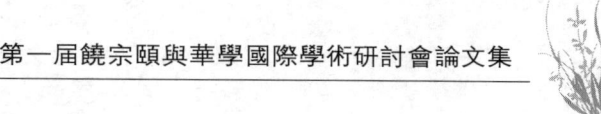

生據故宮博物院藏本(南宋乾道刊本)與吳湖帆藏本(南宋乾道高郵所刊淮海全集本之單行本,計目錄、上卷、中卷存第二、第四,缺頁則按明朱卧庵鈔補本補)彙合影印成《淮海居士長短句》3卷。一稱《宋本兩種合印淮海居士長短句》。書前有吳湖帆題識及葉氏自序,後附遐庵《宋版淮海詞校印隨記》等校勘文章6篇,其中考校諸方面於學者多有啟迪,"由是海内咸推爲善本"。此書曾贈予饒先生。後饒氏在日本內閣文庫得寓目《乾道癸巳高郵軍學刊淮海居士長短句》三卷本,對勘葉本,本著"吾敬其人,吾更愛真理"的原則,認爲"葉本由於合印之原本皆有殘缺,以舊校鈔補,乃非完璧"。又稱:"葉本所據原爲南寧刊《淮海集》附刻。刊於何時何地,因有缺頁,未諳其詳。葉丈定爲乾道間杭郡本,蓋從集中宋諱缺筆推定,非別有確據也。"①故認定所據實爲乾道癸巳高郵軍學刊本,而非杭郡刊本。秦子卿認爲"此言頗有見地"②。因此,1965年由饒先生校勘的《景宋乾道癸巳高郵軍學刊淮海居士長短句》三卷本由香港龍門書店影印出版。先生序稱:"(日本)内閣文庫此本,有昌平學及淺草文庫印,爲現存《淮海集》僅有之完本。天水舊槧,向所嘆如球圖者,今得梓行於世,亦倚聲家所宜稱快也。"書中其所作《校記》,頗爲精審,而《修正淮海詞版本系統表》,亦多發明。書後附錄有二:一爲《淮海後集長短句》并補輯《詩餘》,一爲黃彰健校錄汲古閣《詞苑英華》本《少游詩餘》,後皆附饒跋。"論其體制,足資版本學者參考。"③

饒先生學問淵博,視野開闊,詩詞創作早已成名,無論從功力、興趣、研究習慣等方面看,因整理清詞這個契機,而誘發進一步深入對詞學的研究,則乃是必然之事。此後,饒先生對詞學的研究便一發而不可收,碩果累累。陳廷焯有言:"有長於論詞,而不必工於作詞者;未有工於作詞,而不長於論詞者。"④此論未必是普遍規律,而饒先生確是既工於作詞,又長於論詞者。因此,饒先生"於詞學研究之各領域,皆有所建樹,開創啟後之功尤著,稱之爲當代詞學大師之一,絕非過譽"⑤。

1940年2月,以葉恭綽爲主任委員的中國文化協進會在香港馮平山圖書館舉辦了"廣東文物展覽會"。展出的廣東文物種類之廣、數量之多,可說是史無前例;其籌辦的宗旨,是"研究鄉邦文化"與"發揚民族精神",特別是葉氏親書的大門聯"高樓風雨;南海衣冠",在當時抗日戰爭存亡之秋,更體會到大會的深刻意義。展期從2月22日至3月2日,參觀人數達20萬人次。與展覽會配合的則有《廣東文物》之編集出版,全集分上中下3册,分爲上册的圖錄之部及中下册的研究之部,其中研究之部中有卷八的人文藝術門,收錄了一些論述廣東美術史的文章,而卷十的鑒藏考古門則有文物及收藏的專論。從動機來說,"廣

---

① 饒宗頤:《饒宗頤二十世紀學術文集·詩詞學》,臺灣:新文豐出版公司,2003年,第246頁。
② 見秦少卿:《〈淮海詞〉版本考釋》。
③ 見《〈淮海詞〉版本考釋》。
④ [清]陳廷焯著,杜維沫校點:《白雨齋詞話》卷八,北京:人民文學出版社,1959年,第213頁。
⑤ 鄭煒明:《饒宗頤教授在中國文學上之成就》,載《論饒宗頤》,香港:三聯書店(香港)有限公司,1995年,第487頁。有關研究饒宗頤先生詞學的文章,可參閱羅東升《饒宗頤先生與清詞研究》、楊樹彬《饒宗頤的詞學研究》等。

東文物"展覽的籌備與編集的出版,可以説明了當時於國難之秋,國人如何藉文化藝術以展現民族之志,誠如孫科序言中所云:"存國粹於山河破碎之餘,闡文化於兵火摧殘之後。"饒先生撰寫的《廣東之易學》四千多言刊於卷九《學術文藝門》中,文中考索廣東的易學自晋至清著述201種,"略陳其學派演變之梗概""俾考易史者知稽覽云"。①

葉恭綽與李盛鐸、羅振玉、傅增湘并稱近代四大藏書家,此時雖避寇氛遷居香江,但帶來的文物典籍仍琳琅滿目,他是最早提倡敦煌學的學者之一,藏品中就有不少敦煌卷子。饒先生得以飽覽藏珍,後來能成爲敦煌學大家,葉先生啓示之功不可没。"我和葉恭綽先生很接近,他極力提倡敦煌研究,他自言見過經卷過千件。""我最先和敦煌學結緣還不是因爲與佛教的關係,反而從《道德經》校勘的工作開始的,那還是1952年的事。那時我剛到香港大學中文系任教。受到文史學者、著名書法家葉恭綽先生鼓勵,他當時極力提倡敦煌研究。後來我能進一步從事《老子想爾注》的仔細探討,實導源於此。"②

1941年12月,香港淪陷。饒先生在完成《全清詞鈔》編輯工作後,携眷避難回鄉。臨别時,葉先生填一詞送之,饒先生依韵和之。饒詞查《饒宗頤二十世紀學術文集·詩詞》,係佚詞。今從《遐庵匯稿》録出,附於下,以作這段忘年交的見證。詞人身處多事之秋,藉别離以寄哀思,情思多在比興寄托中,擊節微吟,抽絲細繹,尤令人低徊感愴:

眼兒媚　送饒伯子歸里。饒,海陽人。

笛聲吹斷念家山,去住兩都難。舉頭天外,愁烟慘霧,那是長安。　仙都路阻同心遠,誰與解連環。鄉關何處,巢林瘁鳥,忍説知還。

和作　饒宗頤

眼兒媚　阻兵滯雨,欲歸無舟,徒有懷土之情。依贈别韵。

驚濤拍岸霧沈山,歸棹渡良難。登樓四望,灞陵回首,不見長安。　路遥却羡楊朱泣,悲結大刀環。更堪殘月,時傳哀角,祇勸人還。

---

① 《廣東文物》,上海書店出版社影印本,1990年廣東省文史研究館,"前言"第1~5頁,影印本第2、887頁。饒先生曾憶述説:"我二十四歲那一年,也就是1940年……我曾據《廣東通志·藝文略》經部稿撰成《廣東易學考》三卷交商務印書館出版,但書稿却毁於兵火。"見饒宗頤、池田大作、孫立川著:《文化藝術之旅》,桂林:廣西師範大學出版社,2009年,第26頁。

② 饒宗頤:《我和敦煌學》,載張世林編《學林春秋——著名學者自序集》,北京:中華書局,1998年,第587頁;饒宗頤、[日]池田大作、孫立川:《文化藝術之旅》,桂林:廣西師範大學出版社,2009年,第202頁。姜伯勤《從學術源流論饒宗頤先生的治學風格》中歸納了先生在多個課題上的率先研究,其中有關敦煌學有:研究敦煌本《老子想爾注》之第一人;敦煌白畫爲前人未接觸之題目;在東京出版《敦煌書法叢刊》廿九册,亦爲首創等。詳見《論饒宗頤》,第474頁。孫立川且認爲其對《老子想爾注》的研究至今仍無人能及,對敦煌的佛經、文學、藝術(尤其是壁畫)的研究更是獨步一時。詳見《文化藝術之旅》,第202頁。

二、辨章學術，爲《潮州志》作序

　　1946年，由地方政府開明官員和熱心地方志工作的行家發起，時駐潮安縣城的廣東省第五區行政督察專員公署決定纂修《潮州志》，敦聘饒宗頤擔任潮州修志委員會副主任委員，籌備修志事項。在汕頭設立潮州修志館，饒先生肩負總纂重任。他親訂新志體例，組織人員分纂，延聘專家參撰，本人又親撰"藝文""沿革"二志，備極辛苦。志以舊府屬爲範圍，但應用新體例、新内容和新形式，用科學的方法分門别類，有關地質、氣候、地理、水文諸志，均延聘自然科學家撰稿。而撰寫方法也多所變通，特别是對史料的擷采取捨，各專志之編排次序，均極具匠心，"若大事志，則采提綱旁注之法。户口、交通志，均侈列圖表，頗異前規"①。凡此種種，顯示了先生能夠緊跟時代的步伐，爲方志開創新體例，增添新内容，使志書不僅發揮鄉邦文獻之功能，而且起到濟世利民的實際作用。此被譽爲中國方志史上的一個里程碑。

　　饒先生主持修志後，即函告葉先生。葉自香江與之結下忘年交之誼後，逢人便贊美饒先生，時又任廣東省文獻委員會主任，甚爲高興，"饒伯子書來，謂綜任《潮州志》纂修，見商體例，且期以期年蕆事。余更欣躍"②，表示支持，自此魚雁不斷。1948年3月2日《大光報·方志·通訊》就刊載了葉的2月15日之覆函："北平圖書館藏有明代潮人所輯《潮雅》，内皆潮人之作（詩），當時因所輯録者之姓氏而忘之，如屬需要，當再函詢。此書乃東莞倫氏（明）舊藏本。"惜信函多佚，今已杳若黄鶴。

　　1948年，饒先生在志書完成大半時，乃函請序於葉先生。葉先生雖未參予其事，但始終關注志書的進程，得函，欣然命筆，認爲"蓋民國建立後，吾粤以舊府屬爲範圍所新編之方志，此尚爲第一次"，肯定"此書之善有二大端：……融通新舊，義取因時，纂組裁量，各依條貫，不取矜奇之异，亦非襲故安常。分類三十，統稱爲志，仍附各表，以省篇幅而清眉目，殿以《叢談》《叙録》，若網在綱，别爲卷首、志末，以存全貌，可謂斟酌至當，兼備衆長。此體例之愜當，爲全書之特色者一也"。"義取存真，事皆徵實，如山川、氣候、物産、交通之類，皆務根測驗，一以科學爲歸；更重調查，期與實情相副，迴殊捫籥，可作明燈。此記載之翔確，爲全書之特色者二也。"盛贊"有此精心結撰之作，所謂鷄鳴不已，鳳舉孤騫，誠空谷跫音，荒年穎秀矣""庶文獻足徵，有以彌鄉邦之缺陷，而一洗文化落後之耻。斯則潮人士此舉，殆有裨全省，而非止嶺東一隅之幸也已"，備極推崇。

　　在時局混亂之際，能總纂編成卷帙如此浩繁的巨著，在當時的廣東省内以至全國都是罕見的。

---

① 饒宗頤：《潮州志彙編·序》，香港：龍門書店，1965年，第5頁。
② 葉恭綽：《潮州志·序》，潮州市地方志辦公室，2005年，第2頁。

然而由於時局變遷,經濟凋敝,修志館在方繼仁等熱心僑胞的資助下,"賴衆擎之力,事雖艱巨,稍有所成,而倉促付印",原稿擬訂50册,延至1950年,僅出版15門20册,無卷首、目録,連葉先生撰寫的序,也未能於其時隨書刊行。後饒先生謙稱其修省、府志"遭時多難,兩無所成"①爲憾事。2005年潮州市地方志辦公室在該志原有基礎上,增編了卷首(序、述例、纂修題名、目録)、卷末二卷,補編《山川志》《民族志》《風俗志》《工業志》《戲劇音樂志》5個志稿影印出版。而葉先生的序言至此方得於冠之卷首,時已將屆一甲子了,合浦珠還,可謂當代學術史上的佳話。

當時饒先生爲編寫志稿,曾對潮汕地區做過廣泛的調查,勘踏過揭陽的黄岐山、五經富,普寧洪山,饒平黄岡等地,還到過臺灣,采集到不少新石器時期的文物,後來又觀察了意大利神父麥兆漢從海豐到閩南考古調查所得的文物,加以對照比較,寫出了《韓江流域史前遺址及其文化》一文。"付印前,又蒙葉恭綽先生及華西大學教授鄭德坤博士校閲一遍。"②1950年以單行本形式發表,書名由葉先生題簽。它是對20世紀50年代以前潮汕地區史前遺址考古發現的第一個科學報告和系統研究,是研究地區史前人類活動及其文化性質的一項重要成果。

1948年,葉先生主持的廣東文獻館將刊行《廣東文物》特輯,徵文於饒先生,"以中離思想事跡爲題"。中離即明代潮人薛侃,王陽明得意門生之一。從明正德末至嘉靖前期,是潮州儒學發展史的一個高峰期。當時陽明學説在潮州廣爲傳播,形成潮州王門學派,實由於薛侃宣導之功。饒先生"於鳳隴薛家假得《薛氏族譜》,參以先生《文集》,撰次爲譜,著其行事,繫年紀要",成《薛中離年譜》。③ 是譜通過薛中離事跡的考訂編年,實際上記述了明代潮州王門學派形成的經過,描繪了這一時期潮州思想文化發展之盛況,向葉先生呈交了一份滿意的答卷。

結　語

據《饒宗頤學述》記載,饒先生得遇葉先生前,曾由友人介紹幫王雲五④做《中山大辭典》的書名辭條、編古文字八角號碼。又據《遐庵先生年譜》云:

> 先生在港時,仍未嘗一日自逸,或與朋友漁畋藝苑,鼓吹詞壇,或表彰先賢保全文物,蓋發抒懷舊之蓄念,即穩以唤起民族之精神(一九三七年八月)。

---

① 葉恭綽:《潮州志彙編序》,潮州市地方志辦公室,2005年,第1頁。
② 饒宗頤:《饒宗頤二十世紀學術文集·潮學》,臺灣:新文豐出版公司,2003年,第999頁。
③ 饒宗頤:《饒宗頤二十世紀學術文集·潮學》,臺灣:新文豐出版公司,2003年,第1415頁。
④ 王雲五(1888—1979),廣東中山人。曾任上海商務印書館總經理,國民政府考試院、行政院副院長,臺灣商務印書館董事長。發明四角號碼檢字法,創立中外圖書統一分類法,并主編《萬有文庫》。

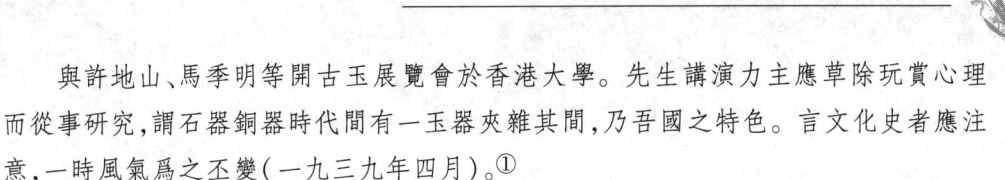

與許地山、馬季明等開古玉展覽會於香港大學。先生講演力主應革除玩賞心理而從事研究，謂石器銅器時代間有一玉器夾雜其間，乃吾國之特色。言文化史者應注意，一時風氣爲之丕變（一九三九年四月）。①

葉氏對於香港學術文化之影響，可以想見。饒先生躬逢其盛，耳濡目染，學術生命之滋養，亦可見一斑。而《全清詞鈔》的工作，使饒氏不僅親手"觸摸"一流藏書家的各種珍本，且真正進入詞學研究的最前沿。這一段寶貴經歷，無疑爲他以後從事詞籍、詞目、詞樂、詞律以及中國音樂史、中國音樂與宗教之關係，奠定了一個極爲重要的開端。

王雲五與葉恭綽，作爲學問家，他們或許談不上精深專注，但都是近代文化史上能做大事的名流，他們的治學特點均爲氣象格局大，并有實力且能領袖群倫，很像清代學術史上的阮元。試想如果沒有阮元，清代著名學者尤其是揚州學派的人，不知多少會被埋沒！在當時，饒先生祇是潮州的一名有志於鄉邦文獻之青年才俊，視野相對而言是有限的，他的靈心慧性，尚未完全打開。他早年繼父志完成《潮州藝文志》，又撰成《廣東易學考》，這還祇是桑梓文獻目錄之學。巧在病居香江，而遇此二人，於是其學問生命的世界，一下子開敞了。誠如胡曉明在《饒宗頤學記》所說的"王、葉二人當然不會想到，他們編辭典、編詞鈔固然重要，但似乎更重要的是，他們留住了一位好學的青年，植下了一粒大學者的種子"②。

儘管歷史學家習慣於用所謂"必然性"和"歷史規律"來解釋一切歷史過程中偶然和巧合的作用，但偶然和巧合或在冥冥中影響著事態的發展，有時甚至起到決定作用。故歷史的偶然豈可小視哉？在一定意義上，歷史甚至可看作是各種因素，包括偶然和巧合，因緣際會的結果。

"我是在一個關鍵時刻，也是老天有眼，生了這場病，得到了這個機會。這說明學問之事，也是有些機緣的，師友都是機緣。"③——六十餘年後，饒先生是如此歆幸他的奇緣。

---

① 轉引自胡曉明：《饒宗頤學記》，香港：香港教育圖書公司，1996年，第23頁。
② 轉引自胡曉明：《饒宗頤學記》，香港：香港教育圖書公司，1996年，第24頁。
③ 饒宗頤述，胡曉明、李瑞明整理：《饒宗頤學述》，杭州：浙江人民出版社，2000年，第27頁。

饒宗頤教授與泰國緣分述略

楊錫銘　王僑生

（廣東省潮州市歸國華僑聯合會）

在新近出版的《從韓江走向世界——饒宗頤之旅》一書中，就饒宗頤教授與泰國的緣分有這麼一段論述：

2005年1月饒宗頤教授在一次接見泰國來訪鄉親時說道："我今天能取得這麼一點小成就，泰國好友、同鄉的支持，占個百分之三十。"姑不論這句話是否為客氣話，但對泰國鄉親的感情顯然溢於言表。泰國是華人移民麇居最多的國家；在這些移民中，尤以潮人占絕大多數。饒宗頤教授作為潮籍最杰出的學者，在其文化實踐中，很早就與泰華社會結下了不解之緣。1946—1949年，他出任《潮州志》總編纂；其工作已深得泰國最具名望的兩位僑領，即余子亮先生（1900—1974年）和潮州會館主席蘇君謙先生（1910—1975年）及其他同鄉僑領的高度賞識，得到他們的解囊資助。事隔多年後，饒教授已蜚聲國際，但對此仍念念不忘，在多次公衆場合講話時都一再提及。例如，1978年8月14日，泰國潮州會館歡宴饒教授時，他在講話中就動情地說道："我乘此機會，談談我所主編的《潮州志》一書，憶當日我在進行編纂工作時，即獲得余子亮先生、蘇君謙先生，以及各同鄉僑領的經濟支持……"饒教授之與泰華僑社結緣，看來便是發端於這部《潮州志》之編纂。①

根據我們對饒先生的訪問和翻檢泰華的報刊資料，更有對泰華有關人士本人或其後代的采訪，我們對饒先生與泰華社會淵源之深、關係之密切頗有感受：一方面是泰華人士

---

① 見黃挺主編：《從韓江走向世界——饒宗頤之旅》，香港：香港博士苑出版社，2005年，第102頁。

對饒先生學術、藝術活動的大力支持，另一方面則是饒先生作爲泰華的一面文化旗幟，對泰華社會產生了重要的影響。

當然，對這個問題的理論探討，并非我們目前學力所逮，本文祇擬綜合我們已掌握的資料，就饒先生與泰華的緣分作一簡要的介紹，希望有抛磚引玉之效，使更多學者注意這個問題，日後能從學人與社會的角度，進一步探討饒先生的學思歷程及饒先生對社會的影響。①

一、饒宗頤教授與泰華社會結緣之發端

根據筆者手頭的資料，饒宗頤教授與泰華社會結緣，確是始自《潮州志》的編纂。饒宗頤先生幼承家學，聰穎過人，享有"神童"之盛譽。1946 年，曾任兩廣監察使的劉侯武先生主持重修《潮州志》，年僅 30 歲的饒宗頤先生出任該志重修總纂。重修工作，歷經三載，次第成稿。修志期間，因經費短缺，劉侯武、饒宗頤曾聯名致函南洋各潮人社團，呼請支持。②其時，"暹羅余子亮、香港方繼仁兩先生於館費及一切開銷支拄數載"③，泰華社會由是而認識饒宗頤先生，并越來越尊重他。

就修志一事，1963 年饒先生首次莅臨泰國時，泰國潮州會館主席蘇君謙先生在歡迎饒先生宴會上的講話中，還特別稱道：

> 今晚我們謹備一杯薄酒來歡迎饒先生，難得饒先生不弃莅臨，諸位翩然參加，濟濟一堂，這是多麽感到高興！
>
> 說起饒先生，大家早已知道他是吾鄉的著名歷史學家，同時是國際共知的學者。饒先生在學術上的成就是極其光輝的，是有了很多的事實作見證的，所以不用多介紹。但仍值一提的，饒先生在和平後，修訂《潮州志》這項工作對我們潮州的文化或史故來講，其貢獻是彪炳千古，永常地值得我潮州同鄉的崇敬。現在饒先生旅行抵泰駐車曼谷，我們得有機會，瞻仰豐範，并得親聆饒先生學術上的教誨，這是如何欣忭的事。④

---

① 林悟殊教授曾著文闡述饒宗頤教授對泰國華人文化的影響。可參閱《饒宗頤教授與泰國華人文化》，載曾憲通主編：《饒宗頤學術研討會論文集》，香港：翰墨軒出版有限公司，1997 年 11 月，第357～366 頁。

② 新加坡潮州八邑會館現仍保存有劉侯武、饒宗頤聯名致函海外僑領呼請支持《潮州志》編纂的函。分別是：劉侯武致黃芹生函，載 1949 年新加坡潮州鄉訊社出版的《潮州鄉訊》第 4 卷第 7 期；劉侯武饒宗頤致黃芹生、楊纘文等覆函，載第 4 卷第 9 期。詳見市志辦輯：《饒宗頤與潮州志》，載黃繼澍主編《潮州》2005 年第 1 期，第 18～20 頁。

③ 饒宗頤：《清以前潮志纂修始末考》，《泰國潮州會館三十年·論述之部》，曼谷：泰國潮州會館，1968 年，第 61 頁。

④ 《蘇君謙謝慧如等前晚歡宴饒宗頤》，泰國《星暹日報》，1963 年 11 月 4 日。

此後,饒宗頤教授莅泰時,許多僑領都曾多次提到饒教授修志之貢獻。① 泰國潮州會館、潮安同鄉會等社團均收藏有民國版《潮州志》。泰華社團的出版物中,也特別收入饒教授有關家鄉的論著。例如:潮安同鄉會於1949年印行的《旅暹潮安同鄉會二十一周年特刊》,已專設《特刊》,登出饒教授的《海陽考》。② 1974年出版的《旅暹潮安同鄉會成立四十八周年紀念特刊》中,專門刊登了饒宗頤教授的《潮州沿革志》③、《海陽考》④、《歷代勝流書竹贊》⑤及畫作《觀瀑圖》。該會1972年建造韓江山莊(即墓場)時,"敦請鄉賢饒宗頤教授,撰碑銘,評取名聯,使所有門額棟梁,鐫刻名聯秀句,琳琅滿目,蔚成大觀"⑥。泰國潮州會館在1968年出版《泰國潮州會館三十周年》時,專設《論述之部》刊登饒宗頤主編的《潮州志》中的專著《潮州天然之富源》⑦、《潮劇溯源》⑧、《清以前潮志纂修始末考》⑨等。1979年出版的《泰國潮州會館成立四十周年暨新館落成揭幕紀念特刊》中,設《專論》刊登了饒宗頤教授的《潮州居民及其早期海外移殖》。⑩

可見,當年饒教授修志對於他與泰華僑社結緣意義之重大。

隨著時間的推移,泰華社會對饒宗頤教授的崇敬之情愈篤。1997年,泰國潮安同鄉獲悉設立"潮州市饒宗頤學術館事業基金會",遂有50多位鄉親踴躍捐資泰幣74.7萬銖,支持基金會。⑪ 2002年,在泰國王僑生、郭國英(偉麟)、李基智等校友策劃和支援下,潮州金山中學於金山頂上營造了"選堂書廊",勒刻饒宗頤教授贈送該校各種字體書法作品16種,爲金山、爲潮州歷史名城增添一道深具華夏特色的人文景綫。2004年,適逢饒宗頤八十八壽誕,泰國潮安同鄉會暨郭國英(偉麟)、陳紹揚、李基智、王僑生等23位鄉親特捐資泰幣51.7萬銖(折港幣10萬元)贊助出版由饒宗頤主編的大型學術刊物《華學》第7期,

---

① 據筆者翻檢泰華報刊,饒宗頤先生每次莅泰訪問,當地僑領歡迎宴請他時,大多會提到他修志的貢獻。
② 見《旅暹潮安同鄉會成立二十一周年紀念特刊·特刊》,曼谷:旅暹潮安同鄉會,1949年,第1~3頁。該文原名《古海陽考》,發表於《禹貢》半月刊1937年第7卷6—7期合刊本。但不知何故,在特刊中成爲《海陽考》。
③ 見《旅暹潮安同鄉會成立四十八周年紀念特刊·雜文部》,曼谷:旅暹潮安同鄉會,1974年,第6頁。
④ 見《旅暹潮安同鄉會成立四十八周年紀念特刊·雜文部》,曼谷:旅暹潮安同鄉會,1974年,第7~8頁。
⑤ 見《旅暹潮安同鄉會成立四十八周年紀念特刊·雜文部》,曼谷:旅暹潮安同鄉會,1974年,第20頁。
⑥ 黃景雲:《本會四十八年紀念獻詞》,《旅暹潮安同鄉會成立四十八周年紀念特刊》,曼谷:潮安同鄉會,1974年。
⑦ 見《泰國潮州會館三十年·論述之部》,泰國潮州會館出版,1968年,第6~9頁。
⑧ 見《泰國潮州會館三十年·論述之部》,泰國潮州會館出版,1968年,第45~46頁。
⑨ 見《泰國潮州會館三十年·論述之部》,泰國潮州會館出版,1968年,第59~61頁。
⑩ 見《泰國潮州會館成立四十周年暨新館落成揭幕紀念特刊·專論》,泰國潮州會館,1979年6月30日,第1~3頁。
⑪ 《五十多位潮安鄉親集腋成裘贊助潮州市饒宗頤學術館事業基金會》,載泰國《中華日報》,1997年3月29日。

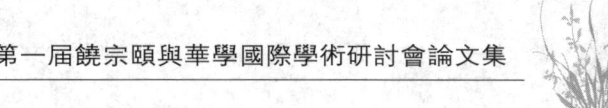

以此作爲向饒老祝壽之禮。① 泰國潮安同鄉會第二十三届理事會（2003—2004）開始設立榮譽顧問職銜，即敦請饒宗頤先生爲該會榮譽顧問。② 2005年，該會設立榮譽會長銜，是年11月7日陳紹揚理事長與永遠名譽理事長張榮炳、蘇岳章、常務理事王僑生等4人又專程到香港，敦請饒宗頤先生爲該榮譽會長。③

說到饒教授與泰國的結緣，有兩個人物是不能不提到的。一位是上述的劉侯武先生，饒教授深得其賞識。饒老晚年曾説過他擔任過劉先生的秘書。④ 據《潮汕百科全書》，劉侯武曾於1913到暹羅募捐支持孫中山革命，1927年又因被國民黨中央黨部海外部部長蕭佛成誣爲"共産暴徒"而出走暹羅，從事教育和新聞工作數年，在泰華僑社人緣甚佳，與陳景川、廖公圃、余子亮、蘇君謙、鄭午樓等僑領關係密切。1948年後，劉侯武旅居暹羅、新加坡等地。⑤ 劉侯武在泰華的廣泛人脉，對於泰華社會之認識饒宗頤先生自然起了重要的媒介作用。

另一位是饒先生在泰國的表兄王誠先生。王誠原籍潮安，曾獲廈門大學教育學士學位，著有《中國詩壇回顧與前瞻》《中西詩學比較研究》⑥等。二戰前與鍾魯齊博士、王雲五博士等創辦南華大學於香港，任文學系教授兼中學部校長等職。20世紀60年代時，曾在曼谷享有盛譽的太平洋酒店任要職，并先後任《星暹日報》副刊《國風吟苑》詩壇主編、泰國中華總商會辦公廳主任兼中文秘書，與泰華僑社諸多僑領往來關係頻密。饒教授於1963年、1977年和1978年來泰時，正值王誠事業如日中天時候，對於介紹饒教授與泰華僑領的認識，作用非小。其時饒教授出席泰華僑領的歡宴，王誠多數在場作陪。如1977年8月23日中午鄭午樓先生宴請饒教授時，就由王誠陪同出席。⑦此外，1963年11月1日"國風吟苑"雅集，正是由王誠出面組織，邀請了40多位泰華詩友參與其盛，并將雅集時饒先生與泰華詩友的詩詞唱和，見諸報端。⑧

二、饒宗頤先生莅泰訪問概況

就筆者所知，饒先生之莅泰活動，正式或非公開的次數是很多的。不過，根據筆者手頭

---

① 金山友：《泰國潮安同鄉會暨鄉親贊助饒宗頤教授出版〈華學〉年刊》，《泰國潮安同鄉會成立七十八周年暨新建禮堂落成開幕特刊》，泰國潮安同鄉會，2004年，第137~138頁。

② 見《第二十九届理事玉照》，載《泰國潮安同鄉會成立七十八周年暨新建禮堂落成開幕特刊》，泰國潮安同鄉會，2004年，第44頁。

③ 見《泰國潮安同鄉會第三十届理事會第十一次會議紀録》第二項，2006年1月14日。

④ 2005年1月23日，林悟殊、林楓林、王僑生到香港跑馬地天地利道大廈拜會饒宗頤教授時，饒教授主動談到他曾任劉侯武先生的秘書。此後又曾在與王僑生通電話時，再次提及此事。

⑤ 曾憲耀：《劉侯武》，載《潮汕百科全書》，汕頭，1994年4月，第345頁。

⑥ 載《泰國潮州會館成立四十周年暨新館落成揭幕紀念特刊·專論》，泰國潮州會館，1979年6月30日，第68~72頁。

⑦ 《饒宗頤教授昨訪鄭午樓受到熱誠歡迎》，泰國《星暹日報》，1977年8月24日。

⑧ 《國風吟苑》，載泰國《星暹日報》，1963年11月1日。

現有的資料,見諸泰華報端的,則有7次。饒先生每次蒞泰,都受到泰華各界的熱烈歡迎。

第一次,1963年秋,饒宗頤教授從印度東返,經由緬甸、柬埔寨首次來到泰國,在余子亮先生的資助下,停留約一個月。

在此期間,饒教授的主要活動有:

(1)考察了佛教南傳踪迹。饒教授在友人的陪同下,先後到泰國東北部的呵叻、武里喃、素輦、四色菊四府,北部的素可泰、清邁、南奔三府,曼谷附近的大城、佛統兩府,泰南的素叻他尼和洛坤兩府,訪問當地佛教迹地,獲得許多第一手資料。①

(2)與泰華文化人士吟詩唱和。1963年10月31日,恰逢泰國水燈節,泰國《星暹日報》副刊《國風吟苑》於當天晚七時假座一世橋畔國華堆叠公司天臺舉行雅集,陳慕禪、謝晋嘉、林中川、高向如等40多位詩友出席。《國風吟苑》以及《世界日報》的副刊《湄江詩壇》在當年10月至11月間連續刊登了饒宗頤教授同泰華詩人唱和的詩作②,部分作品收入1973年出版的《旅暹潮安同鄉會成立四十八周年紀念特刊》。饒教授將其在泰國沿途所見所聞,用詩詞記證,收入《佛國集》中。

(3)正式講演。1963年11月19日晚,應潮州會館主席蘇君謙之邀,饒宗頤教授在潮安同鄉會禮堂作了題爲《禪門南北宗之匯合與傳播》的演講,泰國佛教華宗大尊長普净大師、仁聞大師,潮屬七縣同鄉會及各佛教社200多人出席演講會。③ 隨後,泰華報紙《星暹日報》《世界日報》等均全文刊登饒教授演講內容。

此次饒先生蒞泰,受到泰華各界的熱烈歡迎。潮州會館主席蘇君謙、副主席謝慧如,潮安同鄉會理事長林維高、副理事長張旭江,文化界人士陳慕禪、謝晋嘉、王誠、高向如,企業界人士丁家駿、方涯生、辜植材、周修武等泰華各界名人爭相歡宴饒教授。有關饒教授的活動消息、與泰華詩人唱和的詩詞佳作等成爲泰華報紙關注的焦點,連連報導。

1963年10月26日的泰國《星暹日報》刊登了一篇署名苑文的文章,題爲《與學者共餐》,其間寫道:

> 日昨,參加一次宴會,我真無法描寫這次宴會的情況,但概括的一句話說,可形容爲"愉快的晚餐"!
>
> 席間,言談不離學術問題,饒教授口若懸河,滔滔不絕,對很多問題,作深入淺出的解釋,且憑其博聞強記,引述甚多,使在座者爲之服,而他的態度非常謙虛,處處説

---

① 《周修武前晚設席歡宴饒宗頤教授》,載泰國《星暹日報》,1963年11月13日。又《饒宗頤教授觀光呵叻叻府暢游披邁石宮及大榕樹》,載泰國《星暹日報》,1963年11月13日。又《饒宗頤教授訪問洛坤府》,載泰國《星暹日報》,1963年11月26日。

② 分别見:1963年10月24日、11月1日、11月19日、11月24日、11月27日泰國《星暹日報》副刊《國風吟苑》,1963年11月22日泰國《世界日報》副刊《湄江詩壇》等。

③ 《饒宗頤教授今晚假潮安同鄉會舉行學術演講會,講〈禪門南北宗之匯合與傳播〉》,載泰國《星暹日報》,1963年11月19日,其演講全文刊登於次日《星暹日報》及《世界日報》。

要向人家請教。饒氏還表示渴望與此間學者會晤,向他們請教一些有關泰國文化及學術問題。追求學問的精神,說笑一句,簡直比年輕的小夥子追求愛人還更熱切。像饒教授這樣博學而又如此謙遜的學者,實在是不可多見。

我并不是想寫《我的朋友胡適之》之類的文章,但總覺得一位學者委實有其風度,和那些"食三塊豆腐就想上西天"的人,簡直有天淵之別,而我也仿佛上了"人生的一課"。

第二次,1977年8月21日,饒宗頤教授到泰國曼谷出席第七次亞洲歷史會議,在泰逗留約10天,再次受到泰華各界熱烈歡迎。潮州會館顧問鄭午樓,主席金崇儒,副主席陳榮煊、鄭鶴樓、陳克修、李其雄暨全體執行委員,潮安同鄉會名譽理事長黃景雲,理事長廖少賢,泰華詩學社名譽社長丁家駿,社長黃繼蘆及泰華詩學界人士60多人,中華佛學社社長高向如,南國詩社社長謝晉嘉等分別歡宴饒教授。時逢中元節,饒教授特赴挽蒲,向已故僑領余子亮先生墓園敬獻花圈拜祭。8月27日下午,饒教授應邀在潮安同鄉會禮堂作《潮州居民及其早期海外移殖》的專題演講,介紹早期潮州地區土著和漢人互相消長,形成今日的人種情況,以及自北宋開始潮州與海外的聯繫。①

饒教授在演講中特別提到潮人與泰國的歷史聯繫,茲將其中幾段很重要的話節錄如次:

潮人在促進中暹關係上,向來做出極大貢獻,自清中葉以後,暹地之繁榮和米業結不解緣,遠洋移民的原因,亦進而獲得合理的解釋。

萬昌(BAN CHIANG)發現彩陶遺物,在東亞人類史上提供無上資料,貢獻至大,自不待言。我認爲彩陶在中國東南亞尚有零星發現,像湖北的屈家嶺、淮南的青蓮崗、臺灣良文港及香港,以至四川等地均有之,似須加以比較。又萬昌(BAN CHIANG)的銅器亦均宜與中國近年新出土者詳細比較,看出其异同之處。

清檔涉及鄭王資料尚多,宜加以編錄,取與暹文史料參證,相信必有幫助。

中暹關係向來并非密切,故兩方史料應該互相觀摩,十分重要。②

潮州會館主席金崇儒對是次講演,推崇有加:

饒教授於距今卅三年前主編《潮州府志》(按:原文如此,應爲《潮州志》),對於保存桑梓文獻,勞績至偉,邅邇同欽。昨天潮安同鄉會敦請饒教授演講有關潮州史地文

---

① 《旅暹潮安同鄉會定二十七日請饒宗頤教授專題主講潮州史地文物》,載泰國《星暹日報》,1977年8月27日。演講全文見《泰國潮州會館成立四十周年暨新館落成揭幕紀念特刊·專論》,泰國潮州會館,1979年,第1~3頁。

② 饒宗頤:《潮州居民及其早期海外移殖》,《泰國潮州會館成立四十周年暨新館落成揭幕紀念特刊·專論》,泰國潮州會館,1979年,第1~3頁。

物,講題爲《潮州居民及其早期海外移殖》。材料豐富,考證翔實,真正符合"聽君一席話,勝讀十年書"的一句古訓,兄弟感覺衷心的敬佩。①

第三次,1978年8月初,饒宗頤教授携女公子到曼谷舉辦書畫展。是爲饒先生首次在泰舉辦的個人書畫展,計有扇面、對聯、挂軸、手卷等120多件作品。此次書畫展由潮州會館、潮安同鄉會、中華佛學社、泰華詩學社和南國詩社聯合主辦,於泰京萱茉莉區京華銀行總行12樓展覽廳舉行,爲期4天。潮州會館主席金崇儒、京華銀行董事長鄭午樓主持剪彩儀式。② 泰國各大華文報紙連日介紹饒宗頤先生的書畫藝術成就,泰華各界爲之傾倒。其中一幅題爲《柳村雲谷》的橫軸山水畫,長達7米,高約26厘米,一直爲鄭午樓所欣賞,用玻璃護罩,嵌在曼谷著名的座山樓惜蘭香館對面牆壁上,使這座酒樓大增中華文化的色彩。
1978年8月5日《星暹日報》在報導此次畫展時寫道:

  饒氏書法,自殷墟卜辭至明末高賢各種書體神韵超逸,用筆渾厚,自具面目。以風格論,則融合黄山谷與米襄揚爲一爐,金文筆法,亦具特色,以隸入篆,以方爲圓,不拘形迹,而古意渾穆,氣魄雄偉。

  饒氏之畫,以山水見稱,筆墨淡遠,巨構小幀,均别出機杼,格於雲林大癡之間,細筆作品,則質中有腴,守法而不爲法所囿;至於人物畫作,摹寫敦煌畫稿,白描樸拙沉厚,而《九歌圖》一卷,韶秀天成,神態自足,可謂各擅勝場,洵泰華藝壇盛舉。

爲配合此次書畫展,還出版了《饒宗頤教授書畫展特刊》,由鄭午樓題寫刊名,金崇儒作序,選登了黄景雲、蕭立聲和薛永頤等人對於饒教授書畫的評介文章。時任潮州會館執委的黄景雲先生,在爲特刊而寫的《弁言》中,對饒教授的書畫評價,頗能代表泰華文化界的觀點:

  宗頤先生書畫之造詣,香港書畫批評權威薛永頤先生、絲韋先生,各有專文闡析,推重備至。此專文轉載本報,觀其議論精微,見解獨特,景雲一介商人,安敢妄贊一語。惟念宗頤先生,去年來曼谷參加亞洲歷史會議之時,亦嘗過從;當同游古城日,有友談及繪畫,景雲遽問曰:"先生之畫,師法何人?"先生笑曰:"夫畫法有定,而天地萬物之形象情致無定,師一人,得一法,豈能一法而寫出天地萬物之形象情致。有志於繪畫者,觀察山川草木四時之變,風月烟雲之秘,禽魚之動態,花卉之美艷,泉石之清幽,耕釣之野趣,寓目印心感於内,而藉筆墨外發之,即是畫矣。"景雲聞之,恍然若有

---

① 《潮州會館設筵宴饒宗頤教授》,泰國《星暹日報》,1978年8月28日。
② 《饒宗頤教授書畫展五日起舉行》,泰國《星暹日報》,1978年8月2日。

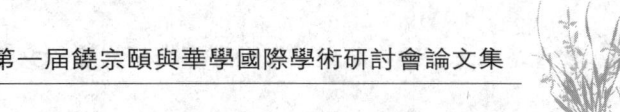

會悟,彼既資質高邁,家學淵源,數十年精研經史文藝,足迹遍亞歐美三洲,平生交游非學者賢能,即奇特之士,可知其閱歷之深,見聞之廣,學養之大,搜討之勤,蘊積胸次者,偶然興到,濡毫作畫,自必脱盡世俗畦徑,不存仿古,而自得古意,不矜持而別具格調,題識雄秀,與畫面輝映而益增其佳妙,宜乎香港首次展覽,轟動一時,觀者摩肩接踵,購者争先。若論畫法,景雲未嘗學問,何必强作解人,但以宗頤先生平生臨池,悉以篆隸爲基本,則作書之骨力風神,必非淺薄之庸俗所能望其項背,泰國風雅之士如林,鑒賞什藏,近年愈盛,宗頤先生此次之書畫展覽,必令人心目一新,景雲不揣鄙陋,略以蕪詞,藉作簡介。①

17日,饒宗頤教授還參觀潮州會館新設立的文物館,向該館贈送《選堂詩詞集》《選堂書畫集》,并會晤潮州會館書畫組謝晉合、石廬、林意前、林耀、劉科盈、張澤如、連建德、陳拾吾等人,當衆揮毫,聯合共作書畫。②

在潮州會館主席暨全體執委歡迎宴會上,鄭午樓先生致詞時特別指出:"饒教授的成就,非但是我潮籍人士之光,也是中華文化之光榮。"饒教授則念念不忘當年他主纂《潮州志》時,泰國僑領給予的支持。③

第四次,1983年11月中旬,饒宗頤教授以香港代表團顧問的身份,出席在曼谷市明拉琳酒店舉行的第二届國際潮團聯誼年會,受到盤谷銀行董事長陳弼臣、旅邇潮安同鄉會理事長廖少賢、副理事長陳鋭攀、楊英桂、陳家義、吴梧藩等的熱烈歡迎和宴請。

第五次,1992年6月12日,饒宗頤教授携女公子饒清芬、女婿鄧偉雄等一行,應泰國京華銀行董事長、華僑崇聖大學籌建委員會主席鄭午樓博士之邀,莅泰出席華僑崇聖大學在曼谷亞洲大酒店舉行的泰國國王陛下御賜該校泰文名感恩慶祝酒會。饒教授在酒會上的演講中指出:"華僑報德善堂創辦了華僑崇聖大學,充分體現了儒釋觀念的結合與中華文化的交融。""人心向善,福澤共沾,那麼整個社會就會變得更加美好。鄭董事長領導下的報德善堂所走的'報德''崇聖'的道路,就是這樣一條光明向上的大道。"④

鄭午樓代表華僑崇聖大學籌建委員會敦請饒教授爲顧問團顧問,對饒教授給予高度的評價:

饒教授不僅國學淵博而又多才多藝,書法、國畫均有極高的造詣,精通數國語文,是《潮州志》的主編。數十年來足迹遍布美洲、歐洲、澳洲、中國及東南亞,應邀爲各著

---

① 黄景雲:《饒宗頤先生書畫展覽弁言》,泰國《星暹日報》,1978年8月5日。
② 《泰國潮州會館三樓開文物館辟"字畫影藝廳"》,泰國《星暹日報》,1978年8月17日。
③ 《潮州會館主席暨執委昨歡宴鄭午樓顧問饒宗頤教授》,泰國《星暹日報》,1978年8月10日。
④ 饒宗頤:《在泰皇御賜華僑崇聖大學泰文校名慶祝酒會上的演講》,泰國《中華日報》,1992年6月16日。

名大學講學,僅英法兩國已逾十次。曾歷任美國耶魯大學、中國中山大學、新加坡大學、香港大學、香港中文大學的教授。對中國敦煌石窟的佛教古迹,有很精深的研究,他的專門著作超過四十種,有關論文超過三百篇。被譽爲中國國學大師。饒教授莅泰期間,很熱心地爲本校提供了甚多寶貴的意見。本校在感激之餘,特敦請他爲顧問團的顧問。①

在泰期間,饒宗頤教授還訪問潮州會館,參觀文物館并贈送《選堂書畫楹聯初集》,受到該會館主席周鑒梅,副主席陳純、陳吳順、許朝鎮、胡玉麟、李光隆、吳梧藩等熱烈歡迎和宴請。

第六次,1994年3月23日,饒宗頤教授莅泰參加華僑崇聖大學落成揭幕盛典。是日,泰國國王普密蓬陛下幸臨該校主持揭幕儀式。饒教授由鄭午樓博士引薦,向泰國國王敬贈佛像作品。泰國國王大悅,并仔細詢問早期潮人移民泰國的路綫。鄭午樓博士代表華僑崇聖大學敦請饒教授爲該校顧問。而在此之前的1993年10月18日,華僑崇聖大學已聘請饒教授出任該校中華文化研究院院長。饒教授將該校的一座中式庭園建築名爲"逍遥園",爲其題匾,并於1994年3月爲該園寫了碑記:

  本大學既成立中華文化研究院,乃於崇聖紀念館旁拓地爲園,院長饒宗頤教授榜爲"逍遥園"。昔鳩摩羅什入秦,説法於逍遥園,十年之間,譯經九十八種,象教大興。本院既以弘揚儒釋教義,溝通泰華文化爲職志,所望法什公,建立丕績,用綴數語,以勵來兹。②

此處,饒教授借用鳩摩羅什入秦譯經事,"把中華文化在泰國定位爲外來文化,强調在泰國弘揚中華文化,務必使其與泰國的固有文化溝通……少説多做,講究實際;著力圖書資料建設,網羅優秀人才,重視泰中關係史的研究"③。他的這些主張,符合泰國的實際,獲得了鄭午樓博士的認同。華僑崇聖大學專設華文圖書館,收藏華文圖書,"其數量和品質,不僅在泰國首屈一指,在東南亞諸國家中,恐也名屬前列"④。在鄭午樓的支持下,饒宗頤教授還以該校中華文化研究院的名義,與北京清華大學國際漢學研究所、廣州中山大學中華文化中心聯合,主辦了高級學術刊物《華學》。該刊第一期於1995年面世,第七期主辦

---

① 鄭午樓:《在泰皇御賜華僑崇聖大學泰文校名慶祝酒會上的致詞》,泰國《中華日報》,1992年6月16日。
② 林悟殊:《饒宗頤教授與泰國華人文化》,曾憲通《饒宗頤學術研討會論文集》,香港:翰墨軒出版有限公司,1997年,第362頁。
③ 林悟殊:《饒宗頤教授與泰國華人文化》,曾憲通《饒宗頤學術研討會論文集》,香港:翰墨軒出版有限公司,1997年,第362頁。
④ 林悟殊:《饒宗頤教授與泰國華人文化》,曾憲通《饒宗頤學術研討會論文集》,香港:翰墨軒出版有限公司,1997年,第362頁。

單位增加香港大學饒宗頤學術館。又以該院的名義，與香港敦煌吐魯番研究中心合作，出版研究叢刊，先後出版饒教授與李均明先生合著的《新莽簡輯證》《敦煌漢簡編年史考證》，王素《吐魯番出土高昌文獻編年》等書。這些對於迅速提高華僑崇聖大學的學術知名度，無疑頗有意義。

（1994年3月）25日下午，在鄭午樓主持下，饒宗頤教授和來自中國北京大學資深教授季羨林應邀在曼谷世界貿易中心作演講。出席演講會的有泰國中華總商會主席鄭明如、東方文化書院院長陳貞煜，以及泰華文教界人士李飄萍、袁經倫、許昭、饒迪華等近200人。饒教授以《聖凡之間：生命高層次的追求》爲題發表演講，茲節錄其中最被泰華人士推崇的一段精辟論述：

> 聖大有她締造艱辛的歷史，由報德堂發展醫院，到醫學院，然後擴大成大學。原初本著大峰祖師慈悲爲懷，多種福德，以佛教精神，"廣大無邊，上下普遍，極善修習"，累積幾乎近百年的物力、人力、地緣、血緣、個人、團體力量的總和，纔有今日的成果。換句話説，把"爲善最樂""止於至善"的精神加以擴大、充實，最後方有聖大的產生。
> 如果問大學應爲華人社會做的是甚麽？簡單一句話，大學指示我們從生命高層次去追求，"崇德廣業""由凡入聖"，秉承報德的菩提心，把這顆菩提心種子多多播種，這便是聖道的根苗，是正確的道路（正道）。①

第七次，1995年12月5日至9日，饒宗頤教授再次蒞臨泰國舉辦書畫展。是次書畫展由華僑崇聖大學、泰國中華總商會、潮州會館、潮屬十縣同鄉會聯合主辦，在京華銀行總行大禮堂舉行，由當時泰華社會最具名望的4位僑領鄭午樓、謝慧如、鄭明如、周鑒梅聯合主持揭幕剪彩儀式。出席書畫展開幕式的泰華僑領、社會賢達、文化人士、各界嘉賓數百人，是"泰華最高規格的文化藝術活動，成爲泰中藝術交流史上光輝的一頁"②。是次展出作品，計有書畫共159幅，其中大部分曾分別選刊於《饒宗頤書畫集》《饒宗頤翰墨》《饒宗頤書畫》等，亦有部分是饒老近作，反映饒老書畫的各種特色，包括饒老最鍾意的登峰巨作"金箋山水四連展"，畫面壯闊，金碧輝煌，山巒叠嶂，氣勢萬千，左右配以巨聯一對，令人嘆爲觀止。展出的"泰半作品，現爲泰華諸多僑領名流所收藏，其中以鄭午樓博士收藏最多，次爲謝慧如主席……泰華現有的六家日報和一家周刊，均把這次書畫展視爲泰華藝壇盛事，大加宣傳。在書畫展舉行及其前後的時間，每家都至少刊登兩篇評介饒教授學術和書畫成就的文章；就展覽本身，各家日報均先後刊登了三四篇報導"③。"在泰華上流社會

---

① 饒宗頤：《聖凡之間：生命的高層次的追求》，泰國《星暹日報》，1994年3月28日。
② 《饒宗頤教授書畫展明天京華銀行揭幕》，泰國《星暹日報》，1997年12月4日。林悟殊：《饒宗頤教授與泰國華人文化》，曾憲通《饒宗頤學術研討會論文集》，香港：翰墨軒出版有限公司，1997年，第361頁。
③ 林悟殊：《饒宗頤教授與泰國華人文化》，曾憲通《饒宗頤學術研討會論文集》，香港：翰墨軒出版有限公司，1997年，第361頁。

中，即便是對於書畫藝術純屬門外漢的人士，對饒教授的書畫，也有一種特別的感情，以得到其墨寶爲榮，以藏有其書畫爲幸。"①

在此次泰國之行，饒宗頤教授還作了題爲《華人入暹年代史實的探索——早期中泰關係史二三事》的專題演講。② 饒宗頤教授此次演講，緣起於上面已提到的，在華僑崇聖大學揭幕式上，泰國國王陛下對早期潮人移民泰國歷史的垂問。饒教授以泰北清邁地區發現的前代傜人漢文書，證明12世紀末期至13世紀初年，華人在蒙古人逼迫下逃亡入暹的史實；又以元代《暹國回使歌》説明14世紀初葉，暹國已派通曉兩國語文的華人充當使節。泰華學者黎道綱先生曾於1996年2月6日在曼谷《星暹日報》上發表長篇論文，認爲"饒宗頤教授的《華人入暹年代史實的探索——早期中泰關係史二三事》是一篇很有價值的論文"。其中的論證"合情合理，極有創見"。

當時在泰國工作的中山大學林悟殊教授也撰文指出："在學風問題上，饒宗頤教授的演講和論文給我們樹立了良好的典範。""身爲泰國華僑崇聖大學中華文化研究院院長的饒宗頤教授，在泰國的京城曼谷發表這樣的學術演講，并在泰華報紙同時發表如是的學術論文，其更重大的意義乃在於：爲華僑崇聖大學、爲泰華學術界做了一次良好的學風示範，這一示範所帶來的影響比其論文的具體内容，恐更爲深遠。"③

結 語

饒宗頤教授既有中國傳統文化的深厚根底，又旁通西文治學門徑，不僅在敦煌學、甲骨文、簡帛學，以及中外交通史方面都有獨創性的貢獻，在史學、詞學、楚辭學、考古學、藝術史諸方面亦皆成果卓著，開拓了許多新的研究領域，填補了中國學術史上不少空白，是一位國際漢學界公認的大師。至今，活躍在文化界的潮人，造詣之高、名望之卓者，無出其右。饒教授博學多才，又謙遜待人，在泰華社會中人緣甚佳，威信崇高。

饒宗頤教授與泰國的緣分，源遠流長，發端於《潮州志》的編纂，植基於與泰華諸多僑領的深厚友誼，歷久彌堅。泰華各界對饒教授的學術和藝術予以大力支持，又把饒教授目爲他們的一面文化旗幟，當爲中華文化、潮州文化的象徵，對他的崇敬，實際是對包括潮州文化在内的中華文化的認同。這當然與海外潮人熱愛故土的情結是分不開的。

---

① 林悟殊：《饒宗頤教授與泰國華人文化》，曾憲通《饒宗頤學術研討會論文集》，香港：翰墨軒出版有限公司，1997年，第359頁。
② 《饒宗頤教授學術講座明天假京華銀行舉行》，泰國《星暹日報》，1995年12月8日。演講全文同日刊發，後收入《饒宗頤二十世紀學術文集》卷七《中外關係史論集》，臺灣：新文豐出版公司，2003年10月，第311～323頁。
③ 林悟殊：《學風的示範——拜讀饒宗頤教授〈華人入暹年代史實的探索〉有感》，泰國《世界日報》，1995年12月19日。

饒宗頤辭賦駢文分類舉隅

陳　偉

（潮州市饒宗頤學術館）

一

　　自五四運動錢玄同等人瘋狂地辱罵"選學妖孽，桐城謬種"之後，辭賦駢文在近現代文學中已幾成絕響。然誠如朱光潛所言："文學上衹有好壞之別，沒有什麼新舊左右之別。"①用白話文粗暴地打倒所有古典文體，而美其名曰"文學革命"，這樣的暴力"革命"一旦瘋狂開始，就意味著中國文化百年來的浩劫命運已經不可避免。近30年來，賦學的研究纔得以存亡續絕，重新興起。

　　選堂饒宗頤教授一直是當代賦學的宣導者，1975年他撰著的《選堂賦話》，是其賦學研究的一個總結。此後，這種宣導和研究一直持續數十年。1992年香港中文大學舉辦第二屆國際賦學會議，特邀饒公演講，他總結說："一九七五年余撰《選堂賦話》，何沛雄博士刊於《賦話六種》中，拙作小引指出：'賦學之衰，無如今日，文學史家直以冢中枯骨目之，非持平之論也。'自此以後，國際學人，不斷對《文選》及辭賦加以鑽研……時至今日，賦學重興，實非始料所及。是次賦學會議，集大陸、臺灣、港澳、日、韓、美國的學者於一堂，切磋琢磨，提交論文達五十篇之多，賦學昌隆，可謂空前矣！"②可見饒公對當代賦學復興所做的重要貢獻。

　　饒公不僅是理論家，他的辭賦創作也取得了足以頡頏古人的成就。饒公號選堂，其中一個義便是"平生治學，所好迭異。幼嗜文學，寢饋蕭《選》；以此書講授上庠歷三十年"③。

---

①　朱光潛主編：《文學雜誌·復刊卷頭語》，1947年6月。
②　饒宗頤：《饒宗頤二十世紀學術文集》卷一一《文學》，北京：中國人民大學出版社，2009年，第474頁。
③　饒宗頤：《固庵文錄》，瀋陽：遼寧教育出版社，2000年，第207頁。

選堂對《文選》有著精深的研究,而《文選》正是辭賦駢文的淵藪。他精熟《文選》,工於駢體。別人眼中的"冢中枯骨",到饒公手上,却焕發出新的生命。錢仲聯先生對其辭賦駢文有極高的評價:"其爲賦十三篇,皆不作鮑照以後語,無論唐人。其餘頌、贊、銘、序、雜文、譯文,皆能以古茂之筆,抒新紀之思。所頌者如法南獵士谷史前洞窟壁畫,所贊者如馬王堆帛書《易經》,所序者如《殷代貞卜人物通考》,所譯者如《梨俱吠陀無無頌》《近東開闢史詩》,非尋常篤古之士所能措手也。儷體得此,别開生面。容甫如見,得毋瞠目。"①饒公的辭賦駢文作品不僅繼承了這一瀕臨滅絶的傳統文學體裁,而且使其得到進一步的發展,豐富了古典體裁的表現力,延續了古典文學的生命。選堂這些作品的存在,是現當代中國文學的珍貴財富,值得我們認真地研究,好好地繼承。他同時也爲當代中國文學提供了一個特别的榜樣,在"五四"以來的新文學之外,爲我們樹立了一個古典文學在現當代獲得新生的榜樣。

二

關於饒公辭賦駢文的版本,其所著《固庵文録》(臺灣新文豐出版公司,1989年9月版)收録"儷體篇"40篇文章,其中賦13篇,駢文27篇。《清暉集》(海天出版社,2006年版),標名爲"饒宗頤韵文駢文創作合集","韵文集"由三部分組成:賦13篇、詩、詞,"駢文集"30篇。但在《饒宗頤二十世紀學術文集》卷一四中,將賦13篇連同駢文之序、吊文、題跋、銘、頌、啓25篇編爲《選堂賦存》,無辭賦與駢文之區别,共38篇。這前後三次收録的内容略有增減,分類的名稱亦略有不同。考夫辭賦與駢文,其源雖一,而文體實異,故今仍以"辭賦駢文"并稱選堂這些文章。其中以《清暉集》所收文章最多,共43篇,本文即以此爲研究對像。

這些辭賦駢文在表現手法與修辭方面都有排比、對偶、用典、藻飾、講究聲調等特點,是選堂文學創作中最爲精美,同時也是最爲難懂的作品。相對於詩詞而言,辭賦駢文在用典、藻飾方面更爲繁博,是作者古典修養的綜合體現。可以説,選堂的辭賦駢文是他文學創作中最爲艱深的一種體裁。

選堂的43篇辭賦駢文,從文體論可以分成7類。

饒宗頤辭賦駢文分類表

文體	篇數	文章名稱
賦	13	《宋王臺賦》《馬矢賦——并序》《斗室賦》《白雲賦——并序》《囚城賦——并序》《燭賦》《蒲甘賦》《寥天一閣沙礫琴賦》《龍壁賦——并序》《蟹賦》《觀雲賦——并序》《祠榻賦——并序》《落花生賦》

---

① 饒宗頤:《固庵文録》,瀋陽:遼寧教育出版社,2000年,卷首錢序。

(續表)

文體	篇數	文章名稱
序	17	《廷鞫實録序》《詞樂叢刊序》《儀端館詞序》《茶經注序》《説勢序劉海粟翁書畫》《世説新語校箋序》《太平天國典制通考序》《洛陽伽藍記校箋序》《外丹黄白術四種序》《老子想爾注校箋自序》《敦煌邀真贊校録并研究序》《韓山志自序》《殷代貞卜人物通考自序》《詞學理論綜考序》《畫展自叙》《送羅元一教授榮休序》《戴密微教授八十壽序》
題跋	3	《馬王堆帛書〈易經〉贊》《歷代勝流畫竹贊》《題高儼畫贈釋成鷲圖卷》
吊文	3	《汨羅吊屈子文》《長沙吊賈生文》《常熟吊柳蘼蕪文》
銘	3	《越王勾踐(鳩淺)劍銘——并序》《琴臺銘》《靈渡山杯渡井銘》
頌（附譯文）	3	《法南獵士谷(Lauscaux)史前洞窟壁畫頌——并序》《梨俱吠陀無無頌》《近東開闢史詩》
啓	1	《芳洲詞社啓》

其中，又以賦和序篇數最多，占三分之二強。而每一文體，都各有其特色，故以下擬分類論之。

（一）賦

賦者，古詩之流，一變爲《楚辭》之騷體，再變爲漢之"大賦"，歷魏晉六朝而變爲俳賦，至唐而變爲律賦，經宋而變爲文賦。故今統以"辭賦"稱之。劉勰《文心雕龍·詮賦》曰："賦者，鋪也。鋪采摛文，體物寫志也。"

饒公的辭賦共有 13 篇，皆屬於"體物"的範圍之内。而關於辭賦之"寫志"，選堂更是有感於衷，他在《選堂賦話》中曰："賦者，古詩之流也。詩言志，賦亦道志，故漢人或稱賦爲詩。莊夫子《哀時命》云：'志憾恨而不逞兮，抒中情而屬詩。'王褒《九懷》云：'悲九州兮靡君，撫昔嘆兮作詩。'劉向《九嘆》云：'舒情陳詩，冀以自免兮。'文廷式嘗舉此三例以明賦亦可謂之詩，見《純常子枝語》二十六。余謂屈賦《九歌》已云：'展詩兮會舞。'《九章》亦云：'介眇志之所惑兮，竊賦詩之所明。'展詩、賦詩，同以見志。此亦以詩代賦之先例，可補文氏之説。《漢書·藝文志》云：'學詩之士，逸在布衣，而賢人失志之賦作矣。'《楚辭》自屈以下至莊忌、王、劉之流，俱爲失志之賦，名雖曰賦，其旨仍無以異於詩也。"①既有此體

---

① 饒宗頤：《清暉集》，深圳：海天出版社，2006 年，第 19 頁。

認,自會融貫於其創作之中,故饒公辭賦的一大特色就是援史筆入賦,擅於言志。特別是青年時期寫與抗戰有關的幾篇名賦,充滿愛國精神,極富時代意義。《馬矢賦》一篇,寫潮州淪陷之一年,發生大饑荒,民致以拾馬糞而食。饒公聞而悲之,遂作是賦。斯題斯旨,實爲前古之所無。陶秋英女士極喜誦之,許爲抗戰文學之奇構,世早有定評。另如《斗室賦》《囚城賦》,亦皆沉雄慷慨。《斗室賦》曰:

> 何烽燧之連延兮,悼百姓之震愆。紛湖海其洶沸兮,逢否塞而播遷。願輕舉而無因兮,獨迫厄其誰告。從二生以抱道兮,胡爲乎茬此瓊島。非食玉英於瑤圃兮,雖信美爲誰嫵。佴魴魚之頳尾兮,惜未邇乎父母。魂迁迁其疇依兮,聊偃息於茲土。室小既不堪容膝兮,非泉明所能適。尋伯通而難接兮,乞廡下而不得。緬伯鸞之逸躅兮,志菲菲以升降。招《國殤》於八埏兮,寧獨哀夫江南。思夫古之立國兮,羌每制於戎虜。豈北強而南爽兮,曾無以喻其故。惟循環之既極兮,寓淘汰於自然。化甋鄉而爲淳俗兮,世或鮮留意焉。繄始屯而終亨兮,固凡物之極則。生憂患而死安樂兮,亮今古之所共悉。彼越人之教訓兮,卒十載而沼吳。信內荏而弸其外兮,自顛覆而有餘。悟殷鑒之不遠兮,將奚爲而不懌。望巨波之滉瀁兮,悼何人與抗迹。泪徂秋而徠春兮,吾焉長此而爲客。傷洙泗之敝屣兮,從幾遽以嬉游。續佚狐之餘緒兮,明吾道乎春秋。求魯連於海隅兮,幸神明之與休。繞斗室以回皇兮,結長悲乎萬里。相覽觀於四極兮,果惟此容吾可止。懷瑾瑜而履信兮,服儒服於終身。覬中興之目睹兮,又何怨夫遺播之民。
>
> 亂曰:一枝之上,巢父安兮。自得之場,足般桓兮。獨守仄陋,尚前賢兮。紉彼秋蘭,斯獨全兮。①

此文作於1939年,時正值抗戰之艱難時刻,中山大學遷校於雲南澂江,饒公應聘前往,取道鯊魚涌至香港,擬轉赴滇,途中染上惡性瘧疾,遂滯留香港,困居一室,直至1942年底香港淪陷,纔回潮州。《斗室賦》即寫於這段時間,從中可以感受到選堂"貧賤不能移"、窮居抱道的節慨。"在賦中,作者抒寫了自己在日寇侵略、烽燧彌漫中的憂國憂民之情,表達了卧薪嘗膽、中興有日的堅定信念,抒發了在斗室中效法前賢,從事學術研究以闡揚民族文化精神的決心。斗室固然狹仄,但以'自得'之心、'獨守'之志,足可'盤桓',如秋蘭在百花凋殘後之可以'獨全'。寥寥數語,充分表現了青年饒宗頤的獨立而堅毅的人格精神。"②這篇賦雖是由個人寫起,但其中又關乎整個國家的歷史命運,國家之歷史乃由無數個人之歷史凝結而成,從這個角度説,此賦也有史筆的意味。另外,從賦中的"續佚狐之餘緒兮,明吾道乎春秋""懷瑾瑜而履信兮,服儒服於終身"等句,我們可以深切地體會到賦中

---

① 饒宗頤:《斗室賦》:《饒宗頤二十世紀學術文集》卷一四,第281頁。
② 趙松元:《論選堂的生命精神》,趙松元、劉夢芙、陳偉《選堂詩詞論稿》,合肥:黃山書社,2009年,第6~7頁。

"言志"的意味。另如《囚城賦——并序》:

> 蟻居蒙山,危城坐困。妖氛未豁,泆沕交雜。丘壑草木,皆狴牢也。感柳子厚有《囚山》之賦,故反其意作是篇。其辭曰:
>
> 惟重陰之凝沍兮,豈一陽之已微。饑毛食而寒裸跣兮,民昏墊而安歸。風騰波涌更相駘藉兮,爭曳曳以避虜。憎短狐之伺景兮,益雄虺以齊斧。歲崢嶸而愁暮兮,非終風而曀霾。紛霎霎以淫雨兮,蔽山林之畏佳。集榛棘於堂陛兮,戲麏鼯於閭閻。莽黃埃於四野兮,獸狂顧而人立。天降酷嗟無常兮,無爲惆憶而紛紜。羌山憖而海懟兮,何犬戎之足吞。"非豕吾爲牢兮,非兕吾爲柙。"怪柳侯之讕言兮,會斬蓬蒿而去攕擭。吁嗟乎,日月可以韜晦兮,蒼穹可以頹圮。肝腦可以塗地兮,金鐵可以銷毀。惟天地之勁氣兮,歷鴻蒙而終始。踽踽涼涼兮,孰得而陵夷之。鼓之以雷霆兮,震萬類而齊之。予獨立而縹緲兮,願守此以終古。從鄒子於黍穀兮,待吹暖乎荒土。聽鳴笛之憤怒兮,知此志之不可以侮。倘天漏之可補兮,又何幽昧之足懼也。①

1944年,饒公任教無錫國專,時國專遷往廣西蒙山。冬,蒙山淪陷,饒公逃難到瑤山。他説:"瑤山是蒙山再進去……當時國專的狀況極慘。日本人已占領廣西,連我住的瑤山的縣城也被占領了,我們遷住龍頭村。我有一詩中説:'餘生懸虎口,盡室寄龍頭。萬户多荆杞,孤村有戍樓。'是當時的真實寫照。……我得到龍頭村李家的供養,在那裏寫了《囚城賦》等。"②此賦作於抗日戰爭最艱苦的年月,饒公與無錫國專的同仁疏散奔走於蒙山之中,在日寇"妖氛未豁"的情況下,"丘壑草木,皆狴牢也",有如囚城。饒公在賦中對民族氣節的歌吟,表現了自己絕不可侮、與天地共老的獨立特行之志,不愧爲"抗戰文學之奇構"。

此外,饒公的辭賦還有寫親情者,如《白雲賦——并序》之悼其祖母之亡,其末段曰:

> 騞噩耗之遙傳兮,忍徒跣而雞斯。乾我肝而焦我肺兮,獨長號而漣洏。初疑信其參半兮,猶望望而汲汲。冀魂夢之一通兮,終焉悵愴惚愾而莫及。哀鳥獸之失群兮,必反巡其故鄉。尚鳴號而踟躕兮,或逾時而回翔。彼燕雀猶有啁噍之頃兮,況生民之貞良。恐寥廓而無歸兮,托餘情於寒螿。潄哀思於無垠兮,瞻雲樹而趑趄。雖百身而莫贖兮,寧盡乎期年之通喪。披麻衣而踴悲兮,究年歲而不敢忘。③

此段寫情到了至悲,除了"忍徒跣而雞斯"用《禮記·問喪》"親始死,雞斯徒跣","猶望望而汲汲"用《禮記·問喪》"其往送也,望望然,汲汲然,如有追而弗及也"之典外,其他

---

① 饒宗頤:《囚城賦》,《饒宗頤二十世紀學術文集》卷一四,第284頁。
② 饒宗頤述,胡曉明、李瑞明整理:《饒宗頤學述》,杭州:浙江人民出版社,2000年,第16~17頁。
③ 饒宗頤:《白雲賦——并序》,《饒宗頤二十世紀學術文集》卷一四,第282~283頁。

大部分以白描和比興出之。聽到噩耗傳來,先以一段白描寫自己得報肝爲之乾,肺爲之焦,痛哭流涕。既而不敢相信,希望能通過夢魂一見祖母。接著是一段比興:通過鳥獸尚知回翔返鄉,燕雀喪其親,尚知嗁噍不忍去,何況人乎!然後纔寫到自身澈哀思於無垠,瞻雲樹而趦蹌,最終以百身莫贖,披麻踴悲,没齒不忘來表達對祖母的哀悼。文章寫得至情至性,令人讀之肝腸寸斷。

饒公的生母蔡氏,生下他的第二年就不幸去世了。饒公由其祖母撫養成人,故感情尤深。此篇作於1941年,悼祖母之亡,字字血淚,感人肺腑,可與李密《陳情表》并傳,是饒公辭賦中另一篇不可磨滅的佳作。

(二)序

序之起源,明代吴訥曰:"《爾雅》云:'序,緒也。'序之體,始於《詩》之《大序》,首言六義,次言風雅之變,又次言二南王化之自。其言次第有序,故謂之序也。"① 後來序又分化成兩種,"東萊云'凡序文籍,當序作者之意;如贈送燕集等作,又當隨事以序其實也'"②。一種是文集的序,如蕭統的《文選序》;一種是贈送燕集的序,燕集的如王羲之的《蘭亭集序》,贈送的如韓愈的《送孟東野序》。選堂的序,大部分是文集的序,屬於"贈送"的序祇有兩篇:《送羅元一教授榮休序》和《戴密微教授八十壽序》。這17篇序涉及潮學、詞學、書畫藝術學、歷史學、宗教學、敦煌學、甲骨學等不同學科,以駢文之形式,寫學術之美文,兼學人與才子而爲一,將博奧與雅麗熔爲一爐,嘆爲觀止。比如《詞樂叢刊序》:

若夫《九歌》嗣韵,鷗飛目眩乎波濤;三代遺音,弦絶涕沾於巾屨。付江山與啼鴂,芳躅雲遥;伴欄杆於雲時,明璫安在。洞庭張樂,疇庚黄帝之鹽;鸚鵡泊舟,愁聽翠樓之弄。況復飲筵競唱,想温岐楊柳之醉;急節回身,誦韓偓櫻桃之句。至如石槽鐵撥,賀老之譜無傳;鳳尾龍香,霓裳之曲已罷。黄雲馬上,難返明妃之魂;青眼尊前,亦墜江州之泪。古調隨家山以撒却,新腔逐凉瓦而颯飛。林薄虚籟,鶯鶯無聲,水面冷香,琵琶誰撥。王風蔓草,可勝嘆哉!

近歲西域搜奇,遺書間出。伊州水鼓,猶著舊曲之工尺;浣紗歸雲,可續醉鄉之日月。於是證龍門之造像,粗定"逢揖"之文。問扶桑之管弦,略譜"火急"之義。冥行擿埴,析分刌於微茫;懸解豁通,似重昏之夜曉。至於白石自度,極山林縹緲之思;俗字旁行,惜波磔奇胲難辨。故雖夢溪、玉田,間或存乎管色;而文虎、大鶴,時復病其乖方。遂使麓笛莫審其折字之音,鬐箎無徵於凄凉之調。爰以暇日,稍涉記注。峭聲可案,數混成舊集之殘行;律字差通,繹長崎魏家之舊譜。存墜緒之一綫,窮逸響於千秋。

武進趙先生叔雍見而悦之。觸類感物,揚榷有加;操斧伐柯,取則不遠。風塵寥落,獨尋弦外之知音;攬古低徊,聊博酒邊之莞爾。紅牙付拍,隱約其情;白雲在天,依

---

① [明]吴訥:《文章辨體序説》,北京:人民文學出版社,1998年,第42頁。
② [明]吴訥:《文章辨體序説》,北京:人民文學出版社,1998年,第42頁。

稀廣樂。雲縑短楮，留取心魂；覆瓿代薪，事傷旦暮。世無作者，空對紅蕚而何言；倘有詞仙，庶拾幽蘭於不墜云爾。

丙申暮春

1958 年 10 月饒公與趙尊嶽合著的《詞樂叢刊》，由香港坐忘齋出版。此序寫於 1956 年暮春。句式以四六爲主，不押韵。文章本無分段，現按内容將其斷爲三段。首段溯詞樂之源，舉歷代之韵事以爲鋪張。行文以流暢華美爲主，此才人之筆也。二段述近世之研究，進入《詞樂叢刊》的主題，舉近世敦煌出土文獻涉及詞樂之若干重大問題，如敦煌文獻中"逢挃"之文、"火急"之義，皆爲饒公夙所精研者。又折冲前人白石、夢溪、玉田、文虎、大鶴之論，以辨"俗字""管色""折字"等詞學之概念。此爲饒公濃縮《詞樂叢刊》内容之精華，而以駢體出之，其中所涉皆爲詞學之前沿學説，是爲學人之筆，以精奧爲其特色。末段述與趙尊嶽合作之因緣，又以才人之筆出之，寫得冲和嘽緩，風神搖曳，讀之如見《世説》中人，已入六朝之堂奥。一篇之中，前後雅麗，乃疏也；中間奥博，故密也。寫法用筆不同，而各盡其妙，是其"兼學人與才子於一身"的代表之作。文中錯彩紛繁，令人應接不暇，特别是中間一段，事典極爲專業，不啻一篇近世詞樂研究史。非博學專精如選堂者，孰能爲之！

此外，序中如《太平天國典制通考序》《外丹黄白術四種序》《老子想爾注校箋自序》《敦煌邈真贊校録并研究序》《殷代貞卜人物通考自序》皆奥衍宏博，爲其尖端學術之表現。才子退而學者進，是其學人賦之代表，更爲難讀，非淺學如某者所敢置喙。

饒公這 17 篇序，名篇尚多，兹再舉一例，如《茶經注序》：

> 夫寄遐尚於本味者，聊悦志而益思；標性情於苦荈者，或輕身而換骨。是以托生陵谷，爰錫嘉名；麗矚烟霞，宜招隱士。況復吮毫賫素，結自得之娯；虬篆琅書，表獨往之願。尋行作注，何須絶代之詁音；酌水能甘，且辨胸中之涇渭。此猶無言可以彈秋，緣源儘堪稅駕。會心非遠，存乎其人而已。
>
> 吾友何君蒙夫，工品茶、蓄名具，爲熱爲冷，問飲庶幾於任瞻；曰檟曰茶，辨名差同於陸羽。既爲《茶經》作注，屬圖其事，復乞爲序。余與蒙夫，論交日久，神栖桂嶺，誼狎鷗盟，樂彼峥泓，共耽苦澀，助此蕭爽，鬱爲文章。西山坐揖，任虞仲之放言；北海盍簪，看王粲之倒屣。一彈指頃，遂三十年；塵事波馳，鬢絲雪似。著書人外，肯托於繁音；瀹茗花間，無矜乎别調。墾源包貢，嘗圖供春之壺；緗盒碾香，亦襲石梅之碗。欲問渠之何識，譬以暗而投人；曰昭昭乎易馳，思惘惘其何適。枯腸作響，搜攬十載之燈檠；杞菊未荒，綴葺一卷之文字。但資撫掌，不必移樽，且比看山，還供拄笏。

弟饒宗頤謹序①

---

① 饒宗頤：《茶經注序》，《饒宗頤二十世紀學術文集》卷一四，第 322 頁。

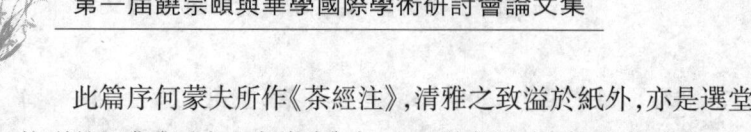

此篇序何蒙夫所作《茶經注》,清雅之致溢於紙外,亦是選堂的四六名篇。選堂好友羅忼烈的詞集《兩小山齋樂府》中,有一首《沁園春》,前有小序曰:"何蒙夫欲注陸羽《茶經》,久未下筆,選堂爲作煮茶注經圖矣,余因效龍洲寄辛稼軒體,題畫後以爲速之。時癸丑十二魚月初吉,會於選堂寓廬。"按:癸未爲1973年,饒公此序應寫於1973—1974年。

文中用了許多與茶有關的典實,例如"爲熱爲冷,問飲庶幾於任瞻",典出《世説新語·紕漏》:"任育長年少時,甚有令名。武帝崩,選百二十挽郎,一時之秀彦,育長亦在其中。王安豐選女婿,從挽郎搜其勝者,且擇取四人,任猶在其中。童少時,神明可愛,時人謂育長影亦好。自過江,便失志。王丞相請先度時賢共至石頭迎之,猶作曠日相待,一見便覺有異。坐席竟,下飲,便問人云:'此爲茶,爲茗?'覺有異色,乃自申明云:'向問飲爲熱爲冷耳。'嘗行從棺邸下度,流涕悲哀。王丞相聞之,曰:'此是有情痴。'"任瞻,字育長,曾任僕射、都尉、天門太守。"曰檟曰茶,辨名差同於陸羽",指唐代陸羽《茶經》:"茶者,南方之嘉木也。……其字,或從草,或從木,或草木并。其名,一曰茶,二曰檟,三曰蔎,四曰茗,五曰荈。""壑源包貢,嘗圖供春之壺",壑源揀芽茶,爲宋代珍貴貢品。供春爲明代製作紫砂壺的名家。其原名龔春,江蘇宜興人,生活在明正德、嘉靖年間。"已襲石梅之碗",朱堅,清代嘉慶、道光間(1796—1850)人,字石梅,一作石楳,又作石眉、石某。山陰(今浙江紹興)人,生卒不詳。與沈存周齊名,以精錫製成茗壺,作砂胎錫壺,爲其創制。清代蔣茝生《墨林今話續編》:"朱石梅堅,山陰人,工鑒賞,多巧思。沙胎錫壺,是其創制。著有《壺史》一册,嘉、道以來,名士題吟殆遍。"

第二段中間橫插一段:"余與蒙夫,論交日久,神栖桂嶺,誼狎鷗盟,樂彼峥泓,共耽苦澀,助此蕭爽,鬱爲文章。西山坐捃,任虞仲之放言;北海盍簪,看王粲之倒屣。一彈指頃,遂三十年;塵事波馳,鬢絲雪似。著書人外,肯托於繁音;淪茗花間,無矜乎別調。"叙與何蒙夫之交情,亦是神來之筆。何蒙夫是廣東順德人。選堂好友羅忼烈的詞集《兩小山齋樂府》中,有一首《鷓鴣天》,序曰:"老友順德何覺蒙夫,早歲於是中山大學攻動物學,來香港則教中文,近已退休。余過其所居斗室,案頭但有明瓦硯一臺、《茶經》一卷、時花數枝、蒲草一盂。此外則遍地皆奇石,殆無置足處。因戲贈小詞,且嵌其名於句中。"詞曰:"射虎屠龍兩未成,雕蟲分作老儒生。緣何抱膝吟梁父,不覺低頭拜石兄。摩古硯,疏茶經,江花江草鑄幽情。於今始解閑中好,説與旁人不易聽。"可以略見其爲人。饒公與何蒙夫抗戰時期曾同在廣西桂林。他們兩人的共同好友羅忼烈的詞集《兩小山齋樂府》中,有一首《紅林擒近》述及饒、何的這段交往,其小序曰:"二十八年前,何蒙夫避地臨桂,卜居陽朔講學,訪陸放翁遺迹,得摩崖詩境二字,因以名其廬。亂後難歸,饒子選堂爲作詩境廬圖。比來老於海澨,每念昔游,中宵披覽,仿佛隔世。丙午秋,挈卷索題。"丙午爲1966年,28年前即1938年。這就是饒公文中"神栖桂嶺,誼狎鷗盟"的來歷。

(三)題跋

關於題跋一體的來歷,明代吳訥曰:"按蒼崖《金石例》云:'跋者,隨題以贊語於後,前

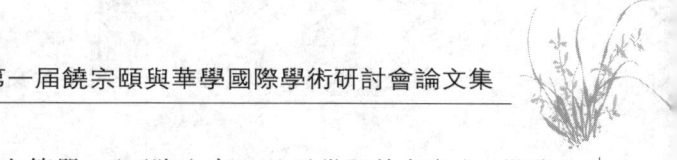

有序引，當掇其有關大體者以表章之，須明白簡嚴，不可墮入窠臼。'予嘗即其言考之，漢晉諸集，題跋不載。至唐韓柳始有讀某書及讀某文題其後之名。迨宋歐曾而後，始有跋語，然其辭意亦無大相遠也。故《文鑒》《文類》總編之曰'題跋'而已。"題跋與序言不同，序言必須總括全篇大義，而題跋則可隨感而書，但寫心得，所以比序言更加自由即興，短小精悍。故其要求也有別於其他文體，正如近世疏齋盧公又云："跋，取古詩'狼跋其胡'之義，狼行則前躐其胡。故跋語不可太多，多則冗；尾語宜峭拔，使不可加。'若然，則跋比題與書，尤貴乎簡峭也。"① 選堂有三篇題跋，其中《歷代勝流畫竹贊》《題高儼畫贈釋成鷲圖卷》，都是題前人名畫之作，另有一篇《馬王堆帛書〈易經〉贊》，都能深得"簡峭"的精髓，往往寥寥數語，立見精神。其中尤以《題高儼畫贈釋成鷲圖卷》一文，堪稱代表：

  此高望公庚申續贈迹删上人入隱西寧山圖卷也。秋林人瘦，川途迹稀。穗乎不穫，泣嗚咽之流泉；著句未遑，憯拂殺之風雨。歸來城郭，六翮何之；大去河山，十邵猶昔。出家無日，隱語堪悲；鬻劍寧謀，飄零誰恤。鶴幹霜髭，仵海天之漠漠；白雲蒼狗，望鍾阜而茫茫。咏胡馬之長嘶，守舊廬而不去。摩挲畫迹，甘作詩僧。喜紙墨之未渝，慟江陵之道盡。把南國之遺韵，無限低徊；歸北田之後人，尚欣有托。毋令剡溪生盡，負荆軻寒水之盟；忍見玉軸揚灰，懷魯恭複壁之恨。

甲寅清和選堂題②

  此篇爲饒公1974年之作，行文以四六爲主，不押韵。而節奏點上多用仄聲字作結，以"雨""昔""恤""漠""去""盡""托""恨"等仄字穩住陣腳，故而音節沉鬱抗墜。所題者爲明末清初畫家高儼贈釋成鷲的畫作。高儼（1616—1689），字望公。廣東新會人，明末清初畫家，尤善山水，不依傍古人門户，筆墨蒼勁渾厚，晚年益精。"迹删上人"即釋成鷲（1637—1719），本名方顓愷，字麟趾，法號迹删成鷲。明末孝廉方國華之子，番禺韋涌人。少年時適逢國難，歷經種種艱辛，中年皈依佛門。曾秘密進行反清活動。

  饒公此文正是寫釋成鷲的故國山河之悲，復國無門之慟，故多用其本事。如"出家無日，隱語堪悲"，鄧之誠《清詩紀事初編》曰："（成鷲）與陶璜、何絳結生死之交。璜字握山，絳字不偕。致握山地下書，屢言握山失却出家機會，蓋以出家爲隱語，即謀恢復再造，璜、絳皆熟於海上，奉永曆正朔者。故成鷲往澳門主普濟禪院。又嘗渡海至瓊州。縱迹突兀，實有所圖。""鬻劍寧謀"用成鷲《鬻劍詩》序："嘗蓄古劍承景，藏之十年，以待不平。今既平矣，無所用之"之意。鬻劍即賣劍，寧謀即息謀，亦序中"無所用之"之意。"鶴幹霜髭"語出"（成鷲）撰《咸陟堂詩集》十八卷、文集二十五卷，有康熙四十六年李來章序，稱其鶴

---

① ［明］吴訥：《文章辨體序説》，北京：人民文學出版社，1998年，第45頁。
② 饒宗頤：《題高儼畫贈釋成鷲圖卷》，《饒宗頤二十世紀學術文集》卷一四，第333頁。

幹霜髭，豪杰倜儻之流"（鄧之誠《清詩紀事初編》）。"甘作詩僧"之"甘"字大可玩味，沈德潛譽成鷲爲清朝詩僧第一，其《清詩別裁集》曰："上人姓方氏，本名諸生，九谷先生弟也。中年削髮，不解其故，然既爲僧，所著述皆古歌詩雜文，無語録偈頌等項，本朝僧人鮮出其右者，擬之於古，其惟儼、秘演之儔歟？""中年削髮，不解其故"可與"甘作詩僧"同品，蓋其中隱痛，不能亦不忍明言也。

其他有關當時之事，所謂"今典"者，如"守舊廬而不去""歸北田之後人，尚欣有托"，蓋用明遺民志士事：陳恭尹、陶璜、梁禠隱栖於何衡兄弟羊額冢中密謀聚義，曰"不去廬"，世稱"北田五子"。茲不贅述。要之，饒公此文能典重雅厚者，正在無一字無來歷，而又能錦心自用，爲我驅遣。尤其最後一結，用荆軻、魯恭之典，扣題畫之題，截斷衆流，亦能做到"尾語宜峭拔，使不可加"的境界。

（四）吊文

吊文的來歷，明代徐師曾曰："按吊文者，吊死之辭也。劉勰云：'吊者，至也。《詩》曰"神之吊矣"，言神至也。'賓之慰主，以至到爲言，故謂之吊。古者吊生曰唁，吊死曰吊，亦此意也。或驕貴而殞身，或狷忿而乖道，或有志而無時，或美才而兼累，後人追而慰之，并名爲吊。若賈誼之吊屈原，則吊之祖也。"①選堂的3篇吊文：《汨羅吊屈子文》《長沙吊賈生文》《常熟吊柳蘼蕪文》，都是屬於後者。而且都是繼承賈誼《吊屈原賦》一路，以騷體寫成。這也是符合吊文的傳統的，徐師曾曰："大抵吊文之體，仿佛楚騷，而切要惻愴，似稍不同；否則華過韵緩，化而爲賦，其能逃乎奪倫之譏哉？"②可見吊文雖然用騷體的句式，但跟賦在精神上還是有區別的，那就是要做到"切要惻愴"，而不能"華過韵緩"。選堂這3篇也都在"切要惻愴"上做足了功夫。茲舉其《汨羅吊屈子文》爲例：

> 去君之恒幹，以就無垠兮，躡彭咸於激流。格菇葉以清商兮，叩巫咸乎久湫。餘此心之不朽兮，與元氣而爲侔。亘千載猶號屈潭兮，莫怨浩蕩之靈修。拜忠潔之廟祀兮，共昭靈爲列侯。豈大夫死亦爲水神兮，與湖水共悠悠。惟公之魂無不在兮，何必求乎故宇。覓天地之正氣兮，惟夫子之高舉。采白菅以爲席兮，薦稌米以爲糈。雲靄靄而比颺兮，霰冥冥其兼雨。雖遺迹之非昔兮，企前賢以踵武。欸騷臺之悲風兮，鎮徘徊而不能去。③

1979年9月饒公應中山大學之邀，在闊別家國30年之後首次赴廣州參加全國第二届古文字學會會議。會後，饒公與五弟宗震赴湖南長沙，考察馬王堆出土文物，并赴汨羅吊

---

① ［明］徐師曾：《文體明辨序説》，北京：人民文學出版社，1998年，第155頁。
② ［明］徐師曾：《文體明辨序説》，北京：人民文學出版社，1998年，第155頁。
③ 饒宗頤：《汨羅吊屈子文》，《饒宗頤二十世紀學術文集》卷一四，第306頁。

屈原，遂有是文之作。饒公曰："我治《楚辭》許多年，很大的因素就是受到屈原人格情操的吸引。當然我也知道屈潭并不是歷史上屈原懷沙自沉的地方，但是屈子那種正氣所被，英靈無所不在，加上那天正是風雨大作，氣氛很是肅穆悲壯，我寫了一篇《汨羅弔屈子文》。我寫這篇文字時很是感慨叢生。"①饒公此行另作有《汨羅屈子祠》七絕二首："一江嗚咽欲何之，千載共傳屈子祠。往日淵潭何處是，金沙堆畔草離離。（宋時金沙堆有廟，見《張孝祥集》。）""沿路郊塍盡種茶，朱樓猶是舊人家。莫言故國無知己，九嘆能興萬古嗟。（《離騷》結句云：國無人莫吾知兮，又何懷乎故都。）"可與此文并賞。

此篇句式用騷體，前後兩換韻："流、湫、侔、修、侯、悠"押平聲"尤韻"，低徊惻愴；後半則轉押仄聲韻："宇、雨、武"爲上聲"雨韻"，"舉、糈"爲上聲"語韻"，韻腳轉仄之後，聲調頓變凄厲，將弔文的情緒推向高潮，最後一字"去"爲去聲"御韻"，正所謂"去聲分明哀遠道"，將文氣如懸崖勒馬般收住，斬釘截鐵，而又餘韻不盡。此篇弔文聲韻之凄美，真可令人一唱三嘆。

因是弔屈原之作，故文章的字句亦多取自《楚辭》。比如"去君之恒幹"用《楚辭·招魂》："魂兮歸來，去君之恒幹，何爲四方些。"王逸注："恒，常也；幹，體也。"恒幹指軀體。"以就無垠兮"化《楚辭·遠游》："道可受兮而不可傳，其小無内兮其大無垠。""躡彭咸於激流"，彭咸於屈原詩中凡七見。王逸《楚辭章句》："彭咸，殷賢大夫，諫其君不聽，自投水而死。""與元氣而爲侔"化《楚辭·王逸〈九思·守志〉》："食元氣兮長存。""莫怨浩蕩之靈修"化《離騷》："怨靈修之浩蕩兮，終不察夫民心。"靈修指楚懷王。姜亮夫校注："浩蕩，猶今言荒唐耳，一聲之轉也。""覓天地之正氣兮"化《楚辭·遠游》："内惟省以端操兮，求正氣之所由。""惟夫子之高舉"化《楚辭·漁父》："何故深思高舉，自令放爲？""薦稌米以爲糈"化《離騷》："巫咸將夕降兮，懷椒糈而要之。""企前賢以踵武"化《離騷》："忽奔走以先後兮，及前王之踵武。"王逸注："踵，繼也。武，迹也。"

（五）銘

明代吳訥曰："按銘者，名也，名其器物以自警也。"②銘最初是刻在器物上的文字，《傳》所謂："作器能銘，可以爲大夫。"後來發展到"又有以山川、宮室、門關爲銘者。"③選堂的3篇銘中，《越王勾踐（鳩淺）劍銘——并序》屬於銘器物，《琴臺銘》和《靈渡山杯渡井銘》則是屬於銘山川、宮室一類。其寫法都是前面一段序言用散體文言，正文的銘文部分則用四言句式。銘文的要求誠如陸機《文賦》所云："銘貴博約而溫潤。"選堂這3篇銘文也都能做到這一點。以下試舉其《琴臺銘》爲例：

---

① 饒宗頤述，胡曉明、李瑞明整理：《饒宗頤學述》，杭州：浙江人民出版社，2000年，第69～70頁。
② ［明］吳訥：《文章辨體序説》，北京：人民文學出版社，1998年，第46頁。
③ ［明］吳訥：《文章辨體序説》，北京：人民文學出版社，1998年，第46頁。

余過漢陽，薄莫，登琴臺，蔓草未除，豐碑若揭，下有諸可寶鑴象。其廡舍間，黃彭年、楊守敬所立諸碑皆在。道光六年，宋湘《狂草詩》云："萬古高山，千秋流水，壁上題詩吾去矣。"想見興酣落筆，儼欲捶碎黃鶴樓而踢倒鸚鵡洲也。琴臺者，向傳鍾期聽伯牙鼓琴於是。《魏世家》："秦昭王問左右，中旗馮琴以對。"中旗，韓非《説難》作"鍾期"，事在秦昭四十一年。期雖事秦，而舊是楚人也。湖北枝江出編鍾一，銘曰："秦王卑命，爲競重。王之定，救秦戎。"鑄鍾而曰"秦"必在白起破郢之後，豈秦昭之所鑄耶？時鍾期已入秦久矣。楚泠人有鍾儀，樂尹有鍾建。高誘注《呂覽》："鍾子期夜聞擊磬者而悲。"云："鍾，姓也。"余謂諸樂人姓鍾，何其巧合；鍾即《周官》之鍾師，以職爲氏，猶瞽矇之瞽爲掌樂者耳。連類考之，以爲容甫張目，并爲銘曰：

誰斫雅琴？天下至悲；出塞龍翔，在陰鶴飛。或操或暢，繁促高徽；涓子叙心，壺林息機。崇丘在望，水月生扉；春風拂岸，吹柳成圍。蕉階昔徑，餘響依希。滔滔江漢，二子安歸？賞心縱遥，終古無違。①

饒公曰："1980年秋天，我又應邀赴成都參加全國古文字學研討會，那是9月份的事，而同年10月下旬，還要去武昌，參加全國語言學會議。這樣我就索性決定中間不回香港了。這次游歷總共3個月，去了14個省市，參觀的博物館就多達33個。此行，我接觸到新出土的大批考古文物資料，那是真讓人興奮啊。……當然，我也寫一些純粹的游記和隨筆，都是情動於中，有感而發。單就這三個月的游歷來説，就有三篇文字的寫作至今印象猶深。"其中的第二篇就是此文。他説："二是到武昌後，登漢陽琴臺。這是傳説中鍾子期聽俞伯牙鼓琴的地方。登臨時正當黃昏，夕陽西下，舉目望去，荒草萋萋，豐碑宛在。我自己也喜好古琴音樂，常愛彈《搔首問天》等古曲，寄托思古幽情。當時登琴臺，觀碑碣，不能不想起高山流水的歷史往事，吊古傷今，很有感慨，寫下琴臺銘。"②

琴臺，又名伯牙臺，位於漢陽龜山西麓，月湖東畔。相傳，俞伯牙曾在此彈琴，鍾子期聽懂其志在高山、志在流水，二人遂結爲知已。後來，鍾子期病故，俞伯牙悲痛不已，在友人墓前將琴摔碎，從此不再彈琴。"知音"典故由此而來。古琴臺是後人爲紀念這一對摯友而建，始建於北宋，後屢毀屢建。清嘉慶初年，湖廣總督畢沅主持重建古琴臺，請汪中代筆撰《琴臺之銘并序》和《伯牙事考》，頗爲時人稱道。

饒公的辭賦駢文在創作上既有繼承，又有變化。陳橈説選堂"自幼好汪容甫，揣摩功深"③。錢仲聯曰："余今讀選堂饒先生《固庵文録》，乃喟然嘆曰：此并世之容甫與觀堂

---

① 饒宗頤：《琴臺賦》，《饒宗頤二十世紀學術文集》卷一四，第301頁。
② 饒宗頤述，胡曉明、李瑞明整理：《饒宗頤學述》，杭州：浙江人民出版社，2000年，第72頁。
③ 饒宗頤：《固庵文録》，瀋陽：遼寧教育出版社，2000年，第281頁。

也。"①容甫就是清代大學者汪中,以擅長駢文著稱,有名文《漢上琴臺之銘》傳世,寫俞伯牙與鍾子期舊事。饒公此篇實爲踵武汪中之作。二文之前皆有序,汪序駢散交用,狀琴臺之景,寫希哲之懷,與銘文前後輝映,水乳交融。饒序則意在考證,舉湖北枝江新出土編鐘銘文與《魏世家》《韓非子》《吕覽》等文獻相佐證,從而得出"鍾即《周官》之鍾師,以職爲氏,猶瞽矇之瞽爲掌樂者耳"的結論,與汪中的寫情模景大異,而序之末有一句頗耐尋味:"連類考之,以爲容甫張目。"如此寫法,蓋因汪中美文在前,再寫也很難超越,所以不如連類考證鍾子期得姓之由,以補汪中之所未言。張目者,補不逮也。可見饒公的良苦用心。至於二篇銘文的正文,皆爲四字句式,偶句押韵,都是難得的美文,茲并爲録出共賞:汪中《漢上琴臺之銘》:"宛彼崇丘,於漢之陰,二子來游,爰迄於今。廣川人靜,孤館天沉,微風永夜,虛籟生林。泠泠水際,時泛遺音,三嘆應節,如彼賞心。朱弦已絶,空桑誰撫,海憶乘舟,岩思避雨。邈矣高臺,巋然舊楚,譬操南音,尚懷吾土。白雪罷歌,湘靈停鼓,流水高山,相望終古。"

汪文的"廣川人靜,孤館天沉,微風永夜,虛籟生林",饒文的"崇丘在望,水月生扉;春風拂岸,吹柳成圍",都是寫景的名句。前者虛寂,後者清新。而饒文最後的"賞心縱遥,終古無違",亦是汪文"流水高山,相望終古"之意。這裏所舉與汪中的比較,僅僅是一個小例子,選堂儷體之取徑,鄭煒明曾説:"蓋饒教授之儷體,乃由汪容甫上溯《文選》,而直追秦漢。"②信爲知音之言。饒公精熟楚辭、《文選》,這纔是他作賦的根基。

(六)頌

頌起源於《詩經》,《詩大序》曰:"詩有六義……六曰頌。頌者,美盛德之形容,以其成功告於神明者也。"其文體之要求,劉勰《文心雕龍》曰:"敷寫似賦,而不入華侈之區;敬慎如銘,而异乎規諫之域。"饒公的頌祇有一篇:《法南獵士谷(Lauscaux)史前洞窟壁畫頌——并序》:

余於一九七九年秋離法京前夕,與施博爾君不辭千里,凌晨自巴黎驅車來訪,至則日晞山谷,林寒澗肅,仰瞻嵯峨,俛極曖昧,心駭目悸,驚其雄渾崔巍,陸離光怪,得未嘗有,感燭龍之吟嘯,具類同榮;懷羲和之飛馳,心膽咸暢。惜入洞期限祇許一小時光景,陸平原嘆"長箠屈於短日",其是之謂乎!乃悟今人之藝事,遠不逮於皇古。良由用志既紛,難凝其神。既接磅礴之精靈,喜親瑰琦之仿佛。乃爲頌曰:

陰陽蒸煦,倏忽倥傯。造分天地,始闢鴻蒙。劍齒惟猛虎,人立者恐龍。誰執大象,蹴踏昊穹。山裂坌道,鑿此深應。巨靈贔屭,表裏融通。礱石摶土,髹壁幽宫。馭

---

① 饒宗頤:《固庵文録》,瀋陽:遼寧教育出版社,2000年,卷首錢序。
② 鄭煒明:《饒宗頤教授在中國文學上之成就》,郭偉川編《饒宗頤的文學與藝術》,香港:天地圖書有限公司,2002年,第22頁。

風螭駕,瀣埃神悰。道思縈拂,人异顓蒙。晦明未分,濕濕夢夢。豈假山水,化彼鬱悰。風雨是謁,草莽西東。萬木含悲,百沴所攻。衆手之勞,鑄此奇功。有牛礪角,有馬垂鬐。與玄猿兮爭旦,共素水兮流淙。曜靈縱轡,急景何從。眷此一顧,起我疲癃。赫赫先民,妙奪天工。後安勝前,甘拜下風。休誇科技,徒亂天衷。振古莫儔,億載朝宗。疇曰不然,鑒此玄踪。①

文章由兩段小序(以上祇録其第二段)和一段正文構成,正文的頌多爲四字句,兩句一韵,韵押"東部",一氣呵成,音調鏗鏘,擲地作金石聲。

獵士谷是法國南部的原始山洞,洞中壁畫有蒙古馬的造型。這個山洞每周祇開放一次,每次對外開放一個小時,爲了一睹壁畫原貌,求證遠古中西交通的歷史,饒公排了一年多的隊纔得一觀。此篇用韵文寫域外史前洞窟壁畫,前無古人。錢仲聯對此評價極高,謂其"儷體得此,別開生面。容甫如見,得毋瞠目"。

頌文多處用晉孫綽《三月三日蘭亭詩序》句意。比如"道思縈拂"化孫綽:"爲復於曖昧之中,思縈拂之道,屢借山水,以化其鬱結。""豈假山水,化彼鬱悰"則用其"屢借山水,以化其鬱結"句意。又"曜靈縱轡,急景何從"直用孫"曜靈縱轡,急景西邁,樂與時去,悲亦系之"。此外,用古典成詞的如"晦明未分,濕濕夢夢"之化自馬王堆帛書《道原》:"恒先之初,迥(洞)同大虛,虛同爲一,恒一而止,濕濕(混混)夢夢,未有明晦。""風雨是謁"則直用《山海經·大荒北經》"西北海之外,赤水之北,有章尾山。有神,人面蛇身而赤,直目正乘,其瞑乃晦,其視乃明,不食不寢不息,風雨是謁。是燭九陰,是謂燭龍"中語。

文中盛贊獵士谷壁畫,對史前先民之藝術造詣不勝仰止,從而發出"後安勝前,甘拜下風""振古莫儔,億載朝宗"之嘆,對當今的所謂科學技術,則不無微辭,"休誇科技,徒亂天衷",在先民的偉大藝術面前,當代人的所謂科技,祇是徒亂天衷,破壞自然而已。人類貌似在進化,内在却在退步,這是21世紀人類所共同面臨的歷史問題。

(七)譯文

饒公還有兩篇譯文:《梨俱吠陀無無頌》和《近東開闢史詩》,皆以賦頌之筆譯之,故附於"頌"之後。且舉其《梨俱吠陀無無頌》爲例,此篇翻譯的是印度經典《梨俱吠陀》第10帙第129首,句式仿《楚辭·天問》篇及《莊子·天運》篇。其文分爲7小段:

一

太初無無,亦復無有。其間無元氣,其上無蒼昊。何所覆之?伊誰護之?何處非

---

① 饒宗頤:《法南獵士谷(Lauscaux)史前洞窟壁畫頌——并序》,《饒宗頤二十世紀學術文集》卷一四,第287~288頁。

水,深不可測?

二

無死,無無死。不夜,不晝。未有分際。無息自吹,噓之以一,茫乎無別,莫或外之。

三

其始惟玄,復伏於玄。混然大浸,渺無垠岸。物"全生"焉,寄於空虛。爰有大熱,於是乎出。

四

欲乃生焉,心之灌蕕(權輿)。聖者睿智,索其玄珠,有生於無,以究其樞。

五

厥繩既張,格於下上。以構精兮,成其壙垠。自性盡於下,而力致乎上。

六

孰知其真?孰窮其故?何所自生?何因而作?明神繼之,合此造化。是誰知之?孰施行之?

七

惟兹造化,何所由起?彼果建是,或不爲是?上有蒼昊,實維綱是。惟彼知之,抑不知之?①

此篇頗具哲學意味,甚爲玄奧。以頌體譯印度《犁俱吠陀》,亦爲前所未有。選堂精通梵文,而又邃於賦頌之體,方能有此一作。

(八) 啓

啓這種文體,明代徐師曾在《文體明辨序説》中,將其列爲"書記"的一體。又曰:"書記之體,本在盡言,故宜條暢以宣意,優柔以懌情,乃心聲之獻酬也。"②饒公的啓祇有一篇,即《芳洲詞社啓》:

素月流暉,寄情簫管,冷香襲袂,貯興池塘。愁入西風,夐思爰作,則有裁紅刻翠,對雁燕而無心;嚼徵含宫,倚欄干而揾泪。曩者逅渚酬唱,庚子秋吟;萍聚蓉影之篇,秦淮枯柳之什,舞咏方滋,流風逾遠。頃履綦頓盡,扇發無聞,寄命滄江,抗言在昔。同人等三餘有暑,六吕縈心,玉宇高寒,尋聲而翻《水調》;玄霜點鬢,按譜而唱《雲謡》。鉛泪同傾,烟波無極,言皆有托,繼樂府之補題;意或傷時,念家山之何處?凡以感物

---

① 饒宗頤:《梨俱吠陀無無頌》,《饒宗頤二十世紀學術文集》卷一四,第289~292頁。
② [明]徐師曾:《文體明辨序説》,人民文學出版社,1998年5月,第128頁。

成文，寫懷入律。可以驚四筵而適獨坐，酌一字而諧八音。爰有芳洲詞社之議，例集無乖，球鐘競暢，題襟漢上，庶踵美乎前修；長命西河，尚忘形乎爾汝。茲訂某月某日爲首次雅聚之期，尚乞高軒，翩然莅止。汀洲芳草，續歲寒秋水之盟；錦纜牙檣，收游霧入蘭之益。是爲啓。①

戊申春

關於芳洲詞社，選堂好友羅忼烈的詞集《兩小山齋樂府》中，有一首《燕山亭》，其序曰："十八年前，余與懺盦、伯端二老共結堅社，其後曾希穎、王韶生諸君相繼來，及二老以次謝世，酬唱久絕。丁未秋杪，選堂兄議結芳洲詞社，夏書枚叔美翁首賦《燕山亭》索和，次韵奉答。"按：丁未秋爲 1967 年秋，選堂文末署"戊申春"爲 1968 年春，知芳洲詞社之結應在此時。同社有羅忼烈、夏書枚等寓港詞人。

此文正是選堂爲芳洲詞社所作的啓，文章寫得很雅麗，基本都是由四六句式構成，是很標準的駢文。文中多有化用姜夔詞句之處，如"冷香襲袂"用姜夔《念奴嬌》詞："嫣然搖動，冷香飛上詩句。""愁入西風"用其《念奴嬌》："祇恐舞衣寒易落，愁入西風南浦。""對雁燕而無心"用其《點絳唇》："燕雁無心，太湖西畔隨雲去。"另外如"倚欄干而搵淚"之驪括辛棄疾《水龍吟》："落日樓頭，斷鴻聲裏，江南游子。把吳鈎看了，闌干拍遍，無人會，登臨意。……倩何人，喚取紅巾翠袖，搵英雄淚。""玉宇高寒，尋聲而翻《水調》"之用蘇軾《水調歌頭》："我欲乘風歸去，又恐瓊樓玉宇，高處不勝寒。"皆化詞句入文，手到擒來，點綴即成。

又因事關詞社，故而文中羅列了不少前人結社酬唱的典故。比如"遁渚酬唱"指清代孫運錦輯選《遁渚唱和集》一卷，附拾遺。是編爲明末抗清志士萬壽祺與詞友隱居斜江唱和之什。"庚子秋吟"指庚子之亂，八國聯軍入侵北京，朱彊村（祖謀）與王半塘、劉伯崇 3 人，留守京師，填詞悼世，後編爲著名的《庚子秋詞》。"萍聚"指清代程應權編選的《萍聚詞》。是編爲嘉慶年間常州派九詞人相聚唱和之作，共 93 首，多係長調。九家爲慈溪裘琨鳴、陽湖蔣學沂、太倉王曦、武進董士錫、武進張成孫、武進程應權、武進唐秉鈞、武進費開綬、常熟蔣振南。其中尤以程應權、董士錫、王曦諸家詞爲多。"蓉影"指《蓉影詞》，不署編選者姓字，近人趙尊嶽刊刻，不分卷。嘉慶年間，常州派詞人群仰張惠言、張琦之創作風範，迭爲唱和，借咏物寄托深心，實踐其意内言外之論詞主張。所錄詞人共 11 家，爲張琦、邵廣銓、魏襄、趙植庭、余鼎、董基誠、楊士昕、管貽葎、包世臣、徐准宜、董士錫。大抵俱爲晚唐五代之香艷體格。"秦淮枯柳之什"指清代王士禎賦《秋柳》詩，一時和者數百。"題襟漢上"指唐代溫庭筠、段成式、余知古常題詩唱和，有《漢上題襟集》10 卷。

而文中"言皆有托，繼樂府之補題；意或傷時，念家山之何處"一句尤其重要，是芳洲詞

---

① 饒宗頤：《芳洲詞社啓》，《饒宗頤二十世紀學術文集》卷一四，第 326 頁。

社宗旨之所在。蓋《樂府補題》爲南宋遺民詞選,作詞者如王沂孫、周密、張炎、仇遠等都是南宋遺民詞人,他們心懷遺民之慟,托物寄情,分咏蓮、蟬、龍涎香等物,以志其家國淪亡之悲。後來,饒公等一批詞人流落香江,俯仰酬唱,乃有芳洲詞社之結,他們亦是自比爲文化之遺民,深懷去國懷鄉之慟,與南宋的遺民詞人,有著近似的隱痛。如羅忼烈爲芳洲社課所作的《燕山亭》詞:"雁背雲深,蘋末露凝,早過重陽風雨。笳起塊垣,客感寒灰,昨夢雅歌誰主。小聚天涯,問何日芳洲歸去。奈按譜移宮,曲非金縷。　莫倚能賦秋懷,縱應社詞工,易成凄苦。楓染醉妝,月展新眉,難比舊時奸嫵。自媚燈花,伴鄰笛喚愁如許。回佇,蛩斷處又殘星曙。"以及饒公的《漢宮春·芳洲社課立春和稼軒》詞:"纔報春回,衹尋常風物,不見金幡。做愁花外嫩草,怎敵嚴寒。濃陰似許,縱無人、自發東園。頻欲問、春回甚處,劇憐齏菜堆盤。　便遣東風無計,但幽單萬感,消受蕭閑。望中楚山越水,洗盡霜顏。鳴禽乍變,燕歸來、已上釵環。憑記取、黃柑青韭,年年逐夢飛還。"二詞中充滿故國之思,流人之感,正是文中"意或傷時,念家山之何處"的印證,可見當年芳洲詞社之一斑。

結　語

如上所述,選堂的辭賦駢文的特色,在體裁上是文體齊全,而且各體的寫法都能符合傳統的要求,所以寫出來的文章都很"當行",這是饒公在辭賦駢文方面功力深厚的表現。43篇文章中,有賦、序、吊文、題跋、銘、頌、啓7種文體,除題跋外,皆是《文選》中之常體,這也從另一側面可見饒公於《文選》用力之深。至於遣詞造句,用典修辭,則是一派典贍華美的氣象,或自鑄新境,或點綴前人,皆能意隨筆轉,游刃有餘,這是饒公綜合古典文學素養的華麗展現。要之,在辭賦駢文的體式上,饒公是以繼承爲主的。

在內容上,饒公這些辭賦駢文內容題材之新穎,更是值得大筆特書,如《蒲甘賦》《法南獵士谷(Lauscaux)史前洞窟壁畫頌——并序》之咏域外史迹;《馬矢賦》《斗室賦》《囚城賦》《燭賦》之寫抗戰;《梨俱吠陀無無頌》《近東開闢史詩》之譯印度、西亞古典;《馬王堆帛書〈易經〉贊》《越王勾踐(鳩淺)劍銘》之寫新出土文物;《太平天國典制通考序》《老子想爾注校箋自序》《殷代貞卜人物通考自序》之有關新一代的學術研究,都是古人筆下所無的。這些辭賦駢文的內容縱歷古今,橫亘中西,可謂天馬行空,無往不至。而且每涉及一個門類,都是極爲專業的,其背後支撐的是饒公龐大的知識體系和精深的研究造詣。在辭賦駢文的內容上,饒公是以勇猛精進的開拓爲主的。

用傳統的文體的體式,最典雅華美的語言,寫全新的題材,選堂這些辭賦駢文的存在,本身就具有極大的文化意義,他向世人宣布,辭賦駢文這種自"五四"以來被宣布"死亡"的文體,又在選堂身上獲得重生。這對中國文化是一個巨大的貢獻,也爲中國新時期的文藝復興奠定了一塊堅實的基石,指引了一個全新的方向。

論饒宗頤的賦

王曉衛

（貴州大學）

饒宗頤先生是當世僅存的真正的國學大師。他知識廣博，兼綜文史。關於他的治學，學界多所討論。而先生於治學外，亦精詩賦書畫。通藝而論藝，洵難能可貴。今以先生之賦，學界罕論，故爲此文，粗論其賦作之所師法及藝術追求。

饒先生之賦，收於其七十華誕時門人、同事共同編印之《固庵文録》。《文録》分"儷體"與"散體"2篇，《儷體篇》首列賦13首，蓋已備先生自己認可之賦作大概。就數量而論，不可謂多，然其賦史識與詩心相融，奇意與麗辭俱生，氣韵與體勢混同，卓然爲當代駢賦大家。錢仲聯先生云："其爲賦十三篇，皆不作鮑照以後語，無論唐人。"①錢先生曾撰《鮑參軍集注》，沈潛既深，自然於鮑照賦情有獨鍾，由此可見他對饒先生之賦有極高的評價（"皆不作鮑照以後語"不盡合饒先生賦作實際，容後論之）。茲分二題，略論饒宗頤賦。

一、賦體依傍楚騷而兼法南朝鮑照、江淹、庾信三大家

饒先生之賦，騷體居多。《宋王臺賦》《馬矢賦》《斗室賦》《白雲賦》《囚城賦》《燭賦》6首皆爲騷體。饒先生自注云："抗戰既起，播遷西南，每登高以望遠，輒援翰而寫心。篋衍所餘，得此6首。國專門人益陽賈輔民所録存也。"②抗戰時期所作六賦皆用騷體，當有屈子《涉江》《哀郢》之志。又有《詞榻賦》一首，亦純用騷體。另有《蒲甘賦》，大部分爲騷體，

---

① 《"以古茂之筆，抒新紀之思"——序饒宗頤教授的〈固庵文録〉》，饒宗頤《固庵文録》，瀋陽：遼寧教育出版社，2000年。
② 饒宗頤：《固庵文録》，瀋陽：遼寧教育出版社，2000年，第13頁。

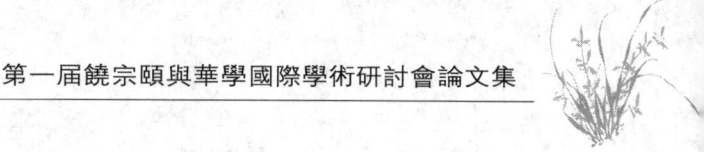

结尾"乱曰"8句,更似楚声。饶先生於《楚辞》素有研究,他对"楚辞学"建立的意义、《天问》的文体、招魂的民俗传承等,都有独到的研究①,深受骚体浸润,故作赋依傍骚体,乃自然之势。究其赋风,亦深受楚辞陶化。如《白云赋》:"恨日月之逾迈兮,历三岁於兹土。岂怀安之败名兮,汝而忘乎故宇也。曰起居犹未违兮,伊猷犹之故也。列丘陵而壅隔兮,眇故都其辽远。慨晨昏而罔定省兮,肠一夕而万转。"②融合《诗经》《楚辞》之故实语典,辞气情思颇似《九章》。《斗室赋》:"绕斗室以回皇兮,结长悲乎万里。相览观於四极兮,果惟此容吾可止。怀瑾瑜而履信兮,服儒服於终身。觊中兴之目睹兮,又何怨乎为逋播之民。"③从用语、辞气到境界,皆直追《离骚》。

不过,饶先生学问广博,才情超群,其於赋体,所沈潜默化者,岂限於骚体汉赋!今观其赋体,虽曰依傍骚体,而於南朝名家,亦多包容。钱仲联先生谓其赋"皆不作鲍照以後语",此评有得有失。饶先生赋不独师法鲍照,亦明显兼法江淹、庾信二家,可谓熔骚体汉赋与南朝骈赋为一炉而独造艺境者。至於谓其赋"无论唐人",诚哉斯言。兹分论饶先生赋兼法鲍照、江淹、庾信三大家之迹。

饶先生作赋学鲍照,独得其心曲。

鲍照今存赋作,以题而论,除《游思赋》《伤逝赋》2首外,《观漏赋》《芜城赋》《芙蓉赋》《园葵赋》《舞鹤赋》《野鹅赋》《尺蠖赋》《飞蛾赋》8首皆为咏物赋。但鲍照咏物赋,篇篇借物抒情,正如张惠言《七十家赋钞序》所云:"以情为裹,以物为刨,镌雕风云,琢削支鄂,其怀永而不可忘也。"④鲍照为第一个大量以咏物赋抒情者。饶先生熟谙鲍赋,所作《囚城赋》:"集榛棘於堂隍兮,戏麏麚於闾阖。莽黄埃於四野兮,兽狂顾而人立。"⑤鲍照《芜城赋》:"泽葵依井,荒葛冒途。坛罗虺蜮,阶斗麏鼯。……崩榛塞路,峥嵘古馗。……直视千里外,唯见起黄埃。"⑥对读再三,《囚城赋》依傍《芜城赋》而善加变化,显然可见。饶先生《〈赋话六种〉序》云:"若乃兴情之制,则犹诗之缘情,而日趋绮靡,《芜城》《小园》,靡亦甚焉。"⑦先生之锺情《芜城赋》,此亦一证。饶先生的13首赋,以题而论,皆为咏物,究其意旨,则皆以抒情言志为主。其咏物赋篇篇借物抒情的特点,明显受鲍照之影响。

饶先生作赋学江淹,表现为两端。

第一,学习江淹开篇以警醒语总括全篇之法。南朝赋家中,江淹最擅长以警醒语开篇,总括全篇,并为全篇造势。《恨赋》:"试望平原,蔓草萦骨,拱木敛魂。人生到此,天道

---

① 具见《梵学集》《澄心论萃》等。
② 饶宗颐:《固庵文录》,瀋阳:辽宁教育出版社,2000年,第11~12页。
③ 饶宗颐:《固庵文录》,瀋阳:辽宁教育出版社,2000年,第11页。
④ [南朝宋]鲍照著,钱仲联增补集说校:《鲍参军集注》,上海:上海古籍出版社,1980年,第450页。
⑤ 饶宗颐:《固庵文录》,瀋阳:辽宁教育出版社,2000年,第12页。
⑥ [南朝宋]鲍照著,钱仲联增补集说校:《鲍参军集注》,上海:上海古籍出版社,1980年,第13页。
⑦ 饶宗颐:《固庵文录》,瀋阳:辽宁教育出版社,2000年,第188页。

寧論！"①《別賦》："黯然銷魂者，唯別而已矣。"②即爲典型之例。饒先生《蒲甘賦》之開篇，即學《恨賦》而踵事增華："極目平原，斜輝耀塔，芳草連雲，殘甃委地，佳氣何存。悵霸圖之已矣，豈天道之寧論。"③兩相比較，《蒲甘賦》之開篇不如《恨賦》簡勁，尤其是"豈天道之寧論"一句，"豈""寧"二字義重。但蒲甘爲佛教勝地，饒先生在開篇用"斜輝耀塔，芳草連雲，殘甃委地"等句，寫出獨到景致，充分營造出濃郁的空間意識，使賦作平添了幾分蒼茫氣象，讀來又有超越《恨賦》的滄桑之感。

第二，學習江淹用富於色彩的雍容筆調寫景抒情。南朝三大賦家，風格的不同非常明顯。就總體而論，鮑照賦峻急而蒼涼，峭拔而吞咽；庾信賦早期以綺麗輕艷爲主，後期以縱橫老成爲主；唯獨江淹賦色彩豐富，筆調雍容，與鮑、庾有異。饒先生賦之寫景抒情，或有似江淹筆調者。饒先生《蟹賦》開篇："渺江南之烟水，分翠色於菰浦。違春荷與夏槿，及秋杪而冬初。看荻花之爭白，紛蜆蟻以競趨。殘沙斷岸，短日平蕪。沈清光於沼汕，狎蒹葭之尺鳧。"④賦蟹先寫其所生之江南水景，鋪陳物色，淵雅雋永，妙筆生花。咏物先寫其生成環境，漢魏賦已然。如王褒《洞簫賦》、馬融《長笛賦》、嵇康《琴賦》賦樂器，必先寫其木所生之山川情形，但對物象之描繪并不具體，常顯抽象，用辭古奧，用字生僻。至鮑照咏物，皆有興寄，故《舞鶴賦》等開篇往往走禰衡《鸚鵡賦》一路，鋪陳物色，重在渲染悲憤情志，并不重視對物象之具體描繪及語言之優美清麗。至江淹咏物，以懷中一匹錦五色筆賦之，寫所咏之物生成環境，遂成優美清麗之藝境。江淹《青苔賦》："若其在水，則鏡帶湖沼，錦匝池林。春塘秀色，陽鳥好音。青郊未謝兮白日照，路貫千里兮綠草深。"⑤《翡翠賦》："彼二鳥之奇麗，生金洲與炎山。映銅陵之素氣，濯碧磴之紅泉。石錦質而入海，雲綺色而出天；峰炎岩而蔽日，樹靜暝而臨泉。霞輕重而成彩，烟尺寸而作緒。"⑥持饒先生《蟹賦》開篇與前引江淹《青苔賦》與《翡翠賦》文字相比較，《蟹賦》開篇學的正是江淹賦法。《蟹賦》開篇之外，饒先生《寥天一閣沙礫琴賦》開篇、《落花生賦》開篇，皆有受江淹賦影響之痕迹。

饒先生作賦學庾信，表現得尤爲突出。

先生於庾信賦可謂推崇備至，曾云："庾文之勝處，即其氣之不可及。……魏氏李騫之《釋情賦》，李諧之《述身賦》諸篇，讀之味同嚼蠟，即乏氣以支撐之也。……庾賦之'不無危苦之辭，惟以悲哀爲主'，即以建安爲師，故情餘於文，氣足以控摶全局。……其氣之宏，由於其才之大。……庾賦以氣勝，而情文兼茂。危苦悲哀之意，賦中波瀾雲涌，層出不窮。……庾信不特以氣勝，而情采尤不可及也。"⑦論庾賦既如此，身爲賦家，饒先生爲賦，自然

---

① ［明］胡之驥注：《江文通集彙注》，北京：中華書局，1984年，第7頁。
② ［明］胡之驥注：《江文通集彙注》，北京：中華書局，1984年，第35頁。
③ 饒宗頤：《固庵文錄》，瀋陽：遼寧教育出版社，2000年，第3頁。
④ 饒宗頤：《固庵文錄》，瀋陽：遼寧教育出版社，2000年，第7頁。
⑤ ［明］胡之驥注：《江文通集彙注》，北京：中華書局，1984年，第19頁。
⑥ ［明］胡之驥注：《江文通集彙注》，北京：中華書局，1984年，第81頁。
⑦ 饒宗頤：《說庾信〈哀江南賦〉》，《澄心論萃》，上海：上海文藝出版社，1996年，第56～57頁。

不忘方駕庾信,他在《落花生賦》的結尾明白交代:"敢寄言乎蘇季,聊續賦於蘭成。"①前一句用庾信《燈賦》典(參見後文);後一句,庾信《哀江南賦》有"蘭成射策之年"句,唐人因謂庾信小字蘭成,饒先生自稱"聊續賦於蘭成",志趣顯明。前引饒先生《〈賦話六種〉序》,稱庾信《小園賦》"靡亦甚焉",亦可見先生於庾信賦之推崇。

饒先生作賦學庾信,表現爲三端。

第一,用典嫻熟自然,有庾信之精巧流利。庾信賦之用典,不僅極熟極工,而且往往能出以平易之語,用典而文氣沛然流貫。如《小園賦》:"鳥多閑暇,花隨四時。心則歷陵枯木,髮則睢陽亂絲。非夏日而可畏,异秋天而可悲。"②後四句分用《漢官儀》、《吕氏春秋》、《左傳》及宋玉《九辯》的典故而變化出新,極巧妙地寫出園景可樂而心惟怖畏悲涼、形體亦復憔悴的處境。如此之類,在庾賦中隨處可見。筆者讀饒先生的賦,常感覺到他在用典上努力追求著庾賦用典的境界。如《落花生賦》:"綠水風烟,青山籬落;滋榮於片雨之餘,扶疏得蒼松之托。一頃隨種,楊惲拊缶之詩;十月可收,王褒告僮之約。……屢動淵明之鋤,未充邢邵之腹。治穢非南山之田,燃萁慟東阿之哭。"③此數句用典自然,皆有意趣。"綠水風烟"句,用吳均《與朱元思書》"風烟俱净,天山共色,從流飄蕩,任意東西"④之意境,使開篇便具有清新飄逸之氣象。"青山籬落"句,兼用孟浩然《過故人莊》"青山郭外斜"、葛洪《抱樸子·自叙》"籬落頓決"之語典而加以變化,與上句共同構成極清麗秀美且富田園氣息之景象。"滋榮"句,用張衡《歸田賦》"百草滋榮"意;"扶疏"句,用陶淵明《讀山海經》其一"繞房樹扶疏"意;"一頃"二句及後文"治穢"句,用楊惲《報孫會宗書》拊缶詩典⑤;"十月"二句,用王褒《僮約》典⑥;"屢動"句,活用陶淵明《歸園田居》其三"晨興理荒穢,帶月荷鋤歸"意;"未充"句,用《北齊書·邢邵傳》典⑦;"燃萁"句,用曹植《七步詩》典⑧。一連串典故運用得自然流暢,所選擇典故或具山水田園之美,或寓隱逸真摯之情。其中多有與豆相關之典故,豆與落花生形貌連類,皆宜煮而食之,由寫豆之典引入對落花生之描繪,趣味橫生。

---

① 饒宗頤:《固庵文録》,瀋陽:遼寧教育出版社,2000年,第6頁。
② [北周]庾信撰,[清]倪璠注,許逸民校點:《庾子山集注》,北京:中華書局,1980年,第23頁。
③ 饒宗頤:《固庵文録》,瀋陽:遼寧教育出版社,2000年,第5頁。
④ 《全梁文》卷六〇,[清]嚴可均輯《全上古三代秦漢三國六朝文》,北京:中華書局,1958年,第3305頁。
⑤ 《文選》卷四一楊惲《報孫會宗書》:"酒後耳熱,仰天撫缶,而呼嗚嗚。詩曰:田彼南山,蕪穢不治,種一頃豆,落而爲萁。人生行樂耳,須富貴何時。"北京:中華書局,1977年,第582頁。
⑥ 王褒《僮約》有"十月收豆"句,見《全漢文》卷四二,《全上古三代秦漢三國六朝文》卷六〇,第359頁。
⑦ 《北齊書》卷三六《邢邵傳》:"果餌之屬,或置之梁上,賓至,下而共啖。"北京:中華書局,1972年,第478頁。
⑧ 《七步詩》分別有"煮豆燃豆萁"及"豆在釜中泣"句,見趙幼文:《曹植集校注》,北京:人民文學出版社1984年,第279頁,故云"燃萁慟東阿之哭"。曹植太和三年徙封東阿王。

第二,兼融庾信賦之句式。齊梁文學追求新變,庾信賦的句式變化,充分體現了這種追求。其值得注意者爲以七言、五言詩句入賦,與傳統的四言、六言爲主的賦句相融。庾信《燈賦》末段:"况復上蘭深夜,中山醑清。楚妃留客,韓娥合聲。低歌著節,《游弦》絶鳴。輝輝朱燽,焰焰紅榮。乍九光而連采,或雙花而并明。寄言蘇季子,應知餘照情。"①即傳統四言、六言賦句與五言詩句的相融。饒先生《落花生賦》"敢寄言乎蘇季"句,乃據《燈賦》"寄言蘇季子"變化,説明他對《燈賦》甚爲熟悉。《落花生賦》末段云:"是故爲物雖細,厥用乃宏。非貪口腹,兼佐神明。每沃膏而暫對,覺遥夜之無情。繚戾餘心曲,凄斷寒柝聲。"②正用四言、六言賦句與五言詩句相融之法,甚至三種句式的結構安排亦復一致。饒先生《落花生賦》之師法庾信《燈賦》甚明。

第三,變化庾信賦成句。饒先生既鍾情庾信賦之氣勢情采,自然於庾賦皆爛熟於胸,當其奮藻爲賦時,遂常以庾信賦成句入己作而加變化。除前引《落花生賦》變化《燈賦》"寄言蘇季子"等句外,例子尚多。比如,《斗室賦》:"亂曰:一枝之上,巢父安兮;自得之場,足殷桓兮。"③乃變化庾信《小園賦》開篇:"若夫一枝之上,巢父得安巢之所;一壺之中,壺公有容身之地。"④《白雲賦序》:"覩此閔凶,彌覿是流離之恨。"⑤用庾信《哀江南賦序》語:"覿是流離,至於暮齒。"⑥《燭賦》:"燽高兮人語低,心濕兮蠟泪垂。楚人兮冠纓絶,燕相兮素書疑。"⑦乃變化庾信《對燭賦》:"燽高疑數剪,心濕暫難然。……楚人纓脱盡,燕君書誤多。"⑧細繹饒賦之變化庾賦成句,似用語更自然,感情更深婉。

二、作賦追求情、性、景、事之有機交融

饒先生《〈兩晉詩論〉序》云:"原夫詩之内在要素,蓋有四焉:曰情,曰性,曰景,曰事。情盡於悲,性適乎理,景窮於物色,事達乎史鑒。"⑨雖爲論詩,移以論饒先生之賦,亦無不當。蓋其所發論,非率爾爲之,乃深思熟慮、沈潛既久者,故其爲賦,秉史學、史識、才情於一身,能以賦作踐行其理論。

先論饒先生賦之"情盡於悲"。

最充分地展現出濃郁悲情的,爲饒先生抗戰中播遷西南所作六賦。《宋王臺賦》:"望

---

① [北周]庾信撰,[清]倪璠注,許逸民校點:《庾子山集注》,北京:中華書局,1980年,第81頁。
② 饒宗頤:《固庵文録》,瀋陽:遼寧教育出版社,2000年,第5頁。
③ 饒宗頤:《固庵文録》,瀋陽:遼寧教育出版社,2000年,第11頁。
④ [北周]庾信撰,[清]倪璠注,許逸民校點:《庾子山集注》,北京:中華書局,1980年,第19頁。
⑤ 饒宗頤:《固庵文録》,瀋陽:遼寧教育出版社,2000年,第11頁。
⑥ [北周]庾信撰,[清]倪璠注,許逸民校點:《庾子山集注》,北京:中華書局,1980年,第94頁。
⑦ 饒宗頤:《固庵文録》,瀋陽:遼寧教育出版社,2000年,第13頁。
⑧ [北周]庾信撰,[清]倪璠注,許逸民校點:《庾子山集注》,北京:中華書局,1980年,第83頁。
⑨ 饒宗頤:《固庵文録》,瀋陽:遼寧教育出版社,2000年,第186頁。

零丁而惶恐兮,天作浪而反風。列江山而無以限華夷兮,曾百思而莫窮。……留正氣於殘碣兮,非懷古而亦悲。瞻六合之博大兮,豈蹐地而靡歸。"①蹐地呼天之悲痛與充斥六合之風浪融爲一氣,營造出雄渾悲愴之意境。《馬矢賦》悲潮州淪陷,民饑而食馬糞中粟,思古傷今,感慨無已:"覽宇宙之修遼兮,軫人類之幺麼。萃芳鮑乎一室兮,淪康莊於鬼瑣。獨悲心之内激兮,羌誰碎此柳鎖。感鹽尸之載車兮,閔滔天之奇禍。瞻溝壑之悠悠兮,蔽白骨以蓬蒿。苟餓夫而可以敦以義兮,吾將訊諸黔敖。"②所抒之情極悲,但又不限於悲苦,哀人類之幺麼,痛柳鎖之困民,情懷尤悲壯。難怪著名賦學家陶秋英喜誦之,許爲抗戰文學之奇構。③陳槃先生稱道饒先生:"自幼好汪容甫,揣摩功深,讀其《馬矢賦》,如《哀鹽船文》。"④《白雲賦》與《囚城賦》兩篇,皆以較大篇幅抒發悲情。然《白雲賦》既悲祖母云亡,又恨虀是流離,所寫之情極真摯極淒惻;《囚城賦》感危城坐困,憤妖氛未豁,故多發悲壯之語,讀來勁氣動人。試加對讀,前者悲愴而後者悲壯,明顯可見。《白雲賦》:"聰嘔耗之遥傳兮,忍徒跣而雞斯。乾我肝而焦我肺兮,獨長號而漣洏。初疑信而參半兮,猶望望而汲汲。冀魂夢之一通兮,終焉悵愴惚怳而莫及。"⑤寫己驚聞嘔耗之情狀,初疑信參半,終悵愴惚怳,如在目前。《囚城賦》:"吁嗟乎,日月可以韜晦兮,蒼穹可以頹圮。肝腦可以塗地兮,金鐵可以銷毀。惟天地之勁氣兮,歷鴻濛而終始。踽踽涼涼兮,孰得而陵夷之。鼓之以雷霆兮,震萬類而齊之。予獨立縹緲兮,願守此以終古。"⑥皆寫至情而氣韵迥然不同,非大家難以臻此境界。

次論饒先生賦之"性適乎理"。

饒先生識深見廣,爲睿哲之人,賦中富於理趣悟性者,隨處可見。性之所適,一表現爲人生哲理,二表現爲佛理禪心。前者如《蒲甘賦》:"睇平皋之臕臕兮,帶長薄之幽幽。哀吾生之無樂兮,追電抹以周流。世何物而常新兮,恐轉眼而成故。時奔流以不停兮,日重暉而旋暮。看秋草之變衰兮,惜征衣之沾露。"⑦《古詩十九首》到《世说新語》以來的濃烈的人生慨嘆,得饒先生以賦家之筆而踵事增華。又如《觀雲賦》:"接前境之非真,悟來者之皆實。説法由假,忘言惟臆。看表裏之山河,豈頃刻所嘗歷。謂雲之爲吾耶?則隨合前開,來往而靡一相識;謂吾之非雲耶?則何故迷離惝恍,留此似是而非之迹。虛之聞而不言,領其持之有故。隔千里兮一笑,袖浮雲兮夢中以去。"⑧巧妙的設問,使哲思綿綿;收束極富情韵,令人浮想聯翩。後者如《寥天一閣沙礫琴賦》,是賦有感於沙礫琴主人譚嗣同遭遇有

---

① 饒宗頤:《固庵文録》,瀋阳:遼寧教育出版社,2000 年,第 9 頁。
② 饒宗頤:《固庵文録》,瀋阳:遼寧教育出版社,2000 年,第 10 頁。
③ 饒宗頤:《固庵文録》,瀋阳:遼寧教育出版社,2000 年,第 13 頁。
④ 陳槃:《〈固庵文録〉書後》,饒宗頤《固庵文録》,瀋阳:遼寧教育出版社,2000 年,第 281 頁。
⑤ 饒宗頤:《固庵文録》,瀋阳:遼寧教育出版社,2000 年,第 12 頁。
⑥ 饒宗頤:《固庵文録》,瀋阳:遼寧教育出版社,2000 年,第 12~13 頁。
⑦ 饒宗頤:《固庵文録》,瀋阳:遼寧教育出版社,2000 年,第 4 頁。
⑧ 饒宗頤:《固庵文録》,瀋阳:遼寧教育出版社,2000 年,第 8 頁。

同嵇康,寫二賢之精神不死,極富禪理:"一入寥天,頓萌生意。坤維罔極,乾陽無死。六合同聲,八荒一指。渾沌非無可鑿之姿,金剛有常不毀之理。皮骨縱脫,真實在邇。志士怛化,疇與論此。"①高深的佛理和《莊子》的寓言熔爲一爐,在饒先生筆下,表現得語言鏗鏘有力,意境自然雄渾。

再論饒先生賦之"景窮於物色"。

賦之本色,在善於鋪張揚厲,鋪陳中極盡物色而不生硬,景中寓情,是爲至境。前引饒先生《蟹賦》開篇,即爲典型一例。饒先生《龍壁賦》,用溥心畬《海石賦》韵。依韵之作,易受約束。而饒先生此賦,運筆老到自然,筆下物色繽紛,皆具生趣,誠爲"景窮於物色"之佳作。試比較下列兩段:

《龍壁賦》:"騰空赴勢,驚砂轟雷。衆流所灌,萬夫莫開。塞南紀之尾閭,變野水爲青苔。榜舟何處,寥廓崢嶸。巨浸溘溘,波立山傾。鲮魚可望,丹甑赤城。近渚沙白,遥岸烟生。"②

《海石賦》:"巉嵯嵬屼,掣電奔雷;峙者霞起,裂者冰開。藏蚶隱蠣,麗藻披苔。既硔磕以硠磕,忽岌峨而崢嶸。豈媧皇之所遺,驚天柱之已傾。層闉雉堞,井幹連城。皮皴鹽坼,膚寸雲生。"③

溥心畬所作,頗具漢賦本色;饒先生之步韵,用語自然,氣勢不減溥賦,而視角搖曳多變,韵味更足。尤其是"塞南紀之尾閭,變野水爲青苔"二句,氣象宏大而富生氣;"榜舟何處,寥廓崢嶸"二句,空間意識濃厚,情韵俱生;"近渚沙白,遥岸烟生"二句,意境優美,興味不盡。

饒先生賦之善於寫景,還表現爲能巧妙鋪寫物色之形態變化。《觀雲賦》即爲典型:"意開遮以自在,氣恍惚而出山。方飛揚乎六合,忽收斂於半間(貝清江有《半間雲記》)。山南山北,乍吐乍吞。升如蒸餾,出似軍屯。蔽虧户牖,被覆岡巒。排之不易,攬之良難。"④此段文字選字皆極平易,驅遣文字得心應手,顯得輕鬆自如,對仗天然工整,雲之變化開合,如在目前,實爲難至之境。

最後説饒先生賦之"事達乎史鑒"。

所謂"事達乎史鑒",義當有兩端:一謂憑史識以運史事,二謂論史事以顯史識。饒先生爲《澄心論萃》作序曰:"唯心澄乃能見獨,見獨乃能抉是非,定去取。"⑤是知爲文用事

---

① 饒宗頤:《固庵文録》,瀋陽:遼寧教育出版社,2000年,第4~5頁。
② 饒宗頤:《固庵文録》,瀋阳:遼寧教育出版社,2000年,第6頁。
③ 饒宗頤:《固庵文録》,瀋阳:遼寧教育出版社,2000年,第6~7頁。
④ 饒宗頤:《固庵文録》,瀋阳:遼寧教育出版社,2000年,第8頁。
⑤ 《澄心論萃》,上海:上海文藝出版社,1996年,第1頁。

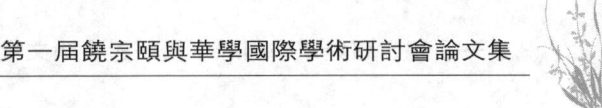

易,爲文用事而達乎史鑒難,非積學儲寶心澄者,難至饒先生之境。前引饒先生《落花生賦》,已具見其數典用事舉重若輕;《馬矢賦》之痛枷鎖之囿民,《囚城賦》之憤妖氛未豁,亦顯史識。饒先生抗戰中所作《斗室賦》,深思歷史教訓,有一番獨到的議論:"思夫古之立國兮,羌每制於戎虜。豈北强而南爽兮,曾無以喻其故。惟回圈之既極兮,寓淘汰於自然,化氓鄉而爲淳俗兮,世或鮮留意焉。緊始屯而終亨兮,固凡物之極則。生憂患而死安樂兮,亮今古之所共悉。彼越人之教訓兮,將十載而沼吴。信内荏而彌其外兮,自顛覆而有餘。悟殷鑒之不遠兮,將奚爲而不懌。"①"每制於戎虜"乃歷史之教訓,在抗戰既起時進行反思,有特殊的意義。先生賦中夾叙夾議,展現出對於歷史事件的熟悉與洞見。其中"生憂患而死安樂""悟殷鑒之不遠"等議論,固爲"今古之所共悉",然把這些議論和相關歷史事件巧妙融合在一起,以充沛之文氣貫穿之,讀來仍有令人警醒處。

以上分四端論饒先生賦之"情盡於悲,性適乎理,景窮於物色,事達乎史鑒",然此四方面非孤立呈現,而是情、性、景、事四者有機融合。不煩舉例,綜合前述四端而思之,讀者自應明瞭此理。

饒先生《詞榻賦》開篇叙其遍和《清真詞》160 首事云:"嗟舊榻之就穿兮,驀新詞其坌出;納雙丸於吟袖兮,驅萬象乎恍惚。聊以宣我悒鬱兮,空中傳恨庶其仿佛;先繚戾而凄清兮,神漫漫其遥集。伊詞心之淵微兮,極九垓而慣藏於密。惟茲情之繾綣兮,羌欲鉏而難去;化污泥猶復爲土兮,養奇葩以爲圃。"這段才情橫溢的文字,道盡創作甘苦,深窺爲文用心,得陸機《文賦》之精要,移以狀饒先生自己作賦之境界,亦頗愜當。

---

① 饒宗頤:《固庵文録》,瀋陽:遼寧教育出版社,2000 年,第 10 頁。

通會之際

——饒宗頤先生博大精深的書法觀

魯錦寰　王愛平

（華僑大學）

饒宗頤先生是當代學界泰斗、大師級人物。他在目錄學、文字學、考古與金石學、宗教學、歷史學、古典文學、敦煌學、甲骨學、簡帛學、潮（州）學、中國書畫藝術諸方面都有很高的造詣，碩果累累。本文主要從中國書法和書學理論方面論述饒公傑出的才華、過人的識見以及將這些運用於相關學科領域所做出的超凡貢獻。文章擬分三個題目依次展開：第一，概述饒宗頤先生從事書法藝術學習和創作的經歷。第二，饒公在書法藝術方面的深湛功力和在書學理論方面過人的識見。第三，饒公的甲骨文書法研究和石鼓文書法研究對甲骨學研究與石鼓文斷代的貢獻。

一、饒宗頤先生從事書法藝術學習和創作的經歷

饒宗頤先生1917年出生於廣東潮州一個書香之家。潮州自唐宋以來，蔚爲文明昌盛之邦。他的父親鈍盫先生平生致力於考據之學，著有《王右軍年譜》1卷、《潮州西湖山志》10卷、《佛國記疏證》8卷，晚年纂輯《潮州藝文志》，上溯唐宋，下迄清季，凡所搜括，不下千種，竟以勞致疾，未完編而卒。

饒宗頤先生受家族和鄉邦文化豐厚的滋養，自幼博覽群書，研精藝文，他在《選堂書楹聯初集小引》裏說道："余少習各體書，於楹聯好之尤篤。"[①]更在《通會之際——饒宗頤書法集》自序中較系統地說到自己習書及悟道的經歷："余髫齡習書，從大字麻姑仙壇入手。

---

① 饒宗頤著，鄭會欣編：《選堂序跋集》，北京：中華書局，2006年，第69頁。

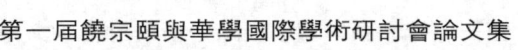

父執蔡夢香先生,命參學魏碑。於張猛龍、爨龍顏寫數十遍,故略窺北碑塗徑。歐陽率更尤所酷嗜,復學鍾、王。中歲在法京,見唐拓化度寺、溫泉銘、金剛經諸本,彌有所悟。枕饋既久,故於敦煌書法,妄有著論,所得至淺。嘗謂自大篆演爲今隸,兩漢碑碣,實其橋梁。"①

清代晚期以來碑學大盛,蔚然成風,其提倡最爲有力者爲南海康有爲,潮州地處粤東南,尤得其風氣。故饒公童年學書,在入手臨習唐代大書法家顏真卿《大字麻姑仙壇記》的同時,即受師命參習魏碑,於魏碑體名碑《張猛龍碑》和《爨龍顏碑》都臨習至數十遍之多。歐陽詢是南朝至初唐最得魏碑精髓的大書法家,他精研二王書法,將魏碑書法的剛健質樸同二王書法的清新遒媚很好地結合起來,在初唐諸家中,首屈一指。饒公的書法,一開手就走上了碑帖結合的道路。所以他在學習歐陽率更的同時,又上追鍾繇和王羲之,從而爲日後的長足發展奠定了寬厚而堅實的基礎。他中年在法國研究殷商甲骨契文和敦煌吐魯番文書時,見到法京所藏唐拓《化度寺碑》《溫泉銘》《金剛經》的珍貴拓片時,又反復揣摩,有了更深入的領悟。

在少年和青年時代堅實的基礎之上,饒公終生嗜書不倦,年既老而不衰。他在《饒宗頤書畫自叙》中說:"余自退居而後,益游心於藝事。既誤入米家之船,遂妄搦張顛之管。嘗以尺幅雖小,精神與天地往來。宇宙云遐,點滴咸可以入畫。或小中而見大,俾物我之雙忘,起槁木而娱春,縱逸筆焉自好。山水庶見天地之純全,擘窠尤爲浩氣所寓托。"②可見老而彌篤,樂在其中。我們僅從他的各種書法題跋中即可看到,他在世界各地游學和從事研究工作之暇,精心臨習過的碑帖、簡帛書迹和鼎彝銘文就有《散氏盤》《虢季子白盤》《漢夏承碑》《好太王碑》《瘞鶴銘》《前秦廣武將軍碑》《張黑女碑》《敦煌石室藏唐人摹王羲之十七帖》《唐人書月儀帖册》《郭店楚簡老子》《馬王堆老子甲本道德第一章》《唐拓歐陽詢化度寺碑》《日本忠義堂帖裴將軍詩卷》《傳唐張旭自言帖》《唐懷素論書帖》《唐懷素食魚帖》《唐懷素聖母帖》《東坡書太白詩卷》《宋徽宗穠芳詩扇》《徐文長行書青天歌》《祝允明書東坡前後赤壁賦》《黄道周雜詩卷》等數十種之多。

饒老的書法,筆力蒼勁,體勢峻拔,落筆紛披,且富蕭散冲和之氣,正所謂人書俱老,已入於化境。而從饒老臨習各種碑帖、簡帛及鼎彝銘文的題跋中亦可窺見其功力與識見之一斑。其《臨散盤銘跋》云:"散盤都三百五十字,雄峻恣肆,結體緊中帶散,非嫺熟形構,易致疏失。"③《書夏承碑跋》云:"是碑以篆勢入隸,與天壐之方筆籀體相雜,有异曲同工之妙。"④《書裴將軍詩卷跋》云:"平生書是詩無慮數十遍,嘗於滬上見董香光臨本,疲苶乏扛鼎之力。"⑤《題臨瘞鶴銘》云:"六朝殘迹,大字僅存者,惟此與雲峰山詩,合稱雙璧。""山谷

---

① 饒宗頤著,鄭會欣編:《選堂序跋集》,北京:中華書局,2006年,第104頁。
② 饒宗頤著,鄭會欣編:《選堂序跋集》,北京:中華書局,2006年,第74頁。
③ 饒宗頤著,鄭會欣編:《選堂序跋集》,北京:中華書局,2006年,第315頁。
④ 饒宗頤著,鄭會欣編:《選堂序跋集》,北京:中華書局,2006年,第315頁。
⑤ 饒宗頤著,鄭會欣編:《選堂序跋集》,北京:中華書局,2006年,第314頁。

擘窠自此出。寬綽從容,足以俯仰百代。"①《題書郭店楚簡老子句》云:"郭店楚簡《老子》,異文綦多,較馬王堆本爲古,若論其書,起筆奇崛,字雖細小,而體勢渾重渟蓄,嶄絶多姿,尤足師法。"②《臨唐拓化度寺碑殘頁跋》云:"趙孟堅譽化度寺碑爲率更楷法第一,其風骨峻整,猶是隸書意趣。英倫及巴黎存敦煌唐拓十二頁,曩曾摩挲者,真信乎十步以外,精光四射。因以暇日臨寫一遍,挹彼樸茂,滌除玄覽,俾時省察云爾。"③《臨懷素聖母帖跋》云:"懷素《聖母帖》,仍存晋人法度,不似自叙之奇縱,戲臨一遍。"④《書王羲之十七帖跋》云:"右軍十七帖,皆與周撫書札,兒時諷習,中歲見英、法所出敦煌零本,如龍保平安之類,乃唐人摹習,亦有可觀。"⑤《題書宋徽宗穠芳詩巨扇》云:"道君書學薛稷而挺秀,自成一格,挑撇縱肆,垂筆必逗住,以相呼應,愧未得其神采。"⑥《臨張黑女碑册跋》云:"近賢工黑女者,世推農髯及任公,曾爲書家之書,不免行家習氣,梁則率意不求似,而神自似,以詩喻之,曾是'清新庾開府',梁則'俊逸鮑參軍'也。"⑦

二、饒公在書法藝術方面深湛的功力和在書學理論方面過人的識見

饒公髫齡學書,至於耄耋之年而樂此不疲,碑帖并重,孜孜汲汲,遍學各家,融會貫通,取精用弘,真、草、隸、篆,各體皆工,并在書法理論方面明確地提出自己的創見。他在《通會之際——饒宗頤書法集》中就説道:"近百年來,地不愛寶,甲骨、吉金、簡帛真迹,更能發人神智。清世以碑、帖爲二學。應合新出土諸資料爲三,已成鼎足之局。治書學者,可不措意乎?"⑧進而主張書學界應將近百年來從各地發掘與發現的甲骨刻辭、青銅器銘文及簡帛書迹,與清代以來的碑、帖二學,擴而爲三大書學流派。饒老的這一創見,從理論上充實和發展了書學理論,近兩千年來中國書法蓬勃發展的歷史也證實了饒公此一論斷的正確。從東晋二王開創新體,流風所被,直至明清,幾乎可以説是帖學的一統天下。從晚清的阮元、包世臣、康有爲針對帖學的末流之弊,宣導尊碑抑帖,直至於今,可以説基本上是碑學占了上風。其間,一味尊碑抑帖的弊端,亦不斷爲有識者所指出。於是,碑帖結合的主張便應運而生。而饒公所提出的新主張,即從甲骨、吉金,特別是從先秦、兩漢、魏晋南北朝樸實、活潑的簡帛書迹汲取營養,的確爲中國書法的繼續發展注入了新鮮血液,提供了新

---

① 饒宗頤著,鄭會欣編:《選堂序跋集》,北京:中華書局,2006年,第313頁。
② 饒宗頤著,鄭會欣編:《選堂序跋集》,北京:中華書局,2006年,第313頁。
③ 饒宗頤著,鄭會欣編:《選堂序跋集》,北京:中華書局,2006年,第312頁。
④ 饒宗頤著,鄭會欣編:《選堂序跋集》,北京:中華書局,2006年,第315頁。
⑤ 饒宗頤著,鄭會欣編:《選堂序跋集》,北京:中華書局,2006年,第316頁。
⑥ 饒宗頤著,鄭會欣編:《選堂序跋集》,北京:中華書局,2006年,第316頁。
⑦ 饒宗頤著,鄭會欣編:《選堂序跋集》,北京:中華書局,2006年,第316頁。
⑧ 饒宗頤著,鄭會欣編:《選堂序跋集》,北京:中華書局,2006年,第104頁。

的動力。

中國書法有 4000 年的悠久歷史,從書法的精神、書學理論到運筆的方法,即在從道到器的各個層面都有了一整套的建構和法則。饒公的書學理論,乃是從他數十年游學世界、讀萬卷書、行萬里路的治學和從藝的深刻實踐中,通過他勤奮研究和精思穎悟獲得的。其中,天資和勤奮缺一不可。關於書法的精神,饒公在《通會之際自序》中有一段極為精辟的論述,他提出:"間曾著論,以書藝乃個人精神之總表現,作書者之整個人格,投入其中。人天湊泊,足以潤飾洪業,不當滯著於字形迹象之間。杜甫有句云:'文章有神交有道。'文與書,一也。文主浄化,書主感化,書中有神,正如文之有神。神者,今人謂之魅力,希臘人稱之爲 Χάριбμα(Charisma),原指醫學上療治之神力,慈悲心之 Charity(猶言博愛),字義由此孳生。書法之功能,正具有此種神力,龍跳虎卧,牢籠百態,感人之深,亦如相交之有道,因緣和合,大悲之願,油然以生。此西文 Charisma 與 Charity 字義所以有其相關之理據。由是言之,書之時義誠大矣哉。此爲余之'書法魅力論',試揭此義,庶幾爲書法學提升一新層次,開拓一新境界。"①饒公此論,不僅是從美學的層面,更將書法的精神提升到人類精神的最高層次——精神魅力以至博愛(佛學稱爲大悲)的境界,這一創見無疑將書法理論提升到了一個前所未有的新高度,對於沉溺於器的層面的瑣屑論辯以及大而無當的空洞理論,都是有力的針砭和匡正。

在書法理論以及書寫方法上,饒公也有自己獨到的見解,例如,在同一篇文章裏,他說道:"余論書主張先區別體、用:立體以樹骨力,究用以盡風采。於運腕、運指,均所不取,而運之以身軀,喜作擘窠大字,純以氣行。此爲作書定勢,建其有極,於書道或不無革新之意。"②作爲一個新的方法論(絕不僅僅是方法),顯然值得書法界和廣大美學研究者及書法愛好者們深入思考。

在中國書法(包括契刻、篆刻)數千年發展嬗變的歷程中,無數的無名工匠(刻工、畫工、鑄工、經生,也包括貞人、書吏)爲我們留下了空前絕後的曠世佳作,這些代表著藝術史上一座座難以逾越的高峰,深刻認識、寶重古代的優秀成果和文化傳統,是學習、繼承和發展的前提和保證,饒公在《陳語山篆刻原鈐題辭》中說道:"余讀張惠言爲胡柏坡印譜序謂:'隸書者,隸人習之,摹印、刻符、殳書,皆其工世習之。後世文人學士爲之者,非能如工之專於其事,故遠不逮古。'近世古器日出,益知殷人之於玉、於甲、於骨皆能盡鍥刻之能事。若周原出土契文,有筆畫纖細,須放大鏡五倍方能目睹者。是刻符諸藝,向有專工,故巧妙若是,其法久絕。後世傳習者,泰山毫芒而已;而印人每輕出己意,欲不謬於古人,得乎?"③饒公在這裏提出了一個值得當下的藝術界深思的問題:學習和傳承古人優秀作品和優秀傳統,首先要尊重古人,讀懂古人,全面而深入地領會古人,而心浮氣躁,淺嘗輒止,即急於創新,終究歸於失敗。

---

① 饒宗頤著,鄭會欣編:《選堂序跋集》,北京:中華書局,2006 年,第 104 頁。
② 饒宗頤著,鄭會欣編:《選堂序跋集》,北京:中華書局,2006 年,第 104 頁。
③ 饒宗頤著,鄭會欣編:《選堂序跋集》,北京:中華書局,2006 年,第 141 頁。

在深刻理解和領悟古代藝術家博大精深的學問修養方面,饒公在《悲庵印譜序》一文中有著更爲鞭辟入裏的闡述:"'悲庵於學無所不窺,自言不薄辭章,不右宋,不左漢,其書(江湜)《伏敔堂詩》後,述其學術次第詳矣。其言曰:其行事求經不得,比史不得,尋之小説家且不得;其言論非皇古,非挽近,儒無是;入之佛,佛無是;問之道,道無是;推而遠之,至於域外,如夷説耶穌新舊詔、希臘臘頂書仍無是。四千三百年中事,日積日出,不可思議其可心得。''此悲庵爲學之總蘄向也。以之治書治印,無不如是;故治印則求之印之外,治書則求之書之外,治一切學則求之一切學之外,於書於印,何曾數數然。此悲庵所以振奇而獨絶也。其印與書之美,世早有定評,何庸再贊一辭。因摭其論學吃緊語,以爲金石書法家之棒喝,質之悲庵於地下,諒無閒然也夫!"①

關於清末著名書畫篆刻大師趙之謙,其實在當時及其身後,不少人對其頗有微詞,康有爲就是貶趙的一位代表人物,不少的藝術家、評論家也輕詆悲庵,其中頗有人云亦云者;而究其實,趙之謙在書畫印諸方面的成就,應當説在明清以至今日,都堪稱獨標高格,是一位真正的大師級人物。以饒公之學養深厚,慧眼獨具,方能於世論紛紜之中識英才。饒公在這裏特意標出悲庵"於學無所不窺""不薄辭章,不右宋,不左漢""治印則求之印之外,治書則求之書之外,治一切學則求之一切學之外"的眼光、學養和胸襟,當決不僅僅是對金石書法家的棒喝而已。

三、饒公的甲骨文書法研究和石鼓文書法研究對甲骨學研究與石鼓文斷代的貢獻

饒公在《學藝雙携——饒宗頤藝術天地》一書小引中説:"或有問余曰:'子以選堂爲號,自云師法錢選,取義何由?'漫應之曰:'人皆知元畫肇於趙松雪,而不知吳興實得畫法於舜舉。不特師其畫,且又師其學焉。'黄公望曰:'趙文敏嘗師雪溪翁,不特師其畫,至於古今事物之外。又深於音律之學,其人品之高如此!今觀貞居所藏此卷,并題詩其上,詩與畫稱。知詩者,乃知畫焉。'……故論元人畫,應溯源於錢翁,松雪不僅師其畫,且師其學,微子久言,世安得知其學之所本耶?學與藝相倚相需之理,觀於松雪之與雪溪,可得一證。故知非學無以養藝,非藝無以揚學。余之揭'學藝雙携'一義,蓋有得於錢翁,示私淑之心而已。……惟知詩者乃能知畫,若徒謂詩中有畫,祇是陳言,捨詩而求畫,何足以知個中三昧哉。"②

筆者在此特爲標出饒公這一段話,因爲他道出了一個至理:世間的學問,皆有其系統性;故不僅我國,推而至於世界各國,大凡優秀的教育傳統,歷來都重視系統的教育和通才的培養。從事學術研究,惟知識廣博,方能鑽深研幾,所謂觸類旁通,舉一隅而以三隅反也。

---

① 饒宗頤著,鄭會欣編:《選堂序跋集》,北京:中華書局,2006年,第140頁。
② 饒宗頤著,鄭會欣編:《選堂序跋集》,北京:中華書局,2006年,第103頁。

學藝雙携,非學無以養藝,非藝無以揚學。在此,饒公爲我們做出了榜樣。他在書畫藝術方面深湛的功力和過人的識見就是他治學的基礎和利器。因爲篇幅所限,下面我們僅從饒公的甲骨文書法研究和石鼓文書法研究對甲骨學研究與石鼓文斷代的貢獻等方面展開論述。

　　茲先述饒公的甲骨文書法研究在甲骨學方面的貢獻。

　　饒公在《甲骨文與書法藝術》一書的序中説道:

　　　　甲骨學之興,及今已逾九十年。其始以資料散布四方,學者忙於搜討、著録,提供未寓目之新資料;其出土實物,小屯及南地、周原,次第整理問世。又以著眼於分期、斷代諸問題之董理……近年方有《合集》《摹釋》《類纂》諸書,取得第一步之總結。談到書法,一向囿於董氏五期之説,以雄偉、謹飭、頹靡、勁峭、嚴整作爲各期個別特徵。實則五種風格,每一時期均有之,强立畛域,不免刻舟之誚。過去依據貞人以立斷代標準,目前已知貞人稱謂原多爲地名,論據昭彰,不得視作人名。故有主張斷代須觀其大體者,實則仍以字體爲主要依據。故對書法問題作深入之研究,尤爲當務之急。黄君此作,其重要性益可知矣。曩者余曾倡分人分名研究法。黄君采用分名理論,舉扶與勹二名,作爲研究對象。分析結果,説明同一名之下,書風實殊多變,不泥於一格。君提出四種範式、八種書風,可備一説。……可惜君書僅揭二名爲例,未能遍及其他人物。他日更事研討,所得必不止於此。然所得結論,已打破以前呆板之分期框架,覓得另一出路。君書由歷史觀點轉入藝術角度,給書契工具、形構結體、筆意風神,無不詳細探究,諸多創獲,所造倍蓰於前人;而論地域風格,更爲過去所未措意者,尤爲突出。余一向以爲由於鍥刻物體之不同,其書體亦因之顯示差異。若鹿角刻辭,極近金文結體,初看頗似武丁書風,賴其記明祀文武丁,得知爲晚期之物,但迴非如第五期之嚴整,故知純由書體以斷代,亦非易事。由殷墟到周原,字體丕變,潦草欹側,怪譎奇肆,不受約束,已脱離整龜骨板形體規律之限制,大小任意刻劃,形成契文行押書、草書一路。我在周原博物館顯微鏡配備之下目睹長骨條一板,長行密字,纖細刻鍥中倍見行氣之神采飛越,洵爲書契極品。當日書手造詣之高,出乎想像之外,良不可及。是時占卜之制已衰,而契刻者可不著意,迅手肆筆,彌見功力之深。周原細字非眼力所能辨,鍥書奏刀,錯縱變化發其胸中之奇,已忘工具之運用,心行而已。曩賢論篆有草篆,隸有草隸,余謂周原契文,應是草契,誰曰不宜! 書道有碑學、有帖學,當再增一路曰契學,可以君書導夫先路。周原之物一豁心眼,聞近時洹水復有新獲,塗轍更當大啓,謹拭目以俟之。春秋以後,契龜已成强弩之末,惟山西洪洞有卜骨疾貞之文,書風尤奇詭可喜,往日陳君煒湛以摹本見貽,今附於末,以供治契者之參考云。①

---

① 饒宗頤著,鄭會欣編:《選堂序跋集》,北京:中華書局,2006年,第186~187頁。

饒公在書法藝術方面的深厚功力、於書學之道的悟性、創見及其鑒賞之精審，以及公於殷商甲骨之學的貢獻，我們細讀上文，已可瞭然於胸。

衆所周知，甲骨學之分期問題，由曾親自參與并主持安陽殷墟考古發掘和研究工作的董作賓先生，首倡以雄偉、謹飭、頹靡、勁峭、嚴整作爲各時期的代表風格，其後，甲骨學界基本遵循此一説法，包括著名的甲骨學專家兼書法家郭沫若先生，對此説也并無异議。故饒公糾正了甲骨契刻以上述五種風格分期的説法，對甲骨學研究貢獻之巨，不言而喻。除了對甲骨學和書法藝術數十年如一日勤奮研習的功力與過人的識見外，饒公尊重科學、追求真理的精神，也是他取得以上成就的重要原因。

次述饒公的石鼓文書法研究及在石鼓文斷代方面的貢獻。

石鼓文是我國現存最早的古代石刻文字資料，從六朝至於今日，記録與研究者代不乏人。石鼓文字體屬大篆，有學者認爲秦用以統一文字的小篆及由此簡化而成，是一種承上啓下的字體，歷來爲書家所寶重。

饒公在《秦出土文獻編年序》中指出："王君考秦公一號大墓磬銘，據文中'天子匽喜，龔(共)趄(桓)是嗣'，斷爲景公之器，是矣。連類論石鼓。亦爲景公時物。……定其年代爲約秦景公五年或三十二年後數年之内。其證據除字形頗同於秦公大墓石磬之外，以石鼓有'天子□來，嗣王始□'之語，嗣王當指周王。在秦景公前後，周天子惟周靈王之子景王，或景王之子敬王可稱爲嗣王。因景王季年有子朝之亂，王室從此不寧，不可能遠涉汧渭。王君指出，整個春秋晚期，僅秦景公有作石鼓獵碣一種可能。所論甚有見地。由是言之，各家推論石鼓屬秦襄、德、文諸説，均不可信。君之考論已視前人爲進步……愚一向以爲十鼓爲長篇聯章體，與雅頌可媲美。唐張懷瓘《書斷》中神品論'史籀石鼓文存焉，若取於詩人，則雅頌之作也'，殊非溢美之詞。石鼓詩開端用《小雅》車攻、吉日成句。此二詩詩序皆謂美宣王田獵。石鼓云'徒御湯湯'，即《車攻》之'徒御不驚'……'吴人憐極'之吴人，應指虞人。揚雄《羽獵賦》'乃詔虞人典澤'是也。楚簡虞字并作吴。虞人之官始於伯益，周官職屬春官。涵咏石鼓之文，儼然王者氣象。……分明爲周室獵於西陲汧渭之所作，非秦公偕天子同獵之措詞。蓋考文辨體，當先定其賓主，石鼓之詩，自以周王爲主，秦人刻石，始皇相斯，皆文辭古簡，無石鼓之瑰麗，乃謂秦景出獵，并饗周王，於事理未合。石鼓信爲自來'畋獵文學'之極品，後來衍生出漢人《羽獵》《長楊》之巨製，此非秦初列於諸侯局促一隅時所宜有，况出土文辭，除鐘磬較長篇外，至今未有第二類石鼓之製，故石鼓應爲王室之作……楊慎《風雅逸篇》云：'石鼓詩，周宣王獵碣也，於詩屬小雅。'洵爲知言！自鄭樵以來，近人言金石者，無不以石鼓爲秦物……惟逯欽立著《先秦漢魏六朝詩》乃依《詩紀》及楊升庵之説，題作石鼓詩，不繫於秦而列於周，最具卓識。余甚願學人放弃一般文字學觀點，尋扯字形之少數相似以論其時代；另從文學觀點，重新論此獵碣，或可取得更客觀之結論。"①

---

① 饒宗頤著，鄭會欣編：《選堂序跋集》，北京：中華書局，2006 年，第 258～259 頁。

饒公於文字學和書法學研究涵養深厚,而在具體的研究工作中,又能夠放寬眼界,開拓思路,不拘一格,綜合辨證,在以上的考證和推論中,運用文學、史學、文字學、書法學諸多學科的素養,錯綜比較,正所謂長袖善舞,運用之妙,存乎一心。

　　以上所述,是我們對饒宗頤先生書法藝術與書學理論及其應用的一點粗淺的認識。饒宗頤先生的書法學修養已經到了如古人所說"通會之際,人書俱老"①的極高深的境界,拙文管窺蠡測,敬請各位方家批評指正。

---

① 見[唐]孫過庭:《書譜》。

古典文獻與歷史

"二陸"的悲情與創作

劉躍進

(中國社會科學院)

鍾嶸《詩品序》説:"太康中,三張、二陸、兩潘、一左,勃爾復興,踵武前王,風流未沫,亦文章之中興也。"太康爲晉武帝年號,280年至289年。鍾嶸所列作者,主要活躍在魏晉交替之際。所謂"三張",指張載、張協、張亢。"二陸"爲陸機、陸雲。"兩潘"是潘岳、潘尼。一左即左思。鍾嶸《詩品》置陸機爲上品,與曹植、謝靈運並列,冠以"太康之英",把陸機作爲一個時代的文學代表。蕭統編《文選》收録其詩歌52首,高居全書榜首。唐初編《晉書》,唐太宗李世民親自撰寫《陸機傳論》以示敬重。陸機在中國古代文學史上的重要地位,據此可見一斑。

一、"二陸"的身世

陸機(261—303),字士衡。吳郡華亭(今上海市松江區)人。陸雲(262—303),字士龍,陸機弟,與其兄陸機齊名,世稱"二陸"。陸氏爲東南望族。二陸的祖父陸遜是吳國的丞相。父親陸抗爲吳國的大司馬。陸機《吳趨行》説:"屬城咸有士,吳邑最爲多。八族未足侈,四姓實名家。"(見《文選》卷二八)所謂"八族""四姓",李善注引張勃《吳録》説:"八族:陳、桓、吕、竇、公孫、司馬、徐、傅也。四姓:朱、張、顧、陸也。"《世説新語·賞譽》"吳四姓"條劉孝標引《吳録士林》説:"吳郡有顧、陸、朱、張爲四姓,三國之間,四姓盛焉。"同書《賞譽》中有一條舊目云:"張文、朱武、陸忠、顧厚。"説明當時的四大家族,各有特點:張文、朱武、陸忠、顧厚。陸家忠誠,稱譽吳地。

六朝時期,崇尚門第。陸機《文賦》就説,文學作品之一重要任務就是"咏世德之駿烈,誦先人之清芬"。弘揚前代功德,展現歷史榮耀,無外乎是爲了增強現實的自信。陸機不僅這樣說,也確實有許多創作實踐。譬如辭賦方面,陸機有《祖德賦》和《述先賦》。在贊、頌方面,陸雲有《祖考頌》。又《三國志·陸遜傳》裴松之注引《陸氏祠堂像贊》和《陸氏世頌》,雖不詳其作者,但可以推斷爲陸氏家族所作,據此可見這個家族的高門意識與文化自負。

生長在這樣一個家族裏,陸機、陸雲兄弟有著比較強烈的高門望族意識與文化自負心理。加之二陸幼有俊才,很早就爲牙門將領兵,稱譽鄉里。《世說新語》記載周處除三害的故事,就與二陸有關。據說周處年少時,凶強俠氣。當地山中有虎,水中有蛟,鄉間有周處,人稱三橫,或曰三害,爲鄉親所患。有人出主意,想借周處之手先除掉二害。周處殺死老虎與蛟龍後,鄉人依然不樂。周處後來纔知道自己在鄉親心中也是一害,於是決心悔過自新,親自到吳地尋找二陸,說自己很想改邪歸正,但老大不小,很難再有成就。陸雲對他說:"古人貴朝聞夕死,況君前途尚可。且人患志之不立,亦何憂令名不彰邪?"周處從此奮發圖強,最終成爲忠臣孝子。由此可見陸家在吳地的影響,二陸在青年中的地位。

這個家族的自負與高傲直至東晉南朝依然根深蒂固。晉室南渡之初,丞相王導想結援吳人,便向陸玩請婚。陸玩義正辭嚴地說:"培塿無松柏,薰蕕不同器。① 玩雖不才,義不能爲亂倫之始。"當然,東晉時期的北人南下與西晉初年的南人北上,文化心理各不相同。東晉時的北人無奈渡江,有寄人籬下之感,所以,北人謙卑而南人傲慢。而西晉初年則與此相反。當時,南人是作爲被征服者被迫北上,北人有著文化正宗的心理,自然不把南人放在眼裏。

太康元年(280),晉武帝出兵伐吳,作爲吳國世家大族,陸機被俘,俯首入洛,心情自然不暢快。從此,二陸的生活進入第二個時期,從一個貴公子孫成爲一個漂泊他鄉的游子。這樣的生活自然不會快意,所以不久,二陸就回歸故里松江華亭,閉門勤學。史書記載,華亭有清泉茂林,陸機兄弟共游於此十餘年。太康末年,晉武帝下詔舉清能、拔寒素,有著強烈家族觀念的二陸,踏上了北上的路途,從此就永遠告別家鄉。張華素重二陸之名,稱之爲"東南之寶",一見如故,并說:"伐吳之役,利獲二俊。"②在張華的薦舉之下,二陸兄弟迅速在洛陽成名,其文學才能爲世人所重。

但是,吳人在政治上并沒有得到重視。晉武帝公開說:"蜀人服化,無携貳之心;而吳人趑雎,屢作妖寇。"因此吳人仕宦,倍加艱難。陸機自己也說過:"至於荊、揚二州,戶各數十萬,今揚州無郎,而荊州、江南乃無一人爲京城職者。"(《晉書·賀循傳》)對此,魯迅《北人與南人》分析說:"二陸入晉,北方人士在歡欣之中,分明帶著輕薄。"而有著強烈仕進心的陸機當然不甘心於此,於是尋找各種發展機會。陸機先是被太傅楊駿辟爲祭酒,會楊駿被誅,又遷太子洗馬、著作郎。這些官位都比較低下,與陸機的振興家業的抱負相去甚遠。

---

① 培塿,小山坡。松柏,大木。薰,香草。蕕,臭草。
② 見《世說新語·言語》注引《晉陽秋》。

而陸機年齒日長,故有"日歸功未建"(《猛虎行》)的焦慮。正好這時,當朝權貴賈謐邀請陸機作爲幕僚,與石崇、歐陽建、潘岳等爲伍,成爲"二十四友"之一。賈謐爲人處世,浮華奢靡,"貴游豪戚及浮競之徒,莫不盡禮事之,或著文章,稱美謐"(《晉書·賈充傳》),頗爲天下正直人士側目。對此,陸機并非一無所知。他在《長安有狹邪行》中說:"傾蓋承芳訊,欲鳴當及晨。守一不足矜,歧路良可遵。"這裏也許有著若干潛臺詞,即認爲自己賣身投靠賈謐,或踏上"歧路"。而在當時的特定的背景下,陸機這樣的性格,也祇能選擇這樣的道路。陸雲得到張華的舉薦,歷任尚書郎、侍御史、太子中舍人、中書舍人等職。司馬穎推薦其爲清河內史,故世稱"陸清河"。

西晉末年,社會矛盾急劇惡化,終於釀成"八王之亂",陸機先爲趙王司馬倫中書郎,倫敗,陸機受牽連入獄,賴成都王司馬穎和吳王司馬晏救理。其後陸機感成都王活命之恩,遂力事成都王穎。穎以陸機參大將軍軍事,後復以陸機爲平原內史,故世稱陸機爲"陸平原"。太安二年(303),成都王穎和河間王顒舉兵討伐長沙王乂,穎以陸機爲前將軍前鋒都督,率兵二十萬,南向洛陽。結果鹿苑一戰,機軍大敗,人馬赴七里澗而死者如積焉,水爲之不流。司馬穎大怒,遂誅陸機,并夷三族,陸雲同時遇害,舉世爲之惋惜。《世說新語·尤悔》記:"陸平原河橋敗,爲盧志所譖,被誅。臨刑,嘆曰:'欲聞華亭鶴唳,可復得乎?'"時年四十三。

這個盧志,與陸機兄弟初次見面就鬧得很不愉快。《世說新語》記載,盧志曾用挑釁的口吻當衆問陸機:"陸遜、陸抗,是君何物?"陸機也當衆大聲答曰:"如卿於盧毓、盧珽。"盧毓是漢末大儒盧植的兒子,有名於世。盧珽則位至尚書。陸雲見狀,大驚失色。出來後陸雲對陸機說:"何至如此,彼容不相知也?"陸機怒氣衝衝地說:"我父、祖名播海內,寧有不知,鬼子敢爾。"陸機肯定不會想到,就是這個涿郡人盧志,給了他致命一擊。陸機懷念家鄉的鶴唳之聲,猶如當年李斯被殺之前,也曾對其子說:"吾欲與若復牽黃犬俱出上蔡東門逐狡兔,豈可得乎?"是的,存者且偷生,死者長已矣。陸機的遭遇,給了江南人些許教益。後來,在洛陽做官的張翰見秋風起,想起家鄉的鱸魚膾,竟然放棄官位,命駕而歸。可是陸機在當時實在沒有這樣激流勇退的智慧和勇氣。作爲一介文人,一個出身於高門的文人,有著太多的眷戀和渴望,這些理想和抱負牢牢地牽制著他的身心,決定了他的悲劇的命運。

二、"二陸"的性格

陸機與陸雲兄弟,同出高門,文采斐然,而性格迥異。這種情形,近似於曹丕、曹植兄弟。劉勰曾比較曹氏兄弟說"子建思捷而才俊""子桓慮詳而力緩"。這裏,劉勰用"思捷"與"慮詳"來概括兩人的性格特徵是比較貼切的。兩人代表了兩種不同的性格類型。從心理機能上說,曹丕屬於理智型,以理智來衡量一切;而曹植則是情緒型的,體驗較爲深刻。

從心理活動傾向上說,曹丕內向、沉靜、反應較遲;曹植則外向,善於交際。從社會活動方面來看,曹丕是權力型的人物,而曹植則是審美型的。性格的不同,反映在創作中,就有明顯的風格差異。

二陸也有著類似的情形。他們同出高門,有著強烈的門第意識;同時,又都有著很高文學造詣。二陸初入洛的時候,聽從了張華的指引,前去拜訪劉寶,劉家剛剛遇喪事,又好酒。禮畢,劉寶初無他言,唯問:"東吳有長柄壺盧,卿得種來不?"這等於無視二陸,似視爲鄉里人。對此,陸氏兄弟殊感失望,後悔前往。

還是初入洛的時候,在張華處,陸雲見到了河南潁川的荀隱(字鳴鶴)。兩人各自介紹時,陸雲舉手說:"雲間陸士龍。"荀答曰:"日下荀鳴鶴。"陸曰:"既開青雲,睹白雉,何不張爾弓,布林矢?"荀答曰:"本謂雲龍騤騤,定是山鹿野麋。獸弱弩強,是以發遲。"張華在一旁撫掌大笑。這番對答,陸雲實際處於下風。還有一個衆所周知的例子,《晉書·左思傳》載:"初,陸機入洛,欲爲此賦,聞思作之,撫掌而笑,與弟雲書曰:'此間有傖父,欲作《三都賦》,須其成,當以覆酒甕耳。'"實際上,左思的《三都賦》,洛陽傳誦,一時爲之紙貴。不知陸機當時作何感想。我們從陸雲的《答兄平原》詩中或可窺探一斑:"昔我先公,邦國攸興。今我家道,綿綿莫承。昔我昆弟,如鸞如龍。今我友生,凋俊墜雄。家哲永徂,世業長終。華堂傾構,廣宅頹墉。高門降衡,修庭樹蓬。感物悲懷,愴矣其傷。"說明二陸的內心充滿憂傷,誠如陸雲所說:"文章既可自美,且解愁忘憂。"這裏的憂愁,自然有著感嘆家道衰落的悲情成分。

畢竟,以洛陽爲中心的中原地區,多是解經之士,"衣冠士族,并在中原",而江南文化,在魏晉時代,還在發展變化中。在這樣的背景下,北上的陸機、陸雲兄弟更多是依靠他們之間的親情,相互贈答,彼此支撐,度過了最初的艱難歲月。《世說新語》載:蔡謨在洛陽時,看見陸機兄弟住在三間瓦屋中,陸雲住東頭,陸機住西頭,相聚時,共同讀書,彼此切磋。陸雲有《與兄平原書》,多有探討詩賦創作的內容。《顏氏家訓·文章》篇記載說,江南世族有一個文學傳統:"學爲文章,先謀親友,得其評裁,知可施行,然後出手,慎勿師心自任,取笑旁人也。"就是說,一篇作品完成後,先要經過族中親友的批評鑒定,纔能公之於衆。這種風氣相延既久,已成爲高門望族延續其文化優勢的一個重要的舉措。而當他們分別時,又題詩奉贈,抒發離別之情。這類作品,在二陸的集子依然還存在若干首。這種手足同根之情,又與曹丕、曹植兄弟彼此猜忌傾軋形成鮮明對照。

但二陸在性格上又有很大的不同。陸雲爲人弘靜,文弱可愛,時人稱爲當代顏淵,所以怡怡然爲士友所宗。而陸機則風格凌厲,言多慷慨,聲如洪鐘。這種性格,如果僅僅局限於文人圈內,也許是有才的表現,但是如果在官場還是這樣口無遮攔,當然就很危險。一次,陸機造訪王濟,王濟正在吃羊酪,指著問陸機:"卿江東何以敵此?"陸機回答說:"有千里蓴羹,但未下鹽豉耳。"羊酪,南方人吃不慣。《世說新語》記載,陸玩造訪王導,王導用羊酪招待他,結果陸玩大病一場,第二天還給王導寫信,說"昨食酪小過,通夜委頓。民雖

吳人,幾爲傖鬼"。這也使陸機得罪了若干權貴。

性格的不同,表現在文學創作上,就形成了不同的風貌。《文心雕龍·才略》說:"陸機才欲窺深,辭務索廣,故思能入巧,而不能制繁。士龍朗練,以識檢亂,故能布采鮮浄,敏於短篇。"陸機繁縟,陸雲鮮浄。這是二陸在文學風貌方面的明顯的不同。

三、"二陸"的創作

《歷代名畫記》引陸機言論云:"丹青之興,比雅頌之述作,美大業之馨香,宣物莫大於言,存形莫善於畫。"陸機所謂"美大業之馨香",與曹丕《典論·論文》所說的"蓋文章,經國之大業,不朽之盛事"的觀念有相近的地方,說明二人都頗強調文學藝術的社會價值和文化傳承的作用。這是二陸創作思想很重要的方面,與他們高貴的身世背景不無關係。

陸雲《與兄平原書》,談到若干創作問題,他說自己"四言、五言非所長,頗能作賦"。今天保存下來的作品,如《歲暮賦》《愁霖賦》《寒蟬賦》,作者自云"情言深至"。他評價陸機的章表也是"深情遠旨,可耽味,高文也"。"清省",推崇"清新相接"。他曾不無自省地寫道:"往日論文,先辭而後情,尚潔而不取悦澤。"從這裏看出,陸雲的創作有個變化的過程,年輕的時候注重辭藻,而後來則強調情深、旨遠,主張清省,注重潔簡。

這便與陸機的鋪采摛文形成鮮明對照。劉勰《文心雕龍》論及陸機的創作,常常以"繁"義來形容。比如《史傳》篇:"至於晉代之書,繁乎著作,陸機肇始而未備。"《議對》篇:"及陸機斷議,亦有鋒穎,而腴辭弗剪,頗累文骨。"《體性》篇:"士衡矜重,故情繁而辭隱。"《熔裁》篇:"至如士衡才優,而綴辭尤繁;士龍思劣,而雅好清省。"《才略》篇:"陸機才欲窺深,辭務索廣,故思能入巧,而不制繁。"《序志》篇:"陸機(《文賦》)巧而碎亂。"在劉勰看來,陸機創作之"繁"主要集中在三個方面:第一是著作之繁,第二是文情之繁,第三是詞藻之繁。

先說著作之繁。就個人作品收錄種類之言,陸雲曾爲陸機編文集20卷,《北堂書鈔》卷一〇〇引晉代葛洪《抱樸子》云:"吾見二陸之文百許卷,似未盡也。"《昭明文選》收錄陸機52首詩,列全部作家之首。鍾嶸《詩品》將陸機與曹植、謝靈運并列,分別作爲3個時期的代表,陸機被稱爲"太康之英"。

據姜亮夫先生《陸平原年譜》附錄《陸機著述考》,陸機著作包括:《晉紀》4卷、《洛陽記》1卷、《要覽》若干卷、《晉惠帝百官名》3卷、《吳章》2卷、《吳書》、《連珠》若干卷及《文集》47卷。其著作之繁,正符合劉勰所說:"至於晉代之書,繁乎著作,陸機肇始而未備。"《隋書·經籍志》著錄《陸機集》,注:"梁四十七卷,錄一卷,亡。"《舊唐書·經籍志》著錄《陸機集》15卷。《新唐書·藝文志》同。《宋史·藝文志》、晁公武《郡齋讀書志》、陳振孫《直齋書錄解題》并著錄《陸機集》10卷。晁公武言:陸機"所著之章凡三百餘篇,今存詩、賦、論、議、箋、表、碑、誄一百七十餘首,以《晉書》《文選》校正外,餘多舛誤"。由此看來,

宋人所見已是一個輯本，原來唐人的十五卷本已經散佚。明代張燮輯《漢魏六朝七十二家集》、張溥輯《漢魏六朝百三家集》中皆有《陸平原集》。《四部叢刊》有《陸士衡文集》10卷，《四部備要》有《陸士衡集》10卷，《叢書集成初編》有《陸士衡文集》10卷，附札記1卷。1982年，中華書局出版了今人金濤聲點校的《陸機集》。該書以《四部叢刊》中《陸士衡文集》爲底本，參以各總集、類書及史傳中的有關部分，點校而成。正文10卷，補遺3卷，附錄：一是陸機的專著《晉紀》《洛陽記》《要覽》；二是陸機傳記資料；三是《陸機集》序跋。就版本而已，這是較爲完備的一個本子。注本主要有兩種，一是郝立權的《陸士衡詩注》4卷，人民文學出版社1958年版。二是劉運好《陸士衡文集校注》，鳳凰出版社2007年版。

再說文情之繁，莫如《嘆逝賦》，其中"悲夫，川閱水以成川，水滔滔而日度；世閱人而爲世，人冉冉而行暮。人何世而弗新，世何人之能故？"其境界猶如張若虛《春江花月夜》、劉希夷《代悲白頭吟》，借用聞一多的評價，即充滿了所謂宇宙意識。《赴洛二首》《又赴洛道中作二首》更是文學史上的名篇，頗爲感人。《吳趨行》誇耀吳地之美，勸說"楚妃""齊娥"暫且停唱，傾聽"我歌吳趨"，自"吳趨自有始，請從閶門起"開始，從城、樓、閣、軒、山澤土風、八族四姓諸方面，頌揚吳地吳人之美，發端立意，鋪陳排比，無不模仿漢賦。《世說新語·文學》篇引張華對陸機的評語："人之作文患於不才，至子爲文，乃患太多。"鍾嶸《詩品》也說"余常言陸才如海，潘才如江"。

最後看辭藻之繁。清人葉矯然說："六朝俳偶，始於士衡。"①客觀地說，排偶句式，在陸機以前偶有所見。但如《猛虎行》《從軍行》《招隱》《於承明作與士龍》那樣對仗工整，鋪陳繁富，確實不多見。這與建安文學"不求纖密之巧"（《文心雕龍·明詩》）的粗疏文風不同。這應當說是陸機對於文學的貢獻。其他如《贈馮文羆遷斥丘令》比喻之別致，《文賦》分析之細密，《贈尚書郎顧彥先》用字之考究，如此等等，也贏得後人推崇。梁元帝蕭繹《金樓子·立言》篇說他："辭致側密，事語堅明，意匠有序，遣言無失。"評價很高。才華橫溢而又"不逾矩"乃是最高之境界。恰恰在這一點上，劉勰對於陸機似乎有所不滿，說其"情繁""綴辭尤繁"，即辭藻過於繁茂，缺乏剪裁。《世說新語·文學》篇引孫綽的話來說，欣賞陸機的文章需要"排沙簡金"的功夫，纔能"見寶"，因爲"陸文深而蕪"。這是"蕪"即"繁"的另一種說法，多少含有貶義。

陸機的文和賦也很有成就。文如《辨亡論》《五等諸侯論》《平原內史表》《漢高祖功臣頌》《演連珠》《吊魏武帝文》等，賦如《豪士賦》《嘆逝賦》《文賦》等都爲《文選》所收錄，爲後人傳誦。其中，二陸中最爲後人稱道的，是陸機的《文賦》。

四、《文賦》的意義

《與兄平原書》："省《述思賦》，流深情至言，實爲清妙，恐故復未得爲兄賦之最。兄文

---

① 郭紹虞編選，富壽蓀校點：《清詩話續編·龍性堂詩話》，上海：上海古籍出版社，1983年，第956頁。

自爲雄,非累日精拔,卒不可得言。《文賦》甚有辭,綺語頗多,文適多體,便欲不清。不審兄呼爾不?《詠德頌》甚復盡美,省之惻然。《扇賦》腹中愈首尾,發頭一而不快,言'烏雲龍見',如有不體。《感逝賦》愈前,恐故當小不? 然一至不覆滅。《漏賦》可謂清工。兄頓作爾多文,而新奇乃爾,真令人怖,不當復道作文。"①《感逝賦》,《陸機集》作《嘆逝賦》,前有小序:"余年方四十,而懿親戚屬亡多存寡。"《文賦》在這封書信中與《嘆逝賦》列在一起,大約是40歲的作品。杜甫《醉歌行》又説:"陸機二十作《文賦》,汝更少年能綴文。"因此又有可能作於20歲前後。陸雲信中説:"兄文自爲雄,非累日精拔,卒不可得言。"據此推測,《文賦》應當是陸機創作比較成熟的作品,得到了陸雲的高度贊揚。很快,《文賦》就在世間流傳開來。昭明太子編《文選》收錄此文,初唐書法家陸柬之專曾抄錄,現藏臺灣故宫博物院。此外,日本高僧遍照金剛來中國訪學時,收羅各種資料編爲《文鏡秘府論》,也收錄了《文賦》。至於唐代類書,如《藝文類聚》等,也有收錄。

《文賦》爲什麽會有這樣大的影響呢? 主要是它精微地論述了文學創作的過程,提出了一系列有價值的主張。

首先是藝術構思問題。《文賦》小序説:"余每觀才士之所作,竊有以得其用心。夫其放言遣辭,良多變矣。妍蚩好惡,可得而言。每自屬文,尤見其情。恒患意不稱物,文不逮意。蓋非知之難,能之難也。"②這裏,他特別強調了"意"的重要性。他首先要解決的就是"意不稱物,文不逮意"的問題。《文賦》中多次提到"意",如:"辭程才以效伎,意司契而爲匠。"又如:"其爲物也多姿,其爲體也屢遷。其會意也尚巧,其遣言也貴妍。"又如:"或文繁理富,而意不指適。""心牢落而無偶,意徘徊而不能揥。"有時,"意"與"物"對舉;有時,又與"辭"對舉;有時,又與"心"對舉;有時,又與"文"對舉。此"意"是指在構思過程中產生的意,而"物"主要指外在景物等,當然也可能包括社會生活和作家思想感情等內容。在陸機看來,意以稱物爲能事,而文又很難準確傳達這種"意"。而"言"與"意"的關係,既是創作中的極其重要的問題,又是魏晉玄學中的重要命題。"意"的涵義非常豐富,有情感,有學識,理性與感性交織在一起。而"言"的作用就是將作者之"意"表達出來。

由此出發,作者先從作家的"意"開始,《文賦》開篇説:"佇中區以玄覽,頤情志於典墳。"這時,指的是創作構思進入文學創作狀態,陸機借用老莊"虛静"説,特別強調了靈感的關鍵作用,同時又兼顧創作主體進入"虛静"心境:"其始也,皆收視反聽,耽思傍訊,精騖八極,心游萬仞……觀古今於須臾,撫四海於一瞬。"他用賦的形式,強調了想像在創作過程中的作用和重要性。同時,陸機還強調了作者的創造能力,他説"收百世之闕文,采千載之遺韻。謝朝華於已披,啓夕秀於未振",主張繼承前人的優秀成果,同時又必須獨抒己意,反對因襲守舊。

---

① 陸機:《與兄平原書》,《陸機文集》,上海:上海社會科學院出版社,2000年,第303頁。
② 陸機:《文賦并序》,《陸機文集》,上海:上海社會科學院出版社,2000年,第11頁。

其次是謀篇布局問題。藝術構思完成後，進入寫作過程，即從感性進入理性階段："然後選義按部，考辭就班。"在這個階段，陸機依然強調"意"的重要，意爲主幹，所謂"理扶質以立幹，文垂條而結繁"。主幹立，文辭纔像枝葉一樣繁盛。所謂"考辭就班"，一個重要的方面，就是按照不同的文體給予不同的關照。爲此，他提出 10 種文體，并分別予以界定："詩緣情而綺靡，賦體物而瀏亮。碑披文以相質，誄纏綿而凄愴。銘博約而温潤，箴頓挫而清壯。頌優游以彬蔚，論精微而朗暢。奏平徹以閑雅，説煒曄而譎誑。"這就比曹丕所提出的 4 種文體又豐富了許多。

第三是美學標準問題。在陸機看來，選義按部，考辭就班之後，更重要的工作是情思的梳理，文字的推敲，聲韵的抑揚，色彩的調配，等等，爲此，他提出了應、和、悲、雅、艷 5 個美學標準：

　　或托言於短韵，對窮迹而孤興。俯寂寞而無友，仰寥廓而莫承。譬偏弦之獨張，含清唱而靡應。

　　或寄辭於瘁音，徒靡言而弗華。混姸蚩而成體，累良質而爲瑕。象下管之偏疾，故雖應而不和。

　　或遺理以存异，徒尋虚而逐微。言寡情而鮮愛，辭浮漂而不歸。猶弦么而徽急，故雖和而不悲。

　　或奔放以諧和，務嘈囋而妖冶。徒悦目而偶俗，固高聲而曲下。寤《防露》與《桑間》，又雖悲而不雅。

　　或清虚以婉約，每除煩而去濫。闕大羹之遺味，同朱弦之清泛。雖一唱而三嘆，固既雅而不艷。①

所謂"應"，是對篇幅的要求。李善注説："短韵，小文也。言文小而事寡，故曰窮迹，迹窮而無偶，故曰孤興。"如果文章過於短小，俯仰之間就無所呼應。换一個角度理解，他認爲文章要有規模和氣象，俯仰之間，通篇照應。而"托言短韵"則達不到"應"的要求。所謂"和"，是對文辭的要求。他認爲文辭搭配要和諧，不能有"瘁音"。"瘁音"即弱音。所謂"悲"，是對情感的要求。他認爲文學創作當以悲爲美。這種悲情，是發自内心的情感。以悲爲美，也是當時的一種普遍性追求。《後漢書·左周黄傳》載："三月上巳日，（梁）商大會賓客，宴於洛水，舉時稱疾不往。商與親昵酣飲極歡。及酒闌倡罷，繼以《薤露》之歌，坐中聞者，皆爲掩涕。"②曹丕《善哉行》其二説："哀弦微妙，清氣含芳。流鄭激楚，度宮中商。感心動耳，綺麗難忘。"曹植《贈徐幹》説："慷慨有悲心，興文自成篇。"劉宋時期的王微也

---

① 陸機：《文賦并序》，《陸機文集》，上海：上海社會科學院出版社，2000 年，第 13～14 頁。
② ［南朝宋］范曄：《後漢書》，北京：中華書局，1973 年，第 2028 頁。

説:"文辭不怨思抑揚,則流澹無味。"(《宋書·王微傳》)所謂"雅",是對格調的要求。他認爲文章格調要高,"會意"要"巧","遣言"須"妍"。這也是當時的一個重要的美學標準。劉勰説:"觀其時文,雅好慷慨。"鍾嶸評價曹植是"情兼雅怨"。所謂"艷",是對韵味的要求。

《文選》還有一個重要的貢獻,就是在文體的分類方面,較之前代作家有了更加明確的辨析。李善注引臧榮緒《晋書》説:"陸機妙解情理,心識文體,作《文賦》。"這裏所説的"文體",不僅指風格,也指文章體裁。中國的文體分類學論述,較早見於蔡邕《獨斷》。該書卷上論官文書四體曰:"凡群臣上書於天子者有四名:一曰章,二曰奏,三曰表,四曰駁議。"同時稍後的曹丕著《典論·論文》略舉四科八種文體:"夫文本同而末異。蓋奏議宜雅,書論宜理,銘誄尚實,詩賦欲麗。"他認爲:"此四科不同,故能之者偏也,唯通才能備其體。"陸機《文賦》則又擴大到十體,并對各體的特徵有所界説。此後,摯虞的《文章流别論》、李充的《翰林論》,直至任昉的《文章緣起》①、《文心雕龍》等均有或詳或略的文體概論,條分縷析,探頤索隱,奠定了中國文體學的理論基礎。在此基礎上,蕭統廣采博收,去蕪取精,將先秦至梁代的 700 多篇優秀作品分成三十七類加以編録②,成爲影響極爲久遠的一代名著。從蔡邕《獨斷》到蕭統《文選》,前後綿延 300 多年,中國文體學最終得以確立。③

《文賦》的意義在於,陸機提出的理論主張是建立在豐富的創作實踐基礎之上的,而且,這篇理論文章本身又是一篇優美的文學作品。理論與創作密不可分,這是中國文學批評史的一個重要特徵。因此,我們研究文學批評史,自然也就不能脱離文學創作實際而空談理論。

---

① 中華書局影印元刻《山堂考索》本。其真僞頗多争論。同門傅剛《〈文選〉與〈詩品〉、〈文心雕龍〉及〈文章緣起〉的比較》(收在《昭明文選研究》,中國社會科學出版社 2000 年版)、朱迎平《〈文章緣起〉考辨》(收在《古典文學與文獻論集》,上海財經大學出版社 1998 年 6 月出版)均認爲《文章緣起》爲任昉作,其説可從。

② 通行本三十七類,但是根據南宋陳八郎宅刻五臣注《文選》,還有"移""難"兩體,這樣就有三十九體之説。

③ 參見劉躍進:《〈獨斷〉與秦漢文體研究》,載《文學遺産》2002 年第 5 期。

當前歷史文獻學研究與學科建設芻議

周少川

（北京師範大學）

21世紀以來,中國的古籍整理和古文獻的研究呈現可喜的局面。國家啓動了古籍保護計劃,《中華大典》《儒藏》《清史》編纂等重大文化工程全面開展,出土文獻的研究、數位化技術的運用、域外漢籍的搜求和出版,古籍整理和古文獻研究取得舉世矚目的成就。與此同時,歷史文獻學研究拓展了新的領域,學科建設不斷推進。本文擬就21世紀以來歷史文獻學研究的前沿與熱點、學科建設的趨勢略陳淺見,以就教於方家。

一、歷史文獻學研究的前沿與拓展

近十年來,歷史文獻學由於注意了交叉與綜合研究,新領域和新熱點不斷呈現。此處稍加歸納,從以下八個方面闡述歷史文獻學的前沿狀況,以及在此基礎上研究視野的進一步拓展。

（一）傳世文獻研究與出土文獻研究的結合

20世紀以來,隨著考古學的發展,大批地下文物和文獻被發掘出來,珍貴秘笈重見天日。據統計,百年間170餘批、28萬支不同時期的竹木簡出土;另有帛書文獻4批出土。大批出土文獻的發現,大大開闊了學術界研究資料的範圍和研究視野,在開展傳世文獻和出土文獻的結合研究上,途徑是多方面的。

一是可以利用出土文獻的新資料,結合傳世文獻,開展對古代政治、經濟、法律、思想等多方面的研究。比如,近年學者們發現里耶秦簡所記載的"蒼梧""洞庭"兩郡,爲以往秦三十六郡或四十八郡之郡名所無,因而補充了對秦朝行政區劃的認識。近來,又有學者利

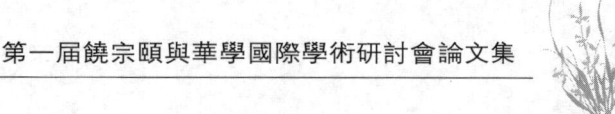

用岳麓書院所藏秦簡,提出了秦郡還有"江陵""清河"二郡的看法。① 此外,如利用郭店楚簡對先秦子思學派的研究,利用長沙走馬樓吳簡對三國田賦、户口制度的研究,利用岳麓書院所藏秦簡的奏讞書對秦代法律條令的研究,等等。二是可以通過出土文獻的實物,對古文獻載體材料的形制、質地的發展變化有重新認識。三是可以深入開展傳世文獻與出土文獻的比勘研究,尤其是一些名著名篇,通過傳世本、簡牘本、帛書本等多種傳本的比勘、校异,甚至箋證,可以深入分析文本變异、差异的原因,以及學術思想的淵源流變,等等。1997年,日本學者服部千村就曾運用竹簡本、和刻櫻田本、影宋魏武注本、宋武經七書本等《孫子兵法》進行互勘,在校記中做出考證。② 2000年國内學者彭浩則用郭店竹簡本、馬王堆帛書、王弼注本、河上公本、龍興觀碑本等合勘《老子》文句,惜未有校記箋證。③ 這些工作都是值得借鑒的。四是針對出土文獻,展開古文書學的研究。這是由於出土文獻中有大量古代文書檔案,運用古文書學的方法,可以對簡牘的書寫格式、製作形制、收發管道、内容類别、檔案功能等瞭解清楚,進一步挖掘其史料價值。五是開展古文字學的研究。漢以前的出土文獻皆以古文字書寫,爲文字學提供了大量古文字的資料,利用傳世文獻和字書釋讀古文字,又反過來利用出土文獻中的古文字資料考辨以往對古文字訓釋的疑難,是一個重要的課題。有些學者已經利用出土文獻開展對古文字的整理,如李守奎等學者所作的《楚文字編》《上海博物館藏戰國楚竹書——五文字編》,等等。

(二) 文獻學研究與社會史、文化史的結合

衆所周知,文獻的産生、聚散,文獻學的發展是與社會發展、社會的歷史文化發展密切相聯,因此,文獻學史的研究如能與社會史、文化史的研究相結合,會相得益彰,有利於加强文獻學史研究的分量。

筆者在做《藏書與文化》④課題的研究時就嘗試了文獻學研究和文化史、社會史結合的方法,從而開闊了視野,拓展了研究的範圍。以往的私家藏書研究由於未能有準確的定位,因而往往被局限在藏書家事迹的研究範圍裏,對個體藏書家的研究、斷代藏書家的研究、區域藏書家的研究,其結果僅能反映一朝一地私家藏書的概況,而不能瞭解其更深層次的内容。然而,如果從多重視角來研究私家藏書,便可將其作爲一種文化現象,置於社會歷史環境的總相中進行考察,分析社會歷史環境中生産技術、經濟水準、文化風尚、人文地理諸因素,與這一文化現象彼此間的相互關聯,作用與反作用。比如,考察其與社會生産經濟因素的關係時,可從"造紙術"的發明、"印刷術"的發明,看典籍生産技術的變化對私家藏書的影響,認識私家藏書事業兩次飛躍發展的原因。社會經濟發展水準同生産技術一樣,同屬於私家藏書文化的物質基礎。社會經濟的發展是私家藏書事業繁榮的前提

---

① 陳松長:《岳麓書院藏秦簡中的郡名考略》,《湖南大學學報》2009年第2期。
② [日]服部千村:《孫子兵法新校》,瀋陽:白山出版社,1997年。
③ 彭浩:《郭店楚簡〈老子〉校讀》,武漢:湖北人民出版社,2000年。
④ 周少川:《藏書與文化——古代私家藏書文化研究》,北京:北京師範大學出版社,1999年。

條件,它使藏書家具備更強的經濟實力來投入藏書活動;社會商品經濟的發達,也促進圖書這種特殊商品的流通,爲私家藏書提供大量的收藏來源。反過來,私家藏書所增加的需求,又刺激了刻書業、印刷業、裝潢業、圖書銷售等生產經濟領域的繁榮。

把私家藏書作爲一種文化現象,還可深入探討私家藏書在長期活動中逐步形成的文化積澱,并從文化的視角,對藏書、藏書印、圖書交易等物態文化,對藏書措理之術、藏書風尚和藏書習俗等行爲文化,對藏書樓命名的目的、藏書印文反映的意緒、藏書的心態等心態文化進行分析,從而得出一些新的答案。比如,揭示藏書樓的虛擬與實構;對私家藏書習俗和藏書家嗜好作出有異於前人的、較爲合理準確的解釋;透過表象,挖掘藏書家深層的文化心態,區分其正面的、積極的心態,或者消極的、變異的心態,由此把握私家藏書不同發展路向的根源;闡釋私家藏書在促進不同文化層之交流和保存、傳播文化遺產的巨大社會功能;等等。總之,從多重視角研究私家藏書,具有深遠的意義。它不僅爲藏書史、書史研究開闢了新道路,而且爲文化史、社會史的研究增添了新內容,這是筆者個人有切身體會的認識。

(三) 文獻學研究與學術史研究的結合

以往文獻學祇講校勘學史和注釋學史,學術史祇講主觀分析,各講各的,成爲兩條道上跑的車。李學勤先生對學術史這種狀況提出了自己的看法,認爲學術史不僅要從思想、義理的角度去寫,還要從文獻、史實的角度去寫,兩者不可偏廢。① 這種看法極其重要,從經學史的角度看,就要善於從文獻的校釋成果中分析各個時代對於經典不同的注釋、校勘所反映的時代精神,從校勘注釋的新內容看學術思想和學術觀點發展,看學術史的轉變。不同時代的版本反映了不同時代的思想和學術,一部經學的發展史,正是歷代學者運用文獻考校和注釋,爲經學的前進開闢了道路,并賦予新的思想內容,從而完成了各個時代學術的新陳代謝。因此,文獻學應該在這方面爲學術史作出說明。

從文獻學史研究的角度而言,則必須結合經學史或者其他學術史的背景,纔能真正說明各個歷史時期文獻學發展的原因以及對學術史的推動作用。例如,北宋二程、南宋朱熹都曾改易《禮記·大學》的文字,并將《禮記》中的《大學》《中庸》抽出,與《論語》《孟子》組成"四書"。朱熹的《大學章句》不僅改易了文字,將《大學》分爲經、傳兩個部分,還補寫了所謂"格物致知"的第五章。這些文獻校改上的變易,如果不從宋代理學思想興起、發展的需要上分析,便難以說明其文獻整理、校改工作的原委和意義。文獻學研究祇有和經學史或其他學術史結合,纔能清楚地看到歷代文獻校注、考辨所反映的時代精神,纔能深刻說明文獻學研究在中國學術史和文化史上的重要地位和影響。

(四) 文獻學研究要與社會發展的實際需要結合

以往的文獻學研究與社會實際生活嚴重脫節,很多關涉社會民生、生產生活的古代文

---

① 李學勤:《李學勤談清代學術的幾個問題》,《中華讀書報》,2001年8月15日。

獻不受重視,有的長期被打入冷宮,得不到應有的發掘整理和研究。從科技方面看,中國古代的科學技術在相當長的一段時間內是領先於世界的,其中的天文曆算、數學、醫學、農學、建築等領域尤爲突出,并保存著許多珍貴的文獻。比如,明清在建築技術方面就有許多文獻資料,其中清代的匠作則例已引起國內外不少專家的注意。清代匠作則例記錄了清代園林宫殿、城墻營房、河工海防、軍器武備等建築器物用料的規格尺寸,用工的種類、數量及價格運費等資料,這批文獻不僅數量衆多,而且内容豐富,是研究清代建築、經濟、軍事乃至社會政治的重要資料。早在20世紀30年代,著名學者梁思成就對《清工部工程做法》這一文獻進行深入研究,取得豐碩成果,著成《清式營造則例》和《清工部〈工程做法則例〉圖解》二書。20世紀末,由王世襄先生領銜,開展對清代匠作則例資料的整理和影印,至今已出版了彙編5卷。① 這些材料也引起了德國圖賓根大學漢學研究所的注意,自2001年起和清華大學合作開展研究,已取得階段性成果,并在德國召開了"中國匠作則例:理論與實踐"國際研討會,這表明匠作則例的研究已經在國際上產生了一定的影響。

除匠作則例外,當然還有大量科技文獻值得整理和研究,如至今還在服務於現實生活的中醫文獻。此外,經濟方面、藝術方面的大批古籍文獻也都有待文獻學界的關注和探究。

(五)文獻學研究要注意紙質文獻和電子文獻的結合

20世紀下半葉以來,隨著現代資訊技術的高速發展,電腦作爲資訊處理工具,其容量越來越大,速度越來越高,功能越來越強。隨著古文獻資料庫和網絡的不斷建設,大面積實現了傳統文獻的數位化和網絡化,體現出存儲量大、管理便易、閱覽便捷,以及檢索功能、統計分析功能、對比校勘功能大大增強等優勢。這不僅是載體的轉換、檢索手段的變化,更是傳統文獻學方法論的一場革命。

新世紀的文獻學研究還要進一步開發文獻數位化的各種功能,發揮其超越紙質文獻的優勢,爲文獻學研究服務。第一,在研究文獻的生產、流通、整理、保護等問題時,要把紙質文獻和電子文獻結合起來考慮,充分發揮電子文獻在古籍保存和流通上的優越性。第二,對於古文獻數位化的開發和改進仍有許多問題值得研究和完善。比如,進一步減少古文獻資料庫的錯誤,提高可信程度;制定切實可行的資料庫分類標準,使同一類的古文獻資料庫逐步實現標準和格式的統一,以便於傳播和利用;進一步開發古文獻資料庫的檢索功能,最大限度地發揮其優勢作用。第三,將電子資訊技術引入考證過程,發揮"e考據"的作用。② 目前已經有些學者嘗到"e考據"的甜頭,概括而言可以有三個層面的利用:一是廣泛利用電子文獻的檢索功能,收集考證所需的各種材料。二是通過廣泛檢索詞語在不

---

① 王世襄主編:《清代匠作則例》第一卷、第二卷,鄭州:河南教育出版社,2000年;《清代匠作則例》第三卷、第四卷、第五卷,鄭州:河南教育出版社,2009年。

② 參見黃一農:《兩頭蛇:明末清初的第一代天主教徒》,上海:上海古籍出版社,2006年,第64~65頁。

同文獻、不同語境中的涵義，從而準確訓釋有關字、詞、句的意義，以糾正前人的誤解，達到疏通文獻、釋疑解難的目的。① 三是利用電子文獻的檢索功能，全面核對材料，對以往的研究結果進行史源學的論證，發現疑誤，將考證引向深入，最終取得新解。總之，運用之妙，存乎一心，應該説"e 考據"的前景還是非常廣闊的。

（六）文獻學的實證研究和理論研究的結合

文獻學研究不僅要有實證技能，要研究文獻、文獻學發展史，還要有理論研究。正如劉乃和先生所説的："要把文獻工作當作一門學問，祇作事務是不行的；要把文獻工作當作具有科學性的學問，祇憑技術也是不行的。"她從學科方向，以及目録、校勘、辨僞、注釋等專學的實際研究，説明"研究歷史文獻，不可避免地要涉及理論和觀點的問題"，并指出："我們研究歷史文獻必須以馬克思主義理論作指導，首先就是要指導研究方向的問題。"②

那麽，歷史文獻學理論要包括哪些内容呢？筆者想至少要包括理論基礎、理論遺産、學科理論三大部分。

第一，理論基礎是文獻學理論體系賴以存在的科學依據，是指導文獻學理論不斷發展的方針。在當前，馬克思主義的世界觀、唯物史觀、認識論和方法論，就是歷史文獻學的理論基礎。

第二，理論遺産是指我國古代的文獻學思想。在文明社會，任何理論都具有繼承性，當代歷史文獻學理論的建設不僅要從實踐中總結，還要繼承先賢的思想遺産。古代文獻學家不僅爲我們留下大量文獻整理的遺産，而且在文獻整理研究中積累了大量經驗，總結了有益的方法和理論，形成了豐富的文獻學思想。孔子就有不少關於文獻整理研究的獨到見解，比如"述而不作，信而好古"③、"多聞闕疑"、"多見闕殆"，④以及"毋意、毋必、毋固、毋我"⑤。孟子也有關於"不以文害辭，不以辭害志，以意逆志，是爲得之"的文獻闡釋思想，以及知人論世、文獻疑辨的思想。此外，還有衆所周知的，《漢書·藝文志》以降的"辨章學術，考鏡源流"思想，鄭樵的"求書八法"，胡應麟的"辨僞八法"，等等。總之，古代的文獻搜求與典藏思想、分類叙録思想、校勘思想、辨僞思想、文獻闡釋理論、金石考史觀念，積累是非常豐厚的，值得作深入的發掘和闡發。中國古代文獻學思想的研究一直是文獻學研究的薄弱環節，必須結合文獻學史的研究加以總結。

古代文獻學思想的研究，既可豐富文獻學史的内容，又可深化對於古代文獻學内涵和價值的認識；此外，還可以爲建立當代的文獻學理論體系提供思想來源和理論依據，可以爲當前的文獻整理和研究提供直接的借鑒，因此是具有重大理論價值和實踐意義的。

---

① 參見黄靈庚：《屈賦"湯禹"小議》，《光明日報》，2008 年 12 月 26 日。
② 見白壽彝主編：《史學概論》，銀川：寧夏人民出版社，1983 年，第 120～122 頁。
③ 《論語·述而》，《十三經注疏》本，北京：中華書局，1980 年。
④ 《論語·爲政》，《十三經注疏》本，北京：中華書局，1980 年。
⑤ 《論語·子罕》，《十三經注疏》本，北京：中華書局，1980 年。

第三,學科的基本理論包括本體論、認識論和方法論三個方面。歷史文獻學則要在基本理論的基礎上,構建一個包括學科歷史和專業知識在内的完整的學科體系。

（七）域外漢籍研究與域内西書研究的結合

域外漢籍的搜求、整理和研究近些年成爲文獻學研究的熱點,并取得令人矚目的成就。目前已有多家出版社在進行域外漢籍的收集和出版,影響較大的是2008年由西南大學出版社、人民出版社聯合出版的《域外漢籍珍本文庫》第一輯,其收書百餘種;據稱,這套文庫將在此後5年内收集出版域外漢籍珍本達2000種。這個數字已達目前所知的域外漢籍珍本總數的80%。域外漢籍的研究也成就斐然,有不少論著發表,比較突出的如中華書局自2005年以來陸續出版的《域外漢籍研究集刊》1~5輯,此外還於2007年出版的《域外漢籍研究叢書》,收入5種研究專著。應該說,域外漢籍的研究方興未艾,前景非常可觀。新聞出版總署的柳斌杰署長曾在《域外漢籍珍本文庫》的序言中,將域外漢籍傳播中華文化的作用稱之爲"漢籍之路",以與歷史上的"絲綢之路"相比擬,充分説明了整理研究域外漢籍的重要意義。①

然而,在重視域外漢籍的研究時,還不能忘記對域内西書這批重要歷史文獻的研究,這批文獻則從另一個角度反映了中外文化交流的豐碩成果。16世紀後期,大量西方傳教士陸續來華,掀起中西文化交流的高潮。自1582年利瑪竇來華到20世紀上半葉,一方面由於西方傳教士輸入基督教文化的總體目標,一方面由於中國士人自徐光啓的"會通中西"②到梁啓超"多譯多讀西書"③的需求,西學文獻在中國輸入長達300多年,已經成爲中國歷史文獻的組成部分。根據徐宗澤《明清間耶穌會士譯著提要》④、傅蘭雅《江南製造總局翻譯西書事略》⑤、梁啓超《西學書目表》、顧燮元《譯書經眼錄》⑥、徐惟則《東西學書錄》⑦、平心編《全國總書目》⑧記載統計,從明季到20世紀上半葉的300多年間,在華編著、翻譯的西書達7600多種。如果再加上明清兩代入華而流散、失傳的西書,入華西學文獻的數量會更多。

除了用漢文著、譯的西書,國内還保存有不少原版西文古籍,有的版本價值極高,比如代表西方最早印刷水準的"搖籃版"西籍,就有"西方宋版"之譽。這些文獻是明清至20世

---

① 參見柳斌杰:《漢籍之路》,《光明日報》,2009年2月10日。
② 王重民輯:《徐光啓集》,北京:中華書局,1963年,第374~375頁。明代徐光啓在《曆書總目表》中談到如何對待西學時說:"欲求超勝,必須會通,會通之前,必先翻譯。"
③ 梁啓超:《西學書目表》,上海時務報館,1896年。梁啓超在《西學書目表序例》中說:"國家欲自强,以多譯西書爲本;學子欲自立,以多讀西書爲功。"
④ 徐宗澤:《明清間耶穌會士譯著提要》,上海:上海書店出版社,2006年。
⑤ 張靜廬輯注:《中國近代出版史料初編》,北京:中華書局,1957年。
⑥ 張靜廬輯注:《中國近代出版史料二編》,北京:中華書局,1957年。
⑦ 張靜廬輯注:《中國近代出版史料二編》,北京:中華書局,1957年。
⑧ 平心編:《全國總書目》,上海:生活書店,1935年。

紀初葉西學東漸的重要資料和歷史見證，具有珍貴的文獻價值和學術價值。全面考察域內西書的總體面貌，研究西書入華的路徑、著譯的各種方式、內容和影響，不僅是文獻學的重要課題，也必然會推動學術史和中西交通史研究的新進展。

（八）中外文獻學研究方法的結合

歷史文獻學研究，不僅要繼承弘揚我國傳統的文獻學方法，還要注意瞭解、學習國外的文獻學研究理論和方法。西方近代的文獻考據早在 14 世紀文藝復興時期便初見端倪了，當時有一批學者關於古希臘、羅馬經典的考證，他們的考辨目的和方法影響了後來歐洲的文獻考據學派。隨著 18 世紀法國碑銘文獻學院成立、19 世紀法國著名的巴黎國家文獻學院成立，歐洲的文獻考據盛行，而法國的文獻考據學則具有一流的水準。19 世紀中後期，文獻考據學成爲西方史學的主導學派，德國的蘭克學派就因高度重視對各類公私檔案、契約、信函、證件等史料的考證整理，去僞存真，而以史料學派著稱，對西方史學產生了長期的影響。

雖然在進入 20 世紀中期以後，各種史學新流派紛紛興起，西方的文獻考據學派逐漸沒落，然而文獻考據工作作爲史學研究的一個基本方法仍發揮著重要作用，比如至今從西方漢學研究的著述中仍可以看到許多文獻考據的成果。

因此，僅以上述爲例，則足以說明國外的文獻學研究理論和方法源流有自、積累不凡，需要我們深入瞭解，進行必要的比較研究，取其精華，以豐富我國的文獻學理論。目前，國內已有一些年輕學者關注這一問題，開展了初步的工作，這是本學科值得高度期許的一個發展方向。

二、歷史文獻學的學科建設

學科是在科學發展中不斷分化和整合而形成的，有的學科是科學分化所產生，有的則是由兩門或兩門以上學科整合生成的。在學科發展的過程中，學科內部和學科的外部環境有著多重的相互作用，形成一個複雜的系統。認識學科發展的歷史，把握學科建設的內容與特點，瞭解學科發展的新方向，會使學科的創新建設更富有成效。

（一）歷史文獻學學科建設的歷史

歷史文獻學是一門既古老又年輕的學科。正如白壽彝先生在 1981 年所說的："對於歷史文獻的整理、研究，很早就有了。我們可以說，就在這個時候，歷史文獻學就開始出現了。但如果作爲一個學科體系來要求，現在還正在建設中。"[①]

在我國古代，自孔子整理、編纂"六經"始，就已經有對文獻整理研究的實踐了。數千

[①] 白壽彝：《談歷史文獻學》，《白壽彝史學論集》上册，北京：北京師範大學出版社，1994 年，第 510 頁。

年以降,歷代文獻學家積累了豐富的經驗,也遺存下大量的文獻整理研究的成果。不過衹有進入20世紀後,纔真正出現了以近代學科理念建設文獻學學科的探索。自20世紀20年代以後,以"文獻學"命名的著作開始問世。

陳垣、陳寅恪、顧頡剛等史學家則在文獻考據的工作中,爲歷史文獻學的研究擴展了範圍,充實了內容。特別是陳垣先生,在目錄學、校勘學、避諱學、史源學等專學中,以其示範性研究,總結法則和範例,爲文獻學學科的建立奠定了堅實的基礎。而顧頡剛先生在古書的辨僞方面、陳寅恪先生在中外歷史文獻的結合利用方面,也分別推動了文獻學學科的建設。

然而,歷史文獻學學科的建立,是由白壽彝、張舜徽、劉乃和先生等前輩學者來完成的。20世紀80年代,以陳雲爲代表的中央領導和國務院,號召"整理古籍,把祖國寶貴的文化遺產繼承下來";教育部提出了"救書、救人、救學科"的一系列有關古籍整理研究和培養整理人才的方案①,時代賦予了文獻學學科建立與發展的良機。20世紀80年代以後,中國歷史文獻學迎來了發展的高峰。在學科建設方面,張舜徽先生的《中國文獻學》、吳楓先生的《中國古典文獻學》在1982年出版,二書在數十年文獻學發展積累的基礎上,對有關古文獻的源流、部類、數量、考釋、注疏、版本、校勘與流通閱讀以及類書、四部書、叢書、輯佚、辨僞等做出了較系統的梳理,建立了初具規模的文獻學學科體系。劉乃和先生則從歷史文獻的繁富、歷史文獻的作用和歷史文獻學研究的意義、歷史文獻學的研究內容和文獻學發展史等方面,闡述了學科的專業知識和主要理論問題。②

與此同時,許多專家、學者對文獻學學科涉及的物件、目的、內容和方法提出了自己的見解,尤其是白壽彝先生,更是對文獻學的基本理論、發展歷史和分支學科的建立,在理論上構建了運行系統的框架。他認爲歷史文獻學的學科內容可分爲理論、歷史、分類學及應用四個部分,其中理論部分包括:歷史和歷史文獻的關係、歷史學與歷史文獻的關係、歷史文獻作爲史料的局限性、歷史文獻的多重性、歷史文獻和相關學科等問題。③ 另外,白先生還談到了研究歷史文獻學的意義,以及歷史文獻和歷史文獻學的發展史等問題④,提出了學科研究的提綱,爲歷史文獻學建構了理論框架。

此後,關於歷史文獻學學科構建的論著逐漸增多,以"歷史文獻學""古文獻學""文獻學""傳統文獻學"命名的著作多達十餘種,而關於文獻學各分支學科的論著、討論文獻學基本理論和學科體系的論文更是不勝枚舉。這些論著充實了歷史文獻學學科的內容,深化了學科理論,推動著歷史文獻學學科建設的不斷完善。

---

① 全國高校古委會秘書處編印:《高等院校古籍整理研究檔案彙編》,1983年,第143~156頁。
② 劉乃和:《歷史文獻》,白壽彝主編《史學概論》,銀川:寧夏人民出版社1983年;劉乃和:《談歷史文獻學的研究》,劉乃和主編《中國歷史文獻研究》,南寧:廣西人民出版社,1994年。
③ 白壽彝:《談歷史文獻學》,《白壽彝史學論集》,北京:北京師範大學出版社,1994年,第558~559頁。
④ 白壽彝:《再談歷史文獻學》,《白壽彝史學論集》,北京:北京師範大學出版社,1994年,第567頁。

(二) 歷史文獻學學科建設的內容

近20年來,隨著我國學術的繁榮,有關學科發展和學科建設的呼聲日高,然而在具體的實施過程中,對學科建設的内涵的認識却不甚了了,從而造成了定位模糊、名不副實、體系失範等弊病,影響了學科建設的迅速發展。因此,在討論歷史文獻學的學科建設時,有必要對上述問題作以下簡要的探討。

首先必須看到,學科是按科學性質而劃分的門類,是在科學的發展中不斷分化或整合而成的。以歷史文獻學而言,則是整合了多門學科而形成的一門頗具綜合性特色的學科。對於這門綜合性學科的建設,規範其學科範疇、認清其建設路徑就顯得尤爲重要。那麽,文獻學作爲一門獨立學科,如何形成其獨特的學科範式呢? 從學科建設的層面來看,至少有三個層次。一是關於學科的基本理念,二是學科知識和理論的體系,三是學科的運作保障,也即學科制度、研究機構和學術組織的建設等。

第一,學科的基本理念,至少應包括歷史文獻學研究的物件、研究任務,以及歷史文獻學學科的定位等三個方面。對於歷史文獻學的研究物件和任務,前輩學者也多有闡論。比如,張舜徽先生在1980年發表的《關於歷史文獻的研究整理問題》一文中,開篇就討論了"何謂文獻? 它的概念,整理物件是什麽?"這個問題。他對於歷史文獻學的研究物件還有兩點重要的界定:一是不能把具有歷史價值的古迹、古物、模型、繪畫概稱爲文獻。區分的界限在於出土文物上有無文字。有文字的出土文物,這些文字可稱爲文獻;無文字的實物,則應屬於古器物學的研究物件。[1] 二是指出,"'歷史文獻'四字,自可理解爲'古代文獻'"[2]。即將"歷史文獻"理解爲歷史上出現的文獻,將歷史文獻學的研究物件確認爲古代文獻,從而糾正了那種以爲歷史文獻學祇以史部文獻爲研究物件的褊狹觀念。張先生還闡述了歷史文獻學學科的研究任務,他説:

> 研究歷史文獻的任務,主要是對那些保存下來了的和已經發現了的圖書、資料(包括甲骨、金石、竹簡、帛書)進行整理、編纂、注釋工作,使雜亂的資料條理化、系統化,古奥的文字通俗化、明朗化,并且進一步去粗取精,去僞存真,條別源流,甄論得失,替研究工作者們提供方便,節省時間,使之不走彎路錯路,這便是研究、整理歷史文獻的重要職責。[3]

近十年來,還有一些學者繼續討論了研究物件的問題,例如董恩林將此進一步確認爲"文獻的文本形態"[4],這是對研究物件認識的不斷深化。

---

[1] 見張舜徽著:《張舜徽學術論著選》,武漢:華中師範大學出版社,1997年,第6~8頁。
[2] 張舜徽:《與諸同志再論歷史文獻的整理工作》,《張舜徽學術論著選》,第24頁。
[3] 張舜徽:《關於歷史文獻的研究整理問題》,《張舜徽學術論著選》,第8~9頁。
[4] 董恩林主編:《中國傳統文獻學概論》,武漢:華中師範大學出版社,2008年,第11~16頁。

對於歷史文獻學的學科定位，歷來有一種不太妥當的看法，將其看作歷史學的輔助學科。按照張舜徽等先生所言，歷史文獻自可理解爲古代文獻。由於古代文獻是歷史研究的基礎和根據，因此，研究古代文獻的歷史文獻學自然是歷史學學科體系的組成部分，它與歷史學有著內在的、密不可分的邏輯聯繫，而不是外在的輔助關係。從歷史學學科體系的組成標準來看，既有以客觀歷史爲研究物件的世界史、中國史、經濟史、文化史等學科，也有以歷史學本身爲研究物件的史學史、史學理論等學科，而歷史文獻學則是以歷史資料爲研究物件的學科。

綜上所述，在目前"文獻學"還未能成爲一級學科的情況下，無論從歷史文獻學與歷史學的淵源關係而言，還是從現行學術管理體制規定的學科體系而言，將歷史文獻學定位爲歷史學的分支學科應是比較妥當的做法。

第二，關於歷史文獻學的學科體系。自白壽彝先生提出歷史文獻學應包括的四部分內容之後，很多歷史文獻學專著都將學科理論、學科歷史、專業知識作爲學科體系的基本組成部分。目前看來，這種結構還是合理的，但是各部分之中的具體內容仍然值得討論。

學科理論的內容一直比較薄弱，需要加以充實。總體來說，學科理論應包括本體論、認識論和方法論三個方面。歷史文獻學理論的本體論主要在於文獻觀，要解决文獻概念、文獻的本質和特徵、文獻的形態、文獻的價值和功能等主要問題。

文獻學的認識論，要明確學科的定位及文獻學的學科結構；要討論文獻學本身及所屬各門專學（目錄、版本、校勘，等等）的研究物件和任務、實踐意義和歷史發展規律；要思考文獻學與傳統文化，文獻學與當代文化建設等課題。

文獻學的方法論，要研究文獻學的傳統方法，文獻學與邊緣學科、相關學科的關係，文獻學對當代科技成果和國外文獻學研究方法的吸收等問題。要考慮如何利用當代科學技術成果、引進相關學科和國外文獻學學科的理論與知識來更新我國文獻學的研究方法，同時也要考慮如何改進和發展文獻學研究的傳統方法。

歷史文獻學的專業知識則是關於分支學科的闡述。有的學者將許多學科作爲歷史文獻學的分支學科，泛化學科的範圍，從而模糊了學科的邊界，淡化了學科的特質，不啻抹煞了學科。筆者認爲，歷史文獻學的分支學科祇包括目錄、版本、校勘、輯佚、辨僞、注釋六門專學。其他的一些專學，應分屬於邊緣學科和相關學科。

所謂邊緣學科，是指由兩個或兩個以上學科爲基礎發展起來的，同兩種或兩種以上學科都有交叉關係的學科。比如，以文獻學和圖書館學爲基礎的典藏學。據此而論，典藏、編纂、考證、史源、避諱等專學皆應屬於歷史文獻學的邊緣學科，而文字、音韻、訓詁、金石、檔案等專學則應屬於歷史文獻學的相關學科。

第三，關於學科的運作和保障。其中包括了學者的職業化、固定的教席和教學培養計劃、學位點、學會組織、專業期刊，以及與之配套的學術制度等。如果說第一、第二層面主要是關乎學科建設的軟體部分的話，第三層面則是學科建設的硬體部分。而且，這一部分

較多地涉及學術管理、行政部門，舉凡教席的數量、職稱的評定聘任、學位點的設立、重點學科的培育，以及成果的評價指標等，都要由學術管理和有關行政部門來操作和完成。鑒於目前歷史文獻學學科受重視程度不夠、學術成果（如古籍整理成果）評價指標偏低的現象，在本學科的學科建設中，仍有必要呼籲相關管理部門加大對本學科發展支持的力度。

當然，就是在學科建設的運作和保障層面，學者本身的努力依然是至關重要的。比如，早在1979年，張舜徽先生就創立了本學科的全國性學術組織——中國歷史文獻研究會，創辦了學術集刊《歷史文獻研究》（曾名《中國歷史文獻研究集刊》）。30多年來，學會和集刊在推動歷史文獻學的科研、教學，凝聚學術力量，促進學科建設等方面發揮了一定的作用，今後學會也將為此做出不懈的努力。

（三）歷史文獻學學科建設的展望

21世紀以來，隨著改革開放的深入開展，科學技術的突飛猛進，歷史文獻學與其他人文學科同樣，既面臨日益嚴峻的挑戰，也面臨前所未有的機遇。面對挑戰和機遇，要更好地開展歷史文獻學的學科建設，筆者想有幾點是值得文獻學的學科建設期待的：

一是要繼續深入地開展歷史文獻學的學術研究。在學術和學科的相互關係中，學術是第一性的、決定的方面，學術的規律決定學科的規律，學術的發展決定學科的發展。因此，祇有不斷繁榮歷史文獻學的學術研究，取得經典性的學術成果，纔能從根本上推動學科建設的迅速發展。

二是要不斷認識學科建設的内容，尤其是找準歷史文獻學的學科定位，進一步完善歷史文獻學的學科體系。在學科建設的運作方面，我們期待得到有關管理部門更多的關注，以及在資金、人員等資源上更多的投入。

三是要優化學科環境。學科建設需要良好的社會支撐體系，一方面希望管理者優化管理制度，另一方面，教學科研人員也要加強自律，克服當前存在的一些學風浮躁、學術膚淺的弊端。在加強學科建設的同時大力加強學風建設，發揚本學科久已有之的嚴謹專精、實事求是的優良學風，把歷史文獻學建設成為一門真正具有中國特色、中國風格和中國氣派的優秀學科。

關於史學批評史研究的若干構想
——《批判史學的批判——劉知幾及其〈史通〉研究》再版前言

張三夕

（華中師範大學）

　　簡要回顧一下當初博士論文選題思路和寫作緣起是有一定必要的。人生中總有一些難忘却被塵封的日子，遇到某些特別的因緣際會，它就會突然跳出來浮現在你眼前，仿佛在某一個雨打梧桐的寂静夜晚，你突然會想起一位多年未見的老朋友。或者就像你多年前夾在一本書裏一筆錢早已忘掉，忽然有一天翻書時發現了，其喜悦的心情勝過你重新賺這一筆錢。對筆者個人來説，1983 年 3 月 8 日就是這樣一個難忘而被塵封的日子，此刻被打開了。

　　這一天，作爲華中師範大學首批博士研究生，筆者到桂子山來報到，開始了自己攻讀歷史學博士學位的三年歷程。當時，華中師範大學的博士研究生寥寥無幾，不像現在的陣容龐大。這一天下午，李國祥老師在歷史文獻學專業的研究生會議上，傳達了教育部古籍整理會議精神，教育部正式批准華中師範大學成立歷史文獻研究所，并撥當年經費 7 萬元，此一開辦費按當時的物價水準和購買力，算是一個比較大的數目，更值得注意的是，比南京大學、南開大學和中山大學成立古籍所的開辦費要多，筆者的導師張舜徽先生顯得很高興。張先生以所長的身份，在會上勉勵大家不要辜負教育部的信任和期望，加油幹，拿出成績來。由此，筆者攻讀博士學位的隸屬單位也由歷史系轉入歷史文獻研究所。此前，筆者聯繫報考博士研究生事宜時，張舜徽先生曾把筆者介紹給吳量愷老師，吳老師當時是歷史系主任，對他温文爾雅的神態，筆者至今記憶猶新。時間過得真快，一晃就是將近 30 年過去了。舜老已於 1992 年仙逝，李老師和吳老師也早已退休。伴隨著幾十年來中國高校的機構變遷與人事滄桑，筆者個人的學術生涯和工作單位也幾經變動。然而，不管世道如何變化，舜老博大的學術境界始終激勵筆者在治學道路上前行。在舜老指導下完成的

這篇博士論文,能夠在母校出版社重版,也算是對舜老和筆者自身求學之路的一個紀念。

我們中華民族是一個注重歷史的民族。在漫長的歷史歲月中留下了值得珍視的豐富史學遺產。從史學研究的立場來深入系統地清理和批判性地繼承這筆遺產,有兩條相互聯繫但側重點不同的思路。一條是史學史的思路。主要從史學實踐即歷史編纂的領域來總結和辨析歷代史家所寫的各種體裁史書的編纂體例和方法、內容特色和史料價值以及得失影響等。另一條是史學批評史的思路。主要從史學理論的角度來概括和批評歷代史論家、史評家所寫的史學論著中的歷史觀念和史學思想、理論價值和批評方法、標準以及對具體史學實踐的批評及影響等。國內史學界沿著前一條思路已取得可觀的成果,20世紀尤其是80年代以來,出版了好多種各有千秋的"史學史"著作,其中白壽彝先生主編的多卷本《中國史學史》可謂代表性成果。而且在學科的意義上,"史學史"也獲得長足的發展。比較而言,沿著後一條思路所作的史學理論研究工作相對薄弱一些,在筆者寫作博士論文的20世紀80年代初,尚無一部有分量的以"史學批評史"命名的著作。過去一般的做法是將後一思路所涉及的內容部分地納入"史學史",但這種納入不僅局限性很大,而且不可能展示中國史學批評史的全貌。隨著學術研究的不斷深化,筆者個人認爲這兩條思路的研究工作可以適當地加以區別進行。正如"文學史"之外又有"文學批評史"一樣,"史學史"之外也應有"史學批評史"。因此,筆者曾經抱有建立或撰寫"中國史學批評史"的嘗試和構想。要實現這一工作量很大的規劃,必須以史學批評史上一系列專題研究爲基礎。當然,首先得從古代史學批評名著入手。

被人們所公認的中國古代經典的史學批評名著有三部:唐人劉知幾的《史通》、宋人鄭樵的《通志·總序》以及清人章學誠的《文史通義》。張舜徽先生1983年初在中華書局出版的《史學三書平議》就是對這三部名著的研究。在這三部名著中,筆者認爲批判性和系統性最強的是《史通》。早在跟程千帆先生讀碩士期間,筆者就對研習《史通》一書產生濃厚興趣,因爲程先生1980年就在中華書局出版了《史通箋記》。筆者意識到,劉知幾及其《史通》在中國史學批評史上可謂承前啓後、异峰突起。即使放在同時期世界史學發展史的大背景下也是光彩奪目。筆者想,抓住劉知幾及其《史通》也就抓住中國古代史學批評史的關鍵環節,通過對劉知幾及其《史通》的研究進而展開史學批評史的研究,以致最終能寫成一部"中國史學批評史"。這就是當初筆者選擇劉知幾及其《史通》研究作爲自己博士論文選題的一個指導思想和寫作緣起。

構想比較宏大,資料準備也有一定基礎,實際寫作也開了頭。記得在1985年12月2日,收到好友陳植鍔的來信,他說包遵信出任知識出版社主編,擬出一套史學研究叢書,非新方法、新課題者不收。他已代筆者上報了《中國史學批評史》的選題。筆者在當天的日記中寫道:"陳兄的熱情促使我下決心早日動手寫作《中國史學批評史》一書。"可惜時過境遷,世間人道後來發生不少令人感嘆不已的變化,才華橫溢且有點恃才傲物的植鍔兄因肝病英年早逝,筆者的學術志趣也不斷調整和轉移,一直沒有精力再回到史學批評史的研究和寫作上。不過,對這個領域的學術研究進展却一直有所關注。

關於劉知幾及其《史通》的研究可謂經久不衰,近20年來(1994—2010)僅期刊網上的論文就有近百篇。在史學批評史領域,北京師範大學的瞿林東教授大力宣導開展相關研究并身體力行,1994年他出版了《中國古代史學批評縱橫》(中華書局)一書,1998年又出版了《史學與史學評論》(安徽教育出版社)一書,1999年他在北京出版社出版的《中國史學史綱》第四章第二節標題爲"《史通》——劃時代的史學批評著作",一改過去史學史對《史通》一書的界定,這些論述都在學術界產生積極的影響。已有其他學者陸續出版史學批評方面的著作,如王學典教授的《20世紀中國史學評論》(山東人民出版社2002年版)、楊玉聖教授的《史學評論》(河南大學出版社2005年版)、周祥森編審的《史學的批評與批評的史學》(河南大學出版社2007年版)等。還有些學術期刊相繼設立"史學評論"或"學術批評"的專欄,如《史學月刊》從2000年起開辦了"史學評論"專欄。《學術界》自2000年起開設"學術批評"專欄,《社會科學論壇》自2005年改版起開設"學術評論"專欄等。另有一些學者創辦網站加強史學批評,如楊玉聖教授創辦并主持的"學術批評網"以及周祥森編審創辦并主持的"史學評論網"等,均大力推動"史學評論"工作。

特別值得提及的是,吳懷祺先生主編的十卷本的《中國史學思想通史》,它可以作爲專門史"中國思想史"下的一個分支,也可以在一定意義上接近筆者所提出的"中國史學批評史"的學科領域。按照瞿林東先生對"史學評論"概念的界定,史學思想是屬於史學批評範圍的:"這裏說的史學評論,是指人們對史家、史書或某一種史學現象、史學思想的評論,它不同於人們對史事或一般歷史人物所做的評論即史事評論。其實,如若從廣義上來理解的話,上述兩種評論都可以稱作歷史評論。"(《中國古代的史學評論》,載《中國史學的理論遺產》,北京師範大學出版社2005年1月版,第165頁)同時在相鄰學科的參照意義上也可作如是理解,如羅宗強先生主編的多卷本《中國文學思想通史》,它在中文一級學科中被劃入"中國文學批評史"的二級學科領域裏。中文和歷史雖然現在分屬兩個不同學科,古人也意識到文、史的區別,如劉知幾說過"文之與史,較然易轍"(《史通·核才》),章學誠也認爲"史筆與文士异趨"(見《跋〈湖北通志〉檢存稿》,載倉修良編注《文史通義新編新注》,浙江古籍出版社2005年10月版,第1034頁),但兩者實際上有許多重合相近的部分,而且中國本來就有文史不分家的傳統。所以,《左傳》和《史記》既是史學經典,也是文學名著。《文心雕龍·史傳》篇既是文學批評史研究的篇章,也是史學史、史學批評史研究的物件;《史通·言語》《浮詞》《叙事》等篇既屬史學史、史學批評史研究的領域,也是文學批評史研究的內容。有歷史學教授參照"文學評論"的概念提倡"史學評論",如中山大學教授林家有在《書評的落後必然導致史學的落後》中說:"文學有'文學評論',史學爲何不可以來個'史學評論'?加強史學評論是當前史學研究中必須引起重視的問題。"(《近代史研究》1999年1期)楊玉聖教授借鑒《美國歷史評論》等著名史學刊物的經驗,一直積極呼籲把史學評論作爲一門獨立的學科或分支學科來建設,除了在學術批評網設立"史學評

論"專欄外,他還率先在北京師範大學歷史系開設"史學評論"選修課。筆者認爲,這些做法都有利於史學批評和史學批評史在學科意義上的發展。

筆者欣喜地看到,近年來一批中青年學者積極投入到史學批評和史學批評史的研究之中。2008年9月,北京師範大學和大連大學聯合主辦的"史學批評與史學文化"的學術研討會,就取得了一些有建設性的成果。會後,《河南師範大學學報》(2008年第6期)和《鄭州大學學報》(2009年第1期)分別發表了《史學批評與史學發展》《中國古代史學批評探究》的筆談,提出了一些有價值的看法。筆者特別注意到,張越指出:"史學批評在史學史中表現爲史學批評史。"(《史學批評與史學理論及史學史學科的關係》,載《河南師範大學學報》2008年第35卷第6期)還有學者指出:"儘管很多史學工作者呼籲加強史學批評研究,但史學批評仍然是史學研究領域的'新兵',高水準的研究成果并不多,史學批評還遠遠沒有達到反省批判自身、規範史學研究、推進史學發展的目的,很多問題沒有得到很好的解決,史學批評的實踐意義和學術意義仍有巨大的討論空間。"(《史學批評與史學發展》筆談編者按,載《河南師範大學學報》2008年第35卷第6期)這類看法是很有見地的,儘管筆者不太贊成其中某些看法如把史學批評史看作是史學史下面的一個子學科。雖然筆者個人再也無力撰寫一部宏大的中國史學批評史(因年齡、精力和其他寫作計劃所限),但筆者期待年輕的史學工作者會將史學批評和史學批評史的研究推進到一個新的階段。學術乃公器,觀點容分歧。某一領域研究的學者越多就越有發展前途。

1992年,筆者的博士論文在臺灣文津出版社出版繁體字本,1991年底筆者在臺灣版的序言裏說:"現在,這本書仍舊保持以前的基本面貌,祇在文字上作了有限的修訂。儘管學界對《史通》的研究有了一些新的進展,筆者自己對書中個別問題的思考也有了一些新的看法,但筆者還是願意用此書原來模樣來保留或顯示讀博士時的實際學術水準,以歷史的態度對待自己。"今天出版此書的簡體字本,筆者對此書的歷史態度依然沒有改變。所謂書中個別問題的思考,主要指對傳統的"史論"和"史評"的關係以及現代的"歷史評論"和"史學批評"關係的思考,筆者的博士論文對此未做出圓滿的論述,而三言兩語是難以說明白這個問題的,它需要另外的長篇大論纔能論述清楚,故筆者的思考結果不在此贅述。

談到臺灣版,筆者不能不再次對文津出版社當年的總編輯邱鎮京先生表示感謝。那是一個學術著作出版困難的年代,社會上流行"窮教授、傻博士"的說法。邱先生不僅不要任何出版資助,而且還給了幾百美元的稿費。邱先生堅持出版了一套"大陸地區博士論文叢刊",爲當年一批窮博士出版他們含辛茹苦寫作的畢業論文提供了發表出路。筆者個人是非常感念邱先生的。同時,筆者還要感謝王兆鵬教授,是他提供的與邱先生的聯繫方式。如果沒有兆鵬兄的幫助,筆者的博士論文的出版可能還要拖延幾年。另外,還要感謝高華平教授,他在拙著出版不久,就發表了題爲《建設史學批評史的奠基之作》的書評(見《浙江學刊》1993年第6期),給予了理解和鼓勵。

現在,筆者的這部著作終於要出版簡體字版了,可謂"游子歸故鄉"。多年來,筆者的書因爲是臺灣版,不能在大陸發行,大陸流傳有限,一般讀者缺乏瞭解,不斷有《史通》研究者找筆者索要或借閱、參考此書,筆者都無法滿足。如今,隨著大陸簡體字版的出版,這部分讀者或研究者的需求就能解決了。因此,首先要感謝華中師範大學出版社的社長范軍教授,他不僅力促此書的出版,還擔任了此書的終審,指出書中的一些文字問題并提供有價值的學術資訊。其次,要感謝沈繼成教授,他在審稿過程中仔細訂正了書中不少的排印訛誤,同時還核對了部分引文,使拙稿避免了一些錯誤。筆者還要感謝馮會平女士,她對本書的排校工作始終很負責。特別需要說明一點的是,臺灣版出版時由於海峽相隔,聯繫不太便利,作者没有校對清樣,出現了一些不應該出現的"魯魚豕亥",有的則是簡繁相互轉化出現的問題。筆者自己曾經在自存本上有過批校,也委托自己的研究生做過校勘。儘管我們對此書新版進行了認真的審校,但難免還會出現失誤或不當,懇請專家學者和廣大讀者批評指正。

最後,筆者想再次對精心指導過本書寫作的老師表示懷念。有一句話也許放在扉頁上更合適:謹以此書的新版紀念敬愛的張舜徽先生和程千帆先生!有幸師從兩位大師,是筆者人生的一大榮幸。舜老的《史通平議》作於1948年,出版則在1983年。千帆師曾無私地借給筆者過錄并參考他在壯年時期所做的《史通》批校本,上面密密麻麻的蠅頭小楷,無一不凝聚了老師在艱難歲月中勤奮治學的精神。從兩位老師如何治《史通》中,筆者深切體會到"大師是怎樣煉成"的道理。作爲張舜徽先生的得力助手,李國祥老師多年來一直對筆者關愛有加,請李老師接受筆者衷心的感謝。

筆者的博士論文寫好後,曾先經過武漢大學、湖北大學、中南民族大學以及華中師範大學等高校十幾位專家學者的預審,筆者還清楚記得1986年1月18日召開的預審會的情形,那就相當於預答辯。因爲筆者和國林兄是華中師大首屆畢業的博士,學校對我們的博士論文把關非常嚴格,預審會開了整整一天,舜老和章開沅校長都與會聽取意見。上午是外校的童恩翼、陳仲安、關文發、呂名中和王陸才等老師發言,下午是本校歷史系的王瑞明、吳量愷、鄒賢俊和熊鐵基等老師發言,每位老師的發言都很認真。這些老師對筆者的論文提出了不少中肯的意見,在此筆者要對他們一并表示感謝。非常令人惋惜的是魏晉南北朝隋唐史的專家陳仲安教授和宋史專家王瑞明教授已先後離開我們,筆者祇能在心底永遠懷念他們。

1986年3月12日,華中師範大學舉行了建校以來首屆博士論文答辯會,當天上午由筆者打頭陣。學校非常重視這次答辯會,章開沅校長、鄧宗琦副校長、前任校領導陶軍教授、研究生處和歷史系負責人等出席。場面隆重而熱烈,答辯現場擠滿了聽眾。答辯委員會主席由著名歷史學家、北京師範大學何兹全教授擔任,委員有來自貴州大學的《史通》研究專家張振珮教授,還有筆者在本科時的老師、湖北大學朱祖延教授等多位專家學者。程千帆先生因爲心臟病突發而缺席。答辯很順利,各位德高望重的老先生對筆者的論文給予了很高的評價,也提出一些很好的意見。宣布投票結果後,章校長向筆者祝賀說:"你很

可能是華師的第一個博士。"他握著筆者的手笑了笑又説："我的話有法制觀念,我説'很可能',是因爲還要等校學位委員會審批纔正式有效。不過,可以説有百分之六十的把握了。"章校長作爲一校之長所特有的正直、睿智而儒雅的大家風範給筆者留下難以磨滅的印象,幾十年來章校長對筆者的學術研究一直是關心愛護并大力支持的。在此,筆者要對章老師及答辯委員會的所有專家學者表示衷心感謝！令筆者非常遺憾的是,對《史通》研究有素的張振珮先生不幸於1988年10月去世。筆者願借此機會再次表達自己的深切的懷念之情。

1986年,筆者順利地拿到了值得珍視的博士學位,在印有國徽的博士學位證書上赫然標有"001號"。筆者一直以自己是華中師範大學"001號"博士爲驕傲,這既是筆者個人的榮譽,也是華中師大百年校史上有歷史意義的一頁。筆者的博士論文最終在華中師範大學出版社出版,也爲母校博士研究生培養留下了有價值的歷史見證。

在臺灣版序言的最後,筆者寫的如下文字仍能代表現在的感想:

> 回想當初寫作本書的情景可謂不乏艱辛。在一座美其名曰"幸福樓"(實爲筒子樓)的一間潮濕昏暗的斗室裏,宛如"火爐"的酷夏,穿上深筒膠鞋以防避討厭的蚊蟲叮咬,奮筆疾書,揮汗如雨。是一種什麽樣的精神激勵著我呢？是對古人的敬意。劉知幾曾極其沉痛地擔憂《史通》不被人理解,難以傳世,他不能不"撫卷漣洏,泪盡而繼之以血"(見《史通·自叙》)。正是這種以自己生命爲代價的嚴肅而崇高的寫作態度,保證了《史通》的不朽。我們對古人保持敬意,也正是爲了對自己的言詞和寫作負責。

2010年6月11日

越南丁朝的雙軌政治研究

耿慧玲

(臺灣朝陽科技大學)

一、序　言

　　饒宗頤教授是少數研究廣泛又具有開創性的研究者,其學術研究兼及歷史學(包括考古學、上古史、文化史和學術史等)、宗教與哲學(包括印度學)、潮學、甲骨學、文學、語文、簡帛學、文字學、目錄學、敦煌學、藝術等不同之領域。①

　　1968年先生擔任國立新加坡大學中文系教授兼系主任,開始對於東南亞地區的歷史與文化進行研究,并陸續發表《星馬華文碑刻繫年(紀略)》(1969年)、《安南古史上安陽王與雄王問題》(1969年)、《清詞與東南亞諸國》(1970年)、《新加坡古代名稱的檢討"蒲羅中"問題商榷》(1970年)、《"蒲羅中"問題續論》(1970年)、《汶萊發現宋代華文墓碑的意義》(1972年)、《汶萊宋碑再跋》(1973年)、《蘇門答臘島北部發現漢錢古物記》(1974年)、《蒲甘國史事零拾——Gordon H. Luce's Old Burma—Early Pagán 書後》(1975年)、《阮荷亭〈往津日記〉鈔本跋》(1980年)、《越南出土"歸義叟王"印跋》(1980年)、《從浮濱遺物論其周遭史地與南海國的問題》(1993年)、《由牙璋略論漢土傳入越南的遺物》(1994年)、《新加坡古事記》(1994年)、《由牙璋分布論古史地域擴張問題——南中國及鄰近地區古文化研究國際研討會開幕演講》(1999年收入《浮濱文化的石璋、符號及相關問題》之附錄)、《華人入暹年代史實之探索——早期中泰關係史二三事》(1995年)、《新加坡五虎

---

① 參見鄭煒明、林愷欣編:《饒宗頤教授著作目錄新編》,濟南:齊魯書社,2010年。

祠——談到關學在四裔》(1997年)等書籍與論文①，其中開東南亞碑銘研究之先河的《星馬華文碑刻繫年(紀略)》一文，更標志出饒先生對於碑志在歷史與文化研究中的慧眼：將儒家文化圈中碑志文化的擴散與東南亞歷史與文化作了開創性的連結；從此，東南亞的研究有了更多元的角度。②

越南與中國山水相連，民族、文化因爲地理的毗鄰而有許多千絲萬縷的連結，從越南北部永富省馮原(Phung Nguyen)和富壽省 Xom Ren 遺址③出土公元前17—前14世紀的牙璋，即已顯示中國中原與越南地區的文化交流在史前時代已經開始④，尤其是牙璋所代表的禮儀文化更代表了中國核心文化的内涵。至秦朝在嶺南設立桂林、象郡、南海三郡後，越南北部地區正式納入中國的領土之中，成爲越南歷史中的"北屬時期"。在成爲中國正式郡縣的同時，中國對於越南的影響，不僅僅是政治結構上的影響，由政治所形成的經濟、文化社會都對於越南地區產生了很大的影響。隨著文化風習的傳播，中國的銘刻文化也在越南有了很大的發展。

歷史研究總少不了資料的需求，中國是個好記載的國家，喜歡將許多的歷史記載在各

---

① 本論文僅列各論文與書籍的首發時間，各文有收入其他著録之相關資訊，請參考鄭煒明、林愷欣編《饒宗頤教授著作目録新編》。

② 在饒宗頤先生《星馬華文碑刻繫年(紀略)》一文之後，陸續有陳荆和、陳育崧：《新加坡華文碑銘集録》，香港：香港大學出版部(1970年)；[德]傅吾康、陳鐵凡(Chen Tieh Fan)：《馬來西亞華文銘刻萃編》(Chinese Epigraphy in Malaysia) 3卷，吉隆坡：馬來亞大學出版(1982—1987年)；傅吾康主編，[法]蘇爾夢、蕭國健合編：《印度尼西亞華文銘刻彙編》，新加坡南洋學會、法國遠東學院(1988—1997年)；傅吾康主編、劉麗芳合編：《泰國華文銘刻彙編》(臺北：新文豐出版公司，1998年)；莊欽永：《馬六甲、新加坡華文碑文輯録》，收入《民族學研究所資料彙編》(臺北："中研院"民族學研究所，1998年10月)；[法]蘇爾夢、[越]潘文閣主編，耿慧玲等編輯：《越南漢喃銘文彙編》第一集——北屬時期至李朝(河内漢喃研究院、巴黎遠東學院出版，1998年7月)；耿慧玲、[越]黄文樓主編：《越南漢喃銘文彙編》第二集——陳朝(河内漢喃研究院、嘉義中正大學出版，新文豐出版公司發行，2002年5月)等有關東南亞碑銘的研究著作出現。

③ "2002年10月至12月初，中國考古藝術研究中心與越南社會科學院考古學院合作，於越北富壽省瀘河流域左岸發掘 Xom Ren 遺址。田野發掘面積約一百平方米，屬於馮原文化時期，地層最深兩米多，發現四處土坑墓。……是次最引人注目爲小玉牙璋(殘)之發現。同類牙璋過去衹見於四川三星堆遺址，可能顯示古蜀國三星堆文化與馮原文化間存有某種特殊關係。"香港中文大學中國考古藝術研究中心，http://www.cuhk.edu.hk/ics/ccaa/trip4.htm，檢視時間：2012年5月25日。

④ 越南學者何文瑨根據越南馮原與 Xom Ren 出土的牙璋推論，應屬於公元前17—前14世紀的馮原文化中期，相當於中國的商文化期，請參考鄧聰：《越南馮原遺址與香港大灣遺址玉石器對比試釋》，《南中國及鄰近地區古文化研究》，香港：香港中文大學出版社，1994年，第215~218頁。另有關牙璋由漢土傳入越南的研究，請參考饒宗頤：《由牙璋略論漢土傳入越南的遺物》，《南中國及鄰近地區古文化研究》，第1~4頁；裴安平：《中國商代"牙璋"南下沿海的路綫與意義》，《南中國及鄰近地區古文化研究》，第69~78頁；楊式挺：《淺説粤港"牙璋"及相關器物——夏商周文化南傳迹象探微》，《南中國及鄰近地區古文化研究》，第173~182頁。

種不同的載體上,這些不同載體所呈現出的各種記載又成爲後世研究歷史的重要資料。依據社會發展的不同質性,中國的記載展現在陶器、甲骨、青銅器、石刻、簡牘、帛、紙等不同的載體之上,這些不同的載體也反映出不一樣的歷史風貌,殷商時期的甲骨多與卜祀相關,三代的青銅器多與貴族階級相關,石刻、簡牘、帛、紙則由皇室、貴族階層逐漸普及至一般的士與知識分子。

其中,石刻在歷史發展過程中最爲悠久,因此記載的性質也最爲複雜,是研究歷史非常重要的一種載體。與其他的載體不同,石刻一出現在歷史的舞臺,不論是岩畫、摩崖、碑碣、墓志、刻石、造像、經幢等,均明確的展現它昭示性、公證性及長久流傳的特性。① 這種以石刻作爲載體的記載方式,也同時影響到中國文化傳布的地方,尤其是東亞文化圈所屬的朝鮮、日本與越南,均有漢文漢式的石刻資料。② 其中越南銘刻資料③計 1 萬餘件,約有拓片 25000 張,這種大量的銘刻資料,對於越南歷史的研究是一批相當重要的資料庫。可以運用這批資料進行系統性的、整合性的及個案性的研究。

本文將追隨饒先生對於碑志與東南亞文化的研究脚步,就越南丁朝所見幾件陀羅尼經幢,探討丁朝與中國的交涉問題。

二、越南丁朝的幾枚陀羅尼經幢

丁朝是越南結束"北屬時期"的重要時代。在此之前越南土地上曾經有過多次與中國政府衝突,并有建國稱王的歷史,如西漢時期的徵女王,南北朝時期的李南帝、趙越王,然皆如中國邊疆地區的民變一般,不旋踵即爲中國政府所平定,重新納入中國的統治之中。即如吳權在白藤江之役打敗南漢的軍隊,在 939 年(後晉天福四年、南漢大有十二年)稱

---

① 請參見耿慧玲:《從金石學探索史學方法中的座標觀念》,《止善》第 9 期,(臺中霧峰,2010 年 12 月)第 59~62 頁、第 65~66 頁及相關注釋。
② 同治年間,劉喜海即編著了《海東金石苑》,收錄自南朝陳光大二年以來至明洪武二十八年之朝鮮地區碑刻計 80 通。見劉喜海:《海東金石苑》(民國十一年劉氏嘉業堂校刻本),臺北:新文豐出版公司《石刻史料新編》第二三冊《地方類》,第 17530~17531 頁。此後,又有劉承幹校錄之《海東金石苑補遺》(民國十一年劉氏嘉業堂校刻本,臺北:新文豐出版公司,《石刻史料新編》第二三冊《地方類》)6 卷收錄 150 通,第 17675~17677 頁,又附錄,第 17778 頁;近年考古亦屢有發現,如 1971 年在忠清南道公州郡宋山里發掘出 6 世紀初朝鮮三國時代百濟王陵。其中出土之《百濟斯麻王墓志》及《百濟國王大妃墓志》等,這些碑刻均爲漢文、漢式銘刻;而日本三大古碑:689 年栃木縣的那須国造碑(なすくにのみやつこひ)、711 年群馬縣多胡碑(たごひ)、762 年宮城縣多賀城碑(たがじょうひ)亦均爲漢文銘刻;越南亦有漢文金石 1 萬多件,時間從大隋大業十四年開始至 19 世紀,跨越時代非常長。
③ 這裏用"銘刻"是因爲這批資料包含了金、石、木牌不同質材的鎸刻資料,然由於搜集整理時并未清楚的分類,故而這批資料的總數非僅石刻,不過石刻的數量較大。有關越南金石搜集及拓揭的狀況,請參考耿慧玲:《越南青梅社鐘與貞元時期的安南研究》,香港:香港大學饒宗頤學術館,2010 年 6 月,第 5 頁。

王、立后，置百官、制朝儀，但未定年號，未見治效①；而丁朝雖然僅傳了13年，但是隨後的前黎、李朝大都延續著丁朝的發展軌迹，其地位正如同中國的秦朝、隋朝一樣，是一個短暫但統一的王朝②，其所作爲，開啓了後代興盛而穩定的發展契機。因此丁朝的研究對於瞭解越南歷史的發展，是一個重要的關鍵時代。

在《大越史記全書》撰著之前③，對於越南的歷史記載主要來自於中國傳統史籍④；這不僅因爲中國重視四裔的記載，更因爲自秦代開始便將越南地區納入疆域的一部分，成爲必然記載的對象；即便是越南已經建立了國史的記載系統之後，中國與越南仍然維持宗藩的關係，對於越南投以相當的關注。然而在"一點四方"⑤的軸心體制下，中國對於越南的記載，逐漸因爲核心距離和皇朝的治理模式、文化心態等關係而產生一定程度的差誤⑥，正如《四庫全書提要》對於與《大越史記全書》大約同時的《越史略》所做的評論：

> 此書自唐以前，大抵全襲史文，自丁部領以下，則出其國人之詞，與史所載殊有同異。蓋史臣但承赴告之辭，故如薨卒之類，往往較差一年，至名號官爵，或祇自行國

---

① 《校合本大越史記全書·外紀》（陳荆和編校，日本東京：東京大學東洋文化研究所，東洋學文獻センター叢刊，第四二輯，第172頁）前吴王甲辰六年史臣黎文休、吴士連注："雖以王自居，未即帝位改元，而我越之正統，庶幾乎復續矣！"又，"前吴之興，非徒有戰勝之功，其置百官、制朝儀，定服色，帝王之規模可見矣。享國不永，未見治效，惜哉"。

② 有關"短暫而統一的王朝"概念，請參考耿慧玲、毛漢光：《隋代的墓志銘與其歷史的定位——代序》，《碑林集刊》2006年第12期，第187~190頁。

③ 《大越史記全書》的撰著在陳太宗紹隆十五年（1272）完成，這是第一部由越南人自行修撰的越南史籍。見吴士連《校合本大越史記外紀全書序》："大越居五嶺之南，乃天限南北也。……奈史籍闕於記載，而事實出於傳聞，文涉校合本怪誕，事或遺忘，以至謄寫之失真，記録之繁冗，徒爲搜目，將何鑒焉？至陳太宗，始命學士黎文休重修，自趙武帝以下，至李昭皇初年。"收於《校合本大越史記全書·外紀》，第55頁。

④ 中國重視記載，對於四裔亦相當關注，從西漢時期的《史記》，就開始對於四裔有了專門的記載，如《匈奴列傳》《南越列傳》《東越列傳》《朝鮮列傳》《西南夷列傳》《大宛列傳》；其後，歷代史書都在這樣的基礎上，記録了與中國有互動的四裔歷史，成爲後世研究中國周邊國家的重要資料。有關越南的記載，由於自秦代即屬疆域的一部分，更成爲必然記載的對象。

⑤ 所謂一點四方的概念，請參考徐新建《從邊疆到腹地：中國多元民族的不同類型——兼論"多元一體"格局》[《廣西民族學院學報（哲學社會科學版）》2001年第6期]："對東亞大陸而言，早期漢語文獻所表述的'腹地'，主要指黃河流域以華夏爲主的中心、中原或京畿。由'腹地'出發，向外延伸出依次統屬的四面八方，形成所謂'一點四方'和'五服統治'的王朝版圖。……就是在以中原（華夏、漢民族）爲中心（現實與想象中的）向東、南、西、北四方延展的空間結構裏，一種'以我爲主、内外有别'式的文化心態及其派生出的治理模式、交往過程和歷史結果。在這種結構中，'腹地'的含義，不僅意味著地理的中心，同時還體現著王朝統治的權力基礎及其族群利益和價值指向的核心所在。正如古語所説'尊王攘夷'、'内諸夏外夷狄'或《詩·大雅·民勞》之謂'惠此中國，以綏四方'是也。"

⑥ 中國皇朝以中原皇權爲核心，在許多的戰役或衝突中，常有誇功或隱匿的情况，可參考耿慧玲：《馮興考——未見於中國新舊〈唐書〉的一位越南英雄》，《越南史論》，臺北：新文豐出版公司，2004年，第201~223頁；《越南文獻與碑志中的李常傑》，收入張伯偉編《風起雲揚——首屆南京大學域外漢籍研究國際學術研討會論文集》，北京：中華書局，2009年，第469~484頁。

中,而不以通於大朝,故亦有所錯互,其牴牾之處頗可與正史相參證。①

這說明從丁朝以下,越南已經有了自己的名號官爵,僅仰賴中國的史書記載,是不够、不足與不適當的。然而越南本身的文獻資料也有相當大的缺憾,《大越史記全書》與《越史略》之類之書籍,著於陳朝,故對於之前之記載,不得不以中國史籍記載爲主,但參照當地之故事傳說,予以追溯,不免有過多杳遠難稽的附會,且在儒家思想的引領下,也難免筆削之譏,所以正在這種轉換關鍵的丁朝,需要更多的越南一手資料補充中越記載的不足。

可以作爲研究的有關丁朝的研究文獻,除了中越史籍之外,金石銘刻的存在,也爲越南古史研究提供了相當重要的一手資料。1963—1966 年間在越南寧平省華閭縣地方被發現的幾件石刻經幢,正可以嘗試作爲研究丁朝歷史關鍵史料。

現存越南碑志中,丁朝有 14 座的石幢銘文,均爲"佛頂尊勝陀羅尼經幢",在 1998 年中、法、越共同整理越南漢喃銘文計畫中,共收錄了 5 件丁朝佛頂尊勝陀羅尼經幢的拓片資料,并加以集釋、收錄在《越南漢喃銘文匯編》第一集,編號爲第五至第九篇。這些經幢均爲 1963—1966 年間在越南寧平省華閭縣地方被發現并采集,然而除六、七、八三篇之石幢被保存在寧平博物館之外,編號五與編號九之石幢已經不知去向,唯存拓片或文字記載。根據現存石幢實體與拓片資料,大致可以知道,這些石幢,平均約高 6.5 米,爲八面棱柱體,每面平均寬約 6.5 厘米,每面約刻有字 2～3 行,總字數約 460 與 560。② 每一座經幢的内容都是大致相同的《佛頂尊勝陀羅尼經咒》和造幢記,比較特殊的是這些經幢均爲"加句靈驗陀羅尼"。

尊勝陀羅尼,又稱"净除一切惡道佛頂尊勝陀羅尼"或"清净諸趣佛頂最勝陀羅尼""吉祥能净一切惡道""延壽陀羅尼""善吉祥陀羅尼",是早期密教的經典,屬於持明密教佛頂部密法系統,希望藉由總持明咒達到除灾和成佛這兩種功德。7 世紀的時候,地獄信仰進入中國,具有破地獄功能的陀羅尼信仰與中國五臺山和文殊信仰結合,出現大量的尊勝陀羅尼譯經,唐武后時期,武徹的《加句靈驗佛頂尊勝陀羅尼記》一文說明《加句靈驗佛頂尊勝陀羅尼》實爲"金剛智三藏梵本譯出者,令勘佛陀波所利傳本,文句大同,多於舊本九句六十九字,餘悉波利"③。這個時期不同的漢文翻譯版本基本上是爲了要能盡量復原

---

① 紀昀等:《四庫全書總目》(文淵閣《四庫全書》電子版,香港:迪智文化出版有限公司,2007 年)葉三一下。

② 見蘇爾夢、潘文閣主編:《越南漢喃銘文匯編》第一集北屬時期至李朝(巴黎,遠東學院,河内,漢喃研究院共同出版,1998 年),第 58 頁。該書所收并非所有的陀羅尼經幢,且收錄次序與圖版有錯誤,篇號 5 之錄文實際應該是圖版八,篇號 6 則應爲圖版五,篇號 8 則應爲圖版六;且根據經咒的内容,標題應該作"佛頂尊勝加句靈驗陀羅尼"。

③ [唐]武徹述:《加句靈驗佛頂尊勝陀羅尼記》,《大正新修大藏經》第 19 册,臺灣:佛陀教育基金會,1990 年,第 386 頁。

梵音①,在皇室的支持下,以陀羅尼咒的方式除灾與祈福更成爲中國普遍的信仰核心②,由於在經文中出現如下的内容:

> 若有男子女人書寫此陀羅尼安高幢上。或安高山或置樓臺。乃至安置窣堵波中。……若有……男女於前幢等或時遥見,或與相近其影映身,或復風吹陀羅尼等。幢上輕塵落在身者。……彼諸衆生所有罪業:應墮惡趣地獄餓鬼傍生、琰摩王界阿蘇羅身,衆惡之苦皆悉不受,亦復不爲罪垢染污。③

因此,在此經的傳布過程中,造幢成爲展現信仰的重要方式,書寫經文都用綢繖等之物做成長桶圓柱型的經幢,然而欲將經文傳諸長久,就必須藉諸石製經幢,這是中國佛教的創舉④,也充分展現特殊的漢傳佛教的特色。丁朝出現的《加句靈驗佛頂尊勝陀羅尼》不僅反映出當時亦是漢傳佛教的基本狀態,也顯示丁朝在這個歷史的過程中與中國思想、文化關係的密切;更值得注意的是丁朝這些陀羅尼經幢中所記載的"造幢記",所透露出來當時的歷史内涵。

三、陀羅尼經幢中的歷史

現存丁朝陀羅尼經幢編號五、六、七、八均有造幢記,内容大致相同,如下:

> 弟子推誠順化(□□)功臣、静海軍節度使、特進、撿校太師,食邑一万户,南越王丁匡璉所爲亡弟大德頂帑僧帑(□□□□□),不爲忠孝服事(□□□)上父及長兄,却行惡心,違背若寬容,兄虚著造次,所以損害大德頂帑僧帑性命,要成家國,永霸門風。古言争官不讓位,先下手(爲)良,致以斯尒⑤,願造寶幢一百座,薦被亡弟及先亡

---

① 義净譯:《佛説佛頂尊勝陀羅尼經》,《大正新修大藏經》第 19 册 No. 971[CBETA 電子佛典 V1.8(Big5) 普及版/中華電子佛典協會(CBETA)依《大正新修大藏經》編輯,完成日期:2009 年 4 月 23 日]:"此咒比多翻譯,傳誦者衆,然於聲韵字體未能盡善,故更重勘梵本——詳定。"又,請參考劉淑芬:《佛頂尊勝陀羅尼唐代尊勝經幢的建立》,《"中央研究院歷史語言研究所"集刊》,1985 年 3 月,第 157~162 頁。
② 有關尊勝陀羅尼信仰研究,請參考葉昌熾撰、王其禕校點:《語石》,瀋陽:遼寧教育出版社,1998 年 12 月,卷四《經幢》,第 108~125 頁;劉淑芬:《佛頂尊勝陀羅尼唐代尊勝經幢的建立》,《"中央研究院歷史語言研究所"集刊》,第 149~153 頁;吕建福《尊勝陀羅尼及其信仰》,收入《密教論考》,臺北:空庭書苑有限公司,2009 年 2 月,第 65~68 頁。
③ [唐]義净譯:《佛説佛頂尊勝陀羅尼經》,《大正新修大藏經》第 19 册,臺灣:佛陀教育基金會,1990 年,第 363 頁。
④ 吕建福:《尊勝陀羅尼及其信仰》,《密教論考》,臺北:空庭書苑有限公司,2009 年。
⑤ 其餘各本作"致以如斯"。

後歿,一時下(解)脱,免更執訟,先祝大勝明皇帝永霸天南①,(次爲匡璉恒堅禄位)②恒安寶位③。

由造幢記的内容,可以知道這些經幢是丁朝的創立者丁部領的長子丁璉(即丁匡璉)所建,他爲了"争官"殺害他的弟弟頂帑僧帑,事後決定建造一百座"加句尊勝陀羅尼經幢",作爲超度亡弟亡魂的懺悔。"加句尊勝陀羅尼經幢"除了超薦親人與亡者之外,尚有强大的禳災祈福、延壽祈福及滅罪的功能,建造石幢除了可以長久傳頌之外,即便"塵沾影覆"也可以净除一切罪業惡道,其功德是很大的,但丁匡璉發願要建造一百座經幢,可見丁匡璉懺悔的心有多麽强烈。何以致此? 下面就造幢記的内容爲綫索,進行討論。

造幢記中丁璉的結銜"推誠順化功臣、静海軍節度使、特進、檢校太師,食邑一萬户,南越王",是一個很複雜的組合,有宋朝的册封,也有越南本身的封爵。④ 其中,"推誠順化功臣、静海軍節度使、特進、檢校太師,食邑一萬户",與宋朝制書所册封之内容基本相合,祇是《宋會要輯稿》與《玉海》《嶺外代答》記載的更清楚:

> 權交州節度使 丁璉:……可特進、檢校太師,充静海軍節度、管内觀察處置等使、安南都護、御史大夫、上柱國,封濟陰郡開國公,食邑一萬户,食實封□□户,賜推誠順化功臣。⑤

而對於丁部領的封賜,則是因爲推恩的關係。《宋史》卷四八八《外國四·交阯》:

> (開寶八年)朝廷議崇寵部領,降制曰:"……爾部領……嘉乃令子,稱吾列藩……可授開府儀同三司、檢校太師、封交阯郡王。"⑥

因此在中國史官的認知中,與中國交涉的丁朝領導者,是丁璉;《宋史》卷四八八《外國四·交阯》對於這個情況的記載如下:

> 乾德初,昌文死,其參謀吴處玶、峰州刺史矯知護、武寧州刺史楊暉、牙將杜景碩

---

① 圖版七作"永鎮天南"。
② 次爲(匡璉恒堅禄位)據圖版六補入。
③ 篇號七無"恒安寶位",然多"次爲匡佐帝圖"一句。
④ "南越王"是丁部領對於丁璉的册封,請參見《校合本大越史記全書·本紀》卷一,第180頁;《欽定越史通鑒綱目·正編》卷一,葉三。
⑤ 《宋會要輯稿·蕃夷四·交阯》"太祖開寶六年制";《玉海》卷一三三《開寶安南都護》葉四十五、《嶺外代答》卷二《外國門·安南國》葉二,基本同。
⑥ 《宋史》卷四八八《外國四·交阯》,北京:中華書局,1977年,第14058頁。

等爭立,管内一十二州大亂。部民嘯聚,起爲寇盜,攻交州。先是,楊廷藝以牙將丁公著攝驩州刺史兼禦蕃都督,部領即其子也。公著死,部領繼之。至是,部領與其子璉率兵擊敗處玶等,賊黨潰散,境内安堵,交民德之,乃推部領爲交州帥,號曰大勝王,署其子璉爲節度使。凡三年,遜璉位。璉立七年,聞嶺表平,遂遣使貢方物,上表内附。制以權交州節度使丁璉以檢校太師充靜海軍節度使、安南都護。①

説明宋朝對於這個地區的理解,是丁部領在成爲十二部共同推舉爲交州帥號爲大勝王之後的三年,丁部領便遜位於丁璉。因此,在開寶入貢於宋的時候,是丁璉受封爲"檢校太師充靜海軍節度使、安南都護",而這是從高駢之後中國朝廷所認可的安南地區最高統治的象徵。如果真是這樣,造幢記中所云"爭官"究竟含意爲何?

中國史官的記載與理解如此,但是,在越南史籍裏的記載與詮釋,似乎并不相同。《校合本大越史記全書·本紀》卷一《丁紀》:

> 先皇帝。姓丁,諱部領,大黄華閭洞人,驩州刺史丁公著之子也。削平使君,自立爲帝,在位十二年,爲内人杜釋所弑而崩,壽五十六,葬長安山陵。
>
> 廢帝。諱璿,先皇次子也。在位八月,黎氏篡位,降封衛王,壽十八歲。帝以幼冲之年,嗣艱大之業,强臣攝政,國内離心,丁氏遂亡。
>
> 右丁朝二帝,起戊辰,終庚辰,凡十三年。②

自建國號、封官爵、遣使入貢、立皇后、定軍制,到最後爲祇候内人杜釋所弑,都是以"帝"——部領作爲記載的對象。③ 也就是説,越南認爲丁部領纔是丁朝的實際統治者。

對於丁璉爭官的緣由,越南史籍也有比較清楚的記載:

> 戊寅九年(宋太平興國三年,公元九七八年)立少子項郎爲皇太子,封次子璿爲衛王。
>
> 己卯十年(宋太平興國四年,公元九七九年)南越王璉殺皇太子項郎。璉帝長子,微時常預艱苦,及定天下,帝意欲傳位,即封南越王。又嘗請命受封於宋。後帝生少子項郎,尤鍾愛之,立爲太子,璉以是不平,使人陰殺之。④

這個記載説明丁璉雖然受到宋朝的册封,却不是丁朝的繼任者,這似乎讓丁璉十分不安,也就是在造幢記中所説"古言爭官不讓位,先下手爲良"的原因;而造幢記中所説"亡弟不

---

① 《宋史》卷四八八《外國四·交阯》,第 14057~14058 頁。
② 《校合本大越史記全書·本紀》卷一《丁紀》,第 179、184、187 頁。
③ 《校合本大越史記全書·本紀》卷一《丁紀》,第 179~184 頁。
④ 《校合本大越史記全書·本紀》卷一《丁紀》"己卯十年",第 182 頁。

爲忠孝服事上父及長兄,却行惡心,違背若愛寬容"所指的就應該是史書中所稱的項郎。但細審越南史書所載,丁璉殺項郎的時間,是在太平十年(即宋太平興國四年,979 年),其因爲太平興國三年丁部領"立少子項郎爲皇太子"。然而項郎的年紀究竟有多大呢? 在封項郎爲皇太子的時候,同時亦册封"次子"璿爲衛王,而丁璿是太平五年(開寶七年,974 年)出生,至太平九年(即太平興國三年,978 年)祇有 5 歲,作爲"少子"的項郎不可能大過這個歲數。因此,"不爲忠孝服事上父及長兄,却行惡心,違背若愛寬容"的,不應該是這個稚兒,而是這個稚兒背後的支持勢力,丁璉的不安應該來自於這個背後的勢力,却不得不將懷璧其罪的幼弟殺死,以絶他人之望。想來這樣的决定應該讓丁璉十分的痛苦,需要用大量的陀羅尼經幢來净除自己的罪業,并超度項郎的亡靈。這即與造幢記的内容若合符節了。但,造成丁璉不安的勢力來自於哪裏呢? 或許這和丁部領的建國策略有密切的關係。

　　丁朝的建立,是丁部領在原來楊廷藝牙兵系統中所做的合縱連横。楊廷藝所處的中國五代,承唐末藩鎮地方割據之勢,中央政權的統治力衰弱,地方節度使紛紛建立私兵系統,并以親衛軍節制之,這個親衛軍就是牙軍。① 丁部領之父親丁公著亦爲楊廷藝的牙將,初攝驩州刺史,後歸附吴權,早卒;丁部領隨母居陶澳册,結合其叔在芃册的勢力,開始建立自己在華閭洞的勢力。他運用擬血緣的方法,携子依附十二使君中的陳覽②,由此展開統合十二使君的進程。十二使君在地方上都有强大的力量,僅用武力攻伐需要極大的能量,故而運用聯姻結盟是丁部領可以嘗試的方式。爲了加强與陳覽勢力的結合,丁部領將明珠公主嫁陳明公之弟——陳升。③ 爲了取得楊廷藝與吴權的勢力,丁部領與吴日慶(吴朗公)維持緊密的婚姻關係——丁部領娶吴日慶之母楊氏爲妻,生衛王璿(即廢帝);令丁璉娶日慶之妹,又將己女嫁予吴日慶。④ 太平元年(970),丁部領一面遣使入貢宋朝,一面立五位皇后。越南史臣黎文休與吴仕連對於這種多后制度,甚有批評,認爲這是"溺私""淫佚",⑤然觀文獻記載,帝尚有其他嬪妃、宫女可以滿足"溺私"與"淫佚";而皇后之立,基本上反映著皇位的合法傳承,即所謂的"子以母貴",這種合法繼承基本上反映一種家族共治的默契,這從古今中外的皇室婚姻可以見其端倪。因此,"皇后"在政治上、社會上所具有的地位、權柄與一般嬪妃不同。許多帝王,尤其是開疆闢土型的帝王,大都廣納新疆土地方的豪强或領導人的妻女作爲后妃。丁部領所立五后,不知具體屬於何家何姓,但五后中必有吴日慶之母楊氏,而衛王璿之母亦爲楊氏,在丁部領去世之後,黎桓攝政,與楊氏

---

① 有關越南楊廷藝與牙兵之研究,請參考耿慧玲:《擬血緣關係與古代越南的權力結構研究》,《朝陽學報》2007 年第 12 期,(臺中霧峰)第 173～184 頁;有關牙兵制度,請參考來可泓:《五代牙兵制度初探》,《學術月刊》1995 年第 11 期,第 64～70 頁。
② 《校合本大越史記全書·外紀》卷五,第 176 頁。
③ 《校合本大越史記全書·本紀》卷一,第 181 頁。
④ 《校合本大越史記全書·本紀》卷一,第 184～185 頁。
⑤ 《校合本大越史記全書·本紀》卷一,第 180、189 頁。

互動良好,在黎桓"代丁爲帝"之後,立楊氏爲"大勝明皇后"爲五后之首,"民間立祠,塑先皇(丁部領)、大行(黎桓)二帝像及楊后像同坐"①均顯示楊后地位的特殊。五后是否都有著重要的家族作爲支持?這些家族的支持,是不是就是丁部領在選擇繼承人的時候所需要考量的因素,是不是就是丁璉需要"争位"的原因?

四、丁朝的人質外交

造幢記中丁璉的結銜中的"静海軍節度使"是唐咸通七年(866)高駢大破南詔,復取交阯後所設立的方鎮軍②,并以駢爲節度使兼領安南都護、諸道行營招討使,從此成爲越南地區最高的統領職級。③ 及至五代,中國腹地藩鎮割據日盛,安南邊徼紛擾逾甚,楊廷藝、矯公羨、吳權等自署爲節度使,基本上也等於藩鎮割據,自主處理安南地區的管轄。然而由義兒所組成的擬血緣集團,在楊廷藝去世之後,圈内勢力没有一個能够完全整合的强大力量,因而在越南地區内也成爲各勢力割據的時代。

南漢乾和九年(即後周太祖廣順元年,951年)丁部領據守華閭洞,抗拒後吴王吴昌文的統治,爲吴昌文所興師征討,部領遂遣丁璉爲質,不想竟爲後吴王所執,脅迫部領投降,未成,後吴王捨璉退兵,丁部領固守華閭。④

宋乾德五年(967),丁部領欲與據守布海口的陳明公(陳覽)勢力結合,携丁璉往依之,爲陳覽養爲義子,這次的結合,打破了原來地方勢力的平衡結構,成功的逐步瓦解了十二使君的割據,建立了丁朝。丁部領在宋太祖開寶元年(968)建國號(大瞿越),定都華閭,制朝儀,定官職、設十道將軍、立皇后,稱尊號爲"大勝明皇帝"。這個企圖不能算是不小,想來五代時楊廷藝的軍權割據,吴權擊退南漢劉龑的事件,都給越南地區的地方勢力極大的鼓勵,知道割據下的中國地方政權,没有能力如漢唐一般有效地控制住越南。事實上,中國對於越南地區的統治,雖然自秦漢以來便正式設立郡縣,將越南地區(尤其北部地區)納入中國地方行政治制度的一環,但是實際上的統治仍然是以承認地方豪强的方式進行羈

---

① 按,黎桓亦立五后:大勝明皇后、奉乾致理皇后、順聖明道皇后、鄭國皇后、范皇后。

② 《新唐書》卷五〇《兵志》:"夫所謂方鎮者,節度使之兵也。原其始,起於邊將之屯防者。唐初,兵之戍邊者,大曰軍,小曰守捉,曰城,曰鎮,而總之者曰道。……嶺南、安南、桂管、邕管、容管經略、清海軍六,曰嶺南道。"

③ 按,唐代邊疆屯防有方鎮兵,嶺南道原有嶺南、安南、桂管、邕、容管經略及清海軍,統於嶺南道節度使;懿宗咸通三年(862)分嶺南道爲東、西二道,東道仍治廣州,西道治邕州,各設節度使。唐末,嶺南東道節度使改稱清海節度使,依舊兼任嶺南東道觀察處置等使,但勢力僅限於廣管諸州。咸通七年,高駢破南詔,復取交阯,設静海軍於安南都護府,以高駢爲節度使,兼領安南都護、兼諸道行營招討使。見《資治通鑑》卷二五〇《唐紀六十六》咸通元年(860)至七年(866);《新唐書》卷二二四下《叛臣下·高駢傳》,又,卷六九《方鎮表六》。

④ 《校合本大越史記全書·外紀》卷五,第174頁。

縻,而這種統治的方式并無法破壞地方豪強的勢力,反而在中國政治制度下得到系統性的力量聚合①,由五代時期"使君"②的名稱便可以知道,這些分裂割據的地方勢力,原本屬於安南都護府體制下的地方行政結構。③ 然而,一個統一的中國所具有的能量,也常使得越南地區無法有效地擺脱中央的控制。自秦漢以來,無論是徵側、趙嫗、李賁、楊清曾經如何建號置官,但都不旋踵即爲中國政府所平定。④ 所以,當原本割據的五代情勢在宋太祖平定荆南(建隆四年,963 年)、武平軍節度使、後蜀投降(建隆四年、乾德三年,965 年)後,南方的分裂勢力基本上已經大致統一,丁部領顯然將面對一個不同於分裂五代的新情勢。

後蜀孟昶投降的時候,正是越南後吳朝結束,丁部領開始積極整合十二使君的時候。三年後(開寶元年,968 年)丁部領宣布建立大瞿越,次年封長子丁璉爲南越王,一個自主的王朝已經開始建立;然而開寶四年(971)南漢劉鋹的投降,讓交阯地區與宋朝之間没有了緩衝,面對宋朝即將統合五代後的分裂、一個大帝國的可能重新出現,丁部領應該怎樣處理這個已然面對的問題? 是對抗還是投降? 對抗,可能面臨和前面"先烈"們同樣的結果,成爲歷史上另一個"越南的英雄""中國的叛逆";但是投降是絶不可能建立一個如南越王朝一般輝煌的時代。我們看到丁部領選擇了一個非常技巧的方式,一方面積極經營丁朝内部權力的穩固(如上),一方面開始與宋朝建立"有技巧"的外交關係。

《校合本大越史記全書》與《欽定越史通鑒綱目》記載丁部領在初建元(太平元年,即開寶三年,970 年)時,就曾遣使赴宋:

春正月,建元……遣使如宋結好。時宋命大將潘美平嶺南劉鋹也。故有是命。⑤

但是這次遣使未被納入《宋史》的記載。按,安南地區自唐天祐三年曲承裕乘亂據有安南以來⑥,唐室雖曾任命獨孤損爲静海軍節度使,但實未就任,至梁開平元年七月即以曲顥繼

---

① 有關中國對於越南的羈縻研究,請參考耿慧玲:《七至十四世紀越南國家意識的形成》,收入《越南史論——金石資料的歷史文化比較》,臺北:新文豐出版公司,2004 年,第 277~280 頁。

② 唐代各州刺史被尊稱爲使君。節度使初置時,作爲軍事統帥,主要掌管軍事、防禦外敵,而没有管理州縣民政的職責,後來漸漸總攬一區的軍、民、財、政,所轄區内各州刺史均爲其節制,并兼任駐在州之刺史。安史之亂後,國中遍置節度使,多爲安史之亂的叛將和平叛戰争中崛起的跋扈將軍。各統一道或數州,軍事民政,用人理財,皆得自主,父死子繼,號爲留後而不待朝命。五代之時,節度使的權勢達到巔峰。

③ 十二使君中有各州刺史,如矯三制(又名矯公罕,峰州刺史)、阮守捷(稱阮令公,據仙游);有游奕使,如吳昌熾又稱阮游奕,據平橋;有防遏使,如范白虎(稱范防遏,據藤州);其餘稱明公、郎公,皆是以節度使的稱謂作爲對於該人物的敬稱,可見這些各地的"使君"都是在原來唐末五代時的地方割據勢力。

④ 這裏所引爲黎崱:《安南志略》,北京:中華書局,1995 年,卷一五《人物》中所記之"叛逆",第 356~359 頁。

⑤《校合本大越史記全書·本紀》卷一,第 180 頁。

⑥《資治通鑒》卷二六五"天祐三年":"正月乙丑加静海節度使曲承裕同平章事。"葉二六上。

承裕爲靜海軍節度使兼安南都護①，南漢大有三年（930），遣將梁克貞等人攻交州，曲承美降，以李進爲交州刺史；次年，楊廷藝自署安南節度使，大有十年（937）矯公羨殺楊廷藝代爲節度使，次年吳權擊殺矯公羨，敗南漢萬王劉洪操，自立爲王，是爲前吳朝。然權死後，其子昌文於乾和十二年（954）復請命南漢，被授以靜海節度使兼安南都護②；大寶六年（963）昌文卒，管内十二州大亂，大寶八年（965）驩州刺史丁部領與其子璉平定十二使君，"自立爲萬勝王，以璉爲靜海節度使。遣使告南漢，南漢主因而授之"③；時爲北宋乾德三年（965）。因此，宋開寶三年南漢未滅，此時丁部領仍是南漢的屬臣，"遣使如宋結好"正如同曲顥在梁貞明三年（917）南漢劉巖罷梁貢，自立爲帝時，遣子承美爲歡好使來廣州覘虛實的狀況相似。④ 中原朝廷對於安南地區的控制，雖然多數時間是以羈縻的方式統治，但是"北朝"的勢力變化仍然會造成周邊地區極大的影響，因此"覘虛實"便成爲越南地區領導者需要隨時注意的事。貞明三年曲承美使南漢，并沒有和建國的南漢建立正式的關係，因此當大有三年曲承美投降的時候，南漢高祖劉巖便曾對曲承美説："君常以我爲僞廷，今反面縛，何也！"⑤

由此可知，五代十國時期複雜多變的政治情勢，總是讓周邊地區必須經常面對依違在不同政權中的窘境，"覘虛實"成爲抉擇最重要的參考依據。太平元年丁部領遣使赴宋，應該也是因爲知道宋朝將有伐南漢的企圖，所以特地遣使"覘虛實"。不過，越南史籍將之繫於正月，又説是因爲"時宋命大將潘美平嶺南劉鋹也"，這個説法，可能是有問題的。因爲，命潘美出兵是在九月，正月出使不可能預知這樣的結果，因此這項決定應該與去年（大寶十二年，開寶二年）六月宋以右補闕王明爲荆湖轉運使，"將用兵於嶺南"的動作有關。⑥ 這次的出使，應該不是正式的出訪宋朝，故未被列入宋朝的歷史中。一直要等到宋朝平定了南漢，丁朝以貢方物的方式表示内附⑦，宋朝纔有正式的册封，并於史書中正式記載：

---

① 《資治通鑒》卷二六六"開平元年"："秋七月……靜海節度使曲裕卒。丙申以其子權知留後顥爲節度使。"葉二○下；又，《舊五代史》卷三《梁太祖本紀》南漢大有三年："丙申，以靜海軍行營司馬權知留後曲顥起復爲安南都護，充節度使。"葉一○上。

② 《資治通鑒目録》卷三○，葉一一下。

③ 《續資治通鑒長編》卷四"乾德元年"，葉四三上。

④ ［清］吳蘭修《南漢紀》（臺北：藝文印書館，1967年，收入《嶺南遺書》第十函，百部《叢書集成》第93册，據清道光伍崇曜校刊嶺南遺書本影印）卷二《高祖紀》乾亨元年十月："靜海節度使曲顥遣子承美爲歡好使來聘。"葉六上。

⑤ 《新五代史》卷六五《南漢世家》，北京：中華書局，1974年，第813頁。

⑥ 《續資治通鑒長編》卷一○，葉一五下。

⑦ 南漢降宋在太平二年，同年，宋曾致書部領，對其僭號表示不滿。《越史略》卷上《丁紀》記載："宋聞王稱尊號，使遣王書，其略曰……蔑爾交州，遠在天末，唐季多難，未遑區處。今聖朝蓋覆萬國，太平之業，亦既成矣，俟爾至止，康乎帝躬。爾বিং向隅，爲我小患，俾我爲絶蹯斷節之計，用屠爾國，悔其易追。"又，"貢方物"以表效誠，見嵇康著，戴明揚校注：《嵇康集校注》卷四，北京：人民文學出版社，1962年，第182頁，《答難養生論》："九土述職，各貢方物，以效誠耳。"

（開寶）六年四月，丁璉遣使來貢方物。璉僞襲已四年矣①，聞太祖克平嶺表，遂遣使貢方物，上表内附。② 是月，制曰："權交州節度使丁璉……而能虔遵父命，耻事僞邦。③ 洎嶺表之蕩平，獻封章而内附。……可特進、檢校太師，充靜海軍節度、管内觀察處置等使、安南都護、使持節都督交州諸軍事④、御史大夫、上柱國，封濟陰郡開國公，食邑一萬户，食實封□□户，賜推誠順化功臣⑤。"⑥

宋朝對於丁璉這次的正式入貢非常重視，因爲根據宋制，唯有親王、重臣特加纔有至萬户者⑦，郡王、國公僅三千户；開國郡公則例爲二千户⑧；在以後的宋代歷史中，對於越南歷朝的册封，食邑亦沒有達到一萬户的紀錄。丁璉此時的入貢效誠，顯示宋朝在南方的統合已基本完成。而宋越的這種册封關係，一直維持到李聖宗天貺寶象二年（即宋熙寧二年，1069 年）"自帝其國"⑨。換句話說，天貺寶象二年之前的越南，在宋朝的理解中，并未"自帝其國"。然而，越南的史書中，丁部領已經自建國號、封官爵、遣使入貢、立皇后、定軍制，"大勝明皇帝"已然出現，這種政治的現象應該如何解析？

由上述"加句尊勝陀羅尼經幢"造幢記的討論，已經知道丁朝的政治系統有兩套機制：太平六年（即宋開寶八年，975 年）"自是遣使如宋以璉爲主""而先皇於國稱帝"。⑩ 其積

---

① 以下引文中所引注爲[清]徐松輯，四川大學古籍整理研究所標點校勘，"中央研究院歷史語言研究所"兼任研究員王德毅校訂《宋會要輯稿》中之注："四：原作'丑'。據《大越史記全書》，丁部領即位於開寶元年，凡三年，遜璉位，則開寶六年璉襲位已四年，'丑'當爲'四'之形誤，據改。"

② [清]徐松輯，四川大學古籍整理研究所標點校勘，王德毅校訂《宋會要輯稿》中之注："'克平'至'上'十一字：原闕，據《文獻通考》卷三三〇補。"

③ [清]徐松輯，四川大學古籍整理研究所標點校勘，王德毅校訂《宋會要輯稿》中之注："虔遵父命耻事：原闕，據《長編》卷一四注文補。"

④ [清]徐松輯，四川大學古籍整理研究所標點校勘，王德毅校訂《宋會要輯稿》中之注："使持節都督交州諸軍事：原闕，今倣後文雍熙三年黎桓受封例補。"

⑤ [清]徐松輯，四川大學古籍整理研究所標點校勘，王德毅校訂《宋會要輯稿》中之注："封□□户賜：原闕，今據宋代封賜制詞格式補。"

⑥《宋會要輯稿・蕃夷四・交阯》"太祖開寶六年制"。

⑦《宋史》卷一六九《職官志九・叙遷之制》："封爵，皇子、兄弟封國，謂之親王。親王之子承嫡者爲嗣王，宗室近親承襲，特旨者封郡王，遇恩及宗室祖宗後承襲及特旨者封國公。餘宗室近親并封郡公。其開國公、侯、伯、子、男皆隨食邑：二千户已上封公，一千户已上封侯，七百户已上封伯，五百户已上封子，三百户已上封男。見任、前任宰相食邑、實封共萬户。（嗣王、開國郡公、縣公後不封）"

⑧《宋史》卷一七〇《職官志一〇・雜制》："封爵之差，唐制：王，食邑五千户；郡王、國公，三千户；開國郡公，二千户；縣公，千五百户；縣侯，千户；伯，七百户；子，五百户；男，三百户。又有食實封者，户給縑帛，每賜爵，遞加一級。唐末及五代始有加邑特户，而罷去實封之給，又去縣公之名，封侯以郡。宋初沿其制。"

⑨《宋史》卷四八八《外國四・交阯》熙寧二年："日尊自帝其國，僭稱法天應運崇仁至道慶成龍祥英武睿文尊德聖神皇帝，尊公藴爲太祖神武皇帝，國號大越，改元寶象。"

⑩《欽定越史通鑒綱目・正編》卷一，葉六。

極的意義便是《欽定越史通鑒綱目》中所記載的：

> 辰(時)先皇自主其國,而邦交大事一委於璉,宋王璉蓋使之襲父位也。而先皇於國稱帝,故不以爲嫌歟。①

也就是説,作爲"襲父位"的静海軍節度兼安南都護丁璉,維繫著與中國中原政權長久以來的地方羈縻關係,但丁部領則自主其國,用這樣的方式,中國的中原政權就"不以爲嫌"。宋朝是否知道這是丁部領的策略？史書中没有明確的説明,我們看到宋代撰述的史書無論是《宋會要》《稽古録》《夢溪筆談》《續資治通鑒長編》《嶺外代答》《九朝編年備要》《玉海》中均認爲其所交涉的對象就是代表安南都護府、静海軍節度使的丁璉：

開寶六年(太平四年,973)四月

丁璉遣使來貢方物。璉僞襲已四年矣,聞太祖克平嶺表,遂遣使貢方物,上表內附。(《宋會要》蕃夷四之二〇)

(開寶五年)五月己巳、交阯丁璉始遣使內附,授以官爵。(《稽古録》卷一七,葉五下)

開寶六年(丁)璉初歸附,授静海軍節度使,八年封交阯郡王。(《夢溪筆談》卷二五,葉一三下)

(開寶六年夏四月)甲戌、南漢静海節度使丁璉聞嶺南悉平,遣使朝貢。表稱其父部領之命。戊寅以璉爲静海節度使。除璉節度使制其略曰："遵父命,耻事僞邦。"則知必璉表云爾也。(《續資治通鑒長編》卷一四,葉八下)

開寶六年(丁)璉遣使貢方物,制以璉特進、檢校太師、充上柱國、濟陰郡開國公,仍賜推誠順化功臣；八年,又封交阯郡王,璉死,黎桓篡立。(《嶺外代答》卷二,葉二上)

(丁)部領立三年,璉襲父位,至是七年矣。聞上平定嶺南,懼而上表求內附,詔以璉爲静海軍節度使、安南都護。及八年秋,封璉父部領交阯王(《九朝編年備要》卷二,葉三十三下—葉三十四上)

交阯本南越唐安南都護府。開寶六年四月丁璉貢方物,以爲静海節度安南都護,聞嶺南平懼而內附。(《玉海》卷一五四,葉二七上)

但是,宋人也瞭解"丁璉遠修職貢,本其父部領之意"②,故特意崇寵部領,授其"開府儀同

---

① 《欽定越史通鑒綱目·正編》卷一,葉六。
② 《續資治通鑒長編》卷一六,葉一四下。

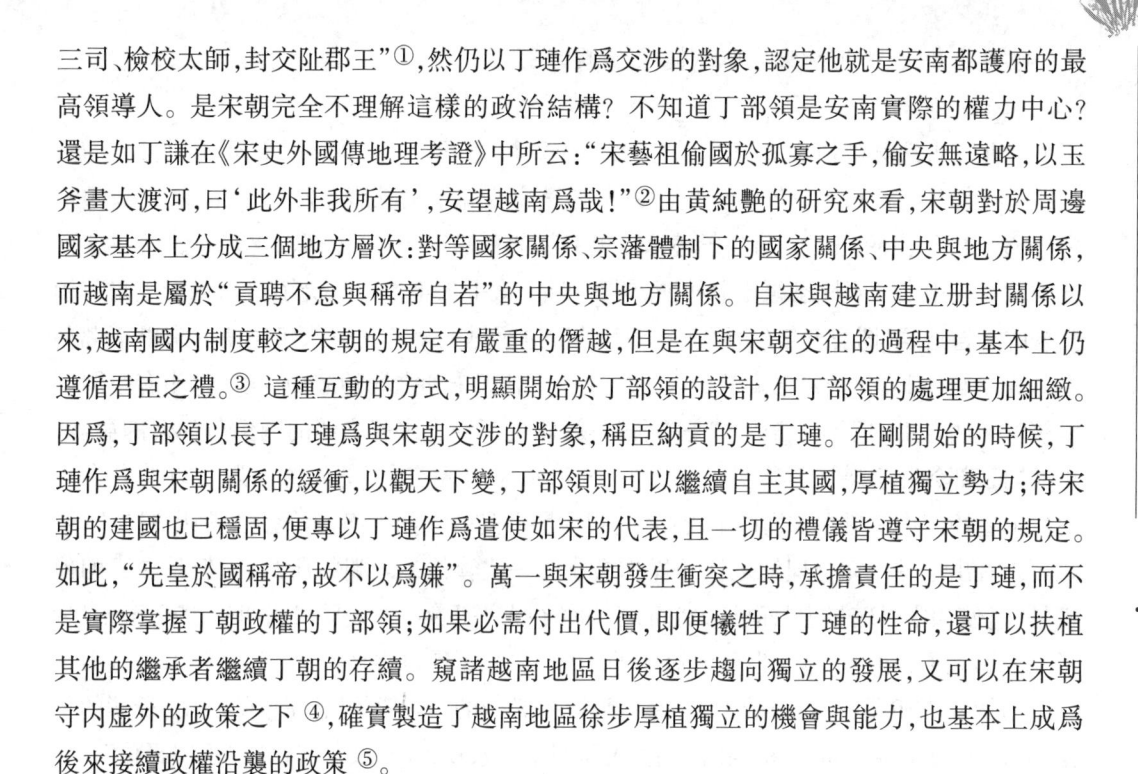

三司、檢校太師,封交阯郡王"①,然仍以丁璉作爲交涉的對象,認定他就是安南都護府的最高領導人。是宋朝完全不理解這樣的政治結構?不知道丁部領是安南實際的權力中心?還是如丁謙在《宋史外國傳地理考證》中所云:"宋藝祖偷國於孤寡之手,偷安無遠略,以玉斧畫大渡河,曰'此外非我所有',安望越南爲哉!"②由黃純艷的研究來看,宋朝對於周邊國家基本上分成三個地方層次:對等國家關係、宗藩體制下的國家關係、中央與地方關係,而越南是屬於"貢聘不息與稱帝自若"的中央與地方關係。自宋與越南建立册封關係以來,越南國內制度較之宋朝的規定有嚴重的僭越,但是在與宋朝交往的過程中,基本上仍遵循君臣之禮。③這種互動的方式,明顯開始於丁部領的設計,但丁部領的處理更加細緻。因爲,丁部領以長子丁璉爲與宋朝交涉的對象,稱臣納貢的是丁璉。在剛開始的時候,丁璉作爲與宋朝關係的緩衝,以觀天下變,丁部領則可以繼續自主其國,厚植獨立勢力;待宋朝的建國也已穩固,便專以丁璉作爲遣使如宋的代表,且一切的禮儀皆遵守宋朝的規定。如此,"先皇於國稱帝,故不以爲嫌"。萬一與宋朝發生衝突之時,承擔責任的是丁璉,而不是實際掌握丁朝政權的丁部領;如果必需付出代價,即便犧牲了丁璉的性命,還可以扶植其他的繼承者繼續丁朝的存續。窺諸越南地區日後逐步趨向獨立的發展,又可以在宋朝守內虛外的政策之下④,確實製造了越南地區徐步厚植獨立的機會與能力,也基本上成爲後來接續政權沿襲的政策⑤。

但是,對於"微時常遇艱苦"的長子,丁部領真的可以這樣豁達嗎?

周太祖廣順元年,亦即後吳王元年,吳權二子昌文(南晉王)與昌岌(天策王)因丁部領據華閒洞,不修臣職,因此興師討伐。史載:

> 部領懼,遣子璉入質,以止其兵。璉至,二王責其不庭,竟執璉往征之。逾月不克,乃懸璉竿上,使人謂部領曰:"不降則殺璉。"部領怒曰:"大丈夫以功名自許,豈效兒女之愛子耶。"遽令十餘弩注璉俱發。二王驚曰:"我之懸其子,欲使顧惜而速降。

---

① 《宋史》卷四八八《外國四·交阯》:"開寶八年,遣使貢犀、象、香藥。朝廷議崇寵部領,降制曰:'率土來王,方推以恩信;舉宗奉國,宜洽於封崇。眷拱極之外臣,舉顯親之茂典。爾部領世爲右族,克保遐方;夙慕華風,不忘內附。屬九州混一,五嶺廓清,靡限溟濤,樂輸琛賮,嘉乃令子,稱吾列藩。特被鴻私,以旌義訓,介爾眉壽,服茲寵章。可授開府儀同三司、檢校太師,封交阯郡王。'"

② 丁謙:《宋史外國傳地理考證》,浙江圖書館民國四年校刊本,藝文印刷館叢書集成三編,葉八、九。

③ 黃純艷:《"藩服自有格式":外交文書所見宋朝與周邊諸國的雙向認識》,《學術月刊》2008年第8期,第137頁。

④ 有關宋朝與周邊諸國的雙向認識的研究,請參考黃純艷:《"藩服自有格式":外交文書所見宋朝與周邊諸國的雙向認識》,《學術月刊》2008年第8期,第131~132,137~138頁。

⑤ 越南的政權自楊廷藝開始,直至李陳,朝代的遞嬗,基本上都是同一個核心集團間內部權力的移轉,請參考耿慧玲:《擬血緣關係與古代越南的權力結構研究》,《朝陽學報》2007年第12期,(臺中霧峰)第173~184頁。

彼殘忍如此,焉用懸爲?"即不殺璉,而班師焉。①

丁璉因此在古螺城被拘禁十餘年之久(951—965),直至吴昌文攻太平戰死,始得還華閭;旋即又爲部領攜往布海口依附陳覽(967),過著寄人籬下的征戰生活。一年後,丁部領稱帝(968),次年(969)五月"封長子璉爲南越王",開寶三年(970)丁部領建元"太平",這時,宋朝欲進攻南漢的意圖已經十分明顯,開寶四年(太平二年,971年)南漢降,宋帝譴責部領僭號的文書送達,開寶五年(太平三年,972年)遣丁璉入附。開寶八年遣使入宋以丁璉爲主,"先皇自主其國"政策已經訂定。丁璉成爲丁朝與宋朝之間的緩衝,讓丁部領有空間可以經營一個自主的丁朝。這當然是一種試驗,誰也不知道宋越之間的關係將如何的發展,正如同丁部領將丁璉送至後吴王爲人質一樣,如果有衝突,丁部領應該還是以功名自許吧!由造幢記中丁璉在懺悔時的祝禱"先祝大勝明皇帝永霸天南,次爲匡璉恒堅禄位",明顯可以看出丁璉是完全理解這樣的操作機制——儘管他是宋朝的册封者,但是在丁朝他祇是"遣使如宋以璉爲主"而已。然而,丁部領在太平十年(宋太平興國四年,979年)立少子項郎爲太子的措施,讓一生顛沛流離的丁璉,在經歷過許多的艱苦後,發現未來竟與其一生的犧牲不相關聯,心中的不平,讓他采取了激烈的手段②,但是在他的心中,祈禱的仍是"要成家國,永霸門風",祝福的仍是"大勝明皇帝永霸天南"及他自己的"恒堅禄位"。

丁部領基本上建立了越南雙軌政治的雛形。在内政與外交上,越南從此采行"貢聘不息與稱帝自若"的方式與北朝互動,并采取政治分立而文化融合的雙軌策略,至陳朝更形成内政上的太上皇與皇帝的雙軌制,這種復合的制度,使得越南在歷史發展的過程中,得以與中國維持緊密而獨立的關係,依恃中國的力量發展其在東南亞地區的勢力,但也成功地避免中國對於越南的強力控制,在國家發展過程中,不得不説是一個成功的策略。

五、結 論

丁朝的失敗,越南史家歸之於人事之未盡,其最大的問題,便是立項郎所造成的立嫡風波,吴士連説:

> 繼世以嫡,萬世常經,拂是經者,未有不致亂也。間因世亂,立太子則先有功,其或嫡長過惡廢之,然後立次,此處變而得其宜也。古人皆已行之矣。南越王璉長而有功,未聞過失,先皇乃愛少子而忘其嫡,謂足以伸鍾愛之情,不知適以害之也。而璉之忍心,至殺其弟,天倫滅矣。其禍至於殞身,以及其父,豈不烈矣哉!不然杜釋大惡,

---

① 《校合本大越史記全書·外紀》卷五,第174頁。
② 《校合本大越史記全書·本紀》卷一,第182頁。

何由而萌以符讖語也。①

誠然,若没有丁璉"爭官不讓位,先下手爲良"的舉動,或許丁朝便可以按照丁部領的規劃,以各種内政外交的策略經營丁朝,不至於二世而終。但是反觀丁部領的處事"欲以威制天下,乃置大鼎於庭,養猛虎於檻,下令曰,有違者,受烹噬之罪,人皆畏服"②;對待十二使君之一的吴日慶"以其母爲后,妹爲南越王璉夫人",復以爲駙馬,娶部領女爲妻,在策略上似乎具有結合、安撫吴日慶的作用,但實際上,是破壞日慶的家庭,侮辱日慶的尊嚴③;加上他對於長子丁璉的處置方式,可以看出丁部領的權謀、霸氣與殘忍。祇候内人杜釋之所以殺丁部領,或許也不如越南史書所云是有休徵之望,而是個人一次衝動的行爲,不然,豈有人弑君而無任何配套與支援,被當成賊,潛伏於宫雷三天之久,連一口水都喝不到?然而杜釋殺丁部領所造成的意外,可能"害及南越王",使得丁朝没有了"長君",故爲曾是南越王手下的黎桓所簒奪。④

丁朝是越南地區邁向自主統治的重要關鍵,不僅結束了十二使君紛爭的時代,重新統合原來安南都護府下的十二管⑤,并利用内政、外交分離的政策,建立一個與新興北方統一勢力的緩衝機制。丁部領以其長子丁璉作爲維繫中國中原政權長久以來地方羈縻關係的代表,稱臣納貢,繼續作爲宋朝西南地區的静海節度使兼安南都護;以此爲緩衝,穩定建立丁部領在十二管之間的實際統治,稱帝建國。在宋朝守内虚外策略下,越南因此逐步走向自主統治的方向,但仍然與中國維持密切的關係,使得北方强大的勢力没有造成越南發展上的障礙,反而因爲緊密的互動關係,可以將中國儒家思想、律令制度、大乘佛教、漢字文化成功的引入越南地區,增加越南文化的豐富與多彩。

---

① 《校合本大越史記全書·本紀》卷一,第182~183頁。
② 《校合本大越史記全書·本紀》卷一,第180頁。
③ 《校合本大越史記全書·本紀》卷一,吴日慶挈其妻(丁部領女)奔占城時,抱怨説:"汝父欺脅我母子,我豈以汝而忘汝父之惡哉!"第185頁。
④ 《校合本大越史記全書·本紀》卷一:"(黎桓)及長,往事南越王璉,倜儻有大志,先皇嘉其智勇,度必能濟事,遂以士卒二千人與之,累遷至十道將軍、殿前都指揮使,至是,代丁氏爲帝,乃都華閭。"第188頁。
⑤ 有關丁朝的統治疆域,請參考陶維英著,鍾民岩譯,岳勝校:《越南歷代疆域》,北京:商務印書館,1973年,第139~147頁。

變相與變文關係論爭平議

鄭阿財

（南華大學）

一、前　言

　　敦煌文獻的發現震爍古今，變文公之於世，立即引起中外學者的矚目，更成爲中國文學研究的重要課題。變文的名義、起源、體制及其與佛教關係等議題的探究，成果可說最爲豐碩，同時也是爭議論辯最熱烈的區塊。"變相"與"變文"的關係便是其中之一。

　　自藏經洞發現以來，變文名義的研究最爲首要。討論"變文"命名的同時往往牽涉"變相"的討論，由於二者皆源自於佛經，所以專家學者以不同的視角、方法，采用不同的材料，對"變相"與"變文"關係進行討論，於是産生許多不同的見解與説法。而諸家各富見解，説法紛紜，莫衷一是。

　　余意以爲當以動態來認知，也就是以發展演變的視角來審視，從歷時的、動態的視角來認知變文與變相。變文與變相之產生均源自佛教，二者的聯繫主要在"變"這一共同的特性。變是佛教傳播過程中的一種宣傳手法，也就是將經文内容變更爲以綫條、色彩、形相表現的視覺圖像；以通俗語言、韵散交結形式表現的聽覺講唱，共同達到宣傳佛理，教化俗衆的目的。二者同樣可省稱爲"變"。隨時間推移與發展，講唱變文時，不論佛教或非佛教，均可有變相圖畫的配合；而在變文盛行下，許多膾炙人口的題材也被采入寺院壁畫的繪製，甚至有以變文作爲繪製壁畫之題材藍本。諸家説法正是説解了變文與變相動態發展中的階段性現象。這關係到變文與變相的發展源流，是變文與變相整理研究者亟須辨明的。本文蓋從學術史的角度，論述有關變相與變文之關係，并對既有説法進行平議。

二、變文是變更佛經的文本；變相是變更佛經的圖相

敦煌變文發現以來，這一傳世文獻所載的講唱文學，立即受到中國文學研究者深切的關注。有以變相之"變"與變文之"變"名義相同，同源於佛教傳播；變文與變相的題材同源自佛教經典，且存有相同題材的情形。主要研究如下：

（一）變文與變相得名相似，同源自佛教

最早對"變文"名義提出解釋的是俗文學家鄭振鐸（1898—1958）。他在1938年出版的《中國俗文學史》一書中立有專章來討論"變文"，提出"變文"像"變相"一樣，"變相"是變更佛經的圖像，"變文"是變更佛經的文本。① 鄭振鐸的論述主要以唐代用的"變相"指稱寺院中的壁畫；"變相"就是將佛經的故事，繪在佛舍壁上的東西。以"變相"的命名來解釋"變文"，"變文"就是將佛經故事寫在紙上的東西，也就是認爲"變相"與"變文"的得名頗爲相似，二者關係密切，同源自佛經，皆起源於僧徒的宣傳教義。此一説法對後世有著廣泛的影響。

之後，孫楷第（1898—1989）在1951年《讀變文》一文中則進一步以爲："蓋人物事迹以文字描寫之，則謂之變文，省稱曰變。以圖相描寫之，則謂之變相，省稱亦曰變。其義一也。"② 孫氏認爲變文與變相省稱皆爲"變"且二者所描寫、繪畫的題材不外乎"經中變异之事"。"變文"與"變相"同樣以"變"得名，故二者的關係密切，皆取材於佛經變异之事。

（二）變相與變文有相同的題材

日人澤田瑞穗（1912—？）在1940年《唱導文學の生成》一文中也認爲變文與變相圖是本質上非常相似的東西，主要描繪佛經中神變的題材，祇是呈現的方式不同，以描繪佛經中的一個神話，空間表現的，就是"變相圖"；以口述或是文辭并以時間表現的，就是"變文"。③ 其主張主要繼承鄭振鐸的説法。然而，澤田瑞穗又更進而觀察到變相與變文所采用的題材，他發現有些變相圖的題材與變文題目幾乎是一樣的，如"目連變相"——《目連變文》；"降魔變相"——《降魔變文》；"地獄變相"——《地獄變文》；"維摩詰本行經變相"——《維摩詰經變文》。最後又提出變文、變相與俗講僧有相當密切的關係，俗講僧在講述變文時，還輔以寺壁上的變相圖，讓聽衆在聽的時候同時有具體的圖像可看。

---

① 鄭振鐸：《中國俗文學史》，《鄭振鐸全集》（7），石家莊：花山文藝出版社，1998年，第166頁。（影印1938年，長沙商務印書館初版《中國文化史叢書》第二集之一）

② 孫楷第：《讀變文》，原載《現代佛學》1951年第1卷第10期。現收於周紹良、白化文編：《敦煌變文論文録》，上海：上海古籍出版社，1982年，第241頁。

③ ［日］澤田瑞穗：《唱導文學の生成》，《智山學報》新14，東京：東洋文化出版，1940年，第73～74頁。後收入《佛教と中國文學》，東京：國書刊行會，1975年。

之後，傅芸子（1902—1948）在1961年《俗講新考》①一文中，也提出與澤田瑞穗近似的説法。他認爲變文與變相的含義是相同的，不過表現的方式有别，一個是文辭的，一個是繪畫的。他并舉出唐代兩京寺院有吴道子諸人所畫的壁畫，如"地獄變""降魔變""目連變""維摩詰變"諸經變相圖；而變文所據題材也和變相相同，有《地獄變文》《降魔變文》《目連變文》《維摩詰變文》，可見本來是相對配列著的。在此前提下，他進一步推論講唱變文時是需要圖像作爲輔助説明的。并且還以《王昭君變文》"上卷立鋪畢，此入下文"的"立鋪"，大概是將畫卷立起來，便於給聽衆觀看，好似"看劇"一般。以此證明唐代講唱非佛教故事變文的時候，也有圖像作爲輔助説明。起初佛教俗講宣傳教義時，輔以圖像來做説明，之後連非佛教故事的變文也採用這個方法，在説故事時也利用圖像作爲輔助。

以上諸家説法皆認爲"變文"與"變相"的關係本出同源，皆來自佛經，"變"就是變更佛經，爲了傳播教義，將艱深、抽象不易理解的佛經轉變成視而可視的圖像及通俗易懂的語言文字，以利佛教的傳播。更有進一步推測二者的關係，以爲變文與變相是相輔相成的，變相是講唱變文的視覺圖像的輔助工具。

三、變文與變相的主從關係

上述各學者，不論是鄭振鐸、孫楷第、澤田瑞穗，還是傅芸子，他們基本上都是俗文學研究者。因此，其立論基礎不自覺地從俗文學的視角來觀察，并從現存俗文學講唱的具體事物進行類推，其獲致的結論，有一定的參考價值，也因此長期以來一直被視爲變文研究的公論。但19世紀60年代以來，隨著敦煌變文文本的整理與敦煌石窟壁畫圖像的公布，開始有不同學術背景的學者，分别從各自的領域，以不同的視角來對變文與變相的性質、關係展開論述。尤其是對有些變文具有題材相應的變相，二者是否存在主從關係，究竟是變文爲主，變相爲從，變文是變相繪製的文本呢，還是變相爲主，變文爲從，變文是變相的説明文字？其主要説法如下：

（一）變文是變相繪製的文本

美術史研究者金維諾（1924— ）在1958年發表的《〈祇園記圖〉與變文》一文中説道："《祇園記圖》上的題榜不和其他經變一樣照寫佛經原文，而是由佛經演變而來的變文與變文中的唱詞。經變上的變文不僅證實了壁畫是按照變文描繪的。"②以壁畫的榜題與變文相對照，發現變相是按照變文的情節進行描繪，但金維諾認爲變相并不是作爲文字的簡單圖解，而是透過畫家豐富的想像，穿插著更多的情節變化。所以變相與變文的關係，并非

---

① 傅芸子：《俗講新考》，原載《新思潮月刊》1946年第1卷第2期。現收於周紹良、白化文編：《敦煌變文論文録》，上海：上海古籍出版社，1982年，第154～155頁。

② 金維諾：《〈祇園記圖〉與變文》，原載《文物參考資料》1958年第11期。現收於周紹良、白化文編：《敦煌變文論文録》，上海：上海古籍出版社，1982年，第354～355頁。

祇是單純的一方模仿一方,而是透過講唱者與畫家,先消化佛經後再以不同的方式呈現,且變文與變相二者之間也同時相互影響著。

(二)變文是變相的説明文字

話本小説研究者程毅中(1930—)在1963年發表的《關於變文的幾點探索》一文中有著明確的主張:"變文就是變相的説明文字。"他認爲變文中每一段唱詞之前常出現的套語結構"處"字,就是指變相圖中的某一場面,有如按圖講唱,很像近代的拉洋片。且此"處"字也可以提醒聽衆,目前正講到何處,便於聽衆按圖索驥。① 此説明了變文與變相之間有密切配合的關係,可以是按圖講唱抑或作爲講唱時的圖示。

周紹良(1917—2005)在1965年發表的《談唐代民間文學——讀〈中國文學史〉中"變文"節書後》一文中則以變文韵散的形式與篇幅的長短推論變文是附有圖畫的,長篇變文爲韵散兼用及全爲韵文,圖像爲連環圖畫,如《大目乾連冥間救母變文(有圖一卷并序)》及《舜子至孝變文》;短篇變文則是用散文解説,圖像爲單幅圖畫,如《劉家太子變》。② 以變文篇幅與形式推論"變文"是附有圖畫的,考察目前存留下來帶有圖畫的變文畢竟是少數,如《降魔變文》《王昭君變文》,其中《王昭君變文》并没有圖像,但文中有"上卷立鋪畢,此入下卷"等語,推論此變文是有圖的,再加上當時流傳的詩題與詩句,唐吉師老《看蜀女轉〈昭君變〉》:"翠眉嚬處楚邊月,畫卷開時塞外雲。"可知當時在講唱《王昭君變文》是有圖可看。長篇是因爲要解説連環圖畫,而短篇則是要解説單一圖畫,已明確指出"變文"是"變相"的解説文字。又以講唱的結構:"'×××處,×××説'的形式,説明正是講唱交替的地方,也正是顯示、指點圖畫的時候,這就是'變文'特徵的所在。"③認爲"變文"中出現的這些提示語,就是用來説明"變相"畫面的文字。

日人金岡照光(1930—1991)在1971年出版的《敦煌の文學》一書中對於變文與變相的關係有近似的看法。他説:"由現存以'變''變文'爲題名的寫本,與其他類似結構的寫本中,可知變文與繪畫有不可分的關係,變文即是圖解的講唱,繪畫爲變文的支柱。"④金岡照光的説法非僅僅停留在變文是變相的解説文字,他還認爲:變文除了是圖解的講唱外,同時也是繪畫的依據,變相圖是依變文進行繪畫,變相圖并非直接改變佛經故事而來。

白化文(1930—　)在1984年發表的《什麽是變文》一文中也主張變文與變相有不可分割的關係加以引申,并進一步推論。他檢視了敦煌文獻中原題有"變"或"變文"的寫本,約20多篇,據以考察變文與變相的關係。先從變文的形式著手,如變文的首題《大目乾連冥

---

① 程毅中:《關於變文的幾點探索》,原載《文學遺產》增刊1936年第10輯。現收於周紹良、白化文編:《敦煌變文論文録》,上海:上海古籍出版社,1982年,第388~389頁。

② 周紹良:《談唐代民間文學——讀〈中國文學史〉中"變文"節書後》,周紹良、白化文編《敦煌變文論文録》,上海:上海古籍出版社,1982年,第409~410頁。

③ 周紹良:《談唐代民間文學——讀〈中國文學史〉中"變文"節書後》,第411頁。

④ [日]金岡照光:《敦煌の文學》,東京:大藏出版株式會社,昭和四十六年(1971年6月)。

間救母變文并圖一卷并序》認爲此寫卷是有圖的。後來把圖作爲另册、帶有圖的卷子而以爲 P.4524《降魔變》是畫主文從的卷子。變文韵散轉换時使用的慣用句式如"×××處,×××説"、"若爲陳説"及"道何言語"等,這些變文中"慣用句式都是用來向聽衆表示即將由白轉唱,并有指點聽衆在聽的同時'看'的意圖"。① 因而主張變文是配合變相圖演出的,大致是邊説邊唱引導觀衆看圖。由此可知,白化文認爲變文是爲了配合變相而在寺院或石窟;或在某些特定場合,也能配合壁畫、畫幅等進行表演。

美國敦煌變文研究者梅維恒(Victor H. Mair,1943—)在1989年出版的《T'ang Transformation Texts:A Study of the Buddhist Contribution to Rise of Vernacular Fiction and Drama in China》(《唐代變文——佛教對中國白話小説及戲劇產生的貢獻之研究》)②一書認爲變文韵散夾雜,韵文前套語的基本程式與印度一種叫 Par vacano 圖相存在著相同的套語,進而推論二者韵文前套語之間的相似,意味著它們服務於相同的目的,幾乎可肯定它們由某共同的源頭而相互關聯。梅維恒就在這樣的前提下把敦煌變文與變相等同於印度的"繪畫複述"。

他認爲韵文前套語所使用的"處"字與圖畫上標記各場景的題記相關。比如敦煌102窟有"太子雪山落髮處""泥連河澡浴處"及108窟"此是百梯山延法師隱處"等;敦煌卷子P.3317所列出佛陀生平118齣短的附箋都以"處"字結尾。又以P.4524《降魔變》帶圖的卷子,圖畫與變文叙述的故事相配合,而莫高窟第146窟壁畫題記文字與《降魔變文》相似。S.2614《大目乾連冥間救母變文并圖一卷并序》此卷中雖并未見有圖,但可從題目得知,此寫本製作之初,預計加入圖像。最後提出 S.5511 卷子開首有一圖像,以爲此圖像爲後加,接在殘卷的開始部位,而推論係後人爲了與文字相配合將圖像插接於此。

他從變文寫本尋找圖像的迹象,主要是爲了證成敦煌變文與變相等同於印度的"繪畫複述",所以衹關注變文與圖像有所關聯的部分。事實上,并非所有變文皆有相應題材的圖像,也不是所有壁畫皆有與之相應題材的變文。所以他在文中也説,"到目前爲止我還没發現唐代有關變相表演的有力確鑿的圖像證據"③。

另外,他在1988年出版的《繪畫與表演——中國的看圖講故事和它的印度起源》一書中提到由於在中國方面關於變的表演衹是一些令人失望的、模糊不清的記載,爲了打破僵局,於是他采取了大膽的研究策略。便從印度、印度尼西亞、日本、伊朗、土耳其及其他許多國家中與此類似的文學形式中尋找信息,希望填補中國的看圖講唱資料的空白。然而

---

① 白化文:《什麽是變文》,原載《古典文學論叢》1984年第2輯。現收於周紹良、白化文編:《敦煌變文論文録》,上海:上海古籍出版社,1982年,第437頁。

② Victor H. Mair:"T'ang Transformation Texts:A Study of the Buddhist Contribution to the Rise of Vernacular Fiction and Drama in China",published by the Council on East Asian Studies,Harvard University,1989. 中文譯本,楊繼東、陳引馳譯:《唐代變文——佛教對中國白話小説及戲劇產生的貢獻之研究》,上海:中西書局,2011年。

③ [美]梅維恒:《唐代變文——佛教對中國白話小説及戲劇產生的貢獻之研究》,上海:中西書局,2011年。

他從外尋求大量看圖講唱資料的前提,是基於認定變文與變相是作爲看圖講唱表演的卷子與圖像,而且是受到印度看圖講唱的影響所致。他理解的變文與變相的關係是:"講説'變'的人在表演時就使用'變相'作爲一種解説故事的手段。"①也就主張變文是變相的解説文字,變相主要是講唱表演的視覺輔助。

四、變相是石窟的組成部分,無法用於講解變文

旅美的藝術史研究者巫鴻(1945—)在1992年發表了《何爲變相?——兼論敦煌藝術與敦煌文學的關係》一文,文中從變相的歷史概念展開仔細的分析,并對這類繪畫加以考察,發現題爲"相"的大多數繪畫無論在内容還是形式,都不是"叙述性的";畫在佛教洞窟中的"變相"并非用於講述故事。他對變相有這樣的觀察,是以畫面構圖的内在邏輯角度來立論。他認爲變相是"奉獻式"的創作,是一種"圖像的製作"(image-making),而非圖像的觀看(image-viewing)。所以從圖像製作的過程得知,"變相"與寫作和説唱的"變文"是不同的,他們有其自身的邏輯。② 巫鴻以這樣的原則對一大批以"降魔變"故事爲題材的壁畫進行詳細的分析比較,從而得出敦煌石窟的變相壁畫不是用於口頭説唱的"視覺輔助"。儘管如此,他也不否定這些繪畫與文學是有十分密切聯繫的。

2009年于向東(1972—)出版了他的博士論文《敦煌變相與變文研究》,他以爲敦煌變文受變相的影響比較間接,遠不如變文對變相的影響來得明顯而直接,所以他在探討二者的互動關係時,比較偏重於敦煌變相所受到變文影響的部分。③ 從藝術學的科學定位出發,嘗試將個案研究與總體的理論分析結合起來,以變相不同的構圖方式結合與其相應的變文題材,藉以瞭解變文與變相之間的互動關聯。文中透過敦煌變相與變文關係較爲密切的三種變相類型,連環畫式與《目連變文》、屏風式與《八相變》、向心式與《降魔變文》爲對象,以個案分析進而將圖像資料與變文及其他古代文獻充分結合。他認爲敦煌變相有的直接依據敦煌變文創作,也有僅僅受到敦煌變文的一些影響。這種影響主要表現在整個變相畫面的故事性、通俗性方面。④

---

① Victor H. Mair,"*Painting and performance:Chinese picture recitation and its Indian genesis* "—Honolulu:University of Hawaii Press, 1988. 中譯本,[美]梅維恒著,王邦維、榮新江、錢文忠譯:《繪畫與表演——中國的看圖講故事和它的印度起源》,北京:北京燕山出版社,2000年,第1頁。

② [美]巫鴻:《何爲變相?——兼論敦煌藝術與敦煌文學的關係》,原載 *Harvard Journal of Asiatic Studies* 52.1(1992),pp. 111 - 192. 原題"What is *Bianxiang*?—On the Relationship between Dunhuang Art and Dunhuang Literture."鄭岩譯原載中山大學藝術史研究中心編《藝術史研究》2,第53~109頁,2000年。現收於鄭岩、王睿編:《禮儀中的美術——巫鴻中國古代美術史文編》,北京:生活·讀書·新知三聯書店,2005年,第366頁。

③ 于向東:《敦煌變相與變文研究》,蘭州:甘肅教育出版社,2009年,第18~21頁。

④ 于向東:《敦煌變相與變文研究》,蘭州:甘肅教育出版社,2009年,第111頁。

五、諸家説法之平議

以上諸家研究，主要以俗文學史、佛教藝術史的視角、方法出發，或從文獻，或從題材；或據講唱與圖像的結構，或據壁畫、變文的布局與叙事，分別立論。大都有其憑藉之理論與論據，所提出之看法也各有一定的參考價值。

面對同一問題，之所以會有分歧的看法，筆者想其主要原因蓋在對變文與變相認知有差异。其中的關鍵則在一般對變文與變相的名義采取共時、静態的"定格"看法。研究的面向較局限於變相與變文發展中的階段性現象，較少能全面觀察變相與變文動態性的演變。

平心而論，無論變文或變相都存在一段漫長的發展與演變歷程；因此，在探究其名義、指涉内容以及二者間的關係時，實有必要考慮變文與變相的歷時性的發展情況，不宜單以静態定格來立論，而應以歷時動態的認知來進行全方位的觀察，方能有較爲準確的理解與詮釋；同時也較能對變文與變相存在的複雜現象有一較具包容性的看法。

首先從歷史文獻學的視角來探究變文與變相的來源與關係。很明顯，"變文"與"變相"二者的共相乃在一"變"字；而此一"變"字的來源，我們應該承認它是首先用在佛相方面。東晉法顯(約337—約422)《高僧法顯傳》有云："王便(使)夾道兩邊作菩薩五百身已來種種變現，或作須大拿，或作睒變，或作象王，或作鹿、馬。如是形像，皆彩畫莊校，狀若生人。"①其中"或作須大拿，或作睒變，或作象王，或作鹿、馬"可知其題材來自本生故事，而將其"變現"故事加以彩畫，稱之爲"變"，這是目前爲止將"變"字用於繪畫較早的紀録。② 而唐代張彦遠《歷代名畫記》歷載梁朝名畫有"寶積經變"傳於後代(卷七)，隋朝有展子虔的"法華變"、董伯仁的"彌勒變"、楊契丹的"雜佛變"傳於後代(卷八)等，證明了佛寺中畫變相圖的風氣早在六朝就已經開始了。

所謂"變相"，最初指的是變現出來的形相。就現有文獻載録論，"變相"一詞的出現較變文的出現爲早。姚秦時鳩摩羅什(344—413)譯的《摩訶般若波羅蜜經》便有："善男子！欲界中受五欲快樂，色界中受禪生樂，無色界中受寂滅樂，是事亦無常、苦、空、無我、變相、盡相、散相、離相、滅相。"③此處"變相"一詞的"變"有變化不息之義，但此"變相"尚非指繪畫圖像；本師潘重規先生以爲畫家描繪變相的形相稱之爲"變相"，而省稱作"變"。在唐以前甚至在六朝時早已流行。潘重規先生據《歷代名畫記》卷二所載知顧愷之作"維摩詰居士象"，在東晉時代，約當4世紀中葉。④ 同書卷六記載可知南朝劉宋(420—479)時的袁

---

① 《大正新修大藏經》第51册，第865頁。
② 饒宗頤：《從"睒變"論變文與圖繪之關係》，原載[日]《池田末利博士古稀紀念東洋學論集》，1980年，後收於《饒宗頤史學論著選》，上海：上海古籍出版社，1993年，第387頁。
③ 《大正新修大藏經》第8册，第321頁。
④ 《歷代名畫記》卷二："顧生首創維摩詰像，有清羸示病之容，隱几忘言之狀，陸與張皆效之，終不及矣。"

倩畫"維摩詰經"一百餘樁故事時,便叫做變,也就是變相。① 從同一書的兩條記載進行合理的推測,應該是畫單身的"維摩詰象(相)",便叫做"相";畫情節變化的維摩詰故事,便叫做"變"——也就是所謂的"變相"。② 文獻所載顯示初期變相均屬於佛教範圍,其表現的內容題材也都是源於佛經。

至於"變文"一詞,姜伯勤以爲早在梁、陳之間就已出現③,而"變文"的成詞時間還要更早些。"變文"的"變"字也具有神變、變異的意思。"變文"的得名,與"變相"相似,是指對佛經中的神變、變異情景的表現。其以綫條、色彩繪製成圖像的爲"變相";其用語言文字表達的則爲"變文"。講唱佛教題材稱爲"變文"的使用,唐代開始較爲普遍。《大唐大慈恩寺三藏法師傳》卷九有"報恩經變一部"④的記載。據此,確知玄奘曾在顯慶元年(656)獻給唐高宗"報恩經變一部",這部《報恩經變》當然不是《報恩經》原本,而應該是《報恩經》變文,也就《報恩經》的俗講經文。

"所謂'變文'之'變',當是指'變更'了佛經的本文而成爲'俗講'之意。(變相是變'佛經'爲圖相之意)後來'變文'成了一個'專稱',便不限定是敷演佛經之故事了(或簡稱爲'變')。"⑤講經文是變文中最初的形式。它的産生時期在變文中爲最早,之後發展,由講經文演化成爲講佛經故事、佛陀及佛弟子故事乃至離開佛教,講非佛教題材的史傳故事與民間故事,仍舊以變文來概括這一類的講唱文學。今存敦煌寫卷原卷題名有"變""變文"的,如《降魔變文》《大目乾連冥間救母變文》《舜子至孝變文》《劉家太子變》等便是變文發展歷程不同階段的表現。

既然變文與變相同,均源於佛教,同爲佛教弘法宣傳下的產物,那自當從佛教傳播學的視角來考察。

佛教東傳,初期傳播者主要是外來的高僧,傳播的方式是憑藉著記憶口誦經典,進而訴之於文字。所以佛教初傳,經典翻譯乃首要之務。透過經典翻譯的傳播,信眾有了可以展開誦習的憑藉;經典的流通與盛行,則正式推動著信仰的流行。這期間佛教文獻的傳播,也透過注解、講說、圖像的展示,進行教義的宣揚與教法的弘傳,這快速地推動著佛教在中土的發展,終使原本來自印度經由中亞入傳的宗教信仰建構出漢傳佛教的龐大體系。

隋唐五代,佛教在中國進入全盛時期。佛教的發展與傳播也進入了由雅而俗的新階

---

① 《歷代名畫記》卷六:"(袁倩)又《維摩詰變》一卷,百有餘事,運思高妙,六法備呈,置位無差,君神靈感會,精光指顧,得瞻仰威容。前使顧陸知慚,後得張閻駭嘆。"
② 見潘重規:《敦煌變文新論》,《幼獅月刊》1979年第49卷第1期,第18~41頁。
③ 參見姜伯勤:《變文的南方源頭與敦煌的倡導法匠》,饒宗頤主編《華學》第1期,廣州:中山大學出版社,1995年,第150~151頁。又,姜伯勤:《敦煌本宋文明〈通門論〉所見"變文"詞義考釋》,載白化文等編《周紹良先生欣開九秩慶壽文集》,北京:中華書局,1997年。
④ 《大唐大慈恩寺三藏法師傳》卷九:"(顯慶元年十二月五日)其日,法師又重慶佛光王滿月,并進法服,奏曰……輒敢進金字《般若心經》一卷并函,《報恩經變》一部。"
⑤ 鄭振鐸:《中國俗文學史》,北京:作家出版社,1954年,第190頁。

段。大型法會訴諸語言聲音的轉經誦經與説法布道,民間村落法邑經幢鐫刻等造經活動,訴諸視覺的造像與繪製壁畫等圖像的傳播,使各階層與不同地域的信衆,得以有緣接受。

因應這一階段的傳播對象,不論是識字而不便或無緣讀經的信衆,或不識字無法讀經的信衆,在寺院繪製了大型壁畫,以綫條色彩圖像來製作經變畫,或以絹本、紙本繪製經變挂畫,進行視覺傳播。同時,化俗法師也透過語言,以講唱經文或俗曲歌贊唱頌的方式來進行口頭的傳播。如此多方的示化信衆,發揮視覺傳播與聽覺傳播的最佳功能。

除了佛傳故事外,佛經中豐富而膾炙人口的本生、因緣、譬喻故事,以其生動的内容與感人的情節,始終是佛教傳播的利器。所以佛教弘傳的過程中既產生了精彩的叙事文學,也鋪陳繪製爲動人的叙事圖像。這便是變相與變文題材交集的存在。但由於文字與圖像的媒介質性差異,呈現在文字叙事與圖像叙事的表現上,也就出現彼此互通之中但又帶有各自特色的差異性。

又,敦煌變文的發現一開始便引起學術界的矚目,其中主要的觀點是從俗文學中講唱文學史出發,咸以爲變文是"講唱文學的祖禰",而"寶卷是變文的嫡系子孫"①。也因中國講唱文學中早有看圖説故事的傳統,且世界各國也都有看圖説故事的存在,所以也就有將變文視爲變相的解説文字,變相是講唱表演的視覺輔助的主張。②

事實上,變文雖然是講唱文學的祖禰,然最早的變文是佛教的講經文,是引據經文,使之通俗化,既説且唱,用以吸引聽衆。變文的儀式是講前有押座文,次唱經題名目。唱經題畢,用白話解釋題目,叫開題,開題後摘誦經文,以後一白一歌,又説又唱,直至講完爲止。與一般的講經相同都是以説教爲主,其差別則在於語言通俗淺白,韵散夾雜,既説且唱。它的"變"指的是變更抽象深奥的佛經爲通俗易解的講唱,并非像後期講唱佛教故事與民間故事的變文,是以叙事爲主的、娱樂性濃厚的講唱。因此,初期講經變文并不一定存在著看圖講唱的情形。隨著變文的發展,由引據經文的講唱演變爲講唱佛經故事,到佛陀及其弟子的故事,乃至非佛教的中國歷史人物及民間故事,而成就深具故事性、叙事性的講唱文學。這種叙事説唱則大多配有叙事圖像以作爲講唱的視覺輔助。我們從文獻記載亦可見有關配圖講唱的情形,如中唐詩人李遠(生卒年不詳)的《轉變人》、晚唐詩人李賀(790—816)的《許公子鄭姬歌(鄭園中請賀作)》、吉師老(約828—907)的《看蜀女轉昭君變》等詩中均有關於唐代配圖講唱王昭君變文的描述。③又今存變文寫卷中也可見配圖講唱的實物遺留,如著名的 P.4524 爲圖文結合的《降魔

---

① 鄭振鐸:《中國俗文學史》,北京:作家出版社,1954年,第 190 頁。
② [美]梅維恒著,王邦維、榮新江、錢文忠譯:《繪畫與表演——中國的看圖講故事和它的印度起源》,北京:北京燕山出版社,2000 年。
③ 李遠《轉變人》詩:"綺城春雨灑清埃,同看蕭娘抱變來。時世險妝偏窈窕,風流新畫獨徘徊。場邊公子車輿合,帳裏明妃錦綉開。休向巫山覓雲雨,石幢陂下是陽臺。"李賀《許公子鄭姬歌(鄭園中請賀作)》詩:"長翻蜀紙卷明君,轉角含商破碧雲。"吉師老《看蜀女轉昭君變》詩:"翠眉顰處楚邊月,畫卷開時塞外雲。"

變》寫卷，BD11731與P.5019綴合的《孟姜女變文》殘卷，綴合後，正面文字銜接，背面圖畫拼合成一幅相對完整的變相。①

此外，變文內容中有涉及配圖講唱的相關記述，如S.2614原卷標題有"大目乾連冥間救母變文并圖一卷并序"，雖"并圖"二字似有塗抹，但這可說明講唱佛弟子目連救母故事的變文，當時是有敘事插圖的。BD00876《大目犍連變文》，此寫卷的特點是：在一段一段的文字記載之間留有很大的空白部分，有文字記載的部分均有烏欄綫，但沒有文字記載的空白部分則沒有欄綫，就像是量好長短、預料圖像的大小以後，特地把需要的空間預留下來，可見《目連變文》原來還是帶圖像的。② 另外，《漢將王陵變》中也有"二將辭王，便往研營處，從此一鋪，便是變初"。《韓擒虎話本》原卷卷末有題記云："畫本既終，并無抄略。"凡此皆可作爲明證。祇不過這些配圖多爲寫卷帶圖或挂軸、畫幀，并非壁畫變相。③

至於有以爲"變文不僅配合畫卷作一般性的世俗演出，而且在佛寺中，在石窟寺中，在某些特定場合，也能配合壁畫、畫幡等演出。壁畫上甚至抄錄片段的變文作爲説明，以代替抄錄正規的經文"④。説法基本不差，祇是石窟壁畫是否適用於講唱變文的視覺輔助，仍屬推測，容有斟酌商榷之空間，猶有待更直接有力的證據。就功能論，壁畫是具有傳播教育的功能，佛教寺院壁畫除了傳播教義外，主要則在供信徒禮拜與使道場莊嚴。敦煌石窟早期作爲修行、坐禪的場所，其壁畫圖像主要是作爲觀想的對象。因此，從石窟的形制與空間來考察，衡之以敦煌莫高窟各石窟的現場格局及壁畫的畫面結構和榜題字體的大小、空間采光等問題，似乎以石窟壁畫作爲變文講唱的輔助工具的可性能不高。

至於因講唱變文韵文前套語所使用的"處"字與圖畫上標記各場景的榜題相似，因有據以爲變文是變相的解説文字。衡以實情，恐未必然，如P.3317《佛本行集經第三卷已下緣起簡子目號》計118條文字簡約條目。每一條目前均冠有數字，條目後均有"處"字作結，樊錦詩曾將P.3317《佛本行集經》的《簡子目號》118條條目持與莫高窟第61窟佛傳故事畫的畫面及榜題進行比對，以爲《簡子目號》既不是榜題，也不是榜題底稿，而是一份來源自《佛本行集經》第3卷以下佛傳故事主要情節形成的子目集成目錄。換句話說，《簡子目號》就是情節設計稿，其產生是先由《佛本行集經》第3卷以下相關卷目中選出所需經文，再從所需經文中提煉出佛傳故事的主要情節。所以説P.3317《簡子目號》條目乃莫高

---

① 劉波、林世田：《〈孟姜女變文〉殘卷的綴合、校錄及相關問題研究》，《文獻》2009年第2期，第18~25頁。

② ［日］荒見泰史：《敦煌講唱文學寫本研究》第二章《從新資料來探討目連變文的演變及其用途》，北京：中華書局，2010年，第66~69頁。

③ 參朱鳳玉：《論敦煌文獻敘事圖文結合之形式與功能》，"敦煌文獻、考古、藝術綜合研究——紀念向達教授誕辰110周年國際學術研討會"論文，北京：中國國家圖書館、北京大學歷史學系暨中國古代史研究中心及敦煌研究院主辦，2010年6月。

④ 白化文：《什麼是變文》，收入周紹良、白化文編《敦煌變文論文錄》，上海：上海古籍出版社，1982年，第439頁。

窟第 61 窟佛傳故事畫的情節設計稿,而不是變文。此種交集現象,蓋由於佛傳故事、本生、因緣是講唱與繪畫的主要題材,宣講變文或繪製壁畫每每仰賴故事摘要與繪畫起稿簡目。敦煌文獻中也出現許多爲了化俗,法師講唱取材,或繪畫構圖起草所需,本行、本生、因緣、譬喻一類的佛教故事,綱要、簡目一類的寫本。這些文獻的抄寫,繁簡有别,删減不一,然大抵爲摘要、略要之編。除了 P.3317 外,又如 P.2303、S.4194、P.2837 等的《佛本行集經抄》,S.192 "佛經摘抄" 殘卷均是。祇能説明變相與變文每有取材於共同故事,也利用相關的輯録的綱要、簡目作爲變文撰寫、壁畫繪製藍本之參考。

變文發展的過程中,也有許多變文創作流行後,因其故事深受喜歡,變文創作的題材影響壁畫的繪製,例如:中唐以來民間廣泛流行的《大目乾連冥間救母變文》的出現,由於故事膾炙人口,而佛經中并未見有目連救母故事情節的敷衍與鋪陳,因而變文也就成爲壁畫繪製的文本依據,對此我們可以從榆林窟第 19 窟甬道北壁的目連變相得到印證。①

六、結　語

總體而言,佛教入傳,在中國化、世俗化的發展過程中,敘事圖像與敘事文學的原本屬性不同,各自成長,各自發揮其重要的傳播功能;隨著佛教的普及與發展,敘事圖像與敘事文學的結合陸續展開,於俗講法會或變場上使用,使俗講活動增添聲色,大大提高了視聽效果,促使佛教快速深入民間。敦煌文獻中敘事圖文結合的實物與相關記述,印證了這一發展與演變是中國俗文學史上的焦點,也是佛教文化發展的貢獻之一。

變相原係據經文或敘事語文以綫條色彩描繪而成的圖像;變文是根據經典内容以通俗淺近的語言文字與散韵交雜的方式來敷衍鋪陳故事情節。變相與變文雖同源自佛教,性質相近,題材頗有交集,但就發展論,初期圖文各自獨立,屬於同源并行的兄弟關係,而非母子關係,變相之發生較早於變文。其後,在歷時動態的發展下,二者相互依存,關係複雜交錯。壁畫變相題材擴大,繪製材質、形制轉趨多方,有紙本、絹畫;卷軸、挂幀,便於法會或變場講唱使用。新興變文的創作,也提供壁畫繪製的新鮮題材。敘事圖文的結合,將抽象的語言文字給予具象成形,化嚴肅的語境爲生動的畫境;透過以圖敘事,圖文交映,達到視聽互補之效用;其間發揮各自之敘述特徵,使聽講效果倍增;其於俗文學史既有助於講唱文學發展,又開啓話本小説插圖綉像盛況,更彰顯了變文與變相的關係與價值。

---

① 樊錦詩、梅林:《榆林窟第 19 窟目連變相考釋》,載敦煌研究院編《段文杰敦煌研究五十年紀念論文集》,北京:世界圖書出版公司,1996 年。

敦煌流行的佛教齋文範本——《齋琬文》

王書慶

(敦煌研究院)

敦煌文獻中發現的諸多《齋琬文》,前賢已做過研究,如臺灣學者陳祚龍即曾撰文對其進行過探討,并刊布了伯二五四七號寫本的全文。① 後來,法國學者梅弘理又對伯二五四七號寫本進行了研究,在對文獻進行復原的基礎上,對文獻的產生時代進行了考證。梅弘理不同意陳祚龍將寫本年代推定爲742—756年之間的説法,認爲伯二五四七號寫本很可能是在770年左右寫成的。② 黄徵、吳偉在其大作《敦煌願文集》中,對此也提出了自己的看法。③ 以上諸家對《齋琬文》的解釋見仁見智,各有創獲。至於《齋琬文》的功用及與之相關的問題,前賢則論述不多,筆者對此略有所見,特提出以請教方家。

一

我們這裏先從《齋琬文》的名字説起。黄徵、吳偉是這樣解釋的:

"齋文"好理解,我們已由《願齋文》之名歸之於願文;"琬文"則迄無的解,似爲"哀惋之文"的意思。④

---

① 陳祚龍:《新校重訂〈齋琬文〉——〈敦煌古抄佛學藝文散簡〉之一》,《海潮音》1975年第56卷第8期,第18~21頁。(收入陳祚龍:《敦煌學海探珠》下,臺北:臺灣商務印書館,1979年,第322~332頁。)
② 梅弘理著、耿昇譯:《根據P.2547號寫本對〈齋琬文〉的復原和斷代》,《敦煌研究》1990年第2期。
③ 黄徵、吳偉編校:《敦煌願文集》,長沙:岳麓書社,1995年,《前言》第4~5頁。
④ 黄徵、吳偉編校:《敦煌願文集》,長沙:岳麓書社,1995年,《前言》第4頁。

對此，筆者有不同看法。唐玄宗《孝經序》以"寫之琬琰，庶有補於將來"，比喻思想品德文詞之佳妙；晋葛洪《抱樸子·任命》曰："崇琬琰於懷抱之內，吐琳琅於毛墨之端。"《南史·劉遵傳》："文史該富，琬琰爲心，辭章博贍，玄黃成采。"元代鄧文原《奉題延祐宸翰詩》："官聯天府璇璣象，帝闡河圖琬琰文。"由此可知，敦煌文獻中的《齋琬文》是佛教齋事活動中非常通用而又思想品德、文學藝術非常美妙的佳篇。

唐代凡思想品德俱妙的文章有的以珠玉比喻，提醒人們像佩珠帶玉那樣常温潤其身，經常學習利用，不致忘失。佛教常用的有玉如意、玉念珠，常念誦的有摩尼寶珠等。有不少文學佳篇也冠以珠的名字，如《法苑珠林》《珠英學士集》等，這些文學作品在中國文學發展史上成爲千古絕唱，在敦煌文獻中也有不少冠以珠玉爲名的妙作佳篇，如伯三六四九、斯五七五五、伯二七二一、伯二八一六、散1785、散1745等篇。它們的名稱分別爲：一名珠玉抄，二名益智文，三名隨身寶。抄寫的内容有佛經、戒律及齋儀。這些短小精悍的篇章，提醒人們常帶在身邊，勿令忘失。

由上可知，《齋琬文》冠之以"琬"，是讓人們對這些絕妙文章像人們佩珠帶玉那樣時刻帶在身邊，從中學習及利用它。伯二九四零《齋琬文一卷并序》之序文云：

> 故乃遠代高德，先已刊制齋儀。庶陳獎道之規，冀啓津梁之軌。雖并詞警（驚）擲地，辯架譚天；然載世事之未周，詞俗緣而尚缺。致使來學者，未爰瞳（童）蒙，外無繩准之規，内乏隨機之巧。擢令唱道（導），多捲舌於宏筵；推任宣揚，競緘膺於清衆。豈直近招譏謗，抑亦遠墜玄猷。沉聖迹之威光，缺生靈之企望。某但緇林朽籜，寂路輕埃；學闕未聞，才多不敏。輒以課兹螺累。偶木成□，狂簡斐然，裁成《嘆佛文》一部。爰自和宣聖德，終乎庇佑群靈。於中亦俗亦真，半文半質，□耳目之所歷，竊形迹之所經。應有所祈者，并此詳載。總有八十餘條，攝一十等類。所刪舊例，獻替前規。分上、中、下目，用（永）傳末葉（業）。①

序中所謂"故乃遠代高僧大德，先已刊制齋儀。庶陳獎道之規，冀啓津梁之軌"，明確告訴我們至遲在唐代就有高德刊制齋儀流通於世。序中對該《齋琬文》的根據、目的、題材、種類、名稱等方面作了明確交代。伯二九四零《齋琬文》是五代的高僧大德根據前人的《齋儀》恐後人學而無據，"所刪舊例，獻替前規，分上、中、下目"整理而成，使之流通於未來學者。

由上可知，《齋琬文》在唐以前稱《齋儀》，在晚唐五代宋時稱《齋琬文》或《嘆佛文》，不同歷史時期的稱謂不盡相同，佛教齋事活動的儀軌則沒有多大改變，衹不過是根據時代的

---

① 參見黃徵、吳偉編校：《敦煌願文集》，長沙：岳麓書社，1995年，第66頁。引文不同之處，爲筆者據原卷意所改。

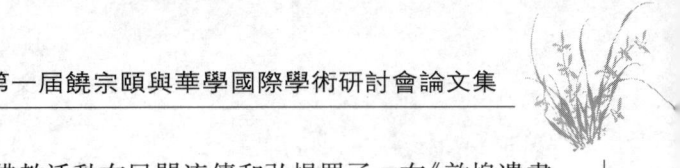

發展，"所删舊例，獻替前規"，使之更適合佛教活動在民間流傳和弘揚罷了。在《敦煌遺書總目録索引》中有齋儀、齋琬文、嘆佛文、釋子文、齋文程式等中的大部分應屬於《齋琬文》這一範疇，這在敦煌文獻中有近千個寫卷，雖説我們見不到唐以前的《齋儀》，但在五代流行的《齋琬文》是在唐以前《齋儀》的基礎上"所删舊例，獻替前規"改進過來的，從中我們可以窺見有唐一代及唐以前佛事活動中"齋儀"的縮影。

琬也稱琬圭，《蔡沈集》稱："琬琰，圭名。"亦爲碑石之總稱。《碑傳琬琰集》中就收集了各種碑傳文近百種。《齋琬文》必須以官方承認爲前提，這種承認能確保它起規範作用和不可剝奪的特點。既然它有官方承認和不可剝奪的特點，某大寺院和廣大樂善好施的人們就有可能把它刊刻在金石之上，以不爲後人所忘失，使其永遠流傳下去。《齋琬文》一經刊刻或抄録，不能輕易塗改，避免了《齋琬文》在傳抄或翻印中的舛訛現象，因而能夠較真實地保留《齋琬文》的原始面貌。我們目前在敦煌乃至全國尚未見到有關刊刻《齋琬文》的碑文，但它在敦煌歷史文獻中以手寫傳抄的形式保存下來。由於它内容龐大，篇幅又較長雜，加之歷史的特定原因將其變爲許多零亂篇章，這給後人的研究帶來了許多不便。

琬琰之名本來就有碑石總稱之意。大量的敦煌文獻中祇見有手寫傳抄碑銘的碑石底稿而見不到石碑文者比比皆是，如伯二六四零《常何墓碑》、斯一五二三《李光庭莫高靈岩佛窟碑并序》、伯四六四零《陰處士碑》等，都爲研究敦煌及莫高窟的歷史變遷提供了確鑿的歷史資料。

二

雖然我們現在見不到敦煌歷史文獻中的《齋琬文》的原始碑文，但是它與文獻中的其他碑文一樣能夠爲我們研究敦煌佛教發展史提供充分的證據。敦煌莫高窟藏經洞出土的歷史文獻有一部分是從中原地區和邊疆少數民族地區流傳到敦煌的①，有一部分文獻在史書和歷史檔案中是見不到的，這些歷史文獻爲我們研究有關歷史問題提供了有力的佐證，《齋琬文》便是如此。

隋唐五代時期，佛教齋事活動逐步走向規範化，齋文儀式通行全國，内容共 80 餘條、十大類的《齋琬文》基本上涵蓋了佛教齋事活動在社會各個層面的需求，從而成爲舉一綱而萬目張的佛教齋事活動綱領性文檔。

在敦煌文獻中，首題署名爲《齋琬文》的卷子不多，共有 3 篇，其中編號爲伯二一四零和伯二九四零的二件早已爲學界所知。筆者在伯二一七八卷背也發現有《齋琬文》并序，可惜文已不見，僅有首題并序。另外，在俄藏文獻中也有數種内容與《齋琬文》類似的文

---

① 參見張先堂：《敦煌文學與周邊民族文學、域外文學關係述論》，《敦煌研究》1994 年第 1 期，第 54～63 頁；《從敦煌文獻看敦煌佛教文化與中原佛教文化的交流》，《敦煌佛教文化研究（社科縱横增刊）》，《社科縱横》編輯部編印，1996 年，第 49～58 頁。

獻。由於《齋琬文》寫卷過長,在傳抄過程中有諸多不便,加上在20世紀初這些文獻被盜寶者化整爲零,現已面目全非,致使這3篇標題爲《齋琬文》的卷子變成了有頭無尾或有尾無頭的殘卷,而無標題的支離破碎的散節《齋琬文》更是不勝枚舉,自然增加了判定《齋琬文》性質的難度。

儘管見不到一篇完整的《齋琬文》,但我們從伯二九四零中可以看到《齋琬文》的通篇目録,并且能從敦煌文獻中找到與此目録相應的散篇《齋琬文》。該卷把《齋琬文》分爲以下十類,其相關内容録文如下:

齋琬文一卷并序①

詳夫慧日西沉,紀神功者奥旨;玄飆東扇,隆聖教者哲人。於是慷慨摩騰,御龍車而游帝里;抑揚僧會,啓金相而耀皇畿。莫不搖智劍以孤征,警(擎)法蠱而獨步。摧邪辯正,其在兹乎!洎有龍樹抽英,冠千齡而擢秀;馬鳴馳②譽,振萬古而流光。廬山則杞梓成林,清河則波瀾藻鏡。可謂异人間出,髦彦挺生;振長錫而播清風,沉圓杯而浮德水。紹繼則主持③三寶,匡化則應供十方。弈葉傳燈,蟬聯寫器;開物成務,匠益人天者焉!但爲代移正象,人變澆淳;或藉名教以尋真,或假聲光而悟道。所以爲設善權之術,傍施誘進之端;示其汲引之方,授以隨宜之説。故乃遠代高德,先已刊制齋儀。庶陳奬道之規,冀啓津梁之軌。雖并詞警(驚)擲地,辯架譚天;然載世事之未周,語俗像而尚缺。致使來學者,未爱瞳(童)蒙,外無繩准之規,内乏隨機之巧。擢令唱道,多捲舌於宏筵;推任宣揚,競緘唇於清衆。豈直近招譏謗,抑亦遠墜玄猷。沉聖迹之威光,缺生靈之企望。者(某)但緇林朽籜,寂路輕埃;學闕未聞,才多不敏。輒以課兹螺累,偶木成□,狂簡斐然,裁成《嘆佛文》一部。爰自和宣聖德,終乎庇佑群靈。於中亦俗亦真,半文半質,□耳目之所歷,竊形迹之所經。應有所祈者,并此詳載。總有八十餘條,攝一十等類。所删舊例,獻替前規。分上、中、下目,用傳未葉。其所類號,勒之於左:

一、嘆佛德　王宫誕質　逾城出家　轉妙法輪　示歸寂滅
二、慶皇猷　鼎祚遐隆　嘉祥薦祉　四夷奉命　五穀豐登
三、序臨官　刺史　長史　司馬　六曹　縣令　縣丞　主簿　縣尉　折衝
四、隅受職　文武
五、酬慶願　僧尼　道士　女官

---

① 敦煌文獻中大約有13個卷號,分別爲:伯2104、伯2178、伯2547、伯2867、伯2940、伯2990、伯2991、伯3535、伯3541、伯3678、伯3772、北昆56,北新311。參黄徵、吳偉:《敦煌願文集》,長沙:岳麓書社,1995年,第66~69頁。
② 馳,伯2940作"往而",伯2178作"馳",據改。
③ 主持,伯2940作"往而",伯2178"主持",據改。

六、報行道　役使　東　西　南　北　征討　東西　南北

七、悼亡靈　僧尼　法師　律師　禪師　俗人　考妣　男　婦　女

八、述功德　造綉像　織成　鐫石　彩畫　雕檀　金銅　造幡　造經　造堂

九、賽祈贊　祈雨　賽雨　賽雪　滿月　生日　散學　闕字　藏鈎　散講　三長　平安　邑義　脫難　患差　受戒　賽入宅

十、佑諸畜　放生　贖生　馬死　牛死　駝死　驢死　羊死　犬死　猪死

贊功德弟一　四條

竊以實相凝空，隨緣以呈妙色；法身湛寂，應物感而播群形。幽顯冀其津梁，人天資其汲引。自祥開道樹，變現之迹難量；捧駕王城，神化之規巨測。加以發願鹿野，覺海浮浪於三千；光照鶴林，知炬潛輝於百億。俯運善權之力，廣開方便之門。邈矣能仁，邈哉覺者也！

王宫誕質　四月八日

斯乃氣移琁律，景絢朱臚；祥風蕩吹於金園，瑞日融輝於寶樹。莫舒八葉，搖翠影於周霄；桂寫半輪，掩浮光於魯夕。池花含秀，十方開捧步之蓮；天雨流芳，九龍灑濯襟之液。恒星落耀，珮日揚輝；味甘露以凝滋，蓋鮮雲而揚影。黄鶯囀樹，爭吟聖喜之歌；素蝶縈空，競引蓬山之舞。毛翔羽族，總百億而同瞻；神境天宫，亘三千而率奉。

逾城出家　二月八日

斯乃韶年花媚，景（仲）序芳春；皇儲拔翠（萃）之辰，弟子遺榮之日。於是琁枝逗影，乘月路以宵征；瓊萼馳襟，躡星衢而夕照。税金輪於寶柱，騰王馬於珠城；韶光絢而天際明，和風泛而霞莊净。龍駒駕迴，將淑氣而同飛；鶴蓋浮空，共仙雲而并曳。遂使九重哀怨，警睿軫於丹墀；萬品懷惶，捕神踪於鹿野。於時香花擎日，清梵攜風；浮寶蓋於雲心，揚珠幡於霞腹。幢撥天而亘道，香翳景（以）駢空①；緇俗遏邁而星奔，士女川原而霧集。同歸聖景，望披塵外之踪；共屬良辰，廣樹檀那之業。於是供陳百味，座拂千花；投寶地以翹誠，叩金園而瀝想。

轉妙法輪　正月十五日

獻春候節，元朔晞陽；鮮雲吐秀於丹霄，和吹飛音於青陸。道樹朗玉豪之相，禪河瑩金色之容；廓氛霧於魔官，扇祥風於鹿苑。於是勝幢迥建，惠鼓初□；②空流希有之音，辯奏未聞之説。理容真俗，包四諦以爲門；道絶名言，假三輪而成行。既遵聖軌，寔曰法輪；運含識而出畏途，導群迷而登彼岸。於是慈雲布彩，葉大小而皆沾；惠雨涵津，衆淺深而普洽。警真乘之勝序，請智鏡之芳辰；妙力難思，神功罕測。

現歸寂滅　二月十五日

---

① 原文於此當脱一字，據上句式應補作"以"爲妥。
② 原文"初"字以下爲空格，當爲漏寫，據内容可補爲"擊""撾"爲妥。

斯乃青衹戒(屆)序,候律驚辰;金河迭八解之瀾,寶地秀七花之蕊。於時一音遐震,吼百億而雷奔;五色光飛,照三千而電發。澡鴛池之德水,標鶴樹之祥林;嚴綺閣於雲心,莊净芳(坊)於鏡面。遂乃金棺焰起,佛日於是渝輝;銀槨烟飛,慈雲以之罷潤。遂使塵方力士,仰生地以馳魂;沙界含靈,俯提河而灑血。可謂善逝調機之夕,能仁控寂之辰;啓方便之幽關,示熏修之勝軌。

慶皇獻弟二　四條

鼎祚遐隆

竊以法蓋遥臨,承帝業而演慶;慈舟廣運,浮聖海而通祥。藻七净於珠琉,果隆珠帳;發三明於金鏡,道暢金輪。遐開不二之門,潛匡得一之化。崇基所以岳鎮,景祚所以天長。伏惟皇帝陛下,澤掩四空,德敷千界。仁深披物,遐通有頂之區;積惠澄襟,普照無邊之域。滌熏風於庶品,沐甘露於群生;基餘劫石之基,祚迭恒沙之祚。丹墀葉慶,紫極延祥。就(鷲)日騰暉,與星虹而等耀;皇雲流彩,共樞電而同鮮。寶運遐隆,琁儀永泰。於是傾埏叠喜,磬宇馳歡;率土懷生,咸思薦壽。某等忝居黎首,同獻丹誠;仰贊皇獻,式陳清供。惟願凝流演福,與四時而并臻;端扆通祥,應萬物而彌顯。三靈(令)普潤,六氣常和;玉燭然而慧炬明,金鏡懸而法輪滿。

嘉祥薦祉

竊以道格圓穹,天無秘寶;慧覃方□,地不潛□。故使緑錯摘英,式表雙瞳之德;玄珪效祉,爰標三漏之功。莫不列穀金編,流芳玉籙;動植沾恩,飛沉賴慶。故使昭彰瑞牒,書殫東郭之豪;鬱藹祥圖,紀盡南山之竹。斯乃素麟踐野,挺一角以呈祥;丹鳳栖桐,揚九色而表瑞。甘露凝珠而綴葉,慶雲瑩玉而霏柯;連理則合幹分枝,嘉禾則殊苗合穎。白狼躑躅,驚皓質於翻霜;赤雀紛綸,奮朱毛而皎日。河清一代,湛碧浪而浮榮;芝草千筵,擢□英而絢彩。① 莫不祥符萬古,福應一人;永契璇儀,長偕寶曆。某等忝齊圓首,仰載(戴)皇獻;擊壤馳歡,何酬聖澤?敢陳清供,式慶嘉祥。薦輕露於福原,獻纖塵於壽岳。惟願集休徵於宇宙,藻佳氣於環瀛。契福資宸,共圓穹而等祚;通祥青陸,與輪月而同高。花萼興徭,□(長)隆於棣屏②;肅維成德,永茂於禮輝。

四夷奉命

竊以(下殘)

本卷編號爲伯二九四零,行書,正反面抄寫,書手不同。録文寫於正面,背面爲不知名佛經之注解。該卷後部大部殘毁,前面僅存王宫誕質、逾城出家、轉妙法輪、現歸寂滅、鼎祚遐隆、嘉祥薦祉六項内容,約占全部齋文内容的十分之一,尚餘六十六項齋文内容殘毁。

---

① 原文"□"處脱一字,據上文"碧浪"之義,此處似可補爲"紅"字。
② 原文"□"處脱一字,兹據下文"永茂"之義,此處當可補作"長"。

該寫卷很長,這些殘損的齋文内容,由於某種原因,將它們化整爲零,散布於敦煌歷史文獻之中。法國梅弘理先生在《根據伯二五四七號寫本對〈齋琬文〉的復原和斷代》(原載《敦煌研究》1990年第2期)一文稱,在敦煌文獻中以此文爲内容寫卷共有13個,卷號分别爲:伯二一零四、伯二一七八、伯二五四七、伯二八六七、伯二九四零、伯二九九零、伯二九九一、伯三五三五、伯三五四一、伯三六七八、伯三七七二、北圖昆字五十六和北圖新三一一。據筆者從近些年來對《齋琬文》的研究分析,從内容及體例上來看,以下諸卷號亦屬《齋琬文》的研究範圍:斯二八三二、斯四九九二、伯二零四四、斯四零八一、斯四四七四、伯三八二五、伯二三八五、斯五六三九、斯五六三七、伯二零五八、伯二一三三、斯三四四、斯一四四一、斯四六二四、斯五七九七、北圖地17等16篇,加之梅弘理先生原先認定的13篇,計29篇,但這畢竟不是最終研究數量,它在敦煌文獻中存在的數量將隨著對《齋琬文》研究的不斷深入而不斷增加。《齋琬文》是中國佛教發展史上佛教思想逐步走向民間的一份備忘録。對佛教徒而言,《齋琬文》是所有社會階層的信徒們在日常生活中必不可少的贊美佛教思想的優美書儀;對史學家而言,《齋琬文》則無限珍貴,因爲它直接提供了中國封建社會對宗教的重視以及佛教自身管理和發展的時代縮影;在佛教研究方面,《齋琬文》更是以一種全新面目展現於世,連《大正新修大藏經》中也不存在任何這方面的文字記載。因此對《齋琬文》的復原,還原它歷史的真面貌,是一件十分複雜且有意義的工作。

三

據法國梅弘理先生研究①,《齋琬文》僅僅是通過伯希和敦煌文獻寫本伯二九四零號正面的非常不完整和未抄寫的抄件而爲人所知。那波利貞首先揭示了該文的存在,并刊布了其目録(第22~31行),載《史林》雜志第23—24期(1993年),第547頁。最近,陳祚龍於一部叫做《敦煌學海探珠》(臺灣商務印書館1979年版,卷下,第322~332頁)的文集中刊布了該寫本的全文。粗略地閱讀一下《新校重訂〈齋琬文〉》的文章,就可以使人相信存在另一種抄件,即作者爲校對其刊本而廣泛使用了伯二一零四號寫本。事實上,這裏是指伯二一零四號寫本背面第四篇文獻,其中僅僅登録了該文序言的標題和前四行。換言之,尚需進行全新研究,纔能成功地全文復原該文獻。然而,我們可以認爲這兩位專家在刊布《齋琬文》序後編制的目録時,爲我們探索寫本的範圍確定了標記。由於手中掌握了這一文獻,我們在伯希和特藏的寫本中尋找可能會寫《齋琬文》標題的某個文獻。我們從未遇到過它們,包括伯二五四七號文獻,但其中寫有《齋琬文》目録,而且比寫於伯二九四零號寫本正面的更爲完整。

---

① 參閱梅弘理、耿昇譯:《根據P.2547號寫本對〈齋琬文〉的復原和斷代》,《敦煌研究》1990年第2期,第53、54、55頁。

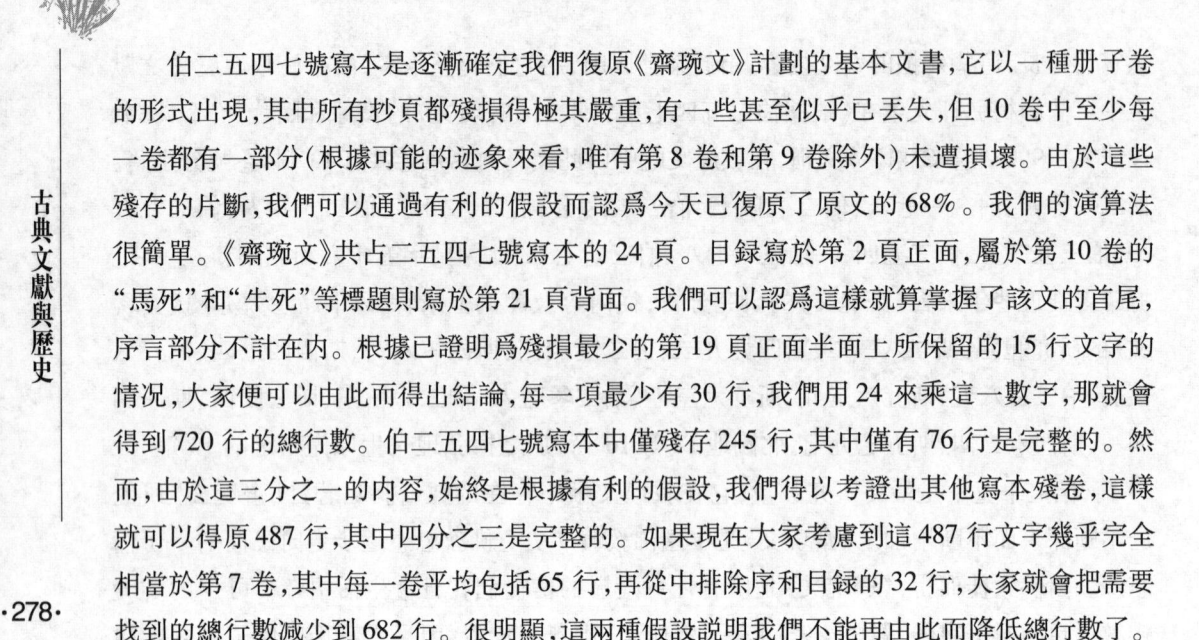

伯二五四七號寫本是逐漸確定我們復原《齋琬文》計劃的基本文書,它以一種冊子卷的形式出現,其中所有抄頁都殘損得極其嚴重,有一些甚至似乎已丟失,但10卷中至少每一卷都有一部分(根據可能的迹象來看,唯有第8卷和第9卷除外)未遭損壞。由於這些殘存的片斷,我們可以通過有利的假設而認爲今天已復原了原文的68%。我們的演算法很簡單。《齋琬文》共占二五四七號寫本的24頁。目錄寫於第2頁正面,屬於第10卷的"馬死"和"牛死"等標題則寫於第21頁背面。我們可以認爲這樣就算掌握了該文的首尾,序言部分不計在内。根據已證明爲殘損最少的第19頁正面半面上所保留的15行文字的情況,大家便可以由此而得出結論,每一項最少有30行,我們用24來乘這一數字,那就會得到720行的總行數。伯二五四七號寫本中僅殘存245行,其中僅有76行是完整的。然而,由於這三分之一的内容,始終是根據有利的假設,我們得以考證出其他寫本殘卷,這樣就可以得原487行,其中四分之三是完整的。如果現在大家考慮到這487行文字幾乎完全相當於第7卷,其中每一卷平均包括65行,再從中排除序和目錄的32行,大家就會把需要找到的總行數減少到682行。很明顯,這兩種假設說明我們不能再由此而降低總行數了。

事實上,我們已經考證出了兩卷寫本——分別寫於正面和背的伯二八六七和三七二號寫本是《齋琬文》的抄件,它趨於證明我們的文獻還應擴大,這二者均是爲了列入一種冊子卷而少寫和安排的。我們甚至可以思忖這裏是否是指同一位抄經人,無論如何也是出自同一抄經室。它們的文字風格很近似,因爲我們從中又一次發現了一種同樣用紅筆斷句的做法。順便指出,它們都有與伯二五四七號寫本同樣的特點! 伯二六八七號是由兩頁背對背黏貼起來的冊子卷組成,其長爲78厘米。35行文字寫於正面,37行寫於背面。伯三七七二號卷的長度爲76厘米,正面有46行文字,背面有44行文字。這兩種寫本就如同在伯二五四七號寫本中一樣,每一完整行的字數均徘徊在30～35個之間。然而,我們已計算到這兩卷寫本各自相當於伯二五四七號完整的兩頁。在此情況下,我們應於每頁中計算到35～37行文字。因此,如果假設最後兩卷也如前幾卷那樣長,我們的文獻一旦復原,就可以達到950行左右,總字數將達到約3000字。

用於復原《齋琬文》的寫本在進入更爲詳細的論述之前,我們編制了能使人耐心地復原齋文的伯希和各卷寫本的目錄,此外又從中加入了在北京圖書館收藏的兩卷寫本。

序 伯九四零正面(第1～22行)、新三一一前面、伯二一零四背4(5行)、伯二一七八背A(7行)。

目錄 伯二九四零正面(第22～31行)、伯二五四七第2頁正面。

第1節 伯二九四零正面(第32～62行)、伯二五四七第2頁背面和第3頁正面。

第2節 伯二九四零正面(第62～83行)。第1個標題§2、伯二五四七第3頁背§4正面(第1～7行)。最後第5個標題。

第3節 伯二五四七第四頁正面至第6頁背面、伯二八六七正面和背面。

第4節 伯二八六七背面(末)、伯三五三五背面2。

第 5 節　伯二五四七第 9 頁背面和 10 正面,其次是 11 頁背面和 12 背面。

第 6 節　伯二五四七第 13 頁正面。

第 7 節　伯二五四七第 14～21 頁正面、伯三七七二正面和背面伯二九九一背面 1、伯三五四一(第 1～15 行和第 41～68 行)、伯二九九零背 1。

第 8 節　伯三五四一正面(第 29～40 行)、昆 56。

第 9 節　伯三五四一正面(第 20～28 行)、伯三六七八正面。

第 10 節　伯二五四七第 21 頁背面。

因此,我們現在已統計到 13 卷寫本,其中一大部分可以不容置疑地使我們復原《齋琬文》作爲底本。其中有些文獻的確切內容問題則存在疑問,其內容可能與我們的《齋琬文》相似。此外,伯二五四七均與《齋琬文》的同一文本相符。由此可以看出,北京圖書館昆字五十六號寫本則符合另一種傳統,近似於我們的這一種,却又不同。因爲對於一些相似的標題則僅有伯三五四一號正面第 38～40 行相同。這兩種文獻在形象構思方面相同。大家在伯三五四一正面 b 和伯三六七八背面(第 26 行以下)屬於第 9 卷的有關"入宅"標題的問題上發現了同樣的差異。由於伯三六七八事實上是伯二九九零中脱落下來的一殘卷,而且從發現時即如此。由此便可以得出結論,這兩卷寫本是根據與我們的文本略有小异的另一種文本抄寫的。所以,復原另一種文本對於將其全文與我們的文本進行比較則是有益的。最後,這將是我們針對有關類似願文文獻的這些不同傳統的最終看法。艾麗白小姐於一篇正在寫作的論文中提及,在伯三五四五(其中有爲牲畜寫的多種願文)中發現了與寫於伯二五四七寫本第 21 頁背面相同的許多句子或句子的組成部分。因此,我們當時使用了一種參考文本中的某些段落,以將之納入其他文獻中。

四

筆者在敦煌文獻中還發現异本的《齋琬文》,即斯五六三七和伯二三一三卷。斯五六三七卷的開端和結尾皆已殘缺,不存在首題和尾題。但仔細閱讀斯五六三七卷中的 18 篇小短文,從齋文的題例、類別及內容上分辨,應屬《齋琬文》的範圍是毫無疑問的。該卷之第三《亡考妣三周【文】》載:

夫色不可而(以)定質起,滅理而自相遷。鐵圍之山,畢(必)致於煨爐;金剛之際,不免於烟(埋)蕉。惟我大覺世尊,運津梁於不死之地;真乘至教,開解脱於無漏之林。

該小短文是爲亡考妣三周所設齋文的開端部分,没有講明是爲亡考或亡妣,似乎二者是可以通用的。全文没有涉及設齋人及其目的願望,但它確屬《齋琬文》無疑。斯五六三七與伯二九四零的分類方法有所不同,斯五六三七卷首尾皆殘,我們看不到它的整體面

貌,文中僅存"諸雜篇弟六"和"諸色篇弟七"字樣,據之似可以將第五擬名爲"悼亡篇"。以下內容斷殘。伯二九四零卷把全部的《齋琬文》分爲十類,殘缺的斯五六三七卷把它至少分爲7篇以上。在分類名稱上也不一樣,前者以類分別,後者以篇分別。分類方法大同小異,都把相同內容的齋事活動放在一起。伯二九四零《齋琬文一卷并序》之第七類"悼亡靈"的內容有僧尼、法師、律師、禪師、俗人、考妣、男、婦、女9項,斯五六三七卷《悼亡篇弟(第)五》悼亡靈的內容有臨壙、僧尼三周、亡考妣三周、孩子嘆、女孩子、賢者、優婆夷7項。伯二三一三卷由於卷尾殘缺可見六類:

亡文(分11篇)。

嘆施主(分5篇)。

嘆施主女(分5篇)。

願男子(分13篇)。

願女(分4篇)。

願亡人(分16篇)。

把相同內容的《齋琬文》歸於一類,有利於人們去學習使用,以免在齋事活動中鬧出不該有的亂子。不同版本的《齋琬文》整個大類區分的名稱不盡相同,同一小類名稱內容也不一樣。

以類分別也好,以篇分別也好,都井然有序,人們可以一目瞭然地根據自己的齋事活動內容,從某種某篇中較快地找到適合自己使用的《齋琬文》。由此可知在敦煌文獻中至少有三個以上的不同版本,儘管"琬"有碑石總稱之美名,但仍然避免不了因版本不同而出現齋文內容不同的情況。究其原因,大概有二:

首先,是時代與社會條件諸因素的制約。從唐到宋歷時五六百年之久,佛教齋事活動的發展變化受制於當時政治形勢和社會生活,否則就會被歷史所淘汰,於是便不得不"所删舊例,獻替前規",遂出現了不同的新版本。

其次,是地域影響的結果。如前所述,保存於莫高窟藏經洞中相當一部分文獻是從中原地區及邊疆少數民族地區傳入敦煌的,每一個地區都有適合其地域特色的佛教活動儀規,它們流傳到敦煌文化的博大胸懷中,共同形成了敦煌歷史文獻中《齋琬文》多元化的局面。每篇《齋琬文》的字數長短不盡相同,長者千字左右,短者二三十字,依其所表現的內容在社會中的不同使用價值而定。《齋琬文》的文體以駢體爲主,講究駢四儷六的對偶句子排比,講究對仗聲律,文字的選擇詞藻華麗,文體的結構對仗工整,讀之朗朗上口。比如伯二零四四《獻花菩薩》:

獻花菩薩,最近佛前。身居七寶之臺,迥處千花之坐。頭垂瓔珞,臂挂天衣,各添

無盡之香,供獻長生之果。云云。

全文今39字,可謂短小精悍,還有更短者少則20字以內,似乎不成問題,主要指導人們遇到什麼樣的齋事活動,開頭的兩句話應該怎麼説,避免在莊重的齋事活動中出現文不對題而貽笑大方。大多數《齋琬文》最後再附加兩小字"云云"。"云云"之前是齋事活動的主題,祈求的佛或菩薩,從"云云"開始則根據齋事活動當事人的目的或願望去發表不同的講説詞,《齋琬文》配之以齋事活動當事人的"云云"則成爲一篇完整的佛事活動齋文。

《獻花菩薩》的《齋琬文》之所以僅有30餘字,因爲它不常用,先代高僧大德們没有必要花費太多的筆墨去贊美她。對社會有影響及對皇帝和當地政權有歌功頌德作用的《齋琬文》就長得多,如伯二九四零卷的"鼎祚遐隆""嘉祥薦祉"及伯二零四四卷"聞南山講""太保相公"等篇均在千字左右。宗教是當時政治背景下的産物,佛教内部常有這樣的警言"佛法離不開世法",離開當局政治它將不復存在。因此,《齋琬文》對當局大加歌頌贊嘆,以利於佛教在世俗政權的庇護下得到發展壯大。

一般認爲駢文到六朝已發展到了頂峰,以後便逐步走向式微,至唐代已没有駢文的地位,何遑論宋,實際上未必盡然。在六朝之後,駢文還至少進行過三次變革:

一是中唐陸贄奏議,它罕用典事而情理兼至,雖以排偶的語句行文,但淺近易解,精警感人,這是駢文的新發展,是駢文的第一次變革。

二是晚唐的李商隱,他融合徐陵、庾信和陸贄兩派駢文之長,言多隱晦而避免直言,而又長於叙事説理,這是駢文的第二次變革。

三是北宋中葉的歐陽修、王安石、蘇軾所進行的歷史上第二次古文運動,對通行的應世之文也進行了改革,以古文家寫古文的手法來寫駢文,這就是後世説的宋四六,這是駢文的第三次變革。①

敦煌文獻中的《齋琬文》及其他的佛教應用文,如碑、銘、表、贊、變文等的四六文,大多是受駢文第二次變革的影響而出現的,因爲它們大多數是五代、宋的作品,這些作品就是我們所説的具有代表性的宋代四文的前身。五代、宋僧人多爲披上袈裟的士子,他們所作的四六文往往不亞於士大夫,如這一時期的高僧贊寧、契嵩、惠洪等,均有不少佳篇流傳於世。敦煌的高僧有道真、恒安等,他們的作品飽經千年滄桑,在藏經洞流傳下來,爲我們研究五代、宋的四六文及佛教發展史等方面提供了較充足的資料。敦煌文獻中《齋琬文》以四六文的風格、優美的詞藻、豐富的内容,爲我們研究五代、宋的四六文及這時期敦煌社會發展史提供了不可多得的史料。

---

① 曾棗莊:《論宋代的四六文》,《文學遺産》1995年第3期。

对敦煌寫本《齋琬文》具體寫作年代,各方史料均無明確記載。不過從其抄本中的某些資料和文獻中透露的某些歷史資訊,我們大致可以確定它的形成時代及在敦煌地區流行的社會背景。

伯二一零四正面《十地義疏》抄本之末有兩篇跋,有保定五年(565)題記:"保定五年歲次乙酉比丘智辨,爲法界衆生敬寫大乘十地義記……"第一篇跋的題記保定五年(565),可視爲《十地義疏》的抄經題記;第二篇跋的題記庚辰年(980)五月二十八日,可視爲《齋琬文》在敦煌流通年代的具體記録。因爲該卷的正面寫的是《十地義疏卷第三》,它的背面書的正是標題醒目的《齋琬文》。再者,保定五年(565)《齋琬文》是否産生仍是個未知數,説它當時在敦煌流傳更是無稽之談了。

伯二五四七卷第26頁正面的黏接處,有三户的户籍殘卷,并載明當時分給他們各自的土地數,該户籍訂於天寶六載(747),同一部户籍在其他的敦煌文獻中亦有反映,如:伯二五九二背面,伯三三五四背面和斯三九零七。另在伯二五四七卷每一頁的殘卷上都蓋有一顆印迹:"敦煌縣印。"然而該印廣泛運用於存在於8世紀上半葉的敦煌文獻。比如伯三五五七(701)、伯三三五四(747)和伯二五四七等寫卷,在伯二五四七號《齋琬文》第二篇提到了開元二十八年(740),可以看出在8世紀上半葉,在敦煌地區已廣爲流傳了。另據《齋琬文》中鈐有"敦煌縣印",它是作爲政府的官方文書流行於世并指導敦煌當地佛教團體以此爲準則從事各類佛事活動。

伯三五三五有一篇紀念玄宗(713—756年在位)壽誕的資料,其中提到了千秋節,説明該文獻是在748年之前寫成的,因爲該節日的名稱於748年改變成了天長節。另一篇贊願文是謚名爲天慧禪宗的一行大師(683—727)在窣堵波前竪碑時根據皇帝的敕令而舉行的宗教活動,原文由沙門道氤所作,時間爲開元十六年(728)七月三十日,同時也説明該《齋琬文》在玄宗即位時曾在經濟文化非常發達的長安地區廣爲流行。

伯二九九一卷中有三個具有時代特徵的記載:一爲紀念太宗(626—649年在位)皇帝晏駕周年而舉行"官齋行道"官齋佛教活動文體;二有"西漢金山國"部分史料的記述,可以看出該文獻適用於歸義軍晚期統治敦煌的張承奉時代(900—914);三在該寫本中有多篇贊文和建窟記,多是敦煌名望大族張氏統治敦煌時期(848—920)所作教齋事活動的珍貵的歷史資料。

從以上資料中可以得出以下結論:《齋琬文》作爲佛教對社會開展公益活動的文體,在七八世紀曾在經濟非常繁榮的長安地區廣爲流傳。官府爲皇帝、地方平安等活動所舉行的宗教活動稱爲"官齋";個人爲家人所舉行祛病、禳灾、平善等小規模佛教齋事活動稱爲"私齋"。8世紀中葉《齋琬文》文體傳到了敦煌,引起官府和民間的高度重視,廣泛地運用到社會生活的各個層面。從《齋琬文》的各紙上鈐"敦煌縣印"印章來看,它曾有過官府檔的功能,而以此爲綱領來指導敦煌當地僧俗對佛教齋事活動的有序展開,從而一度給當地的社會穩定、經濟繁榮帶來生機勃勃的局面。

綜上所述，《齋琬文》至遲在唐代就已有高僧大德刊制，不過那時稱"齋儀"，到五代、宋時這種齋儀日臻完善，經過"刪改舊例，獻替前規"稱爲《齋琬文》或《嘆佛文》，它的功能是規範全國統一的佛教齋事活動，是各種齋事活動的綱領性文檔，是在家或出家人隨身經常參考讀誦的齋事儀規，有的在文中鈐上官印，作爲政府指導當地宗教活動的綱領性文檔，這種文檔有可能銘刻在石碑上，成爲後人作齋事活動的準則。

敦煌文獻是從全國各地搜集并經過各種渠道輾轉流傳到敦煌的，在敦煌文獻《齋琬文》中至少有三個以上的不同版本，這些版本爲我們研究敦煌及全國或部分地區的佛教發展史提供了珍貴的歷史資料。

由於《齋琬文》是一種固定下來的齋事活動儀軌，相同內容的齋事活動可以用一個固定的號頭作爲該齋事活動的開場白，號頭文皆是以優美的宋代四六駢體文贊頌諸佛菩薩的功德和神力，祈求得到佛菩薩的保佑。由於《齋琬文》寫卷較長，在保存和遭劫的過程中多處斷裂殘損，斷裂殘損的《齋琬文》目前在學術界名稱不一，有釋子文、釋門雜文、齋文程式、願文範本等，其實它們有些都應歸入《齋琬文》。這樣做是否合適，學術界尚存在著不同的觀點，筆者也認爲還有繼續探討的餘地。

敦煌文獻中的《齋琬文》由於諸多因素造成了殘章斷片、名稱不一的現象，給敦煌學的研究者及關心中國佛國發展史的研究者帶來了許多困難。筆者希望今後的敦煌學目錄專家能把敦煌文獻中涉及《齋琬文》的文書進行篩選整理，使其名稱統一，歸爲一類，讓一部完整、系統的唐代普爲流傳的《齋琬文》展現在人們面前。

俄藏敦煌寫卷 Φ242 號《文選注》考异

——兼論寫卷的版本系統及作注年代

徐 華

（華僑大學）

俄藏敦煌 Φ242 號《文選注》保存自束廣微《補亡詩》"明明後辟"句以下，謝靈運《述祖德詩》、韋孟《諷諫》、張華《勵志詩》至曹植《上責躬應詔詩表》"馳心輦轂"句止，共 185 行，正文下有雙行小字注。此卷雖殘，却極其重要，不僅因爲它作爲唐抄本所獨具的版本校勘意義，更重要的還在於它既與傳世注本有一定的承襲關係，又具有一定獨立之特質，於傳世李善注、五臣注之外別是一家。那麽同爲唐代《文選》注本，寫卷佚注與李善注、五臣注關係究竟如何？該注本具有怎樣的特徵和價值？［俄］孟列夫、［日］狩野直喜、羅國威、傅剛、范志新、許云和等學者曾有過不同角度的論述，諸家立論主要是在避諱、字形、底本、體例、文風、與傳世注文异同、與顏師古的關係等方面來判斷其產生的年代以及與李善注、五臣注的關係，但結論有著較大的分歧：孟列夫認爲是出於 630 年到 718 年之間，也就是唐太宗即位和五臣注成書的時間。① 傅剛等認爲寫卷佚注乃初唐注本，產生於李善、五臣注之前，并被二者所參考。② 范志新、許云和等認爲乃中晚唐注本，是在李善、五臣注基礎上的抄撮本。③ 何以同樣的基礎文獻資料，方家得出的却是如此相遠的結論？筆者在將寫卷佚注全文與尤袤本李善注、陳八郎本五臣注整體排列，并參考胡克家《考异》、明州本、奎章閣

---

① ［俄］孟列夫主編，袁席箴、陳華平譯：《俄藏敦煌漢文寫卷叙録》，上海：上海古籍出版社，1999 年。
② 傅剛：《俄藏敦煌寫本 Φ242 號〈文選注〉發覆》，《文學遺産》2000 年第 4 期。劉明：《俄藏敦煌 Φ242 號〈文選注〉寫卷臆考》，《文學遺産》2008 年第 2 期。
③ 范志新：《俄藏敦煌寫本 Φ242 號〈文選注〉與李善五臣陸善經諸家注的關係———兼論寫本的成書年代》，《敦煌研究》2003 年第 4 期；許云和：《俄藏敦煌寫本 Φ242 號〈文選注〉殘卷考辨》，《學術研究》2007 年第 11 期。

本、四部叢刊本六臣注以及《漢書》古注進行比對的基礎上，發現如果排除傳世諸本中所存在的大量增刻李善注的情況，佚注與李善注的重文實際上很少，而五臣注中同時參考佚注和李善注的材料相對較爲突出，此點無疑對於追尋寫卷佚注在早期選學傳播過程中的位置頗有助益。

一、寫卷佚注與李善注重文比較

日本學者狩野直喜稱："此書與李善注本合者十八九，與五臣注本合或與兩書均不合者十一二。"① 傅剛先生在對兩本《文選注》比較的基礎上稱"寫卷與李善注基本相合，這表現在三個方面：一是注文大致相合，二是釋典出處基本相合，三是釋典出處不同，但引文基本相同"②。然而考之現存全部佚注與李善注、五臣注同時出注的材料共計 107 條，其中與尤袤本李善注部分相同（引書同、釋字同或文意同）約 37 條。其餘部分皆各自立言，全不相合。從整體面貌和相合比例上看，并不足以説明二者注文大致相合。況且，即便是相合的條目中，情況也各有不同，需要具體分析。

從解題部分看，存《述祖德詩》《諷諫詩》《勵志詩》《上責躬詩并表》4 首的解題。其中重文唯有《勵志詩》解題：

寫卷佚注：《廣雅》：勵，勸。此詩茂先自勵勸勤學。
尤袤本李善注：《廣雅》曰，勵，勸也。此詩茂先曰勸勤學。

兩條解題基本一致，但胡克家《考異》曰：袁本、茶陵本無善注"《廣雅》曰"下 14 個字。考叢刊本、明州本、奎章閣本皆無此句。如果李善原本無此條，佚注參考李善注的説法也就無從談起。相反，倒是印證了佚注早於李善注的看法，也即本句解釋原出自佚注本或者此本注文，後來在流傳過程中摻入李善注。

從正文注釋部分看，現存寫卷（含殘卷）本各篇流傳的情況不同，韋孟《諷諫詩》又見《漢書·韋賢傳》，爲《文選》作注時已有諸多舊注可供參考，所見 36 條同注材料中，有 18 條爲大體相近的重文。曹植《上責躬詩并表》（殘），又見《魏志·本傳》，所見 13 條同注中，7 條引書或釋詞重文。張華《勵志詩》，所見 27 條同注之中，9 條爲引書或意思相近的重文。束皙《補亡詩》（殘），4 條同注材料中祇有"輯，和也" 1 條釋字重文；謝靈運《述祖德詩》，20 條同注材料中見 2 條引文出處及意思相合，6 條釋字詞相合。大體時代越久遠，舊注越多，重文的比例就越高。仔細分析一下這些重文，可以看出一大部分出自後世的增

---

① ［日］狩野直喜：《唐鈔本文選殘篇跋》。
② 傅剛：《俄藏敦煌寫本 Φ242 號〈文選注〉發覆》，《文學遺産》2000 年第 4 期。

刻,尤其是涉及舊注的部分,如:

(1)黼衣朱黻,四牡龍旗(《諷諫詩》)。

寫卷佚注:黼,畫斧形。兩巳相背曰黻也。言駕四馬,旗上畫龍頭。諸侯得交龍為旗。

尤袤本李善注,善曰,應劭曰:黼衣,衣上畫為斧形,而白與黑為采。龍旗,旗上畫龍為之。朱黻,上廣一尺,下廣二尺,長三尺,以皮為之,古者上公服之。《毛》詩曰:朱黻斯皇。又曰:四牡翼翼。又曰:龍旗承祀。

按:"應劭曰"乃引《漢書》師古注。《考異》曰:袁本無"應劭曰"下25個字。明州本、奎章閣本、叢刊本同《考異》。此條李善注引顏師古《漢書》注當為後世增刻。

(2)彤弓斯征,撫寧遐荒(《諷諫詩》)。

寫卷佚注:彤,赤也。霸臣,夫子賜弓矢以專征伐。撫,安。

尤袤本李善注:言受彤弓之賜,於此得專征伐。善曰,《毛詩》曰:彤弓弨兮。荒,荒服也。

按,《考異》曰:袁本、茶陵本無"言受"下12個字。無者是也。此或以《漢書》顏注記於旁,尤延之誤取之。……以下凡顏師古曰各條皆不當有,袁本、茶陵二本俱無者,最是。考叢刊本、明州本、奎章閣本皆無此條,可證《考異》說確。

(3)五服崩離,宗周以墜(《諷諫詩》)。

寫卷佚注:離,散也。崩,隤也。應劭曰,五服、甸服、侯服、綏服、要服、荒服也。墜,落。

尤袤本李善注,應劭曰:五服,謂甸服、侯服、綏服、要服、荒服也。墜,失也,真魏切。

按,胡克家《考異》曰:"墜,失也。真魏切。"袁本、茶陵本無此6字,為顏注竄入。說是。叢刊本亦無。明州本、奎章閣本無善注。

(4)在予小子,勤唉厥生(《諷諫詩》)。

寫卷佚注:言生時唉唉啼泣。自謂言嘆辭。

尤袤本李善注,應劭曰:小兒啼聲唉唉。顏師古曰:唉,嘆聲。善曰,《方言》曰:唉,嘆辭也,許其切。

按:《考異》曰袁本、茶陵本無"應劭曰"以下16個字。此16個字亦不見於叢刊本、明州本、奎章閣本。佚注本參考舊注保留"唉"為生時啼泣之聲,善注則無此條,祇引《方言》嘆辭之說。

(5)乃命厥弟,建侯於楚(《諷諫詩》)。

寫卷佚注:厥弟謂元王。元王封於楚國也。

尤袤本李善注:弟謂元王也,元王封於楚國。

按:二注語氣如出一轍,《考異》曰:"袁本、茶陵本無善注之十一字。"考之叢刊本、明州本、奎章閣本亦無。而佚注恰好與此11個字極為接近,這倒引起了我們新的推斷,李善此處原未出注,《漢書·韋賢傳》顏師古亦未出注。後世增刻的李善注,又恰好與寫卷佚注相合,說明正是佚注之語後來被增刻到了李善注中。如果此說成立,寫本佚注在唐代應是較為常見的通行本。

粗略統計一下，韋孟《諷諫詩》中的 18 條重文幾乎全部都屬於後世增刻《漢書》舊注或佚注入李善注的情況。其他篇目中多數相重的注釋也都與舊注的引用有關。

此外，佚注與李善注相重的另一種情況是釋詞。引書雖同，但多出於較爲常識性知識或者常用典籍。

《補亡詩》：文化內輯，武功外悠。
寫卷佚注：輯，和。悠，長。
尤袤本李善注：輯，和也。言以文化輯和於內，用武德加於外遠也。悠，遠也。
《述祖德詩》：遺情捨塵物，貞觀丘壑美。
寫卷佚注：世間塵黑之物。貞，正。觀，見也。謂正見丘壑之美。
尤袤本李善注：貞，正也。觀，視也。言正見丘壑之美。
《勵志詩》：高以下基，洪由纖起。
寫卷佚注：因下而得其高。纖，細也。《老子》云：高以下爲基。洪，大也言成人之體乃猶始學之時皆由初，萬物皆然。非猶學。
尤袤本李善注，《老子》曰：高必以下爲基。又曰：合抱之木，生於毫末。

綜而言之，寫卷佚注與李善注雖有部分字解相同或相近、引文相同的情況，但實際上能看出參考痕跡的重文幾乎很少，而且即使重文，也存在不同的情況，或出於後世增刻，或出於常見舊注典籍等，未必能作爲證據表明二者存在參考關係，形成二者沒有互相參考狀況的最大可能性就是佚注作注的時間大體與李善注相差不遠。因爲李善注成書之後，旋即上奏，并被抄寫傳播，易於見到。如果佚注晚於李善注，又不難見到，自然不可能不加以參考。根據寫卷佚注中張華《勵志詩》"如彼東畝，力耒既勤"，句下注引"顔監曰：耒，牛耕曲木"一條，說明其作注時間最早不超過唐太宗貞觀年間。[①] 由此可以初步推論此注成於太宗貞觀元年（627）至高宗顯慶三年（658 年，李善奏上《文選注》）前後。

二、五臣注與寫卷佚注重文的比較

寫卷佚注與五臣注之間重文則不占少數，而且與李善注重文的形式不同，很大一部分表現爲注文形式、用語習慣或說話立場基本相同，如：《述祖德詩》："兼抱濟物性，而不纓垢紛。"寫卷佚注曰："言并有濟扶萬物之性。言不爲垢氛所纓。"五臣注良曰："言兼有濟物之心，不爲塵垢所纓繞。"再如五臣注與佚注同稱秦政權爲"秦家"、晉國爲"晉家"，稱《詩經》

[①] 顏師古生於 581 年，卒於貞觀十九年（645），年六十五。其於貞觀初年拜秘書監（假定爲貞觀二年 628），直至貞觀十九年。《新唐書》稱："其所注《漢書》《急就章》大顯於時。"（《新唐書》卷一九八《顔師古傳》）

爲"詩篇",體現了注釋用語習慣上的沿襲。涉及大段引文和意思理解時,五臣注也與佚注頗爲接近。《述祖德詩》:"弦高犒晉師,仲連却秦軍。"句下佚注曰:"弦高以牛十二頭犒秦師,無晉師之文。此亦爲誤。"五臣注向曰:"此文云犒晉師,謝生之誤也。"①二者同樣指出謝靈運用典的失誤,應爲"弦高犒秦師",而誤爲"弦高犒晉師"。李善注則曲爲辯護,引《吕氏春秋》謂"晉"爲"曙"字之誤。黄節引顧炎武《日知録》曰:"弦高所犒者秦師,而謝詩改爲晉,以避下秦字,則舛而陋矣。朱蘭坡曰:李注欲曲全之,不引《左傳》而引《吕覽》。"②指出謝氏致誤的原因在於避免上下句重文。

以上佚注與五臣注接近的情況,說明二者之間存在借鑒關係,但究竟是誰在借鑒誰?通校二注之全部條目,五臣作注兼借李善注與佚注的注釋體例更爲明顯。

　　《述祖德詩》:賢相謝世運,遠圖因事止。
　　寫卷佚注:言宏遠之圖謀,因今事亦止。
　　尤袤本李善注:賢相,即太傅也。《山居賦》注曰:太傅既薨,遠圖已輟。《左傳》榮成伯曰:遠圖者,忠也。曹大家上疏謂兄曰:上捐國家,累世勤勞,遠圖之功。
　　陳八郎本五臣注:濟曰,賢相即太傅謝安也。謝世運,謂死也。遠圖,謂謀也。深遠之謀,因此而止。

如果是佚注抄録五臣,不太可能祇抄其一點。相反,五臣本條注釋既吸收了李善注中的"賢相即太傅謝安也"條,又吸收了佚注中的"深遠之謀,因此而止"之意。

　　《述祖德詩》:拯溺由道情,龕暴資神理。
　　寫卷佚注:由有道德之情拯扶。龕,勝也。顧帝馮力取。
　　尤袤本李善注:拯,濟也。溺,没也。《孟子》曰:天下溺則援之以道。《莊子》曰:夫道有情有信。孔安國《尚書傳》曰:龕,勝也。曹植武帝誄曰:人事既闋,聰鏡神理。
　　陳八郎本向曰:拯,濟也。龕,勝也。言拯横流之溺,由懷道情,勝暴静亂,資神妙之理。
　　《考異》曰:袁本、茶陵本李善注無"孔安國《尚書傳》曰:龕,勝也"。十字,考之叢刊本、明州本、奎章閣本皆無,當是後世增刻。而五臣注兼具"拯,濟也。龕,勝也"兩條。
　　《述祖德詩》:河外無反正,江介有蹴圮。
　　寫卷佚注:北境謂之河外。介,介隔也。謂於江南,圮,毁也。蹴,急也。
　　尤袤本李善注:河外,西晉也。《公羊傳》曰:撥亂反正,莫近於春秋。江介,東晉也。《左氏傳》曰:以敝邑褊小,介於大國。杜預曰:介,間也。《毛詩》曰:今也感國百

---

① 叢刊本、明州本祇説向同善注。陳八郎本、奎章閣本同上引。實際向注與李善注不同,却與佚注接近,都認爲是謝詩用典之誤。
② 黄節:《謝康樂詩注》,北京:中華書局,2008年,第41頁。

里。《爾雅》曰:圮,敗覆也。

　　陳八郎本五臣注:河外,洛陽也。言爲賊所破,不得反洛陽之正。介,間也。遷於江間,迫促狹小,屢有毀敗也。圮,毀也。

　　《勵志詩》:"大猷玄漠,將抽厥緒。"

　　寫本佚注:猷,道也。玄謂幽玄也。

　　尤袤本,《毛詩》曰:秩秩大猷。《說文》曰:玄,幽遠也。又曰:漠,寂也。《廣雅》曰:漠,泊也。《說文》曰:漠,無爲也。言大道玄遠幽漠,知之猶從小引其端緒而至於可知。

　　陳八郎本五臣注銑曰:猷,道也。言大道玄漠,猶將抽其端緒。

　　《上責躬應詔詩表》:"晝分而食,夜分而寢。"

　　寫本佚注:晝分,而日午也。夜分,夜半。

　　尤袤本,《爾雅》曰:戾,罪也。《韓子》曰:衛靈公至濮水,夜分聞有鼓琴者。

　　陳八郎本五臣注銑曰:戾,惡也。晝分,日中時也。夜分,夜半時也。寢,臥也。

從以上所列可以清楚地看到五臣作注盡量吸收各家之說,加以訓解釋義。而且并非祇是偶一爲之,基本在各篇當中都有一定的比例。

最明顯的一條例證如:

　　《勵志詩》:隰朋仰慕,予亦何人?

　　寫本佚注:《史記》云,隰朋,齊大夫,慕管仲德,曰:吾知管仲之德矣,隰朋恥不如。皇帝言:慕德高也。今我何人,而不及之。

　　尤袤本李善注:其九。《莊子》曰:管仲有病,桓公往問之:仲父之病病矣!寡人惡乎屬國而可?對曰:隰朋可。其爲人也,愧不若黃帝,而哀不已若者。朋慕管之德,華言隰朋猶慕德,我是何人,而不慕乎?

　　陳八郎本五臣注:良曰,隰朋,齊大夫。猶慕管仲之德,言我何人而不慕賢者乎?

考今本《史記》中無隰朋典故,但見於《呂氏春秋·貴公》《列子·力命》《莊子·徐無鬼》。故佚注中引《史記》云隰朋慕管仲德,實乃錯引,值得注意的是五臣注雖未標明出處,亦採用本義,沿襲了佚注的錯誤。李善注則完全不同,用隰朋慕黃帝之義。此則例證恰好說明了五臣注曾參考佚注。

五臣注完成於玄宗朝開元六年(718),根據陳八郎本、奎章閣所藏本、《唐鈔文選集注彙存》中所保留的五臣注,其不僅大量采入了李善注的成果,而且也吸收了稍早於自己的公孫羅《文選鈔》的內容。① 由此則當佚注本早於五臣注而且也通行於世的話,五臣注同

---

① 佚名編選:《唐鈔文選集注彙存》,上海:上海古籍出版社,2000年。

時參考李善注、《文選鈔》、寫卷佚注等早期注家正是情理之中的。

三、寫卷底本與佚注的獨立性質

俄藏敦煌寫卷在底本和注文方面都體現了一定的獨立性質，底本方面如：

《述祖德詩》：
達人遺自我（"遺"，他本皆作"貴"）。
而不纓垢紛（"紛"，他本皆作"氛"）。
連物辭所賞（"連"，他本皆作"惠"）。
委講輟道論（"輟"，他本皆作"綴"）。
《諷諫》：
顳衣朱襮（"顳"，他本及《漢書》作"黼"）。
資命不永（"資"，他本皆作"胳"）。
嫚被顯祖（"被"，他本皆作"彼"）。
征遐由近（"征"，他本皆作"正"）。
《勵志詩》：
如彼東畝（"東"，他本皆作"南"）。
渊不辭盈（"渊"，他本皆作"川"）。
《上責躬應詔詩表》：
不可重離（"離"，他本作"罹"）。
以罪弃生，則邈古賢夕改之勸。（邈，他本作"違"）。
忍垢苟全，則犯詩人胡顏之誠（"誠"，他本作"譏"）。
尸鳩之仁也（"尸"，他本作"鳲"）。

這些底本异文除了個別是由异體字、古今字、正俗字等造成的之外，很多是由底本版本系統不同而形成的异文，比如"遺"與"貴"、"連"與"惠"、"渊（淵）"與"川"、"東畝"與"南畝"等。由此說明佚注所依據的底本是一個相對獨立的本子，與李善、五臣等注家所依據的底本都有一定的差距。

實際上注文中也體現出作者作注時確實參考了不同的版本，如《述祖德詩》"達人遺自我"句，佚注曰："謂父是通達人，墨翟貴己，不肯流意天下，故貴自我。作貴勝。遺，弃。""而不纓垢紛"句，佚注曰："言并有濟扶萬物之性，言不爲垢氛所纓。""委講輟道論"句，佚注曰："綴，止。"說明當時注者面對不同注本的《文選》，原文作"遺""紛""輟"，他本作"貴""氛""綴"，各注家基本都傾向於此處作"貴""氛""綴"并加以解釋。佚注作者也從

衆,但又不願輕改原文,於是存文出注,并在注文中同時標出异文。

從注文方面看,寫卷佚注注文風格有類講解,但也具有詳細的字詞訓釋和典籍徵引,而且其在字詞訓詁和典籍徵引方面又頗具獨到之處。

《諷諫詩》:"左右陪臣,斯惟皇士。"其中"陪"字李善未出注,佚注曰:"陪,重也。"據何晏《論語集解·季氏》"陪臣執國命,三世希不失矣"引馬融注曰:"陪,重也。"五臣注則將"陪臣"釋作"陪從之臣",顯失之草率。

《諷諫詩》:"邦事是廢,逸游是娱。犬馬悠悠,是放是驅。"本條下顔師古在《漢書》中有注曰:"繇與悠同,行貌。放,放犬。驅,驅馬也。"寫卷佚注曰:"邦事,國事。逸,過。娱,樂。言用犬馬以獵也。"在釋詞及釋義方面都體現了一定的原創性。

《述祖德詩》"江介有蹙圯"中的"蹙"字李善未出注,佚注本曰:"蹙,急也。"按:《説文·足部》:"蹙,迫也。"《廣雅·釋詁》:"蹙,急也。"則佚注雖未標明出處,但自有其小學依據。

《勵志詩》:"大儀斡運,天回地游。"善注引《河圖》曰:"地有四游,冬至地上行北而西三萬里,夏至地下行南而東三萬里,春秋二分是其中矣。地常動移而人不知,譬如閉舟而行,不覺舟之運也。"佚注引則稱此段史料出自《考靈曜》。考"地有四游"一則出於張華《博物志》所引《考靈耀》,而非《河圖》,李善注誤。

"勸勵"條下李善注曰:"勸者,進善之名,勵者,勖己之稱。"按本類下《文選》收録韋孟《諷諫》和張華《勵志詩》兩首,李善注語平和公允,顯得面面俱到。寫卷佚注則祇是説"勸勵,謂勸勵取用賢相意也",似爲有感而發。

寫卷佚注引文方面的一個特點是對於通行的經史典籍的引用往往很隨意,或不注明出處,或并不追求原文的準確無誤,如其引用《尚書》《史記》《詩經》《周易》《國語》《戰國策》多與原文不同,或者根本就不見於所引書中。但他更爲關注的是一些不常見的典籍、佚史、字書,如標明出處的引沈約《謚法》考證元王之稱的來歷,引張揖《字詁》《廣雅》兩處、吕忱《字林》、李登《聲類》、江邃《文釋》《説文》。又引《白虎通》《考靈曜》《汲冢記》,引顔監(顔師古)一條。《述祖德詩》下引丘淵之《新集録》而不引沈約《宋書》;曹植《上責躬應詔詩表》引《魏略》而不引《魏志》,表明作者博學尚奇的注文傾向。再者,韋孟《諷諫詩》注中多次引用《漢書》應劭等的舊注,也可看出其對當時《漢書》注的熟悉。

鑒於以上所述,寫卷底本、注文與李善、五臣注的底本、注文相比有著明顯的差異,應該屬於不同的傳本系統。寫卷佚注的作者在撰注之時也參考了不同系統的底本,其間頗有衡量選擇。從佚注作者的知識結構看,富字學、《漢書》學基礎,善於進行版本辨析和資料考證,旁徵博引,也多掌握最新知識動態,似非一般鄉學塾師。

四、關於寫卷佚注傳本系統和撰著時間的一點推測

既然五臣注得以借鑒佚注,而且其注語在流傳過程中也有竄入李善注的情況,説明其

注本成書之後曾廣泛流傳於世,并且爲當時一種重要的《文選》注本。從隋唐史志目錄的登載來看,當世所見的重要《文選》學著作包括:

《隋書·經籍志》:《文選音》三卷蕭該撰(本傳稱《文選音義》)。
《舊唐書·經籍志》:《文選》三十卷梁昭明太子撰。
《文選》六十卷李善注。
又六十卷公孫羅撰。
《文選音》十卷蕭該撰。
又十卷公孫羅撰。
《文選音義》十卷釋道淹撰。

《新唐書·藝文志》:梁昭明太子文選三十卷。
蕭該《文選音》十卷。
僧道淹《文選音義》十卷。
李善注《文選》六十卷。
公孫羅注《文選》六十卷,又《音義》十卷。
李善《文選辨惑》十卷。
《五臣注文選》三十卷。
曹憲《文選音義》(卷亡)。
康國安注《駁文選异義》二十卷。
許淹《文選音》十卷。

其中,蕭該主要活動於隋前期,梁元帝承聖三年(555),梁都江陵陷落而隨西魏軍至長安,《隋書》載其"性篤學,《詩》《書》《春秋》《禮記》并通大義,尤精《漢書》。甚爲貴游所禮。開皇(581—600)初,賜爵山陰縣公,拜國子博士"。隋仁壽元年(601),有劉臻、顏之推、魏淵、盧思道、李若、蕭該、辛德源、薛道衡 8 人同撰集的《切韵》5 卷成書,"蕭、顏多所決定"①。到隋大業(605—617)中與包愷同爲《漢書》學宗匠。② 據《隋書·經籍志》,蕭該有《漢書音義》12 卷流傳於世,有《范漢音》3 卷,《文選音》3 卷。《文選音義》(《文選音》)也成爲隋代見於載錄的唯一一部《文選》學著作。作爲蕭統的侄兒,蕭該爲《文選》作音義自有其家學淵源,《隋書》本傳稱其所撰"《漢書》及《文選音義》,咸爲當時所貴"③。既爲當時所貴,則説明其《文選音義》成書於隋代早期,并於當時有較廣泛的流傳。

---

① 陸法言撰本,陳彭年等重修:《覆宋本重修廣韵·序》,商務印書館《叢書集成初編》本。
② [唐]魏徵等撰:《隋書·儒林傳·包愷傳》,北京:中華書局,1973 年,第 1716 頁。
③ [唐]魏徵等撰:《隋書·儒林傳·蕭該傳》,北京:中華書局,1973 年,第 1715~1716 頁。

曹憲主要活動於隋開皇元年(581)至貞觀十七年(643),年百餘歲。據《舊唐書·曹憲傳》,其一生的學術活動大體分爲兩個階段,先是仕隋爲秘書學士,每聚徒教授,諸生數百人。當時公卿以下,亦多從之受業。他的學術主要偏重於文字之學,精諸家文字之書,自漢代杜林、衛宏之後,古文泯絶,由憲而復興。隋大業中,隋煬帝令曹憲與諸學者撰《桂苑珠叢》100卷,時人稱其該博。曹憲又訓著張揖所撰《博雅》,隋煬帝令藏於秘閣。入唐之後曹憲回到揚州老家,以治"《文選》學"聞名。貞觀中(627—649)揚州長史李襲譽表薦之,太宗徵爲弘文館學士,以年老不仕。《舊唐書》本傳稱:"初,江淮間爲《文選》學者,本之於憲。"①但《舊唐書·經籍志》載曹憲著《博雅》10卷、《文字指歸》4卷、《曹憲集》30卷,未見其關於《文選音義》的記載,直到《新唐書·藝文志》載其《文選音義》卷亡,説明曹憲《文選音義》成書於貞觀中,但主要流傳江淮間,并未得以廣泛傳播。

俄藏寫卷《文選》佚注的作注時間,如果確實是不早於貞觀,而且是在與李善注相差不遠的時間内,最爲接近的恐怕祇有公孫羅和釋道淹(許淹)。《舊唐書·曹憲傳》稱:"又有許淹、李善、公孫羅復相繼以《文選》教授。"劉肅《大唐新語》卷九《著述》亦云:"江淮間爲《文選》學者起自江都曹憲……憲以仕隋爲秘書,學徒數百人,公卿亦多從之學。撰《文選音義》十卷,年百餘歲乃卒。其後句容許淹,江夏李善,公孫羅,相繼以《文選》教授。"既曰"相繼",就説明曹憲之後,先是許淹傳授《文選》,之後纔是李善、公孫羅。

公孫羅所著《文選鈔》《文選音決》保存在古抄《文選集注》中,録在李善注之後,五臣、陸善經注之前,其作注時間當稍晚於李善注。具體看《文選鈔》的作注形式,也是重在疏通文義、釋詞,《鈔》和《音決》底本也與李善本、五臣本有明顯差異,具有一定的獨立特質,與俄藏《文選》佚注頗有些相近。但仔細比較,二注之間似又存在一定的差距,如佚注釋義中更重釋事,詞語解釋儘量落至實處,如《諷諫詩》釋元王及其子曰:"元王漢高祖弟,名文由,謚曰元。於《謚法》'始建都國曰元',謂初都彭城。元王次子名郢客……"再如《述祖德詩》中釋"五湖"曰:"謂太湖、上湖、翩湖、石、貴湖也。"頗有博物傾向。《文選鈔》則釋義之中更重點明喻意,用語成熟而豐富,如"繁星光盛,喻小人也"(卷二四曹植《贈徐幹》)。"初秋,諭政教急也。"(卷二四曹植《贈丁儀》)"川有幽咽之水,風有激列之聲。"(卷二四陸機《贈馮文羆》)"《鈔》曰:《廣疋》云,烟熅,元氣也。天儀於上,地儀於下,天氣下爲烟,地氣上爲熅,上下和同,草木萌動。此詩大意,論自古天地初開闢已來歷代之君,至於晉平吴也。吴國既平,乃得陸生來歸也。然後乃陳與共同官之意,又述離别相思之情,并爲勸誡之事。"(卷二四潘岳《爲賈謐作贈陸機》)似與佚注注釋風格大體相近,却非一出。

另釋道淹的《文選音義》雖已佚亡,僅隻言片語流傳於世,但從其注釋《文選》、傳授選學的時間來看,大體與佚注本相當。若排除其餘諸家,佚注之底本也有極大的可能性是出自釋道淹之手。

---

① 劉昫等撰:《舊唐書·曹憲傳》,北京:中華書局,1975年,第4946頁。

史志目録中既載許淹《文選音》，又載釋道淹《文選音義》。二者是否是一個人？實存疑問。駱鴻凱《文選學》以爲許淹就是釋道淹。近人普暄認爲"《新唐志》既載許淹《文選音》，又録道淹之《文選音義》。人名書名，均各分標，驟指爲一，似不甚妥"①。考之古抄《文選集注》中公孫羅《文選音》中除了引蕭該《音》、曹憲《音》，再就是引淹《音》兩條，足見許淹乃公孫羅前的選學名家。《文選》卷五七潘安仁《夏侯常侍誄》（并序）："望子舊車，覽爾遺衣。愊抑失聲，迸涕交揮。"《文選音決》："愊，普逼反；淹，皮力反。"又《文選》卷五七潘安仁《馬汧督誄》（并序）："若乃下吏之肆其噤害。"《文選音決》："噤，其禁反；淹，其錦反。"此兩條的音切與公孫羅所注相差不遠，爲與公孫羅同處江淮地域的許淹無疑。又公孫羅《文選鈔》引淹上人《義》一條，《文選》卷二四陸機《贈尚書郎顧彦先》："凄風迕時序，苦雨遂成霖。"引《文選鈔》曰："凄風，涼寒之風也……淹上人作迅風，疾也。"也可看出其對於釋道淹《文選音義》的引用，或許還有一定的參考。又釋慧琳《一切經音義》卷二一"猗覺"條下引淹師《文選音義》云："猗，美也。"②此一條又見於《爾雅》。"淹師"或"淹上人"的條目主要爲釋義，也與《文選音》體例不同。《文選鈔》與《音決》同出於公孫羅，此處既引"淹"，又引"淹上人"，説明當時所見有可能并非一書，但早於公孫羅且名淹的《文選》學者，除了許淹（釋道淹）之外，別無其人，所以"淹"（許淹）與"淹上人"（釋道淹）應爲一人。

　　《舊唐書》本傳稱許淹"少出家爲僧，後又還俗"。究竟何時出家？何時還俗？出家之後的去向如何？史無明載。但據《新唐書·曹憲傳》："憲始以梁昭明太子《文選》授諸生，而同郡魏模、公孫羅、江夏李善相繼傳授，於是其學大興。句容許淹者，自浮屠還爲儒，多識廣聞，精故訓，與羅等并名家。"從《新唐書》的這段敘述看，所説先後順序并不嚴謹，但在曹憲的同郡魏模、公孫羅、江夏李善之後，許淹單獨敘述，似乎并未將其歸於江淮選學的陣營。其"自浮屠還爲儒，多識廣聞，精故訓，與羅等并名家"，也説明其學識特點，即多見博聞，精於訓詁，則很有可能雲游京師與江淮之間，見到早期《文選》傳播中的不同版本，見到蕭該的《文選音義》，且當時身在京師，法名釋道淹所著《文選音義》也大概完成於此時。由此推斷，許淹在早年出家時期撰作《文選音義》，而《文選音》則是後來所作。

　　考之新舊《唐志》，目録中所録諸家《文選》注之所以存録下來，一個重要的原因就是注者曾經身在京師，或者獻書今上，所著纔得以保存秘府。許淹（釋道淹）作爲曹憲之後傳授選學的一個代表人物，有《文選音》10卷。又有《文選音義》10卷，不僅見於《舊唐書》《新唐書》的文獻目録，還見於《日本國見在書目》（編成於日本陽成天皇貞觀末年），足見其傳播範圍之廣。釋道淹之書保存如此完整，流通廣泛，也説明當時他不可能默默無聞或者身處偏遠之鄉。

　　另《新唐書·藝文志》將釋道淹《文選音義》緊接蕭該之後，而把許淹《文選音》接在曹

---

① 普暄：《文選書目》，《女師學院期刊》1933年第2卷第2期，見南江濤選編《文選學研究》，北京：國家圖書館出版社，2010年。

② 慧琳：《一切經音義》卷二一，《高麗大藏經》第42册，北京：綫裝書局，2004年。

憲之後,均説明他們之間可能具有一定的傳承關係。寫卷佚注《述祖德詩》:"河外無反正,江介有蹠圯。"注稱:"圯,毁也。"按蕭該《漢書音義·王莽傳》下"圯絶",注引韋昭曰:"圯,毁也。"李善注引《爾雅》曰:"圯,敗覆也。"可見佚注本與李善的差异及與蕭該注釋體系的相承關係;寫卷佚注中尤以《諷諫》詩爲代表引了大量的《漢書》舊注以及顔師古注一條,反而爲李善、公孫羅注所不及,説明釋道淹正是繼承了蕭該《漢書》學泰斗的衣鉢;佚注重在釋義博物,但又偏於概括式講解,與其學識結構也更相吻合。惜今無法見到更多的佐證資料,此説祇能是作爲一種猜測之言。

小　結

　　釋道淹《文選音義》今雖已不存,但見於史志目録,而且遠播域外,足見其當時傳播之廣,影響之大。作爲蕭該、曹憲之後,首位講授《文選》的學者,釋道淹特殊的先入釋門而後還俗的經歷,也使得他得以超脱地域的拘囿,吸收蕭、曹兩位早期《文選》學者的知識,并形成了以釋義、博物、普及爲主的《文選》注釋體例,應該説代表了蕭、曹之後《文選》注釋與傳授的一種特定模式。如此説成立,寫卷佚注的特殊意義更加不可忽視。

王梵志及其詩歌的性質獻疑

王志鵬

(敦煌研究院)

　　王梵志的一些詩歌常常散見於唐宋人詩話、筆記、雜記以及後代僧人談禪論道的場合等。但因其作品久佚，無專集行世，《全唐詩》也未曾收錄，以前不大爲世人所關注。1900年發現敦煌藏經洞之後，敦煌寫卷中的王梵志的詩歌很快就引起國内外許多學人的注意，隨後包括許多著名學者也都躋身於王梵志詩歌的整理研究之中。

　　毋庸諱言，一個多世紀以來對王梵志詩歌的研究過程之中，涌現出不少重要成果，無論對王梵志詩人本身，還是對其詩歌的研究，都取得了很大的成績。可迄今仍有一些問題尚未明晰，故筆者不揣淺陋，在前賢今哲研究的基礎上，擬對王梵志其人及其詩歌的性質重新做一審視。不當之處，敬祈指正。

一、王梵志不一定是僧人

　　對於王梵志的生平，學界曾有過種種爭議。隨著研究的不斷深入，特别是一些學者的精密考證，現在基本確定王梵志是一位主要活動於隋末及初唐時期的詩人。[1] 這種觀點也逐漸爲大多數學者所接受。

　　然而，在對王梵志的研究過程中，許多研究者把王梵志當作一個詩僧或釋徒。比如任半塘在《王梵志詩校輯·序》中云：

　　　　唐宋以來，雖然有過一些王梵志詩的評論，但爲數不多，且很簡略，大都認爲他是

---

[1] 參見朱鳳玉：《王梵志詩研究》，臺北：學生書局，1986年8月，第85、97頁。

一個怪僻的釋徒,性格反常,愛作通俗的語體詩,并沒有引起更多的重視。若認真評價王梵志詩,實大奇特,全用五言,而翻騰轉折,深刺淺喻,多出人意外。其民間氣息之濃,言外韵味之厚,使讀者不由跟著他歌哭笑怒,不能自持。①

認爲王梵志不僅是釋徒,而且有"怪癖"。這同時也暗示了王梵志跟普通僧人還不一樣。

同時,張錫厚也認爲王梵志是一個"詭譎諧謔、諷世警俗的詩僧"②。在袁行霈主編的《中國文學史》中直接把王梵志歸於詩僧名下,并稱王梵志的詩歌爲"僧詩",其云:

佛教對唐文學的更爲直接的影響,是唐代出現了大量的詩僧……僧詩中較爲重要的有王梵志詩、寒山詩。王梵志詩今存390首,似非出於一人之手。寫世俗生活的部分,多底層的貧困與不幸;表現佛教思想的,大體勸人爲善、語言通俗,當時似廣泛流傳民間。③

張錫厚認爲王梵志是"詩僧",其所作的詩是"僧詩"。

然而,相關研究中并沒有提出王梵志爲僧徒的任何相關證據。王梵志是否爲僧人?從現存史料看,迄今尚未找到任何確實的證據,也很少有人對此做過仔細的探究。筆者認爲有些研究者把王梵志視作僧徒,歸納起來,主要是出於三種考慮:一是詩人名爲王梵志,"梵志"這一詞語跟佛教有關,故直接推斷爲僧人;二是王梵志有些詩歌曾爲後代禪師引用來闡發禪理或表現禪機;三是王梵志有些詩歌的内容與佛教有關。筆者認爲據此就把王梵志斷定爲僧人,尚有失察之處,而且這些方面都不足以説明王梵志是禪僧或僧徒。

有關詩人王梵志的生平活動資料不僅很少,而且非常簡略,其中又夾雜有一定程度的荒誕迷信,造成一種恍惚迷離之感,因此有不少學者視之爲神話式的人物。現在尚可見到的最早記載王梵志生平的資料,是唐人馮翊《桂苑叢談》轉引《史遺》的一段話,其云:

王梵志,衛州黎陽人也。黎陽城東十五里,有王德祖者,當隋之時,家有林檎樹,生癭大如斗。經三年,其癭朽爛。德祖見之,乃撤其皮,遂見一孩兒抱胎而出,因收養之。至七歲能語,問曰:誰人育我? 及問姓名,德祖具以實告。因林木而生,曰梵天,後改曰志,我家長育,可姓王也。作詩諷人,甚有義旨,蓋菩薩示化也。④

---

① 張錫厚:《王梵志校輯》,北京:中華書局,1983年10月,第5頁。
② 參見張錫厚:《王梵志詩》,瀋陽:春風文藝出版社,1999年1月,第19頁。
③ 袁行霈主編:《中國文學史》第四編《隋唐五代文學·緒論》,北京:高等教育出版社,2005年7月,第173頁。
④ 參見周光培、孫進己主編:《歷代筆記小説彙編·唐人筆記小説(二)》,瀋陽:遼瀋書社,1990年,第320頁。

《太平廣記》卷八二也有近似的記載,但顯然是襲用同一資料,同時有許多改竄之處。鑒於有的研究者已多引用并對《桂苑叢談》進行了細緻的比較,①茲不贅述。林檎樹是一種在我國十分常見的植物,與灌木相類,不很高大,南北方都有。據此,潘重規推斷王梵志當是一個被人收養的棄嬰,是王德祖在樹瘿中發現,後來收養成人。本來并不神秘,而被近人看作是一段神話。②然而,除王梵志的名字外,從王梵志的出生及成長過程來看,從中很難找出王梵志與佛教之間的任何聯繫。

　　有人從王梵志的名字斷定其為僧人,實有失察之處。"梵志"一詞,來自梵語,意譯為"净裔"或"净行",因此又稱"净行者""净行梵志"。《瑜伽論記》卷一九云:"梵為西國之言,譯為寂静、涅槃;志為本地語,矢志求梵,故合稱梵志。"僅從字義來看,正如任半塘所言:"梵志"二字,為釋門用指在俗之人,有志求梵天之净寂者,每易為同道之人共同托名。③但"梵志"用為人名,并不一定就意味著此人與佛教有關,更不能以此推斷為僧徒。正如潘重規所云:"王梵志的名字,祇是受當時佛教熏習的社會風氣所產生。我們知道魏晋以來,佛教漸盛,即有人喜用佛典取名。南北朝隋唐時代取名沙門、羅漢、維摩、金剛的人很多,王梵志的取名,在當時的社會風氣,實在是一樁極尋常的事件,既非怪异的傳聞,更不能視為神話中的人物。"④在六朝至唐宋佛教盛行的時期,一般老百姓給小孩取名於佛典,應含有希望佛門保佑及吉祥之意,但小孩本人與佛教之間很難說有直接關係。

　　王梵志的詩歌被後人視為"外示驚俗之貌,内藏達人之度"⑤,而且經常被後代禪師所吟咏,用來或闡發禪理,表現禪機,或"教戒諸學道者"⑥,然細考這類詩歌的内容,王梵志創作詩歌的旨意是否是為了表現禪機? 很值得懷疑。比如《古尊宿語録》卷七載五代風穴延沼禪師的引詩,云:

　　　　(師)上堂,舉寒山詩云:"梵志死去來,魂識見閻老。讀盡百王書,未免受捶拷。一稱南無佛,皆以成佛道。"⑦

---

①　潘重規:《敦煌王梵志詩新探》,《中國敦煌學百年文庫·文學卷》(二),蘭州:甘肅文化出版社,1999年,第541~542頁。
②　潘重規:《敦煌王梵志詩新探》,《中國敦煌學百年文庫·文學卷》(二),蘭州:甘肅文化出版社,1999年,第541頁。
③　參見張錫厚:《王梵志校輯·序》,北京:中華書局,1983年10月。
④　潘重規:《敦煌王梵志詩新探》,《中國敦煌學百年文庫·文學卷》(二),蘭州:甘肅文化出版社,1999年,第543頁。
⑤　皎然:《詩式》"跌宕格二品"中"駭俗"條下,參見[清]何文焕輯《歷代詩話》,北京:中華書局,1982年8月,第32頁。
⑥　參見敦煌斯516、伯2125卷《歷代法寶記》,其中有云:"和上坐下,尋常教戒諸學道者,恐著言說,時時引稻田中螃蟹問,眾人不會。又引王梵志詩:'惠眼近空心,非開髑髏孔。對面說不識,饒你母姓董。'"
⑦　[宋]賾藏主編集,蕭萐父等點校:《古尊宿語録》,北京:中華書局,1997年10月,第113頁。

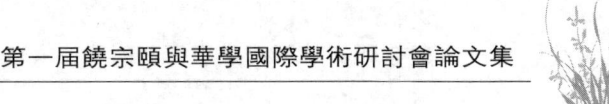

范攄《雲溪友議》卷下"蜀僧喻"條下收録王梵志詩20首,云:"其言雖鄙,其理歸真,所謂歸真悟道、徇俗乖真也。"①費袞《梁溪漫志》卷一〇"梵志詩"條下收録王梵志詩8首,云:"予嘗見梵志數頌,詞樸而理到。"②二者所收詩歌有4首相同。這説明王梵志的詩歌從唐代開始,一直到宋代都受到僧俗人士的注意。但從詩歌内容看,如果要説王梵志創作的這類詩歌是爲了表現禪機,實在十分勉强。

宗密《禪源諸詮集都序》卷下之二云:

> 通方之常道,或因以彼修煉,功至證得,即以之示人。求那、慧稠、卧輪之類。或因聽讀聖教生解,即以之攝衆。慧聞禪師之類。或降其迹而適性,一時間警策群迷。志公、傅大士、王梵志之類。或高其節而守法,一國中軌範僧侣。廬山遠公之類。其所製作,或咏歌至道,或嗟嘆迷凡……或但釋義,或唯勵行,或籠羅諸教,竟不指南,或偏贊一門,事不通衆,雖皆禪門影響,佛法笙簧,若始終依之爲釋迦法,即未可也。③

很顯然,其中也并没有明確將王梵志當作禪僧,更没有將他的詩歌看作"禪詩"。

此外,《桂苑叢談》稱王梵志"作詩諷人,甚有義旨,蓋菩薩示化也"。其中"菩薩示化"也是一句表示贊嘆的常用語,除用在佛教中外,也常常用於稱贊對人生道理的闡發者或人類知識的傳播者。正如潘重規《敦煌王梵志詩新探》所説:"我們用平常心對《桂苑叢談》做如實的瞭解,王梵志祇是出生在隋代的一個被人收養的弃嬰,長大後寫成許多諷世動人的詩篇,在民間廣泛流傳,終於得到大衆稱許的偉大詩人而已。"④項楚在考察這位"示化菩薩"有關佛教的詩作時,不僅指出現存王梵志作品有僞托之作,而且發現具體情況頗爲複雜。⑤ 筆者認爲,據此將王梵志詩歌斷定爲禪詩,證據顯然還遠遠不够。

同時,敦煌伯四九七八卷還保存有一篇《王道祭楊筠文》,其内容也涉及王梵志,其云:

> 維大唐開元二七年,歲在癸丑二月。東朔方黎陽故通玄學士王梵志直下孫王道,謹以清酌白醪之奠,敬祭没逗留風狂子朱沙染癡兒洪(弘)農楊筠之靈。惟靈生愛落荒,不便雅語,漢雖不相識⑥,藉甚狂名。前度承聞尚書阿孟婆見迕⑦,蒙見用,計兹果

---

① [唐]范攄:《雲溪友議》,上海:古典文學出版社,1957年4月,第73~75頁。
② [宋]費袞撰,駱守中注:《梁溪漫志》,西安:三秦出版社,2004年5月,第306頁。
③ 參見[唐]宗密撰,邱高興校釋:《禪源諸詮集都序》,鄭州:中州古籍出版社,2008年1月,第95頁。
④ 潘重規:《敦煌王梵志詩新探》,《中國敦煌學百年文庫·文學卷》(二),蘭州:甘肅文化出版社,1999年,第543頁。
⑤ 項楚:《王梵志詩校注·前言》,上海:上海古籍出版社,1991年10月。
⑥ 此句中"漢"疑爲衍字。
⑦ 此句中"迕"疑或爲"逢"。

報,天恩不爲君菲,子合思而自將,豈得重煩聖德。諺云:何年窠裏覓兔,計君幾許癡心,鸜鵒上於鐵牛,選場中豈(下殘)。

正如許多研究者所指出,其中"二七年"爲"元年"之誤。① 開元元年即爲713年,當是此文的創作年代。

需要指出的是,祭文稱王梵志爲"通玄學士"。而唐五代時期"通玄"一詞多與道教有關,如《舊唐書》卷八《玄宗本紀上》"玄宗二十二年"云:

> (二月)徵恒州張果先生,授銀青光禄大夫,號曰通玄先生。②

同書卷九《玄宗本紀下》"天寳元年制"云:

> 莊子號爲南華真人,文子號爲通玄真人,列子號爲冲虚真人,庚桑子號爲洞虚真人。其四子所著書改爲真經。③

同書卷三六《天文志下》云:

> 乾元元年三月,改太史監爲司天臺,於永寧坊張守珪故宅置……司天臺内別置一院,曰通玄院。④

《舊五代史》卷七九《晋書五·高祖本紀五》"天福五年"云:

> 癸亥,道士崇真大師張薦明賜號通玄先生。是時帝好《道德經》,嘗召薦明講説其義,帝悦,故有是命。⑤

其中"通玄先生"張果、張薦明都是當時有名的道士,"通玄真人"文子是戰國末黄老新道家的代表人物,相傳其所著的《文子》一書後來又稱《通玄真經》,是道家早期的重要理論著作,也是道教的重要經典,而王梵志被稱作"通玄學士",結合現存王梵志詩集中也有許

---

① 參見戴密微著,廖伯元、朱鳳玉譯:《〈王梵志詩附太公家教〉引言》(載《敦煌學》第9輯,1985年5月);潘重規:《王梵志出生時代的新觀察》(朱鳳玉《王梵志詩研究》附錄一)、朱鳳玉《王梵志研究》(臺北:學生書局,1986年8月)。
② [後晋]劉昫等撰:《舊唐書》,北京:中華書局,1975年5月,第200頁。
③ [後晋]劉昫等撰:《舊唐書》,北京:中華書局,1975年5月,第215頁。
④ [後晋]劉昫等撰:《舊唐書》,北京:中華書局,1975年5月,第1335頁。
⑤ [宋]薛居正等撰:《舊五代史》,北京:中華書局,1976年5月,第1041頁。

多表現道教之作,或可據此推斷,王梵志與道教尚有著較爲密切的關係。

二、王梵志的詩歌多是諷世詩而非禪詩

從現存史料所整理出來的王梵志390多首詩歌來看①,王梵志的詩歌多是諷咏世態人情、現實社會的,而絕非禪詩。即使王梵志詩集中那些與佛教有關特別是表現佛教觀念或思想的詩歌,也存在著十分複雜甚至相互矛盾的現象。對此,項楚指出:"這些詩作與其説是宗教詩,不如説是宗教問題詩,是王梵志社會問題詩的一部分,作者是以旁觀者的身份,而不是以宗教徒的身份,來客觀地觀察和評論宗教問題。"②項楚甚至認爲在王梵志詩中,即使那些較高層次的詩歌,表現爲一種宗教的世界觀,仍不免於荒誕而迷信,有的詩歌表現出對出家僧尼的嘲諷,不會是菩薩示化的王梵志所作。③

可以説,王梵志詩歌所表現出來的佛教思想,大致没有超出人生皆苦、人生無常、因果報應、地獄輪回等最基本的佛教義理範圍,而且詩人在講論人生無常和因果報應的時候,一般也總是同現實人生乃至具體的日常生活結合起來。正如有的學者所指出的那樣,没有一個祇是虛談"佛教道法"的例子。④ 日本學者金岡照光在《敦煌的民衆——其生活與思想》中也指出"王梵志詩特色之一是述説佛理、因果報應的詩居多,這正是徇俗乖真之點,而特別要指出的是,在述説佛理時却很適應著日常事物"⑤。王梵志詩歌中比較集中表現佛教思想觀點的當是項楚《王梵志詩校注》卷四提及的18首詩歌,其主要内容是圍繞佛教的"五戒""六度",宣揚佛教的因果報應、地獄輪回之觀念,這也是大多民衆所能瞭解的佛教内容。

在王梵志詩歌中充滿了對"死"的歌咏,詩人從各個方面對人之死亡進行了審視與反思。可以説,其詩歌對於死的思考遠遠大於對於生的憂慮,這也體現了詩人的人生觀和世界觀。對於"死"的多方面思考和想像,可以説最具宗教意味。但是,王梵志詩歌中對於死的思考,跟佛教對於死的看法有著很大的不同之處。王梵志詩歌中的死,帶有更多的現世色彩,主要體現爲面對死亡,想得更多的是生前所擁有的家産、衣食、妻子兒女、奴婢等,想像自己死後的世俗妻兒財産易主,就不能像過去一樣再擁有和享受這些現世的物質生活而被别人所支配和享用,因而内心充滿感傷痛苦和深切的憂慮。比如:

---

① 參見[唐]王梵志著,項楚校注:《王梵志詩校注·前言》,上海:上海古籍出版社,1991年10月。
② [唐]王梵志著,項楚校注:《王梵志詩校注·前言》,上海:上海古籍出版社,1991年10月,第4~5頁。
③ [唐]王梵志著,項楚校注:《王梵志詩校注·前言》,上海:上海古籍出版社,1991年10月,第7頁。
④ 入矢義高:《論王梵志》,參見張錫厚《王梵志校輯》,北京:中華書局,1983年10月,第274頁。
⑤ 參見張錫厚:《王梵志校輯》,北京:中華書局,1983年10月,第284頁。

有衣不能著,有馬不能騎。有奴不能使,有婢不相隨。有食不能吃,向前恒受飢。冥冥地獄苦,難見出頭時。(卷一)①

撩亂失精神,無由見家裏。妻是他人妻,兒被後翁使。奴事新郎君,婢逐後娘子。駞馬被金鞍,鏤鐙銀鞦轡。角弓無主張,寶劍拋著地。設却百日齋,渾家忘却你。錢財他人用,古來尋常事。前人多貯積,後人無慚愧。(卷一)

有錢惜不用,身死留何益。(卷二)

積金作寶山,氣絕誰將用。(卷二)

得錢自吃用,留著櫃裏重。一日厭摩師,空得紙錢送。……埋向黄泉下,妻嫁別人用。(卷二)

病困卧著床,慳心猶不改。臨死命欲終,吝財不懺悔。身死妻後嫁,總將陪新婿。(卷二)

有錢惜不吃,身死由妻兒。祇得紙錢送,欠少元不知……憶想平生日,悔不著羅衣。(卷二)

無情任改嫁,資產聽將陪。吾在惜不用,死後他人財。(卷二)

人間養男女,真成鳥養兒。長大毛衣好,各自覓高飛。(卷五)

有錢但吃著,寶莫留(填)櫃。一日厭摩師,他用不由你。妻嫁親後夫,子心隨母意。我物我不用,我自無意智。未有百年身,徒作千年事。(卷五)

詩人純粹從世俗的角度看待死亡,對於現世的物質利益,甚至連妻子兒女也不願意給予,表現出强烈的以自我爲中心的意識,這與佛教認爲人生皆苦、以寂滅涅槃爲樂、追求解脱生死輪回的觀念有著根本的不同。因此可以說,王梵志所思考的死,是現世生活的延續,他内心深處的痛苦是現世生活的種種執著和不願放棄的表現。這也比較典型地表現了現實生活中下層民衆的心理。

自從佛教播流中土以來,其中因果報應、地獄輪回觀念,深深地浸入了中國社會。王梵志詩集中有不少詩歌描繪人死亡後要承受的酷刑折磨和無盡地獄之苦。大致説來,詩人對於死的恐怖描寫,多是"懼之以地獄之苦",而少哲理方面的思考;對此詩人也没有提供出任何解決的辦法,祇是一味哀嘆,感到人生的虛妄、現世的悲哀和現實的痛苦,因而流露出濃重的悲觀色彩。王梵志"存在著絶望的思想,對人生和世界的虛無觀念,對一切事物的短暫與不現實,尤其是對於死亡,這個出現在這些短詩裏,纏繞腦際、陰森可怖的詞進行消極諷刺"②。詩人有時甚至認爲死比生好,如:

---

① 文中所標卷數均依據項楚:《王梵志詩校注》,北京:中華書局,1991年10月。
② 戴密微:《漢學論著選讀》,參見張錫厚《王梵志校輯·附編》,北京:中華書局,1983年10月,第296頁。

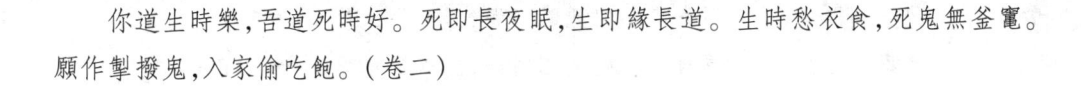

你道生時樂,吾道死時好。死即長夜眠,生即緣長道。生時愁衣食,死鬼無釜竈。願作掣撥鬼,入家偷吃飽。(卷二)

詩人經常勸人信佛,既有表達自己"祇擬人間死,不肯佛邊生"(卷二)的感慨,也有所謂"智者天上去,愚者入深坑"(卷二)的警示語,但對於佛教教理的把握并不很準確。

同時,詩人對於人生的理解,比較偏重於物質享受,如:

人生一代間,有錢須吃著。四海并交游,風光亦須覓。(卷二)
説錢心即喜,見死元不愁。廣貪財色樂,時時度日休。(卷二)

詩人有時雖是以勸説口吻,但這也是詩人人生觀的一種不自然流露。

王梵志詩歌中描寫出家後的舒服自在生活,也多是從世俗的角度來審視,有時描寫一種自在隨意、行脚僧式的閑散,當作人生的享受,而有時又帶有諷刺的意味。比如:

生即巧風吹,死須業道過。來去不相知,展脚陽坡卧。(卷二)
不羨榮華好,不羞貧賤惡。隨緣適世間,自得恣情樂。(卷三)
飽吃更索錢,低頭著門去。手把數珠行,開肚元無物。(卷二)
童子得出家,一生受快樂。飲食滿盂中,架上選衣著。平明欲稀粥,食手調羹臛。飽吃取他錢,此是口客作。天王元不朝,父母反拜却。(卷五)

詩人描寫世俗生活理想的快樂,也往往僅僅限於衣食的滿足,這實際上也是當時下層民衆的基本要求。比如:

用錢索新婦,當家有新故……新婦知家事,兒郎承門户。好衣我須著,好食入我肚。(卷二)

需要特別指出的是,王梵志詩歌中數量最多也最具特色的是對世間百態、民間生活的生動刻畫和深刻諷刺的詩篇。這些詩歌運用淺近通俗的語言,對現實人生進行了廣泛歌咏和形象描摹,多是現實社會和人生經驗的概括總結,有時還帶有哲理思考的成分。比如:

祇見母憐兒,不見兒憐母。長大取得妻,却嫌父母醜。耶娘不采括,專心聽婦語。(卷二)
行行皆有鋪,鋪裏有雜貨。山郍貴物來,巧語能相和。眼勾穩物著,不肯遣放過。意盡端坐取,得利過一倍。(卷二)

父子相憐愛，千金不肯博。忽死賤如泥，遥看畏近著。（卷三）
　　有事須相問，平章莫自專。和同相用語，莫取婦兒語。（卷四）
　　富兒少男女，窮漢生一群。身上無衣著，長頭草裏跻。（卷五）
　　奴富欺郎君，婢有陵娘子。鳥飢緣食亡，人窮爲財死。（卷五）
　　多置莊田廣修宅，四鄰買盡猶嫌窄。雕墙峻宇無歇時，幾日能爲宅中客？（卷六）
　　造作莊田猶未已，堂上哭聲身已死。哭人盡是分錢人，口哭元來心裏喜。（卷六）
　　他人騎大馬，我獨跨驢子。回顧擔柴漢，心下較些子。（卷六）
　　人心不可識，善惡實難知。看面真如像，腹中懷蒺藜。（卷七）
　　壯年凡幾日？死去入土庵。論情即今漢，各各悉癡憨。唯緣二升米，是處即生貪。禮佛遥言乏，彼角仍圖攤。貪錢險不避，逐法易成難。即今不如此，寧隨體上寒。乍可無餘服，願得一身安。無爲日日悟，解脱朝朝餐。死去天堂上，遣你斫額看。（卷七）
　　可笑世間人，爲言恒不死。貪吝不知休，相憎不解止。背地道他非，對面伊不是。埋著黄蒿中，猶成薄媚鬼。（卷七）

王梵志描摹世態人生的種種醜惡現象，刻畫形象，筆鋒犀利深刻，可謂入木三分，取得酣暢淋漓的藝術效果。再如描寫窮苦的下層民衆的生活：

　　世間慵懶人，五分向有二。例著一草衫，兩脾成山字。出語嘴頭高，詐作達官子。草舍元無床，無氈復無被。他家人定卧，日西展脚睡。諸人五更走，日高未肯起。朝庭數十人，平章共博戲。菜粥吃一椀，街頭閒立地。逢人若共語，荒説天下事。喚女作家生，將兒作奴使。妻即赤體行，尋常飢欲死。一群病癩賊，却搦父母恥。（卷二）
　　家中漸漸貧，良由慵懶婦。長頭愛床坐，飽吃没娑肚。頻年勤生兒，不肯收傢具。飲酒五夫敵，不解縫衫袴。事當好衣裳，得便走出去。不要男爲伴，心裏恒攀慕。東家能涅舌，西家好合鬥。兩家既不合，角眼相虫且妒。（卷二）

從以上可以看出，王梵志的這類詩歌定名爲"諷世詩"更爲確切，而如果統統歸爲"禪詩"，不僅名稱與内容相乖，也著實讓人無法理解。

其實，許多前輩學者在自己的研究過程中，已經注意到王梵志詩歌在内容上的這種特徵。比如任半塘在《王梵志詩校輯·序》説：

　　他（按：指王梵志）有不少詩敢於揭露某些不合理社會現象，和人們靈魂中粗俗卑惡的一面，無論是揶揄嘲諷，諧謔調侃，還是無情鞭撻，勸世導俗，逐漸形成一種潑辣犀利的詩風，起到針砭頑俗、補弊救偏的作用，散發出强烈的"辣"味。

日本學者入矢義高説：

我認爲王梵志這個人物，更正確地説《王梵志詩集》的原作者，就是這種叫做化俗法師的人。在我的想像中，他是一個不屬於任何特定僧人團體，也不奉行任何宗教的游化僧，至少他也不屬專門的、職業的僧侣階級。如果看一看他的勸世詩，詩中的那些特徵，在所有出自僧徒手筆的類似作品裏，是全然見不到的。①

臺灣學者潘重規也説：

綜觀這一卷九十二首詩②，歌咏的都是極淺近平常做人處世的道理，所以極容易爲大衆所接受，而成爲大衆傳誦的讀物。雖然這一卷詩有幾首關涉佛教所説的在家五戒，但主要的思想可以説是儒家的……其他二百餘首詩，其中很多是與佛教思想有關。但咏嘆的不外是生死無常，因緣果報等等……既没有涉及佛教高超的理論，也没有賣弄禪門閃爍的機鋒。可以説全是那時代的思潮所薰陶所形成的平實道理。他流露出隋唐時代人的真實語言，也傾吐了隋唐時代人的真實心靈。因此我反覆探索之後，發現了一位用通俗語言，諷刺當前時事，寫出心中想法的民間詩人。③

法國學者戴密微《漢學論著選讀》中曾對王梵志詩歌的内容作過比較全面的細緻的闡釋，他説：

没有編號的一卷有九十二首韵律嚴謹的五言絶句，它們以被能見到一〇個校本加以比較和研究。這是一本非常平庸的格言彙編，其中有許多關於孝敬父母、家庭和睦、以禮待人、教育子女、償還債務、不賭博、不飲酒及遵守最一般的道德規範的告誡。除了結尾部分外，它的精神和典故都是儒教的。結尾部分主要是五戒、儀禮、佛教齋戒及對僧侣的敬重。

不管是四處尋求道教長生不死秘方的君王，還是佛祖、老子本身，無論是誰都逃脱不掉共同的惡運。一會兒强調善惡有報，重申佛教戒律：要積德行善，可以得生天堂；休造罪孽，否則必遭報應；切忌殺生，以免來世托生爲其所食；一會兒忽又轉向嘲弄諷刺：好事不得好報，何必如此盡心賣力？一個經常涉及的主題是輪回報應的偶然

---

① 參見張錫厚：《王梵志校輯》，北京：中華書局，1983年10月，第276頁。
② 按：此92首詩歌即指項楚《王梵志詩校注》卷四敦煌伯2718、伯3558等卷所收之詩歌，與下文戴密微氏所討論之92首詩歌相同。
③ 潘重規：《敦煌王梵志詩新探》，參見《中國敦煌學百年文庫·文學卷》（二），蘭州：甘肅文化出版社，1999年，第552頁。

性,它把人變成面目全非的轉生物,令人難以辨認……佛門弟子也難逃詩人的諷刺:佛爺菩薩都有頭髮,爲何要剃度?對那些化齋乞討,聚斂佛門錢財,吃齋飯吃得腦滿腸肥的僧侶又該當何論呢?還是道教徒爲好,他們貧富平均,一切歸公。三家宗教難道不是"一樣的、本質相同"的嗎?……另外,詩人還爲百姓的苦衷鳴不平,指出農民在徭役、賦稅的壓榨下,過着民不聊生的日子,揭露貪官污吏的橫徵暴斂,貪贓枉法。①

由此可以見出王梵志詩歌內容的豐富性和複雜性,而這些詩歌是很難稱之爲"僧詩"的,其中有許多詩歌甚至與佛教沒有任何關係。對此,有的學者也注意到王梵志詩歌與寒山、拾得等僧人詩歌的不同,如日本學者前野直彬《中國文學史》云:

> 一般地説,王梵志重在鄙俗的民衆教化,寒山則具有濃厚的禪宗色彩,他們都愛使用當時不見於詩書的生硬俗語。②

前野直彬雖沒有具體説明王梵志詩歌民衆教化的內容及其是否具有佛教的性質,但相形之下,寒山詩歌的禪宗色彩就十分突出,二者的共同點僅僅是"都愛使用當時不見於詩書的生硬俗語"。對此,張錫厚也説:"王梵志的五言詩寓人生哲理於嘲戲諧謔,寄喜笑怒罵於淺近通俗語言,在一定程度上表現出某種平易蕴藉、驚世駭俗的詩風。詩中某些篇章不論是叙寫個人的不幸遭遇,還是揭露唐初的社會現實、人情世態都有獨到之處。"③實際上,這正是王梵志詩歌中思想生動深刻且最有魅力之處。

總體説來,從現存的作品來看,王梵志跟佛教、道教和儒家思想都有一定的關係,但他不一定是僧人,敦煌寫卷中的王梵志詩歌也不應稱之爲"禪詩"。相對來説,王梵志詩歌定名爲"諷世詩"更爲契合,這樣也更能反映王梵志詩歌的思想內容和藝術特點。

---

① [法]戴密微:《漢學論著選讀》,以上參見張錫厚《王梵志校輯·附編》,北京:中華書局,1983年10月,第296～298頁。

② 張錫厚:《王梵志校輯·附編》,北京:中華書局,1983年10月,第285頁。

③ 張錫厚:《王梵志詩校輯·前言》,北京:中華書局,1983年10月。

黑水城文獻《新雕文酒清話》殘本考論

陳國軍

（中國武警學院）

1909年夏，俄國柯兹洛夫在内蒙古額濟納旗達蘭庫布所發現的文獻中，有《新雕文酒清話》刻本殘卷一種。此本現藏列寧格勒亞洲民族研究分所，向來不爲中國學者所知。1984年，蘇聯孟西科夫《哈拉浩特出土漢文文獻目録提要》（下簡稱提要），對原登記爲 TK—228 的《新雕文酒清話》進行了簡要著録，認爲《文酒清話》的刊本刻行時間在13世紀初期的金代。《提要》雖有訛誤，但畢竟是關於《文酒清話》的第一篇爲中國學者所知的論文。1985年，柴劍虹據孟西科夫的《提要》以及部分書影，撰成《列寧格勒藏〈文酒清話〉殘本考索》一文，對《文酒清話》在宋人筆記中的援引，以及其成書年代作出了初步研究，認爲"《文酒清話》的成書年代，決不會早於1052年""當不會晚於1136年""成書於1085年前後的可能性較大"。① 1997年，上海古籍出版社出版《俄藏黑水城文獻》（第4集《漢文部分》）收録了《新雕文酒清話》殘本。② 2002年，《續修四庫全書》子部小説家類據以影印。③ 筆者因撰寫《續修四庫全書·〈文酒清話〉提要》工作需要，對此進行了專項研究。現對《文酒清話》成書時間等略作考證，俾有益於黑城出土文獻和小説史研究，復請教於方家。

一、《新雕文酒清話》殘存文本情況與佚文輯録

在孟西科夫《哈拉浩特出土漢文文獻目録提要》中，《新雕文酒清話》編號爲276。其

---

① 柴劍虹：《列寧格勒藏〈文酒清話〉殘本考索》，《北京師範大學學報》1985年第4期。
② 史金波等主編：《俄藏黑水城文獻》第4集，上海：上海古籍出版社，1997年4月。
③ 《續修四庫全書》編纂委員會編：《續修四庫全書》，上海：上海古籍出版社，2002年4月。

文曰:

笑話集,存卷五結尾至卷九開頭。保存了以下故事,卷五:笑昧,哈詐;卷六:李成觸忌,哈勇,笑拙,笑什,誚輕浮,眉眼爭强,誚假文……安鴻漸報辱,陳大卿詩,言棋,陳大卿,哈鄙,卷七:高敖曹,李成,誚妄知,誚妄辯,惡詩,杜人經,焦大使,杜力文,孫山三事,誚謬詩;卷八:高敖曹,安鴻漸,陳大卿,誚疾,馮勤,封舜臣,白行簡,愚盜,呼延贊,張無誚拙,誚蒙(鄙);卷九:哈諂……隨順、錢大王、錢王(圓)……

刊本無首尾,現存十八頁,頁面 12.5cm×20.5cm,文面 11.5cm×17.5cm,頁十五行,行 27 至 29 字。此刊本破損屬害,尤其各頁中間部分最爲嚴重。①

孟西科夫所叙錄《文酒清話》,在故事秩序、數量以及卷數等方面,與《續修四庫全書》影印本相較,兩者區别較大。《新雕文酒清話》殘本②各頁情況爲:

第 1 頁:殘存一事。

第 2~3 頁:陳大卿疥有五德(標題自擬)、馮勤、封舜臣、白行簡、愚忠(有題無文)。

第 4 頁:卷五失題最後一事,卷六李成觸忌。

第 5~6 頁:卷六哈勇(含周貴、雙漸 2 事)、笑拙、笑什、誚輕浮、眉眼爭强、誚假文(標題)。

第 7~8 頁:卷六"丘源本非儒"(標題自擬,從内容看,可能是"誚假文"内容)、安鴻漸報辱、陳大卿詩、言棋、陳大卿、哈鄙(標題和一行文字)。

第 9~10 頁:卷六"哈鄙"(四行文字),卷七高敖曹、李成、誚妄知、誚妄辯、惡詩(標題和一行文字)。

第 11~12 頁:卷七惡詩(五行文字)、杜人經、焦大使、呼延贊、杜力文、孫山三事(標題和四行文字)。

第 13~14 頁:卷七孫山三事(八行文字)、誚謬詩,卷八高敖曹、安鴻漸、陳大卿□□(有題無文)。

第 15 頁:吴獻可(標題自擬)、笑昧、哈詐(標題及一行文字)。

第 16~17 頁:王方王慶(標題自擬)、呼延贊、張無誚拙、誚人不知。

第 18~19 頁:首行題爲《新雕文酒清話》卷第□,收哈諂、哈隨順、錢大王、錢□□、陳大卿言(標題自擬)五篇故事。

---

① 轉引自柴劍虹:《列寧格勒藏〈文酒清話〉殘本考索》,《北京師範大學學報》1985 年第 4 期。
② 本文所引用《文酒清話》,均出自《續修四庫全書》本。

《續修四庫全書》本存 19 頁,第 1 和第 18、19 頁卷數不明,第 2 至第 17 頁則保存了卷五、卷六、卷七、卷八的部分故事內容。《新雕文酒清話》殘本,凡 45 條故事①,其中第 1 頁、第 4 頁各有一篇"有文無題"的故事,第 3 頁"愚忠"和第 14 頁"陳大卿□□",則"有題無文",實存小説 43 篇。

《新雕文酒清話》,公私書目雖無著録,但在宋元文人的著述中屢屢可見。曾慥《類説》卷五五收録《文酒清話》22 則,王灼《碧鷄漫志》卷五、蔡正孫編《詩林廣記後集》卷一〇、王十朋等編《東坡詩集注》卷二五、方回編《瀛奎律髓》卷二〇、陶宗儀《説郛》卷一九,各收録 1 則;施元之等注《施注蘇詩》卷一九、卷三〇,分別收録 2 則;祝穆《古今事文類聚》前集卷三七、別集卷六、別集卷二〇分別收録 6 則;元陰勁弦、陰復春編《韵府群玉》卷一〇、卷一四、卷一六,收録 4 則。除去重複者,從上述 9 種宋元書内,復可輯録《新雕文酒清話》軼文 22 則,它們分別是"惠花酒詩""竊詩""陳亞及第""平似稱明似鏡""孫山得鮮""講易嘲""任轂詩""教坊進口號""羊雪二詩""皮歸相嘲""臘月養蠶""陳亞詩""觀君風采必不甚高""假蝗蟲""宣水""亂寫試卷""孔門上哲""對屬""末厭""二書生賦詩""贈釣者""慳值風嗇值雨"。

二、《新雕文酒清話》成書時間最早當在 1091 年後

《新雕文酒清話》殘存的 45 條故事,有數條文本的叙述時間是可以考證出來的。

《新雕文酒清話》卷五"疥有五德",卷六"眉眼爭强""陳大卿詩""言棋""陳大卿""陳大卿言"6 處,叙及陳大卿的詼諧趣事。陳大卿即陳亞,"字亞之,揚州人。慶曆三年以金部郎中知湖州,仕至太常少卿,近世滑稽之雄也。嘗著《藥名詩》百餘首行於世"。②《(嘉泰)會稽志》卷二:"陳亞,慶曆六年十二月以司奉郎中知,八年十二月,替。"而宋代孔延之《會稽掇英總集》卷一八載:"司奉郎中陳亞,慶曆六年十二月到八年十月轉太常少卿,十二月赴闕。"據此知,陳亞之任太常少卿,時在慶曆八年(1048)十二月。因此,《新雕文酒清話》所稱"陳大卿"云云,必始於皇祐元年(1049)之後。

《新雕文酒清話》卷六"哈勇"收録"雙漸"一條故事,載:

> 雙漸屯田爲漢陽簽判,一日對知府言"□縣尉公勤",知府即舉之。他日,其尉頗不公。知府爲雙漸曰:"子不知其爲人,何故妄薦舉人?"雙漸曰:"當初相見偶然間,不嗅做,如今恁地?"知府不唔。左右皆匿笑。

此段所叙述之雙漸,即宋元明小説、戲文、雜劇、傳奇、散曲等多種文學體裁中反覆提及的

---

① 卷六"哈勇",含周貴、雙漸 2 事,卷七"孫山三事"叙孫山 3 條故事,如分開計算,則 48 條故事;因它們均分屬同一標題下,故各算一條。

② [明]董斯張:《吳興備志》卷五,文淵閣《四庫全書》本。

"雙漸小卿"故事的男主角。雙漸,無爲人①,慶曆二年(1042)進士②,爲職方郎中,治平間(1064—1067)知無爲軍③,熙寧間(1068—1077)簽判漢陽④,轉任吉安府通判軍州事。⑤雙漸之官漢陽,宋曾鞏撰《送雙漸之漢陽》一詩,現存《元豐類稿》卷六。據王季思《雙漸蘇卿事補考》,雙漸至漢陽,時在宋神宗熙寧四年(1071)以前。因此,該條故事的文本叙述時間已至熙寧四年(1071)左右。

《新雕文酒清話》卷七有"焦大使"條:

> 謝天後仁廟垂簾,令杜人經、焦葉杯、孫□朝三人入雜劇。時焦葉杯是大使,人經是副使。人經奏曰:"天下明斷金銀銅鐵不得私鑄。"乃擊下焦葉杯幞頭,指之曰:"似恁地磣石骨朶,怎生不禁?"葉杯□□無髮,焦葉杯乃裹頭奏曰:"臣是教坊人員,人經對殿廷輒敢辱臣□□。"□□不啓處分,候到院中行遣。人經又擊下葉杯幞頭,曰:"不打得□□。"□□□,各賜匹帛,謝恩而退。

從"仁廟垂簾",以及"臣""殿廷""各賜匹帛,謝恩而退"等詞判斷,此條所叙述的當是杜人經、焦葉杯等在宮廷的一次雜劇演出活動。杜人經的生活時代,《新雕文酒清話》卷七"杜人經"條,記載了杜人經在慶曆八年(1048)"貝州王則釁之後二月春燕"上,演出雜劇的經歷。又宋代高承《事物紀原》卷九載:"嘉祐末,仁宗上仙……故市井初有叫果子之戲,其本蓋自至和、嘉祐之間,叫紫蘇丸洎樂工杜人經十叫子始也。"因此,本條所謂"仁廟垂簾",當指北宋歷史上著名的宣仁太后垂簾聽政。宣仁太后垂簾聽政時間始於"元豐八年三月,哲宗皇帝即位,太皇太皇垂簾共政"⑥,則此事當發生在元豐八年(1085)三月之後⑦。

《新雕文酒清話》卷七"杜力文"載:

> 杜力文,乃杜壽域之子也,才俊有父風。後流浪江湖間,干謁所至多不遇,由是轉徙困窘。一日,自儀真入維陽(揚),夜行舟中,□餐霜,風勁冷。力文衣單無□衲,乃成小闋,上揚州通判王郎中,曲名"迎春樂"令:"昨夜小舟中央更。□□霜、風開花。綻柳摠,無功偏解飲。愿貧□,□一夜。全然無蓋卧促得。我□□,弦弓叉手,向前須

---

① 《續修廬州府志》卷二三,清光緒十一年刻本。
② 《續修廬州府志》卷一三,清光緒十一年刻本。
③ 《續修廬州府志》卷二四,清光緒十一年刻本。
④ 《(光緒)重修安徽通志》卷一九四載:"雙漸,無爲人,慶曆中進士。博學能文,爲職方郎中,知本軍,後知漢陽。爲政和易,所至見思,有古循吏風。"據《文酒清話》知爲簽判。
⑤ (嘉靖)《廣西通志》卷一六,明嘉靖刻本。
⑥ 參[宋]畢仲游:《西臺集》卷一三《判西京國子監宋公墓志銘》,清武英殿聚珍版叢書本;《昌谷集》卷四《賀太皇太后聽政表》,文淵閣《四庫全書》本。
⑦ 劉曉明《雜劇形成史》認爲此事發生在"仁宗年間",北京:中華書局,2007年,第174頁。

問你看。當得□吏□。"聞者莫不憐其才。後竟客死於道途間,惜哉!

杜壽域,或字安世,京兆人,曾任郎中,著有《壽域詞》一卷。其生活時代,當與王安石同代。晁説之《晁氏客語》載:

> 杜安世詞云:"燒殘絳蠟泪成痕,街鼓報黄昏。"或譏其黄昏未到燒殘絳蠟。或云荆公尊人作。曾有人以此問之,答曰:"重檐邃屋,簾幕蔽擁,不到黄昏,已可以燃燭矣。"此詞乃荆公尊人作。韓魏公嘗以此賞杜。杜云"乃王某作",荆公時在座,聞語離席。

韓魏公即韓琦,韓卒於熙寧八年(1075),其事當在此前。《四庫全書總目》認爲《晁氏客語》"所載熙、豐間名流遺事,大都得自目擊,與史傳亦可互相參證",可見杜壽域的生活年代,當在熙、豐間。① 杜力文作爲杜壽域之子,其流離江湖間,寫《迎春樂》"揚州通判王郎中",其時亦當在此段時間左右,而此時揚州王姓通判祇有王鞏一人。王鞏任揚州通判,有元祐二年冬和元祐六年八月兩種説法。② 因此,杜力文故事文本的發生時間,當在元祐二年到元祐六年間(1087—1091)。而故事的結尾又言:"後竟客死於道途間,惜哉!"則又在此後矣。

在上述四組文本中,至少有3條超出了柴劍虹先生所推斷的"成書於1085年前",《新雕文酒清話》最早成書時間毫無疑問當在元祐六年(1091)之後。

三、《新雕文酒清話》成書時間最遲在1131年前

《新雕文酒清話》出版後,屢爲宋人援引。在援引《文酒清話》較早的著作中,有兩種值得注意。一爲曾慥《類説》,此書成書於紹興六年(1136),故柴劍虹先生將《新雕文酒清話》成書的最遲時間定在是年。另一種則是某個版本的"趙夔等注軾詩"。趙夔《蘇詩集注》曾有單行本問世,宋代陳岩肖《庚溪詩話》卷上載:

> 梁丞相叔子,乾道初任掖垣兼講席,一日,内中宿直召對,上因論文,問曰:"近有趙夔等注軾詩甚詳,卿見之否?"梁奏曰:"臣未之見。"上曰:"朕有之。"命内侍取以示之。③

---

① 吴熊和主編:《唐宋詞彙評·兩宋卷》,杭州:浙江教育出版社,2004年12月,第252頁,言杜壽域《玉樓春》"綸命忽從天上至""蓋送趙抃入蜀而作,時爲治平元年(1064)",可以參考。

② 《補注東坡編年詩》卷二九,有蘇軾《定國俅揚州》,本卷編年爲"丁卯科冬官翰林學士"。《續資治通鑑長編》卷四四六亦載"前知揚州謝景溫與鞏共事,嘗上章辨其事"。謝景溫先以元祐二年六月二十八日除知揚州,三年閏十二月二十五日權刑書,則其與王鞏共事,當在元祐二年至三年間(1087—1088)。又《續資治通鑑長編》卷四六四:"右正言姚勔言:(八月二十五日)臣竊聞朝奉郎王鞏昨任揚州通判日……"則在元祐六年八月二十四日。

③ [宋]陳岩肖:《庚溪詩話》,丁福保輯《歷代詩話續編》,北京:中華書局,2006年,第171頁。

則在宋孝宗乾道(1165—1173)年間，趙夔《蘇詩集注》已經成書，并且流傳至皇宫内。

趙夔《蘇詩集注》自序言："崇寧間，仆年志於學，逮今三十年，一句一字，推究來歷，必欲見其用事之處……頃者赴調京師，繼復守官，累與小坡叔黨游從至熟，叩其所未知者，叔黨亦能爲仆言之。"至於趙夔自序，四庫館臣傾向於依托，言："考《宋史》載軾知杭州，蘇過年十九，其時在元祐五六年間，又稱過没時年五十二，則當在宣和五六年間。若從崇寧元年下推三十年，已爲紹興元年，過之没七八年矣，夔安能見過而問之？則并夔序亦出依托。"①而馮應榴《蘇文忠詩合注》曰："今考序所云'崇寧間逮今三十年'乃統計初學以迄注成作序時；其云'頃者與叔黨游從至熟'，乃追叙舊事，兩不相礙也"，當是。②

趙夔，字堯卿，號漳川居士，西蜀人，曾任榮州太守。"紹興間南遷，及北歸，寓正悟寺。遍游桂林，有《二十四岩洞歌》"③，清蘇宗經編，羊復禮、夏敬頤增輯(光緒)《廣西通志輯要》卷三則言："紹興壬申，贈余先生詩在劉仙岩。"據此可知，趙夔在紹興二十二年(1152)左右曾寓居桂林。僅僅當過榮州太守的趙夔，其流寓桂林時所題山水之詩，之所以得以引進方志，恐與其所著《蘇詩集注》有關。

趙夔《蘇詩集注》，目前所知最早援引者當爲南宋吴曾《能改齋漫録》卷八"沿襲""酒盡卧空瓶"，而《能改齋漫録》其成書在紹興二十四年至二十七年間(1154—1157)，其時趙夔正在桂林品題山水。趙夔《蘇詩集注》無疑出版於紹興二十四年前。

至於趙夔《蘇詩集注》出版的確定時間，據趙夔《序》，他從崇寧初開始集注蘇詩，至其作序時，時間已經過去30年，纔完成了《蘇詩集注》。"從崇寧元年下推三十年，已爲紹興元年"，故清阮元《揅經室三集》卷五《蘇文忠公詩編注集成序》言："次公同時有趙夔者，嘗知榮州，納交於叔黨，别創爲分類注，垂三十年而刊於紹興之初，自鳴一家。"④

成書於紹興初的趙夔《蘇詩集注》，在千方百計探究蘇詩典故和文字出處時，援引了《新雕文酒清話》；成書於紹興六年(1136)的曾慥《類説》卷五五收録了《文酒清話》22則，這些清楚地表明《新雕文酒清話》的刊行時間應在紹興初或之前的建炎(1127—1130)年間，此時正是金太宗天會(1123—1137)年間。

綜上所述，《新雕文酒清話》殘本存文45條，可輯録軼文22條。從殘本文本内容看，其成書最早當在1091年後；從趙夔注蘇詩引用殘本内容看，其成書最遲不會晚於1131年，作品刊行於金太宗天會(1123—1137)年間的可能最大。

---

① 紀昀等：《四庫全書總目提要》卷一五四《集部七》，文淵閣《四庫全書》本。
② 關於趙夔《序》的真僞，見劉尚榮：《蘇軾著作版本論叢》，成都：巴蜀書社，1988年3月；王友勝：《蘇詩研究史稿》，長沙：岳麓書社，2000年5月。
③ [清]蔡呈等修纂《臨桂縣志》，[清]陸心源《宋詩紀事補遺》卷四八亦載之。
④ [清]阮元：《揅經室三集》，四部叢刊本。

釋印光校勘佛教古籍之批判

——《善慧大士錄》校讀記之一

張勇（子開）

（四川大學）

一、印光較正《傅大士集》的緣由

民國十年（辛酉，1921年），天台山觀月比丘興慈（1881—1950）募資鎸刻《傅大士集》。① 書後附《〈傅大士集〉重刻後跋》叙述了此次鋟版的由來：

> 傅大士者，彌勒菩薩所降世也。德道雙林，説法皇官，化迹神奇，自天子以至庶人，一以應機普化，所以度人無量也。
>
> 及滅久之，有國子進士樓穎者，受佛戒之弟子也。謹録大士一代聖迹成編，定爲八卷。宋高宗間，樓炤復删爲三卷，附録一卷。自來抄刻不知有幾，而光緒庚辰，住僧與傅姓募鋟，字句多悮，梓工欠精。版仍傅姓所藏，欲印不遂。傅姓即大士同族之後也。光緒辛丑，愚徒慧泉住雙林，因過其寺數次，見是《語録》，惜未傳諸方。然而菩薩應迹，必然行於天下。迄光復初，愚較初卷，改正一二，因事無暇，後即請常熟張鍾瑾居士較訂。又改"語録"二字而定名曰"集"，遂刻於虞山。戊午秋，移版於揚州藏經院。會普陀印光法師亦在，因而閲之，曰："悮字猶多矣，刻亦未精。理當重梓，方可流通。"由是請法師重爲較正，悉按文義正其字句，使復本真，畢登梨棗。
> ……

---

① 義烏市圖書館藏綫裝鉛印本。

民國辛酉,天台山觀月比邱興慈募鎸謹跋。

是則興慈雕刻有關傅翕①化迹的《傅大士集》時,所據底本乃光緒庚辰(1880)募鋟本。② 自慧泉辛丑年(1901)於雙林寺得光緒庚辰本之後,興慈、張鍾瑾都曾有所較訂,并在虞山鏤版;印光戊午年(1918)在揚州藏經院所見者,實乃虞山刻本。興慈稱,印光認爲虞山刻本之闕失在於"悞字猶多矣,刻亦未精""理當重梓",遂"悉按文義正其字句",於是有了虞山刻本的重梓本。

興慈募鋟或印光較正之《傅大士集》,原單獨流傳,後復收入《三大士實錄》,與《布袋和尚傳》《文殊化身戒闍黎示現錄》一并弘布。③

其實,印光亦有《〈傅大士傳錄〉序》記錄是事,不過該《序》并未收納入《傅大士集》罷了。是《序》頗可與興慈《跋》相互証明:

……義烏雙林寺,乃大士潜修之所。向有《傳錄》木板,以屢經鈔錄刊刻,未經明眼人校訂,遂致錯訛不勝其多。奉化孫玉仙居士至雙林禮謁大士,得其書歸,即欲重刻,以廣布大士之道。祈光校訂,以冀蕪穢盡除,而天真徹現。光勉竭愚,誠息心正訂,雖未能一無遺漏,庶可還本來面目矣。玉仙又以大士碑記文深義奧,若無注釋,實難引人入勝,啓人景仰。乃祈黃無言居士,爲之詳注。俾若文若義,一一如指諸掌。庶閲者不勞思索,悉知大士之本迹事理,以爲龍華三會,得蒙度脱之先導云。④

倘準此,則印光所見乃孫玉仙携自雙林寺者,并非興慈等人鎸雕的虞山刻本,而當爲光緒庚辰本。印光校訂之因,亦是原木刻本"錯訛"極夥。除印光自己之外,興慈、張鍾瑾并未預校勘事宜,印光《序》甚至連興慈之名亦未提及。至於興慈與印光所説孰是孰非,雖因缺乏其他佐證,遽然難以坐實,但揆諸情理,興慈、張鍾瑾至少應有所參與歟? "大士碑記",蓋謂陳朝徐陵撰《東陽雙林寺傅大士碑》。至於黃無言之詳注,興慈募鋟本無見。

總之,以興慈《跋》而言,印光乃《傅大士集》最終"重爲較正"之人;憑印光《序》而言,印光更是唯一"息心正訂"者:今本《傅大士集》的校訂成功與否,或者説《傅大士集》的優與劣,當主要歸責於印光。

---

① 按,傅大士即傅翕(497—569),南朝蕭梁時著名的佛教居士。有關傅大士的研究,可參考張勇(子開):《傅大士研究》(初版),臺北:法鼓文化事業股份有限公司,"中華佛學研究所論叢"之19,1999年1月;修訂一版,成都:巴蜀書社,2000年7月;修訂二版,高雄:佛光山文教基金會,2001年4月;修訂增補本,上海:上海人民出版社,2012年7月。
② 有關傅大士化語的文獻及其版本,參考張子開:《傅大士研究(修訂增補本)》。
③ 張子開:《傅大士研究(修訂增補本)》。
④ 釋印光著述,張育英校注:《印光法師文鈔》卷八《〈傅大士傳錄〉序》,北京:宗教文化出版社,2000年3月,第1184頁。

二、印光删改《傅大士集》的類型

概而言之,傅翕化語流傳到唐代,國子進士樓穎編次爲《善慧大士錄》八卷本;再延及後世,分支出三個主要的版本系統:《雙林善慧大士小錄并心王論》,龍津删潤本,樓炤刊正本。自樓炤刊正本流出者,現存者一爲《續金華叢書》所入胡宗懋校鋟本《善慧大士傳錄三卷附錄一卷》,一爲收入《大日本續藏經》中的伯映泰刊本《善慧大士語錄》。① 而無論是虞山刻本還是興慈募鋟本(印光較正本),皆源自龍津删潤本。至於《雙林善慧大士小錄并心王論》,則删簡過甚,僅存不到4000字。

以胡宗懋校鋟本和伯映泰刊本相較,印光較正之慈募鋟本删改處極夥、删改的程度極其嚴重,可以說是遍布全書,無葉無之,慘不忍睹。下面即對印光較正本中的肆意篡改略作歸納,爲節省篇幅,每類僅擷用數例,以見其謬即可;底本爲伯映泰山刊本,對校本爲胡宗懋校鋟本(簡稱"胡本")。

(一)個别字詞的删除、添加或更换

這種情況在印光較正本中非常普遍,特别是在卷一、卷二中,有一半以上的句子都慘遭塗抹。

首先,删削掉副詞、介詞、連詞、助詞等虛詞(古亦稱"虛字")。

(1)所以用威神之力現無數身(卷首樓穎序)。

按:"所以",印光較正本删除。

(2)大士得錢,即營設大會,乃發願曰(卷一)。

按:胡本同。印光較正本去掉"即""乃"。

(3)其飼虎之餘飯(卷一)。

按:"其""之",印光較正本删。

(4)其所爲衆生説法,亦不過數句(卷二)。

按:"所""亦",印光較正本删。

(5)明非斷非常(卷三)。

按:"非",印光較正本删。

我們説,雖然虛詞因其意義比較抽象而不能單獨成句,但實有助於造句,具有一定語法意義。杜甫《峽口》詩清仇兆鼇題解:"詩句中用虛字,貴乎逸而有致。謝朓詩'去矣方滯淫,懷哉罷歡宴',不如老杜'去矣英雄事,荒哉割據心'。"其實,虛詞之活泛文氣,絕不止於詩詞。《朱子語類》卷六七:"且如解《易》,秖是添虛字去迎過意來,便得。今人解《易》,乃去添他實字,却是借他做己意説了。"宋樓昉《過庭錄》説得頗愜情理:"文字之妙,秖在幾個

---

① 參考張勇(子開):《傅大士研究》。

助辭虛字上……助亂虛字,是過接斡旋千轉萬化處。"印光較正本之所爲,不但破壞了古代文氣,而且極有損於原書的表現力。

更多的時候,無論虛詞、實詞,并遭任意刊芟。

(1)大士唯不飲食,而衆益嘆异,遂釋之。大士還山,愈加精進,遠近願師事者日衆(卷一)。

按:胡本同。印光較正本删除"大士唯""而""遂""大士""願""者"。

(2)乃種麻、豆、芋、菜等。及至秋稔,忽有賜漱里賈曇穎來争其地,大士即與之(卷一)。

按:"乃種麻、豆、芋、菜等",胡本作"乃種麻豆等菜",印光較正本則作"種麻豆等"。"及",印光較正本删。"忽",胡本、印光較正本并作"時"。"争",胡本、印光較正本并作"捨"。"即與",胡本作"即授",印光較正本作"受"。

(3)感受富貴安樂。今生雖復爲惡(卷二)。

按:"感受""生""復",印光較正本并删削。

(4)明懲心性無染(卷三)。

按:印光較正本删除"懲"字。

(5)東陽郡烏傷縣雙林寺傅大士者,即其縣人也(卷四徐陵《碑文》)。

按:"縣",印光較正本删除。

以己義更改原有字詞者,亦頗爲不少:

(1)以金剛爲鋒刃(卷首樓穎序)。

按:"金剛",印光較正本更改爲"智慧"。

(2)如大士之時,比丘僧則有智者、頭陀(卷首樓穎序)。

按:"丘",印光較正本改爲"邱"。

(3)净地菩提子,盍得天中天(卷三)。

按:"地",印光較正本改爲"土";"盍",又改爲"蓋"。

(4)牛從橋上過,橋流水不流(卷三)。

按:"牛",印光較正本改爲"人"。

(5)一更始,擎香佛龕裏(卷三)。

按:"擎香佛龕裏",胡本、印光較正本并更改爲"心香遍界起"。

(6)理無決定,無聽無聞。無而恍晃,生死坦然(卷三)。

按:"理無決定無聽無聞無而恍晃",印光較正本更改爲"理決定而無形,事微妙而忽恍"。

(7)雖三會濟濟,華林之道未孚(卷四徐陵《碑文》)。

按:"華林",印光較正本更改爲"龍華"。

(8)兩眼光明,雙瞳照燿,皆爲金色,并若金錢(卷四徐陵《碑文》)。

按:"幷若金錢",印光較正本更改爲"朗若金鏡"。

很多時候,同一句子中或相鄰句子中,既有删刈,復又任意添加或更替字詞。

(1)娶留氏,名曰紗光。有子二人,曰普建、普成(卷一)。

按:"留",印光較正本改爲"劉"。"名曰",印光較正本删。"紗",胡本、印光較正本并作妙。"有",印光較正本更改爲"生"。"曰普建"之"曰",印光較正本删除。

(2)遇一胡僧號嵩頭陀,語大士曰(卷一)。

按:胡本同。印光較正本更"胡"爲"梵",去掉"號""語大士"。

(3)大士復捨田園產業,以十五日設會,爲此國土、遍十方普佛世界六道四生(卷一)。

按:胡本同。印光較正本去掉"十五日""國""普佛",更改"遍"爲"及"。

(4)事出家者,出慳家,出貪家,出瞋家,出殺害家,出食啖衆生家,出偷盜家,出邪淫家,出損他利(已)[己]家,出綺言妄語家,出惡口兩舌家,出嫉賢妒能家,出憎愛家,出怨親家,出互爭勝劣家,出相凌易家,出相鬥打家,出貢高家,出我人家,出不慈孝家,出無慚無愧家,出違恩背義家,出不謙讓家,出誹謗家,出毀訾家,出世間非道理家,出不恭敬家,出六塵家,出一切諸慢家,出我慢家,出邪慢家,出憍慢家,出高慢家,出不如慢家,出慢慢家,出增上慢家,出多聞廣知家,出持戒慢家,出禪定慢家,出師慢家,出僧慢家,出貴慢家,出富慢家,出端正慢家,出丈夫慢家,出勢力慢家,出妓能慢家,出火宅慢家,出三界家,出一切有爲諸結家(卷二)。

按:凡下畫綫的"出""家"字,印光較正本全部删除。

(5)皆由自身口意業之所致也。是故應須控制諸根(卷二)。

按:印光較正本將"皆由自身口意業之所致也"改爲"皆由三業所致",復去掉"是""須"字。

(6)阿鼻地獄、寒冰種種諸苦,豈可當乎?《道家五苦頌》曰(卷二)。

按:"阿鼻地獄"之前,印光較正本添加"八寒八熱"數字;"寒冰",更改爲"及餓鬼畜生";又删除"道家五苦"4字。

(7)性非解脱,本無十纏(卷三)。

按:印光較正本改"非"爲"本","本"之前,添加"而"字。

(8)亦復的不在中間(卷三)。

按:印光較正本删"的",復於"不在"之後添加"於"字。

(9)弟子比丘法曠、弟子優婆夷嚴比丘,各在山林燒身現滅。次有比丘寶月等二人(卷四徐陵《碑文》)。

按:"丘",印光較正本改爲"邱"。"嚴比丘",印光較正本改爲"子嚴等"。"寶月"之前,復添加"法如居士"4字。

(二)整句地删除原書文字

(1)大士姓傅,名翕,字玄風。東陽郡烏傷縣稽停里人。烏傷,即今義烏縣也(卷一)。

按：胡本同。印光較正本删去"烏傷即今義烏縣也"數字。

（2）因問修道之地。頭陀指松山下雙檮樹，曰："此可矣。"即今雙林寺是。大士於此結菴……（卷一）

按：胡本同。印光較正本删"即今雙林寺是大士於此"10字。

（3）補處菩薩有所不知耶？我當坐道場時，此人是魔使，爲我作障礙，我當用此爲法門（卷一）。

按：胡本同。"有所"，印光較正本改爲"豈"。"此人是魔使"，印光較正本改作"魔使此人"。"我"，印光較正本删。"此"，印光較正本改爲"之"。"我當用此爲法門"之後，印光較正本删除"汝等（佀）[但]看我遭此惱亂"9字。

（4）於是詔侍中、尚書、左僕射領大著作、建昌縣、開國侯東海徐陵爲大士碑，尚書左僕射領國子祭酒、豫州太中正汝南周弘正爲慧和闍梨碑（卷一）。

按："侍中尚書左僕射領大著作建昌縣開國侯""尚書左僕射領國子祭酒豫州太中正"，印光較正本并删。

（5）問曰："夫物生有死，事成有敗，生心趣道，寧得久住常樂？何者是魔業？"（卷二）

按："問曰夫物生有死事成有敗生心趣道寧得久住常樂"21字，印光較正本盡行删除。

（6）此於諸人意云何？病爲當愈不？（卷二）

按：印光較正本删去"此於諸人意云何"7字。

（7）何謂階梯拔？有人受持佛三歸一不殺戒（卷二）。

按：印光較正本删掉"何謂階梯拔"5字。

（8）喻拔四百壯（卷二）。

按："四百壯"之後，印光較正本添加"是爲階梯拔"5字。

其實，即便是原文中的補充性說明如"烏傷，即今義烏縣也"之類，亦非多餘，而是有助於理解，特別是對外地讀者而言。

（三）隨意增加原文所無的整句乃至於大段内容

（1）種植蔬果，爲人傭作（卷一）。

按：胡本同。印光較正本在"種植蔬果"之前，添加"躬耕而居"4字；"爲人傭作"之前，增加"時有盜菽麥瓜果者見即與籃籠盛去或"16字。

（2）至十八日，大士作偈進帝，答息而不滅義。其辭曰："盡於未來，乃名精進。"（卷一）

按，印光較正本於"乃名精進"之後，添加如下一段文字：

> 帝又請講《金剛經》。大士升座，揮案一拍，便下座。（帝愕然。志公問："陛下會麼？"帝曰："不會。"曰："大士講經竟。"帝遂省，此數語是禪家提唱宗乘之寓言也。蓋志公入滅待十餘年，士方見帝。特録以示。）再請講。大士索拍版升座，唱四十九頌便去。

大士一日頂冠、披衲、靸履。帝問："是僧耶？"士以手指冠。帝曰："是道耶？"士以手指靸履。帝曰："是俗耶？"士以手指衲衣，遂出。故今雙林寺塑大士像，頂道冠，身袈裟，足靸履，仿此迹也。

(3) 今略說入家。入遍寂家……（卷二）

按："入遍寂家"之前，印光較正本增添"曰須知理出家者即是入家今更略說"15字。

(4) 行路難，路難非穢亦非淨，是非雙泯復還存（卷三）。

按："是非雙泯復還存"之後，印光較正本添加"泯存叵得見真性"7字。

(5) 卷三最後的詩偈《率題兩章》之後，印光較正本添加《檀波羅蜜布施頌》《尸羅波羅蜜持戒頌》《羼提波羅蜜忍辱頌》《毘離耶波羅蜜・進頌》《禪波羅蜜禪定頌》《般若波羅蜜智慧頌》《示諸佛村鄉歌》，共約數百字。

(6) 遂即有娠，生法師（卷四《惠約傳》）。

按："法師"之後，印光較正本添"時宋文帝元嘉二十九年壬辰"12字。

（四）在大肆塗掉的同時，或又肆意添加

(1) 沙門慧和是我解義弟子，亦是聖人，然行位不高。慧集上人是觀世音，與我作弟子。昌居士是難。昌在世形容、行業還示闇劣，世人不免輕之，乃誡諸弟子曰："汝等莫輕昌居士。佗捨命甚易，無餘痛惱，顏色鮮潔，倍勝平常。"捨命之後，大士方說是阿難耳（卷一）。

按："沙門慧和是我解義弟子亦是聖人然行位不高"，印光較正本全部刪除，更改爲"沙門慧和本亦聖人，今作我解義弟子，行位卑居"。"與我作弟子"，印光較正本刪。"世人不免"，印光較正本刪除，又添加"人或"。"乃誡諸弟子"，印光較正本刪除，添加"捨命之後，大士乃告人"。"昌居士"，印光較正本改爲"忽昌"。"佗"胡本作"他"，印光較正本刪，添加"觀其"。"捨命之後，大士方說是阿難耳"，印光較正本刪除，另添加"知是阿難化作耳"。

(2) 大士既涅槃時至，亦預有徵應。先是，雙林及雲黃兩處房前皆生瑞梨樹，其上常有甘露，四時不絕。乃忽萎黃，漸至枯死（卷一）。

按："大士既涅槃時至亦預有徵應"12字，印光較正本刪除。"漸至枯死"之後，印光較正本擅加"此大士涅槃將至之先徵也"11字。

（五）整句地任意篡改原文

(1) 因取香火，及四衆次第傳之（卷一）。

按：印光較正本改爲"次第傳四衆"。

(2) 果有法猛上人將織成彌勒佛像（卷一）。

按：印光較正本改作"上人果持佛像"。

(3) 如或不可諱，則靈(樞)[柩]若爲安厝？（卷一）

按："如或不可諱"，印光較正本更改爲"大士滅後"。

(4) 爾時有客來至屋中與我談話（卷二）。

按：印光較正本更改爲"時有客來叙話"。

(5)修行四等六度，廣濟群生，安心實際，取證成佛三十二相、八十種好(卷二)。

按：印光較正本更改爲"觀十二因緣性空覺悟實際取證涅槃"。

(6)至天監元年，約爲尚書僕射，啓敕請法師居省中。約遂禮法師曰："草堂之言，今果然矣。"師笑曰："子産有云'多言或信'。"約曰："弟子始願不及，此榮生望外，豈非佛乎！"信奉愈至。約尋爲佐僕射、尚書令，法師并隨在省中，常以説法爲務。

時有二白蝙蝠，現草堂寺東門上，毛色美澤。衆僧相謂曰："仙人合藥，常用此物。求不可得，有緣至耳，必爲法師瑞應也。"乃籠將入省，以與法師。法師熟視良久，曰："我服食數十年，常啖草木根葉，尚懷不必。今合藥用衆生皮骨者，豈人心哉！服汝縱能使我長生久視、白日飛騰，義不忍害汝以成己也。"於是送還草堂寺放之。少頃，又有二頭現法師梁下。法師咒而遣之如初，後不復見也。

後約爲丹陽尹，又請法師在郡供養。約少時往詣法師所，神氣不樂，仰頭看屋，謂法師曰："昔王、褚二公供養法師，并爲京尹，今弟子復得繼迹前修。弟子過去、後朝賢居此者，復應奉請法師，亦可安居此屋。弟子朝露耳，不知法師當復見如弟子輩幾人？"法師瞪目視，不言。良久答曰："檀越前生種福，今身受報。既足，方便輪轉。貧道在此世界未得滅度，猶應助世教化。別有緣會，當非復此屋也。"(卷四《智者法師》)

按：胡本略同。下劃綫部分數百言，印光較正本徑删，而代以"入省住十一年臨丹陽尹無何而嘆有憂生之嗟師謂曰"22字。

三、印光較正《傅大士集》之批判

(一)印光化迹述略

釋印光(1861—1940)，清末民初之僧。陝西郃陽(今合陽)人。俗姓趙，名紹伊；法名聖量，字印光，別號常慚愧僧。出家之後，赴原唐禪宗寺院、時净土道場北京懷柔紅螺山資福寺①，專修净土。再後，居浙江普陀山法雨寺期間，朝夕唯閲藏念佛。民國十二年，在南京與人合作創立放生念佛道場。再後復建吴縣靈巖山寺，是寺被譽爲中國净土宗第一道場。抗戰爆發後，避居靈巖寺，閉門念佛。印光畢生弘揚净土，嚴持"不當住持，不收徒衆，不登大座"三原則。示寂後，被尊爲中國净土宗第十三祖，"我國當代净土宗高僧""民國以來净土第一尊宿"②。

印光一生著述宏富，除在蘇州報國寺修輯清凉、峨眉、普陀和九華這中國佛教四大名山之志外，另有《净土决疑論》《宗教不宜混濫論》《嘉言録》等。人輯其部分著述爲《印光

---

① 項楚、張子開等：《唐代白話詩派研究》，成都：巴蜀書社，2005年6月。
② 慈怡主編：《佛光大辭典》第3册"印光"條，高雄：佛光出版社，1989年6月，第2206頁。

法師文鈔》《印光大師全集》。

（二）印光整理《傅大士集》之惡果

釋印光或對净土教①的弘傳有較大貢獻，但他整理佛教文獻時任憑己意而大肆塗抹的態度，實不可取，更不應仿效。

天台興慈因印光評價自己及張鍾瑾校訂之雙林寺藏傅大士《語録》"悮字猶多"，而祈其重新較正，冀其"使復本真"②。印光亦稱"向有《傳録》木板，以屢經鈔録刊刻，未經明眼人校訂，遂致錯訛，不勝其多"，孫玉仙"祈光校訂，以冀蕪穢盡除，而天真徹現"，故印光聲言"勉竭愚誠，息心正訂，雖未能一無遺漏，庶可還本來面目矣"。③ 顯然，無論是興慈、孫玉仙，還是印光本人，其初衷皆欲恢復傅大士《語録》的本來面目。

然而，通觀全書，除了將"婬"改爲"淫"、"普"更爲"普"、"飡"變爲"殯"、"鶩"替爲"鵞"、"寧"換爲"甯"等少數异體字之間的變換之外，絶少見什麽"悮字"的修正；即便這種异體字的替换，亦完全没有必要，因爲這反而破壞了古本面貌。

至於我們上面討論的 5 種删改情况，則已徹底偏離了訂正錯訛的初衷。最大膽妄爲者，這種芟除無情地涉及徐陵、樓穎等古代著名文人的前序和碑文。

可以肯定地説，印光較正本無論是根據興慈、張鍾瑾校訂而在虞山鏤版的光緒庚辰募鋟本，還是直接塗抹雙林寺所藏光緒庚辰本，都大大改變了原書的文字乃至部分内容，都毫無疑義地屬於篡改，都是對原書面貌的極大破壞。

這種篡改至少導致了兩種惡果：

首先，令印光較正本及其衍生本的讀者無法目睹光緒庚辰本的原貌。

其次，直接導致《善慧大士録》光緒庚辰本的消亡。印光較正完畢，挾其聲威，先後出現了木刻本、鉛印綫裝本、《三大士實録》等幾種《傅大士集》本子，原光緒庚辰本迅速爲印光擁躉們所弃，賡即踪迹全無。可以説，光緒庚辰本的"本真"或"本來面目"之不可復睹，全拜印光所"賜"。

不幸之萬幸，目前還有樓炤刊正本系統的胡宗懋校鋟本和伯映泰刊本存在，令傅翕及相關人士的化語不至於全部失真。

印光本人曾頗爲自負地宣稱："雖未能一無遺漏，庶可還本來面目矣。"④天台興慈亦很贊賞之："嗚呼！書欲流通，當遇智目，否則悮矣。印光法師藴道育德，慧眼圓明，一見而條晰焉。"⑤我們説，就較正《傅大士集》而言，印光算不上"明眼人"⑥，他實難副斯望。相

---

① 從本質上講，中國没有什麽净土宗，祇有斷斷續續弘揚净土的僧人。
② 天台興慈：《〈傅大士集〉重刻後跋》。
③ 印光：《〈傅大士傳録〉序》。
④ 印光：《〈傅大士傳録〉序》。
⑤ 天台興慈：《〈傅大士集〉重刻後跋》。
⑥ 印光：《〈傅大士傳録〉序》。

反,自稱"常慚愧僧"的釋印光,真該好好慚愧了。

(三)印光肆意刪改《傅大士集》的緣由

如上所言,印光較正《傅大士集》時,包括對字體的更改、字詞乃至段落的替換兩個方面。這主要還是緣於對自身文字功底和佛學修養的過度自信等原因。

首先,語言文字功底欠缺。比如:

(1)賣髓祠天,能供養於般若(徐陵《碑文》)。

按:"祠",印光較正本作"祀"。按,"祠天"謂祭祀天神也,是乃中土本來信仰,古代文獻中多有涉及。《漢書》卷九四下《匈奴傳下》:"不可得行。宜遣使往告祠天,與解盟。"《史記》卷一二《孝武本紀》:"乃令越巫立越祝祠,安臺無壇,亦祠天神、上帝、百鬼,而以雞卜。"當然,在佛教中,"祠天"一般乃婆羅門或其他信仰者所行。《大唐西域記》卷八:"如來寂滅之後,無憂王之初嗣位也,信受邪道,毀佛遺迹,興發兵徒,躬臨剪伐。根莖枝葉,分寸斬截,次西數十步而積聚焉,令事火婆羅門燒以祠天。"《廣弘明集》卷一一法琳《上秦王論啓》:"中平元年三月五日,内外俱起,皆著道士黄服黄巾,或殺人祠天。"① 大致而言,"祠天""祀天",其義一也,不煩改。

(2)大士乃延其教化,更住閻浮,弘訓門人,備行衆善(徐陵《碑文》)。

按:"備",印光較正本作"修"。"備行衆善"顯然比"修行衆善"更爲雅馴。

(3)八世祖畯,仕吳至散騎常侍郎,故侍中玄之弟也(卷四《智者大師》)。

按:"侍郎",印光較正本作"即郎"。"即郎"不辭。魏晉及以後,倒確有"散騎常侍郎"之官職。唐李延壽《北史》卷三五《王慧龍》:"王慧龍,太原晉陽人,晉尚書僕射愉之孫,散騎常侍郎緝之子也。"同書卷二〇《婁伏連》附婁寶:"天子感其壯志,召寶第二子景賢,授員外散騎常侍郎。"宋歐陽修《集古録》卷四"北齊常山義七級碑"條,載碑文曰:"常山太守、六州大都督、儀同三司綦連公,以天保九年爲國敬造七級浮圖一區。至天統中,使持節都督瓜州諸軍事、驃騎大將軍、儀同三司、瓜州刺史、常山太守、六州大都督、頻陽縣開國子、樂平縣開國男慕容樂,及散騎常侍郎、驃騎大將軍、前給事黄門侍郎、繕州大中正、食新市縣幹、新除常山太守麴顯貴,與功曹石子和等增成之。"并可爲證。

(4)麞鹿於草中各自覓活,小父逐而殺之,令兒心中痛楚,不忍見也(卷四《智者大師》)。

按:小父,印光較正本改爲"叔父"。"小父"本指稱父之幼弟。宋王安石《寄吳氏女子》詩:"自吾捨汝東,中父繼在廷。小父數往來,吉音汝每聆。""叔父"則通稱父親的弟弟,無論有幾個弟弟,皆以名之。《孟子·告子上》:"敬叔父乎?敬弟乎?"顯然,"小父""叔父"的含義是有別的,"叔父"包含了"小父",而"小父"則祗爲"叔父"之一。

其次,不明歷史背景。

---

① [唐]釋道宣:《廣弘明集》,宋磧砂藏本。

(1)如大士之時,比丘僧則有智者、頭陀、慧集、慧和、普建、普成……(唐樓穎《善慧大士錄序》)

按:印光較正本將《善慧大士錄》中的"比丘""比丘尼"之"丘",全部改爲"邱"。清雍正三年(1725)下詔,爲避孔丘之諱,除"四書五經"之外,凡遇"丘"字,例改爲"邱",讀作期音。① 印光較正《善慧大士錄》時,已屆民國,却還要遵循清代遺制,可謂迂腐。

(2)自叙元系,則云:補處菩薩,仰嗣釋迦;法王真[八]子,是號彌勒(徐陵《碑文》)。

按:"元系",印光較正本更改爲"玄"。"元系",世系也。"玄系"不知何義? 因清聖祖愛新覺羅氏名玄燁,故清人多以"元"代之②;印光或以爲徐陵《碑文》中的"元"亦屬此類,因此而回改歟?

再次,不諳佛教教義。比如:

猗歟開士,類此難思(徐陵《碑文》)。

按:"士",印光較正本作"示"。按,"開士"是菩薩之異名。南朝宋劉義慶《世說新語·文學》"提婆初至,爲東亭第講《阿毗曇》",劉孝標注引晋慧遠《〈阿毗曇心〉叙》曰:"遠法師《〈阿毗曇〉叙》曰:'……有出家開士字法勝,以《阿毗曇》源流廣大,卒難尋究,别撰斯部凡二百五十偈,以爲要解,號之曰心。'"北宋道誠集《釋氏要覽》卷上"開士"條:"經音疏云:開,達也,明也,解也。士,則士夫也。經中多呼菩薩爲開士。前秦苻堅賜沙門有德解者號開士。"③《一切經音義》卷一〇,唐玄應《明度無極經》第一卷"開士":"謂以法開道之士也。梵云扶薩,又作扶薩,或音薩。是之事也。"④同書卷一六,玄應《文殊師利佛土嚴浄經》上卷"開士"條:"梵語菩薩者也。謂以法開道之士,故名開士也。"⑤南宋法雲《翻譯名義集》卷一:"菩薩。肇曰:正音云菩提薩埵。菩提,佛道名也。薩埵,秦言大心衆生。有大心入佛道,名菩提薩埵。無正名譯也。安師云開士、始士。"⑥倘準法雲所言,"開士"一詞乃道安(312—385)所創也。印光改爲"開示",謂指明、啓示也,與"開士"意思迥别。

最過分的是,印光作爲浄土信仰者,却力圖以自己的信仰去一統其他宗派觀念,去權衡删改其他佛教派别的論述。這本質上是一種宗教偏執和信仰狂妄。

阿鼻地獄、寒冰種種諸苦,豈可當乎?《道家五苦頌》曰(卷二)。

---

① [清]葉名澧:《橋西雜記》"避孔子諱"條,載[清]潘祖蔭輯《滂喜齋叢書》,吴縣潘氏京師刊本,清同治光緒年間;又見《叢書集成初編》本,第2967號,第28頁。[清]俞樾:《茶香室叢鈔》,北京:中華書局,1995年2月。王彦坤編著:《歷代避諱字彙典》,北京:中華書局,2009年7月,第217頁右欄至218頁左欄。

② 王彦坤編著:《歷代避諱字彙典》,第318頁右欄。

③ [日]高楠順次郎、渡邊海旭、小野玄妙等編:《大正新修大藏經》,東京:大正一切經刊行會,大正十三年(1924)至昭和九年(1934),第54册,第260頁下欄。

④《大正新修大藏經》,第54册,第364頁中欄。

⑤《大正新修大藏經》,第54册,第407頁上欄。

⑥《大正新修大藏經》,第54册,第1060頁中欄。

按:"阿鼻地獄"之前,印光較正本添加"八寒八熱"數字;"寒冰",更改爲"及餓鬼畜生";又删除"道家五苦"4字。或許,印光是淨"道家"當作宣揚老莊學説者吧。其實,在傅翕生活的魏晋南北朝,"道家"的一個常用義項是佛教。① 北魏楊衒之《洛陽伽藍記·永明寺》:"(陳留王景皓)凤善玄言道家之業,遂捨半宅安置佛徒,演唱大乘數部。"范祥雍校注:"按此道家蓋指佛教。《四十二章經》稱佛教爲釋道或道法。牟融《理惑論》稱釋教爲佛道,又僧徒又稱道人,可證古時稱道家非如後人專指道教而言。"②

肆意删改以合自己心目中的"本來面目"③的印光較正本《傅大士集》,全然篡改了《善慧大士録》,後人欲憑之瞭解傅大士實不可能;"後之願登龍華、親睹彌勒者,必由見聞是集而信解以果遂也"④,純屬一廂情願。

我們説,釋印光或對净土教⑤的弘傳有較大貢獻,但他整理佛教文獻時任憑己意而大肆塗抹的態度,實不可取,不應頌揚,更不應仿效。本文毫不留情地嚴正批判釋印光較正本《傅大士集》,一者或可以管窺清末民初佛教界對於佛教古籍的態度,二者亦欲提供一前車之鑒,希望以後佛教界人士在整理佛教文物文獻時,不要再恣意妄改,不要再留"慚愧"了。

---

① 余嘉錫:《論衡中所稱道人、道士與道家》,載余嘉錫《余嘉錫論學雜著》,北京:中華書局,1963年1月。
② [北魏]楊衒之撰,范祥雍校注:《洛陽伽藍記校注》卷四,北京:中華書局,2011年,第237、244頁。
③ 印光:《〈傅大士傳録〉序》。
④ 天台興慈:《〈傅大士集〉重刻後跋》。
⑤ 從本質上講,中國没有什麼净土宗,衹有斷斷續續的弘揚净土的僧人。參考湯用彤:《隋唐佛教史稿》第四章《隋唐之宗派》,載《湯用彤全集》,石家莊:河北人民出版社,2000年9月,第111~233頁。

杜甫"熟精《文選》理"解

林英德

（華僑大學）

　　杜甫在《宗武生日》詩中告誡宗武説："詩是吾家事，人傳世上情。"并要求他"熟精《文選》理，休覓彩衣輕"。正如宋人高似孫所謂："杜公訓兒，熟精《選》理；兒豈能熟，公自熟耳。"①張戒亦云："子美不獨教子，其作詩乃自《文選》中來，大抵宏麗語也。"（《歲寒堂詩話》卷上）②可見，"熟精《文選》理"其實是杜甫本人《文選》接受的真實表述和高度概括。但由於杜甫并未就"熟精《文選》理"的涵義作出解説，故歷代學者對其各有不同的理解和解釋，可謂衆説紛紜，莫衷一是，儼然是一椿學説公案。

一

　　高似孫曾撰《選詩句圖》，他在該書《序》中説："蚤（早）參公法，全律用六朝句。不特公也，宋襲晋，齊沿宋，凡兹諸人，互相憲述，神而明之，人莫知之。惟李善知之，予亦知之。乃爲圖詁，略表所以憲述者，法精且秘，悟其杜矣。"③從"蚤參公法""法精且秘""六朝句"等用語看，高氏徑用"法"字來解釋杜甫所言的《文選》"理"。"理"等同於"法"即"句法"。這是高似孫對杜甫"熟精《文選》理"的理解，也是他編撰《選詩句圖》的理據和用意。

　　南宋另一注家趙次公作了這樣的解釋："公嘗曰：'續兒誦《文選》。'則'熟精《文選》理'者，所以責望於宗武也。公詩使字多出《文選》，蓋亦前作之菁英，爲不可遺也。公又

---

① ［宋］高似孫集：《選詩句圖》，北京：中華書局，1985 年，第 1 頁。
② 丁福保輯：《歷代詩話續編》，北京：中華書局，1983 年，第 456 頁。
③ ［宋］高似孫集：《選詩句圖》，北京：中華書局，1985 年，第 1 頁。

曰：'遞相祖述復先誰。'則公之詩法，豈不以有據而後用邪？"①文中所謂"公詩使字多出《文選》""公之詩法，豈不以有據而後用"，可知趙氏理解中的《文選》"理"主要是針對杜詩"使字"和"詩法"而言。這種解釋與高似孫的理解大致相近，都強調了一個"法"字。

宋代的不少詩論家也都是從詩法角度來解讀杜甫的"熟精《文選》理"。葛立方《韻語陽秋》卷三："杜子美詩喜用《文選》語，故宗武亦習之不置，所謂'熟精《文選》理，休覓彩衣輕'，又云'呼婢取酒壺，續兒誦《文選》'是也。"②吳開《優古堂詩話》"身輕一鳥過"條："……其後東坡詩：'如觀李杜飛鳥句，脱字欲補知無緣。'山谷詩：'百年青天過鳥翼。'東坡詩：'百年同過鳥。'皆從而效之也。予見張景陽詩云：'人生瀛海内，忽如鳥過目。'則知老杜蓋取諸此。況杜又有《睨柳少府》詩：'余生如過鳥。'又云：'愁窺高鳥過。'景陽之詩，梁氏取以入《選》。杜《贈驥子》詩：'熟精《文選》理。'則其所取，亦自有本矣。"③

明清以來，從句法、詩法角度理解杜甫"熟精《文選》理"者仍不乏其人。明代楊慎《升庵詩話》卷五"杜詩本《選》（一作杜詩本謝）"條："謝宣遠詩'離會雖相雜'，杜子美'忽漫相逢是別筵'之句實祖之。顏延年詩'春江壯風濤'，杜子美'春江不可渡，二月已風濤'之句實衍之。故子美諭兒詩曰'熟精《文選》理'。"④清代楊倫評《渼陂西南臺》説："此詩句法多本謝公，所謂'熟精《文選》理'者。"⑤

有趣的是，據《師友詩傳錄》，在清代，王士禎和他的師友郎廷槐等還就杜甫"熟精《文選》理"的理解問題，展開了一次小小的討論。原文較長，爲論述之便，不煩抄錄如下：

問："蕭《選》一書，唐人奉爲鴻寶。杜詩云：'熟精《文選》理。'請問其理安在？"

阮亭答："唐人尚'《文選》學'，李善注《文選》最善，其學本於曹憲，此其昉也。杜詩云云，亦是爾時風氣。至韓退之出，則風氣大變矣。蘇子瞻極斥昭明，至以爲小兒強作解事，亦風氣遞嬗使然耳。然《文選》學終不可廢，而五言詩尤爲正始，猶方圓之規矩也。'理'字似不必深求其解。"

歷友答："文之有《選》，自蕭維摩始也。彼其括綜百家，馳騁千載，彌綸天地，纏絡萬品；撮道藝之英華，搜群言之隱賾。義以彙舉，事以群分。所謂略其蕪穢，擷其精英；事出於沈思，義歸翰藻。觀其自序，思過半矣。少陵所云熟精其理者，亦約略言之。蓋唐人猶有六朝餘習，故以《文選》爲論衡枕秘，舉世咸尚此編，非必如宋人所云理也。"

---

① [唐]杜甫著，[宋]趙次公注，林繼中輯校：《杜詩趙次公先後解輯校》，上海：上海古籍出版社，1994年，第515頁。
② [清]何文焕輯：《歷代詩話》，北京：中華書局，1981年，第505頁。
③ 丁福保輯：《歷代詩話續編》，北京：中華書局，1983年，第229頁。
④ 丁福保輯：《歷代詩話續編》，北京：中華書局，1983年，第731頁。
⑤ [唐]杜甫著，[清]楊倫箋注：《杜詩鏡銓》，上海：上海古籍出版社，1998年，第78頁。

蕭亭答："夫《文選》一書，數逾千祀，時更七朝。楚國詞人，御蘭芬於絶代；漢朝才子，綜鼙悦於遥年。虚元流正始之音；氣質馳建安之體。長離北度，騰雅詠於圭陰；化馬東騖，燉流風於江左。誠中葉之詞林；修前輩之筆海也。然而聲音之道，莫不有理，闡理敷詞，成於意興。嚴滄浪云：'南朝人尚詞而病於理，宋人尚理而病於意興，唐人尚意興而理在其中。'善讀者三復厥詞，周知秘旨，目無全牛，心無留義，體各不同，理實一致，采其精華，皆成本領。故楊載曰：'取材於《選》，效法於唐。'馬伯庸曰：'枕藉《騷》《選》，死生李、杜。'又昔人曰：'《文選》爛，秀才半。'皆少陵'熟精《文選》理'之義也。"（王士禛《師友詩傳録》）①

　　王氏師友三人分别從不同角度，對杜甫"熟精《文選》理"的"理"字的内涵作了各不相同的解釋。阮亭從杜甫《文選》接受的社會語境出發，認爲杜甫所云"熟精《文選》理"，祇是"爾時風氣"，即唐人普遍重《文選》的一種體現；"理"字并不確指，故"不必深求其解"。歷友立足於作爲接受對象的《文選》，主要從《文選序》所闡明的編撰旨意和選文標準等出發，認爲"少陵所云熟精其理者"，祇是大略表明杜甫廣泛博覽前代文章特别是六朝文章精英的心迹。它有别於宋人詩文寫作中所追求的"議論"之"理"。蕭亭則主要從《文選》接受者的角度，認爲"聲音之道，莫不有理，闡理敷詞，成於意興"，"善讀者"當"采其精華，皆成本領"。值得我們注意的是，王氏師友三人的解讀頗具我們今天所謂接受美學的意味。同時，三人的角度、觀點雖有差異，但有一點是相同的，即反對泥於"理"字的實指，特別强調它與宋人所云之"理"的本質區别。這其實是和王士禛力主"神韻"説有關係的。

　　後來的翁方綱，力主"肌理"説，也試圖從杜甫"熟精《文選》理"中汲取理論資源。爲此，他專門撰寫《杜詩"熟精〈文選〉理"理字説》一文，文中寫道：

　　理者，治玉也。字從玉從裏聲，其在於人，則肌理也；其在於樂，則條理也。《易》曰"君子以言有物"，理之本也，又曰"言有序"，理之經也。天下未有捨理而言文者，且蕭氏之爲《選》也，首原夫孝敬之準式，人倫之師友，所謂"事出於沈思"者，惟杜詩之真實足以當之，而或僅以藻繢目之，不亦誣乎？自王新城究論唐賢三昧之所以然，學者漸由是得詩之正脉，而未免歧視理與詞爲二途者，則不善學者之過也。②

　　翁方綱從"理"字的訓詁出發，認爲"理"是"本"和"經"二者的結合體，本者"言有物"，經者"言有序"。在他看來，蕭統《文選序》的"事出於沈思"即"言有物"，"義歸乎翰藻"即"言有序"，前者重"理"，後者偏"詞"，"理"與"詞"實爲一途。據此，他對王士禛以

---

① 丁福保輯：《清詩話》，上海：上海古籍出版社，1999年，第128～129頁。
② ［清］翁方綱：《復初齋文集》，臺北：文海出版社，1966年，第408～409頁。

來"歧視理與詞爲二途"的"不善學者"作了批評,特別强調杜甫對《文選》"沈思"和"翰藻"兩方面毫不偏頗的熟精。這就是翁氏對"《文選》理"之"理"字的理解,實爲其"肌理"説張本。

直到今天,研究者對"熟精《文選》理"的解釋仍各執一説。屈守元先生認爲"《文選》理"有五層含義:其一,指文學作品必須美麗,即講求"藻翰";其二,指"踵事增華,變本加厲"的文學發展觀;其三,指杜甫"讀書破萬卷,下筆如有神"中"破"的精神,亦即對《文選》的批判吸收之精神;其四,指對《文選》字的研治;其五,指對《文選》的吟誦。① 韓泉欣先生則基本上接受并認同宋人趙次公的看法,認爲"無妨把杜詩所説的《文選》之理的基本内涵概括爲兩項:其一,使字;其二,詩法"。"前者指向形象意境,後者偏於形式技巧,我們可以看作是杜甫研習《文選》的著手處。"② 錢志熙先生認爲這個"理"實際上就是"法",是指《文選》作品的種種法度。③ 吳懷東先生則認爲詩歌之"理"不同於詩歌之"法",杜甫所謂詩歌之"法"主要是指詩"佳句"之法,是具體的技巧、方法,還没有涵蓋詩歌創作的全部道理;"理"則不僅包括了具體的"法",而且涉及了更豐富、更重要的内容。一句話,"《文選》理"指的是全面地把握《文選》的詩歌創作規律及其藝術精神,它包括對《文選》詞句、藝術觀念、審美趣味以及各種藝術技巧的學習。④

前賢的這些看法,歸納起來,大致可以分爲兩大類:一是認爲《文選》之"理"無須解,或不必强解,爲虚指而無實指,持這一説的主要有王士禛;一是認爲這個"理"字是可解的,這是極大部分論者的觀點,但"理"字究竟作何解,又存在異議。具體説來,又有三種看法:第一,認爲"理"即"法",指作品的創作法度,具體内容包括字法、句法等;第二,認爲"理"包括"法"而與"法"不可等同,其内涵甚爲深廣,既包括技巧層面的一切法度,也包涵精神層面的文學觀念、審美趣味等;第三,主要指義理,即作品的主旨,包括思想、情感等作品的内容因素。這些觀點雖不盡相同,但均有合理之處,它們從不同角度、不同側面揭示出杜甫這一著名詩句的豐富内藴,爲我們更全面、更深刻地把握"理"字的内涵提供了有益的借鑒。

二

現代接受美學認爲,文學接受活動是一個系統的過程,是指作爲主體的接受者在特定語境中對作爲接受物件的作家作品等的閲讀、理解和評價。它至少包括接受者、接受物件和接受語境三個必不可少的要素。杜甫"熟精《文選》理"亦可作如是觀,即它是接受者杜

---

① 屈守元:《"〈文選〉理"説》,《杜甫研究學刊》1996年第1期,第1~7頁。
② 韓泉欣:《爲杜詩"熟精〈文選〉理"進一解》,《浙江大學學報(人文社會科學版)》2003年第3期,第115~121頁。
③ 錢志熙:《杜甫詩法論探微》,《文學遺産》2001年第4期,第56~68頁。
④ 吳懷東:《杜甫與六朝詩歌關係研究》,合肥:安徽教育出版社,2002年,第67~72頁。

甫在特定語境中對《文選》的閱讀、理解、借鑒和宗法的過程、表現和結果。

從接受對象來看,"熟精《文選》理"所"熟精"的物件是特定的《文選》。因此,"《文選》理"首先應該是指《文選》所固有之"理",即《文選》一書通過具體的選文定篇在整體上所表現出來的一些特性。

這需要我們從諸如《文選》的編撰旨意和編撰效果及其相互關係等方面加以闡發。關於《文選》的編撰旨意,蕭統在《文選序》中作了較爲清楚的闡發和説明。大致説來,《序》文的主要意思有四層:第一,文學發展觀。所謂:"若夫椎輪爲大輅之始,大輅寧有椎輪之質;增冰爲積水所成,積水曾微增冰之凛。何哉? 蓋踵其事而增華,變其本而加厲。物既有之,文亦宜然,隨時變改,難可詳悉。"① 它闡明的是文學由簡趨繁、"隨時變改"的文學發展觀。這一觀點決定了編選者編撰過程中"詳近略古"的原則。第二,文體論。《序》文對多種文體的特點及其發展流變作了評述,如謂賦爲"古詩之體",詩"蓋志之所之也,情動於中而形於言",又頌"所以游揚德業,褒贊成功",箴"興於補闕",戒"出於弼匡",論"析理精微",銘"序事清潤",等等。這些文體論既吸收了魏晉齊梁以來文體理論的主要成就,同時編撰者又將這些理論付諸具體的編撰活動之中,從而較科學地解決了對衆多作品的分類和編次問題。它決定了編撰者的文體分類。第三,選文標準及範圍。《序》文稱,經、子、史等异乎"篇翰"("篇章"),故所不取;史中之贊論、序述及凡符合"事出於沈思,義歸乎翰藻"的篇什,"雜而集之""沈思""翰藻"是編者對文學性質的認識,也因此成爲《文選》的重要選文標準。② 再從選文的時間範圍看,所謂"遠自周室,迄於聖代""時更七代,數逾千祀",結合《文選》正文,我們知道,編者共選録周、秦、漢、魏、晉、宋、齊、梁 8 代 130 位作家共 700 多篇作品。當然,由於受到"翰藻"標準及"隨時變改"文學觀的影響③,故在實際編撰中,其選録作品以六朝居多,集中反映了六朝崇尚麗辭的審美旨趣。第四,編撰體例,即所謂"次文之體,各以彙聚。詩賦體既不一,又以類分;類分之中,各以時代相次"。這一點更集中地體現在隨後的目録中,如賦分京都、郊祀、耕藉、畋獵、紀行、游覽、宫殿、江海、物色、鳥獸、志、哀傷、論文、音樂、情,共 15 類;詩分補亡、述德、勸勵、獻詩、公宴、祖餞、咏史、百一、游仙、招隱、反招隱、游覽、咏懷、臨終、哀傷、贈答、行旅、軍戎、郊廟、樂府、挽歌、雜歌、雜詩、雜擬,共 24 類;文分七、詔、册、令、教、文、表、上書、啓、彈事、箋、奏記、書、檄、對

---

① [南朝梁]蕭統編,[唐]李善注:《文選》,北京:中華書局,1977 年,第 1 頁。
② 最早提出"沉思""翰藻"爲《文選》選録標準的是清代阮元,其《書梁昭明太子文選序後》謂:"昭明所選,名之曰'文'。蓋必文而後選也。經也,子也,史也,不可專名之爲文也。故昭明《文選序》後三段特明其不選之故。必'沉思''翰藻',始名爲'文',始以入選也。"(《揅經室三集》卷二)此後,對此問題的探討日趨深入,先後有朱自清先生《〈文選序〉"事出於沉思,義歸乎翰藻"説》、沈玉成《文選的選録標準》、殷孟倫《如何理解〈文選〉的選編標準》、王運熙《〈文選〉選録作品的範圍和標準》、曹道衡、傅剛《蕭統評傳》等作品問世。參閱今人王立群先生《〈文選序〉研究》,《現代〈文選〉學史》第五章,北京:中國社會科學出版社,2003 年,第 139~171 頁。
③ [南朝梁]蕭統編,[唐]李善注:《文選》,北京:中華書局,1977 年,第 1~2 頁。

問、設論、辭、序、頌、贊、符命、史論、史述贊、論、連珠、箴、銘、誄、哀、碑文、墓志、行狀、弔文、祭文,共34類。

《文選序》所闡發的這些編撰旨意,成爲不少研究者解讀杜甫"《文選》理"的一把鑰匙。上文述及《師友詩傳錄》所載歷友,及翁方綱和屈守元的觀點,其立論依據之一即是《文選序》。歷友在例舉《序》文中"義以彙舉,事以群分""略其蕪穢,擷其精英""事出於沈思,義歸乎翰藻"等關鍵語後,謂"觀其自序,思過半矣。少陵所云熟精其理者,亦約略言之"。翁方綱認爲"言有物"和"言有序"是"理"的"本"和"經",杜甫對《文選》的熟精表現爲"沈思"(翁以"真實"當之)和"藻繢"即理與文二者的結合。與翁氏觀點略有不同,今人屈守元先生從分析"出於"和"歸乎"兩個介詞的作用出發,認爲《文選》選文堅持以"翰藻"第一、"沈思"第二的標準,故"《文選》理"指文學作品必須美麗,即講求"藻翰",還指"踵事增華,變本加厲"的文學發展觀。應該説,這些觀點均具有一定的合理性。

但是,僅據《文選序》來解讀《文選》所固有之"理"是遠遠不夠的。因爲《序》文所闡發的畢竟是編者的文學理想和主觀編撰意圖,這些理想和意圖能否實現,取決於成書之後的客觀效果。因此,對《文選》固有之"理"的把握除了要結合編者的編撰意圖,更要考察它的實際編撰效果。而這種效果主要體現在《文選》的影響和後人對它的批評上。就影響言,《文選》對後世產生的影響自然是極其深遠的。它不但作爲重要的文學資源哺育了一代又一代的文人才士,其編撰經驗也爲後世詩文總集的編撰提供重要的借鑒。更重要的是,在它成書後不足百年的隋唐之際,就形成了專門的"《文選》學";在杜甫時代,"《選》學"正方興未艾。此後源遠流長,直到今天。就後人對《文選》的批評言,儘管《文選》曾遭到不少研究者的批評和指摘①,但總體上看,居主導的是公允和褒贊的聲音。這其中,清人孫梅的評價最爲中肯。他曾將《文選》編撰的優點歸納爲五個方面,説"揆厥所長,大體有五":"曰通識……《選》之爲書,上始姬宗,下迄梁代,千餘年間,藝文備矣。質文升降之故,風雅正變之由,雲間日下,接迹於簡編;漢妾楚臣,連衡於辭翰。""曰博綜。自昔文家,尤多派別。《文志》表江左之盛,《典論》詮鄴下之賢。《選》之所收,或人登一二首,或集載數十篇。詩筆不必兼長,淄、澠不必盡合。《詠懷》《擬古》,以富有爭奇;玄虛、簡栖,以單行示貴。""曰辨體。……分區別類,既備之於篇;溯委窮源,復辨之於序。""曰伐材。文字英華,散在四部。窺豹則已陋,祭獺則無工。惟沈博絕麗之文,多左右采獲之助……是猶陸海探珍,鄧林擷秀也。""曰鎔範。文筆之富,浩如淵海;斷制之精,運於爐錘。使漢京以往,彌抑而受裁;正始以還,激昂而競響。雖《禊序》不收,少卿僞作,各有指歸,非爲謬妄。謂小兒強解事,此論未公;變學究爲秀才,其功實倍……杜陵有言,熟精斯理。"②孫氏所概括的《文選》

---

① 如蘇軾《志林》"恨其編次無法,去取失當",姚鼐《古文辭類纂》序"辭賦類"謂其"分體碎雜",章學誠《文史通義》詩教下謂其"淆亂蕪穢,不可殫詰"等。對這些批評,錢鍾書先生曾作過精彩辨析,參見《管錐編》第四冊"一四五""二○一""二二一"等則,北京:中華書局,1979年。

② [清]孫梅著,李金松校點:《四六叢話》,北京:人民文學出版社,2010年,第1~2頁。

通識、博綜、辨體、伐材、鎔範五大優點,既是基於《文選序》,同時又能結合《文選》的實際效果,是對《文選》固有特性的最佳把握。

雖然杜甫本人并未就《文選》一書作出理論上的評價,但"熟精《文選》理"本身,暗含了他對《文選》的一種褒贊和評價;儘管杜甫也未曾就何謂"《文選》理"作出説明,但對"讀書破萬卷"的杜甫來説,要"熟精《文選》",從整體上把握接受物件的特性似也是常理之事。正是在這個意義上,我們認爲杜甫所謂"《文選》理"是指《文選》所固有的某些特性和優點。它是《文選》客觀呈現,不因接受主體的不同而發生改變。

三

在文學接受活動過程中,接受物件固然重要,但讀者并非是被動接受,而是具有能動性和創造性。這就是爲什麽在面對相同的接受物件,不同的接受者乃至相同的接受者在不同時期表現出不同的接受效果。現代接受美學的一個重要理論貢獻就是,強調讀者在文學活動中的主體性的地位。他們甚至提出的"一部文學史就是一部文學的接受史"的著名論斷,彰顯了文學接受者及其文學接受活動對文學史構建的重要意義。

因此,當我們站在《文選》接受者角度來考察杜甫的"熟精《文選》理",則"熟精"的主體即作爲接受者的杜甫,就成爲我們不得不關注的重點,而"《文選》理"便是進入特定接受者杜甫視野的"理"。這個"理"固然爲《文選》本身所具有,但更大程度上取決於接受者杜甫的理解。這裏主要涉及兩個問題:"熟精"的前提和"熟精"的表現。就前者言,一方面,"熟精"的前提自然離不開接受對象。如上所述,《文選》具有諸多優點,它"召喚"著杜甫的接受。另一方面,作爲接受者,杜甫具有接受過程中的主體性地位,他的創作個性和審美趣味等,從根本上決定了他對《文選》的接受態度。關於這點,宋人張戒和清人賀貽孫的兩段話值得我們特別注意。張戒《歲寒堂詩話》卷上:

> 杜子美云:續兒誦《文選》。又云:熟精《文選》理……近時士大夫以蘇子瞻譏《文選》去取之謬,遂不復留意。殊不知《文選》雖昭明所集,非昭明所作,秦漢魏晋奇麗之文盡在,所失雖多,所得不少。作詩賦四六,此其大法,安可以昭明去取一失而忽之?子瞻文章從《戰國策》《陸宣公奏議》中來,長於議論而欠宏麗,故雖揚雄亦薄之,云'好爲艱深之詞,以文淺易之説'。雄之説淺易則有矣,其文詞安可以爲艱深而非之也。韓退之文章豈減子瞻,而獨推揚雄云:'雄死後作者不復生。'雄文章豈可非哉?《文選》中求議論則無,求奇麗之文則多矣。子美不獨教子,其作詩乃《文選》中來,大抵宏麗語也。①

---

① 丁福保輯:《歷代詩話續編》,北京:中華書局,1983 年,第 456 頁。

賀貽孫《詩筏》：

> 杜子美詩云"熟精《文選》理",而子瞻獨不喜《文選》。蓋子瞻文人也,其源出於《國策》《莊》《孟》,而助以晁、賈諸公之波瀾,所浸灌於古者深矣。《文選》之文,自秦、漢諸篇外,其餘皆不脱六朝浮靡,其爲子瞻唾弃,無足怪者。若子美則詩人也,詩以騷爲祖,以賦爲禰,以漢、魏諸古詩,蘇、李、《十九首》,陶、謝、庾、鮑諸人爲嫡裔。子美詩中沉鬱頓挫,皆出於屈、宋,而助以漢、魏、六朝詩賦之波瀾。《文選》諸體悉備,縱選未盡善,而大略具矣。子美少年時,爛熟此書,而以清矯之才,雄邁之氣鞭策之,漸老漸熟,範我馳驅,遂爾獨成一體。雖未嘗襲《文選》語句,然其出脱變化,無非《文選》者。生平苦心在此一書,不忍弃其所自,故言之有味爾。今人以子美譽《文選》而亦譽之,以子瞻毀《文選》而亦毀之,毀譽皆在子美、子瞻,與己何與?又與《文選》何與哉?①

在《文選》接受史上,與杜甫推崇《文選》決然相反,蘇東坡曾對蕭統及其《文選》大發其難:"舟中讀《文選》,恨其編次無法,去取失當。齊、梁文章衰陋,而蕭統尤爲卑弱,《文選序》斯可見矣。"又説:"淵明《閑情賦》,正所謂'《國風》好色而不淫',正使不及《周南》,與屈宋所陳何异,而統乃譏之,此乃小兒强作解事者。"②由於杜甫與蘇軾在文學史的特殊地位,他們對《文選》的看似針鋒相對的接受態度對時人和後人產生了不小影響。這一現象曾引起不少學者的反思。張戒和賀貽孫就是其中有代表性的兩位。今天看來,他們的分析已頗具接受美學的意味。張戒認爲,杜甫之所以宗《文選》,一者在於"《文選》雖昭明所集,非昭明所作,秦漢魏晋奇麗之文盡在,所失雖多,所得不少。作詩賦四六,此其大法"。這很明顯是就《文選》而言。一者在於"《文選》中……求奇麗之文則多矣"。"其作詩乃《文選》中來,大抵宏麗語也。"這其實是從杜甫"尚麗"的審美旨趣推導而出。杜甫在詩中曾明確表達他對"綺麗""清麗"藝術美的崇尚,《戲爲六絶句》其五:"不薄今人愛古人,清詞麗句必爲鄰。"《偶題》:"前輩飛騰入,餘波綺麗爲……永懷江左逸,多病鄴中奇。"比較而言,賀貽孫雖也承認"《文選》諸體悉備,縱選未盡善,而大略具矣",但他的分析似乎更加强調了接受者的主體性作用。在他看來,"蓋子瞻文人",故"其(《文選》)爲子瞻唾弃,無足怪者""若子美則詩人也""雖未嘗襲《文選》語句,然其出脱變化,無非《文選》者"。也就是説,蘇軾和杜甫不同的創作個性和審美趣味決定了他們對《文選》的毀譽和弃取。尤爲可貴的是,賀氏還提醒時人:作爲接受客體,《文選》不會因爲蘇軾、杜甫的毀譽而發生價值上的變化;作爲接受者,應該保持自己對《文選》接受的主動性,不能因爲前人的毀譽而影響到對《文選》的正確評判。

---

① 郭紹虞:《清詩話續編》,上海:上海古籍出版社,1983年,第173~174頁。
② [宋]蘇軾:《蘇軾文集》,北京:中華書局,1986年,第92~93頁。

當然,《文選》合乎作爲"詩人"的杜甫尚"麗"的審美期待,祇是他《文選》接受的前提,爲他進一步"熟精"《文選》理提供了可能。在《文選》接受活動的整個過程中,杜甫對《文選》的誦讀、品鑒以及在創作中對它的借鑒,是他"熟精《文選》理"的集中表現,也是他整個《文選》接受活動的關鍵和核心。要理解這點,既要考慮到杜甫的詩法理論主張,更應結合杜甫具體創作中對《文選》的取法情況。

杜甫作詩非常重視詩法,他在詩中曾反覆致意,自言"爲人性僻耽佳句,語不驚人死不休"(《江上值水如海勢聊短述》),"賦詩新句穩,不覺自長吟"(《長吟》),"詩罷地有餘,篇終語清省""自成一家則,未闕隻字警"(《八哀詩·張九齡》),"覓句知新律"(《又示宗武》),"遣詞必中律"(《橋陵詩三十韻》),"晚節漸於詩律細"(《遣悶戲呈路十九曹長》),"思飄雲物動,律中鬼神驚"(《敬贈鄭諫議十韻》)等。這些理論主張既是杜甫創作的實踐總結,也是他創作的指導思想。表現在《文選》的接受上,就是杜甫非常嫻熟地取材取法《文選》,從使字、用句到意象、體貌等,無不吸取《文選》的藝術經驗而加以利用。這些正是杜甫"熟精《文選》理"的主要表現。① 爲了更具體切實的説明這一點,我們試以《渼陂西南臺》爲例稍加分析。《渼陂西南臺》云:

> 高臺面蒼陂,六月風日冷。蒹葭離披去,天水相與永。懷新目似擊,接要心已領。仿像識鮫人,空蒙辨魚艇。錯磨終南翠,顛倒白閣影。崷崒增光輝,乘陵惜俄頃。勞生愧嚴鄭,外物慕張邴。世復輕驊騮,吾甘雜蛙黽。知歸俗可忽,取適事莫并。身退豈待官,老來苦便静。況資菱芡足,庶結茅茨迥。從此具扁舟,彌年逐清景。

這是一首典型的"《選》"體詩,其取法《文選》的痕迹甚爲明顯。首先,大量用語本諸《文選》。清何焯謂:"'懷新目似擊'二句,謝家句法。"②仇兆鰲謂:"'便静'二字,本謝詩,而反用之。"③楊倫謂:"此詩句法多本謝公,所謂'熟精《文選》理'者。"④朱鶴齡認爲,"此詩俱本謝康樂":"'懷新目似擊',即謝詩'懷新道轉迥'也。'乘陵惜俄頃',即謝詩'恒充俄頃用'也。'外物慕張邴',即謝詩'外物徒龍蠖',又詩'偶與張邴合,久欲歸東山'也。'知歸俗可忽',即謝詩'適已物可忽'也。'取適事莫并',即謝《山居賦》'隨時取適',又詩'萬事難并歡'也。'身退豈待官',即謝詩'辭滿豈多秩,謝病不待年'也。'老來苦便静',即謝詩'拙疾相倚薄,還得静者便'也。公云'熟精《文選》理',真不誣耳。"⑤在李詳

---

① 諸多杜詩注本、詩話、札記等均著力這方面的鉤稽和發現,近人李詳先生《杜詩證選》、今人金啓華先生《廣〈杜詩證選〉》是這方面研究的專門之作。參見李詳:《李審言文集》上册,南京:江蘇古籍出版社,1989年;金啓華:《杜甫詩論叢》,上海:上海古籍出版社,1985年。
② [清]何焯:《義門讀書記》,北京:中華書局,1987年,第998頁。
③ [清]仇兆鰲:《杜詩詳注》,北京:中華書局,1979年,第184頁。
④ [唐]杜甫著,[清]楊倫箋注:《杜詩鏡銓》,上海:上海古籍出版社,1998年,第78頁。
⑤ [清]仇兆鰲:《杜詩詳注》,北京:中華書局,1979年,第185頁。

看來，此詩用句幾乎全本《文選》。《杜詩證選》："懷新目似擊。詳曰：謝靈運《登江中孤嶼詩》：'懷新道轉迥。'仿像識鮫人。詳曰：木華《海賦》：'故可仿像其色。'崒崪增光輝，乘陵惜俄頃。詳曰：班固《西都賦》：'岩峻崒崪。'宋玉《風賦》：'乘陵高城。'謝靈運《入華子岡詩》：'恒充俄頃用。'勞生愧嚴鄭。詳曰：嵇康《幽憤詩》：'仰慕嚴鄭，樂道閑居。'外物慕張邴。詳曰：謝靈運《還舊園作》：'偶與張邴合，久欲歸東山。'知歸俗可忽，取適事莫并。詳曰：任昉《王文憲集序》：'盈量知歸。'謝靈運《游赤石進帆海詩》：'適己物可忽。'身退豈待官，老來苦便靜。詳曰：謝靈運《還舊園作》：'辭滿豈多秩，謝病不待年。'又《過始寧墅詩》：'拙疾相倚薄，還得靜者便。'"①其次，從結構上看，《渼陂西南臺》分爲兩大部分，詩的開篇至"乘陵惜俄頃"爲前半部分，此"叙登臺望陂之景"；從"勞生愧嚴鄭"至詩的結尾爲後半部分，"此有栖身物外之思"。這種結構安排收斂自然，既免於鬆弛，又不至緊驟，此即浦起龍所謂"前半景，後半情，斂馳驟爲整飭"，據此，浦氏稱其"似'《選》體'詩"。② 這種整飭的結構本於《文選》謝靈運詩，其《入華子岡詩》《游赤石進帆海詩》《還舊園作見顏范二中書》《過始寧墅詩》《登江中孤嶼詩》等，幾乎無一例外地使用"前半景、後半情"的結構安排。最後，杜甫本詩主要抒發"栖身物外之思"，這種情思意蘊也與《文選》謝靈運極其相似。除詩中用"張邴""知歸""取適""忽俗"等事典和語典外，杜甫本詩結語直抒胸臆："從此具扁舟，彌年逐清景。"這種追求寄情山水、超脱塵俗的心態，在大謝詩中曾反復致意"且申獨往意，乘月弄潺湲"（《入華子岡是麻源第三谷》）；"將窮山海迹，永絕賞心悟"（《永初三年七月十六日之郡初發都》）；"揚帆采石華，挂席拾海月"（《游赤石進帆海》），"托身青雲上，栖岩挹飛泉"（《還舊園作見顏范二中書》）等。可見，《渼陂西南臺》從句法到結構，再到情感內蘊，均本於《文選》大謝詩，是杜甫"熟精《文選》理"的表現和結果。

其實，吸引人們注意的正是杜甫創作中對《文選》的這種取材、取法，古往今來的大多數研究者如高似孫、趙次公、楊慎、楊倫、朱鶴齡、仇兆鰲、屈守元、錢志熙等，就是從杜詩創作技法層面來理解和談論杜甫的"熟精《文選》理"，他們或結合杜甫的創作實踐，或結合其詩法理論，認爲這一"理"就是指"詩法""法度"，具體又包括字法、句法、章法乃至題材、主旨等。應該承認，研究者的這些觀點均算中肯，"理"和"法"之間確有極大的相通性。

四

最後，從杜甫"熟精《文選》理"提出的具體語境來看，它是宗武生日時的面命之語。對此，我們需要從兩方面加以解讀：一方面，爲紹述家學而督責兒子熟精《選》理。仇兆鰲就

---

① 李詳：《李審言文集》，南京：江蘇古籍出版社，1989年，第89~90頁。
② [清]浦起龍：《讀杜心解》，北京：中華書局，1961年，第11頁。

"熟精《文選》理"等四句這樣解釋道:"此以家學勖宗武……公祖審言善詩,世情因而傳述,故當精《文選》以紹家學,何必爲彩衣娛親乎?此乃面命之語,非遥寄宗武也。"①浦起龍亦曰:"中四句,字字家常語,質而有味。由祖而來,詩學紹述。此事直是家業。人言傳説有子,特是世上俗情耳,須得學問淵源,本於漢魏,熟精《選》理,乃稱克家。豈必戲彩娛親,方爲孝子。面命之語,如聞其聲。"②其意思大致相同,即杜甫以熟精《選》理勖勉宗武,爲的是紹述詩學家業。大曆三年,杜甫作《又示宗武》詩:"覓句新知律,攤書解滿床。試吟青玉案,莫羨紫羅囊。假日從時飲,明年共我長。應須飽經術,已似愛文章。十五男兒志,三千弟子行。曾參與游夏,達者得升堂。"浦起龍解釋道:"宗武質美可教,故示之以此。'覓句''攤書',鼓舞引進語。'試吟''莫羨',一勉之,一戒之。'從飲''共長',又復儆惕之。'應須'二句,上下轉側處。'飽經術',告以務學之本,後所云云也。'愛文章',引以可造之機,前所云云也。孔門弟子,經術之準,故舉以爲法。然則公非無本之學也。"③實是重申此意。杜甫祖父杜審言,與李嶠、崔融、蘇味道并稱"文章四友",又雅善五言,於"四友"中最富詩才。明代胡應麟説:"初唐無七言律,五言亦未超然。二體之妙,杜審言實爲首倡。"④這是事實。對於祖上的這份榮光,杜甫常引以爲豪,所謂"吾祖詩冠古,同年蒙主恩"(《贈蜀僧閭丘師兄》),"例及吾家詩,曠懷掃氛翳"(《八哀詩·贈秘書監江夏李公邕》)。因此,他把詩學看成是家業的一部分,并以此勖勉兒子,期望兒子能繼承家業,不墜家聲。所謂"吾人詩家流,博采世上名"(《同元使君春陵行》),"驥子好男兒,前年學語時。問知人客姓,誦得老夫詩"(《遣興》)等詩句,均毫不掩飾地表達了他的這種心迹。因此,除《詩》《騷》外,《文選》作爲當時最流傳的文學總集,杜甫以此訓導兒子,自然再合適不過了。

另一方面,杜甫提出"熟精《文選》理"又受到時代風尚的影響。杜甫生活的時代,受科舉進士試"以詩賦取士"及《文選》學"的影響,《文選》廣爲推崇,被唐人奉爲"鴻寶"。杜甫自不例外,故王士禛謂:"唐人尚《文選》學,李善注《文選》最善,其學本於曹憲,此其昉也。杜詩云云,亦是爾時風氣。"(《師友詩傳録》)⑤在這種特定的時代背景和學術氛圍中,杜甫的"熟精《文選》理"和"續兒誦《文選》",便多少帶有功利的目的,此即清人李重華所謂:"由唐以詩賦取士,得力《文選》,便典雅宏麗;猶今之習八股業,先須熟復五經耳……持以教兒子,自是應舉捷徑也。"(《貞一齋詩説》)⑥今人傅璇琮先生亦主此説:"杜甫詩所謂'熟精《文選》理',不光是對作詩而言,在很大程度上是對於科舉考試説的。又如《舊唐

---

① [清]仇兆鰲:《杜詩詳注》,北京:中華書局,1979年,第1478頁。
② [清]浦起龍:《讀杜心解》,北京:中華書局,1961年,第759頁。
③ [清]浦起龍:《讀杜心解》,北京:中華書局,1961年,第784頁。
④ [明]胡應麟:《詩藪》,北京:中華書局,1958年,第65頁。
⑤ 丁福保輯:《清詩話》,上海:上海古籍出版社,1999年,第128~129頁。
⑥ 丁福保輯:《清詩話》,上海:上海古籍出版社,1999年,第936頁。

書》卷十八上《武宗紀》會昌四年十二月記武宗與李德裕對語,李德裕説:'臣無名第,不合言進士之非。然臣祖天寶末以仕進無他歧,勉强隨計,一舉登第。自後不於私家置《文選》,蓋惡其祖尚浮華,不根藝實……'從這一記載中,可以看出《文選》與進士試的關係。"①

因此,從上述兩方面來看,"熟精《文選》理"寄寓了杜甫對子輩的厚望,同時也折射出當時《文選》學"興盛和科舉進士試施行的時代背景。從這個層面來理解杜甫"熟精《文選》理",則"理"字并無確切所指,它表達的是一種希冀,折射的是一種風尚。王士禎所謂"'理'字似不必深求其解",正是從接受語境這一角度作出的理解。我們必須承認它的合理性。

綜上所述,"熟精《文選》理"雖是對兒子宗武的督責和教育,實際是杜甫自身《文選》接受活動的完整表述。從現代接受美學角度看,"熟精《文選》理"主要有三層意藴:第一,就接受物件言,"《文選》理"乃指《文選》所固有的特性或優點。這裏暗含了杜甫對《文選》的一種褒揚和評價。第二,就接受主體及其與接受物件的關係言,它是指杜甫在創作實踐中對《文選》的取材和取法,對《文選》藝術經驗的一種借鑒和内化,具體表現爲對《文選》創作規律和創作技法的藝術把握。這個"理"是杜甫與《文選》"交流"和"對話"的表現和結果。第三,從接受語境看,它集中反映了盛唐時期人們崇尚《文選》的社會風氣。這裏,"理"字并無實指,亦無勞强解。在我們看來,這三層意藴共同構成杜甫《文選》接受美學的三維一體,任何一維的理解都難免偏頗。

---

① 傅璇琮:《唐代科舉與文學》,西安:陝西人民出版社,1986年,第433頁。

少翁以方夜致王夫人、李夫人神貌考

許云和

（中山大學）

《史記》和《漢書》所載漢武帝令方士以方夜致王夫人、李夫人之神貌，是漢代歷史上最著名的帝王風流韵事，後世廣爲流傳。《史記·封禪書》云：

> 其明年，齊人少翁以鬼神方見上。上有所幸王夫人，夫人卒，少翁以方蓋夜致王夫人及竈鬼之貌云，天子自帷中望見焉。①（按，《孝武本紀》所載與此相同）

《漢書·郊祀志》云：

> 明年，齊人少翁以方見上，上有所幸李夫人，夫人卒，少翁以方蓋夜致夫人及竈鬼之貌云，天子自帷中望見焉。②

又，《漢書·外戚傳》云：

> 上思念李夫人不已，方士齊人少翁言能致其神。乃夜張燈燭，設帷帳，陳酒肉，而令上居他帳，遥望見好女如李夫人之貌，還幄坐而步。又不得就視，上愈益相思悲感，爲作詩曰：……令樂府諸音家弦歌之。上又自爲作賦，以傷悼夫人。其辭曰：……③

---

① 司馬遷：《史記》，北京：中華書局，1959 年，第 1387 頁。
② 班固：《漢書》，北京：中華書局，1962 年，第 1219 頁。
③ 班固：《漢書》，北京：中華書局，1962 年，第 3952～3953 頁。

比較《史記》和《漢書》的記載可以發現，其所叙之事則相同，然當事者并非同一人，《史記》言是王夫人，《漢書》言是李夫人，如此大的差异，這不能不說是歷史記載中的一個大問題。

然唐以前學界對此鮮少留意，基本上是依違於兩説之間。自唐伊始，這一個問題纔爲學界所關注，司馬貞《史記索隱》注意到了這一不同，却没有著手解决這個問題。到了宋代，學者始就這一問題進行考察研究，取得了極大的進展。

司馬光作《資治通鑒》，在考證這兩條材料時説：" 《漢書》以此事置《李夫人傳》中，古今相承皆以爲李夫人事。《史記·封禪書》：'少翁見上，上有所幸王夫人卒，少翁以方夜致王夫人及竈鬼之貌云。'按李夫人卒時，少翁死已久，《漢書》誤也，今從《史記》。"①於是司馬光在《資治通鑒》中作出了體現，從《史記》將李夫人直改爲王夫人。

之後的王益之作《西漢年紀》，也同樣認識到了《漢書·外戚傳》的這一錯誤，不過，王益之在此基礎上有更爲驚人的發現。他説："《史記·封禪書》以爲王夫人，《漢書·外戚傳》以爲李夫人，二書不同。按，少翁之死在元狩四年，而褚先生補云：'元狩六年帝欲王諸子，時齊王閎母王夫人病，帝自臨問之曰：子當王，欲安所置之？王夫人曰：願居洛陽。帝曰：先帝以來，無王洛陽者，關東之國，莫勝於齊，乃立閎爲齊王。'是元狩之六年，王夫人尚無恙，而少翁之死已二年矣，豈肯云致鬼如王夫人之貌乎？又《外戚世家》曰：'又衛后色衰，而趙之王夫人幸，夫人早卒，而中山李夫人有寵。'是李夫人又在王夫人後，《史記》以爲王夫人，既不可，《漢書》以爲李夫人，尤不可。"②由於有了這樣的發現，因此他在《西漢年紀》中將《史記》之王夫人和《漢書》之李夫人皆除其姓，改爲"上有所幸夫人"，認爲如此"庶不抵牾耳"。

王益之的這個研究，不僅是否定了《漢書》的李夫人説，同時也否定了《史記》的王夫人説，而將其改爲"上有所幸夫人"，也表達了王益之自己的一個看法，這就是少翁以方蓋夜致之人乃是武帝的另一個不知名姓的"夫人"。

但是，清代的周壽昌對王益之否定《史記》的王夫人説，頗不以爲然，周壽昌説："案，王氏考核詳辨，然武帝分封三子皆在元狩六年，齊王閎封時不必其母猶存，封齊之語或先有成約，後踐其言，未可定也。褚補《史記》每有年與事不相應者，史公當武帝朝，此當不舛，似宜從《史記》作王夫人爲是，亦不必云無姓也。"③

可能是周壽昌没有注意到，褚補《史記·三王世家》在叙元狩六年四月分封三子時尚有言曰："王夫人死而帝痛之，使使者拜之曰：皇帝謹使使太中大夫明奉璧一，賜夫人爲齊王太后。"④又，褚補《滑稽列傳》亦云："王夫人死，號曰'齊王太后薨'。"⑤王夫人死有齊王

---

① 司馬光：《資治通鑒》，北京：中華書局，1956年，第647頁。
② 王益之：《西漢年紀》，上海：商務印書館，1937年，第204頁。
③ 王先謙引周壽昌語，見《漢書補注》，北京：中華書局，1983年，第1651頁。
④ 司馬遷：《史記》，北京：中華書局，1959年，第2115頁。
⑤ 司馬遷：《史記》，北京：中華書局，1959年，第3209頁。

太后之號,自己說明她是在元狩六年四月兒子劉閎立爲齊王后纔去世的,所以王益之説"元狩之六年王夫人尚無恙"并没有錯,周壽昌的這個推測是根本站不住脚的。

少翁之死在元狩四年,這一直是學界的一個公認的看法,長期以來并無異議,而王夫人也可確定是在元狩六年四月後去世的,如果從這個時間角度來看司馬光和王益之的結論,那麼,司馬光堅持《史記》的王夫人説就確實存在著難以彌合的漏洞,而王益之的否定似乎倒讓人覺得是入乎情理。但是,筆者近來研讀《史記》和《漢書》中一些相關的材料發現,不衹是司馬光和王益之,古往今來很多學者都誤解了《史記》和《漢書》所記述的少翁的卒年,在誤解了少翁卒年的前提下,司馬光和王益之在這個問題上的認識就很難説是不會有其偏差。

關於少翁的卒年,此前學者一般是通過《史記·封禪書》的記載來確定的:

> 其明年,齊人少翁以鬼神方見上。上有所幸王夫人,夫人卒,少翁以方蓋夜致王夫人及竈鬼之貌云,天子自帷中望見焉。於是乃拜少翁爲文成將軍,賞賜甚多,以客禮禮之。文成言曰:"上即欲與神通,宮室被服非象神,神物不至。"乃作畫雲氣車,及各以勝日駕車辟惡鬼。又作甘泉宮,中爲臺室,畫天、地、太一諸鬼神,而置祭具以致天神。居歲餘,其方益衰,神不至。乃爲帛書以飯牛,詳不知,言曰此牛腹中有奇。殺視得書,書言甚怪。天子識其手書,問其人,果是僞書,於是誅文成將軍,隱之。①

"其明年"即元狩二年,少翁元狩二年以鬼神方見上,"居歲餘"而被誅,算起來其卒年就恰好是元狩四年了。這樣來推算少翁的卒年,似乎是没有什麽問題的。但是,《封禪書》接下來又説:"文成死明年,天子病鼎湖甚。"②這就使我們對少翁之卒是否在元狩四年產生了懷疑。

關於武帝病鼎湖的時間,此前因推定少翁之卒在元狩四年,故學界大多將其繫於元狩五年夏四月,比如司馬光的《資治通鑒》,王益之的《西漢年紀》,吕祖謙的《大事記解題》,袁樞的《通鑒紀事本末》等。然而,《史記》中另有材料顯示,武帝病鼎湖的時間決不在學界所推定的元狩五年夏四月。《史記·酷吏列傳》云:

> 上幸鼎湖,病久,已而卒起幸甘泉,道多不治。上怒曰:"縱以我爲不復行此道乎?"嗛之。至冬,楊可方受告緡,縱以爲此亂民,部吏捕其爲可使者。天子聞,使杜式治,以爲廢格沮事,棄縱市。後一歲,張湯亦死。③

這條材料告訴我們,酷吏義縱就死於武帝病鼎湖這一年的冬月,并且還明言:"棄縱

---

① 司馬遷:《史記》,北京:中華書局,1959年,第1387~1388頁。
② 司馬遷:《史記》,北京:中華書局,1959年,第1388~1399頁。
③ 司馬遷:《史記》,北京:中華書局,1959年,第3146~3147頁。

市。後一歲,張湯亦死。"據《漢書·武帝紀》"(元鼎)二年冬十一月,御史大夫張湯有罪自殺"①。張湯之死既是在義縱弃市後一年,那麽,義縱弃市當然也就是元鼎元年冬月了。知曉義縱弃市的具體時間,武帝病鼎湖之年自然也就可以確定是在元鼎元年。因武帝病鼎湖不在元狩五年而在元鼎元年,此前我們所推定的少翁之卒在元狩四年顯然也是靠不住的,按上引《封禪書》,武帝病鼎湖之年乃是少翁死之明年,如此,則少翁之死肯定就是在元狩六年無疑。

由於少翁之死可確考爲元狩六年,《史記》作王夫人也就没有什麽抵牾之處了。按上考《史記·三王世家》及《滑稽列傳》褚先生言,王夫人是在元狩六年四月兒子劉閎立爲齊王后不久去世的,少翁死於元狩六年,就時間上來講,當然就有可能爲武帝思念不已的王夫人致其神貌。

此前學界據《封禪書》推定少翁之卒在元狩四年,今則據《史記·酷吏列傳》確考少翁之卒在元狩六年,這是否意味著《史記》和《漢書》所載少翁從見武帝到被誅殺的過程,其本身就存在著時間記述上的錯誤呢?筆者以爲不能如此認爲,記載本身并没錯,錯就錯在我們研究者自己的讀解上。在讀解這段文字時我們應當明確一點,這就是《史記》和《漢書》所載少翁事迹,是不能把它們看作在時間上前後存在緊密聯繫的事情,其間跳躍性是相當大的。"其明年"(元狩二年)固然是少翁以鬼神方見武帝的時間,但不能理解爲少翁以方蓋夜致王夫人及竈鬼之貌的時間,同樣,"居歲餘"也不能理解爲自元狩二年之後又過了一年多的時間。"其明年"和"居歲餘"乃是具體就某個事件來説的,之間并不具連貫性。"其明年"祇是説少翁以鬼神方見武帝的時間,"居歲餘"則是説少翁作致天神之法而没有應驗的時間,不能緊接"其明年"而計之。其次,少翁致王夫人之神和作法致天神不能理解爲一前一後具有因果關係的兩件事,以爲是少翁致王夫人之神成功,取得武帝的信任之後,方纔作法致天神。少翁致王夫人之神爲一事,作法致天神則爲另一事。少翁致王夫人之神在元狩六年,而作法致天神則始於此之前,終於此之後,具體説來就是從元狩四年開始到"居歲餘"後(即元狩六年)他被誅殺爲止。

在討論了《史記》所載少翁爲王夫人致其神貌的問題後,現在再探討《漢書》所載少翁爲李夫人致其神貌的問題。正如司馬光、王益之所言,李夫人卒時少翁死已久,是不可能爲李夫人致其神貌的。由於《史記》叙其事在前,《漢書》述其事在後,所以司馬光也就很自然地把《漢書》的致錯歸結爲班固以王夫人事置《李夫人傳》中。② 而王益之因此更認爲此夫人并非李夫人,而是武帝的另一位不知名姓的夫人。③

但是,在進一步的研究過程中筆者發現問題并不如此之簡單。《漢書·外戚傳》及漢代一些文獻的記載表明,同王夫人死時一樣,李夫人死後武帝實際上也曾做過令道士致其

---

① 班固:《漢書》,北京:中華書局,1962年,第182頁。
② 見前引《資治通鑒》,北京:中華書局,1956年,第647頁。
③ 見前引《西漢年紀》,上海:商務印書館,1937年,第204頁。

神貌的事情。何以知其然？

　　首先，《漢書·外戚傳》中武帝的詩"是邪非邪，立而望之，偏何姍姍其來遲"，寫的就是道士致李夫人神貌時武帝的所見所感。如果不有其事，又何來其詩？其次，《外戚傳》所載《李夫人賦》也同樣寫到了致李夫人神貌的情景。先看賦中的"飾新宮以延佇兮，泯不歸乎故鄉"之句。師古曰："新宮，待神之處。"何焯云："新宮即設帷帳也。"① "飾新宮"就是布置新宮。佇同竚，等待之意。所以此句是説在宮中"夜張燈燭，設帷帳、陳酒肉"以待李夫人之神來，而李夫人未遽到來，似乎是不肯回到自己的故鄉一樣。此與詩中的"偏何姍姍其來遲"之句意思相同，寫武帝欲見夫人的急切心情。結末的"既下新宮，不復故庭兮。嗚呼哀哉！想魂靈兮"之句，是説李夫人走出了待神之所，卻未能回到她生前所居之庭。這一生死異路、人鬼殊處的情景令武帝悲不自勝，更添無窮追想。如果不有其事，賦中又何以如是而言邪？説到這裏也許我們會有這樣的疑問：詩和賦固是寫致神貌之事，然何以見得是致李夫人之神貌？又安知不是致王夫人之神貌？

　　當我們瞭解到賦中所寫內容每多與《漢書·外戚傳》相合時，這一懷疑也就可以釋然了。比如，"弟子增欷，洿沫悵兮"句，應劭注曰："弟，夫人兄弟也。子，夫人子昌邑王也。"已明確了賦中的主人公爲李夫人。又如"嫶妍太息，嘆稚子兮"句，孟康曰："夫人蒙被歔欷不見，帝哀其子小而孤也。""惏慄不言，倚所恃兮"之句，孟康曰："恃平日之恩，知上必感念之也。"仔細領會這兩句的意思我們不難看出，其內容其實寫的就是李夫人臨終向武帝屬托幼子和兄弟的一段往事，此在《漢書·外戚傳》中有詳細的記載：

> 初，李夫人病篤，上自臨候之，夫人蒙被謝曰："妾久寢病，形貌毀壞，不可以見帝，願以王及兄弟爲托。"上曰："夫人病甚，殆將不起，一見我屬托王及兄弟，豈不快哉？"夫人曰："婦人貌不修飾，不見君父。妾不敢以燕媠見帝。"上曰："夫人弟一見我，將加賜千金，而予兄弟尊官。"夫人曰："尊官在帝，不在一見。"上復言欲必見之，夫人遂轉鄉歔欷而不復言。於是上不說而起。夫人姊妹讓之曰："貴人獨不可一見上屬托兄弟邪？何爲恨上如此？"夫人曰："所以不欲見帝者，乃欲以深托兄弟也。我以容貌之好，得從微賤愛幸於上。夫以色事人者，色衰而愛弛，愛弛則恩絕。上所以攣攣顧念我者，乃以平生容貌也。今見我毀壞，顏色非故，必畏惡吐弃我，意尚肯復追思閔錄其兄弟哉！"②

　　再次，《外戚傳》而外，李夫人死後武帝令道士致其神貌的事情，在王充的《論衡》中也有明確的記載。《論衡·亂龍》篇云：

---

① 何焯：《義門讀書記》，北京：中華書局，1987年，第343頁。
② 班固：《漢書》，北京：中華書局，1962年，第3951~3952頁。

> 孝武皇帝幸李夫人，夫人死，思見其形，道士以術爲李夫人，夫人步入殿門，武帝望見，知其非也，然猶感動，喜樂近之。①

王充生活的年代與班固同時，他的《論衡》是嚴肅的哲學著作，本就是"傷僞書俗文多不實誠"②而作，用疾虛妄之言，僞飾之辭。從這種唯物的精神和求實的態度出發，他例舉一件本朝發生的事情去闡述"氣性异殊，不能相感動"③那樣深刻的哲學道理，也可見此事在歷史上的實際存在。

這就表明，漢代歷史上不僅有武帝令道士夜致王夫人神貌的事情，同時也還有武帝令道士致李夫人神貌的事情，《漢書·外戚傳》的情形并非是班固以王夫人事錯置《李夫人傳》中的結果。祇不過，爲李夫人致其神貌的顯然已不是當年的少翁，而應該是後來的另一個道士。

既然爲李夫人致神在史上是實有其事，而致李夫人神貌的是後來的另一個道士，那麼，班固的記述中又何以不書其道士之名而非要托名於早已仙去的少翁呢？這不能不從這條材料的取材途徑和處理過程說起。我們知道，班固的《漢書》是"探撰前紀，綴集所聞"④而成，所謂"探撰前紀"，就是采太史公《史記》遺事，而"綴集所聞"者，則是采揚雄、劉向、劉歆、陽城衡、褚少孫、史孝山等所謂好事者綴集的時事。⑤ 考《史記》，少翁爲李夫人致魂事并不爲司馬遷所記錄，因此，班固此説自是屬於綴集所聞而成者。當初諸好事者所綴集的王夫人和李夫人軼事，我們今天固難知其詳細，但根據漢代一些文獻的引述，我們還是可以大致瞭解到當時這些好事者是如何綴述方士夜致王夫人和李夫人神貌的。關於王夫人事，桓譚《新論·辨惑》曰：

> 武帝有所愛幸姬王夫人，窈窕好容，質性嬽佞。夫人死，帝痛惜之。方士李少君言能致其神，乃夜設燭張幄，置夫人神影，令帝居他帳中遥望，見好女似夫人之狀，還帳坐。⑥

---

① 此處作李夫人，黃暉以爲是"後人妄改"所致，理由是王充著述多依《史記》，(見黃暉《論衡校釋》，長沙：商務印書館，1938年，第699~700頁)。此實不足爲據。筆者以爲，古籍校刊中的這一類問題，不能動輒就歸爲後人的妄改，《漢書》所叙漢武爲李夫人致神事，已爲上述《李夫人歌》和《李夫人賦》所證，而東漢應劭爲《漢書》作注、荀悦依《漢書》作《漢紀》，均没有提出過懷疑，可見漢武爲李夫人致神事應是實有，《亂龍篇》作李夫人并非爲人妄改。
② 王充撰，黃暉校釋：《論衡校釋》，長沙：商務印書館，1938年，第1186頁。
③ 王充撰，黃暉校釋：《論衡校釋》，長沙：商務印書館，1938年，第693頁。
④ 范曄撰，李賢注：《後漢書》，北京：中華書局，1965年，第1334頁。
⑤ 范曄撰，李賢注：《後漢書》，北京：中華書局，1965年，第1325頁。
⑥ 桓譚：《新論》，上海：上海人民出版社，1977年，第54頁。

王充《論衡・自然》篇云：

> 武帝幸王夫人，王夫人死，思見其形，道士以方術作夫人形，形成出入宫門，武帝大驚，立而迎之，忽不復見。①

至於李夫人事，已見前引《論衡・亂龍》篇。《新論》和《論衡》所引述的雖然不可能是當時史書中關於王夫人和李夫人事的全部材料，但反映了一個極其重要的情况，在這類綴集時事的史書中，爲王、李二夫人致魂的道士究竟爲誰是衆説不一的。爲王夫人致魂之人，司馬遷已經明確是少翁，在桓譚的引述中却成了李少君，而到了王充的引述中，則不提此人之姓名，但云"道士"而已。至於爲李夫人致魂之人，王充的引述也是不復舉其姓名。

當瞭解到班固之前的史家記述王夫人和李夫人事是這樣的一種情形之後，我們也就容易理解《外戚傳》爲什麽會將爲李夫人致貌之人説成是少翁了。很顯然，當日班固"綴集所聞"②而爲《李夫人傳》時所面對的就是這種致魂道士有多種説法的情形，他所采取的少翁爲李夫人致魂事衹是這諸多説法中的一種。從這方面來講，少翁爲李夫人致魂這一錯誤的製造者最早就不是班固，而應該是元、成間的某一位好事者了，《漢書》不過是因失察而延續了這一錯誤而已。但是，從《漢書》的實際來看，《漢書》之失又不能僅僅看作是延續了別人的一個錯誤，更爲重要的是這條材料的采用還包含了作爲史學家的班固對這一歷史事件的錯誤理解和認識在内。

首先是，少翁不可能爲李夫人致魂，但班固對此事深信不疑。其次是，武帝朝本有武帝令道士爲王夫人和李夫人致魂二事，但班固根本上就認爲在武帝一朝是衹有少翁爲李夫人致神之事而無少翁爲王夫人致神之事的。這從他在《漢書》中對這一條材料的處理就可以看得出來。《史記・外戚世家》爲李夫人作傳，并没有寫爲李夫人致神之事，而班固作《外戚列傳》時完整地將其寫於李夫人傳中，且繼之於武帝的詩和賦，極力鋪張其事。作《郊祀志》時，他一面將司馬遷《封禪書》中的少翁爲王夫人致神的一段文字全部照抄，一面却又把其中的王夫人徑改爲李夫人。《封禪書》中少翁爲王夫人致神的這段文字又見於《史記・孝武本紀》，而班固在作《孝武本紀》時，乾脆就抹掉了《史記・孝武本紀》的這個記載，不再作修改使用。

這樣一來，少翁爲王夫人致神事在整個《漢書》中實際上是没有了一點影子。在明白了《漢書》中李夫人事的材料來源和班固的這個處理過程之後，我們也就清楚了《漢書》所記載的少翁爲李夫人致神事爲什麽千百年來會令學者困惑不已、百思而不得其解了。

---

① 王充撰，黄暉校釋：《論衡校釋》，長沙：商務印書館，1938年，第780～781頁。
② 范曄撰，李賢注：《後漢書》，北京：中華書局，1965年，第1334頁。

"閭左"新證[①]

——以秦漢基層社會結構爲中心

臧知非

(蘇州大學)

一

"閭左"之名,首見於《史記·陳涉世家》,謂"二世元年七月,發閭左,適(筆者按:係'謫'之通假,今人或讀作適之繁體,誤,下同)戍漁陽,九百人屯大澤鄉。陳勝、吳廣皆次當行,爲屯長"。《索隱》云:"閭左謂居閭里之左也。秦時復除者居閭左。今力役凡在閭左者盡發之也。又云,凡居以富强爲右,貧弱爲左。秦役戍多,富者役盡,兼取貧弱者也。"[②]《史記·淮南衡山列傳》載伍被語云:"往者秦爲無道,殘賊天下。興萬乘之駕,作阿房之宮,收太半之賦,發閭左之戍。"《正義》謂:"閭左邊不役之民,秦則役之也。"[③]《漢書·晁錯傳》載晁錯上書文帝云秦兵役艱苦,"秦民見行,如往弃市,因以謫發之,名曰'謫戍'。先發吏有謫及贅婿、賈人,後以嘗有市籍者,又後以大父母、父母嘗有市籍者,後入閭,取其左"。孟康謂"秦時復除者居閭之左,後發役不供,復役之也。或云直先發取其左也"。師古云:"閭,里門也。居住閭之左者,一切皆發之,非謂復除也。"[④]《漢書·食貨志上》云:"至於始皇,遂并天下,内興功作,外攘夷狄,收泰半之賦,發閭左之戍。"應劭注謂:"秦時以適(謫)

[①] 本文是國家社科基金項目《簡牘與秦漢賦役研究》的成果之一,項目編號爲08BZS005。
[②] 《史記》卷四八《陳涉世家》,北京:中華書局,1959年,第1950頁。
[③] 《史記》卷一一八《淮南衡山列傳》,北京:中華書局,1959年,第3090頁。
[④] 《漢書》卷四九《袁盎、晁錯傳》,北京:中華書局,1962年,第2284~2285頁。

發之,名適(謫)戍。先發吏有過及贅婿、賈人,後以嘗有市籍者發,又後以大父母、父母嘗有市籍者。戍者曹輩盡,復入閭,取其左發之,未及取右而秦亡。"顔師古補充應劭的解釋説:"閭,里門也。言居在里門之左者,一切發之。此閭左之釋,應最得之,諸家之義煩穢舛錯,故無所取也。"比較各家解釋,以應劭時代最早,但是應劭没有解釋"閭左"的具體含義,也没有揭示"閭左"這個群體的身份特點,僅僅是解釋了謫戍的順序。這大約是在漢代還不存在對閭左的理解問題,無須解釋,到了魏晋以後,人們對閭左的含義就不太清楚,有不同的理解。所以顔師古先明確"閭左"的本意,而後贊同應劭解釋。至此,古人對"閭左"的理解可以概括爲兩種意見:一是閭里之左,二是里門之左。對居於閭左的身份,也有兩種看法:一是免除兵役義務的特權階層,本來不服兵役,現在因兵源不足而徵發之;二是爲貧弱階層,按照制度是富人服兵役,現在富人都徵發完了,閭左也祇好服役了。

唐代以後研究《史記》《漢書》者,對閭左的解釋均在以上諸説内取捨之。直至清人郭嵩燾纔對閭左的身份提出新的看法。郭嵩燾《史記札記》謂:"秦、漢時發兵皆囚徒有罪者,是以謂之謫戍。閭左,謂平民,陳涉、吴廣皆平民也,《漢書·諸侯王表》'作左官之律',顔師古注:'漢時依古法,朝廷之列,以右爲尊。'《循吏傳》:'文翁以爲右職。'顔師古注:'右職,郡中高職也。'名門貴族,謂之右族,則是閭左謂平民也。秦曰'閭左',漢曰'良家子',義并同。《索隱》誤。"①在這裏,郭嵩燾明確謂閭左是平民。岑仲勉先生《兩周文史論叢·考據舉例》從現代人類文化學田野考察的層面批評顔師古的"言居里門之左者"的解釋不能成立,進一步强調閭左爲平民説,云:"(顔師古曰)'此閭左之釋,應最得之。諸家之義,煩穢舛錯,故無所取也'。諸家義如何?惜無可考。余嘗旅行内地,見夫窮鄉僻壤,依山作宅,常無里門之置。黄河沿岸,或且穴居,古人未必遠勝於今人也。即有里門矣,而七歪八落,各倚一方,從何以别閭左、閭右乎?今之徵兵,先取其壯,自是妥善之制,秦之謫發,志在守禦,要當擇其丁壯,次及老弱。若不問年齡强弱,唯舉居里閭之左者先發之,秦雖不道,兵備實强,斷無如是失算。應劭望文生義,類此者至多,顔反以爲最得,若持此臨政,幾何不誤盡蒼生?然則'閭左'當猶閭閻之謂,漢前關中有此俗語。兩文(引者按:指應劭、顔師古之説)不能析解也。"②按《史記》《漢書》所記,閭閻係基層民衆的泛稱。如《史記·蘇秦列傳》司馬遷説:"夫蘇秦起閭閻,連六國縱親,此其智有過人者。"③《漢書·异姓諸侯王表》班固謂:"適戍强於五伯,閭閻逼於戎狄。"④這兒的閭閻都是基層民衆的泛指。岑先生謂閭左是"閭閻之謂"就是指基層平民而言。

自雲夢秦簡問世以後,學界對閭左展開了新的論證,在閭左是否復除這一點上取得了共識:即復除是秦漢時代特權的體現,閭左不在復除之列。而對"閭左"的訓詁學解釋,或

---

① [清]郭嵩燾:《史記札記》,上海:商務印書館,1957年,第204頁。
② 岑仲勉:《兩周文史論叢》,北京:中華書局,2004年,第372~373頁。
③ 《史記》卷六九《蘇秦列傳》,第2277頁。
④ 《漢書》卷一三《异姓諸侯王表》,第364頁。

者按郭嵩燾之説,認爲"閭左"之"左"不是方位詞,而是"尚右尚左"之"左",表示地位低下的意思;或按顔師古之説,訓爲里門之左;或者訓爲閭里之左。而絶大多數學者對"里門之左"和"閭里之左"都不加分辨,認爲二者意思一致。對於閭左的身份,主要有三種看法:一是閭左是逃亡者的別稱,閭左之左是相對於豪右而言的具有特殊含義的卑賤者的稱謂,不是方位詞。① 二是在里門附近住的貧民,其地位和奴隸相當,相當於"浮萌"或"賓萌"。② 三是閭左實即"居閭里之左者的簡稱"③。這個問題,看似字詞之辨,實則關係到對陳勝、吴廣起兵性質的理解,也關係到對秦漢基層社會結構的認識,同時是把握秦漢國家力量對基層社會秩序控制方式和效果的重要一環,不可不辨。

二

筆者認爲,要準確理解"閭左"的身份,首先要厘清"閭左"的空間範圍——究竟是"里門之左"還是"閭里之左",這是把握"閭左"身份的前提。這首先要對秦漢基層行政制度和社會結構有所把握,瞭解閭、里及其民居的的歷史狀況,而後纔能避免望文生義或者以今况古的不足。現在先從"閭"的本義説起。

在先秦兩漢時代,閭的含義是清楚的,即最基層的居民組織,若干户爲一閭,比鄰而居,外設墻垣,一閭之人統一由指定的大門出入,閭就有了門的意思。按《周禮·地官·大司徒》鄉的組織系統爲:"五家爲比,使之相保;五比爲閭,使之相受;四閭爲族,使之相葬;

---

① 盧南喬:《"閭左"辨疑》,《歷史研究》1978 年第 11 期。

② 田昌五先生首倡此説,但并没有詳細論證,謂"有一種解釋説,凡居住在里門左邊的都被抓去戍邊了。但居住在里門左邊的千千萬萬,爲什麽一郡祇得九百人,殊不可通。這裏的'左'字應釋爲近,'發閭左'就是徵發在里門附近住的貧民。那時在社會中還遺留著奴隸制的殘迹,有些外來的窮人不能在村中居住,祇能在里門附近找個地方栖身,爲人打零工過活。他們的社會地位比奴隸强不了多少,所謂'浮萌'或'賓萌',就是這樣的人"。田昌五:《中國古代農民革命史》第 1 册,上海:上海人民出版社,1979 年,第 57 頁。田人隆先生則進一步認爲閭左是由"臣邦人""邦客"演變而來的居住在閭里之左的特殊人群,"在經濟上一無所有,政治地位低下,是身份卑賤、備受歧視的一個特殊社會階層;在秦代的社會結構中,閭左的地位接近於刑徒和奴婢,他不得躋身於平民(即黔首)之列"。見田人隆:《"閭左"試探》,《中國史研究》1979 年第 2 期。

③ 王好立力主此説,謂"秦時并無確指某種特定身份的閭左之稱,它是在後人的叙述和議論中産生的。閭里爲秦時村鎮的泛稱,居於閭里之左者爲秦代社會構成之基本成分,閭左實即'居閭里之左者'的簡稱"。見氏著《"閭左"辨疑》,《中國史研究》1980 年第 4 期。其後的討論基本上是對上述意見的補充論證,主要有何清谷先生《閭左新解》,《陝西師範大學學報(哲學社會科學版)》1989 年第 4 期;辛德勇先生《閭左臆解》,《中國史研究》1996 年 4 期;蔣菲菲先生《秦代讁戍、贅婿、閭左新考》,《北京大學學報(哲學社會科學版)》1995 年第 5 期;王育成先生《閭左賤人説初論——兼説陳勝故里在宿州》,《中國歷史博物館館刊》1998 年第 2 期。祇有王子今先生認爲閭左是"里佐"的別稱,見《"閭左"爲"里佐"説》,《西北大學學報(哲學社會科學版)》1985 年第 1 期。

五族爲黨,使之相救。五黨爲州,使之相賙;五州爲鄉,使之相賓。"①據此,閭是鄉的最基層居民組織,一閭二十五家,統一出入。不過,《周禮》所述之閭以五家爲伍作爲基本單位,是春秋以後的事情,春秋以前閭的户數并非如此②,但是,起碼在春秋以前是存在閭這個居民組織的。《尚書·武成》:"釋箕子囚,封比干墓,式商容閭。"③這兒的"式商容閭"就是"式"商容所居之"閭",是在路過商容之族所居之閭時特意行禮以示對商容的尊敬,故而這兒的閭是指閭門。《春秋公羊傳·成公二年》"二大夫出,相與踦閭而語"④。《左傳·襄公十八年》"州綽門於東閭,左驂迫還於門中,以枚數闔"。這兒的"閭"都是閭門。《荀子·大略》:"慶者在堂,吊者在閭。"楊琼注:"閭,門也。"所以,《說文》謂:"閭,里門也。從門吕聲。周禮五家爲比,五比爲閭。閭,侶也,二十五家相群侶也。"許慎舉的"周禮五家爲比,五比爲閭"就是《大司徒》的内容,謂"閭,侶也,二十五家相群侶也",是指二十五家從同一個大門出入而言。不過,許慎把閭徑直釋爲"里門"還要做一個簡單的説明。按:里的起源甚早,在西周時代,就有"里",但是西周之里的地位要遠遠高於閭,到戰國纔降爲基層組織。商鞅在秦"集小鄉聚爲大縣",統一鄉里機構,其規模要遠大於二十五家,至統一以後推行於全國。⑤也就是説,從歷史淵源來説,閭自閭,里自里,本來里的地位要遠高於閭;到了戰國,里的地位下降,閭、里并行,里最終覆蓋了閭;作爲基層行政組織來説,閭早於里;當里取代了閭成爲基層行政組織以後,原來的閭門就用來代稱里門了。許慎直接把閭解釋爲里門的原因就在這裏。

  明確了閭的本義之後,我們不難確定"閭左"之"左"的意思了。郭嵩燾認爲"閭左"之"左"不是方位詞,而是卑賤的意思,閭左是里中平民,相對於里中豪右,其地位卑賤而被稱爲"閭左",這兒的"左"相當於"尚右尚左"之"左"。岑仲勉先生根據對民國時代鄉村民居的考察,從另一個角度肯定郭嵩燾的看法,盧南喬先生則進一步論證了郭嵩燾對於"閭左"的訓詁學解釋,但認爲閭左的身份不是平民而是特殊的卑賤群體,"閭左"之左不可實指,是和豪右之右相對而言,表示地位卑賤。⑥筆者以爲,在表示尊卑秩序的語境中,"左"確實有卑下之意,但是,表示尊卑之意的右與左正是由作爲方位詞的右和左引申而來。在先秦禮儀制度中,尊者、長者居右位,卑者、幼者居左位,於是這右與左和尊與卑、上與下相對應,右與左有了尊與卑的含義,這右與左的尊卑含義正是由其方位屬性引申出來的。筆者

---

  ①[清]阮元校刻:《十三經注疏》,北京:中華書局,1980年影印本,第707頁。
  ②西周時代户籍編制以"九夫爲井"和"十夫爲溝"爲單位,以適應其時之軍事和生産的要求,五家爲伍是春秋時代步兵興起以後的制度。參見田昌五、臧知非:《周秦社會結構研究》,西安:西北大學出版社,1996年,第53~59、203~214頁。
  ③[清]阮元校刻:《十三經注疏》,北京:中華書局,1980年影印本,第185頁。
  ④[清]阮元校刻:《十三經注疏》,北京:中華書局,1980年影印本,第2290頁。
  ⑤關於先秦基層行政組織的演變,參見拙文《先秦什伍鄉里制度試探》,《人文雜志》1994年第1期。另見田昌五、臧知非:《周秦社會結構研究》,西安:西北大學出版社,1996年,第183~213頁。
  ⑥盧南喬:《"閭左"辨疑》,《歷史研究》1978年第11期。

以爲,"閭左"作爲完整的概念,其"左"究竟是表示方位還是表示尊卑,不能孤立地就"左"字論左字,而應該把閭左作爲一個完整的詞訓釋。岑仲勉先生依據鄉村民居的考察結果否定閭爲里門之訓固然有其方法上的意義,但是國家力量對基層社會的控制程度和方式古今相去甚遠,時代越早,對基層控制越嚴;秦朝剛剛統一,國家力量對基層社會控制之嚴密遠非後世可比,不能用後世的認識理解秦制,更不能以今況古。明乎此,我們可以明確地得出結論:"閭左"之"閭"的本義就是里門,那麼閭左之左祇能是方位詞,指"里門左側"。

閭左本義既明,是里門之左,現在看"閭里之左"的理解問題。因爲閭、里同屬基層組織,性質相同,閭、里通用,習慣上以閭里指稱基層社會,"閭左"和"里左"相通,所以論者對"里門之左"和"閭里之左"都不加區分,無論對閭左身份地位的看法分歧如何,都把二者混爲一談。然而,當我們用歷史學的眼光分析閭左身份時,這"里門之左"和"閭里之左"的差別就不容忽視了,一字之差,對閭左身份的把握有著重大關係。按"閭里之左"是指里的左邊,這在空間方位上没有歧義,所謂"發閭左之戍"就是將里左半邊的居民徵發戍邊。而"里門之左",可以有兩解:一是把里門視爲閭里的代稱,和"閭里之左"同義,閭左就是指閭里左邊的居民而言;二是僅僅指居住在里門左側的人,則其人數有限。筆者以爲,細味顏師古行文,其本意是"里門之左",而非"閭里之左"。應劭把發閭左和謫戍相聯繫,謫戍是對特殊人群的懲罰性徵發;顏師古肯定應劭解釋,認爲閭左居住的是特殊人群纔被謫發。既然是特殊群體,其人數理應有限,不可能是閭里左邊居民的泛稱。晁錯說的"後入閭,取其左",就是指"後來進入里門,謫發居住在里門左邊的人"。這個解釋并非是邏輯上的推論,因爲從秦漢時期里的墻垣道路門户設置的實際情況來判斷,閭左在空間範圍上祇能是指里門左邊,而不能是里的左邊。

秦漢時代,人口控制嚴密,對民户所居之里有著嚴格的制度要求,里門、墻垣、道路,都有嚴格規定。如雲夢秦律《法律答問》云:

　　越里中之與它里界者,垣爲"完(院)"不爲?巷相直爲"完(院)";宇相直者不爲"完(院)"。①

"垣"即墻垣,里與里之間的墻稱爲垣;家與家之間的隔墻則稱爲院。作爲里與里之間界限的垣若處於兩巷相對的位置就是院,否則就不算作院。里與里之間有墻垣,一個里的内部也有墻垣。這些墻垣禁止毀壞、翻越。張家山漢簡《二年律令·雜律》云:

　　越邑里、官市院垣,若故壞决道出入,及盗啓門户,皆贖黥。其垣壞高不盈五尺

---

① 睡虎地秦墓竹簡整理小組:《睡虎地秦墓竹簡》,北京:文物出版社,1978年,第231~232頁。

者,除。

　　捕罪人及以縣官事徵召人,所徵召、捕越邑里、官市院垣,追捕、徵者得隨迹出入。①

《雜律》規定了私自翻越邑里、官市墻垣和偷開里門者的具體量刑標準:"皆贖黥。"當損壞的墻垣没有達到五尺高度,屬於情節輕微,免於刑事處罰。祇有在抓捕罪犯和爲公家徵調人員時,因爲罪犯和應徵人員越墻逃亡,爲了抓捕的需要,纔可以跟踪其踪迹越墻追捕。里與里之間有統一規劃的道路供居民往來,禁止私自侵占。《二年律令·田律》云:

　　盜侵巷術、谷巷、樹巷及豤(墾)食之,罰金二兩。②

《説文》謂"巷,里中道也,從邑從共,皆在邑中所共也"。"術,邑中道也。"巷、術都是居邑中間的道路,邑大於里,一個邑包括若干個里。里内的公用道路稱爲"巷",里與里之間的道路稱爲"術"。按《説文》:"泉出通川爲谷。"根據張家山漢簡整理小組的注釋,律文所説的"谷巷"應是指因溪水而設的道路,"樹巷"是林間的道路。個人不得侵占里邑内的交通道路,也不能墾種溪流、林木間的荒地,違反者"罰金二兩"。這都是秦律的延續。③

就文獻所載,里門的設置,根據人數,多少不拘。《史記·萬石張叔列傳》謂漢武帝時:"萬石君徙居陵里。内史慶醉歸,入外門不下車。萬石君聞之,不食。慶恐,肉袒請罪,不許。舉宗及兄建肉袒,萬石君讓曰:'内史貴人,入閭里,里中長老皆走匿,而内史坐車中自如,固當?'乃謝罷慶。慶及諸子弟入里門,趨至家。"④外門相對於内門而言,萬石君行事以孝悌慎謹著稱,平時出入閭里都是下車步行;其子石慶身爲内史,酒後"入外門不下車",破壞了家風,故而受到責備,正説明這個"陵里"有内外門之設。漢代,里的外門和内門有專稱,外部之門爲閭,内部之門爲閈。《説文》:"閭,里門也。""閈,里中門也。"《漢書·循吏傳》謂宣帝"繇仄陋而登至尊,興於閭閈"。顔師古謂:"閭,里門也。閈,里中門也。言從里巷而即大位也。"⑤這起碼説明了里門不止一個。

像陵里這樣規劃嚴整、管理嚴密、一里多門的里在簡牘資料中有更爲直接的記載。居延漢簡云:

---

①　張家山二四七號漢墓竹簡整理小組:《張家山漢墓竹簡〔二四七號墓〕(釋文修訂本)》,北京:文物出版社,2006年,第33頁。
②　《張家山漢墓竹簡〔二四七號墓〕》,北京:文物出版社,2006年,第42頁。
③　關於張家山漢簡所見漢初里制,參見拙文《秦漢里制與基層社會結構研究》,《東岳論叢》2005年第6期。馬新在《兩漢鄉村社會史》中對秦漢里制起源與演變有專門論述,濟南:齊魯書社,1997年,第200~210頁。
④　《史記》卷一〇三《萬石張叔列傳》,第2766頁。
⑤　《漢書》卷八九《循吏傳》,第3624頁。

居延西道里不更許宗,年卅十五,長七尺二寸,自有舍,入里一門。(37·23)

終古燧卒,東郡臨邑高平里召勝,字游翁,賣九稯曲布三匹,匹三百卅三,凡直千,糴得富里張公子所,舍在里中二門東入。任者,同里徐廣君。(282·5)

驚虜隧(燧)卒,東郡臨邑呂里王廣,卷上字次君,賣八稯布一匹,直二百九十,糴得安定里隨方子惠所,舍在上中門第二里三門東入。任者閻少季、薛少卿。(287·13)

包自有舍,入里五門東入,舍居延……能長君舍,祿福廣漢。(340·33)①

簡文説明,里的名稱或者單獨命名,或者以數字爲序;每里設門若干,簡文中的一門、二門、三門、五門都是指同一個里的里門序數,各有里監門監視里民出入。當外來人員入住時要登記備查,同時要有擔保人。簡文所記載的終古燧卒召勝雖然服役邊郡,但原籍是東郡臨邑高平里,現在和糴得富里張公子住在一起,是臨時居住人口,於是由和張公子同里的徐廣君擔保,"任者"就是保人。王廣和召勝同爲燧卒,同是東郡人,王廣比召勝多了一個保人。按居延地區城邑鄉里多是移民組建,集中居住,統一管理,既要防止外寇,也要防止內奸,基本上是準軍事化管理。而在內地,特別是鄉野,那些分布在山林地帶的里的人數多少、範圍大小,以自然聚落爲基礎,或大或小,或多或少,大者百家,小者一二十家,等等不一。對於這些較小的里來說,不一定像陵里和簡文所記邊郡之里那樣規範嚴整,也不一定都有內外門之設,其里門數量可能多個,也可能衹有一兩個。但是,我們起碼可以認定,西漢初期一里多門是客觀的存在。漢承秦制,如果説西漢初期因爲社會結構的變動對基層社會管理有所鬆弛的話,則秦朝制度規範要更加嚴格。因此,我們有理由從西漢里制逆推秦制:秦朝也是一里多門。

瞭解了里的制度設計和實際狀況以後,閭左的空間範圍可以進一步明確——閭左爲"閭里之左"的解釋不能成立,而衹能是里門之左。因爲謂閭左是"居閭里之左"的邏輯前提是把里一分爲二,發"閭左之戍"即是把左半部分的里民徵發戍邊;一分爲二要有個地理坐標,這個坐標衹能是里門以及相聯的道路,也就是根據里門和里中道路把里一分爲二,而後徵發左邊之民戍邊。且不説這樣不分青紅皂白地按照左右方位徵發里民戍邊是否可能,更主要的問題是在一里多門的情況下根本無法操作——無法以里門爲坐標把里分爲左右兩個部分。因爲一個里門之左就可能是另一個里門之右,同一個人因爲屬於閭左而被徵,也可能同時屬於閭右而不徵,那麼究竟是徵還是不徵?秦制嚴密,斷然不會有這樣荒誕的事情發生。所以,我們可以明確地得出結論:"閭左"是里門之左,"發閭左之戍"就是徵發居住在里門左側的人戍邊,而不是"徵發閭里左邊的人戍邊"。田昌五先生曾質疑

---

① 謝桂華、李均明、朱國炤:《居延漢簡釋文合校》,北京:文物出版社,1987年1月,第60、472、485、534頁。

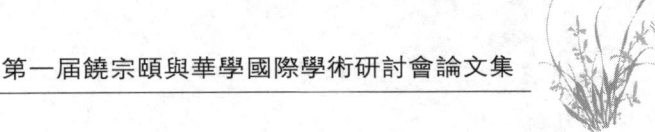

"閭左"爲"居閭里之左者"的解釋,謂"居住在里門左邊的千千萬萬,爲什麽一郡衹得九百人,殊不可通",進而認爲"這裏的'左'字應釋爲近,'發閭左'就是徵發在里門附近住的貧民"。① 田先生没有對閭左問題展開討論,釋閭左爲"里門附近"是出於邏輯上的判斷,但通過上述辨析,説明了田先生質疑的正確性。

三

"閭左"空間區位既明,現在討論"閭左"的身份問題。在現代討論中,對閭左身份的認識有共識也有分歧,大多數論者認爲閭左是卑賤群體,是地位低下的特殊的社會階層,但是對這些卑賤者的具體身份則分歧甚大。盧南喬先生認爲是"逋亡人",也就是曾經的逃亡人口,田昌五先生認爲是"浮萌或賓萌",田先生説"那時在社會中還遺留著奴隸制的殘迹,有些外來的窮人不能在村中居住,衹能在里門附近找個地方栖身,爲人打零工過活。他們的社會地位比奴隸强不了多少,所謂'浮萌'或'賓萌',就是這樣的人"。而田人隆先生則主張是由秦律中"邦客""臣邦人"演變而來的地位低賤的遷徙之徒。王好立先生則否定"臣邦人"之説而主張是"閭里之左者"——"就是打破'一歲屯戍'之類徭戍制度的徵發,就是對無罪的平民、黔首的謫發"②。晚近的討論在一些史料的解讀上雖有分歧,但是基本是對以上諸説的補充和闡釋。

通過以上的討論,閭左在空間範圍上爲"閭里之左"的看法既然不能成立,閭左屬於閭里左邊的平民之説自然不能成立。而遷徙之徒説和"賓萌"説都源自於賈誼對陳涉身世的叙述,陳涉曾爲人庸耕,賈誼説他是"甕牖繩樞之子,甿隸之人,而遷徙之徒也"。陳涉家貧如洗,身份卑賤,流徙他鄉,陳涉既是賓萌,也是遷徙之徒。所以遷徙之徒説和賓萌説没有本質上的區别。③ 則逋亡人、遷徙者、賓萌三説中實際上衹是逋亡人和賓萌兩種意見。現在先看逋亡人之説。

逋亡人就是曾經逃亡的人,解閭左爲逋亡人的依據是漢武帝實行的"七科謫"。《史記·大宛列傳》載太初三年,武帝爲支援貳師將軍李廣利征大宛,"發天下七科謫"。張守節《正義》引張晏曰"吏有罪一,亡命二,贅婿三,賈人四,故有市籍五,父母有市籍六,大父母有市籍七,凡七科"。《漢書·武帝紀》天漢四年爲北擊匈奴"發天下七科謫"。顔師古注亦引張晏的解釋,把"亡命二"變爲"亡人二",其餘相同。王先謙《補注》云"官本注亡人

---

① 田昌五:《中國古代農民革命史》第1册,上海:上海人民出版社,1979年,第57頁。
② 分别見上揭盧南喬、田人隆、王好立諸文,田昌五《中國古代農民革命史》第1册,第57頁。
③ 田人隆先生把雲夢秦律中的的邦人、臣邦人、邦客一并列入遷徙者行列,認爲"閭左和邦客、臣邦人更是一脉相承"。"由於閭左的前身是邦客、臣邦人,因而隨著秦統一後邦國界限説的泯滅,邦客、邦人這一類帶有秦和六國對一味的名稱,纔被正名爲'閭左'。"但是,細析之下,秦律中的邦人、臣邦人并非來自六國。王好立先生對此有辨析,其説甚是。分别見前揭田人隆:《閭左試探》,《中國史研究》1979年第2期;《"閭左"辨疑》,《中國史研究》1980年第4期。

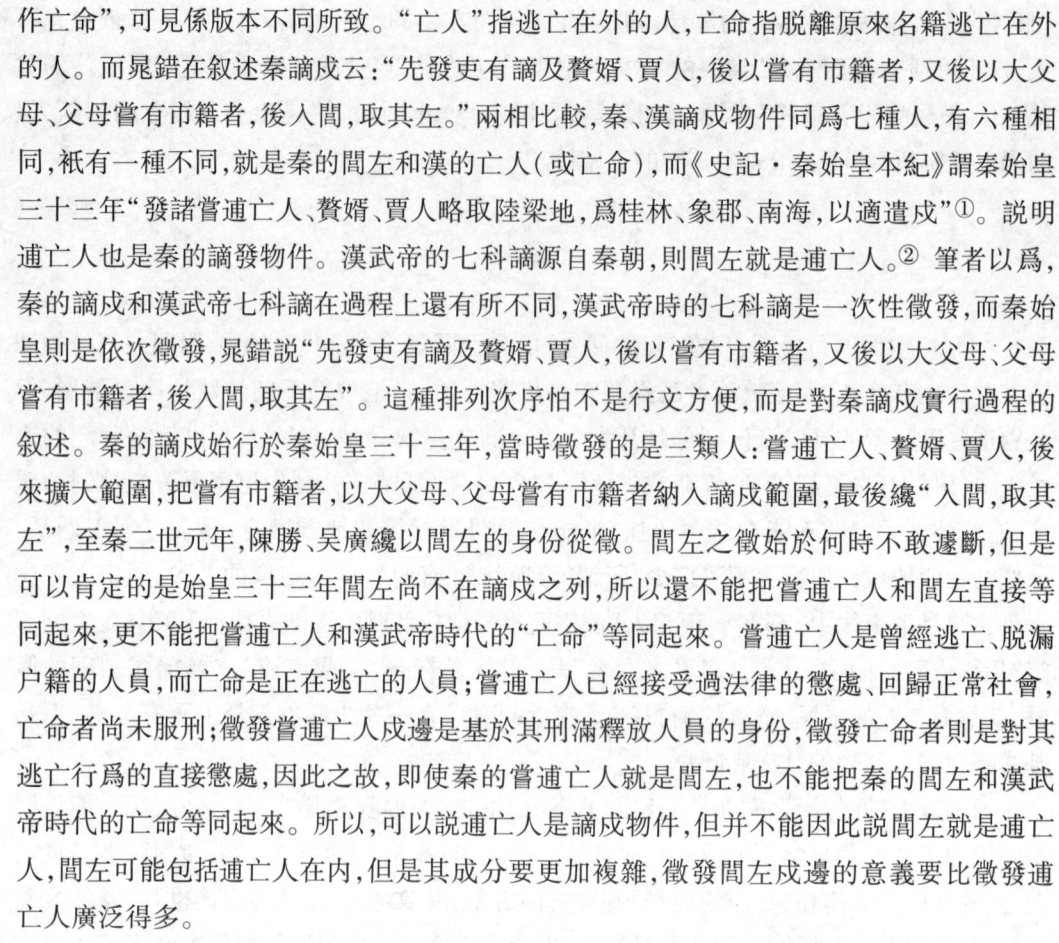

作亡命",可見係版本不同所致。"亡人"指逃亡在外的人,亡命指脫離原來名籍逃亡在外的人。而晁錯在叙述秦謫戍云:"先發吏有謫及贅婿、賈人,後以嘗有市籍者,又後以大父母、父母嘗有市籍者,後入閭,取其左。"兩相比較,秦、漢謫戍物件同爲七種人,有六種相同,祇有一種不同,就是秦的閭左和漢的亡人(或亡命),而《史記·秦始皇本紀》謂秦始皇三十三年"發諸嘗逋亡人、贅婿、賈人略取陸梁地,爲桂林、象郡、南海,以適遣戍"①。説明逋亡人也是秦的謫發物件。漢武帝的七科謫源自秦朝,則閭左就是逋亡人。② 筆者以爲,秦的謫戍和漢武帝七科謫在過程上還有所不同,漢武帝時的七科謫是一次性徵發,而秦始皇則是依次徵發,晁錯説"先發吏有謫及贅婿、賈人,後以嘗有市籍者,又後以大父母、父母嘗有市籍者,後入閭,取其左"。這種排列次序怕不是行文方便,而是對秦謫戍實行過程的叙述。秦的謫戍始行於秦始皇三十三年,當時徵發的是三類人:嘗逋亡人、贅婿、賈人,後來擴大範圍,把嘗有市籍者,以大父母、父母嘗有市籍者納入謫戍範圍,最後纔"入閭,取其左",至秦二世元年,陳勝、吳廣纔以閭左的身份從徵。閭左之徵始於何時不敢遽斷,但是可以肯定的是始皇三十三年閭左尚不在謫戍之列,所以還不能把嘗逋亡人和閭左直接等同起來,更不能把嘗逋亡人和漢武帝時代的"亡命"等同起來。嘗逋亡人是曾經逃亡、脱漏户籍的人員,而亡命是正在逃亡的人員;嘗逋亡人已經接受過法律的懲處、回歸正常社會,亡命者尚未服刑;徵發嘗逋亡人戍邊是基於其刑滿釋放人員的身份,徵發亡命者則是對其逃亡行爲的直接懲處,因此之故,即使秦的嘗逋亡人就是閭左,也不能把秦的閭左和漢武帝時代的亡命等同起來。所以,可以説逋亡人是謫戍物件,但并不能因此説閭左就是逋亡人,閭左可能包括逋亡人在内,但是其成分要更加複雜,徵發閭左戍邊的意義要比徵發逋亡人廣泛得多。

至此,我們可以討論賓萌或浮萌與閭左的關係問題了。筆者以爲,閭左是賓萌或者浮萌在秦朝的泛稱,就其性質來説,是浮浪人口。這些浮浪人口因集中居住於里門之左而稱爲閭左。閭左之徵固然體現了秦兵徭之役的沉重,但是也同時反映了秦對兵徭之役的慎重,這就是在一般情況下盡量徵發非農業人口以免影響農時,并不能簡單地視之爲窮兵黷武的體現。要探討這個問題,還要從當時里民居住狀態和社會等級説起。

衆所周知,秦自商鞅變法起全面推行軍功爵制,"明尊卑爵秩等級,各以差次名田宅,臣妾衣服以家次"③是商鞅變法的總原則,從此以後,新的軍功爵位成爲秦人社會等級的唯一依據,不同爵位的人享有不同的政治經濟待遇,在居住空間上也按照身份五家爲伍、比鄰而居,不同身份的人居住在不同的區域,雲夢秦簡《法律答問》有云:"大夫寡,當伍及人

---

① 《史記》卷六《秦始皇本紀》,第253頁。
② 盧南喬先生首倡此説,何清谷先生益證此説,見前揭盧南喬《"閭左"辨疑》,《歷史研究》1978年第11期。何清谷《"閭左"新解》,《陝西師範大學學報(哲學社會科學版)》1989年第4期。
③ 《史記》卷六八《商君列傳》,第2230頁。

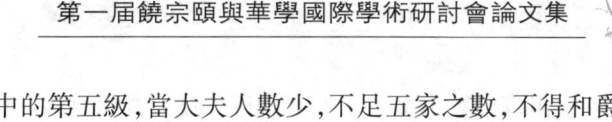

不當？不當。"①大夫是二十級爵位中的第五級,當大夫人數少,不足五家之數,不得和爵位低的人或者没有爵位的人合編爲伍,説明在秦時,無論是爵位高低,都是五家爲伍的,區别在於大夫以上伍人身份要相同。西漢則以五大夫爲界,張家山漢簡《二年律令·户律》規定:

> 自五大夫以下,比地爲伍,以辨券爲信,居處相察,出入相司。有爲盜賊及亡者,輒謁吏、典。
>
> 隸臣妾、城旦春、鬼薪白粲家室居民里中者,以亡論之。②

五大夫是二十等爵位的第九級,屬於高爵,五大夫以下屬於低爵。五大夫以下和没有爵位的人一樣都要按照五家爲伍的制度編制起來,每户人家都以券書爲憑證,以防止冒充。彼此之間,互相監督,互相檢舉,發現有偷盜、逃亡等行爲和可疑現象,立即向里典和相關官吏報告。從邏輯上分析,五大夫以上的人群,是不"比地爲伍"的,也就不存在"以辨券爲信。居處相察,出入相司,有爲盜賊及亡者,輒謁吏、典"的問題。這兒的隸臣妾是犯罪被罰的官奴隸,和城旦春、鬼薪白粲一樣都是罪犯,他們一人犯法,舉家連坐,其家庭要由原來的居民區遷移到指定地點集中居住,以便於監視和控制,否則"以亡論之"就是以逃亡論處。爲什麼以逃亡罪論處? 就是因爲這些罪犯有專門的居住區,和平民、有爵位的人分開居住,他們離開專門居住區、住到普通人的居住區,就等於逃亡。這至少説明,當時居民按照身份分爲三個居住區:一是五大夫以上的高爵人群,二是五大夫以下低爵人群和没有爵位的人群,三是隸臣妾、城旦春、鬼薪白粲等特殊人群。明白這一點,我們對上舉石奮所居之陵里内外門之别的理解可以深入一層:石慶之所以入外門不下車,是因爲外門和内門之間居住者的身份低,身份高的人居住在内門以内,在石慶眼裏没有必要下車。這正説明在一里之内不同身份的人分區居住。這就是其時里内設置牆垣街巷的目的,是爲了區分不同的居住群體,是社會等級制度的物化體現。這并非漢朝新創,而是秦制的延續。

在授田制度之下,没有爵位的普通人,衹要通名於上,就有田、宅於下,根據"名"——名籍登記的内容授予相應的土地。但是,授田的目的不是爲了富民,而是爲了富國——保證税源和役源。對於普通農民來説,土地一旦授予,既要承擔徭役賦税,也就失去了自我選擇的自由。所以,并不是所有農民都心甘情願地做一個授田民,在社會上總有相當數量的浮浪人群,其成分複雜:有的出身貴族、是亡國之後,有的是游手好閒之輩,有的則身懷權謀技巧,各色人等,不一而足。他們或者憑藉自身的一技之長,謀生於市井;或者依附權貴,做賓客死士;或者周旋於各國政壇之間,憑藉自己的智謀謀取富貴;或者寄居閭里之

---

① 《睡虎地秦墓竹簡》,第 217 頁。
② 《張家山漢墓竹簡〔二四七號墓〕》,第 51 頁。

中,靠出賣勞動力爲生。但無論以何種方式,這些浮浪人口大都希望以自己的方式謀取名利,有朝一日改變地位。陳勝的故事頗能説明這一問題。《史記·陳涉世家》謂:"陳涉少時,嘗與人傭耕,輟耕之壟上,悵恨久之,曰:'苟富貴,無相忘。'庸者笑而應曰:'若爲庸耕,何富貴也?'陳涉太息曰:'嗟乎,燕雀安知鴻鵠之志哉!'"①陳涉是楚人,其爲人傭耕是在統一之前還是在統一之後不能武斷,但是,我們可以肯定的是,即使是在統一之前,陳涉之爲人傭耕也不是因爲家貧無地可耕。授田制是戰國時代通制,楚國亦然,陳涉完全可以從官府領到土地。② 陳涉之寧願爲人傭耕,也不願按照正常途徑著名官府,從官府得到土地,目的是尋找機會、以自己的方式實現其"鴻鵠之志"。陳涉的"鴻鵠之志"不是做一個富裕的農民或者地主,而是要平步青雲,不能稱孤道寡,也要出將入相,這是無法在面朝黄土背朝天的農耕生涯中實現的。以往認爲陳涉爲人傭耕,是土地集中、農民破産的反映,説明了地主和農民的兩極分化,是不瞭解當時社會結構和土地制度的結果,是不合歷史事實的。

在統一之前,六國的浮浪人口遠多於秦國。因爲秦國自商鞅變法以後,對人口控制嚴密,采取一系列措施,控制言談游説之士,打擊投機取巧之民,把社會各階層都置於官府控制之下,千方百計地驅民於農,其浮浪人口的生存空間遠遠小於六國。③ 這些祇要看看《史記·貨殖列傳》對各地風俗描述就不難理解:那些挖墳掘墓、好勇鬥狠、投機取巧,爲了富貴不擇手段的現象大都分布於六國,而秦國絶少,原因就在於社會控制的差別。④ 出土文獻爲此提供了直接證據。雲夢秦簡《日書》甲種云:

> 結日,作事不成……以寄人,寄人必奪主室。
> 毋以辛酉入寄者,入寄者必代居其室。己巳入寄者,不出歲亦寄焉。入客,戊辰、己巳、辛酉、辛卯、己未、庚午,虚四徹,不可入客、寓人及臣妾,必代居室。
> 墨(晦)日,利壞垣、徹屋、出寄者,毋歌。

《日書》乙種云:

> 窨羅之日,利以説孟(盟)詐(詛)、弃疾、蘻宇、葬,吉。而遇(寓)人,人必奪其室。
> 凡五巳不可入寄者,不出三歲必代寄焉。
> 毋以戊辰、己巳入(納)寄者,入(納)之所寄之。

---

① 《史記》卷四八《陳涉世家》,第1949頁。
② 戰國以及楚國授田制度,參見拙著《周秦社會結構研究》,西安:西北大學出版社,1996年,第125~160頁。
③ 關於商鞅變法的人口控制政策,《商君書·墾令》有詳細論述,根據雲夢秦律,這些政策都被付諸實踐。
④ 關於秦與六國風俗的差异,參閱拙文《周秦風俗的認同與衝突——秦始皇"匡飭异俗"探論》,《秦文化論叢》第10輯,西安:三秦出版社,2003年,第1~22頁。

丁、癸不□巳、未、卯、亥,壬戌,庚申,己亥,壬寅,不可以入臣妾及寄者,有咎主。毋以戊辰、己巳入寄人,寄人反寄之。辛酉、卯、癸卯,入寄之,必代當家。①

簡文中的寄人就是寄居人家的浮浪人口,"入寄"和"寓人"指接受浮浪人員并長期生活在自己家中。秦簡《日書》出土於統一後的秦墓,但是該墓所在地爲楚國故地,而《日書》是民間擇日用書,深深地植根於民間的日常生活之中,就其内容淵源來説,反映的是楚地風俗信仰,上舉"寄人""入寄""寓人"等反映的主要是楚地現象。

浮浪人口衆多,并非楚地獨然,其他國家亦如是,雲夢秦簡著録的魏律可資佐證。魏安釐王二十五年(前252)發布的《魏户律》云:

> 告相邦:民或弃邑居壄(野),入人孤寡,徼人婦女,非邦之故也。自今以來,叚(假)門逆吕(旅)、贅婿後父,勿令爲户,勿鼠(予)田宇。三某(世)之後,欲士(仕)士(仕)之,乃(仍)署其籍曰:故某慮贅婿某叟之乃(仍)孫。②

即在户籍上把叚(假)門逆吕(旅)、贅婿後父打入另册,不准單獨正式立户,不授予田宅,不准出仕,三代以後出仕時還要注明其祖父的身份。對這樣的懲處,安釐王還嫌不夠,同時又頒布《奔命律》,把這些"叚(假)門逆吕(旅)、贅婿後父"發配戍邊,云:

> 告將軍:叚(假)門逆閭(旅),贅婿後父,或衒(率)民不作,不治室屋,寡人弗欲。且殺之,不忍其宗族昆弟。今遣從軍,將軍勿恤視。享(烹)牛食士,賜之參飯而鼠(予)殽。攻城用其不足,將軍以堙豪(壕)。③

這些"弃邑居壄(野)"者,"入人孤寡,徼人婦女""或衒(率)民不作,不治室屋",都是不務正業之徒,其成分是複雜的,他們有的是破産平民、有的是逃亡的奴隸、有的是王孫公子之後、有的是罪犯,他們或因爲犯法、或因爲仇怨、或因爲不堪壓榨、或因爲國破家亡、或者是好逸惡勞等各種原因而"弃邑居壄(野)"。他們的目標和人生追求各有不同,有的是爲了生存、有的是在尋找富貴的捷徑、有的是爲了自由、有的是爲了報國恨家仇,如此等等,不一而足。但是,他們"弃邑居壄(野)"既影響了税源和役源,擾亂了社會秩序,也敗壞了社會風氣,所以要嚴厲制裁,在户籍上把"叚(假)門逆閭(旅)、贅婿後父"打入另册的同時,又把他們發配軍中從事最艱苦的徭役,其飲食待遇則遠遠低於普通士卒,其口糧標準限定在每餐三分之一斗,不准食肉,也不給其他菜肴,以示對他們"入人孤寡,徼人婦女"

---

① 吴小强:《秦簡日書集釋》,長沙:岳麓書社,2000年,第23、54、173、180~181、198、217、219頁。
② 《睡虎地秦墓竹簡》,第292~293頁。
③ 《睡虎地秦墓竹簡》,第294頁。

"衔(率)民不作,不治室屋"的懲罰。在魏國,這種現象并非個別,纔頒布專門法律予以打擊。① 不過,"叚(假)門逆閭(旅)、贅婿後户"祇是"弃邑居壄(野)"者的一部分,他們是由"弃邑居壄(野)"者演變而來,所以將他們和"弃邑居壄(野)"者相連。這些被發配的"叚(假)門逆閭(旅)、贅婿後户"是登記在册、官府可以控制的人口,此外還有一些"弃邑居壄(野)"者在官府控制之外,其中不排除那些胸懷抱負、謀略出衆者,他們不是爲了簡單的謀生,而是爲了個人理想而"弃邑居壄(野)"。對這些人,官府是無法將他們徵發戍邊的,他們還繼續在社會上游蕩。

秦朝一統,繼續"明尊卑爵秩等級各以差次,名田宅臣妾衣服以家次"的方針,强化人口管理,嚴格户籍,按照身份高低分配土地住宅,統一鄉里,强化基層社會秩序的穩定性,保證徭役賦税來源,從而把六國的政治經濟納入秦制秩序之中。對那些浮浪人口自然要集中管理,不能放任自流。但是,就以秦國的政治經驗來説,對列國浮浪人口的管理是缺乏經驗的,因而把《魏户律》和《奔命律》的相關内容頒發全國,由基層官吏參考執行,像"叚(假)門逆吕(旅)、贅婿後父,勿令爲户,勿鼠(予)田宇。三枼(世)之後,欲士(仕)士(仕)之,乃(仍)署其籍曰:故某慮贅婿某叟之乃(仍)孫"的法條在秦朝繼續有效,這應當是秦朝徵發贅婿、賈人,嘗有市籍者,大父母和父母嘗有市籍者戍邊的制度由來。對於那些没有登記在籍的"弃邑居野"者的管理,魏律没有提供現成的方法,秦政府遂先把他們統一安置在里門左側居住,以便於控制管理,然後甄别其成分、根據不同狀况登記入籍,之後再"比地爲伍"。在没有厘清其身份、登記入籍之前,祇能集中居住在里門左側。也就是説,所謂閭左,就是居住在里門左側的浮浪人口的統稱。

衆所周知,戰國以來的徭役徵發,賦税分派,均以户籍爲依據,秦的謫戍依然。晁錯所説的"先發吏有謫及贅婿、賈人,後以嘗有市籍者,又後以大父母、父母嘗有市籍者,後入閭,取其左"正是按照户籍謫發戍邊的體現:這吏有謫、贅婿、賈人,嘗有市籍者、大父母和父母嘗有市籍者都是在籍人口,把他們徵發完了,"後入閭,取其左",説明閭左並非身份性稱謂,他們的身份地位要高於那些父母和祖父母曾經有市籍的人。他們之所以被徵發不是因爲他們本身有什麽過錯,而是因爲他們還没有獲得正式的身份,説明這些居住在里門之左者并非户籍意義上的賤民,本來不在謫戍之列。謫戍要有法律依據,謫發違法官吏、商人都還有法可依,謫發居於里門之左者於法無據,純粹是恣意爲之。漢儒在過秦時屢屢以閭左之戍作爲秦政殘虐的證據,其原因就在這裏。如果這些閭左是身份性稱謂,是賤民,那麽徵發賤民戍邊,依法行事,天經地義,是没有什麽可指責的。正因爲閭左不是正式的身份性稱謂,而是臨時居住於里門左側者的統稱,不具有制度的規範性和延續性,隨著秦朝的滅亡,這個稱謂也就消失了。

---

① 關於"叚(假)門逆吕(旅)"的身份,學界曾有不同理解,拙文《"叚門逆旅"新探》認爲是"借居於逆旅"者。但該文没有對"叚(假)門逆旅、贅婿後父"與"民或弃邑居壄(野),入人孤寡,徹人婦女,非邦之故也"的關係作出分析,没有説明"叚(假)門逆旅,贅婿後父"僅僅是"弃邑居壄(野),入人孤寡,徹人婦女"之民的一部分,而不是其全部,特此説明并予補充。拙文見《中國史研究》1997年第4期。

説"反枳":睡虎地秦簡《日書》交通"俗禁"研究

王子今

(中國人民大學)

睡虎地秦墓竹簡出土之後,法律文書首先引起學界的熱切關注。記録睡虎地 11 號秦墓墓主喜的身世事迹的《大事記》或稱《編年記》,以及行政文書《語書》和《爲吏之道》也較早進入研究者的視野。可是,《日書》的歷史文化價值起初不受重視。饒宗頤先生的睡虎地秦簡《日書》研究改變了這一局面,其研究眼光和研究方法均具有先導性和典範性的意義。

此後《日書》研究的進步,爲關心中國歷史文化的人們打開了新的視窗。理解和説明秦的社會文化,於是獲得了新的條件。睡虎地《日書》反映當時社會交通觀念的信息,也爲全面考察中國古代交通史,提供了具有特殊價值的寶貴的歷史資料。分析其中有關"反枳"的内容,有助於深入認識當時社會的交通"俗禁"。

關於"反枳(反支)"

饒宗頤先生《睡虎地秦簡〈日書〉研究》是最早的《日書》研究專門論著。[1] 其中"反枳(反支)""歸行""禹符禹步《禹須臾》"諸條,均涉及當時人表現爲"俗禁"的對於交通的觀念。[2]

---

[1] 本文討論引録饒宗頤《睡虎地秦簡〈日書〉研究》内容,據《饒宗頤二十世紀學術文集》卷三《簡帛學》,北京:中國人民大學出版社,2009 年 8 月。

[2] 《禮記·王制》:"析言破律,亂名改作,執左道以亂政,殺。"鄭玄注:"'左道',若巫蠱及俗禁。"孔穎達疏:"'俗禁',若前漢張竦行辟反支,後漢《郭躬傳》有陳伯子者出辟往亡,入辟歸忌是也。"

睡虎地《日書》甲種有"反枳"題。題下寫道："子、丑朔,六日反枳;寅、卯朔,五日反枳;辰、巳朔,四日反枳;午、未朔,三日反枳;申、酉朔,二日反(一五三背)枳;戌、亥朔,一日反枳,復卒其日,子有復反枳。一月當有三反枳。……(一五四背)"饒宗頤先生指出:"按反枳即反支也。"又引王符之說:"王符《潛夫論·愛日》篇,明帝敕公車受章,無避反支。《後漢書·王符傳》:'公車以反支日不受章奏。'李賢注云:凡反支日用月朔爲正。戌、亥朔一日反支,申、酉朔二日反支,午、未朔三日反支,辰、巳朔四日反支,寅、卯朔五日反支,子、丑朔六日反支。見《陰陽書》也。"饒宗頤先生說,秦簡內容,"與李賢所引《陰陽書》完全符合。反枳之即反支,可以論定"。又據漢簡宣帝本始四年曆譜與和帝永元六年曆譜對照,指出:"西漢以來,忌反支日,日曆記明明建、除日之名,兼志反支日。今由秦簡,知此俗不始於漢,秦已有之,則向來所未知。"這當然是很重要的發現。

饒宗頤先生接著又寫道:"反支日之說,《漢書·游俠傳》顏注引李奇叙張竦會反支日不去,因爲賊所殺。《顏氏家訓·雜藝》稱:'反支不行,竟以遇害。'"①這是對於反支的最早的比較全面的解說。後來整理小組的釋文和注釋,均采用饒說。②

"避反支":"不可行走的禁忌"

歷史文獻中可以看到與"反支"有關的觀念影響交通活動的實例。

《後漢書》卷四九《王符傳》記載:"明帝時,公車以反支日不受章奏,帝聞而怪曰:'民廢農桑,遠來詣闕,而復拘以禁忌,豈爲政之意乎!'於是遂蠲其制。"《潛夫論·愛日》:"明皇帝嘗問:'今旦何得無上書者。'左右對曰:'反支故。'帝曰:'民既廢農,遠來詣闕,而復使避反支,是則又奪其日而冤之也。'乃敕公車受章無避反支。"③

民"遠來詣闕",而執政機構"復拘以禁忌",受到漢明帝"豈爲政之意乎"的批評。所謂"復使避反支",似乎體現維護涉及交通行爲的"俗禁",其實"爲政"者有時表現出更爲積極的情形。

《漢書》卷九二《游俠傳·陳遵》:"竦爲賊兵所殺。"顏師古注引李奇曰:"竦知有賊當去,會反支日,不去,因爲賊所殺。桓譚以爲通人之弊也。"《顏氏家訓·雜藝》:"凡陰陽之術,與天地俱生。其吉凶德刑,不可不信。但去聖既遠,世傳術書,皆出流俗,言辭鄙淺,驗少妄多。

---

① 饒宗頤先生又寫道:"此事人所習知,不具論。《日書》反枳亦但稱曰反,銀雀山元光元年曆譜於日辰之下間書'反'字,即反枳、反支日也。"參見《饒宗頤二十世紀學術文集》卷三《簡帛學》,第 268 頁。

② 整理小組釋文:"反枳(支)。"整理小組注釋:"《後漢書·王符傳》注:'凡反支日,用月朔爲正;戌亥朔,一日反支;申酉朔,二日反支;午未朔,三日反支;辰巳朔,四日反支;寅卯朔,五日反支;子丑朔,六日反支。見陰陽書也。'與簡文相合。"參見《睡虎地秦墓竹簡》,北京:文物出版社,1990 年 9 月,釋文注釋第 227 頁。

③《舊唐書》卷一七四《李德裕傳》稱"光武至仁,反支不忌"。將漢明帝事歸於漢光武帝。[宋]王應麟《困學紀聞》卷一三《考史》:"祖君彥檄光武不隔於反支,乃明帝事。見王符《潛夫論》。"

至如反支不行,竟以遇害;歸忌寄宿,不免凶終。拘而多忌,亦無益也。"王利器先生解釋"至如反支不行,竟以遇害",引李奇"諫知有賊當去,會反支日,不去,因爲賊所殺"語,謂"鄭珍、李慈銘、龔道耕先生説同"。又寫道:"《禮記·王制》:'執左道以亂政。'鄭玄注:'謂誣蠱俗禁。'《正義》曰:'俗禁者,若張諫反支、陳伯子者往亡歸忌是也。'①案:今臨沂銀雀山出土《漢元光元年曆譜》,在日干支下間書'反'字,即所謂反支日也。王符《潛夫論·愛日》篇亦言反支事。"②劉樂賢據張諫事迹説,"可見,反支日又有不可行走的禁忌"③是正確的。

居延漢簡 111.6 及 E. P. T65∶425B 均出現"反支"字樣,又敦煌漢簡 1691 和 1968A 可以看到同樣的簡文。有的同篇内容出現"忌"字。還有祇寫"反"字者,其實是"反支"的省寫。④ 看來,漢代社會"避反支"的"俗禁"有相當廣泛的影響。

《武經總要》後集卷二〇《占候五》引《黄帝占》曰:"反支日不可出軍。""出軍",當然是特殊的"行走"即交通形式。

"反枳"原義推想

饒宗頤先生最早提出"反枳即反支",以爲"枳"與"枝"通用,"反枳即是反支。枳与枝同。"⑤。劉樂賢又據馬王堆漢墓出土帛書《五十二病方》"魃:禹步三,取桃東枳(枝),中別爲□□□之倡而笄門户上各一""爲饒氏的論證提供一個新證據"。⑥

"枳"又可以讀爲"胑"。《管子·侈靡》:"然則貪動枳而得食矣。"張佩綸云:"'枳'當作'胑'(胑即肢),《淮南子·修務訓》'故自天子以下至於庶人,四胑不動,思慮不用,事治求澹者,未之聞也。'"郭沫若以爲張説"釋'枳'爲'胑'是也"⑦。于省吾《雙劍誃諸子新證·管子二》:"枳應讀爲胑,與肢同。《説文》:'胑,體四胑也。'……動胑謂勞動其胑體。""胑,與肢同"例證,又有《荀子·君道》:"塊然獨坐而天下從之如一體,如四胑之從心。"《太平御覽》卷三七五引《商子》曰:"上世之士,衣不暖膚,食不滿腹,苦其心意,勞其四胑。"《潛夫論·本訓》:"暢於四胑,實於血脉。"《説郛》卷五下《孝經援神契》:"人頭圓像

---

① 今按:《十三經注疏》本作:"《禮記·王制》:'析言破律,亂名改作,執左道以亂政,殺。'鄭氏注:'左道,若巫蠱及俗禁。'孔穎達疏:'俗禁,若前漢張諫行辟反支,後漢《郭躬傳》有陳伯子者出辟往亡,入辟歸忌是也。'"北京:中華書局,1980 年 10 月,第 1344 頁。

② 王利器:《顔氏家訓集解》,上海:上海古籍出版社,1980 年 7 月,第 524 頁。

③ 劉樂賢:《睡虎地秦簡日書研究》,臺北:文津出版社,1994 年 7 月,第 307 頁。

④ 饒宗頤先生説:"《日書》反枳亦但稱曰反,銀雀山武帝元年曆譜於日辰之下間書'反'字,即反枳、反支日也。"《饒宗頤二十世紀學術文集》卷三《簡帛學》,第 268 頁。

⑤ 饒宗頤:《饒宗頤二十世紀學術文集》卷三《簡帛學》,第 267~268 頁。

⑥ 劉樂賢:《睡虎地秦簡日書研究》,第 301 頁。

⑦ 郭沫若:《管子集校(二)》,《郭沫若全集·歷史編》第 6 卷,北京:人民出版社,1984 年 10 月,第 380~381 頁。

天,足方法地,五藏像五行,四胑法四時,九竅法九分,目法日月,肝仁,肺義,腎智,心禮,膽斷,脾信,膀胱決難,髮法星辰,節法日歲,腸法鈴。"《太平御覽》卷三六三引文則作"五臟象五形,四肢法四時"。可知"胑"就是"肢"。

傳統醫學典籍可見婦產科有關"反支"的禁忌。隋巢元方撰《巢氏諸病源候總論》卷四三《婦人將產病諸候》有"產法"條,其中寫道:"人處三才之間,稟五行之氣,陽施陰化,故令有子。然五行雖復相生,而剛柔刑殺互相害克,至於將產,則有日游反支禁忌。若犯觸之,或橫致諸病。故產時坐卧產處須順四時五行之氣。故謂之產法也。"又"產防暈法"條說:"防暈者,諸臨產若觸犯日游反支諸所禁忌,則令血氣不調理而致暈也。其暈之狀,心煩悶氣欲絕是也,故須預以法術防之。"與"產"有關的其他行為也不能"犯觸""反支"。唐孫思邈撰《備急千金要方》卷三:"婦人產乳忌反支。"唐王燾撰《外台秘要方》卷三五關於"藏兒衣"法,也說:"若有遇反支者宜以衣內新瓶盛密封塞口,挂於宅外福德之上向陽高燥之處,待過月然後,依法埋藏之大吉。"宋陳自明撰《婦人大全良方》卷一六《推婦人行年法》可見所謂"反支月":"反支月,遇此月,即鋪灰上用牛皮或馬驢皮訖,鋪草,勿令惡血污地,吉。"則是特殊的"反支""俗禁"。

言"產法"之類而多涉及"反支"禁忌,很可能與難產恐懼有關。常見難產情形即如《左傳·隱公元年》"莊公寤生,驚姜氏"事。"寤生",如黃生《義府》卷上:"'寤'當與'牾'通;逆生,則產必難。"錢鍾書先生說,《困學紀聞》卷六引《風俗通》解"寤生",全祖望注:"寤生,牾生也;與黃暗合。莎士比亞歷史劇中寫一王子弒篡得登寶位,自言生時兩足先出母體……即'牾生'也。"①

"反朳"即"反支"一語的原始意義,或許即說肢體"先出母體"的難產現象。難產的反義是順產。"反支不行""俗禁"影響交通行為,是因為這種"逆""牾""必難"的情形,是和交通生活期望順暢的追求完全相反的。

劉樂賢在討論《日書》"反支"問題時寫道:"需要指出的是,漢元光元年曆譜九月的'甲子''丙子'二日下標有一個'子'字。根據推算,這兩天正好是反支日,這兩個'子'字的含義很令人費解,它們是否是反支的另一種特殊表示法,現在尚難斷定。"②作為特殊標記的"子"字,可能確實"是反支的另一種特殊表示法"。如果將這裏的"子"字聯繫"寤生""牾生"等"生子"的情形思考,也許可以不再以為"很令人費解"。劉樂賢又指出,《日書》'反支篇'中有一句重要的話,我們以前沒有重視。反支篇原文講完以各種地支為朔日的反支日後緊接着有'復卒其日,子有(又)復反朳(支)'一句。這句話是什麼意思?"我們認為'復卒其日',乃是再接着數完十二地支中剩下的那些日子。舉例來說,假如朔日的地支是子,第六日巳日是反支日,然後再接着數完十二地支中巳日以後的日子,那樣就輪到

---

① 錢鍾書:《管錐編》,北京:中華書局,1979年8月,第167~168頁。
② 劉樂賢:《睡虎地秦簡日書研究》,第302頁。

了下一个子日,所以簡文接着説'子有(又)復反枳(支)'。"①我們注意到這種現象,以爲更值得深思的是,《日書》有關"反枳(支)"的文字中對於"子"的這種特別的重視。

人的生殖通道和交通道路有某種象徵性的關聯,還可以由西漢晚期的一則例證得到説明,即《漢書》卷九九上《王莽傳上》記漢平帝元始五年(5)事:"其秋,莽以皇后有子孫瑞,通子午道。子午道從杜陵直絶南山,徑漢中。"顏師古注引張晏曰:"時年十四,始有婦人之道也。子,水;午,火也。水以天一爲牡,火以地二爲牝,故火爲水妃,今通子午以協之。"②

"□與枳刺艮山之胃離日"試釋讀

《日書》甲種"艮山"題下也有涉及"枳"的内容:"此所胃(謂)艮山,禹之離日也。從上左方數朔之初日及枳各一日,數之而復從上數。□與枳刺艮山之胃離日。離日不可以嫁女、取婦及入人民畜生,唯利以分異。離日不可以行,行不反。"(四七正三至五三正三)其中"枳",整理小組釋文:"枳(支)。"研究者多認爲是指"反支"。值得注意的是,《日書》文字出現了"枳刺"字樣。

"刺",李學勤先生説:"'離日'怎麽推算呢?《艮山圖》説:'□與支刺艮山之謂離日。''刺'字不可解,應爲'夾'字之誤。當時'刺'字左邊寫成從'夾',如《顏氏家訓》説'刺字之旁應作束,今亦作夾。'與'反支'夾艮山的日子便是'離日'。也就是説和'反支'日緊貼在《艮山圖》中綫兩側的日子是'離日'。"③關於"離日",李學勤先生解釋説:"《艮山圖》是推定一月中'離日'的方法。按照這一數術,遇到'離日'不宜嫁娶,不可入納奴婢或牲畜,

---

① 劉樂賢:《睡虎地秦簡日書研究》,第 303 頁。
② 《資治通鑒》卷三六"漢平帝元始五年"胡三省注引張晏説之後,又寫道:"按:男八月生齒,八歲毁齒,二八十六陽道通,八八六十四陽道絶。女七月生齒,七歲毁齒,二七十四陰道通,七七四十九陰道絶。"亦暗示了交通地理與人體生理的對應。《太平寰宇記》卷二五《關西道一·雍州》"子午谷"條引《風土記》作:"王莽以皇后未有子,通子午道,從杜陵直抵終南山。"[宋]宋敏求《長安志》卷一二《縣二·長安》:"《括地志》曰,《漢書》:王莽以皇后有子孫瑞,通子午道。蓋以子午爲陰陽之王氣也。《風土記》曰:王莽以皇后有子,通子午道,從杜陵直抵終南。"《太平御覽》卷三八引《風土記》曰:"王莽以皇后有子,通子午道,從杜陵直抵終南。"乾隆《陝西通志》卷一六《關梁一·西安府長安縣》引《風土紀》也寫作:"王莽以皇后有子,通子午道,從杜陵直抵終南。"同出《風土記》,而漢平帝王皇后"未有子"或"有子",并成兩説。子午道的開通或與皇后有妊的事實有關,或與皇后有妊的期望有關,都反映了"母體""産"的通路和交通道路在當時人的意識中的對應的神秘關係。[明]彭大翼《山堂肆考》卷二六《地理·谷》"子午"條引《長安志》:"王莽有意篡漢,通子午道。"似是體現了其他的象徵性聯想。同書卷二二九《補遺·地理》"子午道"條寫道:"王莽以皇后有子孫瑞,通子午道從杜陵直絶南山,徑漢中。注云:女年十四,始有婦人之道。子水午火也,水以天一爲牡,火以地二爲牝,故火爲水妃。今通子午道以協之。又婦女有孕曰瑞。"亦取"有子""有孕"之説。
③ 李學勤:《〈日書〉中的〈艮山圖〉》,《簡帛佚籍與學術史》,臺北:時報文化出版企業有限公司,1994年12月,第159~160頁。

也不宜出行,因爲據説這一天曾是夏禹的'離日'。"①

筆者曾經考慮,所謂"離日",或許可以讀作"罹日"。《史記》卷三五《管蔡世家》:"無離曹禍。"司馬貞《索隱》:"'離'即'罹'。"《文選》卷一五張衡《思玄賦》:"循法度而離殃。"李善注:"'離',遭也。'殃',咎也。"②現在思索,"離日"之"離"的理解,似乎還可以試作他説。

《韓非子·外儲説左下》:"樹枳棘者,成而刺人。"《日書》甲種所謂"枳刺",或可從這一思路理解。《後漢書》卷六一《黃瓊傳》:"立足枳棘之林。"李賢注:"枳棘喻艱難。"杭世駿撰《三國志補注》卷一《魏書·武帝紀》:"魏武乃入,抽刃劫新婦。與紹還出,失道墜枳棘中,紹不能得動。""枳棘"阻障道路的情形,又增加了新的證明。《文選》卷二張衡《西京賦》:"揩枳落,突棘藩。"李善注:"杜預《左氏傳》注曰:'藩,籬也。落,亦籬也。'"《後漢書》卷二八下《馮衍傳下》:"揵六枳而爲籬兮,築蕙若而爲室。"李賢注:"揵,立也。枳,芬木也。《晏子》曰:'江南爲橘,江北爲枳。'枳之爲木,芳而多刺,可以爲籬。"《資治通鑑》卷五九"漢靈帝中平六年":"卓又發何苗棺,出其尸,支解節斷,弃於道邊。殺苗母舞陽君,弃尸於苑枳落中。"胡三省注:"落,籬落也。枳似棘,多刺。江南爲橘,江北爲枳。人以椊籬。"

以枳棘爲籬的"籬"解釋"離日"之"離"的初義,或許也是一個可以試探的思路。

關於"禹之離日"

同樣是涉及"枳"的"俗禁",在所謂《艮山圖》下的文字中説道:"此所胃艮山,禹之離日也。"

李學勤先生在關於"離日"的討論中説:"在傳説裏,禹是長期離家在外的典型,他娶塗山氏之女後,第四天便出去治水,居外十三年,過家門不敢入,連兒子都不及撫養。'離日'既象徵分離,所以衹利於'分异'。秦商鞅之法,'民有二男以上不分异者,倍其賦','分异'就是分家。"③劉樂賢則認爲,"'離日'是一種根據每月反支日推算出來的日子,似乎不宜理解爲與某英雄人物之某一具體日子有關。至於有人徑將'離日'與《日書》中的'禹以取塗山女之日'視爲一事④,則明顯不對。我們認爲日者本有一套推算'離日'之法,後來爲了使此法更能吸引觀衆,就把它與當時最有名的傳説人物大禹聯繫起來,稱之爲'禹之離日'。這可以與《日書》'禹須臾'之得名同樣看待。"⑤

---

① 李學勤:《〈日書〉中的〈艮山圖〉》,《簡帛佚籍與學術史》,第158頁。
② 參看王子今:《睡虎地秦簡〈日書〉所見行歸宜忌》,《江漢考古》1994年第2期;《睡虎地秦簡〈日書〉甲種疏證》,武漢:湖北教育出版社,2003年2月,第147頁。
③ 李學勤:《〈日書〉中的〈艮山圖〉》,《簡帛佚籍與學術史》,第158頁。
④ 王桂鈞:《〈日書〉所見早期秦俗發微——信仰、習尚、婚俗及貞節觀》,《文博》1988年第4期。
⑤ 劉樂賢:《睡虎地秦簡日書研究》,第96頁。

饒宗頤先生最早考論睡虎地秦簡《日書》的"禹符""禹步"《禹須臾》。他曾經指出，"一向以爲道教興起以後纔有之"的"禹步"。"今觀《日書》所記，淵源已肇於秦代。""《法言·重黎》篇：'姒氏治水土，而巫步多禹。'李軌注：'俗巫多效禹步。'可見巫俗效法禹步，由來已久，出行到邦門，可施禹步，秦俗已然。"又説："《日書》且言'禹符左行'，則施用符亦出於秦以前之巫術，不始於道教徒矣。"饒宗頤先生還寫道："按須臾義如立成。《後漢書·方術傳》序：'其流有挺專（即筳篿）、須臾、孤虛之術。'李賢注：'須臾，陰陽吉凶立成之法也。'《七志》有《武王須臾》一卷，《隋書·經籍志》收《武王須臾》二卷。此云《禹須臾》，當如《武王須臾》一類之書。"饒宗頤先生釋"禹之離日也"作"《禹》之離日也"，以爲："《禹》必是禹之書。《漢志·雜家》有《大》三十七篇，注傳言禹作。① 《日書》之《禹》，疑即出此。"②這些意見，都對《日書》交通史料研究有所啓示。

　　以交通爲主題的巫術形式和術數論著借用"禹"的名字，應當有取其宣傳效用的動機。而作爲"俗禁"內容的部分也以"禹"爲標識，其原因或許與《論衡·四諱》所謂"夫忌諱非一，必托之神怪，若設以死亡，然復世人信用畏避"類同。"禹"在這裏成爲被借用的"神怪"，也與這位傳説中的治水英雄非同尋常的交通業績有關。正如前引李學勤先生説："在傳説裏，禹是長期離家在外的典型，他娶塗山氏之女後，第四天便出去治水，居外十三年，過家門不敢入。"他開發交通的實踐，據司馬遷的記述，即所謂："勞身焦思，居外十三年，過家門不敢入。""陸行乘車，水行乘船，泥行乘橇，山行乘樏。左準繩，右規矩，載四時，以開九州，通九道，陂九澤，度九山。""命后稷予？庶難得之食。食少，調有餘相給，以均諸侯。禹乃行相地宜所有以貢，及山川之便利。"③禹的辛苦行程，因成功得到敬仰，也因傷殘獲取同情。仿殘疾體態行走即"病足""行跛"的所謂"禹步"，於是成爲巫術儀禮內容的一部分。④

　　《史記》卷一《五帝本紀》説"禹之功爲大"，而其首要之功，就是"披九山"。《史記》卷二《夏本紀》表彰"禹行"之功⑤，尤強調他開發山地交通的貢獻："禹乃遂與益、后稷奉帝

---

① 《漢書》卷三〇《藝文志》："《大命》三十七篇。傳言禹所作，其文似後世語。"顔師古注："俞，古禹字。"
② 《饒宗頤二十世紀學術文集》卷三《簡帛學》，第 269～270 頁。
③ 《史記》卷二《夏本紀》。其貢獻據説亦包括交通工具的發明。關於"泥行乘橇"，裴駰《集解》引徐廣曰："他書或作'蕝'。"又引孟康曰："橇形如箕，擿行泥上。"引如淳曰："橇音'茅蕝'之'蕝'。"謂以板置泥上以通行路也。"張守節《正義》："按：橇形如船而短小，兩頭微起，人曲一脚，泥上擿進，用拾泥上之物。今杭州、温州海邊有之也。"關於"山行乘樏"，裴駰《集解》引徐廣曰："樏，一作'橋'，音丘遥反。"又引如淳曰："樏車，謂以鐵如錐頭，長半寸，施之履下，以上山不蹉跌也。"張守節《正義》："按：上山，前齒短，後齒長；下山，前齒長，後齒短也。樏音與，上同也。"
④ 《法言·重黎》："巫步多禹。"李軌解釋説："禹治水土，涉山川，病足，故行跛也。""而俗巫多效禹步。"所謂"病足，故行跛"，《帝王世紀》又寫作"禹病偏枯，步不相過"。而後來的巫人有意摹仿這種特殊的步式。
⑤ 《北堂書鈔》卷一五八引《王子年拾遺記》言禹"晝夜并行"。

命,命諸侯百姓與人徒以傅土,行山表木,定高山大川。"他領導"治水"的實踐,就包括所謂"山行乘檋,行山刊木""通九道""度九山"。司馬遷在《史記》卷二《夏本紀》中還引述了《禹貢》關於禹治水時"道九山"的記載:"道九山:汧及岐至於荆山,逾於河;壺口、雷首至於太岳;砥柱、析城至於王屋;太行、常山至於碣石,入於海;西傾、朱圉、鳥鼠至於太華;熊耳、外方、桐柏至於負尾;道嶓冢,至於荆山;内方至於大别;汶山之陽至衡山,過九江,至於敷淺原。"其行迹已經遍及上古時期所有重要交通綫路。《史記》卷二《夏本紀》與《禹貢》個别文字略有不同,而"道九山"三字,是司馬遷總結性的手筆。① 其意義於交通事業的開發而言,自然非常重要。

江紹原先生《中國古代旅行之研究:側重其法術的和宗教的方面》運用文化人類學思想和方法對於中國古代旅行生活遭遇的精靈鬼魅以及相應的精神生活時代背景進行考察,使交通史的研究别開生面。他在討論"行途遭逢的神奸(和毒惡生物)"時曾經指出:"由種種證據,我們知道古中國人把無論遠近的出行認爲一樁不尋常的事;換句話說,古人極重視出行。"無論出行何所爲,"總是離開自己較熟悉的地方而去之較不熟習或完全陌生的地方之謂。古人,原人,兒童,乃至禽獸,對於過分新奇過分不習見的事物和地方,每生恐懼之心"。在古人的觀念中:"言語風尚族類异於我,故對我必懷有异心的人們而外,蟲蛇虎豹,草木森林,深山幽谷,大河急流,暴風狂雨,烈日嚴霜,社壇邱墓,神鬼妖魔,亦莫不欺我遠人,在僻静處,在黑暗時,伺隙而動,以捉弄我,恐嚇我,傷害我,或致我於死地爲莫上之樂。""熟習的地方,非無危險——來自同人或敵人的,自然或'超自然'的——然這宗危險,在或種程度内是已知的,可知的,能以應付的。陌生的地方却不同:那裏不但是必有危險,這些危險而且是更不知,更不可知,更難預料,更難解除的。"② 限制交通行爲的"俗禁"於是因此生成并嚴整完備。

在原始山林尚未遭遇人類大規模開發的時代,山地交通往往會有更多的艱險。據《抱樸子·登涉》記載:"不知入山法者,多遇禍害。故諺有之曰:'太華之下,白骨狼籍。'"又寫道"行旅不免灾异",除了"令人遭虎狼毒蟲犯人"之外,又有"或被疾病及傷刺,及驚怖不安;或見光影,或聞异聲;或令大木不風而自摧折,岩石無故而自墮落,打擊煞人;或令迷惑狂走,墮落坑谷"等情形。在這樣的心理背景下,賴取巫術求得庇護和支持,是很自然的事情。應當看到,托名以因"行山""度九山""道九山"的交通實踐而成爲領袖人物的"禹"的巫術表演,可能正是在這樣的文化條件下形成了社會影響。涉及"枳"的"俗禁"中所謂"禹之離日",或許應當在這樣的認識基礎上予以理解和説明。

---

① 參看王子今:《"度九山":夏禹傳説的農耕開發史解讀》,《河南科技大學學報(社會科學版)》2003年第4期。
② 江紹原:《中國古代旅行之研究:側重其法術的和宗教的方面》,上海:上海文藝出版社,1989年,第5頁。

《中文大學文物館藏建初四年"序寧病簡"與"包山簡"》補議

朱曉雪

（華僑大學）

饒宗頤，字固庵，又字伯濂、伯子，號選堂，廣東潮安人。饒先生治學範圍極爲廣泛，季羨林、姜伯勤兩位先生評價饒先生學術成就之時，將其著述分爲敦煌學、甲骨學、詞學、史學、目錄學、楚辭學、考古與金石學、書畫學八大類。而在臺灣新文豐出版公司所刊《饒宗頤二十世紀學術文集》中則更別爲十三類：史溯、甲骨、簡帛學、經術禮樂、宗教學、史學、中外關係史、敦煌學、潮州學、目錄學、文學、詩詞學、藝術。

其中，甲骨、簡帛學與敦煌學同屬文字學範疇。饒宗頤先生曾自評：

> 當代學術之顯學，以甲骨、簡帛、敦煌研究之者成就最高，收穫豐富，影響至爲深遠，余皆有幸參預其事。

可見饒先生對文字學是極其重視的。而與甲骨學、敦煌學相比，簡帛學是一門新興之學問。但饒先生對新資料的發現十分關注，常常是新資料剛一刊布，便會有相關文章、論著進行研究，并且考證精確，創見很多。這裏就饒先生《中文大學文物館藏建初四年"序寧病簡"與"包山簡"——論戰國、秦、漢解疾禱祠之諸神與古史人物》一文中的兩個神名，談一點淺陋的看法。

文中，饒先生以香港中文大學文物館收藏的東漢建初四年（79）的"序寧簡"爲研究物件，指出此類簡文以"序寧"疾病爲主題，兼及祭祀各種神明，以巫下脯酒進行禱祠，以禳除作祟之事端，爲巫史研究提供翔實史料，諸神明之名目，以包山簡及漢宣時木牘、《封禪書》《郊祀志》所記秦漢各地區諸巫所祀神明作一比較，有不少可以互勘。

其中，諸神之名有3條，我們援引如下：

包山簡	《禮記·祭法》	《楚辭》	《封禪書》	東漢序寧簡
二天子 大（太）	泰壇	太一	天神（粵巫） 天主（八神）	天公
土 大 地主	泰折	后土 《九辯》	官社 地主（八神）	官社、田社 黃君
（山）	（泰曆）	山鬼		

  饒先生認爲"坐山""佐山"都可以釋爲列山，即是炎帝，列山氏亦可稱曰連山氏，包山簡又作"五山"。

  "坐"字字形作 坐、坐 并非"列"字已經是學術界公認的，此字最初多釋爲"坐"，李零在討論楚文字形近混用時，舉出"危""坐"2 字，并說楚簡中"危山"舊釋"坐山"似可重新考慮。① 其實，坐及從坐之字在楚簡中可有"坐""危"兩讀，例如劉樂賢認爲九店簡《日書》中的此字，從楚、秦選擇術的對應和文例比勘等角度看，仍以釋"危"更爲合適。② 還有上博簡《柬大王泊旱》18 號簡："必三軍有大事，邦家以軒輊，社稷以逡歟？"上博簡《凡物流形甲》16、26 號簡"邦家之 坐 安存亡"均應是讀爲"危"的。而在上博簡《容成氏》14 號簡"舜於是乎始免刈、鉏、耨、錯，拜而坐之"、上博簡《君子爲禮》1 號簡"夫子曰：'逡，吾語汝'"的辭例中，讀爲"坐"則比較恰當，因此坐是有兩讀的，至於讀"危"還是"坐"需要依據辭例辨別。包山楚簡中得神名以釋爲"危山"爲宜，清華簡《楚居》1 號簡有"季連初降於騩山"，整理者懷疑"騩山"即"騩山"③，復旦大學讀書會認爲包山簡之"危山"或也與此有關④，這個觀點很可能是正確的。而包山楚簡中的"五山"應是另一神名，與"危山"并無關係。

  關於"祑/夰"和"鼫夰"，饒先生指出與后土及社駢列者有祑，亦作夰或稱爲"鼫夰"，

---

  ① 李零：《郭店楚簡研究中的兩個問題》，《郭店楚簡國際學術研討會論文集》，武漢：湖北人民出版社，2000 年 5 月，第 47～52 頁。

  ② 劉樂賢：《從出土文獻看楚、秦選擇術的异同及影響——兼釋楚係選擇術中的"危"字》，"中國古文字：理論與實踐國際學術研討會"論文，芝加哥大學，2005 年 5 月。"中國出土資料學會 2005 年度第 2 回例會"論文，成城大學，2005 年 12 月 10 日。後名《楚秦選擇術的异同及影響——以出土文獻爲中心》，《歷史研究》2006 年第 6 期，第 19～31 頁。

  ③ 李學勤主編：《清華大學藏戰國竹簡（壹）》，上海：上海文藝（集團）有限公司，2010 年 12 月，第 182 頁。

  ④ 復旦大學讀書會：《清華簡〈楚居〉研讀札記》，復旦大學出土文獻與古文字研究中心網，2011 年 1 月 5 日。

"夶"可釋爲"泰"字,乃泰帝,即天神太一,"螶夶"乃"泰折"之倒言。"夶"僅一泰之名者蓋指天,其增螶於其前曰"食泰"者則指地,兩者有別。

饒先生將"祄/夶"和"螶夶"視爲兩個神名是正確的,但是,認爲二者分別指天與地,這個可能性較小。從字形上看,"祄/夶"應即"大(太)",包山簡中"太"與"螶太"並見,望山楚簡78號簡還有"父太"。我們認爲包山簡中"太"與"后土""司命"並舉,"螶太"與"社""宮行""兄弟無後者"並舉,望山簡中"父太"與"親父""不辜""盟詛"並舉,"后土""不辜"等均是具體鬼神名,因此"太""螶太""父太"亦應爲具體鬼神名。"太"所指爲應非"太一","螶泰"所指也不會是"泰折",其具體含義待考。董珊將"祄/夶"讀爲"厲",認爲是一個集合概念,即"厲鬼"①,可備一説。

以上是我們對《中文大學文物館藏建初四年"序寧病簡"與"包山簡"》中提到的兩個神名的一點看法,多引他家之説,爲饒先生大作略作補充。

---

① 董珊:《楚簡中從"大"聲之字的讀法(二)》,簡帛網,2007年7月8日。

再訪施觀民:明人傳記資料數據評估

馬泰來

(美國普林斯頓大學)

在文史研究過程中,常會遇到一些陌生人名,尋找他們的生平,并非易事。這些年來,筆者考證過董其昌好友、文物商人吳廷,《金瓶梅》早期抄本藏主丘志充,大收藏家擁有王羲之《快雪時晴帖》和《元曲選》大部分底本的錦衣衛劉承禧,以及書販林志尹等人,主要是依賴方志和明人文集。

1980年,筆者在《美國東方學會學報》(Journal of the American Oriental Society)發表了一篇短文,題目是"The Search for Shih Kuan-min: Or the Need for a Comprehensive Ming Biographical Index"(《尋訪施觀民:需求一部全面性明人傳記資料索引》)。

施觀民為誰?《明史研究論叢》第2輯(1983)有一篇《美國、澳大利亞、英國明史研究近況》,把筆者的文章題目翻譯成《檢索史官名》,可說是聞聲生義,但亦可見一些治明史的專家也不曉得施觀民是誰。

張居正禁毀書院,論者不少,首被禁毀的就是常州知府施觀民興建的龍城書院,時為萬曆七年(1579)一月。明代書院校友資料極貧乏,祇有3位狀元念書的書院可考。康海和呂柟是西安正學書院的學生,孫繼皋是龍城書院的學生。和不少狀元一樣,孫繼皋并沒有太大的作為,但孫的一位同門在晚明思想界和政壇影響至大,他就是顧憲成。可是關於東林書院的論著,罕有提到施觀民和龍城書院對顧憲成的影響。

筆者初以為施觀民的資料唾手可得,事實并不如此。兩部最常用的明代人物索引:《八十九種明代傳記綜合引得》(1935)和《明人傳記資料索引》(1965—1966)都沒有施觀民的條目。

施觀民是福建省福州府福清縣人,曾任常州知府、廣東按察副使,後革職閑住。《(萬曆)福州府志》和《(萬曆)常州府志》都有施觀民小傳(筆者當日是用美國國會圖書館拍攝

的北平圖書館藏善本膠卷)。方志每隱惡揚善，兩部方志皆未提到龍城書院被禁毀和施被解職。

《明人傳記資料索引》采用了臺灣"中央圖書館"所藏約500種明人文集，可惜事出衆手，水平并不一致。筆者在5部明人文集中找到5篇有關施觀民的文章，其中祇有1部文集未爲《明人傳記資料索引》采用，也就是説4部文集的索引工作并不完善。

5篇文章包括孫繼皋的《祭施憲副老師文》(《宗伯集》卷七)和顧憲成的《祭龍岡施老師》(《涇皋藏稿》卷二〇)。二文皆情感真摯，顧憲成甚至引疚説："吾師之存也，既不能明目張膽白見冤狀，揭之日月之下；及其一旦而溘然也，又不能走千里，酌卮酒以薦几筵，伸無涯之感，進而有慚於欒生，退而有慚於孺子。"《宗伯集》中還有三封孫給施觀民兒子施三捷的信，提到爲施觀民建祠和寫傳以及《哭施龍岡先生》詩5首。

最重要的是施觀民同鄉、大學士葉向高寫的《明中憲大夫廣東按察司副使龍岡施公皆配何恭人墓誌銘》(《蒼霞草》卷一〇)，描叙施觀民生平至爲詳盡。

另外兩篇是王世貞的《〈古四大家摘言〉序》(《弇州山人四部稿》卷六八)和吳中行的《郡侯施龍岡陟粵東憲副序》(《賜餘堂集》卷七)。《古四大家摘言》是施觀民編的《左傳》《列子》《莊子》和《淮南子》4本書的選集，刊於常州知府任内。至於吳中行的贈序，撰於施觀民離常州赴廣東，頗述其在常州政績。

5篇文章都是20世紀80年代前，筆者翻閲明人文集找到的。限於時間和其他原因，不能詳細翻讀，遺漏恐不少。那時并沒有任何電子數據庫。

今日假如全賴電子數據庫，再尋訪施觀民，成績又將如何？

爲此筆者查閲了4個龐大的數據庫：文淵閣《四庫全書》電子版、漢籍全文資料庫、中國基本古籍庫[①]和明人文集聯合目録及篇名索引資料庫。選定3個搜查條目：施觀民、施龍岡和龍岡施。

文淵閣《四庫全書》電子版

首先需指出《四庫全書》并未收入《蒼霞草》和《賜餘堂集》。上舉5篇明人文章，《四庫全書》僅録3篇，而沒有最重要的葉向高撰墓誌銘。《四庫全書》收録《明史》，但《明史》未提到施觀民。

施觀民：9則，8則見各省通志，1則見《吳中水利全書》。

施龍岡：2則，皆見《宗伯集》。一爲李應祥墓誌銘，提及施觀民選拔李入龍城書院。一爲《哭施龍岡先生》詩5首。

[①] 普林斯頓大學東亞圖書館沒有"中國基本古籍庫"，端賴香港大學圖書館陳偉明先生和林秀麗女士代查。

龍岡施：5則。4則見《涇皋藏稿》，其一即《祭龍岡施老師》，餘3則見顧憲成撰別人墓誌銘和小傳，述許世卿、張納陛和顧弟顧允成3人受知施觀民。1則爲收入《明文海》的薛應旂撰《〈遵岩文粹〉序》，《遵岩文粹》是施觀民所編王慎中選集。

以上15則資料，未提供新的重要訊息。

此外《四庫全書》有5則"施憲副"，祇有2則是談施觀民，皆見《宗伯集》，其一即《祭施憲副老師文》，另一是施觀民門人錢萬善的墓誌銘。明代施姓按察副使不止施觀民一人，況施觀民爲廣東按察副使任期不長，時人少以"施憲副"稱之，故未立"施憲副"爲搜查條目。

漢籍全文資料庫

施觀民：3則。第1則爲《明實錄》萬曆三年十月："以常州府知府施觀民爲廣東副使。"第2則爲《萬曆野獲編》之《書院》："今上初政，江陵公痛恨講學，立意蔑抑。適常州知府施觀民以造書院科斂見糾，遂遍行天下拆毀。其威令之行，峻於世廟。"第3則是《明經世文編》收錄鄒元標的《直抒膚見以光聖德以奠民生疏》："常州知府施觀民糜費民財，建創書院，毀之誠是矣。乃概將先賢遺迹一概拆廢，臣不知其解也。"

施龍岡：0則。

龍岡施：0則。

3則資料都提供充實訊息，特別是鄒元標對施觀民的看法，但其價值皆不及上舉葉向高、孫繼皋和顧憲成的文字。

《明實錄》其實是有記載此次全國性禁毀書院，可惜歷史語言研究所藏《明實錄》抄本有脫字，缺一"民"字，致未能成功檢索。《神宗實錄》卷八三萬曆七年正月二十二日："命毀天下書院。原任常州知府施觀？施觀：抱本觀下有民字以科斂民財，私創書院，坐罪著革職閑住。并其所創書院，及各省私建者，俱改爲公廨衙門。粮田查歸里甲，不許聚集游食，擾害地方，仍敕各巡按御史、提學官查訪奏聞。"

中國基本古籍庫

施觀民：27則（內1則爲"百戶施觀、民人周成等"）。包括上引《萬曆野獲編》、《明經世文編》、《吳中水利全書》、《江南通志》和《廣東通志》。所用《福州府志》爲乾隆修本。餘下爲《明紀》等編年史籍、《國史唯疑》等雜史和筆記并其他方志，內容皆甚簡略和陳陳相因。所引《皕宋樓藏書志》2則，記《列子口義》及《莊子口義》二書有萬曆施觀民刊本，可助研究施觀民編刊書籍活動。

施龍岡：4則。2則見《宗伯集》，同前。1則爲《顧端文公（憲成）年譜》。1則爲董應舉《與連江張教官》函:"施龍岡之在常州,立社課士,其科連捷者二十二人,而榜首顧涇陽也,殿元孫柏潭也,餘多聯捷。至今常州甲於吳下,龍岡之教也。"

龍岡施:16則。9則見葉向高及顧憲成文集。2則見《明文海》,一爲葉向高撰的《孫宗伯集序》,孫宗伯就是孫繼皋;一爲薛應旂撰的《〈遵岩文粹〉序》。餘下5則,分見《東林書院志》、《常郡八邑藝文志》、《錐閩源流錄》和《道南淵源錄》,都不是原始文獻。需要説明的是"中國基本古籍庫"所據《明文海》抄本,稍异於文淵閣《四庫全書》抄本,卷二三八卷首多3篇文章,其一即《孫宗伯集序》。

明人文集聯合目録及篇名索引資料庫

"明人文集聯合目録及篇名索引資料庫"和前面3個數據庫不一樣,它衹可查索作者、書名和篇名,不能提供全文檢索。

施觀民:0則。

施龍岡:6則(內重1則)。5則是薛應旂的《與施龍岡太守》函、《送施龍岡太守入覲序》、孫繼皋的《哭施龍岡先生》、吳中行的《郡侯施龍岡陟粵東憲副序》和鄭若庸的《施龍岡户部視倉竣事奉其乃翁乞假歸》詩。

龍岡施:4則(內重2則)。2則是顧憲成的《祭龍岡施老師》和葉向高的《中憲大夫廣東按察司副使龍岡施公偕配何恭人墓誌銘》。

結　語

假如衹用"施觀民""施龍岡""龍岡施"3個條目,查索文淵閣《四庫全書》電子版、漢籍全文資料庫、中國基本古籍庫和明人文集聯合目録及篇名索引資料庫,會找不到筆者在30年前已找到5篇文章中的2篇:《〈古四大家摘言〉序》和《祭施憲副老師文》。前者并不太重要,而找不到的原因是文中王世貞稱施觀民爲"閩人施君"。《祭施憲副老師文》則極重要,但筆者不能想象研究施觀民而不詳讀孫繼皋和顧憲成二人文集。這也就是説,不能單靠數據庫,總得看書。

至於數據庫的功能,應該是輔助性的。鄒元標《直抒膚見以光聖德以奠民生疏》和董應舉《與連江張教官》函,提到施觀民的話不多,但頗重要,而一般人翻書,稍不留神,必看漏了眼。全文檢索,則一網打盡。但數據庫也不是包羅萬有,衹要比對"中國基本古籍庫"和"明人文集聯合目録及篇名索引資料庫"所收明人文集,即可看到兩個數據庫仍需互補。

《明實録》因爲底本有脱文,遂致在數據庫中找不到龍城書院被禁毁,施觀民被革職。這是一個極嚴重的問題,需要處理。

明人文集數目龐大,本文初稿完成後,又找到兩篇有關施觀民的文章:謝肇淛的《〈思德録〉序》(《小草齋文集》卷六)"《思德録》者,先輩龍岡施先生所爲祠於宦,祠於鄉者也"和薛應旂的《龍城書院記》(《方山薛先生全集》卷二三)。二書都未收入"中國基本古籍庫"。

説一句題外話,各家書目和近年影印本都説《方山薛先生全集》是明嘉靖刊本,但《龍城書院記》稱:"隆慶辛未郡守施侯觀民至……是役也,經始於隆慶壬申之五月,不逾年而告成。"隆慶是明穆宗朱載垕的年號,朱載垕繼其父明世宗(年號嘉靖)登基,《方山薛先生全集》不可能是嘉靖刊本。

毫無疑問,電子資料有助學術研究,一般而言,大型電子數據庫比網上資料可靠。但是做研究不能單靠電子資料,不然必支離破碎,見樹不見林。前輩學者,不少古籍都能背誦,故其學術研究,奠基穩固。

電子數據庫的一大優點是巨細不遺,祇要某書被選入,內容全可查檢,不像早前人工作業,難免有遺失,如上舉《明人傳記資料索引》的例子。

利用電子數據庫,首先需要知曉其內容。譬如説《四庫全書》電子版,《四庫全書》并不是包羅萬有,收入所有乾隆以前文獻。"中國基本古籍庫"則明言祇包括"基本"古籍。其次是數據庫所用的版本。《四庫全書》和"中國基本古籍庫"內的《明文海》版本不同,所以搜索結果有異。明人文集,不少爲清室禁毀,幸存《四庫全書》者,每有刪改。使用《四庫全書》電子版者,不可不知。

筆者的研究,雙軌并進,兩條腿走路。既重視原始資料,亦不莫視前人研究成果。尋訪資料,上窮碧落下黃泉,先自己翻書,再用數據庫補遺。第一步通常是翻檢前人研究,如認爲一己并無新見,或未能做重大補遺,即放棄該研究命題。五四以來學術論文,今日多已收入數據庫,因此查閲多可在電腦進行。

發現新資料,祇能靠翻書。筆者從前發現李若水的《捕盜偶成》詩和謝肇淛的《金瓶梅跋》,今日都可在數據庫內輕易找到。但數據庫收書有限,如祇查數據庫,是自我局限。筆者寫《明代文物大賈吳廷事略》①,引用來復的《吳用卿贊》:"古今之奇物有數,奇物之聚合有神。羅有數之神奇於俎豆,日與周漢唐宋之明公相晤對,此其人詎可測量之人。夫他人分公之什一,已足稱豪,而公所甄鑒,自元而降,藐不足珍。精力何大,識趣何真?故未返芰荷之服,而高士遠賦招隱,不嗅纓冕之餌,而薦紳争延上賓。意公别有不可及之德器在形迹外,令人可重可親者耶。徒以賞鑒家目之,擬尚非論。"對吳廷之評叙,的確傳神。來文見其文集《來陽伯文集》,天啓刊本,美國國會圖書館藏,海内外孤本。該書未嘗影印或掃描,亦未收入任何數據庫,包括"明人文集聯合目録及篇名索引資料庫"。事實上《明代文物大賈吳廷事略》所引用的明人詩文,絶大部分今日仍未見任何數據庫。

---

① 馬泰來:《明代文物大賈吳廷事略》,《故宫學術季刊》2005年第23卷第1期,第397~411頁。

關於正倉院《王勃詩序》之
《秋日登洪府滕王閣餞別序》

道坂昭廣

(日本京都大學)

  正倉院中有以《詩序一卷》爲題的抄本。該抄本收録了 41 篇王勃的序,其中的 21 篇傳世至今,被《文苑英華》和蔣清翊的《王勃集注》等中國版本所收録。將這些作品進行校勘可以發現,雖有些許出入,但是每部作品裏都有文字的異同。① 從正倉院本"慶安四年(707)"的年代記録及則天文字的使用可以發現,它有可能是抄寫於王勃死後(676?),附上楊炯的序編纂而成的,最初版本《王勃集》序的部分。② 無論如何小心注意,也會存在抄寫時的錯誤和每次傳寫時有意無意的改寫。而且,這些不僅局限於王勃的作品。通過分析這些錯誤、改寫以及兩者的異同,就有可能復原王勃序的最初文字。這能夠作爲幫助我們正確理解王勃及其文學甚至初唐文學的重要資料。當然,不僅是中國,否定古典作品經過反覆傳寫至今的歷史,不是文學研究的正確態度。然而,僅限於本文中將要論及的《秋日登洪府滕王閣餞別序》(以下簡稱爲〈滕王閣序〉),筆者將要詳細探討中國傳存本中存在一種不同於一般性的改寫原因而產生的部分。

---

  ① 參照道坂昭廣:《正倉院藏〈王勃詩序〉校勘》(香港大學饒宗頤學術館學術論文/報告系列 27,2001 年)。小論中的中國版本有 4 種,分別爲《文苑英華》(明隆慶刊本,1966 年中華書局影印),簡稱爲《英華》。明張燮輯《王子安集》(明崇禎刊本,《四部叢刊》影印),簡稱張本。清項家達輯《王子安集》(清乾隆四十六年星渚項家達校刊《初唐四傑集》所收),簡稱項本。清蔣清翊撰《王子安集注》(清光緒九年吳縣蔣氏雙唐碑刊本,1977 年臺灣大化書局影印),簡稱蔣本。
  ② 早有楊守敬《古鈔本王子安文一卷》(《日本訪書志》卷一七,1897 年)、羅振玉《王子安集佚文附校記》(1918 年)、內藤湖南《正倉院尊藏二舊鈔本に就きて》(《內藤湖南全集》卷七,1922 年)曾經指出這點。關於王勃詩序的研究史《正倉院藏王勃集殘簡の研究Ⅰ》(神户市外國語大學外國學研究所,1994 年)有詳細記載。

以下,將對正倉院本和中國版本在文字上的异同加以考察,并分析它們作爲文本的性質。

一

除了异體字和俗字使用之外,正倉院本《滕王閣序》和中國版本之間的不同之處,在《文苑英華》中有 70 處,蔣清翊本有 67 處。

雖然無法避免書寫的錯誤,但是通過校勘《滕王閣序》和中國版本發現,可以認爲是錯字、漏字的是以下 7 例。

正倉院本將中國版本的"十旬"作"十甸"(阿拉伯數字是正倉院本的行數。下同);中國版本的"上出重宵"在正倉院本作"上出重霄"(12);"豈乏明時"在正倉院本作"豈之明時"(25);中國版本的"酌貪泉而覺爽"在正倉院本作"酌貪泉而競爽"(27)。這些都是在正倉院本不得其意,有可能是字形類似所致的錯字。而且,"寫睇眄"(19)在中國版本作"窮睇眄",因其對句對應文字爲"極",又是修飾表眺望意義的"睇眄"的動詞,所以可以認爲這也是由於字體類似而產生的錯字。

"於間"(21~22)部分,是正倉院本中漏字。從對句的字數考慮,也必然是中國版本的"於雲間"正確。正倉院本的"效窮之塗哭"(29),無論從對句還是從意義考慮,都是正倉院本的文字顛倒,而中國版本的"效窮途之哭"是正確的。

綜上所述,正倉院本的錯字全部都是類似的字形所致的"魯魚之誤"。而且,漏字也是在換行之際。錯誤方式中并無任何不可思議之處,可以毫無疑問地認爲是單純的錯誤。

反觀中國版本,其中的例子却可以證明正倉院本的文字有創作根據。"虹銷雨霽"(15)在《英華》和蔣本作"雲銷雨霽",而張本和項本作"虹"。《英華》也在"雲"下注有"一作虹",因此可知中國也存在和正倉院本的文字相同的版本。① 同樣,"指吴會"(21)、"鍾期既遇"(33)分別在《英華》和蔣本作"目吴會""鍾期相遇"。然而,這在張本和項本中也作"指"和"既",《英華》中也注有"一作指"和"一作既"。"區明"(16)在蔣本等作"雲明",《英華》與正倉院本相同。"矯翠"(12)在中國版本皆爲"聳翠"。不過,在傅增湘撰《文苑英華校記》(北京圖書館出版社 2006 年影印)影宋抄本中記録,該文字作"矯",并注明"一作聳"。這些例子至少可以證明,與正倉院本相同的文本確實存在。在宋代,早就曾經存在很多種版本的《王勃集》。

如上所述,可以明確説明正倉院本的錯誤,或指出其作字根據確實存在的例子非常少見。倒不如説,正倉院本和中國版本之間的异同,在文字上雖然不同,但在意義上并

---

① 關於該异同,陳偉强《王勃〈滕王閣序〉校訂——兼談日藏卷子本王勃〈詩序〉》(《書目季刊》2001 年第 35 卷第 3 期)指出"雲"字更佳。的確,楊炯的《浮漚賦》(《楊炯集》,北京:中華書局,1980 年)中也有"雲銷霧霽"。不過,小論中不討論文字的優劣問題。

無大异。這種情況尤爲常見。首先,筆者將舉幾個包含通用文字以及意義大致相同漢字的例子。

"驩"(27)在《英華》作"懽",其他版本中作"歡",皆表示"歡喜"之意。同行中,正倉院本的"遥"在中國版本爲"賒",是平聲,都表示"遠"的意思。"騑驂"(10)在中國版本中是"驂騑",文字顛倒。這兩者都各有其實例,當然意思上也并無大异。"曾臺"(11)在中國版本中作"層臺",意義相同。庾信和謝靈運曾經用過"曾臺",陸機反而使用過"層臺"的例子。① "青雲之望"(26~27)在中國諸版本作"青雲之志"。當然,"望"和"志"無法通用,然而至少可以说,關於《滕王閣序》這一部分,在語義上并無差异。

這些是無法輕易判斷哪邊纔是錯誤的例子。而且,更加棘手的是,王勃其他的作品以及初唐的其他作家也曾有相同或類似的表達方式。

中國版本"十旬[正倉院本誤寫爲'旬'休暇(《英華》爲假,一作暇)],勝友如雲。千里逢迎,高朋滿座"中,正倉院本將"休假"作"休沐"(7)。中國版本的句子中也有相近的例子,比如王勃的《梓州玄武縣福會寺碑》(《王子安集注》卷一九)中有"十旬休沐,奄有泉林,千里邀迎,乃疲風月"一例。當然,也存在"十旬芳暇,千里薄游"(《江浦觀魚宴序》佚文)。而且,正倉院本將"滿座"作"滿席"(7)。當然,也曾經存在"滿座"的例子。② 例如,徐陵的《裴使君墓志》(《藝文類聚》卷五〇《職官部六》)中有"篤好朋游,居常滿席",可以作爲正倉院本中表達方式的出處。正倉院本中的"氣浮彭澤之樽"(19)在中國版本作"凌彭澤"。正倉院本的意思和陶淵明的氛圍相似,中國版本的意思是更在其上,解釋上發生了變化。然而,王勃《九月九日采石館宴序》(佚文)中有"彭澤仙杯,影浮三旬之氣"這樣的例子。因此,"浮"并非完全沒有可能性。

"大運不齊"(24)在《英華》中作"大運不窮(一作時運不齊)",其他版本作"時運不齊"。"大運"是從《史記·天官書》以來就有的詞語。而且,"時運"和"大運"的意義重合。陳子昂的《府君有周文林郎陳公墓志文》(《陳拾遺集》卷六)中有"大運不齊,賢聖罔象"的對句,可以得知這四個字的組合可能出現。它的對句"命塗多緒"(24)在中國諸版本作"命途多舛","塗"和"途"可以通用。然而"緒"和"舛"的意義并不完全吻合。陳子昂的《爲蘇令本與岑內史啓》(《陳拾遺集》卷一〇)中有"雖命塗乖舛",與中國版本中的表達方式相近。但是,"多緒"也曾在任昉的《奉答敕示七夕詩啓》中的"帝迹多緒"中出現。③ 另外,王勃的作品中也有"吾之生也有極,時之過也多緒"(《上巳浮江燕序》卷七)這樣的詞語。雖然不如"舛"更加直接,但是"多緒"包含"舛"的意義,可以理解爲"多端"。作爲對

---

① 陸機《擬青青陵上柏》(《文選》卷三〇),庾信《和潁川公秋夜》(《庾開府集箋注》卷五)。但是,《庾子山集》(卷四)作"層"。謝靈運《會吟行》(《文選》卷二八)。

② 出乎意料的是,"滿座"(或"坐")在王勃以前的用例非常少。鮑照在《驄馬上東門行》(《藝文類聚》卷四一樂部一)中有"絲竹徒滿座",略有提及。

③ 另外還有何遜的"臨別情多緒,送歸涕如霰"(《臨別聯句》,《古詩紀》卷九四)。

句,"多緒"也與上句"不齊"對應。正倉院本"終軍之妙日('日'爲則天文字)"(30)在中國版本作"弱冠"。《三國志》卷一九《魏志·陳思王植傳》中曾有"終軍以妙年使越"(《求自試表》),很有可能是其出處。而將"秒年"寫爲"妙日",是爲了讓平仄整齊。當然,也存在"終軍"+"弱冠"這種表現形式的文學作品。① 但是,難道不可以認爲正倉院本的"終軍"+"妙日"也有其根據嗎?

以上的例子,雖然日中文字有所不同,但意義大體相同。即使表達方式有所不同,但解釋起來沒有太大差別。消極地説,至少可以認爲正倉院本中的文字沒有問題。但爲何會産生這種文字上的差异呢? 在討論這個問題之前,筆者將舉幾個解釋不同的例子。

二

中國版本以"家君作宰,路出名區。童子何知,躬逢勝餞"爲最後一句,正倉院本作"勝踐"(9)。這雖然有可能是錯字,但是正倉院本的"餞別"(1)、"幸承恩於偉餞"(35)中也使用了"餞"字,也就是説"餞"和"踐"是被區别使用的。而且,正倉院本"仲家園宴序"中也有"勝踐"一詞。② 因其對句爲"名區",所以同樣是表示場所"勝踐"也是有根據的。正倉院本的解釋爲"恰逢美麗的風景",而中國版本爲"恰逢豐盛的送别宴"。

"關山難越,誰悲失路之人,溝水相逢,盡是他鄉之客"這一對句,張本、項本作"溝水",而且《英華》寫有"一作萍水",其中的"悲"字在正倉院本作"非"(22)。如果理解爲"誰人能爲失路之人而悲傷"的話,就是聚焦向著嶺外前行的王勃的孤獨感;如果理解爲"誰人不是失路之人"的話,就是代替和王勃一起,與他同去嶺外的新州赴任的宇文某述説了心聲。恐怕,作者將他離開故鄉和首都,作爲地方官將彷徨參加者們不得志的感情掩藏在宴席的背景下。③ 包含"非"和"悲"這一隔句對,是表現了作"序"地點的氣氛,還是表白了王勃這一人物的狀况呢? 關於該作品應該如何解釋這一問題,不是很快就能解決的問題。④ "踐餞"和"非""悲"之間的异同,有可能是由於字體類似。但是,以下的例子中,正倉院本和中國版本分别使用了不同的典據。

---

① 《後漢書·鄧張徐張胡列傳》有"終、賈揚聲,亦在弱冠"。另外,孔融《薦禰衡表》(《文選》卷三七)有"終軍欲以長纓牽致勁越,弱冠慷慨前代美之"這樣的例子。

② 但是,中國版本題名爲《仲氏園宴序》,其中也作"勝餞"。王勃周圍的文學者中,有楊炯《群官尋楊隱居詩序》(《盈川集》卷三)的"思傳勝踐",盧照鄰《益集至真觀主黎君碑銘》(《盧升之集》卷七)的"玉壘庭坤,珠鄉勝踐"的用例。

③ 初唐的序,有很多都表白了這樣的感情。請參照拙稿《初唐の"序"について》(京都大學中國文學會《中國文學報》第54册,1997年)。

④ 陳偉强《王勃〈滕王閣序〉校訂——兼談日藏卷子本王勃〈詩序〉》指出"非"更好。黄任軻《滕王閣序·疑義辯析》[《文學研究叢刊》(上海社會科學院文學研究所編,1984年)]未曾參照正倉院本,可以認爲其中的解釋也趨向於"非"。

"所賴君子安排,達人知命"(25~26)的前句在《英華》中作"君子見機(一作安貧)",蔣本也作"見機"。"君子見機"引自《周易》(《繫辭傳下》)中的"幾者動之微,吉(凶)之先見者也。君子見幾而作,不俟終日"。下句中的"達人知命"也是出自《周易》(《繫辭傳上》)的"樂天知命,故不憂"。因此,可以認爲"君子見機"這樣的文字組合作爲對句也很妥當。另一方面,"安排"出自《莊子·大宗師》"造適不及笑,獻笑不及排,安排而去化,乃入於寥天一"。謝靈運《晚出西射堂》(《文選》卷二二)中有"安排徒空言,幽獨賴鳴琴"的實例。陳子昂《梓州射洪縣武東山居士陳君碑》(《陳拾遺集》卷五)中也有"撫化隨運,安排屈伸"。根據郭象的注釋"安於推移而與化俱去,乃入於寂寥而與天爲一也"。形容將人生交給了命運而内心安定。"見機"和"安排",從精神的狀態來看是對立的。從它們和"知命"呼應而考慮的話,可以認爲還是正倉院本的"安排"更加妥當。

該句在中國版本中存在混亂。其中的異同,正如正倉院本中的錯字一樣,不是因爲疏忽而導致。可以說這種混亂顯示,在《英華》中所載的王勃的作品確立之前的謄錄階段,有可能進行了改寫,而且還是有意識地改寫。正如上文所述,有很多例子包含具有相同的意義,却是不同的文字。這些難道不正是暗示了作爲中國版本文本的性質麽? 其中包括作者的鑒賞,以及因其文學觀和知識,有意識地進行改寫。當然,這并不局限於王勃的作品,這是古典作品的世界中傳寫者一般性的態度,也許可以稱之爲時代的推敲。在此可以指出以下幾個比較明顯的例子,也就是比正倉院本更加整齊、更加精煉的例子。

第一,是平仄配置整齊。正倉院本中"孟學士之詞府"(8)部分,中國版本都作"詞宗"。"詞府"有其典據。① 而且,"詞府"是文學的場所,而"詞宗"帶有文壇領袖的意義。因其對句是"武庫",所以正倉院本中"詩府"更佳。但是,優先考慮平仄配置的話,是平聲的"宗"更好。雖然意思稍有變化,但是中國版本的文本可能優先了平仄的整齊。同樣,"清風起"(18)在中國版本作"清風生"。在意義上沒有很大的區別。"清風起"一詞在劉孝標《廣絶交論》的"虎嘯而清風起"(《文選》卷五五)以後,成爲文學作品的用詞。王勃的其他詩序中也曾出現,比如"清風起而城闕寒,白露下而江山遠"(《越州永興李明府宅送蕭三還齊州序》)。可以說,這些都是傳寫之間選擇了更佳文字的例子,正倉院本纔是基於最初文字而流傳至今的。

第二,是避免同樣文字反覆的例子。正倉院本的"窮當益堅"(26)的"當"在中國版本作"且"。該句是隔句對的第三句,與其呼應的第一句是"老當益壯"。其中第二個字和第三個字的位置上使用了相同的文字。正倉院本中"奏流水而何慚"(33)一句也是隔句對的第三句,中國版本將"而"作"以"。由於第一句是"撫凌雲而自惜",可以發現這都是爲了避免對句中的虛字反覆,有意識地進行了修改。正倉院本"酌貪泉而競(中國版本作'覺')爽,處涸轍而相歡"(27)一句中反覆出現了"而"。對此,張本和項本中包含改"而"

---

① [南朝梁]王僧孺:《從子永寧令謙誄》(《英華》卷八四二)中有"容與學丘,徘徊詞府"。

爲"以"的例子。

第三,存在後世附加的例子。中國諸版本在《滕王閣序》的最後有"請灑潘江,各傾陸海云爾",但正倉院本中没有。《英華》也注釋"一無此十字",這表示存在與正倉院本相同的文本。但是,《詩品》中連續使用"陸海、潘江"的例子,是王勃的後輩李嶠(664—713)的《謝撰懿德太子哀策文降敕襃揚表》①(《英華》卷五九二)"諭之以雲間日下,方之以陸海潘江"。這兩個人都是初唐的文學家,李嶠并非受到王勃表達方式的影響而作,從《滕王閣序》的傳寫者應用了李嶠的表達方式來看,與正倉院本的異同顯而易見。

當然,所出現的也不祇是精煉的例子,其中也存在產生混亂的例子。各自使用了典據的"見機""安排""安貧"的異同就是一例。更有甚者,還有可以認爲是因發音相同而產生混亂的例子。正倉院本有"舸艦彌津"(15),蔣本項本作"迷津"。在《英華》中作"彌津",與正倉院本相同,因此正倉院本是有根據的。"迷"與"彌"同是"mi"的發音。同樣,"矜甫"(17)在中國版本中也存在混亂。"矜"或是"襟"或是"吟",這不是由於發音,而是由於字體類似而導致的錯誤。然而,"甫"在《英華》和蔣本作"甫",而在張本、項本作"俯"(《英華》注"一作俯"),這有可能是因爲"fu"的發音相同而導致的。

以蔣清翊本爲首的中國版本,雖然存在傳寫混亂的一部分,但是也許可以認爲,經過時間推敲的中國版本比正倉院本成爲更加優秀的作品。不過,反過來説,除了明顯的錯誤以外,正倉院本即使是和中國版本使用不同的文字,但解釋上没有發生變化,或者説可以提示其文字依據。這難道不是説,正倉院本纔是想要把來自中國的文本正確地抄寫下來,并將其實現的文本麽?

在小論中,雖然將《滕王閣序》作爲唯一的考察對象,但是正倉院本的其他作品也大都具有同樣的傾向。因此,正確傳承了《王勃集》最初姿態的正倉院本,對於考察王勃和王勃文學,是至關重要的文獻。然而,《英華》以後,以蔣清翊注爲首的中國版本成爲被很多人讀過的歷史,也就是王勃文學的接受歷史也不容忽視。不過,在以上這樣的前提下,再次審視正倉院本和中國版本的文字異同,就會發現中國版本《滕王閣序》中存在另一種改寫。這種改寫不同於抄寫人按照自身的鑒賞力、古典知識和文學觀爲基礎進行的改寫,這種是所謂精煉的改寫。

三

《滕王閣序》被視爲王勃的代表作,收録在很多文學選集中,而且被很多人評論至今。其中比較有名的,是歐陽修的《唐德州長壽寺舍利碑》(《集古録跋尾》卷五)。

---

① 懿德太子(重潤)是中宗之子,則天武后治世之時被張易之等殺害。中宗即位後,被賜予"懿德太子"這一諡號。因此,可以認爲該作品是神龍元年(705)時期所作。參見《舊唐書》卷八六《高宗中宗諸子·懿德太子重潤傳》。

> 余屢嘆文章至陳隋,不勝其弊。而怪唐家能臻致治之盛,而不能遽革文弊。以謂積習成俗,難於驟變。及讀斯碑,有云"浮雲共嶺松張蓋,明月與岩桂分叢"。乃知王勃云"落霞與孤鶩齊飛,秋水共長天一色",當時士無賢愚,以為警絕,豈非其餘習乎?

正如歐陽修一貫主張古文的風格,他批判《滕王閣序》中的名對"落霞與孤鶩齊飛,秋水共長天一色"不過是陳隋的餘習。由於他的指摘,一直到現代為止,此對句結構一直被追認為不是王勃的首創,而是從南北朝開始一直到王勃的時代經常使用的一種形式。① 但是筆者認為,要對"當時士無賢愚、以為警絕"這一指摘進行調查。流傳到歐陽修時代的唐代資料非常豐富,在此時期,也許存在這一指摘確鑿的根據。也許筆者有忽略之處,但是從現存的資料來看,當時《滕王閣序》尚未被廣泛宣傳,而且也沒有廣泛被世人作為王勃的代表作來看待。

對於王勃的文學最初的評論是楊炯的《王勃集序》。其中評論道,王勃在沛王府侍讀時期曾作《平臺抄略》,獲賜帛50匹。并指出他在蜀地文學的成長,當時的代表作僅有《九隴縣孔子廟堂碑文》。而且,關於王勃傳記,五代劉昫《舊唐書》中曾經記錄,王勃曾經向朝廷獻上《乾元殿賦》,并有以下文字"上元二年,勃往交阯省父,道出江中,為《采蓮賦》以見意,其辭甚美"。其實,這表達的是王勃創作《滕王閣序》旅程,但是在以上文字中僅僅提及《采蓮賦》,并沒有提及《滕王閣序》。直到歐陽修、宋祁編《新唐書》纔首次言及《滕王閣序》。

另一方面,最初言及《滕王閣序》的作品有韓愈的《新修滕王閣記》(《韓昌黎文集》卷一三)。這篇韓愈的作品,并不是他實際到滕王閣所作的。而且,王勃在文中,僅作為寫下關於滕王閣作品的三個人之一,也就是作為"三王"出現,其中并未對序作具體言及。就像是在表現王勃以外的作品已經失傳,說得極端一些,韓愈對王勃《滕王閣序》的關心,僅僅停留在關於滕王閣過去的一個作品這種程度。此後,韋愨在大中二年(848)作《重修滕王閣記》(《英華》卷八一〇)。"落霞與孤鶩"自然不用說,意外的是,居然沒有表現他曾經意識到王勃序的文字。② 如下文所述,杜甫指出有詩曾經意識到《滕王閣歌》,但是并沒有意識到序的表現。白居易《鍾陵餞送》(《白氏長慶集》卷一七)裏面出現過滕王閣之名,但是也沒有言及序。李涉《重登滕王閣》(《全唐詩》卷四七七)、張喬《滕王閣》(《全唐詩》卷六三八)以外,杜牧、許渾、黃滔的詩中也言及了滕王閣。將這些通讀一遍之後,沒有發現任何作品曾經意識到《滕王閣序》。晚唐錢珝的《江行無題》的連作中有"今日滕王閣,分明

---

① 從[宋]龔頤正《芥隱筆記》、[宋]胡仔《苕溪漁隱叢話》等開始,現在也有陳鵬《論六朝文章中的"落霞句式"》(《湖南社會科學》2009年第5期)。

② 不過,該作品的最後有"必知後千百年,閣之名焉與公之政,俱垂不朽矣"這一部分。給人的感覺是,這一部分沒有受王勃的《滕王閣序》影響,而是受了下文將要介紹的所謂滕王閣故事的影響。可以認為,這個故事在羅隱采集收錄之前,早已作為民間地域性傳承存在於世。

見落霞"這一表達方式,這是現階段筆者能够發現的、在序中最早出現的、基於被稱爲"警絶"一句的表達方式。①

衆所周知,在《滕王閣序》中流傳著一個被稱爲王勃滕王閣故事的逸話。這個故事開始於晚唐羅隱,在馬當山的采集收録民間傳承的時期。② 如果從這個故事的采録時期,以及在唐代對《滕王閣序》極少言及、引用,這種異常情況考慮,可以認爲王勃的《滕王閣序》其實是從晚唐以後五代開始,纔成爲當世名作被廣泛宣傳的。不用説,正倉院本的《滕王閣序》并没有受這個故事的影響,而是其前期的文本。

羅隱的《中元傳》最初記録了有關王勃作《滕王閣序》的故事,然而《中元傳》并没有傳世至今。也許在内容上略有分歧,《新編分門古今類事》《歲時廣記》(同《十萬卷樓叢書》所收本)以《中元傳》爲基礎記録了這個故事。③

根據《分門古今類事》卷三《异兆門・王勃不貴》,13歲的王勃,跟隨舅舅來到江左游玩(《歲時廣記》卷三五《重九中・記滕閣》是隨父宦游。以下的括弧内是《歲時廣記》中的記録)。在某地(馬當山)遇到一個名爲水元府君的神仙,借那神仙的力量,一夜之間就來到了遠方的南昌,出席了在滕王閣召開的餞别宴。在宴席上,列席者都互相謙讓,推辭作序。但王勃并没有推辭,所以都督感到不快,退席并讓下人逐次傳達作品。最初,都督用"老儒(儒生)常談""故事也"來批判王勃,不一會兒便"公即不語""但頷頤而已"。當聽到"落霞"的對句之後,"公不覺引手鳴(公蹙然拊)几曰,此天才也",對王勃贊不絶口。當宴席結束之後,王勃將獲得的獎品捐贈。另外,《歲時廣記》寫道,王勃作序之後,又作了詩。隨著作序作詩的進行,不斷地提高評價。正如李劍國所指出的,這個故事的最高潮部分與駱賓王(與王勃并稱爲"四傑")的逸話的構成非常相似。④

在這個故事的基礎上,歐陽修評論爲"當時士"。我們也許可以認爲,由於歐陽修的批判性評論,《滕王閣序》和滕王閣故事雙雙成爲名作,被世人所認知。不過,這終歸是關於王勃作《滕王閣序》的故事,與王勃的年齡等史實存在一定出入。⑤ 然而,通過校勘中國版本和正倉院本發現,由於這個故事,作爲文本而固定下來的文字以及爲了迎合這個故事而改寫的文字浮出水面。

---

① 這首詩一直被認爲是錢起的作品,但是《全唐詩》卷七一二和阮廷瑜校注《錢起詩集校注》(臺灣:新文豐出版公司,1996年)指出事實并不是如此。
② 根據李劍國:《唐五代志怪傳奇叙録》,天津:南開大學出版社,1993年。
③ 根據同李劍國《唐五代志怪傳奇叙録》。另外,《類説》《唐摭言》中也有記載。後者中省略過多,在此不作爲考察對象。
④ 段成式《酉陽雜俎》卷一《忠志》有:"駱賓王爲徐敬業作檄,極疏大周過惡。則天覽及'蛾眉不肯讓人,狐媚偏能惑主',微笑而已。至'一抔之土未乾,六尺之孤安在',不悦曰:'宰相何得失如此人。'"
⑤ 從鈴木虎雄《王勃年譜》(《東方學報》14,1944年)開始,《滕王閣序》就成爲王勃年輕的晚年之作,而且基本上成爲定論。

首先來看一下,可以被稱爲故事高潮的"落霞與孤鶩"一句中的異同。正倉院本將"孤鶩"作爲"孤霧"。此二者都是在王勃以前,即使是在唐代,王勃以外的使用例也很不容易找到。"鶩"和"霧"并不像上述錯字的例子那樣字體類似。比起字體類似,由於同樣都是"wu"的發音,在中國版本之間謄寫時出現過混淆的文字。

首先,歐陽修批判性地提及該句。之後,對於這一句的評論飛躍性地增加了。評論主要來自兩個方向。一個是繼承了歐陽修的論點,也就是想要證明該句的結構并不罕見。不過,其中也有相反意見覺得,即使如此,該句也應該稱爲名句。另一個方向是關於"落霞""孤鶩"的"霞""鶩"這一組合是否合適,也就是針對"鶩"字這種不協調的感覺而產生的爭論。① 正倉院本的"霧"字,有可能將"落霞""孤鶩"的對句是否合適這一爭論的意義抹殺,所以應該慎重考慮。蔣清翊對於"鶩"僅僅注有"《爾雅》釋鳥,舒鳧。郭注,鴨也",這也許是由於他已經得知關於"鶩"字的爭論。但是,即便是他也沒有預想到其他字的可能性。② 這是由於歐陽修的評論,"孤鶩"成爲無法替代的詞語。作"孤鶩"的文本難道在歐陽修評論以前并不存在嗎? 歐陽修以後,蘇軾曾經連用"孤鶩"在"落霞孤鶩換新銘"(《四望亭》,《東坡詩集注》卷四)以及"落霞孤鶩供千里"(《蔡景繁官舍小閣》卷二八)。此後,比起唐代的沉寂,宋代以後"孤鶩"奇迹般地作爲詩中的表達方式確立下來。其中,從北宋末期到南宋初期,如果説吕本中的"孤鶩悠悠伴落霞"(《次韵吉父見寄新句》,《東萊詩集》卷一三)以及鄭清的"横孤霧殘霞外"(《祈晴行西湖上呈館中一二同官二首二》,《江湖後集》卷六)這些句子都是證明該文字曾經存在的證據,會有些勉强麽?

通過以上考察可以發現,從正倉院本作爲文本的性質方面考慮,是否可以主張曾作"孤霧"的文本存在的可能性? 不過,這個異同最終要歸結爲,按照"孤鶩"閲讀來想像風景,還是按照"孤霧"閲讀來想像風景,這種是從讀者解釋出發的差異。在這個意義上講,通過議論"孤鶩"深化了想像,應該尊重。對此,筆者認爲下面兩點有可能加入了故事成分,結果產生了對"序"的混亂解釋。因此,比起"孤鶩"和"孤霧"的異同,應該將目光放在正倉院的文字上。

第一點,是中國版本的"三尺微命,一介書生"中的"三尺"。"三尺"有幾種解釋。黄任軻曾經指出"三尺"一共包括三種説法:第一,是根據《禮記》(《玉藻》)"紳長制,士三尺"和《周禮》鄭玄注"王之下士一命",即指朝廷中的下級官吏。第二,依照《漢書·杜周傳》,"三尺"可以解釋爲法律,是指王勃曾經觸犯王法,堪堪危命。第三,"三尺"是指13歲少年王勃的身高。黄氏指出,即使是少年,"三尺"也實在太矮,因此否定了身高説,主張是

---

① 早在宋代,就有俞元德《螢雪叢書》(卷下)和葉大慶《考古質疑》(卷五)之間的爭論。之後,《本草綱目》(卷四八)等也對《滕王閣序》的"鶩"進行了討論。

② 比如,蔣清翊對於《上巳浮江宴序》(卷七)的"初傳曲路之悲"這一句曾經指出"'悲'是'杯'之訛",説明同音是寫錯的原因。

下級官吏這種説法。不過,這個故事非常重要的主題就是歌頌13歲的少年王勃能够做如此長篇佳作。也許出發點和事實不符,但是,身材矮小更能够突出王勃的少年形象。其證據有,明馮夢龍編《醒世恒言》卷四〇《馬當神風送滕王閣》中,登場人物批判王勃爲"三尺童稚"。清鄒式金輯《雜劇三集》中的《滕王閣》,將這一部分作爲"三尺書生","三尺"都可以解釋爲身高。這一部分正倉院作"五尺"(29)。對這句蔣清翊没有附注。不過有没有可能是在傳寫之間,故事中的少年王勃形象混入其中,"五尺"被改爲了"三尺"呢?黄氏没有看過正倉院本,也巧妙地指出"五尺之童""六尺之孤"是指未成年的孩子。王勃自己也在《上絳州上官司馬書》(卷五)中自稱爲"五尺微童"。因此可以認爲,正倉院本的"五"是最初的文字。"三"和"五"是容易寫錯的字,不過這并不是無意識的錯字,是不是在以上理由的背景下,有意識地將"五"改爲了"三"呢?也就是説,首先,由於故事世界中的少年王勃形象,"三尺"混入了文本并流傳下來。之後,以黄先生(筆者個人想蔣清翊也對三尺覺得疑問)爲代表的理性知性説,判斷出"三尺"并不能是少年的身高,因此"作爲下級官僚的自己"這一解釋也就產生了。筆者認爲,這一部分中,滕王閣故事將《滕王閣序》的原意改變了。

第二點也是數字上的异同。序結尾處的"一言均賦,四韵俱成"記述了作詩這個事件。《歲時廣記》指出,這首序之後,王勃繼續咏詩,也就是現在名爲《滕王閣》或者《滕王閣歌》的詩。

> 滕王高閣臨江渚,佩玉鳴鸞罷歌舞。
> 畫棟朝飛南浦雲,朱簾暮捲西山雨。
> 閑雲潭影日悠悠,物换星移幾度秋。
> 閣中帝子今何在,檻外長江空自流。

不僅局限於故事,言及這首詩的多數作品,都認爲它是和序同時被創作的。當然,詩中咏唱榮華之短暫,以及從滕王閣眺望的雄偉自然之不變,内容上也和序交相呼應。需要確認的是,序這種文體是在初唐突然興起并流行開來的。而王勃是其代表作者之一。初唐的序,是人們在宴席上作詩并將這些詩總結起來之時所附上的散文。在這樣的宴席中作詩的時候,一般來講會被給予韵以及作詩條件等。因此,《滕王閣序》最後記録有"臨別贈言,幸承恩於偉餞;登高作賦,是所望於群公。敢竭鄙懷,恭疏短引;一言均賦,四韵俱成"這種作詩條件。然而,"四韵"在正倉院本中爲"八韵"(36)。"四韵"意味著八句詩,可以認爲正倉院本是錯誤的。但是,讓我們再次分析一下記録這個作詩條件的部分。

後世存在將"短引"作爲短詩的實例。不過,王勃在《秋晚入洛於畢公宅別道王宴序》(卷八)中也使用了"短引",將二者結合考慮,這樣説是爲了對此序自謙。而且,"一言"也有"意謂主人發出一句倡議,請大家都作一首四韵詩"(孫望、郁賢皓主編:《唐代文選上》,南京:江蘇古籍出版社,1994年,《滕王閣序》的注釋責任者是任國緒)這樣的將其解釋爲"一言"的例子。一般來説"一言均賦,四韵俱成"應該被理解爲包括王勃的宴席参加者全

員都采用相同的一個韻,作了四韻詩(正倉院本爲《八韻》)。①

觀察這首詩可以發現,押韻是1、2、4句末的上聲的"虞"韻,5、6、8句末是平聲的"尤"韻,也就是説這首詩在中途換韻。這和序的作詩條件不一致。而且,即使調查像這樣在宴席間王勃以及初唐的其他文學家所創作的所謂賦得韻(字)詩,也找不到中途換韻的例子。也就是説,這首詩不能夠稱爲符合"一言均賦,四韻俱成"這種作詩條件的詩。②

蔣清翊并没有論及這種序和詩之間的關係③,可以認爲他認識到這不是同時的作品。黄任軻首次關注了這首詩與序的關係,進一步展開論述,推斷出這首詩并不是王勃的作品。不過,據筆者調查,與《滕王閣歌》同爲七言八句換韻的詩體在宋之問等初唐詩人的作品中也曾經出現。④ 而且,仇兆鰲的《杜詩詳注》(卷一一)曾經指出,杜甫的《越王樓歌》不單采用了七言八句換韻的詩型,在内容上也意識到了《滕王閣歌》。就是説,毋庸置疑這首詩已經存在於初唐時期,至今筆者也没有判斷它不是王勃作品的勇氣。

無論如何,《滕王閣歌》不是中國版本所作的"四韻"詩。由於故事的影響,被認爲是同時的作品,對於"一言"的誤解,以及由單純的八句形式改寫爲"四韻"的可能性是不可忽視的。王勃以及初唐時期,關於滕王閣的詩僅有《滕王閣歌》一首傳世。而且,至少可以説這首詩不是和《滕王閣序》在同一宴席上所作。綜上所述,這首序所附之詩,也許不是"八韻",而且同樣也不是"四韻"。不過,筆者要追加一點,那就是正倉院本所説的"八韻",也就是十六句的五言詩,它和"四韻"在初唐時期絶不是罕見的。

結 束 語

通過考察抄寫的年代記録以及則天文字的使用,可以説正倉院本將《王勃集》編撰當初的文字傳承至今。小論將正倉院本與《英華》等中國版本進行了比較,探討了其中文字的異同。由此,不但闡明了正倉院本的文本性格,也嘗試著闡明中國版本的文本性格。

通過探討正倉院本和中國版本的異同,雖然正倉院本中也有明顯的錯誤,但是筆者發

---

① 關於在序中記載的作詩條件,拙稿《王勃の序について》(《人文論叢》10,1999年),《初唐の序について》中有詳細介紹。另外,興膳宏《游宴詩序の演變—〈蘭亭序〉から〈梅花歌序〉まで—》(《萬葉集研究》28,塙書房2006年)中也有介紹。

② 再者,七言詩這種詩的形式也存在疑問。當時還被輕視的新興七言詩,真的會出現在都督這種位高權重之人的宴席上嗎? 宴席當場作七言詩,管見所及,是在王勃稍後的則天武后的宴席之上。其中的序文《夏日游石淙詩序》(《金石萃編》卷六四由薛曜所作,《全唐文》卷九七是則天武后所作)中"七言"爲作詩條件。這暗示著七言詩尚未在宴席上正式成爲詩的形式。

③ 例如,《别薛華》詩(《王子安集注》卷三)中有"清翊曰,本集有《秋夜於綿州官席别薛升華序》",《上巳浮江宴序》(《王子安集注》卷七)注有"卷三有《上巳浮江宴詩》二首",指出了兩者的關係。

④ 宋之問有以下5首《軍中人日登高贈房明府》《寒食江州滿塘驛》《至端州驛見杜五審言沈三佺期閻朝隱王二無競題壁慨然成咏》《寒食陸渾别業》《緑竹引》。另外,還有劉希夷《洛中晴月送殷四入關》、張説《巡邊在河北作》都同是七言八句換韻詩。

現其中的文本文字在過去確實曾經存在。而且,筆者發現了王勃的其他作品以及初唐的文學作品中存在同樣的表達方式,引用同樣的典據等,至少能夠證明這些文字存在的根據。再者,正倉院本和中國版本之間的異同大部分是文字雖然不同,但解釋并無大異。另一方面,比起正倉院本,中國版本的平仄更加整齊,避免了文字重複等,讓人感覺到這些是精煉過的版本。這些都在暗示,中國版本是在謄寫時有意識地進行了精煉和改寫的文本,而正倉院本是將最初的《王勃集》正確地抄寫下來的文本。

正倉院本雖然有很大可能性是將最初的《王勃集》正確地抄寫下來的文本,但由此否定包括王勃作品在內的古典作品被傳寫并閱讀至今的歷史,是不正確的態度。不過,《滕王閣序》中,存在不同於傳寫者的因自身的文學觀所做的改寫,其改寫是受王勃滕王閣故事這一虛構小說的影響,可以說,這進一步導致了《滕王閣序》解釋的混亂。

除了13歲的王勃作《滕王閣序》這一故事的緣由,還因爲晚唐時期開始歐陽修的言及,《滕王閣序》被確立爲名作。不用說,正倉院本是在馬當山開始傳播故事以前,也就是在尚未受到虛構小說的影響的時期抄寫的文本。從這個意義上講,正倉院本以及正倉院本中的《滕王閣序》理應更加受到世人的注目。

正倉院《滕王閣序》之一

正倉院《滕王閣序》之二

讀新見王念孫《管子》校本雜志

張錦少

(香港中文大學)

一、前　言

近人葉景葵曾購藏王念孫《管子》校本，葉氏《卷盦書跋》"管子校本"下記云：

> 石臞喬梓字體，不易分別。茲逐條細讀，凡加"謹案"或"引之案"者，皆文簡所書。凡石臞采用其子之說，則加"引之曰"，其餘徵引群書，校勘宋本各本，及采錄孫洪[引案：孫星衍(1753—1818)、洪頤煊(1765—1837)]之說，皆石臞親筆，或亦有文簡代書及加校者，不敢臆定也。惟黏簽字體不同，當係倩人從札記錄出者。①

校本內容一直沒有公布，原書現藏上海圖書館，原書6冊24卷，係明萬曆十年(1582)趙用賢(1535—1596)刻《管韓合刻》本，上有王念孫、王引之的手批校注。原書每半葉9行，行19字，正文大字，《注》小字雙行。每卷首頁首行頂格題"《管子》卷之某"，次行題"唐司空房玄齡注"，然後另行低兩格大字列篇名。書口印書名、卷數、頁數、刻工姓名。卷一鈐有"上海圖書館藏""合衆圖書館藏書印""景葵秘笈印"等。校本的內容主要是王念孫改訂、刪補《管子》，尹《注》的訛文、脱文以及匡正、補充尹《注》的訓釋，部分改訂屬王引之所書，此外尚夾附了倩人抄錄的浮簽，這些浮簽間見王念孫親筆的刪訂。校本是王念孫校治《管子》的成果，王氏其後根據校本部分校改、訓釋，寫成《管子雜志》。

---

① 葉景葵著，顧廷龍編：《卷盦書跋》，上海：古典文學出版社，1957年，第84~85頁。

本文之撰,旨在介紹校本的實態,輔以書影,俾見王氏手校《管子》的原貌。又據王氏文集及時人信札,考論王氏校治《管子》之經過,最後以校本對較《管子雜志》,取校本有而《雜志》所無之校改或訓釋撰成讀書札記數則,藉此說明校本是今人全面探見王氏《管子》研究的重要文獻。

二、王念孫校治《管子》的經過

嘉慶二十四年(1819),王念孫撰就《管子雜志》,自序曰:

> 余撰《廣雅疏》成,則於家藏趙用賢本《管子》,詳爲稽核。既又博考諸書所引,每條爲之訂正。長子引之亦婁以所見質疑,因取其説附焉。①

準此,王氏在嘉慶元年(1796)完成《廣雅疏證》後始校《管子》,則《管子》校本亦是王氏中年治學的實績。值得注意的是,王氏在序中特別提到王引之在自己校讀《管子》的過程中"屢以所見質疑",此說在校本裏得到了印證。《管子·宙合》篇:"宙合之意,上通於天之上,下泉於地之下。"《管子雜志》"下泉於地之下"條下,王念孫引王引之説曰:

> 引之曰:"泉"字義不可通,"泉",當爲"臮","臮"古暨字也。暨,及也,至也。《禹貢》:"朔南暨。"《漢書·地理志》作"朔南臮"。言宙合之意,上通於天之上,下至於地之下也。"臮"與"泉"字相似,後人多見"泉",少見"臮",故"臮"訛爲"泉"矣。②

校本"下泉於地之下"旁有王念孫旁注云:"引之曰:泉當爲臮。"又《大匡》篇:"四年,修兵,同甲十萬,車五千乘。"《管子雜志》"甲十萬"條下,王氏引王引之説曰:

> 引之曰:下文"桓公築緣陵以封杞,予車百乘,甲一千""築夷儀以封邢,予車百乘,卒千人"。又曰:"大侯車二百乘,卒二千人;小侯車百乘,卒千人。"皆車一乘,甲十人。此文"車五千乘",則當云"甲五萬",今作"十萬"者,因下文"帶甲十萬"而誤也。③

校本"同甲十萬"句上天頭有王念孫校語云:"引之曰:'十萬'當爲'五萬'。"又《度地》篇:"鄉山,左右經水若澤。"《管子雜志》"甲十萬"條下,王氏引王引之説曰:

---

① 王念孫:《讀書雜志》,南京:江蘇古籍出版社,2000年,志五序,第1頁。
② 王念孫:《讀書雜志》,志五之二,第19頁。
③ 王念孫:《讀書雜志》,志五之三,第18頁。

引之曰:"經"字義不可通,地在水旁,非經過之謂也,蓋因下文"命曰經水"而誤。"經"當作"緣",緣者因也,因水及澤而建都也。①

校本"左右經水若澤"句上天頭有王引之校語云:"謹案:'經'當作'緣','經水若澤'因下文'命曰經水'而誤。"又《輕重丁》篇:"號令天下諸侯曰:'諸從天子封於太山、禪於梁父者,必抱菁茅一束以爲禪籍。不如令者不得從。'天子下諸侯載其黃金,爭秩而走。"《管子雜志》"不如令者不得從天子下諸侯"條下,王氏引王引之説曰:

引之曰"不如令者不得從"爲句,"天下諸侯"連讀,其"子"字,則因上文"從天子"而衍。②

校本"不如令者不得從天子下諸侯"一句,"子"字旁有墨勾,天頭有王引之校語云:"引之案:'不如令者不得從'當爲句,'天下諸侯'連讀,'子'字衍。"《管子》校本與《管子雜志》固然不能等而同之,但就上舉諸例所見,《雜志》中所謂"引之曰"者,確實是王引之平日校讀《管子》的心得,這也印證了王引之在王念孫校治《管子》的時候確實"屢以所見質疑"。

劉盼遂《高郵王氏父子年譜》"嘉慶十七年壬申六十九歲"條下載云:

自是年《讀書雜志》陸續付梓。按《行狀》云:"府君既罷職,乃以著述自娛,亟取所校《淮南子内篇》重加校正,由是校《戰國策》《史記》《管子》《晏子春秋》《荀子》《逸周書》及舊所校《漢書》《墨子》,附以《漢隸拾遺》凡十種,名曰《讀書雜志》。"③

劉氏按云:"所列各書次第即以先生校録之早晚爲次第也。至《雜志》中各序皆興到所爲,不能取以定成書年月,此則學者所宜知也。"④準此,王念孫校治《管子》雖始自《廣雅疏證》成書以後,但校訂工作實賡續而成。王氏其後罷官,專治學問,遍校群書,先後重校《淮南子内篇》《戰國策》《史記》等,其後始再校治《管子》。

又《管子雜志序》云:

余官山東運河兵備道時,孫氏淵如采宋本與今不同者録以見示,余乃就囊所訂

---

① 王念孫:《讀書雜志》,志五之九,第 12 頁。
② 王念孫:《讀書雜志》,志五之十二,第 4 頁。
③ 劉盼遂:《高郵王氏父子年譜》,載羅振玉輯印《高郵王氏遺書》(南京:江蘇古籍出版社,2000 年,第 22a~22b 頁)。
④ 劉盼遂:《高郵王氏父子年譜》,第 22b 頁。

諸條擇其要者商之淵如氏，淵如見而韙之，而又與洪氏筠軒稽合异同，廣爲考證，誠此書之幸也。①

王念孫校治《管子》，嘗與孫星衍（字淵如）及洪頤煊（字筠軒）互通消息。孫星衍曾將其所校宋本《管子》交王念孫參考，而王念孫亦曾以其校訂《管子》的意見與孫、洪氏二氏商討，并見載《管子雜志》，而以"孫云""洪云"區而別之。可見王念孫之校治《管子》，頗受孫、洪二人之影響。

據陳奐《師友洲源記》載，嘉慶二十三年（1818），陳氏入京拜謁王念孫。次日，王引之答拜陳奐。② 道光七年（1827），陳氏再次入都拜會王念孫，王氏囑以校對《管子》及《荀子》之事："丁亥，再入都，猶及見先生，屬校《管》《荀》書。"③又，《陳奐致王引之書（三）》云："聞黃氏尚有校宋《管子》《列子》《淮南子》等書，若思重雕，亦當向伊借録。錯誤於前，補過於後，何如？"④可見陳奐在王念孫囑托校訂《管子》後，即致力收集《管子》不同版本，并加校勘。道光九年（1829），陳氏將其所鈔宋本《管子》及校語寄呈王念孫，得到王氏父子細心批校。近人潘景鄭《著硯樓書跋》有"陳碩甫手校本管子"一條，潘氏記云：

> 陳碩甫先生曾據趙用賢本校録，又爲王懷祖先生假鈔汪本，對校之餘，曾作《辨誤》一卷。陳校今在涵芬樓，王氏藏本輾轉歸吾家。其十二行二十四字本，即陸敕先跋稱毛斧季以善價購自錫山華氏者，後歸瞿氏鐵琴銅劍樓，涵芬樓曾借印入《四部叢刊》。趙用賢本即從之出，而陸敕先曾據以校録，陸校歸顧抱冲小讀書堆，蕘圃亦曾借校於所藏蔡本上。自來藏家傳録，多出此本，種子流傳，至今不絶。蔡本雖出其前，僅賴南園翁校鈔，綿一綫之傳。然其中佳處，足正各本之誤；王氏《讀書雜志》曾據以引正，是其明証。此本即碩甫先生爲王氏傳鈔之本。⑤

王念孫其後將陳奐所校《管子》的案語收入《管子雜志》內，故陳氏《師友淵源記》云："間有校語，則載記《雜志》中，前輩之不没人言又如此。"⑥

---

① 王念孫：《讀書雜志》，志五序，第 1 頁。
② 陳奐《師友淵源記》云："嘉慶二十三年戊寅，奐入都謁先生，先生有骹奐疾，從者扶而行，命無揖，且曰：'吾不見客十七年矣，段若膺先生殁後，天下遂無讀書人矣。'送出及胡同口，曰：'癃病不能答拜，明日遣兒子引之答拜也。'前輩之接待後進如此。"見陳奐：《師友淵源記》，臺北：明文書局，1985 年，第 7b 頁。
③ 陳奐：《師友淵源記》，第 8a 頁。
④ 賴貴三編著：《昭代經師手簡箋釋——清儒致高郵二王論學書》，臺北：里仁書局，1999 年，第 441 頁。
⑤ 潘景鄭：《著硯樓書跋》，上海：上海古籍出版社，2006 年，第 169～170 頁。
⑥ 陳奐：《師友淵源記》，第 8a 頁。

三、新見《管子》校本的内容

《管子》校本的内容以校勘與訓詁爲主，如卷一《權修》：

> 凡牧民者，欲民之有禮也。欲民之有禮，則小禮不可不謹也。小禮不謹於國，而求百姓之行大禮，不可得也。凡牧民者，欲民之有義也。欲民之有義，則小義不可不行。小義不行於國，而求百姓之行大義，不可得也。①

校本"則小義不可不行"下增一"也"字，地腳有校語云："'也'字據宋本增。"案此段言人君牧民之法，上下文例相關句式一致，如"則微邪不可不禁也""則小禮不可不謹也""則小廉不可不修也"等。準此，《權修》此句當作"則小義不可不行也"。又如卷一〇《君臣上》：

> 爲人君者，修官上之道，而不言其中。爲人臣者，比官中之事，而不言其外。君道不明，則受令者疑。權度不一，則修義者惑。民有疑惑貳豫之心而上不能匡，則百姓之與閑，猶揭表而令之止也。是故能象其道於國家，加之於百姓，而足以飾官化下者，明君也。能上盡言於主，下致力於民，而足以修義從令者，忠臣也。上惠其道，下敦其業，上下相希，若望參表，則邪者可知也。②

校本"修"字改做"循"。天頭有校語云："下文作'循義從令'。"準此，王氏據下文"下之事上不虛，則循義從令者，審也。上明下審，上下同德，代相序也"而改。又《管子雜志》第一"循誤爲修"條下，王氏云：

> 《君臣》篇曰："權度不一，則修義者惑。"又曰："能上盡言於主，下致力於民，而足以修義從令者，忠臣也。"兩"修"字皆當爲"循"。循亦從也，下文云："下之事上不虛，則循義從令者，審也。"是其證矣。③

又如卷一《牧民》：

> 錯國於不傾之地，積於不涸之倉，藏於不竭之府，下令於流水之原，使民於不爭之

---

① 黎翔鳳撰，梁運華整理：《管子校注》，北京：中華書局，2004 年，第 56 頁。
② 黎翔鳳撰，梁運華整理：《管子校注》，第 545 頁。
③ 王念孫：《讀書雜志》，志五之一，第 2 頁。

官,明必死之路,開必得之門。不爲不可成,不求不可得,不處不可久,不行不可復。①

校本天頭有校語云:"官,事也。"以"官"作"事"解,最早見於鄭玄《禮記注》。《禮記·樂記》:"故聖人作樂以應天,制禮以配地。禮樂明備,天地官矣。"鄭《注》云:"官猶事也,各得其事。"孔《疏》云:"禮樂備具,則天地之事各得其宜。"②案《牧民》"使民於不争之官"猶言置民於不争之位,使其在職事上各展所長,故下文云:"使民於不争之官者,使各爲其所長也。"

"虛詞"或稱作"語詞"③,古人注書,於實詞較多措意,虛詞則或望文生訓,或語焉不詳,故阮元(1764—1849)謂"實詞易訓,虛詞難釋"④。虛詞難釋的原因在於虛詞借字較多,非從讀音入手,難以得其確詁。王念孫校讀古籍,特別注意文句裏虛詞的詞義,以聲求義,貫通詞義。《管子》校本此例甚多,如卷一九《地員》:"不無有,三分而去其乘,適足以是生商。有三分而復於其所,以是成羽。有三分去其乘,適足以是成角。"⑤校本天頭有校語云:"有讀爲又。""有三分"的"有"不可作"有無"之"有"解,王氏從讀音入手,訓釋虛詞。又如卷一一《四稱》:

桓公問於管子曰:"寡人幼弱惽愚,不通諸侯四鄰之義,仲父不當盡語我昔者有道之君乎?吾亦鑒焉。"管子對曰:"夷吾之所能與所不能,盡在君所矣。君胡有辱令?"⑥

校本天頭有校語云:"有讀爲又。"考《經傳釋詞》"有"字下,王引之云:"有猶又也。……有、又古同聲,故'又'一通作'有','有'亦通作'又'。"⑦"有""又"二字古音并在匣母之部,音同故可假借,王說可從。又如卷一五《任法》:

是貴能威之,富能録之,賤能事之,近能親之,美能淫之也。此五者不禁於身,是以群臣百姓人挾其私而幸其主。⑧

校本天頭有校語云:"五'能'字,下文皆作'而'。"王氏以爲五"能"字皆讀爲"而"。案《史記雜志》"而能"條下,王氏云:"能字古讀若而,故與而通。"⑨《經傳釋詞》"能"字下云:"能

---

① 黎翔鳳撰,梁運華整理:《管子校注》,第14頁。
② 《禮記正義》(阮刻本《十三經注疏》)卷三七,北京:中華書局,1996年,第303頁。
③ 王引之《〈經傳釋詞〉序》説:"語詞之釋,肇於《爾雅》。"其《經傳釋詞》即爲解釋經傳裏的"語詞"而作。參見清王引之:《經傳釋詞·序》,南京:江蘇古籍出版社,2000年,第2頁。
④ 阮元:《〈經傳釋詞〉序》,王引之《經傳釋詞·序》,第1頁。
⑤ 黎翔鳳撰,梁運華整理:《管子校注》,第1080頁。
⑥ 黎翔鳳撰,梁運華整理:《管子校注》,第614頁。
⑦ [清]王引之:《經傳釋詞》卷三,南京:江蘇古籍出版社,2000年,第7~8頁。
⑧ 黎翔鳳撰,梁運華整理:《管子校注》,第909頁。
⑨ 王念孫:《讀書雜志》,志三之四,第40頁。

猶而也,能與而古聲相近,故義亦相通。"①準此,《任法》篇五"能"字并作"而"解。"能"古音在泥母之部,"而"古音在日母之部,二字準雙聲疊韻。

四、讀《管子》校本雜志 5 則

《讀書雜志》是王念孫以讀書札記形式寫成的一部校讀古籍的專著,其中《管子雜志》共 12 卷,凡 640 餘條。《管子》校本則是王氏在嘉慶元年後校訂《管子》一書的成果,王氏其後據此撰成《管子雜志》。比較校本與《讀書雜志》的異同,可以探見王氏校治《管子》的嬗遞。校本與《讀書雜志》詳略有異,多爲《讀書雜志》詳而校本略,如卷一《牧民》:"政之所興,在順民心;政之所廢,在逆民心。"②校本於"政之所興"旁有校語云:"《群書治要》'興'作'行'。"《讀書雜志》"政之所興"條下,王氏云:

"政之所興",唐魏徵《群書治要》及《藝文類聚·治政部上》《太平御覽·治道部五》引此并作"政之所行"。今作"政之所興"者,後人改"行"爲"興",以對下文"政之所廢"耳。不知此四句本謂政順民心則行,不順民心則廢。下文曰:"令順民心,則威令行。"是其證,改"行"爲"興",則失其旨矣。③

王氏僅於校本校錄所見《群書治要》异文,而《讀書雜志》則旁及其他類書,并從句意入手,指出《牧民》"政之所興"本作"政之所行"。《讀書雜志》640 餘條的札記在校本裏大多可以找到相應的校記或校改,但也有《讀書雜志》有而校本未見校改的例子,如卷一《形勢》:"墜岸三仞,人之所大難也,而猿猱飲焉。故曰:伐矜好專,舉事之禍也。"④校本無校改。《讀書雜志》有"故曰"條,王氏云:"'伐矜好專'二句,與上文義不相屬,則不當有'故曰'二字,此涉上《注》'故曰:參之天地'而衍。"⑤

王念孫在《管子雜志序》中明言《雜志》所載 640 餘條札記,乃手錄平日校訂《管子》諸條中的"最要者"。今考校本原書,所見校改或訓釋未見載於《雜志》者所在多有,茲擇錄 5 則條辨如下:

(1)卷二《版法》:

舉所美必觀其所終,廢所惡必計其所窮。慶勉敦敬以顯之,富祿有功以勸之,爵

---

① [清]王引之:《經傳釋詞》卷六,第 6 頁。
② 黎翔鳳撰,梁運華整理:《管子校注》,第 13 頁。
③ 王念孫:《讀書雜志》,志五之一,第 1 頁。
④ 黎翔鳳撰,梁運華整理:《管子校注》,第 36 頁。
⑤ 王念孫:《讀書雜志》,志五之一,第 4 頁。

貴有名以休之,兼愛無遺,謂君。必先順教,萬民鄉風,旦暮利之,衆乃勝任。取人以己,成事以質。①

校本"必先順教"旁有校記云:"同訓,見後《解》。"王氏以爲"順教"即"訓教",故後《版法解》云:"是故明君兼愛以親之,明教順以道之,便其勢,利其備,愛其力,而勿奪其時以利之。"②案"明教順"即"明教訓","順"讀爲"訓"。《淮南子·道應訓》:"孔子曰:'賜失之矣!夫聖人之舉事也,可以移風易俗,而受教順可施後世,非獨以適身之行也。'"③"教順"即"教訓"。《説苑·政理》篇:"孔子聞之曰:'賜失之矣!聖人之舉事也,可以移風易俗,而教導可施於百姓,非獨適其身之行也。'"④《孔子家語·觀思》篇作"而教導可以施於百姓,非獨適身之行也"⑤,是其證。

(2)卷六《法法》:

故曰:令入而不出謂之蔽,令出而不入謂之壅,令出而不行謂之牽,令入而不至謂之瑕。牽瑕蔽壅之事君者,非敢杜其門而守其户也,爲令之有所不行也。⑥

校本天頭有校語曰:"瑕讀曰格。"瑕、格古字通,作扞格解。俞樾(1821—1906)《管子平議》説同,俞氏云:

"瑕"當讀爲格,古字通也。《儀禮·少牢饋食禮》"以腶於主人",鄭《注》曰:"古文'腶'爲'格'。""瑕"之爲格,猶"腶"之爲格也。《説文·人部》引《書》曰"假於上下",今《書》作"格"。"瑕"之爲格,猶"假"之爲格也。"令入而不至謂之格",謂有所扞格而不得達也。⑦

(3)卷七《大匡》:

鮑叔謂管仲曰:"异日者,公許子霸,今國彌亂,子將何如?"管仲曰:"吾君惕,其智多誨,姑少胥,其自及也。"鮑叔曰:"比其自及也,國無闕亡乎?"管仲曰:"未也。國中

---

① 黎翔鳳撰,梁運華整理:《管子校注》,第127頁。
② 黎翔鳳撰,梁運華整理:《管子校注》,第1199頁。
③ 張雙棣:《淮南子校釋》,北京:北京大學出版社,1997年,第1231頁。
④ 向宗魯:《説苑校證》,北京:中華書局,1987年,第170頁。
⑤ 陳士珂:《孔子家語疏證》,上海:上海書店出版社,1987年,第52頁。
⑥ 黎翔鳳撰,梁運華整理:《管子校注》,第309頁。
⑦ 俞樾:《諸子平議卷二》,《續修四庫全書》第1161冊卷二,上海:上海古籍出版社,2000年,第5頁。

之政,夷吾尚微爲焉,亂乎? 尚可以待。外諸侯之佐,既無有吾二人者,未有敢犯我者。"①

校本天頭有校語曰:"待,止也。"此句尹《注》云:"國政微爲,則未至亂,可待君自及。"是《注》以"待"作"等待"解。《廣雅·釋詁》:"掫,待也。"王氏《疏證》云:

> 待者,止也。《爾雅》云:"止,待也。"上文云:"止、待,逗也。"《論語·微子》篇"齊景公待孔子",《史記·孔子世家》作"止孔子"。《魯語》"其誰云待之",《説苑·正諫》篇作"其誰能止之"。是"待"與"止"同義。待之言跱也。②

準此,"亂乎尚可以待"猶言亂尚可止,即禍亂猶可挽救之意,釋義較尹《注》明晰。

(4) 卷一一《君臣下》:

> 伏寇在側者,沈疑得民之道也。微謀之泄也,狡婦襲主之請而資游慝也。沈疑者,得民者也。前貴而後賤者爲之驅也。③

校本"請"字旁有校語云:"情。"王氏以爲"狡婦襲主之請而資游慝也"之"請"讀爲"情"。尹《注》云:"謂狡婦妖蠱人主,遂行請謁。謂所請既從外資游説爲奸慝者也。"義不可通。"襲主之請"猶言探君之實,實即情實,而請與情二字古多通用。《荀子雜志》第七"質請而喻"條,王氏云:

> "請"讀爲情。情,實也,言本其實而曉喻之也。……古者情、請同聲而通用。《成相》篇"明其請",楊《注》:"請當讀爲情。"《禮論》篇"情文俱盡",《史記·禮書》"情"作"請",徐廣曰:"古情字或假借作請。"諸子中多有此比:《列子·説符》篇"發於此而應於外者唯請",張湛曰:"請當作情。"又《墨子·尚同》《明鬼》《非命》諸篇皆以請爲情。④

(5) 卷一二《侈靡》:

> 萬世之國,必有萬世之實。必因天地之道,無使其內,使其外,使其小,毋使其大,

---

① 黎翔鳳撰,梁運華整理:《管子校注》,第351頁。
② [清]王念孫:《廣雅疏證》卷二下,南京:江蘇古籍出版社,2000年,第13頁。
③ 黎翔鳳撰,梁運華整理:《管子校注》,第578頁。
④ 王念孫:《讀書雜志》志八之七,第14~15頁。

弃其國寶。使其大,貴一與而聖稱其寶。使其小,可以爲道。①

校本"無使其内"乙作"使其内無"。"無使其内使其外"義不可通,"使其内無使其外"與下句"使其小毋使其大"句式一致。使通事,謂因天地之道,事其内而無事其外,事小而不事大。若弃其國寶(天地之道)而事外(向外侵略),則"遺與而敗",失其盟約。若稱其國寶而謹小慎微,則可以爲道(治國之道)。準此,"無使其内使其外"當從校本乙作"使其内無使其外"。

五、結　語

現藏上海圖書館的《管子》校本,是王念孫在趙用賢《管韓合刻》原刊本上對正文及尹《注》所做的校改、訓解,内容以校勘與訓詁爲主。校本原書的發現,讓我們知道王念孫在嘉慶元年以後校治《管子》一書的實貌。學者研究《管子》時雖都注意《管子雜志》中的校勘、訓詁成果,但由於《管子雜志》祇是王念孫録其平日校訂《管子》各條中最要者,當中《管子》校本有而不見録於《管子雜志》者多達百餘則,校本原書的發現,讓我們可以重新以一部完整著作的角度,爲今後我們研究《管子》以及《管子雜志》提供了原始的新材料。特別值得注意的是,校本與《讀書雜志》《經義述聞》等著作有大量可以互相發明的地方。以校本爲綱,輯録散見《讀書雜志》《經義述聞》中那些與校本的校改、訓解互見的材料,同條共貫,可以爲《管子雜志》之補編。② 循此以進,振裘持領,則王氏《管子》之學的要義自可探而求之。這是校本在王氏學術研究上的價值。

---

① 黎翔鳳撰,梁運華整理:《管子校注》,第 714~715 頁。
② 案,如《管子》卷一四《五行》"令民出獵,禽獸不釋巨少而殺之",校本天頭有校語云:"釋與擇同。"《管子雜志》無此條。考《淮南内篇雜志》第二十一"説捍"條下,王氏以爲"捍"爲"擇"字之誤,云:"擇與釋同。"并舉《墨子》《韓子》《易林》《論衡》以證"擇"與"釋"同(王念孫:《讀書雜志》,志九之二十一,第 4 頁)。《淮南内篇雜志》此條可證成王氏對《管子》"禽獸不釋巨少而殺之"句中"釋"字的訓釋。

論李善《文選注》的文獻學價值

郭康松

（湖北大學）

李善《文選注》是《文選》最有名的注本，徵引文獻典籍异常廣博，因此爲後世所推崇。張之洞在《輶軒語》中曾云："讀《文選》宜看注，李善注最精博，所引多古書，不獨多記典故，於考訂經、史、小學，皆可取資。"①《文選》的最大屬性應該是文學，李善《文選注》最主要的屬性是文學闡釋，但其文獻屬性也十分鮮明。本文主要是從文獻學的角度探討其價值。

一

李善《文選注》開創了文學文獻引文釋義的注釋方式，爲後世文學文獻注釋提供了可資借鑒的模式。

雖然引文釋義并非李善首次使用，但是引文釋義的注釋方式的全面運用是始於李善的《文選注》。王寧、李國英先生在《李善的〈昭明文選注〉與徵引的訓詁體式》一文中認爲李善之前的古書注釋主要有三種類型，即説解式、直譯式、考證式，而李善的《文選注》則開創了一種全新的訓詁體式，即徵引式。主要是以鈎稽故實、徵引出處來達到解詞説義的目的。他們認爲"徵引式訓詁的要點不祇是在尋求被釋典故的典源出處，更重要的是在尋求注中引文與選文在思想感情和意境上的一致，引導讀者去體會和欣賞選文"。所以"李善的《文選注》所采用的徵引體式，已超越以往經、史、子消除文字障礙，顯示典籍原貌這一目

---

① 張之洞：《輶軒語·語學第二》，《書目答問二種》，北京：生活·讀書·新知三聯書店，1998 年。

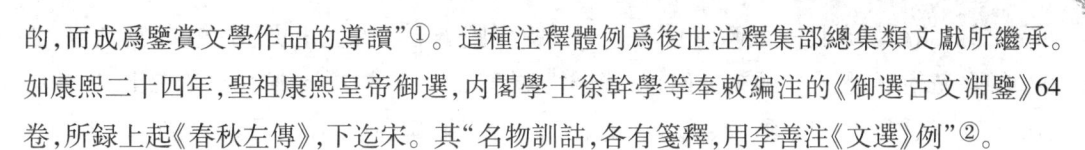

的,而成爲鑒賞文學作品的導讀"①。這種注釋體例爲後世注釋集部總集類文獻所繼承。如康熙二十四年,聖祖康熙皇帝御選,内閣學士徐幹學等奉敕編注的《御選古文淵鑒》64卷,所録上起《春秋左傳》,下迄宋。其"名物訓詁,各有箋釋,用李善注《文選》例"②。

　　李善對選文作者的生平等以及與選文相關的資訊,用引述的方式加以介紹,以加深讀者對作品的理解。如班固《兩都賦二首》李善注云:"自光武至和帝都洛陽,西京父老有怨。班固恐帝去洛陽,故上此詞以諫。和帝大悦。"交代兩賦的寫作背景。又引用范曄《後漢書》對班固的生平作簡要介述:"范曄《後漢書》曰:班固,字孟堅,北地人也。年九歲,能屬文,長遂博貫載籍。顯宗時,除蘭臺令史,遷爲朗,乃上《兩都賦》。大將軍竇憲出征匈奴,以固爲中護軍。憲敗,固坐免官,遂死獄中。"以起到知人論世的作用。清康熙皇帝《御選唐詩》32卷的注釋就采用了李注的這一注釋方式。"詩中注釋,每名氏之下詳其爵里,以爲論世之資。每句之下各徵所用故實,與名物訓詁,如李善注《文選》之例。"③

　　清代著名的文史學家章學誠曾經很有感觸地説:"自孔逭《文苑》、蕭統《文選》而後,唐有《文粹》,宋有《文鑒》,皆括代選文,廣搜衆體。然其命意發凡,仍未脱才子論文之習,經生帖括之風,其於史事,未甚親切也。至於元人《文類》,則習久而漸覺其非;故其撰輯文辭,每存史意,序例亦既明言之矣。然條別未分,其於文學源流,鮮所論次。又古人云:'誦其詩,讀其書,不知其人可乎?'作者生平大節,及其所著書名,似宜存李善《文選》注例,稍爲疏證。至於建言發論,往往有文采斐然,讀者興起,而終篇扼腕,不知本事始末何如。此殆如夢古人而遽醒,聆妙曲而不終,未免使人難爲懷矣。"④對李善引文釋義的注釋方式大加稱贊。

　　實際上,《李善注文選》的引文釋義的注釋方式不僅影響到文學作品的注釋,同時對其他類別的文獻注釋也産生了很大影響。例如清儒桂馥的《説文解字義證》,可謂用引文釋義之注釋方式的範例。王筠在其《説文釋例・自序》中評論桂馥的《説文解字義證》説:"桂氏書徵引雖富,脉絡貫通。前説未盡,則以後説補苴之;前説有誤,則以後説辨正之。凡所稱引,皆有次第,取足達許(慎)説而止。故專臚古籍,不下己意也。""專臚古籍"就是引用典籍來作解釋,故而"不下己意",而其義自明。

二

　　清人汪師韓《文選理學權輿・自序》曾對李善注的引書種類進行過統計,其云:"其中

---

① 王寧、李國英:《李善的〈昭明文選注〉與徵引的訓詁體式》,《中外學者文選學論集》,北京:中華書局,1998年。
② [清]紀昀等:《四庫全書總目提要》卷一九〇《集部四三・總集類五・御選古文淵鑒》。
③ [清]紀昀等:《四庫全書總目提要》卷一九〇《集部四三・總集類五・御選唐詩》。
④ [清]章學誠:《文史通義》卷六《外篇一・和州文徵序例》。

四部之録,諸經傳訓且一百餘,小學三十七,緯侯圖讖七十八。正史、雜史、人物別傳、譜牒、地理、雜術藝,凡史之類幾及四百,諸子之類百二十,兵書二十,道釋經論三十二,若所引詔、表、箋、啓、詩、賦、頌、贊、箴、銘、七、連珠、序、論、碑、誄、哀詞、弔祭文、雜文、集幾及八百。其即入選之文互引者不與焉。"據駱鴻凱《文選學》統計,《文選》李注引經部共215種,史部共352種,子部共217種,集部共798種,以上四部凡23類、1582種,另有舊注29種,總共1611種。李善注引用的文獻,很大一部分已經亡佚,清人汪師韓說:李善所引之書,"新舊《唐書》已多不載,至馬氏《經籍考》十存一二爾"①。所以李善《文選》注可視爲一座唐代以前的文獻"標本庫"。

(一)校勘材料的淵藪

李善注所引用的典籍有一部分保留到後代,但這些保留到後代的典籍在流傳的過程中因衍脱誤倒而"失真"。從校勘學的角度來説,一般説來距離原典籍時代越近的版本更接近於文獻的本來面目,李善注引用的文獻至少是初唐以前的版本,所以具有極大的校勘價值。

李注所引《説文》的字目,多達767條,這爲後世的《説文》校勘提供大量可信的校勘資料。例如《説文·示部》:"禔,安福也,從示,是聲。《易》曰:'禔既平'。"清代學者段玉裁在《説文解字注》校改爲:"禔,安也。"注云:"本安下有福,今依李善《文選》注。"依《文選》李善注刪除衍文"福"字。又,《説文解字注·米部》:"糒,乾飯也。"段注:"'飯'字各本奪,今依李賢《明帝紀》注、《隗囂傳》注、李善《文選》注、玄應書補。"在這裏,段氏爲了補上《説文》在釋義上所奪之"飯"字,查檢了李賢的《後漢書》注、李善的《文選》注和玄應的《一切經音義》,這些文獻在引用《説文解字》時都是"乾飯也",從而證明清代流傳的《説文解字》有脱誤。

畢沅作《釋名疏證》時,就曾將《初學記》《太平御覽》《藝文類聚》《北堂書鈔》《一切經音義》諸書中引用《釋名》的文字進行互勘,又取《説文》《爾雅》《廣韻》《玉篇》《白虎通》等書的有關説解作爲佐證,以李善《文選注》《經典釋文》《爾雅疏》等書作爲參證,然後以自己的學術根底判其是非,辨其異同。

劉師培在校補《晏子春秋》時,《文選注》是其重要的參考材料。如傳世《晏子春秋·內篇雜下》:"子近市,識貴賤乎?"《文選·景福殿賦》注引作"子之宅近市,則識貴賤乎?"劉師培據以訂正。

周祖謨《爾雅校箋》也十分注意使用李善注的引文材料來校勘文字,如卷上"關關嚶嚶音聲和也"條云:"'嚶嚶',《釋文》同。原本《玉篇·广部》'廱'下引作'廱廱'。《文選》張衡《東京賦》《歸田賦》李善注引此條'嚶嚶'作'嚶嚶',而孫綽《天台山賦》注引又作'喈喈'。"

---

① 汪師韓:《文選理學權輿·自序》。

(二)輯佚取材的淵藪

李善注《文選》時引用的文獻在後世或全佚,或部分散佚,我們可以從中進行輯佚,以補闕佚或窺豹一斑,較早注意到李善《文選注》輯佚價值的是宋代學者朱熹,他説:"善注《文選》其中多者有《韓詩》章句,常欲寫出。"①清人胡紹煐《文選箋證·自序》云:"(李善)注所引某書某注,并注明篇目姓名,而後之采鄭氏《易》注、《書》注,輯三家《詩》,述《左氏》服注者本焉;纂《倉頡逸文》,作《字述考逸》者又本焉。李(善)時古書尚多,自經殘缺,而吉光片羽,籍存十一,不特文人爲之淵藪,抑亦後儒考證得失之林也。"胡氏所言"采鄭氏《易》注、《書》注,輯三家《詩》"是指南宋王應麟輯録的《鄭氏周易注》、《鄭氏尚書注》和《三家詩考》,這些輯佚著作都曾從李善《文選注》中獲取材料。

關於輯佚的起源問題,清代官修的《四庫全書總目》、章學誠《校讎通義》及皮錫瑞《經學歷史》等都認爲輯佚始於南宋王應麟的《三家詩考》,而葉德輝根據北宋黄伯思《東觀餘論》中的《跋慎漢公所藏〈相鶴經〉後》"按隋《經籍志》、唐《藝文志》,《相鶴經》皆一卷,今完書逸矣,特自馬總《意林》及李善《文選注》、鮑照《舞鶴賦》抄出大略,今真靖陳尊師(陳景元,1025—1094)所書即此也"②的記載,明確指出:"輯佚之書,當以此《經》爲鼻祖……要之此風一開,於古人有功不淺。"③我們在此感興趣的不是探討輯佚是起源於南宋還是起源於北宋的問題,令我們感興趣的是無論是南宋王應麟輯録的《三家詩考》,還是北宋陳景元輯録的《相鶴經》,他們都從李善《文選注》中收集輯佚材料,由此可以看出李善《文選注》在保存唐代以前文獻上所具有的不可替代的價值。

清代的很多輯佚著作如馬國翰的《玉函山房輯佚書》、王謨的《漢魏遺書鈔》、《漢唐地理書鈔》等的輯佚材料有很多就是來源於李善《文選注》。誠如《四庫全書總目提要》所説:"世所傳宋以前書,可考見古籍佚文者,僅六七種,曰裴松之《三國志注》,曰酈道元《水經注》,曰劉孝標《世説新語注》,曰李善《文選注》,曰歐陽詢《藝文類聚》,曰徐堅《初學記》,其一即此書(《太平御覽》)也。"④

三

李善《文選注》具有判斷唐代以前文獻真僞、時代、版本等情況的"文獻尺規"的功能,可稱爲唐代以前文獻的"標本庫"。對於這一功能,前人多有運用,而尤以《四庫全書總目提要》運用爲盛。

---

① 《朱子五經語類》卷五二。
② [宋]黄伯思:《東觀餘論》卷下。
③ [清]葉德輝:《書林清話》卷八《輯刻古書不始於王應麟》,長沙:岳麓書社,1999年,第182~183頁。
④ [清]紀昀等:《四庫全書總目提要》卷一三五《太平御覽》。

其一，檢驗判斷文獻的缺佚。用李善《文選注》所引某一文獻的文字檢索傳世文獻，如果不見於傳世文獻，説明傳世文獻有闕佚。明人董斯張認爲"世所傳《韓詩外傳》亦非全書"。其依據是："《文選》李善注引《外傳》文云：'孔子升泰山，觀易姓而王可得而數者七十餘人，不得而數者萬數也。'又：'鄭交甫將南適楚，遵彼漢皋臺下，乃遇二女佩兩珠，大如荆鷄之卵。'"《藝文類聚》引《外傳》文云：'凡草木花多五出，雪花獨六出者，陰極之數，雪花曰霙，雪雲曰同雲。'又曰：'自上而下曰雨雪。'又曰：'溱與洧，謂鄭國之俗，三月上巳，於兩水之上招魂續魄，拂不祥也。'《太平御覽》引《外傳》文云：'精氣歸於天，肉歸於土，膏歸於露，發歸於草。'佛典引《外傳》文云：'老筐爲萑，老蒲爲葦，今本皆無之。'"①説明今本《韓詩外傳》不是全本。《文選》卷五〇沈休文《宋書謝靈運傳論》李善注引《法言》曰："或問屈原、相如之賦孰愈？曰：'原也過以浮，如也過以虛。過浮者蹈雲天，過虛者華無根，然原上援稽古，下引鳥獸，其著意子雲、長卿亮不可及。'"現在的《法言》中没有這一條，説明《法言》在李善之後有缺佚。

另外，一些歷史上曾經存在而後世全佚的文獻，特别是目録著作所未載的文獻，因李善注的引用而得以留名。如劉向的《孟子注》，不見於《漢書·藝文志》《隋書·經籍志》，賴李善注得以留名，清人余蕭客《古經解鈎沈》卷一上得以補録。《河圖著命》《論語紀滑讖》久佚，亦賴李善注引用而爲後人所知，朱彝尊《經義考》卷一六四、卷二六七據以收録。

其二，檢驗判斷文獻版本狀況。通過對比李善《文選注》所引某書與後世流傳文獻，可以證明文獻的版本狀況。如漢趙岐《孟子正義》14卷，"胡煦《拾遺録》據李善《文選注》引《孟子》曰：'墨子兼愛摩頂致於踵。'趙岐曰：'致，至也。'知今本《經》文及《注》均與唐本不同。今證以孫奭《音義》所音，岐注亦多不相應，蓋已非舊本"②。又如《四庫全書》所收録的二卷本《竹書紀年》，"似非汲冢原書"，依據是："《文選注》引《竹書》五條，今惟有'太甲殺伊尹'一條，則非李善所見本也"③。

其三，判斷文獻的真僞。如果某一文獻，前人引用較多，而這些引用皆不見於傳世的文獻則可以認定該文獻爲僞。明代學者楊慎考證傳世的《鬻子》爲僞書，其重要的依據之一就是李善注。他説："鬻子文王時人，著書二十二篇，子書莫先焉。今其存者十四篇，皆無可取，似後人贋本無疑也。按賈誼《新書》所引《鬻子》七條，如云：'和可以守，而嚴可以守，而嚴不若和之固也。和可以攻而嚴可以攻，而嚴不若和之德也。和可以戰而嚴可以戰，而嚴不若和之勝也，則惟由和而可也。'又云：'治國之道上忠於主，而中敬其士，而下愛其民，故上忠其主者非以道義則無以入忠也，而中敬其士非以禮節則無以諭敬也，下愛其民非以忠信則無以行愛也。'又曰：'聖王在上位則天下不死軍兵之事，民免於一死而得一生矣；聖王在上位而民無凍餒，民免於二死而得二生矣；聖王在上位民無夭閼之誅，民免於

---

① [清]朱彝尊：《經義考》卷一〇〇。
② [清]紀昀等：《四庫全書總目提要》卷三五《孟子正義》。
③ [清]紀昀等：《四庫全書總目提要》卷四七《竹書紀年》。

三死而得三生矣；聖王在上位則民無厲疾，民免於四死而得四生矣。'是皆正言確論也，今之所傳有是乎？又《文選注》引《鬻子》：'武王率兵車以伐紂，紂虎旅百萬陣於商郊，起自黃鳥至於赤斧，三軍之士莫不失色。'今本亦無，知其爲僞書矣。"①（案：語見李善《文選注》卷二六任彦升《宣德皇后令》）

其四，判斷文獻的大致時代。如四庫館臣在考辨傳世的陸賈《新語》時，根據"王充《論衡·本性》篇引陸賈曰：'天地生人也，以禮義之性。人能察己所以受命則順，順謂之道。'今本亦無其文。又《穀梁傳》至漢武帝時始出，而《道基》篇末乃引《穀梁傳》曰，時代尤相抵牾"，而得出"其殆後人依托，非賈原本歟"的結論。此書的托僞是在什麽時代呢？"李善《文選注》於司馬彪《贈山濤詩》引《新語》曰：'梗梓僕則爲世用。'於王粲《從軍詩》引《新語》曰：'聖人承天威，承天功，與之争功，豈不難哉！'於陸機《日出東南隅行》引《新語》曰：'高臺百仞。'於《古詩》第一首引《新語》曰：'邪臣之蔽賢，猶浮雲之障日月。'於張載《雜詩》第七首引《新語》曰：'建大功於天下者，必垂名於萬世也。'以今本核校，雖文句有詳略异同，而大致亦悉相應。"因此四庫館臣認爲其托僞時代"猶在唐前"。② 又如《竹譜》一書，舊本題晋戴凱之撰。但"别無顯證，而李善注馬融《長笛賦》已引其'籠籦'一條，段公路《北户録》引其'篛必六十，復亦六年'一條，足證爲唐以前書"③。再如《海内十洲記》一書，舊本題漢東方朔撰，所記皆神仙恍惚之説，顯然屬於僞托。那麽它産生於什麽時代呢？紀昀認爲"《隋志》著録，李善《文選注》、陸德明《莊子音義》已屢引其文，則亦六朝人所爲矣"④。

李善《文選注》開創了引文釋義的注釋方式，這是他對文獻注釋方式的一大貢獻，也成就了《文選注》成爲校勘、輯佚、考據材料的淵藪（《文選注》的考據功能有關論述較多，本文不贅述），成爲判斷唐代以前文獻真僞、時代、版本等情况的"尺規"和"標本庫"。

---

① 《丹鉛總録》卷一二《史籍類·鬻子》。
② ［清］紀昀等：《四庫全書總目提要》卷九一《新語》。
③ ［清］紀昀等：《四庫全書總目提要》卷一一五《竹譜》。
④ ［清］紀昀等：《四庫全書簡明目録》卷一四《海内十洲記》。

論高羅佩《琴賦》英譯中的一些問題

羅 慧

（香港大學饒宗頤學術館）

荷蘭漢學家高羅佩（Robert Hans van Gulik, 1910—1967）作爲向西方傳播中國古琴文化的第一人，曾從葉詩夢、關恩棡等著名琴家習縵，又與衆多中國著名琴人文士過從甚密。① 而高羅佩所著《嵇康與〈琴賦〉》（*Hsi K'ang and His Poetical Essay on the Lute*）一書，由日本東京上智大學1941年出版，至今仍是西方學界以嵇康《琴賦》爲主題的唯一專著。② 該書通過對竹林七賢及嵇康《琴賦》有關史料的整理，以及對《琴賦》的研究與翻譯，探討古琴與中國古代文人之關係，這在當時的西方漢學界是極具開創性的研究成果，故影響頗爲深遠。

近年來，中國學者對此書亦頗有注意，贊譽有加。③ 確實，拋開此書極高的學術價值不提，單就《琴賦》翻譯本身而論，總體而言，高羅佩此譯，注解詳細周到，引用資料翔實，譯文亦大致到位且平實易讀，可觀之處頗多。④ 然而，譯文本身仍存在著一定的問題，也是不爭的事實。因此，厘清這些問題的具體情況，對客觀評價《嵇康與〈琴賦〉》一書，則顯得尤爲重要。⑤

---

① 嚴曉星：《高羅佩以前古琴西徂史料概述》，《南京藝術學院學報（音樂與表演版）》2008年第1期，第26～35頁。
② 李美燕：《琴道——高羅佩與中國古琴》上册，香港：香港大學饒宗頤學術館，2010年，第29～30頁。
③ 李美燕：《琴道——高羅佩與中國古琴》上册，第29～84頁。黄潔莉：《高羅佩〈嵇康及其《琴賦》〉探析》，《藝術評論》第20期（臺北：臺北藝術大學，2010年9月），第1～27頁。
④ J. K. Shryock, Review to *Hsi K'ang and his Poetical Essay on the Lute*. *Journal of American Oriental Society*, Vol. 61, No. 4 (Dec., 1941), pp.299-300. Chauncey S. Goodrich, Review to *Hsi K'ang and his Poetical Essay on the Lute*. *Journal of American Oriental Society*, Vol. 91, No. 4 (Oct.-Dec., 1971), p514.
⑤ 該書於1969年再版時，除了版式方面的調整外，亦對文字内容作了一定修訂，如補充了第一版漏譯的"布藻垂文，錯以犀象"一段譯文。故下文將以1969年版譯文爲討論對象。

大致上，《琴賦》英譯的主要問題存在於三大方面，即(1)對文賦結構內容的理解；(2)對文字內容的理解；(3)對古代"音樂術語"的過度詮釋。

一、對文賦結構內容的理解問題

高羅佩在《嵇康與〈琴賦〉》一書序言中寫道，他本打算把《琴賦》的譯文放入他另一著作《琴道》(The Lore of the Chinese Lute, 1940)一書中，但由於他發現翻譯《琴賦》需要大量的注釋和背景說明，"可能會打亂全書的論述"，因而獨立成書，并建議讀者兩書同時參看。① 也就是說，他翻譯《琴賦》，是爲了向西方讀者介紹中國古琴音樂與文化服務的。

由此再看該書第七章《譯者手記》(A Note on the Translation)②，不難看出，高羅佩在理解《琴賦》的總體結構時，多從"琴器"或"琴樂"的角度出發：全文被分爲 25 個段落，高羅佩在《手記》中稱，這主要是爲了讓讀者更容易理解琴賦的內容，以及比對原文和譯文。他同時強調，這種劃分"完全是武斷的"("entirely arbitrary")：

> 我甚至經常把那些結構上來看明顯屬於同一部分的文字斷開。這種時候，我往往考慮的是文字的意義，而非其形式。③

參考《手記》中對《琴賦》分段內容的歸納，則可看出，在高羅佩看來，《琴賦》實際的"意義段落"實爲 19 個(參附表：《嵇康與〈琴賦〉》分段及總結中英對照表)。

高羅佩的出發點固然是好的，然而這種做法有一定危險：一旦譯者對文賦的內容理解有誤，則很有可能會影響到他對文賦整體結構的把握，從而可能影響段落的正確劃分。遺憾的是，就《手記》中對《琴賦》的內容歸納看，這個問題還不小。譬如：

> 及其初調，則角羽俱起，宫徵相證。參發并趣，上下累應。躞蹀躒碌，美聲將興。固以和昶而足耽矣。爾乃理正聲，奏妙曲。揚白雪，發清角。紛淋浪以流離，奐淫衍而優渥。粲奕奕而高逝，馳岌岌以相屬。沛騰遌而競趣，翕韡曄而繁縟。狀若崇山，又象流波。浩兮湯湯，鬱兮峨峨。怫愲煩冤，紆餘婆娑。陵縱播逸，霍濩紛葩。檢容授節，應變合度。競名擅業，安軌徐步。洋洋習習，聲烈遐布。含顯媚以送終，飄餘響乎泰素。

---

① R. H. van Gulik, *Hsi K'ang and his Poetical Essay on the Lute* (Tokyo: Sophia University, 1969), pp. 5 – 6.

② R. H. van Gulik, *Hsi K'ang and his Poetical Essay on the Lute*, pp. 63 – 67.

③ R. H. van Gulik, *Hsi K'ang and his Poetical Essay on the Lute*, p64: "…often I have even divided passages that by their construction definitely belong together. In such cases the separation is motivated more by the significance than by the stylistic form."

高羅佩認爲其中"狀若崇山,又象流波。浩兮湯湯,鬱兮峨峨"句描寫的是一首琴曲的開頭,譯作:"[The opening bars of a lute melody are] strong like lofty mountains, or again they resemble heaving waves: broad and generous, majestic and imposing."① 并從該處起分爲兩段,即第 X 段("及其初調……翕韡曄而繁縟")與第 XI 段("狀若崇山……飄餘響乎泰素"),并概述第 X 段的内容爲"對琴樂的一般描寫、如何調弦",第 XI 段的内容則是"對一首琴曲的描寫"②,但很顯然,以上整段文字應是泛寫琴樂之美感,并未明顯指向某一琴曲。③

若説上例中,儘管譯者對文賦的語義的掌握顯然不甚準確,但文章分段本身單看也可以接受。在另一些情況下,就産生了更嚴重的問題,又如第 XVII 段:

輕行浮彈,明嬧騰慧。疾而不速,留而不滯。翾綿飄逸。微音迅逝。遠而聽之,若鸞鳳和鳴戲雲中;迫而察之,若衆葩敷榮曜春風。既豐贍以多姿,又善始而令終。嗟姣妙以弘麗,何變態之無窮!

高羅佩認爲這一段是古琴演奏中的"泛音"("floating sounds")的特别描寫,故而將其獨立爲一段,使之有别於鋪陳琴樂藝術美學的豐富意象的上文(第 XIV 至 XVI 段,即"於是曲引向闌,衆音將歇……縹繚潎洌")。④ 但若仔細檢視原文,非但第 XVII 段是否確指泛音值得商榷,"輕行浮彈,明嬧騰慧"更明顯應是承接上一段最末的"或摟攦擽捋,縹繚潎洌"。也就是説,本應是同一段的"摟攦擽捋,縹繚潎洌。輕行浮彈,明嬧騰慧"被生硬斬開,并分别賦予了不同的屬性,這種做法可以説相當草率。

二、對文字含義的錯誤理解

作爲早期的翻譯研究成果,高羅佩《琴賦》英譯中頗有一些對文賦中語彙的望文生義。例如"披重壤以誕載",其中"載"字,據毛萇詩注,"生也",即生長的意思⑤;惟高羅佩將該字解做"年",因而該句譯作:

Rich soil ensures them (i. e. trees) great age.

又如"理重華之遺操,慨遠慕而長思"句,高羅佩譯作:

---

① R. H. van Gulik, *Hsi K'ang and his Poetical Essay on the Lute*, pp. 94–95.
② R. H. van Gulik, *Hsi K'ang and his Poetical Essay on the Lute*, p66. 并參附表。
③ 參李美燕:《琴道——高羅佩與中國古琴》上册,第 71~72 頁。
④ R. H. van Gulik, *Hsi K'ang and his Poetical Essay on the Lute*, pp. 94–95.
⑤ 戴明揚校注:《嵇康集校注》,北京:人民文學出版社,1962 年,第 84 頁。

Then is the right time for playing on the lute the songs left by the Emperor Shun, which elevate the spirit and fill one with longing sadness.

顯然"長思"與意爲"長久悲傷"或"因渴求(不得)而悲傷"的"longing sadness"意義不符。

也有將文句主語指代理解錯誤的情況,如"揚和顏,攮皓腕,飛纖指以馳騖,紛僷賣以流漫",高羅佩譯作:

They make one think of dancing girls, who tilt their faces serenely, white arms appearing from long sleeves, fluttering, slender fingers moving quickly, or of hurried whisperings long sustained.

所承接上一段是"於是曲引向闌,衆音將歇。改韵易調,奇弄乃發",則譯爲:

Then the songs and chants die out, all other musical instruments fall into silence. Having changes the chords and altered the tuning of the lute, wonderful melodies then arise.

即"They make one think of dancing girls"中的"They"所指爲琴曲,而"和顏"一段英譯,是"琴曲讓人聯想到女子跳舞時的舞姿"之意,完全曲解了原文描寫彈琴之人的本意。①

如果説上面的錯誤還衹限於局部,但高羅佩《琴賦》英譯中,亦有因一字之差,扭曲了大段文字大意的情況。試看第 XIII 段:

初涉淥水,中奏清徵。雅昶唐堯,終詠微子。寬明弘潤,優游躇跱。拊弦安歌,新聲代起。歌曰:凌扶搖兮憩瀛洲,要列子兮爲好仇。餐沆瀣兮帶朝霞,眇翩翩兮薄天游。齊萬物兮超自得,委性命兮任去留。激清響以赴會,何弦歌之綢繆!

高羅佩對此段描述爲"琴樂最高,但古琴仍可與其他樂器合奏,用於伴唱"②,但這一段都在描寫琴曲,并無提到其他樂器的存在,如此解説令人費解。究其原因,則是因爲下文中有"於是曲引向闌,衆音將歇"一句,高羅佩將"衆音"理解成了"衆器之音",故有翻譯:

Then the songs and chants die out, all other musical instruments fall into silence.

---

① 李美燕:《琴道——高羅佩與中國古琴》上册,第 72~73 頁。
② R. H. van Gulik, *Hsi K'ang and his Poetical Essay on the Lute*, p66: "Although this is the highest aspect of the lute music, it can also be used for accompanying songs, together with other musical instruments."

這一錯之下，高羅佩以這樣的開場總結"於是曲引向闌，衆音將歇……縹繚潎洌"（即第 XIV—XVI 段）："真正的琴樂，却是要獨奏的。"①由此，儘管這幾段相關文字的翻譯和原文可基本對應，大致準確，但如果和《手記》中的概述對照來看，很容易讓讀者誤解。

三、對古代"音樂術語"的過度詮釋

高羅佩本人習琴，故而在翻譯《琴賦》時，對其中可能涉及音樂技巧的詞語特別關注。他認爲："原文中有些關於古琴和琴樂方面的專用術語，文人們如果未曾專門學習過這種樂器，就不會瞭解。"②在《嵇康與〈琴賦〉》之第五章《文本與評注》（The Text and Its Commentaries）中，他用了相當篇幅論述有關問題，及前輩學者在解決這些問題方面所做的努力。而在他自己的翻譯過程中，他亦尤其嘗試對這些"描述音樂的形容詞"（"epithets descriptive of musical"）加以理解和闡釋。這樣的努力無疑相當勇敢，值得敬佩，也很有啓發性，但有些時候，高羅佩未免走得有些太遠。例如"佛㥜煩冤，紆餘婆娑"句，高羅佩譯作：

> Then the tones become more irregular, halting as if in sorrow, and dragging on like rustling garments.

如果説以"不規則的調子""如感到悲傷一般停頓"來詮釋"佛㥜煩冤"所表述的"聲蘊積不安貌"③，還勉强説得過去，則"紆餘婆娑"翻譯成"如拖拽衣料的簌簌聲"就實在有點没道理。

又如"或徘徊顧慕，擁鬱抑按"句，高羅佩譯作：

> Or the tones seem to hesitate, and look backward longingly, then again they rush on like a pressing crowd.

此處，高羅佩將形容琴聲"駐而下不散貌"④的"擁鬱抑按"一詞理解成了"如同人群蜂擁奔來"。

---

① R. H. van Gulik, *Hsi K'ang and his Poetical Essay on the Lute*, p66: "The real lute music, however, is solo music. In a wealth of images the rich beauty of this music is described."

② R. H. van Gulik, *Hsi K'ang and his Poetical Essay on the Lute*, p54: "The text abounds with technical expressions bearing upon the lute and its music, terms that lie outside the domain of the literatus who has not made a special study of this musical instrument."

③ 戴明揚校注：《嵇康集校注》，北京：人民文學出版社，1962 年，第 94 頁。

④ 戴明揚校注：《嵇康集校注》，北京：人民文學出版社，1962 年，第 97 頁。

然而最多的"過度詮釋"是從高羅佩所熱愛的古琴泛聲而來:高羅佩在《譯者手記》中特別提到對泛聲作了解釋,并稱在古琴的三種音效(散聲、實聲、泛聲)中,泛聲最爲迷人,并稱"《琴賦》中也經常提到"①。但檢視《琴賦》全文,并未有一處明確提到泛聲的存在。而高羅佩在譯文中提到泛聲則有兩處,除了上文提到的"輕行浮彈",譯作:

> The "floating tones" bubble forth lightly.

即"泛音輕輕浮起",而該句本意應是"輕輕撥彈琴弦"。

此外,還有形容琴曲結尾的"含顯媚以送終,飄餘響乎泰素"句,高羅佩譯作:

> Distinctly and clearly they end, and finally the coda in "floating tones" echoes faintly the main motif of the melody.

"floating tones"(泛聲)顯然不在原文之中,而是作者另加進去的。"飄餘響乎泰素"則作"最後尾聲的泛音淡淡地回響着旋律的基調"。高羅佩在注釋中對此有一番解釋②:

> 琴曲的尾聲往往以泛聲作收音,通常表現爲對旋律基調的簡單形式的重覆。因此,此處的"泰素"譯作旋律的"基調"。另一方面,琴曲的"序"(或"第一段",最古老的説法似乎是"開指",但這種説法在明代就已弃用)往往預示了基調的旋律模式;由此,"泰素"也可譯作"開始",即這一段也可譯作"……最後尾聲的泛音淡淡地回響着琴曲的開頭"。

高羅佩因此放弃將"泰素"解釋爲"質之始"③的傳統注疏,且不論以上的理論正確與否,但用近現代的琴學技巧來理解魏晋時代的文學作品,本身已經是不太嚴謹的做法。

---

① R. H. van Gulik, *Hsi K'ang and his Poetical Essay on the Lute*, p54:"The text abounds with technical expressions bearing upon the lute and its music, terms that lie outside the domain of the literatus who has not made a special study of this musical instrument."

② 即注41。見 R. H. van Gulik, *Hsi K'ang and his Poetical Essay on the Lute*, p94:"The coda of a lute melody is always played in the so-called 'floating sounds'; usually it repeats in a simplified form the main motif of the melody. Therefore t'ai su is here translated as 'main motif' of the melody. On the other hand the prelude in its melodic pattern often also adumbrates the main motif. Thus one might also translate t'ai su here as 'beginning', obtaining the alternative rendering: 'and finally the coda in floating sounds faintly echoes the beginning of the tune'."

③ 戴明揚校注:《嵇康集校注》,北京:人民文學出版社,1962年,第94頁。

四、其他

此外，高羅佩的譯文在英語書寫上并不是十全十美，略有一些文法錯誤乃至表達不夠地道的地方。① 但考慮到他的母語是荷蘭語，而非英文，且因爲這些瑕疵一般并不特別影響閱讀，亦是可以理解和接受，但必須加以留意。

結　語

在《譯者手記》中，高羅佩自言翻譯策略："想要精確翻譯出這中國古典文學中的奇珍的精妙優美，是不可能的……因此我在翻譯時已經放弃了將其重塑爲一篇文學作品的努力，而盡可能地按字面直譯。"②但由上面例子可以看出，作爲一篇聲稱"盡可能地按字面直譯"的譯作，高羅佩《琴賦》英譯在某些地方上摻雜了相當多譯者自己的觀點，特別是在可能與古琴音樂技巧有關的内容方面：他受到清代學者葉樹藩（1661—1772）、祝鳳喈（1796—1850）及近代學者楊宗稷（1863—1932）的影響，嘗試用琴譜中的彈奏技巧術語對應《琴賦》中與琴樂有關的難解詞句，并在翻譯時參考了葉氏《文選·琴賦》、祝氏《與古齋琴譜》及楊氏《琴話》中的相關論述，對《琴賦》中"角羽俱起，宫徵相證""清角""陽春""白雪""摟攙擽捋，縹繚潎洌""競名""間聲"等涉及或可能涉及琴律、琴曲、指法及特有名詞的難解語彙作了詳細的探討。③ 這些努力固然都值得欽佩，但正如他自己所承認的那樣，"祇是猜測"（"mere conjecture"）。④ 在這種情况下，高羅佩却並未如他所宣稱的那樣盡可能地將翻譯詮釋限制在逐字直譯的"安全網"内，而是選擇將這些强烈的不確定因素引入了譯文。如前文所述，這種做法十分大膽并有很强的啓發性，但如此的自由發揮，無疑對譯文的"忠實度"造成了一定的影響。

另一方面，如此執著於對古琴音樂藝術内涵的追求，亦有一定風險。高羅佩對《文選》中傳統的"文獻學式"（textual criticism）注疏，難免因此多有存疑，致使他在理解《琴賦》時，有時會出現忽視文本自身含義的情况。而由此先入爲主而導致的"過度解讀"，乃至對文

---

① 李美燕：《琴道——高羅佩與中國古琴》上册，第73~75頁。

② R. H. van Gulik, *Hsi K'ang and his Poetical Essay on the Lute*, p63: "It is impossible in a translation to do justice to the exquisite beauty of this rare gem of old Chinese literature…Therefore in my translation I have renounced all efforts at producing a literary version, and confined my work to translating as literally as possible."

③ R. H. van Gulik, *Hsi K'ang and his Poetical Essay on the Lute*, pp. 55-56、104. 參李美燕：《琴道——高羅佩與中國古琴》上册，第76~81頁。

④ R. H. van Gulik, *Hsi K'ang and his Poetical Essay on the Lute*, p55.

本自身解讀的失誤,有時會歪曲部分原文的含義,甚至會因此影響對全文結構的把握。總覽前文中提到的錯誤實例,不難發現,不少與高羅佩對古琴音樂的理解有關,致使高羅佩《琴賦》英譯由於高羅佩本人的獨特視角和熱情,染上了濃重的、極端強調古琴音樂性的"高式風格"。《嵇康與〈琴賦〉》固然在向西方世界介紹《琴賦》、引導西方探討古琴音樂藝術和文化的方面貢獻極大,但未完全忠實地將《琴賦》原貌在英文中再現,是爲白璧微瑕。當然,考慮到當時西方世界對相關課題的研究水平,過於求全責備亦是不合情理。惟這些瑜中之瑕有些較爲明顯,或隱藏頗深,而今日之讀者,則不可不察。

附表:《嵇康與〈琴賦〉》分段及總結中英對照表

余少好音聲,長而玩之。以爲物有盛衰,而此無變;滋味有猒,而此不倦。可以導養神氣,宣和情志,處窮獨而不悶者,莫近於音聲也。是故復之而不足,則吟咏以肆志,吟咏之不足,則寄言以廣意。然八音之器,歌舞之象,歷世才士,并爲之賦頌。其體制風流,莫不相襲。稱其材幹,則以危苦爲上;賦其聲音,則以悲哀爲主;美其感化,則以垂涕爲貴。麗則麗矣,然未盡其理也。推其所由,似元不解音聲,覽其旨趣,亦未達禮樂之情也。衆器之中,琴德最優,故綴叙所懷,以爲之賦。其辭曰:	I – II. PREFACE: The excellent qualities of music in general are praised. Many scholars have written about musical subjects, but their productions show that they did not really understand music. As moreover, the lute is the most important of all musical instruments, the author resolved to try to describe it. (序:贊美了音樂的出色之處。很多學者描寫過音樂題材,但他們的作品顯示他們并不真正懂得音樂。所有音樂之中,古琴最爲重要,作者因此決心嘗試描述古琴。)
惟椅梧之所生兮,托峻岳之崇岡。披重壤以誕載兮,參辰極而高驤。含天地之醇和兮,吸日月之休光。鬱紛紜以獨茂兮,飛英蕤於昊蒼。夕納景於虞淵兮,旦晞幹於九陽。經千載以待價兮,寂神跱而永康。	III. The subject is approached in a broad manner, with a chant praising the qualities of the trees used for building lutes. Cosmic considerations immediately come to the fore: those trees are in close communion with Tao, the mysterious force that pervades the universe. (作者從很寬的範圍內來描述這個主題,并用辭賦體歌頌製作古琴用的樹木。辭賦一開始即顯出了對宇宙奧義的暗示:這些樹與"道"密切相關;道即是遍布宇宙的神秘力量。)

	(續表)
且其山川形勢,則盤紆隱深,確嵬岑嵓。互嶺巇岩,岞崿嶇崟。丹崖嶮巇,青壁萬尋。若乃重巘增起,偃蹇雲覆,邈隆崇以極壯,崛巍巍而特秀。蒸靈液以播雲,據神淵而吐溜。爾乃顛波奔突,狂赴爭流。觸岩觝隈,鬱怒彪休。洶涌騰薄,奪沫揚濤。瀄汩澎湃,蜿蟺相糾。放肆大川,濟乎中州。安回徐邁,寂爾長浮。澹乎洋洋,縈抱山丘。	IV – V. The locality where these trees grow is depicted in greater detail, the elements "mountains" and "water" being stressed. Mountains and water, *shan – shui*, stand for *yang* and *yin*, the positive and negative forces in nature, that together constitute Tao. Doubtless this description is also meant to remind the reader of the most famous of all ancient lute melodies, *Kao – shan – liu – shui*. (更詳細地描述了樹木生長的地點,并特別強調了其中"山水"的元素:"山"代表陽,即自然中的正向力量;"水"代表陰,即自然中的反向力量;"陰""陽"共同構成"道"。毫無疑問,這段描述亦是特意向讀者暗示所有古代琴曲中最著名的"高山流水"。)
詳觀其區土之所產毓,奧宇之所寶殖。珍怪琅玕,瑤瑾翕毦。叢集累積,奐衍於其側。若乃春蘭被其東,沙棠殖其西。涓子宅其陽,玉醴涌其前。玄雲蔭其上,翔鸞集其巔。清露潤其膚,惠風流其間。竦肅肅以靜謐,密微微其清閒。夫所以經營其左右者,固以自然神麗,而足思願愛樂矣。	VI. Some special features of this landscape are described. It is clear that the author wishes to represent this locality as a sort of paradisical domain, geographically undetermined, an abode of Immortals and other unearthly beings. (描寫了樹木生長地的一些特別景色。很顯然,作者意圖將其描述成一種地點不明、居住了仙人和其他神話生物的天堂般的存在。)
於是遁世之士,榮期綺季之疇,乃相與登飛梁,越幽壑,援瓊枝,陟峻崿,以游乎其下。周旋永望,邈若凌飛。邪睨崑崙,俯闞海湄。指蒼梧之迢遞,臨回江之威夷。悟時俗之多累,仰箕山之餘輝。羨斯岳之弘敞,心慷慨以忘歸。情舒放而遠覽,接軒轅之遺音。慕老童於騩隅,欽泰容之高吟。顧茲梧而興慮,思假物以托心。乃斫孫枝,準量所任。至人攄思,制爲雅琴。	VII – VIII. In inspired prose the men who visit this region for selecting the wood for building lutes are described. In an exalted mood they wish to build a lute for expressing their elevated feelings. (描述了前去以上地區尋找用於製琴的木材的人們。他們懷着高漲的心情,希望能製出可表達他們高尚情感的古琴。)
乃使離子督墨,匠石奮斤。夔襄薦法,般倕騁神。鎪會裛厠,朗密調均。華繪雕琢,布藻垂文。錯以犀象,籍以翠綠。弦以園客之絲,徽以鍾山之玉。爰有龍鳳之象,古人之形。伯牙揮手,鍾期聽聲。華容灼爚,發采揚明。何其麗也!伶倫比律,田連操張。進御君子,新聲憀亮。何其偉也!	IX. A detailed description of the process of building lutes. From a historical point of view this passage is important, because it gives a good idea of how lutes in that time were made. (詳細描述了製琴的過程。這一段讓人瞭解到當時的琴是怎麼製作出來的,因而是很重要的歷史文獻。)

（續表）

及其初調，則角羽俱起，宮徵相證。參發并趣，上下累應。躓踔礫硌，美聲將興。固以和昶而足耽矣。爾乃理正聲，奏妙曲。揚白雪，發清角。紛淋浪以流離，奐淫衍而優渥。粲奕奕而高逝，馳岌岌以相屬。沛騰遌而競趣，翕韡曄而繁縟。	X. General description of the music of the lute. How the strings are tuned. （對琴樂的一般描寫。如何調弦。）
狀若崇山，又象流波。浩兮湯湯，鬱兮峨峨。佛憫煩冤，紆餘婆娑。陵縱播逸，霍濩紛葩。檢容授節，應變合度。兢名擅業，安軌徐步。洋洋習習，聲烈遐布。含顯媚以送終，飄餘響乎泰素。	XI. Description of a single lute melody. All lute melodies conform to a more or less fixed stylistic scheme. Lute handbooks repeatedly stress the necessity of clearly reproducing this pattern while executing a melody. As a rule the earlier movements of a melody should be played *lento e con espressione*; these parts often have no direct connection with the main motif. Thereafter the real melody starts, the main motif is reproduced in various modulations. Nearing the end, in the later movements, the melody slows down again. Finally the coda, usually in "floating sounds", finishes off the melody. From this it may be seen that lute music represents a highly developed phase of musical expression. （對一首琴曲的描寫。所有琴曲都或多或少地遵循著一定的風格形式。琴書不斷強調演奏中清楚複製這些形式的重要性。因此，按照規律，琴曲開頭應彈奏得緩慢而充滿感情，這一部分往往與琴曲的主調沒有什麼直接聯繫。之後，開始進入真正的琴曲演奏，主調會以多種變格演奏。臨近尾聲，琴曲再度漸緩。最後是尾聲，通常以"泛音"作結。由此可以看出琴樂代表著音樂藝術高度發展的階段。）
若乃高軒飛觀，廣夏閑房；冬夜肅清，朗月垂光。新衣翠粲，纓徽流芳。於是器冷弦調，心閑手敏。觸擽如志，唯意所擬。	XII. Definition of the special atmosphere that surrounds the lute player. Playing the lute is a solemn ceremony that must be performed in a pure and secluded abode. Playing the lute is a form of meditation, a means for communing directly with the mysterious forces of nature. （設定彈琴者周圍的特殊氛圍。彈奏古琴是很莊嚴的儀式，必須在純潔幽靜的所在進行。彈琴是冥想的一種形式，一種與自然神秘力量直接溝通的手段。）

（续表）

初涉淥水，中奏清徵。雅昶唐堯，終詠微子。寬明弘潤，優游躇跱。拊弦安歌，新聲代起。歌曰：淩扶搖兮憩瀛洲，要列子兮爲好仇。餐沆瀣兮帶朝霞，眇翩翩兮薄天游。齊萬物兮超自得，委性命兮任去留。激清響以赴會，何弦歌之綢繆！	XIII. Although this is the highest aspect of the lute music, it can also be used for accompanying songs, together with other musical instruments. （琴樂最高，但古琴仍可與其他樂器合奏，用於伴唱。）
於是曲引向闌，衆音將歇。改韵易調，奇弄乃發。揚和顔，攘皓腕，飛纖指以馳鶩，紛鐳嘉以流漫。或徘徊顧慕，擁鬱抑按。盤桓毓養，從容秘玩。闥爾奮逸，風駭雲亂。牢落凌厲，布濩半散。豐融披離，斐韡奐爛。英聲發越，采采粲粲。或間聲錯糅，狀若詭赴。雙美並進，駢馳翼驅。初若將乖，後卒同趣。或曲而不屈，直而不倨。或相淩而不亂，或相離而不殊。時劫掎以慷慨，或怨嬻而躊躇。忽飄飄以輕邁，乍留聯而扶疏。或參譚繁促，複叠攢仄。從橫駱驛，奔遁相逼。拊嗟累贊，間不容息。瑰艷奇偉，殫不可識。若乃閑舒都雅，洪纖有宜。清和條昶，案衍陸離。穆溫柔以怡懌，婉順叙而委蛇。或乘險投會，邀隙趨危。譬若離鵾鳴清池，翼若游鴻翔曾崖。紛文斐尾，慊縿離纚，微風餘音，靡靡猗猗。或摟搋擽捋，縹繚潎洌。	XIV – XVI. The real lute music, however, is solo music. In a wealth of images the rich beauty of this music is described. In these paragraphs Hsi K'ang unfolds his full stylistic power. （真正的琴樂，却是要獨奏的。用大量意象描述了琴樂的豐富美感。這一段嵇康充分展現了他的修辭才華。）
輕行浮彈，明嫿滕慧。疾而不速，留而不滯。翩綿飄邈，微音迅逝。遠而聽之，若鸞鳳和鳴戲雲中；迫而察之，若衆葩敷榮曜春風。既豐贍以多姿，又善始而令終。嗟姣妙以弘麗，何變態之無窮！	XVII. Special description of the "floating sounds". This passage, with its choice language, is a poem in itself. （關於"泛聲"的特別描寫。這一段文辭出衆，本身亦詩。）
若夫三春之初，麗服以時。乃携友生，以邀以嬉。涉蘭圃，登重基。背長林，翳華芝。臨清流，賦新詩。嘉魚龍之逸豫，樂百卉之榮滋。理重華之遺操，慨遠慕而長思。若乃華堂曲宴，密友近賓。蘭肴兼御，旨酒清醇。進南荆，發西秦。紹陵陽，度巴人。變用雜而並起，竦衆聽而駭神。料殊功而比操，豈笙籥之能倫？	XVIII. The author again returns to ordinary lute music. It is suitable for enlivening a pleasure excursion of literati, and for intimate feasts at home. Even such everyday occasions will obtain an elegant and refined flavour when the lute is played. （作者回到對普通琴樂的描述。這類琴樂適合文人外游中怡情及在家款待親密貴客時演奏。甚至日常場合也可通過彈琴獲得優雅及精細的享受。）

（續表）

若次其曲引所宜,則廣陵止息,東武太山。飛龍鹿鳴,鷗鷄游弦。更唱迭奏,聲若自然。流楚窈窕,懲躁雪煩。下逮謡俗,蔡氏五曲。王昭楚妃,千里別鶴。猶有一切承間簶乏,亦有可觀者焉。	XIX. Some of the better-known lute melodies are briefly reviewed. （提到了一些更知名的琴曲。）
然非夫曠遠者,不能與之嬉游;非夫淵静者,不能與之閑止;非夫放達者,不能與之無吝;非夫至精者,不能與之析理也。若論其體勢,詳其風聲。器和故響逸,張急故聲清。間遼故音庳,弦長故徽鳴。性絜静以端理,含至德之和平。誠可以感蕩心志,而發泄幽情矣。	XX—XXI. Here the author returns to more general aspects of his subject. The disposition of the real lute player is described. By its very structure the lute conforms to cosmic principles, and moreover it answers to high technical musical requirements. （此處作者再度從主題中更普遍的方向入手,形容了真正琴人的素質。琴自身的構造依循宇宙規則,亦需要琴人具備高超的音樂技術水平。）
是故懷戚者聞之,莫不憯懍慘凄,愀愴傷心。含哀懊咿,不能自禁。其康樂者聞之,則欨愉歡釋,抃舞踴溢。留連瀾漫,嗢噱終日。若和平者聽之,則怡養悦念,淑穆玄真。恬虚樂古,弃事遺身。是以伯夷以之廉,顔回以之仁,比干以之忠,尾生以之信。惠施以之辯給,萬石以之訥慎。其餘觸類而長,所致非一。同歸殊途,或文或質。總中和以統物,咸日用而不失。其感人動物,蓋亦弘矣!	XXII. The lute has a beneficent influence on all that hear its music, regardless of their natural disposition. This is illustrated with a few historical examples, some of which will to the Western reader appear not very happily chosen; cf. the reference to the sad case of Wei Shêng! To Chinese readers, however, this story does not appear as comical; it is often referred to in very solemn documents. （無論聆聽者性情如何,琴樂總能爲他們帶來有益的影響。作者舉了一些典故爲例,其中某些典故對西方讀者來說不是那麼令人高興,例如尾生的悲劇! 然而對於中國讀者來説,這個故事并非喜劇,它經常在非常莊嚴的文獻中被提及。）
於時也,金石寢聲,匏竹屏氣。王豹輟謳,狄牙喪味。天吴踊躍於重淵,王喬披雲而下墜。舞鸑鷟於庭階,游女飄焉而來萃。感天地以致和,況蚑行之衆類。	XXIII. Summing up, the author again praises the music of the lute in general. When the lute is played all other musical instruments are silent, and unearthly beings of happy portent make their appearance. （總而言之,作者再次從總體贊美琴樂。當彈奏古琴時,所有樂器静不出聲,所有福樂中的仙人神獸亦現身。）

（續表）

嘉斯器之懿茂，咏茲文以自慰。永服御而不厭，信古今之所貴。	XXIV. Here the author defines his own attitude: it was his deep love of the lute that made him compose this essay. （此處作者表明了他的態度：正是他對古琴的熱愛促使他寫下了這篇賦。）
亂曰：愔愔琴德，不可測兮。體清心遠，邈難極兮。良質美手，遇今世兮。紛綸翕響，冠衆藝兮。識音者希，孰能珍兮。能盡雅琴，唯至人兮。	XXV. Final chant in praise of the lute. It is not an instrument for the crowd, it is the favourite companion of the Chün-tzû, the Superior Man, the only one who can fully understand it. （結尾對琴的贊歌。琴不是普通人的樂器，而是君子"至人"的最好伴侶，也祇有他們能真正瞭解它。）

傳統文化、宗教及民俗

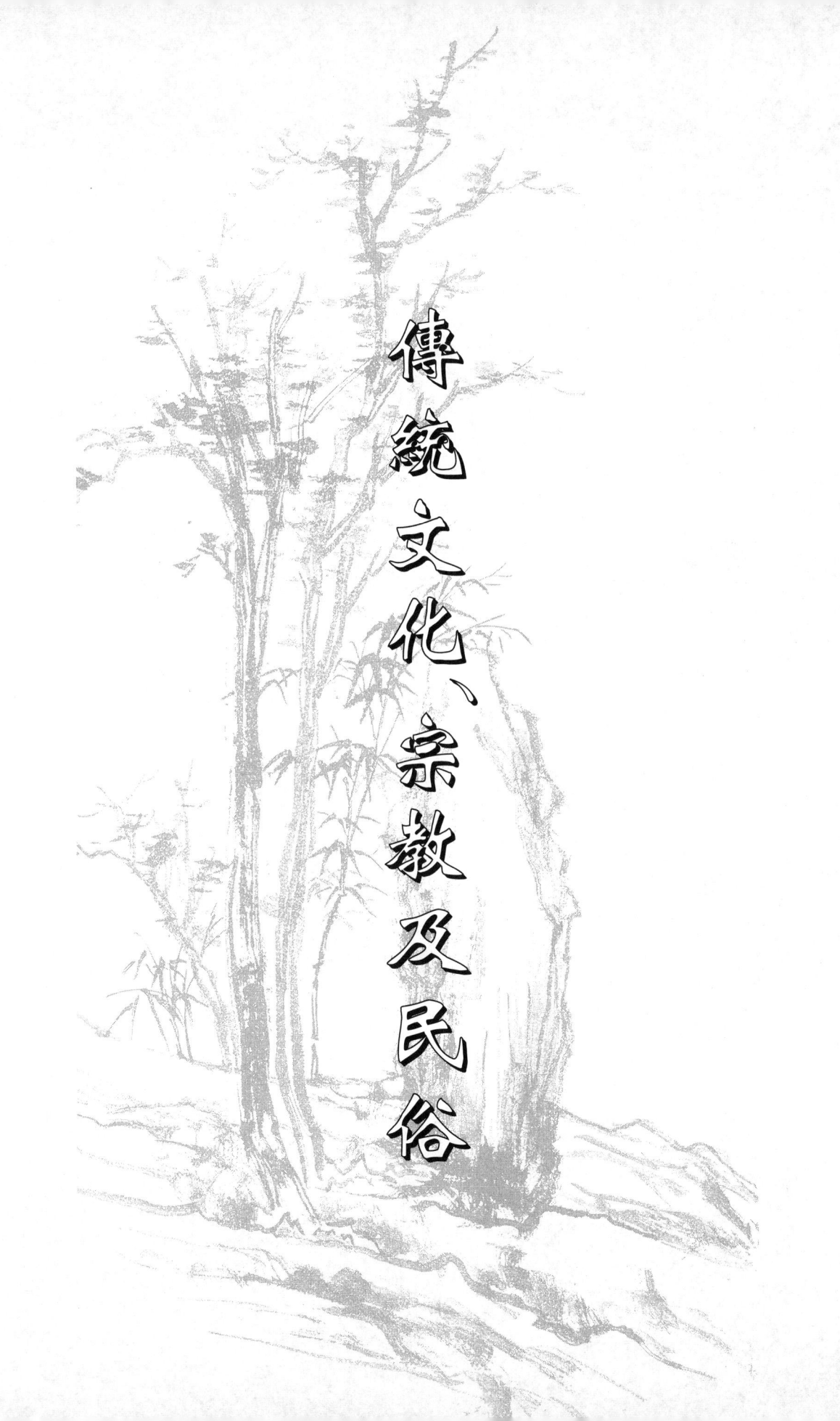

中國民間宗教研究 60 年

馬西沙

(中國社會科學院)

中國民間宗教是不同於正統佛教、道教等宗教形態的另一種宗教形式。就宗教意義而言,民間宗教與正統宗教之間沒有隔著不可逾越的壕溝。世界上著名的宗教在初起時無一不在底層社會流傳,屬於民間教派。由於逐漸適應社會的普遍需求,并在不斷抗爭中以自己的實力走向正統地位甚至統治地位;而後起的一些民間教派又往往是正統宗教的流衍或异端,由於宗教或世俗的原因被排斥在外,遂自成體系,發展成獨立教團,并被迫走向下層社會。顯而易見,這兩者在歷史的長流中不停地演進、轉化,不僅在教義、組織、儀式、教規、戒律、修持等方面有著千絲萬縷的聯繫,而且存在著對抗、改革與創新。新中國成立 60 多年以來,中國民間宗教研究已經取得了可喜的成果。《中國民間宗教史》等著作的出版,表明中國的民間宗教研究已經不再落後於西方學者。因此,對 60 多年來中國民間宗教研究進行總結具有重要的學術意義。

一、新中國成立 60 年來民間宗教研究的主要成果

(一) 1949—1978 年中國民間宗教研究概况

在中國漫長的歷史中,民間宗教始終存在,對中國的民間宗教進行研究不僅有重要的歷史意義,又具有重大的現實意義。荷蘭的漢學家格魯特(De Groot. J. J,1854—1927)是最早對中國的民間宗教進行現代意義上學術研究的學者。格魯特所著的《中國的教派宗教與宗教迫害》(*Sectarianism and religious persecution in China : a page in the history of religions*)完成於 1903 年,對龍華教、先天教的儀式活動進行了考察。其後,陳垣、鄭振鐸、吳晗等中國學者從歷史學、文學的角度對民間宗教也進行了研究。陳垣先生先後著有《火祆

教入中國考》《摩尼教入中國考》《南宋初河北新道教考》。鄭振鐸先生則在 1938 年出版的《中國俗文學史》一書中，首先系統探討了寶卷。明史專家吳晗於 1940 年 12 月發表《明教與大明帝國》，對明教與大明帝國關係進行考證，否定了白蓮教起義推翻了元朝政權之說。繼以上 3 位學者之後，李世瑜先生也著手對中國民間宗教進行研究。李氏的研究始於 1947 年夏天在河北萬全縣對黃天道進行的社會調查，此後調查還涉及了一貫道、皈一道、一心天道龍華聖教會等教派。1948 年底，李氏將研究成果結集出版，即《現代華北秘密宗教》一書。對寶卷的收集及目錄的整理是李世瑜研究的另一領域。1961 年 10 月，李世瑜《寶卷綜錄》一書由中華書局出版，該書不僅收錄了李氏自身收集的寶卷，而且綜合了《破邪詳辨》《涌幢小品》等歷史著作中所載經文目錄及從鄭振鐸到胡士瑩等人藏書及藏目、書目。此外，還有一些學者的文章對一部分學者曾產生過長期影響，熊德基《中國農民戰爭與宗教及其相關問題》一文即屬此列，該文發表於 1964 年《歷史論叢》第 1 輯，運用馬克思主義觀點分析了在農民戰爭中宗教的兩重性作用。

（二）1978 年以後中國民間宗教研究概況

改革開放以後，中國學術界開始了真正對民間宗教的研究。喻松青是民間宗教研究開風氣之先的學者，她於 1981 年在《清史研究集》第 1 輯發表了《明清時期的民間宗教信仰和秘密結社》，隨後又有《明代黃天道新探》《清茶門教考析》《天理教探研》等文章發表。1987 年喻松青《明清白蓮教研究》一書由四川人民出版社出版，該書是 12 篇文章的結集。1994 年喻松青在臺灣出版了《民間秘密宗教經卷研究》。

馬西沙於 1982 年 3 月完成了 4 萬字的碩士論文《清前期八卦教初探》，此文發表於 1983 年出版的《中國人民大學 1982 屆碩士論文選》。1982 年後馬西沙開始利用檔案與寶卷研究羅教體系的齋教、青幫及民間道教體系的黃天道與弘陽教。1984 年馬西沙與程歗在《南開史學》第 1 期發表了《從羅教到青幫》，系統地考證了羅祖教的幾大支流分布及形態，對青幫從宗教到水手行幫會社再到幫會的幾個歷史發展階段作了考證鉤沉及科學的分析。1984 年馬西沙在《世界宗教研究》第 1 期發表了《略論明清時代民間宗教的兩種發展趨勢》，從總體把握民間宗教的家族統治、農民運動的兩種不同形態及其兩者之間宗教的相互關係，不贊成過分抬高民間宗教家族封建統治及宗法依附關係的歷史地位。日本學者加治敏之對《從羅教到青幫》和《略論明清時代民間宗教的兩種發展趨勢》都有具體評論。1984 年馬西沙與韓秉方在《世界宗教研究》第 3 期發表了《林兆恩三教合一思想與三一教》。1984 年後馬西沙又陸續發表《最早一部寶卷的研究》《黃天教源流考略》，用第一手資料進一步擴展研究成果。其後發表在《清史研究集》的《江南齋教研究》則是對羅祖教江南的發展與摩尼教融匯合流的深層次探討。

1983 年，韓秉方與馬西沙合作的文章《中國封建社會的民間宗教》在第 9 期的《百科知識》上發表。1985 年，韓秉方先生在《世界宗教研究》第 4 期發表了《弘陽教考》。此文是第一次用清檔案研究弘陽教的文章。此後韓秉方則於 1986 年在《世界宗教研究》第 4 期發表了《羅教五部六冊寶卷思想研究》，文章是在第一手資料基礎上作出的有深度的研究。2004年，韓先生在《世界宗教研究》又發表了《觀世音信仰與妙善的傳說——兼及我國最早一部寶卷〈香山寶卷〉的誕生》，文章運用大量的文獻史料和碑刻，闡明了觀世音菩薩信仰中國化的過程，并且進一步論證了《香山寶卷》作爲迄今所知最早的一部寶卷，是北宋杭州上天竺寺普明禪師在崇寧二年（1103）撰寫完成的。

1989年，馬西沙在中國人民大學出版了專著《清代八卦教》。該書以大量的清代檔案及作者調查得來的八卦教經卷爲主要史料，揭示了八卦教的起源、演變、内部組織，由此形成的世襲傳教家族的興衰，進而還分析了教義、儀式、教規與農民運動的關係，對八卦教與華北諸多的民間宗教教派的複雜關聯也給以深入的關注。徐梵澄先生在1992年第8期《讀書》以《專史·新研·集成》爲題，評價此書，認爲著者"在極難措手的專題理出了一個頭緒，使人明確見到史實的真姿，這是深可贊揚的事"。1986年，馬西沙與韓秉方開始國家"七五"時期重點研究專案《中國民間宗教研究》課題的寫作，1991年4月，此書完稿。1992年12月，《中國民間宗教史》由上海人民出版社出版。全書共計23章、106萬字，涉及從漢代至清代民間道教、民間佛教、摩尼教、羅教、黃天教、弘陽教、聞香教、江南齋教之大乘、龍華教、金幢教、青蓮、先天燈花、金丹道、八卦教、九宮道、龍天教、一炷香教、收元教、混元教、劉門教、黃崖教、三一教等數十種宗教，凡此皆一一縝密鉤沉考證，爲中國民間宗教研究的開創性、里程碑式的作品。此書2004年由中國社會科學出版社再版。1998年，馬西沙獨立完成《民間宗教志》，由上海人民出版社出版，志書由於印刷數量極少，得見者幾稀。2005年《民間宗教志》以《中國民間宗教簡史》爲名在上海人民出版社再版。再版時，收入馬西沙的新近文章兩篇以及後記一篇。《中國民間宗教簡史》對《中國民間宗教史》的不足和缺憾進行校正，系統研究了中國民間宗教史上彌勒教與摩尼教的融合，進而指出元末農民起義爲白蓮教起義這一觀點，是對歷史的誤判，明清民間宗教世界也不存在一個"白蓮教系統"；同時，《中國民間宗教簡史》也對從變文到寶卷的源流關係進行統觀，對羅教的五部六冊寶卷教義作了闡釋：即由净入禪，再由禪入净，形成禪、净結合，心性即安身立命之净土，心性即本體。

林悟殊從20世紀80年代初開始即專攻摩尼教。他先後在《世界宗教研究》等雜志發表了《摩尼二宗三際論及其起源初探》《摩尼教入華年代質疑》《唐代摩尼教與中亞摩尼教團》《〈老子化胡經〉與摩尼教》《從考古發現看摩尼教在高昌回紇的封建化》等十餘篇文章，翻譯了柳存仁發表在20世紀70年代末的《唐前火祆教和摩尼教在中國之遺痕》。① 林悟殊在摩尼教起源、摩尼教原始教義中融入了彌勒佛觀念等問題上與柳存仁觀點一致。柳存仁根據西文及道藏資料證明"在5世紀下半葉摩尼教經也已傳入中國"。林悟殊則進一步指出"中國内地可能在四世紀初便已感受到摩尼教的信息"。1987年，林悟殊將過去成果集結整理成專著《摩尼教及其東漸》在中華書局出版。

楊訥則在宋元白蓮教研究上取得重要成果。在元末農民起義與宗教之關係上，楊訥

---

① 柳存仁：《唐前火祆教和摩尼教在中國之遺痕》，載《世界宗教研究》1981年第3期。

是白蓮教起義的主要支持者。他的代表作《元代白蓮教》發表於 1983 年《元史論叢》第 2 輯。1987 年,楊訥在《文史哲》第 4 期上發表《天完紅巾軍與白蓮教的關係考證》,在《元史論叢》第 1 輯上發表《天完大漢紅巾軍述論》。楊訥在白蓮教研究上的另一貢獻是,對白蓮教史料的編輯,曾與陳高華共同編輯了《元代農民戰爭史料彙編》,又獨編《元代白蓮教資料彙編》,爲廣大學者進行白蓮教研究提供了方便。2004 年 6 月,楊訥的《元代白蓮教研究》一書在上海古籍出版社出版。從 20 世紀 80 年代初至今對民間宗教集中作個案研究的還有李尚英。李尚英主要從事對天理教的研究,發表了《天理教新探》及其後的《論天理教起義》《論天理教起義的性質和目的》等十餘篇文章。

20 世紀 80 年代中期天津學者濮文起專注於研究民間宗教,1991 年發表《中國民間秘密宗教》一書,介紹了十幾種民間教派,對其組織、經卷、教義、儀式、修持進行了研究,帶有秘密宗教簡史性質。此後濮文起完成了《民間宗教詞典》。2000 年 8 月,濮文起出版了《秘密教門:中國民間秘密宗教溯源》一書(江蘇人民出版社出版)。濮文起對現實民間宗教的調查研究最爲引人注目。他發表在臺灣《民間宗教》的《天地門教調查與研究》,將歷史學和人類學研究的方法論相結合,對歷史資料進行考證,對現狀活動進行考察,在近 4 萬字的論文中,爲學界呈現了一片人們未知的信仰世界。2005 年以來,濮文起對華北地區的天地門教、弘陽教、西大乘教等仍然活躍於當代社會的民間宗教進行了再調查,發表了一系列論文。①

改革開放以來,路遙與程歗把檔案史料引入義和團運動的研究,研究民間宗教與義和團的關係。兩人合著的《義和團運動史研究》於 1988 年出版。其後程歗開始注重民間宗教與鄉土意識的關係,1990 年出版了《晚清鄉土意識》一書。作者眼光敏銳,視角獨特。在書中探討了鄉土意識在晚清思想文化中的地位,以及鄉土社會的政治意識、日常意識、宗教意識等,此書與 1994 年侯杰、范麗珠的《中國民間宗教意識》都對中國民衆宗教意識產生的社會文化土壤進行了多層面的探討。1989 年起,路遙及其弟子在山東開始了關於民間秘密教門的全方位調查。此項調查涉及廣泛,其中包括一炷香教、八卦教、聖賢道、九宮道、皈一教、一貫道、一心天道龍華聖教會及紅槍會,調查長達 11 年之久,所到之處遍及 70 個縣。2000 年,路遙完成 45 萬字的《山東民間秘密教門》,此即長期調查的結晶。這部著作以歷史資料與現狀資料相參證,豐富的資料加上縝密的考證,多發前人所未發。

福建的林國平與連立昌先生在福建民間宗教研究方面卓有成就。福建師大的林國平在 20 世紀 80 年代先後發表了《論三一教的形成和演變》《論林兆恩的三教合一思想》《三

---

① 參見濮文起:《當代中國社會的民間宗教問題及其對策研究——以河北省天地門教、弘陽教爲例》,《當代宗教研究》2005 年第 2 期;濮文起:《民間宗教的活化石——活躍在當代中國某些鄉村社會的天地門教》,《天津社會科學》2006 年第 3 期;濮文起:《民間宗教的又一塊活化石——活躍在當今天津市西青區楊柳青鎮的明代西大乘教》,《當代宗教研究》2006 年第 3 期;濮文起:《當代中國民間宗教活動的某些特點——以河北、天津民間宗教現實活動爲例》,《理論與現代化》2009 年第 2 期。

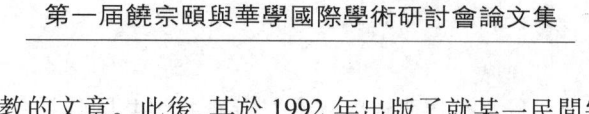

一教與道教的關係》等6篇關於三一教的文章。此後，其於1992年出版了就某一民間宗教研究的專著《林兆恩與三一教》。連立昌則是對福建地區民間宗教及會黨結社有統觀研究的學者，他的《福建秘密社會》與林國平著作互爲補充，前者涉及面廣闊，後者則專精於某一宗教。近年來，林國平對福建的三一教、金幢教等民間宗教進行了更爲深入的再調查，拓展了當代民間宗教的研究。①

近年仍有一些學者的新著作值得重視，如徐小躍著《羅教五部六册揭秘》，對羅教經典作了系統的研究。此外，王熙遠著有《桂西民間秘密宗教》，李富華、馮佑哲合著有《中國民間宗教史》。至於論文部分亦有可觀者，如20世紀80年代初沈平定《明末十八子主神器考》，李濟賢《徐鴻儒起義新探》《明末京畿地區白蓮教初探》，近年孟思維與陸仲偉《晚清時代九宮道研究》、陸仲偉著《歸根道調查研究》、孔思孟《論八卦教歷史神話——李廷玉故事》、林國平《福建三一教現狀調查》、連立昌《九蓮經考》、周紹良《略論明萬曆間九蓮菩薩編造的兩部經》、李世瑜《天津弘陽教調查研究》《天津天理教調查研究》、于一《四川梁平"儒教"之考察》。周育民、秦寶琦以研究幫會見長，他們也有關於民間宗教研究的文章問世，如周育民《一貫道前期歷史初探：兼談一貫道與義和團的關係》、秦寶琦《清代青蓮教源流考》等。

近年以來，隨著民間宗教學科建設的完善，中國社科院宗教所、中國人民大學歷史系、北京師範大學等均設有民間宗教研究方向的博士研究生招生點。一批博士生的博士論文也隨之出版，成爲民間宗教研究的新生力量。宋軍是中國人民大學歷史系的博士生，從1995年以來，宋軍相繼發表了《紅陽教經卷考》《論紅陽教教祖"飄高"》等4篇文章，同時還赴日本研修，收集有關弘陽教的資料。宋軍於2002年2月由社會科學文獻出版社出版的《清代弘陽教研究》是又一部就單一民間教派研究的專著。該書在總結前人研究的基礎上，收集了豐厚資料，對清代弘陽教的歷史進行了縝密鉤沉，是作者長期以來對弘陽教進行研究的系統成果。

2002年，劉平的《文化與叛亂》在商務印書館出版發行，這是國內民間宗教專業博士生在民間宗教研究方面的又一部相關著作。劉平的這部著作與以往的研究不同，該書以清代秘密社會爲物件，從文化的角度來研究農民叛亂，從構成民間宗教的文化土壤，即民間信仰、民間文化以及清代民間宗教的文化內涵，清代秘密會黨的文化內涵入手，分析導致此種文化與社會叛亂的關係。《文化與叛亂》以巫術及其後的道教异端爲重點，分析了民間文化與民間信仰對清代秘密社會及其叛亂所產生的影響，具體探討清代民間宗教、秘密會黨的文化內涵，藉以說明民間宗教長期生存於傳統社會并經常性發動叛亂的原因，認爲會黨中"義"的觀念有重要作用，巫術、宗教因素也是會黨的紐帶，歃血爲盟等社會習俗對會黨叛亂有深刻的影響。

---

① 參見林國平：《民間宗教的復興與當代中國社會——以福建爲研究中心》，2009年未刊調查報告。

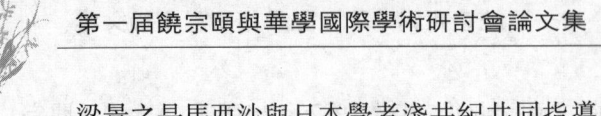

梁景之是馬西沙與日本學者淺井紀共同指導的博士生，1997年至2002年，梁苦讀5年，終於完成《清代民間宗教研究——關於信仰、群體、修持及其鄉土社會的關係》的論文。論文不同於以往對清代民間宗教研究的歷史學、宗教學方法論，不是具體研究某一派或幾派的宗教史，而是把歷史學與人類學的方法論結合起來，從衆多具體、細小的史料所具有的共性與差異性及其系統性入手，對信仰群體、信仰者修持的方法、神秘體驗，都仔細地進行了個案分析，同時也關注民間宗教的鄉土性與民俗性，借鑒了主位和辯證的方法，關注史實的生態性，關注民間宗教的教義、經典與宗教實踐，經卷教義與口傳教義，宗教生活與世俗生活，共通性與多樣性，超越性與區域性，要素與結構等方面的統一。

2003年，北京師範大學民俗學博士生尹虎彬完成其論文《河北民間后土信仰與口頭叙事傳統》，這篇論文運用了民俗學的方法論，對河北某一地區的鄉土社會進行了兩年時間的一以貫之的專題調查。他對那一地區后土信仰分布狀況、核心廟宇的信仰變遷、后土信仰與道教、民間宗教的關係進行了研究，同時，將寶卷作爲心理的、行爲的、儀式的傳承文本，考察寶卷與口頭叙事傳統的互爲文本的歷史意義，這樣《后土寶卷》的内涵及現實信仰的重要性也就突現出來了，這些是該論文的獨到之處。這篇論文是典型的小中見大，即看起來小，但是把握住這一課題的諸方面問題，反映了一種信仰及其文本的歷史的、文化上的内在聯繫。

2005年，馬西沙的韓國留學生李浩栽完成其博士論文《弘陽教研究》，論文是新近出現的6種弘陽教經卷的解讀與對韓祖廟宗教現狀的田野調查相結合的成果。此後，李浩栽相繼發表《韓祖廟會中的宗教文化表現》《明末清初民間宗教的民族觀析論——以〈冬明曆〉爲例》等文章。中國社會科學院世界宗教研究所的陳進國博士是馬西沙指導的博士後，其著作《信仰、儀式與鄉土社會：風水的歷史人類學探索》業已出版。目前陳進國博士正從事東南亞華人華僑與民間宗教的調查研究，2007年完成《困境與再生：泰國空道教（真空教、空中教）的歷史及現狀》一文，結合歷史文獻和田野考察，首次介紹了創立於江西贛州的空道教（空中大道）在泰國的傳播史及當前的存在狀態。陳進國在閩東對新近發現的摩尼教珍貴材料進行了研究，爲國際摩尼教研究界所矚目。《困境與再生：泰國空道教（真空教、空中教）的歷史及現狀》結合文獻和田野，推證了福建霞浦縣柏洋鄉蓋竹上萬村"入明教門"的林瞪應該是宋代"地方化"的教派——明教門形成時期的一個關鍵性人物；通過霞浦資料佐證摩尼教是從"陸路"而非"海路"傳入福建的；上萬村樂山堂遺址是一座始建於北宋，具有一定規模的"脱夷化"的摩尼教寺院，明代上萬村三佛塔座石刻和鹽田鄉暗井村飛路塔的明教楹聯，柏洋鄉木刻摩尼光佛像等文物，也佐證了明教一直在霞浦有著較大的影響。① 李志鴻通過對閩贛邊界現存羅祖教的田野調查，發現大量珍貴資料，這些資料

---

① 參見陳進國、林鋆：《明教的新發現——福建霞浦縣的摩尼教史迹辨析》，李少文主編、雷子人執行主編《不止於藝——中央美院"藝文課堂"名家講演録》，北京：北京大學出版社，2010年。

上續馬西沙先生的《中國民間宗教簡史》，下接羅祖教在清末以及近現代的傳承、演變，對理解臺灣齋教的歷史也有所補益。其文指出：該支羅祖教以羅夢鴻爲初祖，羅夢鴻的異姓弟子李心安爲二祖，江西的黃春雷爲三祖，此支羅教不以"普"字爲號，流傳有 78 字字派，迥異於江南齋教，是閩贛邊界地區流傳的羅教正宗。① 改革開放以後，羅祖教在贛南閩西重新活躍起來，羅祖教教徒以爲人念誦大乘經——即羅祖教的五部六册經典爲業，同時，也爲廣大信衆而舉行一般的念佛、拜懺、祈福、超度亡魂等儀式，這些儀式與該地區客家人的念佛習俗互爲表裏，成爲民衆信仰世界的重要内容。

香港學者危丁明的博士論文《先天道及其在港臺與東南亞地區的發展》②，采取歷史學、文獻學和宗教學的研究方法，力圖重現先天道發展的歷史軌迹，在此過程中，揭示先天道上承的道派淵源、衍化成爲先天道的經過、先天道本身教理教義的特點、先天道的理論體系、先天道與中國民間社會和平民生活的深厚關係。在此基礎上，危丁明根據歷史檔案和道内文獻材料，描述先天道在清廷的壓制和打擊下，如何從小變大、化弱爲强，先天道所歷經的分裂和重組，在教義教理上的發展。民國時期是民間宗教一個重要的發展階段，先天道亦然。論文主要通過道内文獻材料，結合實際的田野調查和訪談，以在兩廣發生個案爲例，描述先天道從秘密宗教進入到自由發展年代産生的巨變。先天道在香港及海外的演變，是其發展史上很重要的一章，危丁明爲此專門調查了先天道在泰國、越南、新加坡及馬來西亞等多個城鄉的道堂，與現任掌教及各地方的道首進行訪談，通過對其歷史材料的研讀和現狀具體考察，整理了其發展的綫索，及其與不同區域社會之間的互動。

現就職於福建華僑大學華僑華人研究院的陳景熙，從事東南亞德教研究多年，2010 年 6 月完成博士學位論文《海外華人宗教文書與文化傳承——新馬德教紫系文獻（1947—1966）研究》③，文章以 1947 年至 1966 年 20 年間形成的乩文集與特刊爲主的新加坡、馬來西亞德教紫系文獻作爲研究物件，綜合利用各類相關資料，從"儀式專家""儀式""文獻"三位一體的系統角度，全面考察新馬華人德教紫系創立、傳播、演化的歷史，討論德教在海外華人社會中傳承華人文化的具體機制。

與大陸學界對民間宗教研究曾經出現過停滯不同，自從 20 世紀 50 年代以來，臺灣學界對民間宗教的研究基本没有停步。戴玄之從 20 世紀 60 年代繼承了蕭一山先生秘密社會研究，對白蓮教系統之青蓮、紅蓮、白陽、青陽、紅陽等教派，八卦教系統之各支教派，以及紅槍會及不同名稱支派的研究做出重大貢獻。戴先生去世後，經王爾敏整理，其著作

---

① 李志鴻：《民國十三年〈大乘正教宗譜〉與閩贛邊區羅祖教》，載中國社會科學院世界宗教研究所編《宗教文化青年論壇（2010）》，北京：社會科學文獻出版社，2010 年 11 月；《南傳羅祖教初探》，《世界宗教研究》2010 年第 6 期。

② 危丁明：《先天道及其在港臺與東南亞地區的發展》，中國社會科學院研究生院，2010 年博士學位論文。

③ 陳景熙：《海外華人宗教文書與文化傳承——新馬德教紫系文獻（1947—1966）研究》，中山大學歷史系博士學位論文，2010 年 6 月。

《中國秘密宗教與秘密會社》(上、下)於1990年12月出版。此外,戴氏著作還有《義和團研究》《紅槍會》。1995年,王見川、蔣竹山與戴玄之先生弟子王爾敏、王賢德諸君鼎力編纂《紀念戴玄之教授論文集》:中、日兩國學者供稿,日本學者酒井忠夫作序,中國臺灣學者王爾敏作傳;大陸學者馬西沙、韓秉方,臺灣學者王見川、蔣竹山,日本學者淺井紀、野口鐵郎、武内房司分別提供重要論文;中國、日本兩國學者共同用論文紀念集的方式悼念戴玄之先生。

莊吉發主要研究方向在會黨、義和團,但也發表過數篇有價值的論文,如《清代民間宗教的寶卷及無生老母信仰》(載《大陸雜志》第74卷第4、5期)、《清代乾隆年間收元教及其支流》(載《大陸雜志》第63卷第4期)、《清代青蓮教的發展》(載《大陸雜志》1985年第5期)、《清代嘉慶年間的白蓮教及其支派》(《歷史學報》第8期)、《清代三陽教的起源及其思想信仰》(《大陸雜志》第63卷第5期)、《清代道光年間的秘密宗教》(《大陸雜志》第65卷第2期)。2002年莊氏發表專著《真空家鄉——清代民間秘密宗教史研究》。以上這些文章及專著的共同特點是以第一手的清檔案史料為基礎的寫作。莊氏是臺灣較早、最多應用檔案史料的學者。

鄭志明是一位涉獵甚廣的研究者,代表著作有《無生老母信仰溯源》(文史哲出版社,1985年)、《中國善書與宗教》(學生書局,1988年8月)、《明代三一教主研究》(學生書局,1988年8月)、《臺灣的鸞書》(正一善書出版社,1989年)、《臺灣新興宗教現象——傳統信仰篇》(南華管理學院,1999年1月)等20餘部專著。

林萬傳的代表作是《先天教研究》(1985年出版)。這部著作是先天教教内經典,加上作者多年考據整理的關於先天教、一貫道、同善社的歷史及經典、教義、儀規的一部先天教等的百科全書式的著作。林萬傳又與王見川一起編纂了《明清民間宗教經卷文獻》,收集150餘種民間宗教經典,共12册,其中不乏珍貴寶卷。王見川、林萬傳對學者研究的資料貢獻是巨大的。

宋光宇的研究以對臺灣一貫道現狀的調查研究著稱,代表作是《天道鈎沉》(1983年自印發行)、《龍華寶經》(1985年出版)及若干論文,如《從一貫道談當前臺灣的一些宗教文化》(《九州學刊》第2卷第1期)、1988年《中國秘密宗教研究情形的介紹(一)》(《漢學研究通訊》第7卷第1期),專著《天道傳燈——一貫道與現代社會》(臺北三陽印刷公司)。

王見川是臺灣研究民間宗教的新銳,於20世紀80年代末開始研究摩尼教。1992年,王見川著《從摩尼教到明教》由新文豐出版公司出版。王見川在諸如方臘起義與明教、祆教與摩尼教、摩尼教與明教的异同諸問題上皆有考證和發明,可以和柳存仁、林悟殊有關論文著作并讀。王見川研究範圍廣闊,他利用新發現的史料,對初期黃天道傳教弟子及教團分布諸問題都有研究。此後王見川對臺灣齋教進行細緻及大量的調查,完成他的第二部專著《臺灣的齋教與鸞堂》(共30餘萬字,由南天書局1996年出版)。王見川還總結一

貫道從歷史到今日的整體研究史,完成《臺灣一貫道研究的回顧與展望——增補〈從新史料看一貫道的歷史〉》(見張珣、江燦騰合編《臺灣本土宗教研究》)。最近,王見川發表《普庵信仰的起源與流傳:兼談其與摩尼教、先天道之關係》,在對普庵信仰進行細緻研究的基礎上,指出先天道的關鍵人物極可能是普庵的信仰者,而不衹是金丹道人士或大乘教教徒。①

近年臺灣年輕學人研究民間宗教的尚有李世偉。作品有《香港孔教學院考察側記》、《澳門同善社之今昔》、《"中國儒教會"與"大易教"》、《苗栗客家地區的鸞堂調查》(見《臺灣宗教研究通訊》及《民間宗教》)。香港學界研究民間宗教者有游子安。《清代善書研究》《善與人同》是游子安對寶卷、善書進行研究的專著。游子安的研究既有歷史學細密扎實的考證,也涉及了廣闊、深入的調查研究,兩者結合終於構築扎實的作品。

1996年香港中文大學崇基學院與香港青松觀道教學院聯合召開了道教與民間宗教研討會。與會者有香港本地學者黎志添、廖迪生,內地學者馬西沙、韓秉方、侯杰、范麗珠,臺灣學者李豐茂、謝劍,加拿大學者歐大年(Overmyer, Daniel),法國學者勞格文(Lagerwey, John)。會後由黎志添主編成《道教與民間宗教研究論集》(學峰文化事業公司出版,1999年1月,共集論文9篇)。

對東南亞華人社會民間宗教研究也頗值得關注。前輩學者羅香林先生曾著《流行於贛閩粵及馬來西亞之真空教》(中國學社,1962年)。此書對創成於中國江西尋鄔縣的真空教的創成、創教人廖帝聘生平、創教經書四部經、氣功功法以及在東南亞流行的現狀、人員構成、教堂、傳統與現代社會之關係均有深入研究。陳志明《馬新德教會之發展及其分布研究》是對泰國、馬來西亞、新加坡華人社會中傳播的德教的研究。全書對德教基本特徵、在中國的發展、德教四大系統(紫系、濟系、贊化系、振系)的發展及教會的分布作了細緻的研究。

學界關於民間宗教研究雜志的出版與發行,以及關於民間宗教文獻的編輯也值得關注。王見川與范純武、柯若朴主編《民間宗教》雜志已達數輯,特於民間宗教現狀(中國大陸、臺灣、東南亞等地區)文章發表有大助力,其中有些篇幅內容新穎、豐富,視角開闊,令人耳目一新。王見川其他工作亦很有意義,如合編紀念戴玄之論文集,合編寶卷經文的出版,都說明他的貢獻。濮文起與宋軍等人經過長期艱巨的努力,出版了40冊的《寶卷》,收集了一部分相當珍貴的文獻,這是民間宗教史研究以來第一次公開出版如此衆多的寶卷經書,它給國內外研究者以重要的幫助。其後臺灣王見川等人合編的《明清民間宗教經卷文獻》初編和續編都已經出版,都爲12冊。2005年由周燮藩主編,濮文起任分卷主編的《中國宗教歷史文獻集成:民間寶卷》(共20冊)由黃山書社出版發行。以上資料可以與40冊的《寶卷》相互參照,以作研究之用。

---

① 文見王見川撰:《從僧侶到神明——定光古佛、法主公、普庵之研究》,圓光佛學研究所,2007年9月。

二、中國民間宗教研究的重要問題

(一)"民間宗教"概念的界定

對中國的民間宗教進行研究,首先遇到的第一個問題就是對"民間宗教"這一概念的界定。中國的傳統宗教具有複雜性與多樣性。目前的學術界基於西方宗教學理論的考量尚未在"民間宗教"的概念上有統一的界說。

由於中國傳統宗教的複雜性與多樣性,對中國傳統宗教的區分與界定殊爲不易,這一點在對中國的"民間信仰"(folk belief)或曰"民間宗教"的概念的確定上體現得尤其明顯。中國的正統宗教、民間宗教、民間信仰相互聯繫,而又互有區別。荷蘭的漢學家格魯特(De Groot,J. J)在《中國的教派宗教與宗教迫害》(*Sectarianism and religious persecution in China*)一書中,將民間宗教稱爲"教派"(Sectarianism)。楊慶堃將中國宗教區分爲"制度化宗教"(Institutional religion)與"普化宗教"(Diffused religion)兩種。楊慶堃的制度化宗教也涵括了格魯特所指的民間教派(Sectarianism)。① 在社會、文化人類學者看來,"民間信仰"與"民間宗教"同義,也可以稱之"民俗宗教"或"普化宗教"。而在歷史學家和漢學家的眼中,"民間宗教"這一概念則包括民間信仰和民間教派兩個不同的類型。加拿大學者歐大年認爲民間宗教有"教派的民間宗教"和"非教派的民間宗教"之區分。② 在《民間宗教志》中,馬西沙也明確地指出,"所謂民間宗教,是指流行於社會中下層、未經當局認可的多種宗教的統稱",民間宗教這一概念比秘密宗教、秘密社會或民間秘密結社"更具有包容性和普遍性"③。"民間宗教與正統宗教雖然存在質的不同,但是差異更多地表現在政治領域,而不是宗教本身。……就宗教意義而言,民間宗教與正統宗教之間沒有隔著不可逾越的壕溝。"④在馬西沙那裏,道、釋等正統宗教及儒學在民間的散布形態(如民間道教和佛教)理所當然地屬於民間教派或民間宗教。他甚至還有如下觀點:"我想民間宗教、正統宗教的概念都將會消失,將代之以新興宗教和傳統宗教的概念。"⑤事實上,在中國歷史上,民間信仰、民間宗教與正統宗教之間,歷來都處於一種良性的互動關係。祇有將民間宗教、正統宗教與民間信仰置於相互關聯的網絡中進行考察,纔能更準確地把握中國傳統宗教的實態。金澤先生從發生學的角度,將宗教劃分爲"原生性宗教"和"創生性宗教",認爲中國的

---

① Yang, C. K, *Religion in Chinese Society: A Study of Contemporary Social Functions of Religion of Some of Their Historical Factors*. Berkeley, 1961. pp. 294-295.
② [美]歐大年著,劉心勇、嚴耀中等譯:《中國民間宗教教派研究》,上海:上海古籍出版社,1993年,第2頁。
③ 馬西沙:《民間宗教志》,上海:上海人民出版社,1998年,第1頁。
④ 馬西沙、韓秉方:《中國民間宗教史》,上海:上海人民出版社,1992年,第2頁。
⑤ 馬西沙:《中國民間宗教簡史》,上海:上海人民出版社,2005年,第436頁。

宗法性傳統宗教和民間信仰屬於原生性宗教,而五大宗教及民間教派、新興宗教等屬於創生性宗教。更爲關鍵的是,金先生很好地把握了民間宗教、民間信仰與正統宗教的關聯,在更爲廣闊的緯度向我們展示了中國傳統宗教的多樣性。可以説,民間宗教是扎根於民間的另一種宗教形態,它與民間信仰相比較,有著比較"堅硬"的組織外殻。現今世界上的幾大宗教,最初都是由民間教團發展起來的。民間宗教的社會地位可能會因天時地利人和的因素而有上升的變遷,但有些曾經是占統治地位的宗教也可能因爲種種因緣際會而下降或分解爲民間信仰。并非所有的民間宗教都能够進入主流宗教的行列,像明清之際的羅教、齋教、黄大教、弘陽教、八卦教等,雖然在民間曾有過相當的發展,但始終没有成爲正統宗教。①

由於民間宗教在中國歷史上大都秘密流傳,因此國内還有些學者將中國民間宗教稱爲"秘密宗教""民間秘密宗教""民間秘密宗教結社"。② 然而,并非所有的民間宗教在任何時代都遭受取締,某些教派傳教曾有相當的公開性,如元代初、中葉的白蓮教,明代中葉的無爲教、三一教等。因此,"不能以秘密宗教加以概括,民間宗教這一概念,更具有包容性和普遍性"③。歐大年也指出,在研究中國民間宗教時,不能將民間宗教與一些自願結社如秘密會社以及不時爆發的農民起義混爲一談。應該對中國民間各種結社進行更爲準確的分類,不僅要注意其政治功能,而且應該重視其内部的歷史和宗旨,進而根據源流、教義和實踐把各種不同的宗教運動形式區分開來。④

在當今中國宗教史的研究中,學界又往往將"教門"一詞指稱明清之際的民間宗教教派。馬西沙認爲,所謂教門是指下層民衆以信仰爲紐帶的結社組織。溯其源流,東漢末年的太平道、五斗米道,南北朝佛教异端派生出的大乘教、彌勒教,南北朝時期從西域傳入中原的摩尼教,隋唐時代摩尼教與彌勒教的融合,北宋的妖教,南宋初在江南問世的白蓮教白雲宗,金元時代在北方出現的被耶律楚材稱爲"老氏之邪"的全真道、混元道、太一道、真大道等新"新道教"⑤,元代白蓮教及彌勒教與摩尼教的混合教派即"香會",其初始都是民衆以信仰爲紐帶的結社組織,即教門無疑。進而,馬西沙認爲就宗教本質而言,明清民間教門與正統宗教之間并無本質不同。⑥ 路遥先生亦以"教門"指稱明清民間宗教教派。但

---

① 相關論述可參見金澤先生2001年由宗教文化出版社出版的《宗教人類學導論》一書。另可參見相關論文《民間信仰的聚散現象初探》,載《西北民族研究》2002年第2期。
② 濮文起:《秘密教門:中國民間秘密宗教溯源》,南京:江蘇人民出版社,2000年8月。
③ 馬西沙:《中國民間宗教簡史》之《緒言》,上海:上海人民出版社,2005年8月。
④ [美]歐大年著,劉心勇、嚴耀中等譯:《中國民間宗教教派研究》,上海:上海古籍出版社,1993年。
⑤ 馬西沙認爲,全真道興起於民間,乃是典型的民間宗教,其一反北宋道教的作爲,明顯帶著宗教改革的性質。關於全真道的民間性請參看馬西沙《論全真道的民間性》以及李剛《全真道何以能成立》,載於《全真道傳承與開創國際學術研討會2003年論文集》,第91~96、56~66頁。
⑥ 馬西沙、韓秉方:《中國民間宗教史》,北京:中國社會科學出版社,2004年8月;馬西沙:《中國民間宗教簡史》,上海:上海人民出版社,2005年8月。

是在路遙先生那裏，"教門"是一中性的語彙，并不帶有思維判斷。① 當然，國內還有一些學者將"教門"作貶義解，指出："把秘密教門歸入宗教信仰，從而否定它是民間秘密結社，也是值得商榷。"②這無疑是認爲明清民間"教門"并非宗教。

事實上，"教門"一詞的使用并非始於明清之際的民間宗教，更不是明清民間宗教的專稱。"教門"一詞乃是中國歷史上多種宗教的稱謂，尤以傳統的釋、儒、道三教爲多。明清的民間宗教（民間教門、秘密教門）當爲宗教無疑。③ 顯然，當今學界是從政治學層面對民間宗教進行定義的。這種定義方式雖然能比較確切地反映明清民間宗教與農民運動的緊密聯繫，但隱含有先入爲主的價值判斷。在這種定義下的民間宗教本質上是一種對抗正統政權的政治勢力，而宗教祗是一種形式而已。④ 綜觀歷史上出現的宗教異端，都與政權以及代表官方意志的正統宗教的打壓有著密切關係。所謂"異端"是歷代統治階級、宗教界對一些新興教派的指稱，其本質是基於政治上的一種判定。然而，正統宗教與民間宗教的差別更多地表現在政治範疇而不是宗教層面。活潑的民間宗教主要不是活在國家政治裏，而是活在民眾的民俗文化中。⑤ 隨著時代的發展，今後所謂正統宗教、民間宗教、民間秘密宗教、教門、民間教派等概念都將代之以傳統宗教和新興宗教。

（二）民間宗教研究的方法：文獻與田野

長期以來，歷史學研究法是中國民間宗教研究的主流傾向。在這種傾向之下，文獻學方法的使用，對占有的史料進行考證、梳理是研究的旨趣所在。事實上，自從中國民間宗教研究進入學者的研究視野以來，田野調查歷來是對民間宗教進行研究的重要途徑之一。荷蘭漢學家格魯特，就是在對龍華教、先天教的儀式活動進行調查的基礎上，完成其著作《中國的教派宗教與宗教迫害》(Sectarianism and religious persecution in China: a page in the history of religions)的。20 世紀 30 年代，中國的一些人類學家也開始介入對活躍於中國鄉土社會的民間宗教的調查。1947 年，李世瑜在華北 62 個村莊進行了實地考察。1948 年底，《現代華北秘密宗教》一書出版。李世瑜先生是第一個將西方的人類學方法引入到中國民間宗教研究的。此後，人類學傳統中斷了。

改革開放後，中國對民間宗教的實地調查得以恢復。這其中有馬西沙對八卦教等華北教門，以及成都劉門教、福建三一教等的長期調查，還有福建師大的林國平先生對福建三一教的調查研究，更有山東大學路遙先生對山東大地民間秘密教門長達 11 年之久的深

---

① 路遙：《山東民間秘密教門》，北京：當代中國出版社，2000 年 4 月。
② 秦寶琦：《中國地下社會》，北京：學苑出版社，1993 年，第 6 頁。
③ 參見李志鴻：《"教門"考》，馬西沙主編《當代中國宗教研究精選叢書·民間宗教卷》，北京：民族出版社，2008 年 1 月。
④ 王慶德：《中國民間宗教史研究百年回顧》，《文史哲》2001 年第 1 期。
⑤ 董曉萍：《田野民俗志》，北京：北京師範大學出版社，2003 年 3 月，第 578 頁。

入調研。2000年路遥的《山東民間秘密教門》出版，全書45萬字。① 作者使用調查搜集來的教門故事、神話、口訣、拳術、氣功功法等口頭資料，復原了鄉土社會的信仰世界。這種方法顯然有別於原有的歷史文獻學的進路。當今學界，民間宗教研究再次進入了民俗學者的視野。民間宗教研究中的這一民俗學傾向，充分體現了多學科交叉研究民間宗教的研究進路。② 當代民俗學者董曉萍先生在研究華北民間宗教時指出，探討民間宗教應該充分關注民衆自身的觀點。③

（三）寶卷與中國民間宗教研究

中國民間宗教研究所涉及的史料衆多，但凡歷代官書、筆記、雜録、檔案、寶卷皆在其列。其中，以清代檔案和教派寶卷尤爲重要。相對於檔案而言，寶卷是研究民間宗教的另一重要文獻群。據統計，國内外公私收藏的寶卷計有1500餘種、5000餘種版本。作爲尚未被充分發掘、整理、研究的民間文獻，寶卷與宋元以來的中國民間宗教有著重要的關聯。20世紀二三十年代，顧頡剛、鄭振鐸、向達等學者開始搜集、研究寶卷。此時的研究主要是將寶卷作爲民間俗文學來看待的。早期對寶卷的研究主要是進行文獻學上的編目。1927年，鄭振鐸在《中國文學研究》上發表《佛曲叙録》。20世紀40年代，惲楚材先後發表《寶卷續録》《寶卷續志》。此後，傅惜華的《寶卷總目》、胡士瑩的《彈詞寶卷目》、李世瑜的《寶卷綜録》也相繼問世。李世瑜的《寶卷綜録》著録國内公私19家收藏寶卷618種，共計1487種版本，還收藏有見諸文獻著録不見傳本的寶卷35種。日本學者澤田瑞穂著《增補寶卷的研究》，共收入作者以及日本公私收藏寶卷209種，是海外漢學界收集最豐者。綜觀學者對寶卷的整理，可以分爲"叙録"和"編目"兩類。在寶卷目録研究上，車錫倫堪稱集大成者，其著《中國寶卷總目》共收入海内外公私104家收藏的寶卷1585種、5000餘種版本，是目前收入最全的寶卷目録。如前所述，中國的寶卷數量巨大，可以説是獨立於佛經、道藏外的另一中國傳統宗教的經典。這些爲數不少的寶卷，包括了相當種類的勸善書，但作爲民間宗教教義的寶卷亦有二三百種。

1. 寶卷的體裁與淵源

1925年，顧頡剛在北京大學《歌謡周刊》上刊登《孟姜女寶卷》，并對之進行了考證研究。1934年，在《歌謡周刊》上發表《蘇州近代樂歌》，指出寶卷是宣揚佛法的歌曲。鄭振鐸則以"佛曲"來稱寶卷，指出寶卷是變文的嫡派子孫。澤田瑞穂則指出，南宋和尚編寫的《銷釋金剛科儀》是更早的寶卷類型的經文，據此，澤田以爲寶卷直接繼承懺法，模擬了唐

---

① 程歊、曹新宇：《20世紀規模最大的中國民間教門田野調查——評路遥〈山東民間秘密教門〉》，《清史研究》2002年第4期。

② 關於民間宗教研究的民俗學傾向可參見陳進國：《中國民間宗教研究的學術轉向》，《中國社會科學院院報》2004年11月9日。

③ 董曉萍：《田野民俗志》，北京：北京師範大學出版社，2003年3月，第578頁。

宋以來傳承的科儀。李世瑜在《寶卷新研》一文中，認爲唐五代俗講"講唱經文"以及演佛經故事的"變文"到了宋代成爲"說經"，雜糅宋、金、元、明各代的鼓子詞、諸宮調、散曲以及其他戲曲等形式，明正德年間出現了寶卷。車錫倫認爲，寶卷這種演唱形式形成於南宋時期。寶卷的形成繼承了佛教俗講的傳統，又受到佛教懺法演唱儀式化的影響。馬西沙則指出，寶卷之始，主要是由唐、五代變文以及講經文孕育產生的一種傳播宗教思想的藝術形式。它多由韻文、散文相間組成，有些卷子可講可唱，引人視聽。最初的寶卷是佛教向世人說法的通俗經文或帶有濃厚宗教色彩的世俗故事的藍本。僧侶借這類寶卷，宣揚因果輪回，以弘揚佛法。

2. 寶卷與明清民間宗教的宗教實踐

現有大量的寶卷中，至少有二三百種是明清民間宗教的相關經典、科儀。馬西沙認爲，至少到了明初，寶卷已開始爲民間宗教利用，作爲教義的載體形式。寶卷包融的思想極爲龐雜，兼雜儒、釋、道等傳統文化，又有歷代積澱的各類民間宗教的思想資料，乃至民間神話、風俗、禮儀、道德規範等內容。就道教而言，影響也是多方面的。道教的哲學、煉養、齋醮、神話傳說都深深滲透到多種寶卷之中，其中道教的內丹術及齋醮儀範對寶卷的影響最大。還有一部分民間宗教，有一種自成體系的天道觀，這種天道觀又與內丹煉養之術匯於一體，演化成一種極有吸引力的社會政治觀點、一種反傳統的思潮，這就是"三教應劫"思想。這種教義成爲黃天教、聞香教、八卦教、一貫道等多類教門的基本教理，對下層受苦受難者無疑頗具吸引力，成爲部分民間宗教反傳統思想的核心內容，也是與道教天人合一思想最具分歧之處。

3. 寶卷的調查與研究

20世紀50年代開始，已經有學者開始對寶卷演唱活動進行調查。這一時期，學者在對江蘇南部戲曲調查中獲得了一些寶卷曲目。① 1957年，張頷《山西民間流傳的寶卷抄本》載於《火花》第3期。20世紀80年代之後，寶卷的田野調查卓有成績。1991年，《酒泉寶卷》由甘肅人民出版社出版。江浙的寶卷調查也有成果問世。1992年，段平《河西寶卷的調查研究》、方步和《河西寶卷真本校注研究》先後在蘭州大學出版社出版。隨著寶卷調查研究的深入，學者也對寶卷研究進行了反思②，對"寶卷學"③也進行了闡述。

各教派傳統經卷的整理與重新流傳。在民間宗教歷史上，羅祖教的五部六冊寶卷對後世有著重大的影響。現今流行於福建閩西地區的羅祖教徒，仍然大量刊印羅祖五部經典，并以一套300～400元人民幣的價格出售給當地從事念經活動的羅祖教信徒。④ 黃天

---

① 江蘇省音樂工作組編：《江蘇南部民間戲曲說唱音樂集》，北京：音樂出版社，1955年。
② 車錫倫：《中國寶卷研究的世紀回顧》，《東南大學學報（哲學社會科學版）》2001年第3期。
③ 濮文起：《寶卷學發凡》，《天津社會科學》1999年第2期。
④ 李志鴻：《閩西羅祖教〈大乘正教宗譜〉初探》，2009年10月未刊論文。

教内傳有"九經八書"之説。在現今河北易縣一帶，黄天教的《太陰生光普照了義寶卷》《太陽開天立極億化諸神寶卷》仍然是民間音樂社的藝人們講唱的文本，與《后土寶卷》一同流傳。弘陽教經典和懺文之多，居明清諸民間教門之首。這些弘陽教的傳統經典在當代華北的弘陽教道場中時常出現，成爲該教派傳播教義、教理，爲民衆提供儀式服務的重要文本資源。流傳於福建西部地區的歸根道（或稱儒門），改革開放以來也得到了復興。近年以來，該教教徒創新整理、刊印了不少經卷。① 流傳於當今河北、天津地區的天地門教，也整理出不少本教經典，如《董祖立道根源》《根源記》《老祖經》等。② 在當代河北農村重新流行的大乘天真圓頓教，其傳人於1992年將民國時期一位名叫張樹松的大乘天真圓頓教信徒假托大乘天真圓頓教創始人弓長名號編寫的《弓長出世招賢真經》重新印製，廣爲散發。③

特別值得一提的是，弘陽教、金幢教、天地門教、大乘天真圓頓教中的當家師傅還編寫了一批新經卷。如天地門教傳人編寫了《菩提道》《做人之道》《雜談説道》《歌詞講日集》等。新流行於當代河北農村的大乘天真圓頓教傳人編寫了一套《探索人生系列叢書》，成爲該教宣講教義、教理的重要媒介。涿鹿縣礬山鎮柳樹莊村的大乘天真圓頓教傳人編寫了《彌勒佛天文詩》等經典，廣爲流傳。以上經卷通俗易懂，爲民衆所喜聞樂見。④ 除了重新刊印傳統的教門經卷外，在當代儼然活躍於民間的弘陽教徒還經常念誦《千佛歌》以及《人性圖》。《千佛歌》是在韓祖廟廟會上信徒念誦得最多的經典，是弘陽教的教理總集，綜合了5部經的基本内容，其念誦有一定的儀式。《人性圖》則爲弘陽教傳法者代代相續的秘典，載有教内内丹修煉所需的方寸位置，不輕易示人。⑤ 現在莆田民間的金幢教除了流傳《九蓮經》等歷史上已見記載的文獻外，亦傳行一些新的經典，如《寶懺一藏白話問》《大懺解》等⑥，這些經卷不僅叙述了金幢教的本門發展史，而且是該教門爲廣大民衆提供儀式服務的重要典籍。正因爲儀式生活的鮮活性，大量教門的新科儀本也正在不斷的創造中，此堪爲當代民間宗教復興的一重要特徵。

（四）關於"白蓮教"的論争

20世紀七八十年代，中外學術界曾經將明、清時代民間宗教統稱爲白蓮教。20世紀

---

① 陳進國：《外儒内佛——新發現的歸根道（儒門）經卷及救劫勸善書概述》，《圓光佛學學報》2006年第10期。

② 濮文起：《當代中國民間宗教活動的某些特點——以河北、天津民間宗教現實活動爲例》，《理論與現代化》2009年第2期。

③ 濮文起：《當代中國民間宗教活動的某些特點——以河北、天津民間宗教現實活動爲例》，《理論與現代化》2009年第2期。

④ 濮文起：《當代中國民間宗教活動的某些特點——以河北、天津民間宗教現實活動爲例》，《理論與現代化》2009年第2期。

⑤ 李浩栽：《弘陽教研究》，中國社會科學院研究生院宗教系博士論文，2005年5月未刊稿。

⑥ 陳松青：《福建金幢教研究》，福建師範大學碩士論文，2006年未刊稿。

70年代末80年代初,美國學者韓書瑞(Susan Naquin)在其著作中將中國的民間宗教以"白蓮教"概括之,認爲對無生老母的崇拜是其共同的信仰核心。雖然,韓書瑞指出白蓮教由一些分散的小集團組成,但是仍然將之統稱爲白蓮教,八卦教等民間宗教是白蓮教的支派。在其著作《千年末世之亂:1813年八卦教起義》(*Millenarian Rebellion in China, the Eight Trigrams Uprising of* 1813)中,韓書瑞在第一章"The organization and ideology of white lotus sects"即探討了白蓮教的組織形態與教理教義。① 顯然,韓書瑞已經把白蓮教作爲論述其他教派的總體框架。日本學者與此不同,他們將明清兩代的民間宗教分爲白蓮教和羅教兩個系統。臺灣的鄭志明先生也認爲羅教以無生老母爲信仰核心,白蓮教以彌勒佛爲信仰核心,兩教是不同系統的教派。② 喻松青則將明清民間宗教都名之曰"白蓮教",并指出明清的白蓮教主要包括白蓮教、羅教、黃天教、弘陽教、八卦教以及由此而衍生出的各種教派。這些教派的教理教義、信仰、儀式、經典、組織活動的形式都與白蓮教大體相同。所以可以將之目爲白蓮教。③

馬西沙認爲,明、清時代民間宗教不應統稱爲白蓮教。當然,作爲一個曾經深刻影響時代的民間宗教,白蓮教在明、清時代仍然留下了某些歷史痕迹。在黃天教中,創教祖師李賓,道號普明,繼教業者則是普光、普净、普照、普慧等人。這種以普爲號,明顯地帶著白蓮教的印記。同樣,在圓頓教中,也有"男普女妙"的記載。在江南齋教中,有一個異名同教——一字教,教徒皆以普字爲教名。這些標志,無疑地保留著白蓮教的某些特點。但是,人們再也找不到一支以西方彌陀净土爲信仰,以家庭寺院爲組織,以普覺妙道爲道號的白蓮教了。宋元時代的白蓮教,在漫長的歷史演變中,已融進了波瀾壯闊的民間宗教運動的大潮之中,已不具備主宰地位。元代末年以香會爲主要領導的農民起義失敗,彌勒信仰、明教、白蓮教遭禁,此時的農民起義,多香軍即紅巾軍餘黨,以崇彌勒下生者居多。明中葉仍有"白蓮教"活動,但這些"白蓮教"并不信仰彌陀净土思想,而是崇拜彌勒佛。這種"白蓮教"僅有白蓮教之名而無白蓮教之實,本質是彌勒教會的信仰。這一時期,"白蓮教"不但與南宋茅子元所倡白蓮教迥然不同,與元代普度的白蓮教也沒有任何內在聯繫。明、清時代民間宗教有著多種形態,如今的學者如果仍然將明清時代呈現多樣化形態的各種民間宗教統稱爲白蓮教,則違背了歷史。

(五)民間宗教與社會運動

在中國民間宗教史上,存在著民間宗教與農民運動相結合的現象。在一定歷史條件

---

① Susan Naquin, *Millenarian Rebellion in China, the Eight Trigrams Uprising of* 1813. New Haven and London: Yale University Press, 1976; Naquin, Susan. *Shantung Rebellion: The Wang Lun Uprising of* 1774. New Haven and London: Yale University Press, 1981.

② 鄭志明:《無生老母信仰溯源》,臺北:文史哲出版社,1985年;《中國社會與宗教》,臺北:學生書局,1986年。

③ 喻松青:《明清白蓮教研究》,成都:四川人民出版社,1987年。

下的民間宗教運動,一定程度上衝擊了歷代王朝的統治秩序,對民間宗教與社會運動的探討也成爲中國民間宗教研究的重要命題。中外學界對民間宗教與社會運動方法與角度皆不同。

1. 千年王國運動與民間宗教運動

從格魯特開始,西方的學者即認識到中國民間宗教與政治反抗運動的密切關係。楊慶堃指出,整個清王朝的軍事行動包括兩類,一爲清朝初年遠征邊疆同非漢族作戰,一爲在王朝晚期平定宗教起義,這顯示出宗教力量和社會運動間的密切關係。① 韓書瑞將清朝民間宗教運動與西方基督教的异端信仰相比較,指出八卦教起義不是一場簡單的農民起義,而是一場千年王國運動。在《千年末世之亂:1813年八卦教起義》(*Millenarian Rebellion in China, the Eight Trigrams Uprising of* 1813)中,韓書瑞以爲,民間宗教運動不是清代本身的社會危機引發的。劉廣京(Kwang-Ching Liu)和石漢椿(Richard Shek)也著力研究民間宗教信仰、宗教异端對王朝現行秩序的離心力,以及對反抗王朝運動所提供的動力。② 與此不同的是歐大年的研究,歐大年曾經指出,對於學者而言,應該對中國民間各種結社進行更爲準確的分類,不僅要注意其政治功能,而且應該重視其內部的歷史和宗旨,應該把各種不同的宗教運動形式區分開來。③

新中國成立後,中國學界對民間宗教的關注實際上即源於對農民戰爭的研究。改革開放後,對於民間宗教與社會運動的研究仍然是學界熱烈討論的一個話題。馬西沙在《中國民間宗教史》序言中指出,民間宗教運動在特定的一些歷史條件下,與農民革命運動相契合,遂從一種宗教力量轉化成政治力量、軍事力量,形成極大的反抗現行秩序的潮流。特別是近千年來,這種不斷涌起的大潮,衝擊著宋、元、明、清幾個王朝的根基,這是中國封建專制統治造就的特殊的反作用力。劉平《文化與叛亂——以清代秘密社會爲視角》一書,則從文化的角度入手,試圖探討農民起義的文化因素和宗教因素:起義與文化關係很大,但僅是其中一個因素,且决不是根本因素,也與有理還是無理沒有必然聯繫,具體的起義具體分析,陳勝吴廣的篝火孤鳴與王倫的劫變不可同日而語;沒有草根文化就沒有軸心文化,沒有民間文化就沒有儒、釋、道。

2. 民間宗教的救世思想:摩尼教與彌勒教的融合

在中國民間宗教史上,彌勒教與摩尼教的融合是一個十分重要而又有著重大爭議的

---

① Yang, C. K, *Religion in Chinese Society: A Study of Contemporary Social Functions of Religion of Some of Their Historical Factors*. Berkeley, 1961,又見[美]楊慶堃著,范麗珠等譯:《中國社會中的宗教:宗教的現代社會功能與其歷史因素之研究》,上海:上海人民出版社,2007年6月,第204、208、209頁。

② [美]劉廣京:《從檔案材料看一七九六年湖北省白蓮教起義的宗教因素》,《明清檔案與歷史研究》,北京:中華書局,1988年;*Heterodoxy in the Late Imperial China*, Edited by Kwang-Ching Liu and Richard Shek, Honolulu: University of Hawaii Press, 2004, pp. 172-208.

③ [美]歐大年著,劉心勇、嚴耀中等譯:《中國民間宗教教派研究》,上海:上海古籍出版社,1993年。

問題。在内地學術界,唐長孺、柳存仁諸位先生較早地重視了中國歷史上彌勒信仰與摩尼教的關係。唐長孺先生曾發表《北朝的彌勒信仰及其衰落》一文對這一關係進行了研究。① 隨後,柳存仁發表的一系列成果引起了學術界的重視。1981 年,柳先生的文章《唐前火祆教和摩尼教在中國之遺痕》由林悟殊先生譯出,在《世界宗教研究》發表。② 柳先生舉證了從 471 年至 614 年間 13 件帶有"宗教成分"的亂事,并指出"有些叛事和摩尼教的聯繫"還不能定論,但如果找到更有力理由佐證,"其中有些内容即可以説明問題"。柳先生以《道藏》及摩尼教殘片爲證據,指出彌勒教和摩尼教有聯繫,表面似乎是在中國的創新,其實在原始摩尼教教義中已有其宗教根源。在此基礎上,馬西沙則在《民間宗教志》《歷史上的彌勒教與摩尼教的融合》③中,從摩尼教原始教義融入彌勒觀念開始考證,繼之隋、唐、五代兩教融合之史實,再繼之鈎沉北宋、元代之香會,而至元末之"香軍""燒香之黨",指出從宗教史的角度來看,彌勒教、摩尼教實爲南北朝、隋唐及北宋時代兩大民間教派,且相互交匯融合,形成民間救世思想的主流。

學術界在彌勒教與摩尼教融合問題上,有著一些不同的觀點。2006 年,芮傳明發表《彌勒信仰與摩尼教關係考辨》一文④,在文章中,他分析了彌勒信仰與摩尼教貌似雷同的因素,指出彌勒信仰與摩尼教無論是其實質,還是其淵源,都有區別,不宜動輒稱之爲"互相融合""互相借鑒"。楊訥則指出,經社、香會不是摩尼教或摩尼教與彌勒教信仰的混合教派;經社是誦經結社,香會就是焚香聚會,沒有更多的涵義,不涉及念哪門經、向哪位仙佛敬香的問題,不同的宗教都可以采取經社和香會的集衆方式;結社、誦經、燒香、設齋是中國歷史上許多宗教共有的活動。⑤ 同時,楊訥以爲,白蓮教本身"明王出世"中的"明王"與明教的明尊、明使均不相干,"明王"就是阿彌陀佛,其典出於《大阿彌陀經》,《大阿彌陀經》稱阿彌陀佛爲"諸佛光明之王","彌陀出世"自然就是"明王出世"。⑥

(六)民間宗教的傳承與轉化

民間宗教教派在流傳過程中,由於諸多方面的原因,變異與轉化在所難免。對這種變化的研究不僅是梳理民間宗教的"源"與"流"的關鍵,也是進一步認識民間宗教與政治、經濟、地域性文化等因素存在著複雜關聯的突破口,同時能更深入、更全面地認識民間宗教在社會變遷中的真實位置。

---

① 唐長孺:《北朝的彌勒信仰及其衰落》,文載唐長孺著《魏晉南北朝史論拾遺》,北京:中華書局,1983 年 5 月。
② 柳存仁:《唐前火祆教和摩尼教在中國之遺痕》,載《世界宗教研究》1981 年第 3 期,第 36~61 頁。
③ 馬西沙:《歷史上的彌勒教與摩尼教的融合》,《宗教研究》2003 年號,北京:中國人民大學出版社,2004 年 2 月。
④ 芮傳明:《彌勒信仰與摩尼教關係考辨》,《傳統中國研究集刊》第 1 輯,上海:上海人民出版社,2006 年 12 月,第 1~30 頁。
⑤ 楊訥:《元代白蓮教研究》,上海:上海古籍出版社,2004 年 6 月,第 168~169 頁。
⑥ 楊訥:《元代白蓮教研究》,上海:上海古籍出版社,2004 年 6 月,第 176~183 頁。

1. 羅教與青幫

青幫是中國近現代社會中最著名的幫會組織。但對青幫的淵源，學術界未有統一的意見。可以說，出現於明中葉的羅教與產生於清代的青幫之間的淵源關係一度是中國民間宗教史研究以及清史研究中的重要問題。然而，關於此問題學術界形成了意見相左的兩派。馬西沙從20世紀80年代初，即開始關注了這一問題。通過多年對清代檔案的研究，馬西沙以爲，青幫淵源於羅祖教，起初是以羅祖教爲信仰，以運河漕運水手爲主幹的水手的行幫會社。他認爲青幫的形成是一部紛繁複雜的從宗教到水手行幫會社，再演變成秘密幫會的歷史。馬西沙在占有大量史料并進行細密考證的前提下，發表了一系列的文章對這一問題進行了開創性的研究。1984年，《從羅教到青幫》一文，對羅教與青幫前身——水手行幫會社形成的關係做了明確闡述。① 在1992年出版《中國民間宗教史》第六章中全面考證青幫與羅教的內在聯繫。②《羅教的演變與青幫的形成》則更加系統地考察了產生於明中葉的羅教與產生於清代的青幫之間的淵源關係。③ 李世瑜先生則與馬西沙的論點相對立。李先生在《青幫·天地會·白蓮教》一文中，"辨析青幫非羅教支派"④；在《青幫早期組織考略》中再次堅持了青幫與羅教無涉的觀點。⑤

2. 羅教與其他教派

1948年，李世瑜在其著作《現代華北秘密宗教》中披露了一貫道的"道統"傳承。1985年臺灣學者林萬傳著《先天教研究》，更系統全面地對這種口頭傳承進行了介紹。馬西沙在《中國民間宗教史》一貫道源流的變遷一章時，用清代檔案與《先天教研究》相對照考證，互相發明，即用教外史料與教內傳說、記錄、經典，從而構成了一部較真實的從羅祖教到大乘教、青蓮教、燈花教、金丹道、一貫道200餘年的一貫道前史及歷史。臺灣齋教的源流，也是廣大學者在研究民間宗教傳承與變化時爭論的重要問題。王見川曾經對《中國民間宗教史》聞香教一章《附錄一：福建、臺灣金幢教》寫了《金幢教三論》給予批評。馬西沙則在金幢教創教人、傳教經書、教派傳承諸根本問題回應了王見川，發表了《臺灣齋教：金幢教史實辯證》，韓秉方發表《羅教的教派發展及其演變——兼答王見川先生的質疑》。以上兩文皆見江燦騰、王見川主編的《臺灣齋教的歷史觀察與展望——首屆臺灣齋教學術研討會論文集》。

（七）當代民間宗教的合法化及其轉型

改革開放以後，中國社會發生了翻天覆地的變化，宗教信仰的政治環境比較寬鬆，爲

---

① 參見馬西沙、程歡：《從羅教到青幫》，載《南開史學》1984年第1期。
② 馬西沙、韓秉方：《中國民間宗教史》第6章，上海：上海人民出版社，1992年12月。
③ 馬西沙：《羅教的演變與青幫的形成》，載王見川、蔣竹山編《明清以來民間宗教的探索——紀念戴玄之教授論文集》，臺北：商鼎文化出版社，1996年7月。
④ 李世瑜：《青幫早期組織考略》，《近代中國幫會內幕》，北京：群衆出版社，1992年。
⑤ 李世瑜：《青幫早期組織考略》，《近代中國幫會內幕》，北京：群衆出版社，1992年。

民間宗教復興提供了有利的條件。20世紀80年代以來,諸如福建莆田的三一教、金幢教,閩西的羅教,閩北的真空教、江南齋教、河北的天地門教、弘陽教,天津的西大乘教,廣西的普渡道、魔公教等民間宗教,均在民間復興。民間宗教現實活動呈現出如下特點:一是公開建造廟宇、佛堂等宗教活動場所;二是部分教派信仰人數增長迅速;三是各教派開始著手整理本門的經卷,以作傳播教理教義之用;四是當代民間宗教與民眾的民俗生活結合得越發緊密。①

1. 當代民間宗教的合法化歷程

在改革開放之前,民間宗教往往以秘密的形式流傳,民間宗教與政府的關係基本上是對立的。新中國成立以來,有些民間宗教的領袖開始關注本教門的法律地位,并爲爭取本教門的合法權益而努力。以三一教爲例,雖然改革開放以來,三一教可以公開傳播,但未能得到政府的承認,從法律上說,三一教仍然是非法宗教組織。三一教上層人士通過召開學術研討會、政協提案、書面報告不斷地向上級有關部門和領導反映,反覆強調三一教不同於其他民間信仰,更不是封建迷信,而是地地道道的民間宗教,具備宗教的一切要素,強烈要求與佛教、道教、伊斯蘭教、基督教、天主教一樣得到法律保護,承認其合法地位。經過20多年不懈的努力,2006年12月8日經過莆田市民政局的批准和市宗教局同意,莆田市三一教協會正式成立,標志著莆田市三一教"納入政府依法管理的軌道",實現了三一教信徒夢寐以求的願望。

2. 當代民間宗教向民間信仰的轉化

民間宗教與民間信仰存在千絲萬縷的聯繫,所有的民間宗教都包含著民間信仰的某些形式和內容,并逐步向民間信仰演化。改革開放以來,民間信仰頗受大眾的歡迎,民間宗教也加快了民間信仰化的進程。目前,相當一部分三一教祠堂承擔民間信仰的職能,甚至取代了"社""境主廟"職能,三一教滲透到百姓的日常生活中,諸如祈子、兒童過關、讀書、就業、婚喪喜慶等,都要到三一教祠堂祈禱禮拜。多數三一教祠堂內備有簽譜、杯筊,供百姓占卜吉凶;不少三一教祠堂還建有戲臺,與民間信仰一樣,經常演戲酬神;還有一些三一教祠堂舉行扶乩活動,吸引群眾參加。"多數三一教信徒與一般的善男信女沒有太大的區別,自己也說不清自己信仰三一教與信仰媽祖等諸如此類的民間信仰有什麼不同。"一般的百姓視三一教爲民間信仰,對三一教信徒的看法也僅僅局限於他們有練習"功法"、

---

① 參見濮文起:《當代中國社會的民間宗教問題及其對策研究——以河北省天地門教、弘陽教爲例》,《當代宗教研究》2005年第2期;濮文起:《民間宗教的活化石——活躍在當代中國某些鄉村社會的天地門教》,《天津社會科學》2006年第3期;濮文起:《民間宗教的又一塊活化石——活躍在當今天津市西青區楊柳青鎮的明代西大乘教》,《當代宗教研究》2006年第3期;王熙遠:《桂西民間秘密宗教》,桂林:廣西師範大學出版社,1994年;王宏剛:《上海農村城市化過程中的宗教問題研究》,《世界宗教研究》2005年第4期;王宏剛:《上海農村城市化過程中的宗教及民間信仰問題研究》,《宗教與世界》2005年第11期。

道德修養要求較高的層面上。① 在當代民間社會,華北民間宗教轉化成了民間文藝形式,繼續流傳。秧歌戲、書會、音樂社等一些生命力很強的民間文藝通常具有民間宗教經卷的性質。它們的流傳受到了基層社會組織的支持,它們的講唱,核心是勸善,已成爲農民自我教育的歷史方式。華北歷史上的説唱經卷以農民意識影響農民,老百姓容易接受,已形成一套自成體系的文藝形態。②

(八)當代民間宗教的齋醮儀式與民間文藝

1. 當代民間宗教的齋醮儀式

民間宗教與社會信衆的關係主要體現在對待生、老、病、死的宗教祈禱及相關解災、超度等儀式活動上,而齋醮的大型儀式又是相關的宗教節日。齋醮活動既有個體家庭的,也有整個社會的。許多民間教派在民間社會中實際充任的角色是僧人、道士,如紅陽教、黃天道、劉門教、三一教都對普通百姓的病、死諸事行齋醮活動。當代活躍於民間社會的民間教派,更是通過齋醮、禮儀、宗教節日、慈善活動等方面,展現出民間宗教與社會和諧的一面以及在穩定社會秩序的一面。

當代福建金幢教的儀式較豐富,主要有五種:其一爲皈依,該儀式主要是爲了吸收新的信徒;其二爲早晚供茶,指的是福建金幢教佛堂首領每天清晨和黃昏必須進行的向無生老母等神靈獻茶的儀式;其三爲拜懺,是爲信徒們謝恩、求安、求懺悔等而設的儀式,規模較大,過程較複雜;其四爲辦供,也是爲信徒們謝恩、求安、求懺悔而設的儀式,不過規模比拜懺小得多,過程較簡單;其五爲滿桌,這是金幢教的最高儀式,也可以説是大型的佛會。③ 在歷史上,贛南、閩西各地盛行羅祖教,或稱羅祖大乘教。改革開放以後,羅祖教在這些地區重新活躍起來。在閩西城鄉,羅祖教教徒以爲人念誦大乘經——即羅祖教的五部六册經典爲業,同時,也爲廣大信衆舉行一般的念佛、拜懺、祈福、超度亡魂等儀式。當代閩西羅祖教的念經儀式與閩西客家人的念佛習俗互爲表裏,成爲民衆信仰世界的重要内容。④

2. 當代民間宗教與民間文藝

從民俗的角度來研究民間宗教,有助於我們對民間宗教的特殊性進行重新認識。在民衆的民俗生活中,民間宗教在轉化之後,得到了延續。華北的民間宗教在華北民衆的群體實踐中,被轉化成了口頭講唱經卷的形式,幾百年以來一直在流傳,從未消失。在當代

---

① 參見林國平:《福建三一教現狀的再調查》(未刊稿)。
② 董曉萍、[美]歐達偉:《鄉村戲曲表演與中國現代民衆》,北京:北京師範大學出版社,2000年2月;董曉萍:《河南寶豐縣書會調查》,載董曉萍著《田野民俗志》,北京:北京師範大學出版社,2003年;董曉萍:《華北説唱經卷研究》,載《北京師範大學學報》2000年第6期;尹虎彬:《河北民間后土信仰與口頭叙事傳統》,北京師範大學2003年6月博士學位論文。
③ 陳松青:《福建金幢教研究》,福建師範大學碩士論文,2006年未刊稿。
④ 關於閩贛地區南傳羅祖教的討論可參看李志鴻:《民國十三年〈大乘正教宗譜〉與閩贛邊區羅祖教》,載《宗教文化青年論壇(2010)》,中國社會科學院世界宗教研究所編,北京:社會科學文獻出版社,2010年11月;《南傳羅祖教初探》,《世界宗教研究》2010年第6期。

民間社會，秧歌戲、書會、音樂社等一些生命力很強的民間文藝通常具有民間宗教經卷的性質。它們的流傳，受到了基層社會組織的支持，它們的講唱，核心是勸善，已成爲農民自我教育的歷史方式。經卷文藝所反映的民間道教、佛教和儒家思想有差異但不矛盾，其原因在於三者沒有根本的利益衝突。在民衆的日常生活中，這種差異不僅是被允許的，而且是可以被再生產的。① 此外，華北的講唱經卷具有流浪性，以口頭文本爲主，但是，從民俗來看，經卷的講唱與一定的基層社會組織黏合在一起，附會了歲時風俗和民間紀念日等活動，全方位地融入了地方社會。② 我們從民間敘事的角度去關注民間宗教教派與地方民俗的關係，不難發現講唱經卷成爲民衆自我教育的方式，從文本主題的角度來看，定縣秧歌和民間寶卷具有互爲文本的意義。③ 此外，地方性的寶卷和民間敘事傳統是在本地的信仰傳統中發展起來的。寶卷的演唱是包括在民間神靈與祭祀的現場活動中，神靈與祭祀是民間敘事傳統的原動力。④

---

① 董曉萍：《田野民俗志》，北京：北京師範大學出版社，2003年3月，第578頁。
② 董曉萍：《田野民俗志》，北京：北京師範大學出版社，2003年3月，第578頁。
③ 董曉萍、[美]歐達偉：《鄉村戲曲表演與中國現代民衆》，北京：北京師範大學出版社，2000年2月。
④ 尹虎彬：《河北民間后土信仰與口頭敘事傳統》，北京師範大學2003年6月博士學位論文。

故宮博物院與故宮學

章宏偉

（故宮博物院）

　　故宮泛指古代王朝遺留的宮殿。不僅中國有故宮，外國也有故宮。中國的故宮也不祇是北京紫禁城一處。

　　故宮博物院院長鄭欣淼先生宣導開展的"故宮學"有明確的範疇，研究領域主要包括紫禁城宮殿建築群、文物典藏、宮廷歷史文化遺存、明清檔案、清宮典籍、故宮博物院的歷史六個主要方面。換言之，故宮學是指基於北京紫禁城的一門綜合學問。

　　我們要說故宮學，就從1925年故宮成爲博物院說起。

一、從皇宮到博物院

　　今天的故宮，也叫紫禁城，是明清兩代的皇宮。

　　辛亥革命推翻了清王朝，年僅6歲的溥儀皇帝於1912年2月12日宣告退位。根據《清室優待條件》，退位後的溥儀依然住在紫禁城保和殿後的"後廷"裏，享有"大清皇帝"尊號，沿用宣統年號，享受中華民國對待外國君主之禮遇。民國初年在北京走馬上任的那些總統都曾派人向這個遜位的末代皇帝遞"國書"。在紫禁城的後半個皇城裏，仍然有一批清朝的遺老、舊臣頂戴補服，向遜帝跪拜稱臣；仍然有大批太監、宮女、侍衛供"小皇帝"和"皇后"及"皇室"人員役使；仍然有所謂內務府、宗人府等衙署爲遜帝和"皇室"人員操辦事務。

　　1924年，第二次直奉戰爭爆發，10月22日夜，直系將領馮玉祥的部隊突然倒戈，從灤平前綫秘密班師回北京。當時，擔任馮軍先頭部隊的鹿鍾麟第22旅和第8旅日夜趲程，急行軍600里，在23日晚9時便開到北京，接著以迅雷不及掩耳之勢，發動震驚中外的"北京政變"，占據北京各個城門、火車站、電話局、電報局，24日，直系軍閥政府被推翻，曹錕被馮玉祥下令囚禁於南海延慶樓，直系軍閥吳佩孚的勢力被逐出北京，吳佩孚從直奉前綫狼狽敗退。第二次直奉戰爭以奉系軍閥張作霖獲勝而告終。政變成功後，馮玉祥被推爲國民軍總司令。國民黨在北京的領導人黄郛在國民軍支援下組織攝政内閣，馮玉祥雖没有在黄郛内閣中任職，但軍權在握，無論馮玉祥本人還是國民軍，實際上都已成爲左右當時北京政局的強大力量。

馮玉祥認爲，民國六年（1917）張勛復辟，破壞共和，搗亂雖在張逆，禍根實在清廷，不取消《清室優待條件》，不把遜帝請出宫，今後難免有人再搞復辟，共和政體勢難安寧，現宜驅逐溥儀出宫，修改優待條件。於是，1924年11月4日晚8點，馮玉祥召員警總監張璧、京畿衛戍司令鹿鍾麟到國民軍總司令部駐地旃檀寺面談，當日鹿鍾麟患感冒，張璧一人前往。

馮玉祥説："平常常談的那件事現在可以辦了。"張璧初不解其意，愕然。

馮玉祥接著説："就是那個小孩子的事。"

"如何辦？"

"汝與瑞伯可便宜行事。"當時習慣稱字不稱名，瑞伯是鹿鍾麟的字。

張璧以爲："這件事過於重大，應當由内閣下命令方好。否則由衛戍司令部和員警廳自行辦理，容易引起外人誤會。"

"好好，汝立即去訪黄膺伯。"黄膺伯就是黄郛。

當晚，攝政内閣立即召開内閣會議，通過促溥儀自廢尊號，出離故宫，并修改優待條件。張璧列席了攝政内閣會議。散會，已夜半。張璧馬上去天安門内的鹿鍾麟駐地，傳達了馮玉祥和攝政内閣會議的決定。并將命令給了鹿鍾麟，約好第二天8點到鹿鍾麟處會齊出發。

第二天早8點，張璧到鹿鍾麟駐地，臨行，張璧説："就是我們兩人進去嗎？"

"是。"

"祇有我們兩個人似乎不甚妥當。"

"你是否怕處於嫌疑地位，恐怕外人造謡，欲外人來作證？"

"正是此意。"

"請外人許多人一時在事實上也做不到，祇好請北京人所信仰的一二個人做證人，如李石曾者。"

李煜瀛字石曾，是前清清流李鴻藻之子，早年留學法國，在當時的學術文化界有相當影響，商定黄郛攝政内閣組成的北苑會議曾提議由他出任教育總長，而作爲一個學者的李石曾也主張驅逐溥儀出宫，因而爲鹿鍾麟所熟悉。於是鹿鍾麟電話約李石曾來天安門，告訴作證之意。李石曾欣然同意，作爲國民代表見證此事。

於是，張、鹿二人率領國民軍20多名士兵和40多名員警來到故宫北門神武門和北上

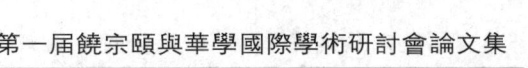

門一帶，封鎖交通，繼頭一天收繳原來守衛故宮、景山士兵軍械之後，又繳了兩門衛兵及駐在神武門外東西兩側營房裏的4隊480名員警的械。在與清室人員會談時，清室人員說到同意搬遷，但物品太多，搬遷不易時，李石曾突然想到說了一句："物品不必收拾，并且有關歷史之物以不搬走爲是。因爲國寶，不應該歸一人一姓。你們今天出去後，祇須將沒有職守的太監開去，各宮殿仍由原管理人管理，并且加以封條，以專職成。"

初次談及文物，對於後來的故宮博物院有很大關係。當初張、鹿二人始終注意令溥儀即日出宮，而未曾想到關於文物的處置。經李石曾這句話提醒，方明白有關歷史文化價值的東西當收歸國家所有。這句話成爲以後財物分公私以及日後成立故宮博物院的前提。

1924年11月5日下午4時10分，溥儀永別了清室占據280年的宮廷，乘坐國民軍司令部爲之預備的汽車，前往什刹海生父載灃的醇王府。溥儀出宮後，留守故宮的國民軍士兵和員警，會同清室內務府人員，逐一爲溥儀及其妻妾住所、各個存儲文物、物品的主要宮殿和場所都貼上封條，加了鎖。

黃郛內閣行動迅速，自始至終都在抓緊處理溥儀出宮後的善後問題。溥儀出宮當天下午，攝政內閣開會，專門研究溥儀出宮的善後問題。議決事項主要有：清室善後委員會（以下簡稱善後會）組織條例草案，善後會委員名額、人選，各種善後問題的處理等。（1924年）11月7日，臨時執政府發布命令："著國務院組織善後委員會會同清室近支人員協同清理公產私產，昭示大公。所有接收各公產，暫責成該委員會妥慎保管。俟全部結束，即將宮禁一律開放，備充國立圖書館、博物館等項之用，藉彰文化，而垂永遠。"11月14日，《政府公報》上公布了《清室善後委員會組織條例》，同時聘請李煜瀛爲清室善後委員會委員長。

（1924年）11月20日，清室善後委員會籌備就緒，宣告成立，李煜瀛就任委員長職。委員會由政府和清室雙方人士組成。

有說易培基就任教育總長後，與李石曾一起策動馮玉祥派鹿鍾麟等人逼溥儀出宮，組織清室善後委員會，清點故宮古物。易培基是當年驅逐溥儀出宮的主要宣導者，爲清室善後委員會首席委員。這不是事實，是想當然的說法，必須予以澄清。

清室善後委員會最重要的任務是點查清宮物品，分清公產、私產。（1924年）12月20日召開了委員會第一次會議。在清室方面的委員拒絕到會的情況下，按法定程式，通過了《點查清宮物件規則》。清室方面委員拒不參加點查并唆使政府下令停止點查工作。12月22日下午，善後會在神武門城樓上召開點查預備會，堅持對清宮物品的點查工作，23日正式開始點查清宮物品。按善後會組織條例成立圖書博物館籌備會，聘易培基爲籌備會主任。正式點查工作直到24日上午纔從乾清宮、坤寧宮開始，其他宮殿的點查工作也隨著開始了，因爲這些不是我們要講的主要內容，就略過不談。這時，段祺瑞被張作霖、馮玉祥舉爲臨時執政。這裏筆者祇想強調一點，人們所說的"段祺瑞與清室的遺老遺少們沆瀣一氣，采取種種卑劣手段阻撓點查工作的進行"的說法是不對的。12月24日經段祺瑞同

意,國務會議議決辦法五條:第一,原有之委員仍舊;第二,各部長官每日須有一二人前往察看;第三,各部遴派重要司員4人會同點查,但每日非有2人到會不可;第四,清查應需之經費由財政部指撥;第五,清查章程有應酌改者,會商委員會酌改。段祺瑞在呈折上親筆批了"可,如擬辦"四字,這是"故宮"日後能夠名正言順在歷史上存在的最關鍵的一個文檔。我們談歷史要根據事實說話。

點查清宮物品,以宮殿爲單位,而順序則由入口左側起,逐件編號,依序錄登。因清宮殿堂衆多,善後委員會遂將各宮殿按"千字文"編號,如乾清宮爲"天"、坤寧宮爲"地"、南書房爲"元"、上書房爲"黃"等。物品的編號有總號、分號之別:櫥櫃箱架各爲一總號,以中文書寫;置放其内之物則屬總號之下的分號,以阿拉伯數字記之。點查作業以組爲單位,派赴各宮殿點查,謂之"出組"。每次清點,除工作人員外,還有軍警參加,最多的參與者近20人。每組各有一張擔任職務簽名單,稱爲"組單",上列六大工作專案:查報物品名目、登錄物品、寫票(據點查登錄簿所記編號寫成票簽)、貼票(將票簽黏貼或懸挂於物品上)、事務登記、照相(重要物品需照相)。

以易培基爲主任的圖書博物館籌備會,從1924年12月22日成立以後,在將近10個月中做了大量工作。1925年9月29日善後會討論并通過,決定定博物館的名稱爲故宮博物院,以故宮後半部爲院址,於1925年10月10日開幕。

根據《故宮博物院臨時組織大綱》,故宮博物院的領導機構爲臨時董事會與理事會,理事會下設古物、圖書兩館。李煜瀛任理事會理事長,主持院務,易培基任理事兼古物館館長。

1925年10月10日,故宮博物院在乾清門前舉行了隆重的開院典禮。神武門門洞上嵌上了李煜瀛手書顔體大字"故宮博物院"青石匾額。故宮博物院的成立是中國博物館事業走上正軌的開端。

1927年,南京國民政府成立,蔣介石依靠國民黨元老起家。譚延闓依附蔣介石,登上了南京國民政府主席、行政院長寶座。易培基得到譚延闓、李石曾、吳稚暉、張静江等人支持,任國民黨中央政治會議委員兼農礦部長,同時還任勞動大學校長。

1928年6月,國民革命軍北伐成功,南京國民政府接管北京,改北京爲北平特別市;6月19日,南京中央政治會議議決:派易培基前往北京接管故宮博物院。易培基因病一時不能北上,乃分電委托馬衡、沈兼士、俞同奎、蕭瑜、吳瀛5人代行接收之事,并陸續電囑他們接收清史館、頤和園(因故未能接收);要他們向中美文化基金會借款,以補發同仁們的欠薪。

1928年6月27日,國民政府第74次會議討論了國府委員經亨頤提出的"廢除故宮博物院,分別拍賣或移置故宮一切物品"的議案,并函請中央政治會議再行覆議有關故宮博物院的決定及有關法令。當時易培基正生病,遂由李宗侗寫了一篇2000字的駁議,以大學院古物保管委員會主席委員張繼(時任國民政府立法院副院長)的名義,呈請維持故宮博

物院組織法原案，呈文與故宮博物院理事經亨頤提出的廢除故宮博物院提案一起，交國民黨中央政治會議第155次會議討論。易培基在中央政治會議上極力申述維持原案的理由，堅持建立故宮博物院的必要性，經過共同努力，否決了經亨頤的議案，決定維持有關故宮博物院的原決議案。1928年10月，公布了《故宮博物院組織法》與《故宮博物院理事會條例》，明確故宮博物院"直隸於國民政府，掌理故宮及所屬各處之建築古物圖書檔案之保管開放及傳布事宜"。并由政府任命了故宮博物院第一屆理事會，包括當時全國政界、軍界、財界、宗教界、文化界的衆多著名人士共27人，如蔣介石、汪精衛、張學良、閻錫山、于右任、宋子文、班禪九世、蔡元培、李煜瀛、易培基、馬衡、陳垣、沈兼士。理事會在南京開會推定李煜瀛爲理事長，李煜瀛、易培基、張繼爲常務理事。

1929年2月，國民政府正式任命易培基爲故宮博物院院長。博物院的下屬機構做了重大調整，古物館未變，館長亦由易培基兼任。圖書館的圖書部與文獻部分別改爲館，在業務方面形成古物、圖書、文獻三館"鼎立"的格局。事務方面設總務與秘書兩處。1929年3月，易培基呈請行政院轉呈國民政府任命李宗侗爲秘書長。現在大家都因爲李宗侗是李煜瀛的侄子、易培基的女婿，認爲他是憑裙帶關係安排的職位。事實上，李宗侗早年留法。衆所周知，五四運動是反對北洋政府簽訂喪權辱國的"二十一條"，是國內的愛國運動迫使我外交使團没有在巴黎和會上簽字；同樣，在法國，留學生和華僑們也自發地組織起來，包圍了使團正使陸宗祥的住所，使他不能赴會。李宗侗在這場愛國運動中身先士卒，擔任糾察隊隊長，回國後，即擔任北京大學法文系教授。因與沈兼士領導的北京大學國學門研究所聯繫頻繁，當李煜瀛受命組織清室善後委員會時，沈兼士即通知李宗侗到李煜瀛家商量對策。當清室善後委員會遇阻時，是李宗侗慷慨激昂，力陳必須堅持。所以，李宗侗出任故宮博物院秘書長也是不二人選。此時，易培基仍在南京農礦部，院內院務全交李宗侗主持，而易培基身兼三要職，可謂盛極一時。但好景不長，隨著蔣介石羽翼漸豐，李煜瀛等便逐漸被疏遠，成爲徒具虛名没有實權的光杆元老，譚延闓又在南京病死，易培基從此喪失了在政界的靠山。1930年9月教育部長蔣夢麟免去易培基勞動大學校長職務；11月，蔣介石下令將農礦、工商兩部合并爲實業部，由孔祥熙擔任部長，同時，還免去了易培基中央政治會議委員。這樣，至1930年11月，易培基祇存故宮博物院院長一職。1930年12月，蔣介石爲平衡關係，任命易培基爲北京師範大學校長，但易未就職，不久易培基將家眷遷往北京，專理故宮博物院院事。

易培基從1928年9月任故宮博物院院長，至1933年辭職，歷時5年。前3年是兼職，易培基於1931年初到北平，專理博物院事宜，視故宮博物院爲自己的"終身之事業"。每天來院，同秘書、總務一室辦公，悉心籌措，事必躬親。易培基從社會上延請了大批專家、學者，成立了各種專門審查委員會，開始從文物的品質、名稱、時代、真僞等方面對故宮的收藏進行系統的審核與鑒定；修建了"延、北、保、壽"4個庫房，集中整理宮內零亂收藏的文物，并逐步建立起嚴格、周密的文物保管制度；開始進行有計劃的陳列，增辟了大量的專

門陳列室，按時對外開放、陳列古畫、瓷器、玉器、鐘錶、儀仗，并開闢景山公園和太廟；設立了照相室與印刷所，自己拍攝，自己印刷出版了各種定期或不定期的刊物，出版了大量的墨迹、畫集、珍善本書目及各種史料叢編、檔案集。這時期故宮博物院的出版物是民國文化出版的一道亮麗風景。全院同仁齊心協力，奮發工作，使故宮博物院的各項業務均獲很大發展，這是故宮博物院歷史上的第一個"鼎盛期"，故宮博物院所獲得的今日恢弘局面顯然與這一時期所奠定的良好基礎緊密相關。

故宮博物院是中國人民反封建鬥爭的一項重要成果，同時又因其"百萬收藏"而被全世界視爲中華偉大、悠久文化的象徵，盛名著於寰宇。"故宮盜寶案"出來後，易培基決心回擊誣陷，他聘請了北平著名律師劉崇佑做辯護人。但遺憾的是，該案1934年2月3日開庭，易培基沒有到案，這就意味著自動放棄申辯，同時也失去了說明真相的機會，失去了民衆對他的信任。自動放棄申辯在客觀上給外界以心虧理屈的印象，域內、海外輿論大嘩，洋人譏笑，國民側目，學者却步，故宮同仁更如驚弓之鳥，惶恐終日。故宮博物院的地位與形象受到極大的貶低與歪曲。易培基申辯無門，含冤積憤，新、舊病齊發，1937年9月病歿於上海，臨終遺言，再次申訴，"唯是故宮一案，培基個人被誣事小，而所關於國內外之觀聽者匪細，仰懇特賜查明昭雪"。

二、文物南遷

1931年，日本發動"九一八"事變，東三省被占，平津震動，華北告急。北平危在旦夕，高等學校部署南遷，爲確保文物安全，當時的故宮博物院理事會鑒於日軍侵略者氣焰方熾，一旦入侵華北，故宮文物就有在戰火中被毁或被劫的危險，決定選擇院藏文物中的精品，遷往上海儲藏。國民政府批准了故宮的這個計劃。

文物南遷的準備工作，一是選擇文物精品，二是做好裝箱工作。這次裝箱，可以說裝了故宮文物大部分精華，凡是可以裝運的，幾乎都裝了箱。

1933年1月，山海關落入日軍手中，京津危在旦夕。故宮博物院理事會決定從1月31日開始，將已經裝箱的文物分批南遷上海，同時派院秘書長李宗侗前往上海，租賃庫房，儲存遷滬文物。國民政府行政院對此表示支持。消息在報紙上刊出後，一時間輿論嘩然。一些人認爲古物在兵臨城下之際運出北京，勢必會動搖人心，引起社會不安，呼籲政府應以保衛國土爲重，以安定民心爲重，停止古物南遷，不應對敵處處采取妥協退讓態度；且古物"一散不可復合"，絕不宜輕易他遷，以免散失。1933年1月23日，在中南海成立了北平市民衆保護古物協會，通電反對故宮古物南遷。在民衆集會上公開表示要以武力阻止南遷古物，誓與國寶共存亡。一些故宮職員也紛紛收到恐嚇信，并有人宣稱要在鐵路沿綫埋炸彈，以阻止文物南遷。故宮博物院院長易培基當時曾給行政院院長宋子文拍過這麼一封電報："（平津衛戍總司令）于學忠轉來各團體反對古物南遷函電，舉座大嘩。似此情形，

倘地方政府不積極負保護之責,物品一出宮門,即恐發生意外。至個人危險,早置之度外。手槍、炸彈、恐嚇信件,日必數起。"

這時,政府發表了對南遷一事的態度,勸慰民衆——故宮文物是國家數千年的文化結晶,毀一件就少一件。人民留在北京可以協助政府抵禦日寇,文物留在北平祇有被掠奪和毀滅的可能。國亡還有復國之日,文化一亡,將永無補救!

故宮文物南遷,大家都比較熟悉了,從 1933 年 2 月 5 日夜起運第一批古物,分 5 批共運出 19557 箱(其中有古物陳列所、太廟、頤和園和國子監的文物 6066 箱)。這些南下文物,先存上海,再運到南京,還成立了故宮博物院南京分院。

1937 年 7 月 7 日,日軍發動了盧溝橋事變,開始全面侵略中國;7 月 29 日,北平陷落;8 月 13 日開始大舉進攻上海,南京岌岌可危。爲了保護這批國寶,南京政府命令故宮博物院南京分院立即將古物分三批西遷到大後方。具體的過程我們就不說了,祇能說是古物有靈,炸不到,摔不碎,經常是文物前脚剛走,日寇的飛機轟炸就跟著來了;載運文物的車輛也曾翻下橋去,如果車裏裝的是瓷器之類怕碎的東西也就毀了,裝的是檔案圖書之類的紙製品,并不怕摔,車子雖是翻到河裏,河裏却沒有水,而且橋不高,箱子受的震動不大,也沒有什麼損壞。總之,文物有驚無險,安然無恙。這批文物從 1937 年 11 月開始西遷入川,到 1947 年 6 月全部東歸南京,在後方整整過了 10 年。在這 10 年間的分散保存時期,文物沒有大的損失,創造了第二次世界大戰中保護人類文化遺產的奇迹。

新中國成立前夕,蔣介石下令將故宮博物院南遷存京的文物全部運往臺灣。從 1948 年 12 月 22 日到 1949 年 1 月 29 日,共有三批文物運臺,總計 2972 箱,約占 1933 年 2 月南遷文物 19557 箱的六分之一,大都是南遷文物中的精華。1965 年 11 月,在臺北市士林外雙溪建成故宮博物院臺北新館。

未及運走的文物留在故宮博物院南京分院,新中國成立以後,這批文物的絕大部分從 1951 年起陸續運回北京故宮博物院,輾轉了十幾年的國寶又終於回到了它們原來的家。

三、故宮藏品

故宮文物南遷及南遷文物運臺已爲人們所熟知。不少人以爲,當年故宮博物院的文物都南遷了,而其中的精品又都運到了臺灣,這自然是個誤解。南遷古物,當時決定盡量挑選精品,事實上未能完全做到。新中國成立 60 年來故宮博物院入藏了國家撥交、個人捐獻和收購徵集的 24 萬餘件文物,其中多有國寶級精品。

故宮博物院是個藏寶之府,經過 7 年文物清理,我們已經對社會公布可移動文物數量達 1807558 件(套),有陶瓷器、貨幣、玉石器、甲骨、青銅器、封泥璽印、玻璃器、刻石文物、雕塑、碑帖、書法文物、繪畫文物、敦煌與吐魯番文物、宗教文物、漆器、琺瑯器、織繡與服飾、金銀器、銅錫鉛器、竹木牙角器、匏器、工藝盆景、筆墨紙硯、成扇、鹵簿儀仗、樂器、武備

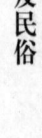

文物、科學儀器、鐘錶、醫藥器具、戲曲文物、照明用具、日用雜品、娛樂用具、近代交通與通信用具、圖書、書板、圖樣、輿圖、檔案文書等，這裏筆者即使祇是蜻蜓點水，恐怕也不僅僅是挂一漏萬。故宮博物院已經出版《故宮博物院文物精品全集》60卷，現在又在出版《故宮博物院藏品大系》，估計將達600卷，全是精美圖錄。有條件的朋友可以去翻閱。

今天筆者鄭重地向大家推薦一本小書，但很有分量，就是鄭欣淼先生著的《天府永藏——兩岸故宮博物院文物藏品概述》（後簡稱《天府永藏》），該書不僅對大陸和臺灣故宮博物院藏品的數量、類型、品質提供了翔實的資料，而且對故宮文物的來源、構成、流播也進行了細緻的梳理分析，最後還從故宮學的角度進行了一些理論探討，是一部不可多得的佳作。

故宮祇有一個，故宮博物院却有兩個（瀋陽故宮是另一個意義上的）。北京故宮博物院過去對藏品的整體整理、研究不夠，尤其是宣傳不夠，致使一般人不明白內裏的真相。《天府永藏——兩岸故宮博物院文物藏品概述》對故宮文物的聚合、流散和回歸作了清晰的叙述，理清了兩座故宮博物院皇家舊藏的來龍去脉與現狀，全面論述了兩座故宮博物院文物來源、構成、流播、散布、現狀、分類、數量及相關史實。文字雖然不多，却有巨大的容量：分述兩岸兩院藏品的動態，把兩院藏品分爲12個類别，清點、比較各自的來龍去脉，各自的特點特色，多少有無，將同源分流、龐大繁雜的故宮文物梳理得清清楚楚。北京故宮藏品的85%和臺北故宮藏品的92%均來自於原清宮舊藏，這正是兩座故宮博物院同名的根源；北京故宮在藏品總量上大大多於臺北故宮，而且文物精品從總體上也大大多於臺北故宮，并非像有些人以爲的"文物南遷已經把北京故宮搬空了"。在類型上，雖然北京故宮更爲豐富，但兩座故宮的藏品都涵蓋了中國古代各種藝術瑰寶，同爲世界上最重要的中華文化藝術寶庫。鄭欣淼并未計較兩座故宮的收藏孰勝，而是把故宮作爲一種整體文化來看待，客觀地把本屬於故宮文物却由於上述原因而分别庋藏於兩處博物院的藏品一并加以整理介紹，以求這份文化遺産首先在故宮學的理論框架内進行介紹和探討。

《天府永藏》不是一般的資料梳理，不是公布文物的清點賬目，而是研究型的文化整理，是清理文物的研究，其意義遠超出文物藏品清點的範圍。《天府永藏》明顯的特點有三：一是客觀、準確。以大量第一手材料爲依據，實事求是地建立起一個故宮、兩個故宮博物院根根脉脉、根脉相連的文物文化譜系。資料的索取與考證翔實，結構完整、嚴謹，文字精練，數位準確，必將深化人們對故宮的價值、意義及地位的認知。二是大歷史大文化的文物視野。全書用一半的篇幅對兩座故宮博物院的藏品進行了前所未有的分類論述和比較。除傳統的書畫、陶瓷、玉器、青銅器等外，更重視發掘具備宮廷特色的宮廷類、宗教類、建築類文物的歷史文化價值，如宮廷類文物，就梳理出帝后璽印、鹵簿儀仗、宮廷服飾、科學儀器、戲曲、醫藥、地毯等16類。三是體現著作者本人首倡的"故宮學"研究的整體性。雖然主體是可移動文物，但始終置於與不可移動之紫禁城的關係、與宮廷歷史文化藝術的關係的框架之中，即置於以"故宮學"爲標志的故宮文化整理與研究的整體中。因此，不僅爲讀者清晰地解析了故宫藏寶，更能從歷史文化藝術的視角，而不是從所謂藏寶的視角引導人們看待最引人注目的故宫珍藏，從而真正理解"國寶"對於國家、民族、人民及對於世界的意義。

最後，作者對故宫及其藏品的價值從歷史、科學、藝術等角度進行分析，指出當代人對故宫及其藏品作爲人類寶貴的文化遺產的典守職責，提出通過各方携手開展包括對紫禁城建築、文物典藏、宫廷歷史文化檔案、明清檔案、清宫典籍、故宫博物院歷史等的系統研究，對以故宫爲代表，以皇帝、皇權、皇宫爲核心的皇家文化的系統研究，建立故宫學，并希望以故宫學統籌和推動故宫及其藏品的管理、科研、交流、展示、弘揚等工作上升到一個新的更加自覺的高度。

四、"故宫學"

故宫博物院從1925年10月10日成立，已經走過了90餘年歷程。

1924年，溥儀剛被逐出紫禁城，故宫博物院創始人之一的李煜瀛在商組"辦理清室善後委員會"時，就明確提出要"多延攬學者專家，爲學術公開張本"，後又提出，故宫博物院"學術之發展，當與北平各文化機關協力進行"。由於五四新文化運動的原因，北京大學已成爲當時全社會在思想與新學科研究方面的先導，在點查清宫物品及後來故宫博物院的業務建設上，北京大學研究所國學門出力最大。當時參加故宫工作并從事研究的學者，有馬衡、劉半農、錢玄同、陳垣、孟森、容庚、沈兼士、沈尹默等。故宫博物院成立後，主要精力用於清點、整理清宫藏品，包括文物、檔案、圖書，同時注重向社會公布，出版公布文物、文獻檔案資料。1925年出版《故宫物品點查報告》。爲學術研究的需要，1935年又成立了書畫、陶瓷、銅器、美術品、圖書、史料、戲曲樂器、宗教經像法器、建築物保存設計等10個專門委員會，專門委員分特約及通信兩種，除本院人員，還聘請社會上頗有名望的專家學者。從研究人員的陣容上，可見故宫博物院的學術研究一開始起點就較高，并且具有開放性、社會性的特點。

新中國的成立使故宫博物院有了穩定的發展環境，各項工作全面展開，引進了唐蘭、徐邦達、羅福頤、孫瀛洲等一批名家。"文化大革命"前，故宫博物院按照博物館的基本要求，從自身實際出發，主要是進行基礎性的建設工作。

"文化大革命"結束，特別是十一屆三中全會以後，故宫博物院的學術研究迎來了新的時期，充滿活力，成績驕人。故宫博物院以其特殊的地位、氣勢恢弘的建築和典藏的百萬珍寶，最先引起海外的關注，因而在圖書出版方面開風氣之先，最早與港臺地區的出版機構如商務印書館香港分館等合作，在20世紀80年代初期就開始出版了《紫禁城宫殿》《國寶》《清代宫廷生活》等在海內外有廣泛影響的畫册。

故宫是學術的故宫，故宫學人薪火相傳，特別是1977年以後，老專家、新學人的學術論

著不斷推出。故宮博物院的學者在清史研究、中國古代書畫研究、古陶瓷研究、金石考古研究、工藝研究、宮廷圖書文獻研究、古建築研究、故宮博物院歷史研究等方面均取得了重要成果。

"故宮學"提出的一個重要基礎是累積已久的相關研究成果。文化部副部長、故宮博物院院長鄭欣淼立足於對故宮及故宮博物院的認識和定位、對故宮學術研究的現狀以及80餘年來故宮研究歷史的調查與考察，形成了故宮學的思路。他認爲，故宮與故宮博物院密切相關，對故宮價值認識的程度，影響著對故宮博物院內涵的理解與功能定位。通過對文物認識的深化、古建築的重視、宮廷歷史文化的挖掘、無形文化遺產傳承四個方面的探討，認識到故宮不衹是"中國最大的文化藝術博物館"，而且是世界上極少數同時具備藝術博物館、建築博物館、歷史博物館、宮廷博物館等特色，且符合國際公認的"原址保護""原狀陳列"基本原則的博物館和文化遺產，是一座博大精深的中國歷史文化寶庫。這是一個全新的學術理念，將故宮的研究提高到一個前所未有的高度，引起了國內外學界的極大關注。"沒有長達80年的故宮研究的實踐和成果，就不可能準確提出故宮學概念，而故宮學的提出并確立將使故宮學研究進入自覺階段，將從整體上提高故宮研究的水準。"在鄭欣淼看來，故宮不單單是一座皇家宮殿，也不單單是中國最大的博物館，它是將建築、文物、典籍等多種元素融合在一起的文化整體，是中國5000年傳統文化的結晶。對於"故宮學"，鄭欣淼的解讀是：它不是經院式的繁瑣論證，也不是從書本到書本的刻板研究，它直接面對故宮的文物、古建築、檔案、文獻等，是一門把故宮當作一個文化整體的綜合研究。鄭欣淼坦言，"故宮學"內容的物質載體，當然首先是故宮的博大收藏。

對故宮價值的認識需要從故宮學的視野來看故宮，不僅認識到故宮古建築、宮廷文物珍藏的重要價值，而且看到歷史遺存有著同樣重要的意義；更爲重要的是，古建築、文物藏品、歷史遺存以及在此發生過的人和事，是一個不可分割的文化整體。這一認識是故宮學得以產生的重要依據，也有利於進一步挖掘故宮的歷史文化內涵。故宮文化的這一整體性，也使流散在院外、海外、國外的清宮舊藏文物、檔案文獻有了一個學術上的歸宿。"故宮學"的目的就是不斷推進對故宮的綜合研究，挖掘故宮文化的深邃內涵。

有了用"故宮學"的視野來重新認識故宮，會有全新的認識。舉一個在故宮藏品中很不起眼的清宮劇本爲例，鄭振鐸在1935年7月的《文學百題》上發表《清代宮廷戲的發展情形怎樣》，從宮廷戲表演特點上討論昆曲在清朝衰亡的原因，認爲清宮戲需要"極複雜的舞臺和布景，極夥衆的演員和切末"而流傳不廣；劇作家們創作力低下，"往往剽竊元、明的戲文，作爲自己的東西。便形成了懨懨無生氣的作品……自絕於民衆，而不能不同時走上了滅亡之路了"。當我們用"故宮學"的眼光來重新審視清宮劇本的價值時，就得出了完全不同的結論。

第一，劇本是戲劇的物質載體之一，是戲劇的排演依據。中國古代輝煌的戲劇，留下的劇本并不特別多，戲班唱戲留下的劇本更少。現在流通的劇本大都是爲了滿足社會欣

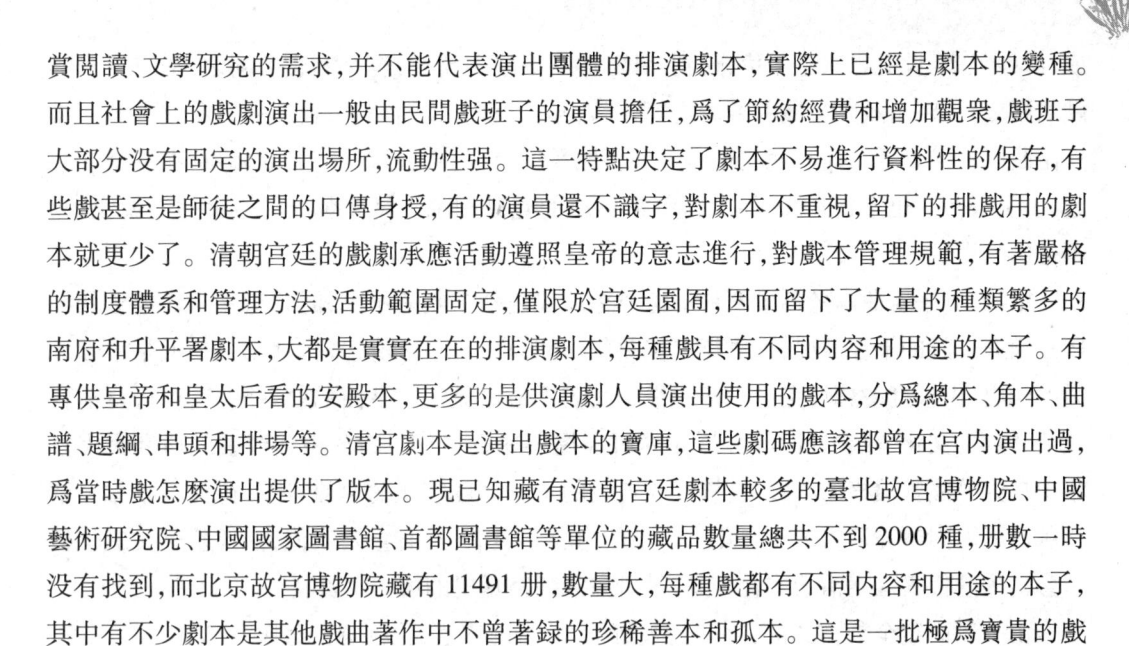

賞閱讀、文學研究的需求，并不能代表演出團體的排演劇本，實際上已經是劇本的變種。而且社會上的戲劇演出一般由民間戲班子的演員擔任，爲了節約經費和增加觀衆，戲班子大部分沒有固定的演出場所，流動性強。這一特點決定了劇本不易進行資料性的保存，有些戲甚至是師徒之間的口傳身授，有的演員還不識字，對劇本不重視，留下的排戲用的劇本就更少了。清朝宮廷的戲劇承應活動遵照皇帝的意志進行，對戲本管理規範，有著嚴格的制度體系和管理方法，活動範圍固定，僅限於宮廷園囿，因而留下了大量的種類繁多的南府和升平署劇本，大都是實實在在的排演劇本，每種戲具有不同內容和用途的本子。有專供皇帝和皇太后看的安殿本，更多的是供演劇人員演出使用的戲本，分爲總本、角本、曲譜、題綱、串頭和排場等。清宮劇本是演出戲本的寶庫，這些劇碼應該都曾在宮內演出過，爲當時戲怎麼演出提供了版本。現已知藏有清朝宮廷劇本較多的臺北故宮博物院、中國藝術研究院、中國國家圖書館、首都圖書館等單位的藏品數量總共不到2000種，冊數一時沒有找到，而北京故宮博物院藏有11491冊，數量大，每種戲都有不同內容和用途的本子，其中有不少劇本是其他戲曲著作中不曾著錄的珍稀善本和孤本。這是一批極爲寶貴的戲曲資料，是清朝宮廷戲劇活動的實物證明，對於恢復清宮演戲舊貌，發揚中國戲曲傳統，有著極其重要的意義。對於這些劇本在戲劇發展史上的價值，現在的認識是遠遠不夠的。對其價值，除卻我們還沒有認識到的，是怎麼估計都不會高的。

第二，故宮博物院藏清朝宮廷劇本的題材內容廣泛，藝術形式豐富多彩。其中既有元明著名劇作家創作的雜劇和明清傳奇，也有清代樂部詞臣依據古典小說和佛典故事改編的連臺本戲和各種承應戲。演出的藝術形式包括昆腔、弋腔、亂彈、梆子腔和西皮二黃等，有的劇本還配有表演動作或曲譜，詞藻華美，這一點似乎少有學者論及。對於穿戴題綱裏所反映出的表演程式也是值得關注的，故宮戲本有些衹在宮廷裏演，外面知道的人很少；也有社會演出的劇本，皇帝欣賞需要，引進宮裏，保留了當時外面的戲，外面已失傳未失傳的，多年後，宮裏的也與外面的不一樣了，外面的都沒有宮裏豐富；流傳在外的，源頭都在清宮。宮廷演劇體制對戲曲藝術起了重要的規範和提升作用。宮廷與民間演出的交流和相互影響研究還有待深入，就戲曲發展本身而言，清代戲曲史乃是一部昆曲走向衰亡，京劇萌芽、成長并日趨成熟精緻的過程。在這個花雅之爭的過程中，宮廷演劇扮演著十分重要的角色，起過不可估量的作用。帝后們由於本身的喜好，樂於參與創造，他們既是觀衆，又是導演、監製，直接參與創作，這與以往各朝大不一樣。帝后們的參與，從支持雅化了的昆曲，後來是昆弋，排斥民間劇種到後來接受民間劇種，在他們的指導下，規範化、精緻化了，也有一部分"政治化"了。

作爲宮廷演出的昆弋戲，是被改編過的，爲何如此改編，改編後如何表演，可以看出皇帝的審美取向和欣賞趣味。由於宮廷演劇的特殊地位和影響力，皇帝對花部亂彈的態度對當時的花雅之爭有著重要的導向作用，正是皇帝對亂彈的喜愛，對正在發展中的花部戲曲起了很大的鼓勵和推動作用，影響了戲曲的創作演出和發展進程，甚至光緒朝京劇的形

成,而到了20世紀二三十年代,達到高峰,形成了諸多流派,至今不衰。總之,從清宮廷演戲的歷史,反映了戲劇發展的客觀規律,即它起自民間,逐漸完善,貴族加以雅化、利用,排斥昆曲以外的劇種。而其他劇種蓬勃健康地發展,終於突破統治階級的偏見,在宮廷發展起來,引得帝后也染指其間,促成新劇種形成的互動關係。民間戲曲的生命力是源泉,是不竭的動力。

第三,升平署曲本及檔案資料不僅僅是清代內廷演劇的歷史,同時還是清代興衰的縮影。國家民族的生存狀況,也影響著戲曲創作和演出。一部清代宮廷戲曲史,就是一部縮微的清史,由極度的輝煌走向沒落。從中我們不僅可見清代戲曲的發展軌迹,還可爲清代政治、經濟、文化、社會生活等各層面的研究提供珍貴史料。對於清廷演戲的研究大多是集中在對於演戲機構的設置上,機構設置後的禮樂制度變化的本質,還有待深入挖掘。清代戲曲藝術對研究清宮帝后文化生活中的內容和發展,具有重要價值,宮廷戲劇文獻保留了豐富的清代宮廷生活的文化信息,是研究清朝宮廷史的第一手資料。

由一斑而窺全豹,在"故宮學"的視野下,故宮的價值需要重新認識。

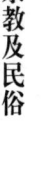

真文與天文

——論古靈寶經中的兩種秘篆文系統

劉 屹

（首都師範大學）

一、引 言

　　所謂秘篆文，是指道經中用篆體字書寫的一種特殊文字，屬於漢字的一種變體；但爲了強調這類文字本身所具有的神秘性和神聖性，就故意用平常人不易識別的書體來書寫，故稱秘篆文。按照道經的理論，這些秘篆文字，不是出自世間凡人的手筆，而是來自天界，由宇宙開闢之前的元炁混化凝結成文字，再由道教主神元始天尊命天真皇人將其翻譯轉寫成世間文字傳下人間，人間道士祇是摹寫和傳誦這些字體，稱其爲"天書玉字"，以示尊崇。基於這樣的理念，秘篆文通常就成爲一部道經或一個道典集成中最核心和最神聖的基本構成，是道教信仰核心的集中體現之一。因此，秘篆文是道教建構自己教義體系的重要基石，值得學界給予充分的重視。已有研究六朝道教的學者，不約而同地關注到這一課題，并指出以秘篆文爲表現形式的所謂"天書玉字"作爲古靈寶經教理體系的基礎，具有非常重要的意義。比如日本小林正美的《六朝道教史研究》（日文初版，1990 年，此據李慶中譯本，成都：四川人民出版社，2001 年，第 128 頁）。王承文的《敦煌古靈寶經與晉唐道教》（北京：中華書局，2002 年，第 691～789 頁），此後，王承文還在 2009 年香港和 2010 年上海的兩次會議上提交過討論古靈寶經中"天文"和"符圖"的文章，表明他對此問題的持續關注。呂鵬志的《早期靈寶經的天書觀》（郭武主編《"道教教義與現代社會"國際學術研討會論文集》，上海：上海古籍出版社，2003 年，第 571～597 頁）。Lü Pengzhi 的"The Jade Instructions on the Red Writings for Summoning Ghosts and Demons of the Northern Feng Mountain and the Five Lingbao True Writs(in Florian C. Reiter ed., *Exorcism in Daoism*: *A Berlin Symposium*, Harrassowitz Verelag, 2011, pp. 31 – 49, pp. 41 – 44），并參其中文稿《攝召北酆鬼魔赤書玉訣與靈寶五篇真文——〈太上洞玄靈寶赤書玉訣妙經〉校讀拾遺》（《宗教學研究》2010 年 4 期，第 20 ~ 30 頁）。謝世維的《聖典與傳譯——六朝道教經典中的"翻譯"》（2007 年初刊，此據謝世維著《天界之文——魏晉南北朝靈寶經典研究》，臺北：臺灣商務印書館，2010 年，第 63 ~ 124 頁）。另有謝世維在 2009 年香港會議上提交的《靈圖、玉符與真文：早期道經中圖像觀念探討》一文。但從道教義理的角度闡發這些秘篆文的意涵，并非本文的意圖所在。

從現存道藏經本來看，古靈寶經中的秘篆文以及與之相應的釋文，主要出現在以下幾部經典：《太上靈寶五符序》《元始五老赤書玉篇真文天書經》《太上洞玄靈寶赤書玉訣妙經》《太上洞玄靈寶諸天內音自然玉字》《太上洞玄靈寶無量度人上品妙經》《太上洞玄靈寶滅度五煉生尸經》《洞玄靈寶二十四生圖經》。除《太上靈寶五符序》外，其他諸經都是屬於所謂的"元始舊經"。這本身就是一個值得思考的現象：以元始天尊爲主神的"元始諸經"多次出現的秘篆文，在以葛仙公爲主要傳承人物的"仙公諸經"中并沒有被徵引和重複；而且"仙公諸經"也基本上沒有哪怕僅是提及這些秘篆文的存在。由此引發本文的關注點在於從古靈寶經中秘篆文的角度，能否對探索這些經典作成的時間先後問題有新的貢獻？

本來，道教學界普遍的觀點認爲，"元始舊經"作成於東晉末年葛巢甫的時代，而"仙公新經"的作成要晚於"元始舊經"。但筆者近年已通過一系列的考論，提出這兩組古靈寶經的先後關係，恰恰應該反過來看：仙公諸經的作成應早於元始諸經。① 近來因考察唐代的靈寶五方鎮墓石，纔非常偶然地開始接觸古靈寶經中的秘篆文問題②，無意中發現，這可能也是揭示兩組古靈寶經先後關係的另一新途徑。

二、古靈寶經中不同的秘篆文系統

敦煌寫本 P. 2256 是專爲古靈寶經所作的一種義疏③，其云：

> 經之本源，自然天書，八會之文，凡一千一百九字。其六百六十八字，是三才之原

---

① 劉屹：《古靈寶經出世論》，《敦煌吐魯番研究》第 12 卷，上海：上海古籍出版社，2011 年，第 157 ~ 178 頁。

② 劉屹：《唐代的靈寶五方鎮墓石研究》，《唐研究》第 17 卷，北京：北京大學出版社，2011 年，待刊。

③ 學界通常都按照大淵忍爾的研究將此殘卷定名爲南朝道教義學大師宋文明的《通門論》，但筆者認爲這一定名并不準確，此殘卷明顯是一種將宋文明著作內容包含在內的另一部古靈寶經的義疏，詳見劉屹《敦煌本"通門論卷下"（P. 2861.2 + 2256）定名再議》，《文獻》2009 年第 4 期，第 47 ~ 55 頁。

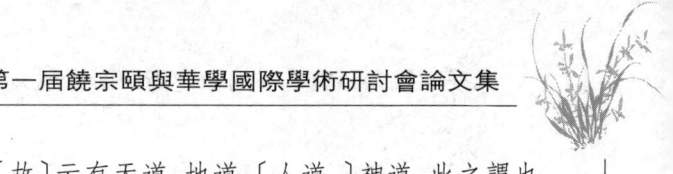

根，生天立地，開化人神，萬物之根。〔故〕云有天道、地道、〔人道、〕神道，此之謂也。修用此法，凡有四科：第一〔主〕召九天上帝，校神仙圖錄，求仙致真之法；第二主召天宿星官，正天分度，保國寧民；若乃五星錄越，四七受灾，施八會之道，行天書之妙，和天安地，則萬禍自消；第三攝制酆都，馘斷六天，群魔降伏，鬼妖滅爽；第四敕命水帝，召龍上雲，海瀆之靈，莫不敬奉之也。其二百五十六字，論諸天度數期會，大聖真仙，名諱位號，所治官府，城臺處所，神仙變化升降品次，衆魔種類，人鬼生死轉輪因緣。其六十三字，是五方元精名號，服御求仙，練神化形，白日升騰之法。餘一百二十（二）字，闕無解音。①

這裏介紹了靈寶經中出現的四種不同的"自然天書，八會之文"，亦即秘篆文，總共1109字。被認爲作於隋代的《玄門大義》，明顯繼承了P.2256義疏的內容。《玄門大義》更進一步明確指出這1109字對應的秘篆文系統：

　　　　八會本文凡一千一百九字，其五篇真文，合六百六十八字……其諸天内音，天有八字，三十二天，合二百五十六字……其六十三字，是五方元精名號……餘一百二十二字，闕無音解。②

結合P.2256和《玄門大義》可知，這1109字的秘篆文，屬於四個不同的系統：(1)"五篇真文"共668字。(2)"諸天内音"共256字。(3)63字的五方元精名號。(4)闕無音解的122字。後兩種秘篆文暫不列入本文討論的主題，在此重點關注的是"五篇真文"和"諸天内音"這兩種秘篆文。

所謂"五篇真文"的秘篆文字體，最早、最完整地出現在"元始舊經"第一經《元始五老赤書玉篇真文天書經》（以下簡稱《天書經》），其對應的楷體字，則見於《太上洞玄靈寶赤書玉訣妙經》（以下簡稱《赤書玉訣》）。在此先以五方中的東方爲例，看"五篇真文"的秘篆文具有哪些明顯的特徵。

《赤書玉訣》對東方九炁青天秘篆文的釋文爲：

東方九炁青天真文赤書玉訣
東方九炁，始皇青天，碧霞鬱壘，中有老人，總校圖籙，攝炁寧仙。

---

① 這段話在P.2256中先後兩次出現，文字有差異，現據王卡先生的錄校補了幾個字。見《中華道藏》第5冊，北京：華夏出版社，2004年，第511a～511b頁。
② 《道藏》第24冊，文物出版社、上海書店出版社、天津古籍出版社，1988年影印本，第736c～737a頁。

歲星輔肝,角亢鎮真,氐房心尾,四景回旋,箕主七辰,正斗明輪,承炁捕非,掃除災群。

東山神咒,攝召九天,赤書符命,制會酆山,東魔送鬼,所誅無蠋,悉詣木官,敢有稽延。

下制東河,溟海水神,大劫洪災,蛟龍負身,水府開道,通徑百千,上帝赤文,風火無間。

合一百二十字,皆元始自然之書,一名《生神寶真洞玄章》,一名《東山神咒八威策文》。

《天書經》以"東方安寶華林青靈始老九炁青天赤書玉篇真文"爲題,其下是120字的秘篆文字形,後云:

《東方青帝靈寶赤書玉篇》,上二十四字,書九天元臺,主召九天上帝,校神仙圖籙。其下三十二字,書紫微宮東華殿,主召星官,正天分數。其下三十二字,書東桑司靈之館,主攝鬼魔,正九天氣。其下三十二字,書九天東北玉闕丹臺,主攝東海水帝,大劫洪災之數,召蛟龍及水神事。合一百二十字,皆元始自然之書也。一名《生神寶真洞玄章》,一名《東山神咒八威策文》。

《天書經》這裏所説的120字秘篆文分爲四組,分別主召九天上帝、星官,主攝鬼魔和水帝,也就是上引 P. 2256 和《玄門大義》中所説的"凡有四科"的内容。每一科都有東、西、南、北、中五方的不同秘篆文字體,共668字。每一科具體施用時,都需要五方秘篆文具備,纔能有效。因此,所謂"五篇真文",也可以説并不是祇有一套東、西、南、北、中的靈寶真文,而是有四套可以依據不同用途選用的五方真文。"五篇真文"的秘篆文至少有兩個特點,一是帶有神咒的性質,或者説"五篇真文"實際上就是"生神章"或"神咒文"。而且這種神咒和《抱樸子・内篇》所表現出的漢晉道術道教特色一脉相承。所召攝的九天上帝、星官、鬼魔和水帝,也大都是具有漢魏傳統信仰特色的神鬼。二是咒文基本符合漢語的語法習慣,此點與下面的"諸天内音"相比,尤其是一個不能忽視的特點。這套秘篆文,本文按其自稱,以"真文"來代稱。

所謂"諸天内音"秘篆文,最早出現在《太上洞玄靈寶諸天内音自然玉字》(以下簡稱《諸天内音》),《諸天内音》"東方青帝八會内音自然玉字九炁總諸天文"的秘篆文字形見於《諸天内音》卷一,對應的釋文則見於卷三。

釋文作:

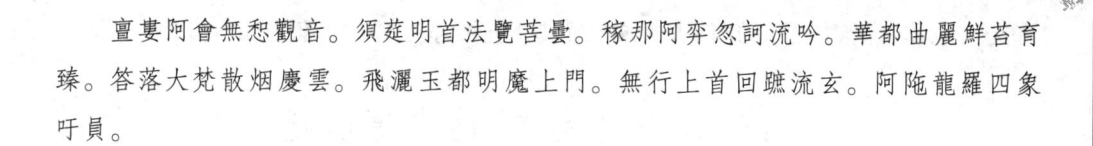

亶婁阿會無惒觀音。須箊明首法覽菩曇。稼那阿奕忽訶流吟。華都曲麗鮮苔育臻。答落大梵散烟慶雲。飛灑玉都明魔上門。無行上首回瞵流玄。阿陁龍羅四象吁員。

這套秘篆文,按其經典自稱爲"天文"。對比《赤書玉訣》和《諸天內音》,同爲東方的秘篆文,兩者具有明顯的不同:《赤書玉訣》的真文字數有120字,《諸天內音》天文祇有64字;《赤書玉訣》的"真文"讀起來還符合漢語的表達習慣,《諸天內音》的"天文"基本是音譯,很難連貫成句。所以,這是兩套不同來源和用途的秘篆文,很可能其作者也并非同一個人。

如前所述,《天書經》和《赤書玉訣》所載的668字(或672字)的"五篇真文",被認爲是全部古靈寶經的基礎和根源所在,其中又分成了四套不同用途的真文,各配置五方。四套真文所反映的思想觀念,有很多還帶有早期上清經的痕迹。這說明現存於古靈寶經中的"五篇真文"製作時,受到了上清經的影響——準確說是因爲與上清經同處江東地區,因而與上清經一樣具有強烈的地域信仰特色,其對佛教學習和模仿的痕迹還不明顯。但隨著古靈寶經的發展,《諸天內音》等經四方三十二天的思想則明顯來自佛教的影響。因爲中國本土傳統早就有五方的觀念,"五篇真文"側重於五方,就主要是在本土傳統觀念下的產物。"五篇真文"的秘篆文字體,是從本土傳統中的符篆文轉化而來的。但到《諸天內音》,不僅不再講五方,改而講四方,而且三十二天的名稱,以及三十二天各有八字而出現的256字的秘篆文,有很多是模仿佛教梵文音譯而造作出的"僞梵文"①。這樣做的目的,就是爲增強這一套"天文"的神聖性和神秘性。

《諸天內音》這套"天文"在其後的《太上洞玄靈寶五煉生尸經》(以下簡稱《五煉經》)中有了一個"改進版"。之所以這樣說,正如前引《玄門大義》所言,《諸天內音》原本祇有東、西、南、北四方各8天,天各8字,每方64字,共32天,總計256字的秘篆文。而《五煉經》則在《諸天內音》四方256字之外,又增添了中央一天的16字秘篆文,成爲五方天文,總數達到272字。但這272字版本的"天文",并沒有被P.2556和《玄門大義》等靈寶經義疏作品的作者所接受,他們仍然認爲"諸天內音"祇有256字。

儘管如此,從南北朝到唐宋,依據道教《五煉經》的理論,在道教信徒和某些不一定信仰道教的死者墓葬中使用"五煉生尸法"來安置五方鎮墓石,成爲一種具有一定普遍性的葬俗。而五方鎮墓石上的秘篆文天文及其對應的釋文,就是出自《五煉經》的"五方天文",而非《諸天內音》的"四方天文"。因此,對後世產生深遠影響的,既非《赤書玉訣》的"五篇

---

① 關於"僞梵文",見 Erik Zürcher, "Buddhist Influence on Early Taoism: A Survey of Scriptural Evidence", *T'oung Pao*, Vol. 66, 1980, pp. 84 – 147, pp. 109 – 112. 關於道教中人爲何會對這些僞梵文感興趣,見謝世維前揭《天界之文》,第78~103頁。

真文",也非《諸天内音》的"四方天文",而是《五煉經》中"改進版"的"五方天文"。

三、"中央天文"的來源問題

關於《諸天内音》的"四方天文"變成《五煉經》中的"五方天文"這一現象,張勛燎、白彬先生已正確指出:"五方天文"中的中央一方的秘篆文,肯定是在東、南、西、北這四方之外新增的。① 筆者對此十分認同。他們進而將中央這一方的16字秘篆文的來源追溯到陸修静《太上洞玄靈寶授度儀》中五方"衛靈神咒"的中方衛靈神咒。

《五煉經》"中央天文"16字爲:

黄中總氣,統攝無窮。鎮星吐輝,流煉神宫。②

陸修静《授度儀》載五方衛靈神咒的"中央衛靈神"咒云:

黄中理炁,總統玄真。鎮星吐輝,流焕九天。開明童子,一十二人。元氣陽精,焰上硃烟。同照一室,及得我身。百邪摧落,殺鬼萬千。中山神咒,普天使然。五靈安鎮,身飛上仙。③

兩相比較,的確可以證明《五煉經》的"中央天文"與《授度儀》"中央衛靈神咒"有密切關聯,甚至可以推斷,"中央天文"就是從64字的"中央衛靈神咒"截取了前16字,又加以改造而形成的。很明顯,"中央衛靈神咒"本身也具有和"五篇真文"一樣的語法和句式特徵,是基於中國本土的咒術傳統。而"中央天文"不僅在字數上衹是其他四方各方天文的四分之一,而且語法和句式上都和其他四方不同,更接近於"五篇真文"的語法特徵。

關於陸修静作《授度儀》的時間,大淵忍爾和小林正美兩位先生分別認爲是在444年和453年。④ 但筆者則認爲陸氏作此書的時間,應與其《靈寶經目序》一樣,都是在437年。⑤《授度儀》是陸修静摘引當時已有的靈寶經内容作成的,所以《授度儀》的成書時間幾乎可以成爲判斷一部分靈寶經成書時間的基點。换句話説,《授度儀》中徵引到的靈寶

---

① 詳見張勛燎、白彬:《中國道教考古》第5册,北京:綫裝書局,2005年,第1574~1578頁。
② 《五煉經》衹有中央天文的秘篆文而無釋文,此據杜光庭《太上黄籙齋儀》卷,《道藏》第9册,第374b頁。杜氏總稱這五方天文爲"八天真文",各方則稱"某方玉文",但這已是晚唐的説法了。
③ 《道藏》第9册,第843c頁。
④ [日]大淵忍爾:《道教とその經典》,東京:創文社,1997年,第69~71頁注2。[日]小林正美:《六朝道教史研究》中譯本,第170頁注3。
⑤ 劉屹:《論古靈寶經"出者三分"説》,2010年4月浙江大學"敦煌文獻百年研究"國際學術研討會論文,待刊。

經，就是在此前已經成書的，而《授度儀》沒有徵引到的靈寶經，很可能在當時還沒有成書。也有學者研究過《授度儀》的引用書目情況①，在本文所提及的這些靈寶經中，《天書經》《赤書玉訣》《諸天內音》3 部經書都已經被提及或被徵引到內容，因而可以斷定：這 3 部經典都是在 437 年以前就已成書的。但《授度儀》并沒有提及或徵引到《五煉經》的內容，《授度儀》中祇有《諸天內音》的"四方天文"，而不見《五煉經》的"五方天文"。因此，我們有理由推測，《五煉經》是在 437 年以後至 471 年陸修靜作《三洞經書目錄》之間纔作成的。

可見，在"元始舊經"中，的確也是有成書時間先後的。首先是《天書經》與《赤書玉訣》這兩部緊密相關的經典，它們是在江東地方信仰影響仍然很強烈的時候作成的，而《諸天內音》則是在受到明顯佛教影響後作成的。由於它們都在 437 年之前作成，要想進一步追尋其先後關係，似乎有點無從下手。其次，《五煉經》相對於《諸天內音》肯定是晚出的，不僅因爲有從"四方天文"到"五方天文"的變遷，而且《授度儀》中既有"四方天文"，又有 64 字"中央衛靈神咒"，却唯獨沒有 16 字的"中央天文"。通過這兩個層次的先後關係，說明到 471 年"已出"的 21 卷"元始舊經"，理應是分成不同批次陸續作出的。

那麼，《授度儀》的"中央衛靈神咒"又是從何而來的？張、白二位先生祇將"中央天文"追溯到《授度儀》就停住了，筆者認爲還可以再向前追溯。實際上他們已經注意到南宋留用光傳授、蔣叔輿編纂的《無上黃籙大齋立成儀》卷三二中說道，"太上靈寶自然五篇衛靈神咒"是"出《靈寶真文要解經》"。② 但他們并沒有繼續去探究《靈寶真文要解經》的問題。所謂《靈寶真文要解經》，就是屬於"仙公新經"之列的《太上洞玄靈寶真文要解上經》。經中有太上大道君口說的"靈寶自然五篇衛靈神咒"，正與《授度儀》所載相同。而這"五篇衛靈神咒"，在其他古靈寶經中都沒有見到，因而《授度儀》的"五篇衛靈神咒"無疑是引自《真文要解上經》的。③ 這樣，《真文要解上經》的成書自然應比《授度儀》要早，也是在 437 年以前。在《真文要解上經》中，太上大道君還說："此自然五篇衛靈神咒，舊出《靈寶五文》上篇，制魔召靈，役使群神，安鎮五岳，保天長存，明理三光，致國太平，兆民享福，濟度群生。吾昔受之於元始天王。"④可見，所謂"五篇衛靈神咒"，是要配合"靈寶五篇真文"使用的。所謂"舊出《靈寶五文》上篇"，也應該是指"靈寶五篇真文"，但這不可能是現在載有 5 篇真文的《天書經》卷上。因爲在《天書經》裏面，找不到這 5 篇衛靈神咒。所以筆者懷疑《真文要解上經》所說的 5 篇真文，與《天書經》所載的 5 篇真文，是不同時代、內容不

---

① 詳見丸山宏：《陸修靜〈太上洞玄靈寶授度儀〉初探》，《第一屆道教仙道文化國際研討會論文集》，高雄，2006 年，第 623～640 頁。Kristofer Schipper and Franciscus Verellen ed, *The Taoist Canon*：*A History Companion to the Daozang*, Volume Ⅰ（Chicago & London, The University of Chicago Press, 2004）, pp. 255－257.

② 《道藏》第 9 册，第 571b 頁。

③ 丸山宏：《陸修靜〈太上洞玄靈寶授度儀〉初探》，第 625 頁指出，"衛靈神咒"是出自《真文要解上經》。

④ 《道藏》第 5 册，第 905b 頁。

同的兩套5篇真文。這涉及"靈寶五篇真文"的演變歷程,值得另做專門的研究。

無論對《授度儀》的具體成書時間采取哪種看法,至少可以確認,《真文要解上經》的成書早於《授度儀》,而《五煉經》的成書晚於《授度儀》。按照筆者對《授度儀》的判斷,《真文要解上經》的成書早於437年,而《五煉經》的成書是在437—471年之間。這一結論意味著《真文要解上經》這部"仙公新經"的成書,實際上早於《五煉經》這部"元始舊經"。這正好符合筆者從多個不同角度考察古靈寶經而得出的"仙公新經"早於"元始舊經"作成的大膽結論。

相反,如果按照"元始舊經"早於"仙公新經"的傳統看法,認爲《真文要解上經》的作成晚於《諸天內音》和《五煉經》等"元始舊經",首先無法解釋爲何《授度儀》中明明徵引了《諸天內音》的"四方天文",却沒有提及祇有《五煉經》纔有的"五方天文"。事實上,《授度儀》引用了《天書經》的"靈寶五篇真文"和《真文要解上經》"五方衛靈神咒",這兩篇都是屬於"五方真文"的系統。如果《五煉經》當時的"五方天文"已經具備,《授度儀》就無須徵引《諸天內音》的"四方天文"了。

其次,《真文要解上經》提到"五篇衛靈神咒"見於"《靈寶五文》上篇"的說法也很值得玩味。按一般的理解,"《靈寶五文》上篇"就是載有"靈寶五篇真文"的《天書經》上卷,但實際上不僅是《天書經》上、中、下三卷沒有,在其他"元始舊經"中也幾乎找不到這"五篇衛靈神咒"的內容。如果《真文要解上經》晚於"元始舊經",它怎麼會說出在"元始舊經"中并不存在的內容,留下這麼大的漏洞? 而祇有當《真文要解上經》早於"元始舊經"成書,後出的"元始舊經"因自標其崇高地位,自然不會限於"仙公新經"的說法,因而沒有"五篇衛靈神咒"的內容也就是毫不奇怪的。換句話說,"五篇衛靈神咒"在"靈寶五文上篇"之說,很可能祇是《真文要解上經》成書時代經典的狀況,那時還沒有"元始舊經"。而當"元始舊經"作成時,已無須爲了確保《真文要解上經》的準確性了。

再次,有無可能64字的"中央衛靈神咒"是基於16字的"中央天文"作成的? 如果在早出的"元始舊經"《五煉經》中,已把中央一方的16字當作與其他256字秘篆文同等重要的"天文",爲何到晚出的"仙公新經"中,却又單單把這16字的中央秘篆文與其他文字摻和在一起,降格爲保護五篇自然之文的一般性咒語來使用? 爲何其他"衛靈神咒"的文字和語法,都更像是"五篇真文"的內容,而不是更像"四方天文"? 相較之下,《五煉經》以《諸天內音》和《度人經》系統的四方256字秘篆文爲基礎,又將《真文要解上經》五方衛靈神咒中的中央神咒(原本總計64字)取出16字來,人爲地湊成五方秘篆文。這樣的推論應該更合理一些。

總之,《五煉經》"中央天文"的來源,是在《真文要解上經》的"中央衛靈神咒"。明確這一點,無疑爲論證"仙公新經"實際上應該早於"元始舊經"作成,提供了一個難得的個案。今後應該還能找到類似的例子。

四、結　語

通過本文的論述，筆者可得出以下的結論：

第一，"五篇真文"和"五方天文"是靈寶經中兩套不同的秘篆文系統，不宜籠統地把"靈寶五篇真文"作爲全部靈寶經的基礎。事實上，帶有"僞梵文"特徵的"五方天文"的影響面更大更廣。

第二，《諸天内音》祇有"四方天文"，到《五煉經》纔有"五方天文"；《授度儀》徵引了《諸天内音》的"四方天文"，却没有提及《五煉經》的經名和引用到其内容，證明《五煉經》的成書晚於《諸天内音》；這一事實説明"元始舊經"諸經中，的確也存在成書先後的關係。

第三，《五煉經》從《真文要解上經》的"中央衛靈神咒"中截取了部分文字，作成"中央天文"，加上《諸天内音》的"四方天文"，成爲對後世影響深遠的"五方天文"。

第四，屬於"仙公新經"的《真文要解上經》成書早於"元始舊經"之列的《五煉經》，這對於重新考察兩組古靈寶經的先後關係，是一個具有重要意義的個案研究。

道教碑文之史料價值初探
——以明《道藏》爲例

黃海德

（華僑大學）

一、道教碑文之史料價值

中國傳統學術以經、史、子、集"四部"分類，碑文類往往歸入"史部"（或稱"乙部"）"目錄類"的"金石之屬"，如宋代著名金石學家趙明誠所撰《金石録》、學者洪適編撰的《隸釋》都歸屬此部之中。而《道藏》則是按"三洞""四輔"來分類，其中有關道教碑文的内容大部列入三洞之中"洞神部"的"記傳類"。新中國成立後設立的"中圖法"（Chinese Library Classification），根據現代學科的分類規則，將"金石""碑文"歸類爲"歷史、地理"大類的"中國文物考古"一類，其下有"古書契"一目，而甲骨、金文、石刻、碑碣、經幢、墓志皆屬之。總起來看，《道藏·洞神部》所收碑文内容大部爲宫觀紀事，碑刻銘文屬於史料性質，傳統學術分類歸入"史部"，現代學科劃爲"歷史考古"，應該説是大體適當。

中國文化起源甚早，若按以往的古史傳說，從"三皇五帝"算起應有5000年左右的歷史。文化是需要傳承的，否則就有可能斷絶，而傳承文化最爲重要的方式之一就是文字的發明與使用。在西方，古希臘文化靠希臘文與拉丁文得以傳承，終於在千年以後點燃了"文藝復興"的聖火；在東方，中華文化就主要靠漢民族的語言與文字傳承下來，至今在世界文化之林中占有重要的一席之地。從文化史的角度來看，傳承文化的文字必須要有相應承載的物質形式纔能傳之久遠，否則就有可能湮滅無聞。譬如，中國最早的"夏"王朝，在古籍中有所記載，近代也考古發掘出大量的遺址與器物，然而至今缺乏夏代的文字以作證明，致使許多當代的歷史學家在書寫中國遠古歷史時感到困難重重。從古至今，各國文

字的物質承載形式有多種,如兩河流域的泥板、印度的貝葉、地中海沿岸的羊皮紙等。而中國的文字載體有先秦時期殷商的龜甲和獸骨,鐫刻在上面的文字自 20 世紀以來被稱爲"甲骨文";周代數百年流行使用青銅器,鑄刻在銅器上的文字被叫做"金文";以後相繼出現竹簡、縑帛、紙張等書寫文字的承載體,如戰國簡策、漢代帛書、敦煌遺書等,通過如許衆多的文字記載,中華文化的豐富内涵與民族精神得以千年傳承,至今巍然於世。

在中國多種文字承載形式中,質地較爲堅硬,能夠傳承久遠的東西就數銅器和碑石。先秦的墨子曾説過:"古之聖王,欲傳其道於後世,是故書之竹帛,鏤之金石,傳遺後世子孫,欲後世子孫法之也。"①意思是古代的"聖王"要把他們的"道統"傳於後世,就必須使用文字書寫鐫刻在"竹帛"和"金石"之上,纔有可能流傳千秋萬代。其中講的"金石",就是指銅器與碑石。

清代學者葉昌熾在《語石》中曾斷言"凡刻石之文皆謂之碑",這是後來的説法;其實在早期"碑"的本義并不是"刻石之文"的意思,而是有著另外的形式和意義。中國古代有宫廟,宫廟要經常舉行祭祀,而祭祀的程式必須要按時間安排,因此宫廟前大多豎立有一塊長條的石頭,用來觀察日影,計算時間,安排祭祀以及其他活動。《儀禮·聘禮》篇記述説:"陪鼎當内廉,東面,北上,上當碑,南陳。"漢代經學家鄭玄注説:"宫必有碑,所以識日景,引陰陽也。"②"識日景,引陰陽"就是觀察日影,安排時間,這是古代文化中"碑"字的"古義"。

另外又有一説,即《禮記·祭義》篇所講的:"祭之日,君牽牲……既入廟門,麗於碑。"鄭玄注解説:"'麗',猶'係'也。"後來北宋史學家宋祁解釋説:"碑者……施於廟則繫牲。"③就是説"碑"是立於廟門之内拴繫牛馬等牲口的石條。《儀禮》與《禮記》兩種文獻的説法,雖然使用的目的和方法不一樣,但是"碑"都是指與宫廟有關的石頭,這是殆無疑義的。除此之外,古代的"碑"字還有一種含義,不是指石頭,而是指木椿。《禮記·檀弓下》説:"公室視豐碑。"鄭玄注解:"豐碑,斫大木爲之,形如石碑。"其作用是在天子或貴族下葬的時候,"於椁前後四角樹之,穿中於間爲鹿盧,下棺以繂繞",在葬坑四角的厚木椿中間穿洞,用繩練將棺木慢慢放下,以便安葬。這裏講的"碑",其作用似乎相當於今天的滑輪。爲什麽要將木椿稱爲"碑"呢?宋人孫何《碑解》説:"其字從石者,將取其堅且久乎?"因爲古人安葬建墓都希望堅固長久,所以使用了"石"字旁的"碑"字,這祇能是聊備一説。

那麽"刻石之文"的"碑"是何時産生的呢?按照時下大多數學人的意見,認爲應該是戰國後期至秦代。現今有一套傳世國寶,通常考古界稱作"石鼓",據考證這是戰國時候秦國的歷史文物。每面石鼓上刻有紀功頌德、田獵車騎的内容,字體介於金文與小篆之間,歷來稱爲"石鼓文",這大概是現今可考的最早的"碑文"。後來"一代梟雄"秦始皇靠殺伐

---

① 《墨子·貴義》篇。
② 《儀禮注疏》卷二一《聘禮第八》,北京:北京大學出版社,2000 年,第 743~744 頁。
③ 《宋景文公筆記·釋俗》卷上,上海:上海商務印書館,1936 年,第 15 頁。

之功平定六國,在中國歷史上建立了第一個龐大的專制王朝,爲了炫耀其"豐功偉績",到處刻石紀念以垂不朽。雖然殘暴的秦王朝很快就從歷史的舞臺上消失,但是"始皇帝"的紀功刻石靠著大自然鑄就的堅硬性質流傳了下來,如《泰山刻石》與《琅邪臺刻石》等,可見秦朝時還未稱爲"碑",世人多稱爲"刻石"或"碣石",名稱尚未統一。

到了漢代,朝廷頌功德,皇家叙祀典,官府記工役,文人刻詩文,百姓記民生,也大多立碑記事,以存永久,於是社會上下蔚然成風。據各類金石資料記述,傳世漢碑即有數百通之多,現在留存的也有100多通,其中著名者有《三老碑》《張遷碑》《曹全碑》《禮器碑》等。從文化史的角度來看,可以認爲漢代是中國傳統文化的載體之一即"刻石之碑"正式產生的時代。以後自漢魏至唐宋明清,歷代相沿,碑刻紀事成爲中國歷史上的重要文化現象,其歷代傳承的大量碑文也自然成爲十分珍貴的歷史文化史料。

碑文是十分難得的實存史料。歷史是逝去的歲月,不再重現;但過去時代的遺迹有不少幸存下來,碑文就是其中的一種。

碑文的歷史文化價值首先表現爲客觀真實。我們知道,碑文從它的起源開始,就是叙事內容的載體。秦代刻石記載的是帝王的豐功偉績,漢代碑刻大多是士大夫生活內容的記述,隋唐盛行墓志銘,宋明時期佛、道教的廟觀記文,基本上都是歷史的真實叙事,因此學術界長久以來都將碑文視作珍貴的第一手歷史資料。20世紀陳垣先生通過對道教碑文的整理與研究,撰寫了《南宋初河北新道教考》,重現了"太一教"和"全真教"的歷史真相,就是其明顯的例子。

其次,碑文的歷史文化價值表現爲內容豐富。從漢碑、唐志到明清碑刻,既有政治、軍事、經濟的紀事,也有詩詞文學、語言文字、書法藝術的內容,甚至一些古代民族的語言文字,也靠碑文得以流傳後世。如遼寧發現的契丹文《肖慎微墓志》,甘肅武威保存的西夏文碑刻《重修護國寺感通塔碑》,吉林松原流存的女真文《大金得勝陀碑》等,都是研究古代民族語言文字的珍貴史料。

再次,碑文的載體是質地堅硬的石材,比起其他文字的載體如絲帛、竹簡、紙張等,更能歷經歲月變遷,傳承久遠。由於碑文的以上特徵,因此在歷史研究中有著不可替代的特殊地位和作用。

根據現有的考古材料,道教碑文大約興起於漢代。道教的教團組織以東方的太平道與西部的五斗米道的建立爲標志,都是在東漢時期。現今所見東漢時期與道教有關的碑文約有6通:一即吳興劉氏《希古樓金石萃編》卷六所載東漢順帝陽嘉四年(135)"延年石室"刻石;二爲王昶《金石萃編》卷七收集的東漢順帝漢安元年(142)"會仙友"題字;三爲《蔡中郎集》卷一所收東漢桓帝延熹末年(約165—167)蔡邕所撰《王子喬碑》;四爲南宋洪適編撰的《隸釋》卷三收錄的東漢陳相邊韶奉命撰寫的《老子銘》;五爲《隸續》卷三記載的東漢靈帝熹平二年(173)"祭酒張普"碑;六爲東漢獻帝建安十年(205)刊刻的《巴郡太守樊敏碑》。6通碑石之中,與道教興起直接相關的應是第五、第六兩通碑石,其中內容較爲

充實的是《樊敏碑》。

魏晉六朝是道教創宗立派、興盛發展的時期,三皇、靈寶、上清諸派與天師道都在此時期獲得程度不同的發展。然而,該時期的道教經文雖然流傳頗廣,道教碑刻存世無多,現今所見,歷代碑拓與文集、山志所收僅有數十通。

道教碑文大量出現的時期在歷史上有三個。第一個是唐宋時期。該時期由於多位帝王崇信道教,社會上信仰普及,信眾廣泛,因此與崇信、祭祀、塑像有關的道教碑文大量湧現。第二個時期是金元時期。這段時期北方的少數民族政權入主中原,漢政權被迫南遷,爲了維護與保存傳統的漢民族文化,北方的士紳民眾相繼創立了太一教、真大道教與後來興盛壯大的全真道。爲宣傳道教信仰,爭取民眾支援,擴大宗教組織的影響,上述道教教派在關中、山東等地鐫刻了諸多的大型道教碑石,碑文內容豐富,刻石精美,這一時期的道教碑刻很多比較完好地保存到現在。第三個時期是明清時期。該時期官方系統的道教逐漸衰微,而民間信仰大量流行,因此各個地區的神靈奉祀成爲不少地區民眾社會生活的重要組成部分,記載廟宇變遷、修建和神靈生平、靈迹的碑刻就在民間廣泛流行,從數量上來看,該時期的道教碑刻應爲最多。

在這三個時期之中,唐宋時期的碑文大多靠宋代的金石學專著與文人文集保存下來,金元時期的道教碑刻現今有大量的存世實物和碑拓傳世,而數量最多的明清時期與民間信仰相關的道教碑文,遺憾的是由於多種條件的限制,長期以來缺乏系統的搜集和整理。

碑文的搜集、整理和研究在古代屬於金石之學,現代屬於歷史學的範疇,這在前面已經述及。然而道教碑文的整理和研究長期以來未能得到學術界和社會上的重視,致使研究者無多,有關專著和論文在當今世界道教熱之中形成極大的反差,相比較汗牛充棟的道教研究論著來看,可說是寥若晨星。

民國以前,社會與學界對道教不夠重視,加之資料的缺乏,因此尚未有專人對道教碑文進行系統的研究。至20世紀20年代陳垣先生任職北京大學研究所國學門導師,始注重搜集有關道教的碑刻文獻,在其助手和學生的幫助下,歷經多年功夫,從《道藏》、歷代文集筆記和繆荃孫所藏藝風堂拓片中搜集和整理了數十冊道教碑文資料,祇是由於工作量太大,時間、精力皆有限,故陳先生在世時一直未能整理出版。經過了半個多世紀,直到20世紀80年代末纔由文物出版社出版了由其後人陳智超先生整理校補的《道家金石略》。該書搜輯了自漢代至宋明有關道教的碑文1300多篇,分爲漢魏六朝、唐、宋、金元、明五部分,按時代先後排列,是現代學術史上第一部道教碑文專集,爲道教史研究提供了大量詳實而珍貴的歷史資料。惟一遺憾的是出版社竟采用簡體字印刷古代碑文,大爲降低了該書的歷史真實性。

20世紀90年代四川大學出版社出版了由龍顯昭、黃海德主編的《巴蜀道教碑文集成》。該書所收碑文,"以關乎道教者爲準。碑文時限,上起後漢,下迄清末;少數民國碑,亦考慮采錄"。該書所收碑文主要從方志、文集和古代文獻中采錄,少量從《道藏》中搜集,

部分唐宋時代的道教碑文是經過田野實地考察,據原碑實錄所獲,尤爲難得。

以後三秦出版社出版有《陝西金石文獻彙集》,其中有《重陽宮道教碑石》,收集了部分全真道的道教碑文。

二、明《道藏》碑文述記

《道藏》"洞神部"屬於"三皇經"的傳授系統,按照道教的傳統,分爲"本文""神符""玉訣""靈圖"等12類,其中以《老子道德經》的本文與注釋、有關老子的經傳與傳説、丹經養生方術等內容爲多,約占"洞神部"的三分之二以上。"洞神部"的"記傳類"收有道書共20種,其中有關碑刻銘文的道書計有14種,此外"洞玄部"記傳類與其他文集之中尚有一些分散的道教碑文,總計20餘種有關碑文的道書。這些道教碑文是道教歷史上的第一手史料,具有珍貴的文獻價值,對於道教史的研究有著不容忽視的重要作用。

明代的《正統道藏》與《續道藏》按傳統分類,分爲"三洞""四輔""十二類"。在本文、神符、玉訣等12類之中,有關道教碑文的大量內容主要分布在"三洞"經書的記傳類,尤以洞神部記傳類較爲集中。此外,部分文集之中也有一些散見的碑記銘文。就考察所見,主要有《宮觀碑志》《甘水仙源録》《終南山説經臺歷代真仙碑記》《古樓觀紫雲衍慶集》《龍角山記》《大滌洞天記》《西川青羊宮碑銘》《宋東太一宮碑銘》《宋西太乙宮碑銘》《宋中太乙宮碑銘》《天壇王屋山聖迹記》《唐王屋山中岩臺正一先生廟碣》《唐嵩高山啓母廟碑銘》《茅山志》《梅仙觀記》《天台山志》等,現分別介紹如下。

(一)《宮觀碑志》實録

《宮觀碑志》,1卷,編者不詳,《道藏目録詳注》題爲陶穀所撰,實際陶穀是該書中第一篇碑文的撰寫者,非全書撰者。據所收碑文內容推測,似爲元代全真道士所編,後收入《道藏·洞神部·記傳類》。該書共收有9篇道教宮觀碑記,大多爲史事記録,其依次爲:

1.《涇州回山重修王母宮記》

題爲"翰林學士判吏部流内詮事陶穀撰"。陶穀是五代宋初人,家爲北方望族,曾歷仕後晋、後漢、後周與北宋,博雅擅文辭,該記是北宋初"太師清河公"張鐸鎮守涇州重修回山"王母宮"後所撰寫。"涇州回山",即今甘肅省涇川縣回中山,山上自古建有"王母宮"。《古今圖書集成》所載《平涼府古迹考》云:"回中山,在州西三里,脉自昆侖來,上有王母宮,下臨涇水,一名宮山。周穆王、漢武帝嘗至此。"宋太祖開寶元年戊辰歲(968),檢校太師張鐸主持重修回中山王母宮,并請翰林學士刑部尚書陶穀撰寫碑文,張鐸刻石立碑,世稱爲"陶穀碑"。

碑文對自古以來有關西王母的傳説和形象作出了總體的描述和概括,由《爾雅》至《山海經》《竹書紀年》,內容涉及周穆王駕八駿宴瑶池,捧王母之觴以歌黄竹,漢武帝禱靈境等。碑文記述説:"則回中有王母之廟,非不經也。年紀寖遠,棟宇毀壞,壇欹杏朽,蔽荆棘

於荒庭;井廢禽亡,噪鳥鳶於古堞。物不終否,崇之在人。"後面記述了張鐸重修王母廟的具體事實,盛贊其功。

2.《重陽成道宮記》

金元之際全真道士馮志亨撰。重陽成道宮位於今陝西省户縣城西20里的祖庵鎮,是全真道祖師王重陽最初修煉成道之地。碑文記述王重陽於金大定初年始悟道,自掘一穴,稱爲"活死人墓",居住兩年後遷往劉蔣村。"大朝革命"以後,乙卯之年(1135),尹清和、李真常、李志源聚衆人之力,在此建成重陽成道觀,共三殿(無極殿、襲明殿、開化殿)五堂(三師堂、靈宮堂、瞻明堂、朝徹堂、虛白堂),"金碧丹腹,粲然一新"。元憲宗蒙哥辛亥年(1251),"詔征掌教大宗師真常李真人,上親授金盒香、白金五千兩,佩金符代禮巡祀岳瀆。凡在祀典者,靡所不舉。明年(1252)春二月吉日,以御香來致,上命禮成以恩例改觀爲宮",遂稱爲"重陽成道宮"。甲寅年(1254),知宮王志遠上禀大長春宮掌教真人李真常辦理重陽宮刻碑樹石事宜,嘱馮志亨主筆撰文,文中説道:"宗師以潤文見命,予年近八十矣,倦於筆硯久矣,度其不可違,因按其實而編次之。"認爲全真之教"一動一靜皆天而不人",所謂天,"曰誠而已,誠者心齋也",是爲全真祖師傳道心法。

3.《敕建普天黄籙大醮碑》

該碑題爲"宣差總教佐玄寂照大師教門都道録馮志亨撰"。元憲宗蒙哥癸丑年(1253),提點王志坦向憲宗進言,天下干戈饑饉,衆多幽魂困獄,無由出離,願皇帝聖慈,普行濟度。"上嘉納其言",遂傳密旨燕京大長春宮,令掌教真人李志常主持醮事,設普天黄籙大醮三千六百分位。甲寅年(1254)春三月自初九至十六日,連續舉行七晝夜,"一切冤枉,靡有遺棄",既宣宏道教"善救人而無弃人,善救物而無弃物"的宗旨,又光揚"皇帝莫大之聖德"。後主醮大宗師命紀其事,由"教門都道録"馮志亨撰文,刻碑以傳。

4.《元重修亳州太清宮太極殿碑》

該碑題爲"翰林學士承旨知制誥兼修國史王鶚奉敕撰"。王鶚是金末元初人,曾爲金哀宗正大年間狀元,後投元朝屢獻治國之策,時人稱爲"飽學碩儒",著有《汝南遺事》傳世。亳州太清宮,其故址位於今安徽渦陽縣城北。太清宮始建於東漢延熹年間。因漢桓帝夢老子降於殿廷,乃頒旨於老子故里建廟立祠,奉祀老子,稱爲老子廟,并命陳相邊韶撰成《老子銘》以頌其功。後李唐皇室尊老子爲始祖,以此爲祖廟,唐高祖、太宗、高宗、武則天時曾相繼營建宮殿廟宇。唐玄宗天寶二年(743)欽封爲"太清宮"。唐末毁於兵火,宋代重建,規模更爲宏大。元世祖即位之四年(1263),曾遣使備禮祭祀老子。5年後(1268)建成太極殿,玄教真人張志敬、大臣張文謙與劉秉禮上書朝廷"乞樹碑以紀歲月",世宗從之,詔令翰林學士王鶚撰文以紀其事。該碑文記述太清宮的演變歷史尤爲詳密。

5.《中都十方大天長觀重修碑》

碑題"翰林侍講學士知制誥兼修國史鄭子聃奉敕撰"。撰者鄭子聃爲金代進士,歷官侍御史、吏部郎中、左諫議大夫,擅長詩賦,平生所撰詩文2000餘篇。十方大天長觀,原建

於唐代開元年間,始稱天長觀,後幾經興廢,金代改爲此名,元代又稱長春宮,明清以來改名爲白雲觀,即今北京市西便門外白雲觀。據碑文介紹,金大定十四年(1174),建成十方大天長觀,世宗率衆臣"款謁修虔",詔令"爲道場三日夜以慶成"。至大定十九年(1179),詔令學士鄭子聃"文其碑"以贊其事。於是子聃按《圖經》及舊碑,考天長觀之興廢"揚榷而叙之"。碑文歷叙天長觀自唐代至金代的衍變與修葺事迹。

6.《十方大天長觀玄都寶藏碑銘》

題爲"承事郎應奉翰林文字知制誥兼國史院編修魏博霄撰"。道教經書的正式結集成"藏",始於唐代開元年間(713—741),此後宋、金、元、明諸朝皆曾編修,由於各種歷史緣故,明代以前編纂的多種《道藏》都已經亡佚不存。金代編纂的道藏名爲《玄都寶藏》。據該碑文記述,金世宗大定二十六年(1186),詔令冲和大師孫明道提點天長觀觀事。兩年以後(即1188)下詔將南京(今河南開封)的《道藏》經板盡付中都(今北京)十方天長觀。"又易置玉虛觀經於飛玄之閣,以備觀覽,天長舊經,還付玉虛,其舊有名籍而玉虛不具者,聽留勿還,須補完則遣之。"金章宗明昌元年(1190),詔令十方天長觀提點孫明道搜求遺書,重修《道藏》。孫明道分遣道士訪遺經於天下,未及二年,"凡得遺經千七十四卷,補板者二萬一千八百册有畸,積册八萬三千一百九十八,列庫四區,爲楹三十有五,以架計者百有四十"。孫明道於是"倡諸道侣,依三洞四輔,品詳科格,商較同異,而銓次之,勒成一藏,都盧六千四百五十五卷,爲秩六百有二,題曰《大金玄都寶藏》"。大名魏博霄遂受冲和大師之請,撰文叙其始末,以傳久遠。《玄都寶藏》於金章宗泰和二年(1202)毁於火災,今已不存,而該篇碑文是編纂《玄都寶藏》的實録,具有珍貴的歷史價值。

7.《十方大天長觀普天大醮瑞應記》

碑末題有"征事郎、應奉翰林文字兼國史院編修官、借緋臣朱瀾拜手稽首謹書",可知撰文者爲金代翰林朱瀾。金章宗明昌元年(1190),皇太后身體失和,皇帝下詔,令"大天長觀設普天大醮七晝夜,仰祝皇太后聖壽無疆"。後太后"康寧如初"。朱瀾備紀其事,以"揚君上之美"。

8.《中都十方大天長觀普天大醮感應碑》

題爲"國子祭酒兼翰林直學士知制誥同修國史党懷英撰"。該碑文所記與《十方大天長觀普天大醮瑞應記》記事相同,都是爲金章宗皇太后祈禱康復之事。因"孫公大師復屬鄙文,傳之刊鏤"。文末云:"道師稽首,惟天子孝;千萬億年,加惠玄教。"

9.《中京重建十方上清宫記》

撰人署爲孫純甫,未題何時人,但記文言"國朝完顔訛",似爲金代之人。該文叙述太上老君歷代神化事迹,十分周詳,如言"太上者,混沌之祖也,初生三清,自玉清至於太清。又成九氣,自無量至於無愛。以純陽而上分三十六天,自太黃而至於大羅;以純陰而下分三十六地,自潤色而至於洞淵,皆在制御之域也。雖處乎丹臺之上,紫闕之内,三大仙、九大帝、二十七天君、八十一大夫、一千二百仙官、二萬四千靈司、七萬仙童玉女、五億天丁神王,咸奔走之"。金代的"中京"爲洛陽,洛陽上清宮建於唐代高宗時期,奉祀太上老君,自後歷代均有修建。金代重修上清宮時,雁門道人武大順主持宮事,"大順丐文於予,將伐石志之",故爲之記。

(二)《甘水仙源錄》與道教碑銘

《甘水仙源錄》,又名《甘泉仙源錄》,10卷,元朝全真派道士李道謙編撰。收入《道藏·洞神部·記傳類》。該書編成於元世祖至元二十五年(1288),次年(1289)刊成問世。前有李道謙於戊子重九日所撰《序言》一篇,自言重陽祖師"於金正隆己卯(1159)夏遇真仙於終南山甘河鎮,飲之神水,付以真訣",後遂傳道創教,於是取名爲《甘水仙源錄》,表明全真道自王重陽開始一脉相傳之意,并在序言中表明編纂該書的緣由:"每因教事歷覽多方,所在福地名山、仙宮道觀竪立各師真之道行,及建作勝緣之碑銘者,往往多鴻儒巨筆所作之文,雖荆金趙璧未易輕比。道謙既經所見隨即紀錄,集爲一書,目之曰《甘水仙源錄》,鋟梓以傳。"全書後有李道謙弟子張好古序一篇,表明擔任校讎之責,不負師命,庶傳之不朽。全書共計10卷,主要內容爲各地名山宮觀有關全真教的高道碑傳與宮觀碑文,分別介紹如下。

第1卷首列元世祖至元六年(1269)皇帝詔令一道,敕封全真道"北五祖""北七真"爲帝君、真君、真人,并令掌教張志敬遵奉執行。卷中有密國公金源璹所撰《終南山神仙重陽真人全真教祖碑》1篇,翰林修撰劉祖謙所撰《終南山重陽祖師仙迹記》1篇,邑人張子翼撰《丹陽真人馬公登真記》等記述馬丹陽事迹的碑文4篇,金源璹所撰《長春子譚真人仙迹碑銘》1篇,共計7篇碑文。

第2卷收有秦志安撰《長生真人劉宗師道行碑》、陳時可撰《長春真人本行碑》、姚燧撰《玉陽體玄廣度真人王宗師道行碑銘》、徐琰撰《太古真人郝宗師道行碑》各1篇,另有吳章撰《祭文》1篇與王粹子《七真贊》1篇。共計碑文4篇。

第3卷迻錄有弋彀所撰《廣化真人尹宗師碑銘》、王鶚撰《玄門掌教大宗師真常真人道行碑銘》、楊奐撰《終南山重陽萬壽宮洞真于真人道行碑》共計3篇碑文。

第4卷載有張邦直撰《真常子李真人碑銘》,元好問撰《離峰子于公墓銘》,李謙撰《弘玄真人趙公道行碑》,劉祖謙撰《終南山碧虛真人楊先生墓銘》,李道謙撰《終南山全陽真人周尊師道行碑》,宋子貞撰《普照真人玄通子范公墓志銘》,王鶚撰《栖雲真人王尊師道行碑》,孟祺撰《應緣扶教崇道張尊師道行碑》各1篇,共計碑文8篇。

第5卷收錄王磐撰《玄門掌教宗師誠明真人道行碑銘》,孟攀鱗撰《湛然子趙先生墓碑》,趙九淵撰《終南山靈虛觀冲虛大師呂君墓志》等碑文共計8篇。

第6卷收有何道寧撰《終南山重陽萬壽宮無欲觀妙真人李公本行碑》,趙著撰《佐玄寂照大師馮公道行碑銘》,李鼎撰《重玄廣德弘道真人孟公碑銘》等碑文共計6篇,另有《紫陽真人祭無欲真人》祭文1篇。

第7卷收錄高鳴撰《崇真光教淳和真人道行之碑》,李國維撰《頤真冲虛真人毛尊師蛻

化銘》,李道謙撰《終南山圓明真人李練師道行碑》與《終南山樓觀宗聖宮同塵真人李尊師道行碑》,元好問撰《通真子秦公道行碑銘》等碑文共計7篇,另有王粹與張本《事迹》各1篇。

第8卷收有《純成子李君墓志銘》《園明真人高君道行碑》等碑記、銘文、事迹、序文共計11篇。

第9卷收錄俞應卯撰《鄠縣秦渡鎮重修志道觀碑》、陳時可撰《燕京白雲觀處順堂會葬記》等各地有關道教宮觀的碑記共9篇。

第10卷收錄張本撰《修建開陽觀碑》、宋子貞撰《順德府通真觀碑》、王奐撰《重修太清觀記》等碑記8篇,另有《七真傳序》《送真人于公如北京引》各1篇,《甘河鎮遇仙宮題詩并序》1篇。

以上全書10卷,共收錄有關全真道士與宮觀的碑記、銘文70餘篇,其中大多出於金元時期名家之手,叙事翔實,頗富文采,實爲研究全真道的珍貴歷史史料。

(三)《太一宮碑銘》

1.《宋東太一宮碑銘》

《宋東太一宮碑銘》,1篇,題爲"翰林學士承旨中奉大夫尚書吏部侍郎扈蒙撰",收入《道藏·洞神部·記傳類》。據《史記·封禪書》記載,亳人繆忌曾上書漢武帝,言:"天神貴者太一,太一佐曰五帝。古者天子以春秋祭太一東南郊,用太牢。"於是武帝令太祝在東南郊建祠奉祀"太一之神"。其祭祀禮儀十分隆重,僅次於冬至祭天與夏至祭地的"二郊之祀"與"二儀之壇"。對於"太一神"的國家祭祀,自漢代到唐代一直沿襲不絕。宋代特別推崇"五福太乙",認爲"所至則民皆福壽,所臨則歲必豐穰"。宋太宗太平興國八年(983),因朝廷日官推策"當於甲申歲去遼碣之野,適斗牛之次",於是下詔在皇都開封東南建太一宮祭祀"太一","卜茲勝地,創是新宮",以"宅神靈而昭睿德也"。期以"三元令節",歲時奉祀。由於該宮建於都城東南郊,故後來稱爲"東太一宮"。甲申(984)秋八月,宋太宗如期親至太一宮祭祀,翰林學士扈蒙奉旨撰寫碑銘。南宋遷都後,曾在杭州仿照開封舊制建有東太乙宮,明代郎瑛《七修類稿·杭州宋祀典考》云:"東太乙宮,今祖山寺。"

2.《宋西太乙宮碑銘》

《宋西太乙宮碑銘》,1篇,題爲"翰林學士兼侍讀學士玉清昭應宮判官宋綬奉敕撰",收入《道藏·洞神部·記傳類》。先是宋太宗之時,曾在都城東南建有"東太一宮","國有大事,必先告之"。宋仁宗年間,"復從居鄉之請",於天聖六年(1028)下詔在京城開封西南另建"西太乙宮",由張懷德總管其事,分建四殿:黃庭峙於中,以尊五福君祺大游;寧禧繹於後,以奉小游;延貺峨於東,以寓天一四神祺;資佑竦於西,以宅地一,至符民祺。其他堂廡衆舍,總共四百餘區,精選道士三十餘人,由元靖大師徐思簡任主持,"祠醮儀法,率用雍熙之舊"。仁宗於秋季親臨奉祀,次年皇太后也至西太乙宮拜謁,"勤禮恤祀""綏靖輯睦",學士宋綬承詔撰文以記其事。

3.《宋中太乙宫碑銘》

《宋中太乙宫碑銘》,1篇,題爲"朝奉郎知制誥兼侍讀判國子監臣吕惠卿奉敕撰",收入《道藏·洞神部·記傳類》。以前北宋皇室已在都城開封東南和西南分别建有東、西太乙宫,并均撰有碑文。宋神宗熙寧四年(1071),司天監奏稱"太乙五福之神"將於七年行臨中宫,"其分爲京師之野",應如故事立祠以求民康物阜。神宗即下詔於開封城南另建"太乙宫",熙寧四年冬季開建,六年春季竣工,建有三門七殿,"分祠十太一與太歲之神,而五福居其中"。其中,"壇場之制,禱祀之儀""皆乙太乙之學爲本,而参以道家之説"。宋神宗爲之御書制名,詔命吕惠卿撰文以記其事,庶使"覆載之内,蒙澤如一;動植之類,賦生咸若",子孫皇王,傳之萬世。因該宫建於城南,處於東太乙宫與西太乙宫之間,故後來稱爲"中太乙宫"。

(四)《龍角山記》與太上老君

《龍角山記》,1卷,編者不詳,收入《道藏·洞神部·記傳類》。該書收集從唐宋至金代有關山西龍角山道教宫觀的碑文、詔令和祈禱文合編而成。龍角山古稱羊角山,位於黄河中游的太行山麓,即今山西省臨汾市浮山縣境内。相傳唐高祖李淵武德三年(620),曲沃人吉善行宣稱太上老君顯現於羊角山,告之曰:"吾而唐帝之祖也,告吾子孫長有天下。"於是唐高祖李淵封吉善行爲朝散大夫,并改"浮山"之名爲"神山",建"慶唐觀"以奉祀太上老君。該《記》共收有碑文詔令8篇,祈禱文6篇。

8篇碑文詔令依次爲:

(1)唐玄宗李隆基於開元十七年(729)所撰《唐明皇御制慶唐觀紀聖銘》,追述唐初太上老君顯靈於羊角山以佑護唐朝皇室的神應事迹,因"龍神化而無端",故改羊角山爲龍角山,後有先天二年(713)敬造天尊像的銘文。

(2)開元二十一年(733)《唐明皇詔下慶唐觀》詔令1篇,敕令天下士庶家藏《老子道德經》,"俾敦崇道本,附益化源"。

(3)開元二十七年(739)《唐明皇再詔下太上老君觀》詔令1篇,宣稱"《道德》者百家之首,清净者萬化之源",敕令"凡聖祖降代出處之迹""立像以盡其意焉"。

(4)左拾遺崔明光撰《慶唐觀金籙齋頌》,記述了龍角山慶唐觀"啓玉皇印,修金籙齋"的盛况,并"刊此樂石,以奉至尊"。

(5)神山縣知縣韓望於宋真宗大中祥符元年(1008)所撰《慶唐觀碑銘》,其碑文内容融合儒、道,認爲"《六經》之旨正而詳,《道德》之奥和而備",以"剔僞保淳,基國樹民",記述慶唐觀道士梁志真於景德年間矢志修復神山道觀,韓望資助修葺玄元、三清、三皇等殿,後奉調選部,行前應梁道士之請,撰文紀事,以"體道而昌,玄教重光"。

(6)宋徽宗政和元年(1111)靳苞所書《重修三清殿記》,記述了政和初年縣宰公孫公修葺天聖觀三清殿的始末情形。

(7)金太宗天會十一年(1133)進士王建中所撰《重修嘉潤侯殿記》,記述了南李村民

衆修葺龍角山華池峰"嘉潤侯殿"的事迹,適作者往觀其事,遂應道衆所請,記述其事,刊諸碑石,以傳不朽。

(8)鄉貢進士田蔚所撰《重修華池嘉潤侯殿記》1篇,未記年號,但根據文末所記干支"辛丑"推測,似爲金世宗大定二十一年,即1181年所記。金天會年間曾衆修復華池峰嘉潤侯殿以後,不久爲天火所毀壞。金熙宗皇統末年,道錄、知觀與當地民衆又組織人力,加以重修,然未撰文記事。若干年後,進士田蔚教學觀前,應衆人之請,撰寫記文,追叙其事,以貽後代。

後面是《祈雨文》或《祈雪文》共計6篇。除首篇《祈雨祭文》記有"(金)大定十一年歲次辛卯(1171)"的年代外,餘5篇均無年月記載。

(五)《天壇王屋山聖迹記》

《天壇王屋山聖迹記》,1卷,編者不詳,據該書詩文所記,約成書於元代,收入《道藏·洞神部·記傳類》。該書所收計有:廣成先生杜光庭所撰《天壇王屋山聖迹記》,《唐睿宗賜司馬天師白雲先生書詩并禁山敕碑》,《睿宗御制五言送司馬煉師還天台山》,杜甫、金門羽客林仙人、通真道人等撰寫的五言詩或七言詩數首,齊人杜仁杰撰《清虛小有第一洞天》三言1首,卷末有元至大二年(1309)中岩知宮陳道阜所撰《元特賜玉天尊之記》1篇。

王屋山在河南洛陽西北,爲道教十大洞天之一。《聖迹記》記述,"山中有洞,深不可入,洞中如王者之宮,故名爲'王屋'"。相傳黃帝在此禱告上帝,上帝命西王母降臨王屋山主峰天壇山,授黃帝《九鼎神丹經》,遂大破蚩尤。西晋時清虛真人小有洞主王褒在王屋山清虛宮授南岳魏夫人上清道經,故又稱爲"小有清虛之天"。唐代上清派著名道士司馬承禎曾在此山頂中岩臺修道多年。司馬承禎爲唐睿宗女兒玉真公主之師,爲唐代著名道教學者,著有《天隱子》《坐忘論》等,對道教的修道成仙理論頗有貢獻。

(六)《唐王屋山中岩臺正一先生廟碣》

《唐王屋山中岩臺正一先生廟碣》,1卷,唐朝左威衛錄事參軍衛邢撰。收入《道藏·洞神部·記傳類》。本篇較爲詳細地記述了唐代著名道士司馬承禎的生平修道事迹。司馬承禎號白雲子,爲陶宏景三傳弟子,師事體玄先生潘師正,得受上清經法及符籙、辟穀、導引、服餌等方術。與陳子昂、李白、孟浩然、王維、賀知章等人爲"仙宗十友"。曾長期隱居天台山,唐代睿宗、玄宗屢次召見,唐玄宗從他親受法籙,後命於王屋山自選形勝,築陽臺觀以居之。擅長篆、隸書法,自成一體,號"金剪刀書"。以三種字體書寫《老子道德經》,刊正文句,刻爲石經。開元二十三年(735)卒,追贈銀青光祿大夫,謚稱"貞一先生"。著有《修真密旨》《天隱子》《服氣精義論》《坐忘論》等。據道經記載,司馬承禎將修仙的過程分爲"五漸門",即齋戒、安處、存想、坐忘、神解,稱"神仙之道,五歸一門";將修道分爲"七階次",即敬信、斷緣、收心、簡事、真觀、泰定、得道。此"五漸門""七階次",又可概括爲"簡緣""無欲""靜心"三戒,祇需勤修"三戒",就能達到"與道冥一,萬慮皆遺"的仙真境界,其思想對宋代理學"主靜去欲"學說的形成有著重要的影響。

(七)《唐嵩高山啓母廟碑銘》

《唐嵩高山啓母廟碑銘》，1卷，題爲"登仕郎崇文館直學士崔融奉敕撰"，收入《道藏·洞神部·記傳類》。相傳夏禹娶塗山氏之女，生子夏啓後，其母化爲石，後人爲紀念啓母，立廟奉祀，稱爲"啓母廟"。崔融爲唐代名詩人，與蘇味道等人稱爲"文章四友"，曾爲唐中宗侍讀，"東朝表疏，多出其手"。碑銘贊揚"母德"，"氣爲母則群物以萌，日爲母則榮光必照，坤爲母則上下交泰，後爲母則邦家有成"，碑文道意深湛，文采斐然。據説武則天幸嵩山，見到崔融所撰《啓母廟碑銘》，深加贊嘆，不久擢爲著作佐郎，後兼修國史。

(八)《終南山説經臺歷代真仙碑記》

《終南山説經臺歷代真仙碑記》(後簡稱《碑記》)，1卷，爲元代茅山道士朱象先所編，收於《道藏·洞神部·記傳類》。撰者朱象先，號一虛子，茅山道士。元世祖至元十六年(1279)往終南山參訪全真祖庭，因居樓觀臺，得以遍覽樓觀舊志及先師傳記，節錄原北周韋節所撰、唐尹文操續撰的《樓觀先師傳》，編成該《碑記》。"説經臺"位於陝西省周至縣終南山麓的"古樓觀"，相傳老子西出函谷之時曾在此講授《道德經》，故後世有此名稱。據《樓觀本起傳》介紹："樓觀者，昔周康王大夫關令尹之故宅也。以結草爲樓，觀星望氣，因以名樓觀，此宮觀所自始也。"該地原名"草樓觀"或"樓觀"，渭水橫展，千山相擁，北鄰酈山，西眺太白，自古爲道教名勝之地。漢代曾在此建有離宮，唐代崇奉道教，以老子爲李氏先祖，特將"樓觀"改爲"宗聖觀"，元代升爲"宗聖宮"，後來將"樓觀"與"説經臺"合稱爲"樓觀臺"。

朱象先編撰《碑記》以前，唐宋時期有《樓觀先生本起内傳》流傳，或爲一卷本，或爲二卷本，或爲三卷本，名稱或稱爲"先師傳"，或稱爲"本行傳"，或稱爲"内傳"，鄭樵《通志》、《宋史·藝文志》、《初學記》、《崇文總目》等古人目録均有記載。據道經記述，早在晋惠帝永興二年，太和真人尹軌曾降授道士梁諶《樓觀先生本起内傳》1卷，後來北周華陽子韋節續撰1卷，唐代樓觀道士尹文操在前面兩卷的基礎上又續撰1卷。經陳國符先生《道藏源流考》考證，認爲《初學記》書中所引尹軌《樓觀先師傳》1卷，即是晋代道士梁諶所撰的一卷本；北周韋節續撰1卷，即是《崇文總目》記載的二卷本；唐代尹文操又再續撰1卷，即是《通志》所收録的三卷本。至於《通志》與《宋史·藝文志》另外記載的《樓觀先師傳》或《樓觀本行傳》，應該是尹文操單獨續撰的一卷本。

現存《碑記》共收有自文始真人尹喜至洪妙真人李志柔的記傳35篇，依次爲九天仙伯文始先生無上真人，杜陽宫太和尹真人，王屋山太極杜真人，赤城宫彭真人，太清宋真人，西岳馮真人，白水宫姚真人，秦隴宫周真人，清尹仙人，大有宫王真人，西岳仙真李真人，上清封真人，太清高仙張真人，梁考成真人，王子年真人，孫仲宣真人，馬元約法師，尹靈鑒真人，王道義法師，母始光法師，貞懿先生陳真人，李順興真人，張法樂先生，精思法師韋真人，侯法先法師，威儀法師王真人，嚴道通法師，于長文法師，金紫光禄大夫岐法師，巨國珍法師，田仕文法師，銀青光禄大夫尹尊師，正一通真梁真人，掌教大宗師清和尹真人，同塵

洪妙李真人。在原有30篇傳記之上增加了尹喜、尹文操、梁筌、尹志平、李志柔5人。每人各一小傳，傳後有贊語，"總爲是碑"，立於樓觀宗聖宮，"刻之貞石，昭示無窮"。

陳垣先生所編《道家金石略》亦收錄此篇，題作《樓觀先師傳碑》，據陝地原拓所記，該碑刻立於元世祖至元三十年（1293）。

(九)《古樓觀紫雲衍慶集》

《古樓觀紫雲衍慶集》，3卷，元代茅山道士朱象先編撰。收入《道藏·洞神部·記傳類》。該書彙集古樓觀所保存的唐代和元代的碑文傳記以及名士題咏編撰而成。朱象先自撰的碑記詩文亦收入集內。古樓觀歷史悠久，唐高祖武德年間改名爲"宗聖觀"，歐陽詢撰有《大唐宗聖觀記》。元代時尹志平至樓觀，推薦李志柔主事重加修建，建有三樓三殿，其中一殿名爲"紫雲衍慶樓"，該集即以此爲書名。

卷上收有唐代三碑與元代一碑。唐代碑文爲歐陽詢撰《大唐宗聖觀記》，員半千撰《大唐宗聖觀主銀青光祿大夫天水尹尊師碑》，劉同升撰《大唐聖祖玄元皇帝靈應碑》；元代碑文爲李鼎撰《大元重修古樓觀宗聖宮記》，記述"（元世祖）中統元年（1260）夏六月，朝命易觀爲宮，仍舊宗聖之名"，故碑文紀爲"宗聖宮"。

卷中收元代碑記6篇，《刊關尹子後序》《宗聖宮圖跋文》各1篇，另有《關尹賦》1篇，全部爲元人所作。碑文有：賈餗撰《大元清和大宗師尹真人道行碑》，李道謙撰《大元宗聖宮主李尊師道行碑》，朱象先所撰《古樓觀繫牛柏記》《終南山重建會靈觀記》《文仙谷純陽洞演化庵記》3篇，王守道撰《玉華觀碑》。

卷下錄有杜道堅撰《大宗聖宮重建文始殿記》，餘後題爲"名賢題咏"，爲歷代高道名士如王維、儲光羲、盧倫、蘇子瞻、尹志平等人題咏樓觀名勝的詩文作品。

全書總計收錄編集有關古樓觀臺的碑文11篇，其中唐代碑文3篇，元代碑文8篇，是研究樓觀派道教歷史的重要資料。

(十)《西川青羊宮碑銘》

《西川青羊宮碑銘》，1卷，唐代翰林學士樂朋龜撰，收入《道藏·洞神部·記傳類》。青羊宮位於今四川省成都市城西，是巴蜀地區的著名道教宮觀。相傳"太清仙伯敕青帝之童，化羊於蜀國"，民間并有尹喜在青羊肆遇老子，太上老君現身說法等傳說。該宮古稱玄中觀，據杜光庭《歷代崇道記》記述，唐僖宗中和年間避亂入蜀，下詔宗室李特立、道士李無爲於成都府青羊肆玄中觀設醮祈福，"忽見虹光如彈丸許，漸漸明大，出於殿基東南竹林中"，挖地得玉磚一塊，上有古篆"太上平中和灾"六字。後"狼武蕩平，八肱無事"，僖宗返長安後，特敕令賜錢購地對玄中觀大加修建，并改名爲"青羊宮"，令"翰林學士承旨尚書兵部侍郎知制誥樂朋龜撰碑立之"。

碑文稱叙太上玄元皇帝爲天地之父母，自三皇五帝、夏商周三代以來歷世下降爲帝王之師。宣稱"大道者三教之冠冕，上德者百聖之宗元""仰其高而彌高，考其上而無上"。主張"三教爭長，惟道獨尊"。碑文長達8000餘字，記述道教神話頗多。

(十一)《大滌洞天記》

《大滌洞天記》,3 卷,宋末元初鄧牧編,收入《道藏·洞神部·譜録類》。鄧牧,字牧心,浙江錢塘人,宋元之際學者,少好莊、列,淡泊名利,南宋亡後,拒不入仕新朝,遍游天下名山,自稱"三教外人",世稱"文行先生"。元大德三年(1299),隱居餘杭大滌山洞霄宮,住持沈介石爲建白鹿山房,匾曰"空屋"。牧與九鎖山冲天觀的葉林爲深交,葉坐化以後,鄧牧親爲之撰寫墓志銘,半月後鄧亦無疾卒於山中,終年 60 歲。著有《洞霄圖志》,精於古文,有自編詩文集《伯牙琴》傳世,集中有《君道》1 篇,揭露帝王專制殘民,"以四海之廣,足一夫之用",其思想對明末黄宗羲有相當影響。《洞霄圖志》卷五《人物門》有《鄧文行先生傳》介紹其生平事迹。

大滌山古名大辟山,在浙江餘杭西南。宋《咸淳臨安志》卷二四"大滌山洞天"條云:"或言此山清幽,大可以洗滌塵心,故名。"道教將其列入三十六洞天之第三十四洞天,名"大滌玄蓋洞天"。洞霄宫位於大滌山中峰下的大滌洞旁,傳説創建於漢武帝之時,唐中宗弘道元年(683)奉敕建有天柱觀,唐昭宗乾寧二年(895)錢鏐加以改建稱爲天柱宮,宋真宗大中祥符五年(1012)奉敕改名洞霄宮。宋室南渡以後,常以去位宰執大臣提舉洞霄宮。元世祖至元年間屢經擴建,規模日巨,并以該宮總攝江、淮、荆、襄諸路道教,是元代重要的道教宮觀。

鄧牧居於大滌山之時,與道士孟宗寶曾合撰《洞霄圖志》一書,而後來明《正統道藏》未收入,至清代鮑氏父子精刻《知不足齋叢書》時,在第 15 集收有元刻本《洞霄圖志》6 卷,題爲"本山隱士鄧牧(牧心)編,本山道士孟宗寶(集虛)集"(《叢書集成初編》收有該書,分爲上、下兩册)。據内容以考,《洞天記》實爲《洞霄圖志》的删改本。

《四庫提要·史部地理類》云:"牧於大德己亥入洞霄,止超然館,住持沈多福爲營白鹿山房居之,遂屬牧偕本山道士孟宗寶搜討舊籍,作爲此《志》。凡六門:曰《宮觀》,曰《山水》,曰《洞府》,曰《古迹》,附以异事,曰《人物》,分列仙高道二子目,曰《碑記》,門各一卷。前有元教嗣師吳全節及多福二序,後有錢塘葉林、台州李洧孫二跋。牧文章本高曠絶俗,故所録皆詳略有法。牧成此書在大德乙巳,至明年丙午春而牧卒。此書第五卷後附住持、知宮等題名,有及丙午六月後事者,疑爲道流所增入。又《人物門》有牧及葉林二傳,前題'續編'二字,亦不知續之者爲誰。舊本所有,姑并存之。又書稱《圖志》,而此本乃有志無圖。當爲傳寫所脱佚,無可校補,亦姑仍其闕焉。"又《四庫存目·史部地理類》"大滌洞天記"條下云:"核其書,即牧所撰《洞霄圖志》内《宮觀》《山水》《洞府》《古迹》《碑記》五門,而删其《人物》。每門又頗有刊削,不皆全文。卷首吳全節、沈多福二序亦同,惟增入洪武三十一年正一嗣教真人張宇初一序。稱今年春某宮道士某持宮志請序,將廣於梓。蓋明初道流重刻時,妄以其意删節之,而改其名也。"認爲《大滌洞天記》係明初道士重刻《洞霄圖志》時將其删節而成,并擅改書名。

《道藏》本《洞天記》前有序文 3 篇。首篇爲明洪武三十一年(1398)第 43 代天師張宇

初所撰,其言"大滌洞天天柱峰即洞霄宫也,始漢武元封間,而晋唐以來,修真隱遁之士多居之"。次篇序文爲玄教嗣師吴全節撰,記"大德九年夏,余奉旨搜賢,鄧牧心隱餘杭天柱山,即而徵之,固辭不起",該序撰於元武宗至大三年(1310)。第三篇爲洞霄宫住持沈多福所撰,自言:"余懼靈迹奇聞久將湮没,遂俾道士孟宗寶、隱士鄧牧心相與搜羅舊籍,詢諸故老,考訂作《洞霄圖志》。凡山川標緻之勝、宫館規制之詳、仙聖游化之迹、英賢紀述之美,皆收拾而無遺。"

《洞天記》卷下爲《叙碑記》,收録錢鏐《天柱觀記》、吴筠撰《天柱觀碣》、李玄卿撰《厨院新池記》、曹叔遠撰《洪鐘記》、吴泳撰《演教堂記》、楊棟撰《東陽樓記》、王思明撰《栖真洞神光記》、白玉蟾撰《演教堂揭扁法語》、家鉉翁撰《重建洞霄宫記》、鄧牧《昊天閣記》、葉林撰《白鹿山房記》、張伯淳撰《元清宫記》、沈多福撰《重建冲天觀記》、鄧牧撰《冲天觀記》、《清真道院記》與《集虚書院記》等唐、五代、宋、元碑記銘文共計16篇,所收多爲名家之作。

(十二)《茅山志》

《茅山志》,原書分爲12門15卷,今《道藏》本析作33卷,題爲"上清嗣宗劉大彬造"。

茅山位於今江蘇句容市境内,因山勢曲折,故名句曲山,道家稱"句曲之金陵,是養真之福境,成神之靈墟"。相傳西漢時茅盈、茅固、茅衷三兄弟來此隱居修道,後人尊奉爲"三茅真君",遂改句曲山爲三茅山,簡稱茅山。茅山爲道教上清派發源地,道教"十大洞天"稱爲"第八金壇華陽天",并列爲"七十二福地"之首,素有"三宫、五觀、七十二茅庵"之説,是著名道教聖地之一。

《茅山志》撰成以前,已有《茅山新小記》1卷(《崇文總目》著録),南宋時曾恂等人重修的《茅山記》4卷等書刊行於世,但所書"山水祠宇,粗録名號而已,考古述事,則猶略焉",所記十分簡略。《茅山志》即根據以前多種舊志加以增修編纂而成,原爲15卷,明編《正統道藏》時因限於編藏體例,故將元刊本改爲33卷。清代編修的《四庫全書》將"浙江孫仰曾家藏本"《茅山志》列入《四庫存目·史部地理類》,實爲明代嘉靖刻本,"不但紙版惡劣,非張天雨之舊,且爲無識道流續入明事,叙述凡鄙,亦非劉大彬之舊矣"。

劉大彬號玉虚子,錢塘人,元武宗至大四年(1311)襲教,爲茅山派第45代宗師。據其自序,"大彬登壇一紀,始克修證,傳宗經籙,又五載而成是書"。而該書前有玄教大宗師吴全節序文1篇,稱"是書前後凡二十年始成",説明該書編撰歷時較長,或非一人之作。後錢大昕校勘的《元史·藝文志》著録有元末茅山道士張天雨編撰的《茅山志》15卷,陳國符《道藏源流考》據此認爲,元代以後傳世的《茅山志》"實即張天雨所修,劉大彬竊取其名而已",近世學人多有認同。

《茅山志》前有趙世延、吴全節、劉大彬3篇序文,略述撰志緣起與全書概要。全志分爲12門,分别爲《誥副墨》《三神紀》《括神區》《稽古迹》《道山册》《上清品》《仙曹署》《采真游》《樓觀部》《靈植檢》《録金石》《金薤編》,每門以3字爲題,應是仿陶弘景《真誥》而取的篇名。其内容包括歷代帝王詔誥、茅山宫觀名勝、仙真神人、宗派傳承、道經典籍、醫藥養生、詩文題咏等,内容豐富,記事翔實,體例得當,是道教志書中的上乘之作。

其中第20～27卷爲《録金石門》,集録自南朝蕭梁至唐宋元末的茅山道教碑記銘文,除少數僅列碑目之外,大多爲實録全文。其中録有《九錫真人三茅君碑文》《上清真人許長史舊館壇碑》《陶先生朱陽館碑》《茅山曲林館碑》《梁解真中散大夫貞白先生陶隱居碑銘》《華陽隱居墓銘碑》梁代碑文6篇;唐代碑文則有《唐國師升真先生王法主真人立觀碑》《少室仙伯王君碑銘》《桐柏真人茅山華陽觀王先生碑銘并序》《茅山貞白先生碑陰記》《唐茅山紫陽觀玄静先生碑》《茅山玄静先生廣陵李君碑銘并序》《華陽三洞景昭大法師碑》《崇元聖祖院碑》《三聖記碑》《唐石燈記》《唐道門威儀玄博大師貞素先生王君碑》《茅山紫陽館碑銘并序》《復禁山碑》《靈寶院記》《上清真人許長史丹井銘碑》《體玄先生潘尊師碑頌》《唐漢東紫陽先生碑銘》《王法主碑》共計18篇;宋代碑文則録《御制觀龍歌》《宋天聖皇太后受上清籙記》《茅山五雲觀記》《茅山第二十三代上清大洞國師乾元觀妙先生幽光顯揚之碑》《武仙童書碑》《江寧府茅山崇僖館碑銘》《宣和御制化道文碑》《茅山元符觀頌碑》《茅山元符萬寧宫記》《茅山華陽先生解化之碑》《冲隱先生化表碑》《冲隱先生墓志銘》《茅山凝神庵記》《嘉定皇后受籙記》《白雲崇福觀記》《洞陽館記》共有16篇;元代録有《華陽道院碑銘》《句曲山洞泉銘》《福鄉井銘》《弘到壇銘》《崇僖萬壽宫記》《崇壽觀碑》共計6篇碑記銘文。另外第26卷卷末録有《宋羅天感應碑》《元符萬寧宫經藏記》兩篇碑文之名,没有内容,注解説"右闕文",説明其内容已經佚失;後面列有《宋重修華陽宫記》《元陽觀記》《玉液巷庵》3篇碑銘名稱,下云"右不録文",緣故未明。

總共收録有自南朝至元代有關茅山道教的碑記銘文51篇,其中5篇僅存碑目而無内容,實録碑文46篇。《茅山志·金石門》所收存的40餘篇碑文,唐宋時代的共計有34篇,幾占大半,這與唐宋時代道教興盛的歷史背景有關,而且這段時期也是道教上清派的興盛發展階段。這些碑文實際反映了這一時期茅山道教的教派傳承、人物活動、宫觀名勝的具體内容,是有關道教歷史的珍貴資料。

《梅仙觀記》,1卷,題爲"仙壇觀道士楊智遠編",收入《道藏·洞玄部·記傳類》。編者楊智遠爲南宋末年人,生平事迹不詳。梅仙觀原址位於今江西南昌市境内的梅嶺。梅嶺原名飛鴻山,屬西山七十二峰之一,風景秀麗,素有"小廬山"之稱。相傳漢末南昌尉梅福不忍天下生靈塗炭,"乃奮忠義之氣,上灾異書,以陳治亂",後退隱於此,煉丹修道,升天成仙。後世爲紀念其高風亮節,遂在山上建梅仙壇,山嶺下修建梅仙觀,將飛鴻嶺改名爲梅嶺,成爲道教名勝之地,歷代文人墨客來此游覽探勝,賦詩紀念。《梅仙觀記》即將有關梅福其人與該地名勝的碑記銘文、詩詞題咏彙編成册,以俾流傳。

該《記》首列《梅仙事實》一篇,記述梅福生平事迹:"昔梅仙君,河南壽春府人,名福,字子真。乃西漢成帝時受命洪州南昌縣尉。居官清節,志厭浮華,每以恤民爲念,未嘗加鞭朴於民。"曾先後向朝廷上《陳灾異書》與《建三統書》,"帝俱不納",於是産生歸隱之志,

"遂解衣挂冠東都門,納官弃妻子去九江",其後求師慕道,訪山采藥,多隱名山廣谷之間。一日得空洞仙君指點,至飛鴻山修煉千日,道成仙去。自後飛鴻山號爲梅仙山,山之西有墜馬洲,山之下有登仙里,山之東溪有逃童石,山之側有甘露源,山之後有天花嶺,傳説均爲梅仙遺迹。山麓建有梅君道院,鄉民崇奉,香火頗盛。該文撰於唐德宗貞元二年(786),作者不詳。後面有《梅先生碑》一篇,爲唐末詩人羅隱所作,指斥漢代"綱紀頹壞",而云"天下有道則正人在上,天下無道則正人在下"。其後有蕭山明《書梅先生碑陰》與蕭泰來《書梅先生碑後》各一文,言"失士則亡,得士則存",大概都是對於唐末社會紊亂失和的情況有所感而發。

後面則有宋代以來的詔令敕文6篇,卷末爲歷代贊咏梅仙館的詩詞題記40餘首,其中有黄庭堅、蘇轍等人的作品。范仁仲《題梅山》詩云:"霞馭月寒時弄影,斗壇風冷夜聞香,先生不必真人號,自與乾坤共久長。"文字雋永,寓意深遠。

(十三)《天台山志》

《天台山志》,一卷,收入《道藏·洞玄部·記傳類》。原書不著撰人,《四庫總目》編者認爲:"末稱世祖皇帝封道士王中立爲仁靖純素真人,知爲元人所作。又稱前至元間,知爲順帝時人矣。其書頗典雅可觀,惟'七十二福地'一條,不引杜光庭書而引《記纂淵海》,知爲稗販之學矣。"近來《道藏提要》的編者根據書中叙述桐柏觀有關紀年的文字推論,"自乾道戊子(1168)曹開府修建畢工,至今丁未變故,又一百九十九年","戊子"爲南宋孝宗乾道四年,下推一百九十九年爲"丁未",適爲元順帝至正二十七年,斷言該《志》"撰於元末至正二十七年",即1367年。由此看來,前後兩説均言之有據。

天台山位於浙江天台縣,因"山有八重,四面如一,頂對三辰,當牛女之分,上應台宿,故名天台"。既是佛教天台宗的發祥之地,又是道教南宗的祖庭所在,夙稱"佛宗道源,山水靈秀",唐宋時期的高道如司馬承禎、杜光庭、張無夢、白玉蟾等均在此山桐柏觀游歷修道。在道教的洞天福地之中,天台被列爲"十大洞天"之一。道經記載:"第六(洞天)赤城山洞,周回三百里,名曰上清玉平之洞天。在台州唐興縣,屬玄洲仙伯治之。"唐代高道司馬承禎曾長期隱居於此,相傳有司馬悔橋的遺迹,故道教"七十二福地"又有"第六十(福地)司馬悔山,在台州天台山北,是李明仙人所治處"的説法。歷代以來,衆多文人名士游歷天台,如王羲之、顧愷之、李白、蘇東坡、陸游、徐霞客等人,留下大量詩詞題咏和碑刻文字,形成天台山著名的人文景觀。該書即是以上歷史内涵的記載和彙編。

該志前有《郡志辨》一篇,徵引《會稽志》《十道志》《越中志》《赤城志》《真誥》《登真隱訣》等道經志書,概述天台山的歷史淵源與宗教名勝。次則收録晉代文學家孫綽的《天台山賦》,其云:"天台山者,蓋山岳之神秀也。涉海則有方丈、蓬萊,登陸則有四明、天台,皆元聖之所游化,靈仙之所窟宅。夫其峻極之狀,嘉祥之美,窮山海之瓌富,盡人神之壯麗矣。"將天台與蓬萊仙山相比,詞旨清新,文辭秀麗,頗有情韻,爲晉賦的名篇。次有《桐柏觀碑》一篇,題爲"唐太史中大夫行尚書祠部郎中上柱國清河崔尚撰"。碑文記述了唐代高道司馬子微在天台修道的事迹與唐代景雲年間修建桐柏觀的由來,文末闡述道家之旨:"夫道生乎無名,行乎有情,分而作三才,播而作萬物,故爲天下母。修之者昌,背之者亡,故爲天下貴。"并解釋大道與仙山的關係説:"道之行也,必有階也。行道之階,非山莫可。故有爲焉,有象焉,瞻於斯,仰於斯,若舍是居,教將奚依。"作爲唐代士人對道教的理解,不爲無見。次後則有宋代夏竦所撰《重建道藏經記》一文,對五代時期吴越之地籌建道教經藏的過程作了如實記録,這是一篇有關道教文獻史的珍貴資料。最後有題名爲宋人曹勛撰寫的《重修桐柏記》,記述了宋乾道年間重修桐柏觀的詳細經過情形。

全書非是志書編撰,僅屬有關天台山詩文史料的彙編叙述,然記述詳實,詞旨可觀,研究者多有徵引。

此外,陳垣先生編有《道家金石略》,龍顯昭、黄海德編有《巴蜀道教碑文集成》,王宗昱編有《金元全真教石刻新編》,趙衛東編有《山東道教金石輯録》,吴亞魁編有《江南道教碑記資料集》,張華鵬等編有《武當山金石録》,鄭振滿與加拿大學者丁荷生編有《福建宗教碑銘彙編》,收録道教碑文十分豐富,爲學術界利用金石碑刻資料開展道教文化研究奠定了堅實的基礎。①

---

① 陳垣:《道家金石略》,北京:文物出版社,1988 年;龍顯昭、黄海德:《巴蜀道教碑文集成》,成都:四川大學出版社,1997 年;王宗昱:《金元全真教石刻新編》,北京:北京大學出版社,2005 年;趙衛東:《山東道教碑刻集》(青州卷),濟南:齊魯書社,2010 年;吴亞魁:《江南道教碑記資料集》,上海:上海辭書出版社,2007 年;張華鵬:《武當山金石録》第 1 册,丹江口市文化局,1990 年;鄭振滿、丁荷生:《福建宗教碑銘彙編》(泉州府分册),福州:福建人民出版社,2003 年。

明本《荔鏡記》戲文所見潮泉方言之差异
——從饒宗頤先生《〈明本潮州戲文五種〉説略》談起

王建設

(華僑大學)

1985年10月,廣東人民出版社影印出版了戲曲劇本文獻集《明本潮州戲文五種》,爲研究中國南方地區的戲曲發展史、方言學諸方面提供了寶貴的文獻資料。筆者從20世紀80年代起相繼完成的碩士、博士畢業論文都曾獲益於該書。

饒宗頤先生在《〈明本潮州戲文五種〉説略》一文中提道:"四十年來,國内外學人對於民間戲曲和民族音樂的探討與鑽研,引起極大的熱潮……關於潮州戲文的古代刊本流落在海外者,亦有人加以彙集印行成書。臺灣大學退休教授吴守禮先生即竭一生精力從事這方面的工作,特別從語言學觀點,做出許多貢獻,他編印的'明清閩南戲曲'四種(《定静堂叢書》本)便是一個例子。可是他所收集的《荔枝記》戲文,以牛津藏的嘉靖本而論,分明標題曰'重刊五色泉、潮',是合泉州、潮州二本加以會刊。奥地利的萬曆本標題曰'潮州東月李氏編集',東京的《潮調金花女》,分明出自潮州,具有'潮調'名目,把它單純列入'閩南'的範圍,似乎不甚公允。説它們是用廣義的閩南方言來寫作,雖則潮語與閩南同屬於一個語言系統,實際上仍有許多距離。"①

讀了饒老的這段話,有的讀者可能會對如下的問題産生興趣:潮州話與閩南話之間究竟存在著多大的距離? 如果存在的距離很大,泉州、潮州兩地的劇本又如何可以合刊?

關於潮州話的來源,語言學界已取得共識,潮州話是從閩南方言分化出去的,所以同屬閩南方言的泉州話與潮州話之間存在著千絲萬縷的聯繫。現存最早的正式刊行的閩南方言戲文《重刊五色潮泉插科增入詩詞北曲勾欄荔鏡記戲文全集》(載《明本潮州戲文五

---

① 《明本潮州戲文五種》,廣州:廣東人民出版社,1985年10月,第5~6頁。

種》,刊行於 1566 年,下簡稱《荔鏡記》)就是明證。

但是,由於潮州話從閩南方言分化出去的年代較早,到明代時,泉州話與潮州話之間,在語音、詞彙、俗字等方面,都已經存在著明顯的差異(這一點,在《明本潮州戲文五種》的豐富語料中可以得到充分體現),認識這種差異對於我們瞭解閩南方言的分化與演變、確定明本《荔鏡記》的形成無疑具有重要意義。

一、語音的考察

在明刊戲文中,潮、泉的語音差異已經明顯存在,這從廣泛流傳於閩南地區的有關陳三和五娘的南音唱詞中可以略見一斑:爲了體現劇中男女主人公陳三與五娘的不同籍貫,五娘的唱詞經常有潮州音出現。因此,直至今日,在閩南人耳熟能詳的南音唱詞中仍保存著爲數不多但非常寶貴的明代潮州音。下面所列讀音即保存在南音套曲《潮陽春》等中的明代潮州音:

(1)你著保庇阮夫妻路上[siaŋ]身走離,到泉[tsuã²⁴]州……(《潮陽春·花園外邊》)

(2)脚固痛,放[huaŋ]松放鬆脚纏走出外鄉里……鱷魚脱出了金鈎釣,摇頭擺尾[bue]伊都不肯返圓。(《潮陽春·落緊潮》)

(3)恐怕隔墙人有耳……孟光[kuaŋ]自有梁鴻配。(《潮陽春·緊潮》)

(4)罵[me]君幾句,都是瞞過媽共爹。(《中水車·共君斷》)

以上 4 段曲詞均出自五娘之口。據筆者查對《潮州方言詞彙》,曲詞中"上""泉""放""尾""光""罵"所注讀音的聲、韵母與今日的潮州話音完全一樣①(例一中的"泉",泉州話白讀雖也是[tsuã²⁴],但在地名"泉州"中,泉州人從不用[tsuã²⁴])。

最能體現潮州與泉州音系差異的當是在鼻音上:泉州有 3 套鼻音韵尾[n][m][ŋ],而潮州祇有 2 套鼻音韵尾[m][ŋ],没有[n]。但因戲文的押韵并不像詩詞那樣嚴格,所以語音差別并不影響潮、泉合刊。

潮、泉合刊的《荔鏡記》戲文并没有嚴格采用潮州人唱潮腔、泉州人唱泉腔的方法,也就是説,戲文中的曲詞在押韵上所用的并非單一的地點方言,而是潮、泉腔混合,戲文中既有祇能用潮州音來唱韵脚纔和諧的唱段,也有祇有用泉州音來唱韵脚纔和諧的唱段。例如:

(5)【粉蝶兒】[外生]寶馬金鞍,諸親迎送,今旦即顯讀書人。[生]受敕奉宣,一

---

① 曾憲通:《明本潮州戲文所見潮州方言述略》,載《方言》1991 年第 1 期,第 10~29 頁。

家富貴不胡忙。舉步高堂,進見椿萱。
　　韵脚:鞍送人宣忙萱
　　潮州音:鞍送人宣忙萱[aŋ／uaŋ](一韵到底)
　　泉州音:鞍宣萱[an／uan]／送人忙[aŋ]("鞍宣萱"三字不葉韵)
　(6)〔丑上〕當初十七八歲,頭上縛二個鬢袋。都少人間我乞生月,我揀選卜著處。今老來無理會,人見我一面親像西瓜皮。
　　韵脚:歲袋月處會皮
　　泉州音:歲袋處會皮[ə]月[ə?](一韵到底)
　　潮州音:歲會皮[ue]月[ue?]／袋處[o]("袋處"兩字不葉韵)

　　例(5)的"外"(陳伯延)、"生"(陳伯卿,即陳三)均爲泉州人,口中唱的却是潮州音;而例(6)的"丑"(李婆)是潮州人,口中唱的却是泉州音。可見,《荔鏡記》的編撰者選擇兩地戲文合刊的標準應該是戲文創作的水準,至於每段戲文歸屬哪一地方言是不太在意的。

二、詞彙的考察

　　梅祖麟教授認爲:"曾憲通先生的《明本潮州戲文所見潮州戲文綴述》(1992)……收集的資料給我們供給了内在的語言證據,説明《荔鏡記》等戲文的方言基礎是潮州話,不是閩南話。"①

　　梅先生從曾憲通先生文章中所列的 200 多項方言詞中選取了 5 個方言詞,認定它們"是潮州話用的,閩南話不用的":

戲文所用	意義	潮州	廈門	泉州	漳州	資料來源
目汁	眼泪	目汁	目屎	目屎	目屎	陳李,97
床	桌子	床	桌	桌	桌	陳李,128
東司	廁所	東司 taŋ^{1}si^1	屎學 sai^{3}hak^7	屎學	屎學	陳李,120
呾	説	呾 ta^5	講 kəŋ^3	説(講) səŋ^7	講	陳李,103
乜	什麽	乜 mĩ^7	甚麽 sim^3 mĩ?^{7}	甚麽	甚麽	陳李,114

---

① 梅祖麟:《閩南語複數人稱代詞形成合音的年代》,載丁邦新、余靄芹編《語言變化與漢語方言——李芳桂先生紀念文集》,臺灣:"語研所"籌備處、美國華盛頓大學,2000 年,第 263~264 頁。

應該指出的是：把潮州話和閩南方言看成截然不同的兩種方言是欠妥的，因爲，潮州話畢竟是從閩南方言分化出去的。就上面所引的5個例子來看，與方言事實也有較大的出入。

首先，經查對"目汁"係見於潮州戲文《蘇六娘》，而《荔鏡記》祇用"目滓"，從不用"目汁"，這與閩南方言古戲文的習慣用法完全一樣（厦、漳、泉所用的"目屎"爲現代產生的新詞）。比如：

(7)〔末〕對長空長吁短嘆，倚門無語，那見目滓珠彈。（明刊閩南戲曲《滿天春》之九《朱弁別公主》）

(8)〔生〕……那畏我性命難保難遷，到祇那營得目滓泪淋漓。（《滿天春》之十五《粹玉奉藥湯》）

所謂以"床"表示"桌子"，也祇見於潮州戲文《金花女》，《荔鏡記》的"床"除用於"綉床"（"綉床"的"床"當然不能等同於"桌子"）外，還用於"籠床"（籠甑），其餘均表示臥具。後兩種用法與泉州話無別。以上兩個詞恰恰可以反證《荔鏡記》是以泉州話爲主。

其次，另外3個詞，泉州話都可以找到用例。請看下面的例子：

(9)〔生〕勞堪來問我，甲我乜話通應伊？（《滿天春》之一《深林邊》）

(10)〔生〕酒保爾力須控許懷中乜事？（《滿天春》之二《招商店》）

(11)〔旦〕照數是啞，伊因乜來隻處？（《滿天春》之六《尋三官娘》）

(12)〔旦〕窑外想亦無乜好光景。（《滿天春》之七《蒙正冒雪歸窑》）

(13)〔生〕小人祇用一錢艮買有十塊，有乜貴氣處？（《滿天春》之十《郭華買胭脂》）

《滿天春》中"乜"的用法與《荔鏡記》沒有什麽兩樣，在今天的泉州話中也仍然保存著這樣的用法。

關於"東司"一詞也并非潮州話纔使用，泉州的德化縣至今仍管廁所叫"東司"。泉州人雖不再用"東司"一詞，可泉南民歌有"東司娘，東司姑，教阮幼，教阮粗……"這樣的句子。①

---

① 趙日和：《由〈明刊三種〉想到〈張協狀元〉》，載福建省藝術研究所編《藝術論叢》第16期，第32～42頁。

過去人們通常以爲以"呾"表示"説"是潮州話的説法,因爲,在今日的泉州話中,除"七呾八呾"(隨便插話,胡説八道)外,通常不用"呾"。但在《滿天春》戲文中"呾"頻繁出現。比如:

(14)〔旦〕阮句怪秀才,怎前日在百花亭駡阮,又聽阮媽呾,力我生月寫乞別人去。(《滿天春》之四《翠環拆窗》)

(15)〔旦〕好虧人,咱不知,叫伊是私下來尋咱,乞咱共伊呾盡好話。(《滿天春》之六《尋三官娘》)

(16)〔生〕祇話在昔日則可呾侖;爾今日祇所行,就是有辱爾相府,沾污我斯文。(《滿天春》之七《蒙正冒雪歸窰》)

(17)〔生〕我今旦迢來卜呾若話。甲我那按障返去。(《滿天春》之十《郭華買胭脂》)

(18)〔生〕人心做年呾?(《滿天春》之十二《山伯訪英臺》)

從"呾"的用法及出現的次數看,可以斷定"呾"是早期閩南話的常用詞之一。

我們認爲,以上述5個詞來説明《荔鏡記》戲文的方言基礎是潮州話,不是閩南話,理由是不充分的。

梅祖麟先生還認爲:"潮州話的人稱代詞跟閩南話的最大的差別在於表示'他們',潮州話用雙音節的'伊儂',閩南話用單音節的'個'。現在看到《戲文五種》用'伊人','人'是訓讀字,代表'儂'。由此可知《戲文五種》表示'他們'的話詞是'伊儂',反映的是潮州話,不是閩南話。"①接著列舉了下面"伊人"的用例:

〔净〕官人聽我説因依,伊人是長者人仔兒。親情對在林厝了,有銀也不得共伊争。(荔鏡記,第十八齣,明本潮州戲文五種,425;吳守禮《荔鏡記戲文研究》,521)

〔旦〕愛卜共伊人留春,想都無計。(同上第二十四齣,《戲文五種》,458;《戲文研究》,68)

〔旦〕伊人共恁一般愛月心。伊許對月思雲鬢。(同上第二十四齣,《戲文五種》,459;《戲文研究》,69)

〔貼〕啞娘,祇盆水拙滿,潑伊人,都不畏;了冷伊人。〔筆者按:此句標點有誤。正確的當是:啞娘,祇盆水拙滿潑伊人,都不畏了冷伊人。〕(同上第二十二齣,《戲文五

---

① 梅祖麟:《閩南語複數人稱代詞形成合音的年代》,載丁邦新、余靄芹編《語言變化與漢語方言——李芳桂先生紀念文集》,臺灣:"語研所"籌備處、美國華盛頓大學,2000年,第264頁。

種》,446;《戲文研究》,62)

這種看法也有問題:上面所列舉的4個"伊人",均是單數第三人稱,而且據筆者調查,出現在《荔鏡記》中的"伊人",沒有一個是用來表示"他們"的。這種用法的"伊人"在明刊《滿天春》中也屢見不鮮。例如:

(19)〔旦〕照數是啞,伊因乜來隻處?人說日間不可說人。真個是許丈夫人心腹多,出來拙久了,未知伊人心腹如何?(《滿天春》之六《尋三官娘》)

(20)〔占〕公主不知可共伊人去不?(《滿天春》之八《賽花公主送行》)

(21)〔旦〕看伊人障般堅意,卜許伊年,好見丼面;那卜不許伊,又不肯去。(《滿天春》之十《郭華買胭脂》)

(22)〔生〕事久,可共伊人相見不年?(《滿天春》之十二《山伯訪英臺》)

筆者認爲要判斷《荔鏡記》的方言歸屬,僅僅根據少數幾個詞是靠不住的。下面是筆者根據曾憲通《明本潮州戲文所見潮州方言述略》①(下簡稱《述略》)之三"潮州戲文所見潮州方言詞語"所提供的語料得出的幾組重要資料。

《述略》共收錄《明本潮州戲文五種》中的潮州方言詞語441個。其中摘自其他4種潮州戲文的潮州方言詞語261個,泉州話不用的有94個,高達36.01%。這足以表明,到了明代,潮、泉兩地的用詞差別已很明顯。然而,在摘自《荔鏡記》的180個潮州方言詞語中,泉州話不用的祇有"厶爹""昨暮日""丁古""屎肚""昨暮""眠房""厚(《荔鏡記》作猴)染""爽利"8個,祇占4.44%。筆者認爲,今天的閩南人(尤其是泉州人)讀《荔鏡記》之所以感覺不到語言上的明顯差別,正是因爲《荔鏡記》的語言確實是以泉州話爲主。

此外,還有下面的語言事實可以進一步證明:其他潮州戲文可以用語氣助詞"嗎"來表示疑問,而《荔鏡記》中從未出現;以"度"表示"給"(動詞或介詞),是泉州話特有的用法,《荔鏡記》中出現了20次之多;《荔鏡記》中的"白賊""白賊話""門兜",《述略》分別解釋成"癡呆、傻瓜""傻話、癡呆話""門柱",顯然是望文生義。"白賊""白賊話"是泉州話的常用詞,意思分別是"撒謊"②,"謊話"③;"門兜"現雖不用,但"兜"是泉州話常用的語素,如"骸兜"(身邊)、"箍兜"(周邊)、"厝邊兜"(四鄰)、"丈人兜"(岳家)④等。"門兜"實際應是"門口"。

---

① 曾憲通:《明本潮州戲文所見潮州方言述略》,《方言》1991年第1期,第10~29頁。
② 《普通話閩南方言詞典》,福州:福建人民出版社,1982年10月,第666頁。
③ 《普通話閩南方言詞典》,第338頁。
④ 《普通話閩南方言詞典》,第966頁。

三、俗字的考察

潮、泉兩地的方言俗字雖然有不少是一致的,如:乜(什麼)、袂(不會)、俴(怎麼、怎樣)等,但也有一些是不同的,它們各自帶有濃厚的地方色彩(即有一定的流行區域),可以說明我們判斷戲文的方言歸屬。《荔鏡記》與《滿天春》在方言用字上非常一致,《述略》中所列的帶有濃厚潮州色彩的方言字"嗎"(不要)、"殞"(不可)、"阿哖"(母親)、"鼎秕"(鍋粑)、"孛奺"(娶妻)等,《荔鏡記》中均未出現。

臺灣學者施炳華教授在《〈荔鏡記〉音樂與語言之研究》一書中也曾以用字、語詞的差異證明《荔鏡記》的方言歸屬。茲轉錄於下:

《荔鏡記》出版於1566年,另一本同樣搬演陳三五娘故事的是1581年出版、潮州東月李氏編集的《新刻增補全像鄉談荔枝記大全》,書名"鄉談",又是潮州人編的,應是完全屬於潮州話的方言劇本。我們來比較二書的用字:

荔鏡	荔枝	通義
厶	奺	妻子
卜	厶	想要
仔	子	兒子
查厶	咱戊	女人
拙時	札時	這些時
體	體睜	看
炁	孛	帶、使、娶
從頭	同頭	從頭
懶	赧	咱們
大官	大蓳	尊稱
袂	殞	不能
後生	浩生	年輕人
目滓	目汁	眼淚
卜光	討光	將要

《荔枝記》的用字,與純粹是潮州方言的劇本《金花女》《蘇六娘》大多相同(舉例略)。還有一些潮州劇本的語詞,未見於《荔鏡記》:

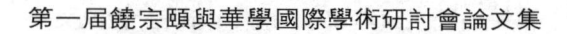

《荔枝記》：青郎（女婿）、阿奴（孩童）、寬處（請坐、放心）、小禮（害臊）、交羅、咬囉（差得太遠）、驚訾（驚惶）……

以上諸例，可證《荔鏡記》的用字、語詞大不同於潮州劇本，則《荔鏡記》是以泉州話爲主無疑。①

筆者按："赧""阿奴"二詞雖不見於《荔鏡記》，但前者可見於明刊《滿天春》之十二《山伯訪英臺》："〔丑〕伊都不畏赧，咱畏伊乜事？"後者今泉州話口語中仍在使用。此二例不妥，應刪去。

最後要順便提及的是，《荔鏡記》戲文中共出現了77支曲牌，其中特別刊明爲潮州腔的衹有9支曲牌，所以龍彼得教授認爲："這就意味著所有其他的曲牌都出自泉州。"②

通過以上三方面的考察，可以明顯看出，不管是從用語、用字看，還是從曲牌看，《荔鏡記》戲文的泉州話色彩均明顯濃於潮州話。雖然早在明代，泉州話與潮州話之間，在語音、詞彙、俗字等方面，都已經存在著一些明顯的差異，但這並不妨礙兩地戲文的合刊，因爲兩地方言畢竟關係非常密切，相同之處遠大於差異之處。合刊者很可能是在泉州戲文的基礎上，巧妙地博采兩地戲文的長處，編成同時具有潮州話和泉州話色彩的明本《荔鏡記》，成就了方言史和戲曲史上的一段傳奇。這樣的戲文在演出時也許會遇到些麻煩，但是，若衹是供人們閱讀，不會有多少障礙。

---

① 施炳華：《〈荔鏡記〉音樂與語言之研究》，臺灣：文史哲出版社，2000年，第195～196頁。
② 《被遺忘的文獻》，載龍彼得輯《明刊閩南戲劇弦管選本三種》，北京：中國戲劇出版社，1995年。

《點石齋畫報》求雨風俗考論

李道和

(雲南大學)

一、前　言

　　《點石齋畫報》是中國早期著名的旬刊畫報，光緒十年(1884)五月創刊，二十四年(1898)八月停刊，由吳友如(？—1894)等20餘人繪畫，經上海《申報》附送。畫作數量極爲龐大，筆者據上海大可堂版統計，共有4665幅作品(另有100幅附圖)。①畫報一般根據當時中外報刊資料圖繪，內容極爲廣泛，可謂晚清中國同時兼及世界的"浮世繪"。其中較爲突出的內容是社會風氣和民間風俗，圖文結合，內容獨特，是較爲重要的民俗繪畫史料。當代"華學"泰斗饒宗頤先生學藝雙攜，涉足廣博，造詣淵深，影響巨大，在藝術上書、畫、樂兼善，在學術上貫穿古今、交通中西、熔鑄百家，又常常涉及民俗研究，除了一些專論繪畫、民族民俗的論著外，有時還有兼及民俗繪畫或美術的考論。②筆者未知書畫，學殖亦淺，然欣聞"華大"舉辦"饒宗頤與華學國際學術研討會"，乃擬選一民俗繪畫論題爲文，以爲饒公壽，并就教於方家。

　　近年來，《點石齋畫報》引起了學術界的注意，出現了越來越多的研究。其中民俗題材較爲豐富，已有學者作過專門研究，但求雨風俗似未得到充分注意，還有較大的研究空間。如在早期，吳庠鑄編有《點石齋畫報的時事風俗畫》，選擇22幅作品，圖下有編者的評介文

---

　　① ［清］吳友如等繪：《點石齋畫報》，光緒十年至二十四年(1884—1898)刊行，大可堂版，上海大可堂文化有限公司供稿、承制，上海：上海畫報出版社，2001年9月，共15冊。
　　② 參饒宗頤：《饒宗頤史學論著選》，上海：上海古籍出版社，1993年11月，第1~16、386~403頁；饒宗頤著，胡曉明編：《澄心論萃》，上海：上海文藝出版社，1996年7月，第264~297、299~301頁。

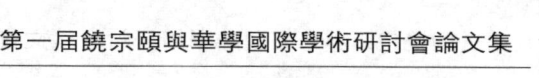

字,但更多地側重於時事,風俗方面僅選"西湖放生""別歲""京師放燈""百花生日""追踪屈子"數則。① 後來,王稼句著有《晚清民風百俗》,選畫 150 幅,分圖畫、舊聞(原畫題文)、新説(編著者的解説),更多地側重於節日風俗,涉及求雨風俗的有《京師求雨》等 6 則,這可能是目前針對《點石齋畫報》求雨題材惟一重要的選輯和討論。② 但可能因爲圖文體例特別是篇幅的限制,畢竟還是舉要性質的。

據筆者初步統計,在《點石齋畫報》中,直接涉及求雨題材的畫作共有 24 幅("求雨新奇"爲一題兩幅),還有 2 幅間接涉及龍、雨關聯,又有 7 幅是跟雨旱相關的蝗災題材,另有雨粟、雨葉異聞 5 幅。儘管在 4600 餘幅畫作中,這 20 多幅求雨風俗畫祇占極小的比例,但在民俗題材範圍内其比例就可能上升,再就一種文獻言,20 多條資料也可算是較高的比重,所以至少在數量上,《點石齋畫報》的求雨風俗畫值得我們關注。事實上,比起數量來,其中求雨風俗的文化内涵和時代特點,纔是需要我們特別加以梳理和討論的。一方面,在浩如烟海的求雨風俗史料中,無論就數量或質量言,《點石齋畫報》的求雨風俗畫都是獨一無二、無可替代的,確實應該得到充分的研究,另一方面,就中國傳統求雨風俗的一般性研究而言,已有成果亦多描述,而少有釋證。所以本文擬以《點石齋畫報》爲例,聯繫中國傳統求雨風俗的一般情形,點面結合,就其民俗行事特別是背景、原因、特色作一初步探討。

二、從"物象"看《點石齋畫報》的求雨風俗

中國地區大多屬於季風性氣候,北方多旱、南方多雨,對於以農爲本的傳統中國來説,旱澇是自古以來的大患,進而求雨、止雨風俗成爲中國傳統文化中的重要内容,甚至是中國古代君王、地方官員的特別職責。《點石齋畫報》作者關注求雨題材,也是自然氣候、文化土壤的必然結果。《點石齋畫報》壬集《旱魃爲虐》一條(第 3 册,第 234 頁)題圖文字言:

> 西北土地高厚,易亢旱;東南低窪,多潮濕。此地勢使然,非此即爲變。廣東爲沿海區,向無一月不雨者,而今年旱甚往續。張制軍十月初五日祈雨,又自八月至十月,已燠乾不可言。近悉該處仍未得雨,井泉且告竭,居民惶惑殊甚。溯自上年遭大水,民重困猶未蘇,何堪復罹此厄乎! 張望天雨,杞憂曷已?③

壬集約作於光緒十二、十三年(1886—1887)間。這裏説明了中國氣候決定的旱澇特點,即使是南方沿海的廣東,也是旱澇連續不斷。在不常旱而"旱甚往續"的廣東,人們祈雨無

---

① 參吴庠鑄編:《點石齋畫報的時事風俗畫》,北京:人民美術出版社,1958 年 7 月,圖 12、18~21。
② 參王稼句編著:《晚清民風百俗》,南京:江蘇人民出版社,2006 年 7 月,第 187~197 頁。
③ 參上海畫報出版社影印大可堂版《點石齋畫報》圖畫,見第 3 册,第 234 頁。按,本文引用《點石齋畫報》資料皆據此版,此後不詳注,僅於正文中稱其集名,在夾注中説明册號、頁碼。

果,衹有"張望天雨",連畫家也憂惶不已,感同身受,也許正是由於這種憂國憂民的責任感的驅使,畫家纔將相關報道加以圖繪,也爲我們留下了關於晚清社會求雨風俗的豐富史料。

我們所討論的《點石齋畫報》求雨風俗(含止雨)其行事多種多樣,但往往也有傳承久遠的歷史文化背景。求雨風俗涉及的對象和方式,不外乎物象和人事兩個方面,前者是製作各種物象道具以求導致雨水,後者是求雨者主體即人成爲帶來雨水的重要原因。下面我們主要據此綫索梳理《點石齋畫報》求雨題材的文化内涵和時代特色,但在某種程度上,物象也是人之行事之一,或者還有正向誘導、反向懲罰的不同意圖,因而使我們的分類和討論不免有所側重和分合。

(一) 作龍致雨

龍是中國古代最重要的雨水之神,所以求雨的最重要道具是龍,人們往往用各種辦法作龍求雨。《點石齋畫報》子集《蕉龍致雨》(第 4 册,第 182 頁)題文説:

> 祈雨以龍,成例也。或刻以香木,或結以采繪,其法不一,而花樣翻新,即奇情入畫。比聞端州府屬,田禾待澤,禱祀空勞。有好事者斫芭蕉葉,綰成長龍一條,自首至尾,遍插以香。黑烟低護,疑興觸石之雲;緑陰周遮,恍滴垂珠之露。其餘旌旗幢蓋,亦皆取材於蕉。令衆小孩揭游市上,借博嬉笑。不謂演法未終,而甘霖忽沛。其果有龍則靈欤? 抑亦會逢其適欤?

端州在今廣東肇慶市端州區,這又是華南因旱禱雨之一例。雖然此前是祈禱無效,但這次甘霖沛然而降,可以稍慰百姓望澤之心。南方盛産芭蕉,《南方草木狀》卷上説,甘蕉,一名芭蕉,"望之如樹,株大者一圍餘,葉長一丈或七八尺,廣尺餘、二尺許""交、廣俱有之"。①《三輔黄圖》卷三載,漢武帝元鼎六年(前 111),"破南越,起扶荔宫,以植所得奇草异木",有"甘蕉十二本"。② 知嶺南多有芭蕉,故可用來製作蕉龍。

儘管以龍祈雨是成例,但以芭蕉葉綰成長龍,并以蕉葉扎成旌旗幢蓋,確實是花樣翻新的獨特製作。芭蕉叢中,長龍蜿蜒,旌旗飄揚,緑樹成蔭,烟霧繚繞,特别是"黑烟低護,疑興觸石之雲;緑陰周遮,恍滴垂珠之露"的情景,不但是"入畫"的"奇情",也是詩家的靈感源泉。白居易《夜雨》詩云:"隔窗知夜雨,芭蕉先有聲。"③尤其是楊萬里《芭蕉雨》詩更

---

① [晋]嵇含:《南方草木狀》,《叢書集成初編》"自然科學植物類",據《百川學海》本排印,北京:中華書局,1985 年,第 1352 册,第 1 頁。
② 何清谷校釋:《三輔黄圖校釋》,北京:中華書局,2005 年 6 月,第 208 頁。《三輔黄圖》原本爲漢魏間人撰,今本爲中唐後人撰。
③ [唐]白居易撰,謝思煒校注:《白居易詩集校注》,北京:中華書局,2006 年 7 月,第 2 册,第 772 頁。

著意於芭蕉雨滴："芭蕉得雨便欣然,終夜作聲清更妍。細聲巧學蠅觸紙,大聲鏘若山落泉。三點五點俱可聽,萬籟不生秋夕靜。"①看來,芭蕉葉之爲製作雨龍的材料,不祇是就地取材的考慮,更重要的是要造成恍若黑雲蘊積、雨露垂珠的氛圍,以形式上的巫術"演法"、觀賞上的恍惚場景和心理中的以假當真的信念,促成"甘霖忽沛"的現實事實和"有龍則靈"的信仰真實。

龍神致雨是中國古代最爲盛行的民俗信仰。《藝文類聚》卷一〇〇引《神農求雨書》曰：

> 春夏雨日而不雨,甲乙命爲青龍,又爲火龍,東方小童,舞之丙丁,不雨,命爲赤龍南方,壯者舞之。戊己不雨,命爲黃龍,壯者舞之。庚辛不雨,命爲白龍,又爲火龍西方,老人舞之。壬癸不雨,命爲黑龍北方,老人舞之。如此不雨,潛處,閉南門,置水其外,開北門,取人骨埋之。如此不雨,命巫祝而曝之。曝之不雨,神山積薪,擊鼓而焚之。②

説者以爲神農時代不可能著書,當爲後人所作,但這并不妨礙其內涵是較爲古老的(其中的五行觀念或爲後起),這種以龍致雨的方法也是悠久的,特別是經過西漢董仲舒的繼承和發展,確實是從遠古一直傳承至晚近時代的。

即使説《神農求雨書》是後人僞托,或者"龍王"是佛教傳入以後的信仰,但《山海經》中的龍、雨關係難以懷疑。其《中次八經》記"神計蒙"："其狀人身而龍首,恒游於漳淵,出入必有飄風暴雨。"龍首神會連帶風雨,而出入必有風雨就是後世很多雨神的特徵。又《海內東經》："雷澤中有雷神,龍身而人頭,鼓其腹,在吳西。"這當是龍身鼓腹的雷雨之神。還有真正的雨師,《海外東經》載"雨師妾"："其爲人黑,兩手各操一蛇,左耳有青蛇,右耳有赤蛇。"晉郭璞注："雨師,謂屛翳也。"③

當然,芭蕉龍祇是材料獨特,求雨中更爲常見的是塑造土龍。《點石齋畫報》金集《祈雨新奇》前半題文(第8冊,第119頁)説：

> 白門以天久不雨,歷經官憲祈禱,迄未渥沛甘霖,於是祈雨之法愈出愈奇。清和晦日,江寧府李太守以癩蝦蟆四頭,先用朱筆書四"滅"字於其背,繫於堂畔。堂之旁復設龍王神位,迨太守公服升堂,略爲審視,飭差將蝦蟆攜出南門外,離四十九步之處,掘地埋之。蓋采術士之言也。居民鋪户則翦黃紙尺許,書"石燕高飛""商羊起舞"等字,

---

① 參傅璇琮等主編：《全宋詩》卷二二八四,北京：北京大學出版社,1998年12月,第42冊,第26205~26206頁。
② [唐]歐陽詢撰,汪紹楹校：《藝文類聚》下冊,上海：上海古籍出版社,1999年5月,第1723頁。
③ 袁珂校注,增補修訂本：《山海經校注》(1980),成都：巴蜀書社,1993年4月,以上3條分見第184~185、381、311頁。

遍挂通衢。或倩吴道子一流人，畫龍其上，蜿蜒雲際，極東雲見鱗、西雲見爪之勢。兒童數十輩，塑土龍於門板上，以雞子殼爲目，以碎磁片爲脊，以細螺螄爲鱗。兩童執黄旗前導，兩童鳴鑼從之，衆童各執楊枝沿途灑水。時觀者僉以爲奇，而猶未足爲奇也。

白門，是舊時南京的别稱，《宋書》卷八《明帝紀》："宣陽門，民間謂之白門。"①江寧府治即今南京市。這段題文内容豐富，包括多種求雨行事，特别是"土龍"求雨的風俗值得討論。

如果説蕉龍致雨的習俗重在雲雨氛圍的擬造要"如臨其境"，那麽此條南京祈雨則著眼於龍神的"如見其形"。比如不僅要設"龍王"神位，還要"畫龍"，龍是雲龍，"蜿蜒雲際"，畫龍要"極東雲見鱗、西雲見爪之勢"。《周易·乾》之文言稱："同聲相應，同氣相求……雲從龍，風從虎。"孔穎達等疏："龍是水畜，雲是水氣，故龍吟則景雲出，是雲從龍也。"②龍、雨關聯的中介是雲，龍吟雲起，雲出雨來。《藝文類聚》卷一引《尚書大傳》（漢伏生撰，鄭玄注）曰："五岳皆觸石而出雲，膚寸而合，不崇朝而雨。"③現代氣象學也證明，雨水是氣雲特别是冷暖風雲運動而形成的。所以端州蕉龍需要渲染出"疑興觸石之雲""恍滴垂珠之露"的效果，南京畫龍則更重在"蜿蜒雲際"的態勢描摹。

古代確實有畫龍致雨的傳聞。《明皇雜録》卷上"玉龍子"條説，唐玄宗曾得武后所賜玉龍子，嘗遇大旱，禱之輒"若奮鱗鬣"；投之龍池，即"雲物暴起，風雨隨作"。卷下"馮紹正畫龍"條説，唐開元中關輔大旱，上於龍池新創一殿，命馮紹正於四壁畫龍。"奇狀蜿蜒，如欲振躍，繪事未半，若風雲隨筆而生""鱗甲皆濕"，隨即"陰雨四布，風雨暴作，不終日而甘澤遍於畿内"。④《酉陽雜俎》前集卷三《貝編》記，玄宗嘗令僧一行祈雨，一行言"當得一器，上有龍狀者，方可致雨"，後得古鏡，"鼻盤龍"，一行以爲"真龍"，祈後果雨。⑤玉龍、畫龍和鑄龍均能神秘地招致風雨，龍和雨的感應關係於此可見一斑。

《宋史》卷一〇二《禮志五》載，真宗景德三年（1006）五月旱，"以《畫龍祈雨法》，付有司刊行"：

壇上植竹枝，張畫龍。其圖以縑素，上畫黑魚左顧，環以元黿十星；中爲白龍，吐雲黑色；下畫水波，有黿左顧，吐黑氣如綫，和金銀朱丹飾龍形。又設皂幡，刎鵝頸血置槃中，楊枝灑水龍上，俟雨足三日，祭以一豭，取畫龍投水中。⑥

---

① ［南朝梁］沈約：《宋書》，北京：中華書局，1974年10月，第170頁。
② ［晉］韓康伯注，［唐］孔穎達等正義：《周易》，［清］阮元校刻《十三經注疏》本，北京：中華書局，1980年9月影印（以下簡稱"《十三經注疏》本"），上册，第16頁。
③ 汪紹楹校：《藝文類聚》，第14頁。
④ ［唐］鄭處誨撰，田廷柱點校：《明皇雜録》，北京：中華書局，1994年9月（與《東觀奏記》合印），分見第17、27頁。
⑤ ［唐］段成式撰，方南生點校：《酉陽雜俎》，北京：中華書局，1981年12月，第40頁。
⑥ ［元］脱脱等：《宋史》，北京：中華書局，1977年11月，第2500頁。

《續資治通鑑長編》卷六三亦載，真宗"詔以《畫龍祈雨法》付有司鏤板頒下"①，知所謂"刊行"確實是將畫龍式樣刻印圖板頒示天下。這種圖板頒行可能是古代官方畫龍祈雨的最早標準，并成爲後世張挂畫龍求雨的傳統，甚至影響到少數民族地區，如滇西南的德昂族祭龍時，"把畫有龍的紙漂放水面"，加以叩拜，祈求龍王保佑風調雨順②，就是有趣的一例。

晚清南京求雨除了平面的畫龍，還有立體的"土龍"塑造："兒童數十輩，塑土龍於門板上，以鷄子殻爲目，以碎磁片爲脊，以細螺螄爲鱗。"《論衡·亂龍》解釋"雲從龍"説，"董仲舒申《春秋》之雩，設土龍以招雨，其意以雲龍相致""以類求之，故設土龍，陰陽從類，雲雨自至"。③ 事實上，南京祈雨中最重要的就是"土龍"塑造。其龍身、脊形似、睛、鱗逼真，不但有現場巫術模擬產生的"臨場"感受，也包涵著深厚的歷史"記憶"。

遠古《山海經》也不祇有龍、雨關聯的神話，還有更爲重要的應龍神話：

應龍處南極，殺蚩尤與夸父，不得復上，故下數旱。（郭璞注：上無復作雨者故也。）旱而爲應龍之狀，乃得大雨。（今之土龍本此，氣應自然冥感，非人所能爲也。）（《大荒東經》）

應龍已殺蚩尤，又殺夸父，乃去南方處之，故南方多雨。（言龍水物，以類相感故也。）

有人衣青衣，名曰黃帝女魃，蚩尤作兵伐黃帝，黃帝乃令應龍攻之冀州之野，應龍畜水，蚩尤請風伯雨師縱大風雨，黃帝乃下天女曰魃，雨止，遂殺蚩尤，魃不得復上，所居不雨。（旱氣在也。）（以上兩條并見《大荒北經》）④

正是因爲應龍是雨水之神，所以早在神話時代就已經有"旱而爲應龍之狀，乃得大雨"的民俗；又正如晋時郭璞所言，"今之土龍本此"，土龍就是古代常見的求雨道具。

《淮南子·墜形訓》："土龍致雨。"注："湯遭旱，作土龍以像龍。雲從龍，故致雨也。"⑤《春秋繁露·求雨》繼承《神農求雨書》，按季節、方位、顏色，做各種大小龍，其龍也即土龍："四時皆以水日，爲龍，必取潔土爲之，結蓋，龍成而發之。"⑥《後漢書·禮儀志中》梁劉昭

---

① ［宋］李燾撰，上海師範大學古籍所、華東師範大學古籍所點校：《續資治通鑑長編》，北京：中華書局，2004年9月，第1402頁。
② 鄧啓耀：《崩龍族原始宗教簡述》，見宋恩常編《中國少數民族宗教初編》，昆明：雲南人民出版社，1985年3月，第201頁。
③ ［漢］王充撰，黃暉校釋：《論衡校釋》，北京：中華書局，1990年2月，第290頁。
④ 以上三條分見袁珂：《山海經校注》，第413~415、487~488、490~494頁。
⑤ ［漢］劉安等撰，［漢］高誘、許慎注，劉文典集解，馮逸、喬華點校：《淮南鴻烈集解》，北京：中華書局，1989年5月，第141頁。此注諸書或引作許慎語。
⑥ ［漢］董仲舒撰，［清］蘇輿義證，鍾哲點校：《春秋繁露義證》，北京：中華書局，1992年12月，第436頁。

注引桓譚《新論》記："劉歆致雨，具作土龍，吹律及諸方術無不備設。譚問：'求雨所以爲土龍，何也？'曰：'龍見者，輒有風雨興起，以迎送之，故緣其象類而爲之。'"①《通典》卷四三《大雩》述唐前求雨禮制沿革云，後漢"興土龍"，隋朝"令家人造土龍"，唐代"造大土龍"。② 直到明清時代仍然如此，《帝京景物略》卷二載明京祈雨風俗：

> 凡歲時不雨，家貼龍王神馬於門，磁瓶插柳枝，挂門之旁，小兒塑泥龍，張紙旗，擊鼓金（當作金鼓），焚香各龍王廟。群歌曰："青龍頭，白龍尾（原注：聲作以），小兒求雨天歡喜。麥子麥子焦黃，起動起動龍王。大下小下，初一下到十八（聲作巴）。摩訶薩！"初雨，小兒群喜而歌曰："風來了，雨來了，禾場背了穀（聲作古）來了！"③

其間多有龍形，如家貼龍王神馬、塑泥龍、焚香龍王廟，唱"起動龍王"歌。與《點石齋畫報》所述晚清南京差不多，近代天津求雨也用畫龍、土龍求雨："求雨者，或抬關壯繆偶像出送，或抬龍王之偶像出送……兒童等用長木板一條，塑泥龍於上，以蚌殼爲龍鱗，黏其上，扛之向街中游行，口中喊曰：'滑瀝滑瀝頭咧，滑瀝滑瀝頭咧。家家小孩來求雨咧。'"越嶲（川西）地方則"耍水龍"："天旱時，又有耍水龍者。折楊柳扎爲龍形，并以柳圈戴於頭上，裸其上身，執水龍沿街沿巷而舞。"④越嶲水龍其實也跟前述端州蕉龍差不多，是楊柳之龍。知作龍致雨確實是亘古相傳的最重要的民俗行事。

（二）利用龍族

作龍求雨是直接設立龍王神位、扎塑龍身、繪畫龍形，但龍畢竟是幻想之物，"見首不見尾"，所以也還不妨利用龍之族類動物即水生物來求雨；前者一般是利用龍、雨的因果關係而實施的正面誘導方式，後者則可能在對龍類動物作正向誘使的同時，也可通過懲罰來迫使龍王降雨，這時就是一種反面強制措施（本節祇論誘導）。

（1）蝦蟆。

在《點石齋畫報》所言南京祈雨中，使用了癩蝦蟆來求雨，這是歷史較爲悠久的風俗。

早在《春秋繁露·求雨》中就説，春季求雨"取五蝦蟆"，錯置社中，"池方八尺，深一尺，置水蝦蟆焉"；其他各季略同，如夏季"池方七尺"，季夏"蝦蟆池方五尺"，秋季"蝦蟆池

---

① ［南朝宋］范曄撰紀傳，［唐］李賢注，［晋］司馬彪撰志，［南朝梁］劉昭注：《後漢書》，北京：中華書局，1965年5月，第11冊，第3120頁。此條或屬其書《辨惑》篇，參［漢］桓譚撰，朱謙之校輯：《新輯本桓譚新論》，北京：中華書局，2009年9月，第57頁。

② ［唐］杜佑撰，王文錦等點校：《通典》，北京：中華書局，1988年12月，第1203、1206頁。

③ ［明］劉侗、于奕正撰，孫小力校注：《帝京景物略》，上海：上海古籍出版社，2001年7月，第106頁。

④ 以上兩條分見胡樸安編：《中華全國風俗志》（1922），石家莊：河北人民出版社，1986年12月，下編，第51、351頁。其下編鈔自近代報刊、雜著。

方九尺"，冬季"蝦蟆池皆如春"。①《焦氏易林》卷二《大過·升》言："蝦蟆群聚，從天請雨。雲雷疾(集)聚，應時輒下(與)。得其願所(所願)。"②知兩漢時期五季求雨皆有捉取蝦蟆的行事。

民國《遂安縣志》載，遂安(在今浙西淳安、開化之間)農民之"迎神求雨"，是"求得蛙蛇、小蟲置瓶中"，昇歸供奉。民國《定海縣志》載，定海(今爲浙東舟山市轄區)農民"請龍"，見龍潭中"有蛇蛙或小蟲浮出，曰請得矣"。民國《宣平縣志》載，宣平縣(在今浙西南麗水、武義一帶)民衆祈雨時，"尋獲蛇、鱔、蝦蟆之類以爲龍，昇迎而歸"，供奉後若得雨則送還原處，謂之"送龍"。③桂北毛難族祭龍王求雨稱"打龍潭"，"若湊巧有蛇蟲出動或風雲變化，參加祭者當即下跪叩首不迭"。④

英國著名人類學家弗雷澤指出，"青蛙和蟾蜍跟水的密切聯繫使它們獲得了雨水保管者的廣泛聲譽，并經常在要求上天下雨的巫術中扮演部分角色"，一些民族在求雨時殺死蟾蜍，或張挂青蛙塑像，綑綁、鞭打乃至殺死青蛙。⑤這種風俗在廣西壯族中也特別著名，人們舉行盛大的蛙婆節，請蛙婆、游蛙婆、孝蛙婆、葬蛙婆，其古歌云："青蛙是天女，分管人福禍，她呼風喚雨，她是天神婆。……新年請蛙婆，跳舞又唱歌。喜雨紛紛落，五穀大豐收，人畜得安樂。"其新年山歌亦云："敲起鑼鼓請蛙婆，喊得天開雨水落。"在游蛙婆時則唱《蛙婆祝賀歌》，云"雨在你田落""雨水化金漠"，意謂雨水化爲山泉金水。⑥可見壯族蛙婆節的重要目的就是求雨。

人們爲什麼利用蝦蟆求雨？西漢是在作大龍、小龍的同時使用蝦蟆的，晚清南京也是與設龍王神位、畫雲龍、塑土龍相結合的，民國浙江地區也謂之"請龍""送龍"，甚至是把蝦蟆之類"以爲龍"的。這些做法都是把蝦蟆等物當作"龍"來迎送的。韓愈《峽石西泉》詩云："居然鱗介不能容，石眼環環水一鍾。聞說旱時求得雨，祇疑科斗是蛟龍。"清沈欽韓注韓詩引《明一統志》説："蝦蟆泉在陝州城西門外。水自石眼流出，内生科斗，禱雨即應。"⑦韓愈徑直把科斗疑爲蛟龍。可知這些利用蝦蟆求雨的方法，基本還是正面引導的觀念，以爲蝦蟆、科斗、蛇、鱔、小蟲是龍的族類，故可以替龍行雨。

---

① 蘇輿：《春秋繁露義證》，第429、432、434～436頁。

② ［漢］焦延壽：《焦氏易林》，《叢書集成初編》"哲學術數類"，據《學津討原》本排印，北京：中華書局，1985年，第704册，第131頁。按，舊題此書爲西漢焦延壽撰，實際是兩漢之間崔篆所撰，參余嘉錫：《四庫提要辨證》，北京：中華書局，1980年5月，第2册，第742～758頁。

③ 以上3條民國浙江縣志，引自丁世良、趙放主編：《中國地方志民俗資料彙編·華東卷》，北京：書目文獻出版社，1995年2月，中册，分見第634、817、926頁。

④ 覃永綿：《毛難族的宗教觀念及活動》，見宋恩常編《中國少數民族宗教初編》，第329頁。

⑤ ［英］弗雷澤(J. G. Frazer)著，徐育新、汪培基、張澤石譯：《金枝》(1922)，北京：中國民間文藝出版社，1987年6月，第110～111頁。

⑥ 參覃劍萍：《壯族蛙婆節初探》，載《廣西民族研究》1988年第1期，第70、71頁。

⑦ ［唐］韓愈著，錢仲聯集釋：《韓昌黎詩繫年集釋》，上海：上海古籍出版社，1984年8月，第807頁。

（2）蜥蜴。

求雨之際利用的龍類動物常常是蜥蜴。《點石齋畫報》戊集《求雨述聞》（第2冊，第137頁）題文説：

> 金陵上元縣境晴久不雨，乃於縣署後之龍王廟中設壇祈禱。壇中建高臺，按方位排八卦陣，豎五色旗，焚檀香，插柳枝，僧道日夕登臺諷經作法。大殿下置大缸，中蓄四足蛇十二尾，缸外立四小童，衣青衣，裹紅巾，以手擊缸，呼風喚雨。龍王有靈，矜此兆民，庶幾奮趾海底，鼓鬐蒼冥，風雲會合，而大沛乎甘霖。

上元縣在今南京市城區西北，"四足蛇"就是蜥蜴的俗稱。

晚清南京這種置水缸、蓄蜥蜴以及兒童打擊水缸、呼風喚雨的祈雨風俗，其實是自古相傳的，至少是從唐代即有的。《酉陽雜俎》前集卷一一《廣知》説：

> 王彦威尚書在汴州之二年，夏旱，時袁王傅季玘過汴，因宴，王以旱爲言，季醉曰："欲雨甚易耳。可求蛇醫四頭，十石甕二枚，每甕實以水，浮二蛇醫，以木蓋密泥之，分置於閙處，甕前後設席燒香。選小兒十歲以下十餘，令執小青竹，晝夜更擊其甕，不得少輟。"王如言試之，一日兩夜，雨大注。舊説龍與蛇師爲親家焉。①

汴州即今開封一帶。據學者考證，王彦威檢校禮部尚書，爲宣武節度使，充汴、宋、亳州節度使，在唐文宗開成五年（840）至武宗會昌五年（845）間，《酉陽雜俎》所記鎮汴之二年當爲會昌二年（842）。② 知用蛇醫即蜥蜴求雨在中唐時代已經出現。

其後北宋即沿用此法。《歲時廣記》卷二"求蛇醫"條録張師正《倦游録》（撰於元豐初年）云，"熙寧中，京師久旱"，按"古法"，以水甕"泛蜥蜴"，小兒號呼求雨。③ 熙寧爲北宋神宗年號（1068—1077），京師即唐代汴州，古法即中唐王彦威所用季玘之法。這種求雨方法也像畫龍一樣成爲官方標準，《宋史》卷一〇二《禮志五》載：

> （熙寧）十年（1077）四月，以夏旱，内出《蜥蜴祈雨法》：捕蜥蜴數十納甕中，漬之以雜木葉，擇童男十三歲下、十歲上者二十八人，分兩番，衣青衣，以青飾面及手足，人持柳枝沾水散灑，晝夜環繞，誦咒曰："蜥蜴蜥蜴，興雲吐霧，雨令滂沱，令汝歸去！"雨

---

① ［唐］段成式著，方南生點校：《酉陽雜俎》，第109~110頁。
② 吳廷燮（1865—1947）撰：《唐方鎮年表》，北京：中華書局1980年8月，第201~202頁；郁賢皓：《唐刺史考全編》（1987），合肥：安徽大學出版社，2000年1月，第755~756頁。
③ ［宋］陳元靚編：《歲時廣記》，清光緒間陸心源《十萬卷樓叢書》二編本，收入《續修四庫全書·史部·時令類》，上海：上海古籍出版社，2002年3月影印，第168頁。

足放之。①

《倦游録》所記熙寧求雨，與此標準頒布時間相一致。不過，宋代民間使用蜥蜴求雨并唱蜥蜴歌，時間還可前推。真宗時，楊億《武夷新集》卷一五《奏雨狀》言：

> 臣忽記憶往年在院供職日，適值歲旱，學士承旨宋白爲臣言："今御史中丞魏庠，三十年前嘗薄游關輔，寓居佛舍。會天久不雨，村民數十輩詣寺祈禱，僧有善胡法者，捕蜥蜴十數枚，置一甕中，漬之以水，蒙之以雜樹桑（葉）。取童男數人，衣青衣，青塗面及手足。人持柳枝，沾衣散灑。且祝曰：'蜥蜴蜥蜴，興雲吐霧。雨今霧沱，汝今歸去。'如是者無晝夜，嬰繞而言。明日大雨，遠近皆足。"臣潛疏於牘背，至是檢閱得焉。即以十二日初旭，與知麗水縣事殿中丞甄旦，詣城北集福院，如其法請禱。……至十三日大雨，連晝夜，約及三四尺。

所謂"在院供職日"，指在翰林學士院爲翰林學士，該書序云："景德三祀（1006），龍集丙午，仲冬之七日，被召入翰林。"②《翰苑群書》之《學士年表》載，楊億爲翰林學士，時在景德三年十一月至大中祥符六年（1013）六月。③ 至於魏庠，《續資治通鑒長編》卷四五載，真宗咸平二年（999）十二月丙子："詔御史中丞魏庠，諭百官各上封章，直言邊事。"④魏庠"三十年前"薄游關輔，應是其年輕時事，其時當在咸平二年魏庠做御史中丞至景德四年楊億編集之間的 30 年以前，正當五代末、北宋初，可知那時在民間已經開始運用蜥蜴求雨，且有 16 字祝歌。

根據《酉陽雜俎》，蜥蜴求雨是唐代古法；若再據《全唐詩》卷八七四，所謂"蜥蜴蜥蜴，興雲吐霧，雨若滂沱，放汝歸去"的《蜥蜴求雨歌》，或是唐時已有，題注："唐時求雨法，以土實巨甕，作木蜥蜴。小童操青竹，衣青衣以舞，歌云云。"⑤《續博物志》卷五亦述："蜥蜴求雨法：以土實巨甕，作木蜥蜴，小童操青竹，衣青衣以舞，歌曰：'蜥蜴蜥蜴，興雲吐霧，雨若滂沱，放汝歸去。'"⑥兩相比較，不難看出二者完全相同，後者所述蜥蜴歌當爲宋法，而《全

---

① 《宋史》，第 2502 頁。
② ［宋］楊億撰，福建文史研究館編校：《武夷新集》，景德四年（1007）自序，福州：福建人民出版社，2007 年 5 月（與《楊仲弘集》合印），文見第 244 頁，序見第 5 頁（原標點有誤）。
③ 《翰苑群書》，［宋］洪遵輯，乾道九年（1173）自跋，《叢書集成初編》"社會科學官制類"，據清盧文弨鈔本排印，北京：中華書局，1991 年，第 880 冊，第 60～61 頁。
④ 《續資治通鑒長編》第 2 冊，北京：中華書局，第 972 頁。
⑤ ［清］曹寅、彭定求等編：《全唐詩》，康熙四十五年（1706）成書，中華書局編輯部點校，增訂簡體字本，北京：中華書局，1999 年 1 月，第 13 冊，第 9968 頁。
⑥ ［宋］李石撰，李之亮點校：《續博物志》，成都：巴蜀書社，1991 年 1 月，第 78～79 頁。

唐詩》編者或誤以爲唐法,并輯入《全唐詩》中。① 至於土、木陳設,或是乾旱少水的權宜之計。

《點石齋畫報》所述金陵上元縣風俗也有可以比較的相近之例,民國《新京備乘》載,南京於龍池禱雨,"中有蜥蜴""四足五爪""龍頭鰍尾"。② 蜥蜴有"龍頭",自然可以行使龍神賜雨的職能。此説與上元縣相較,都在同一地區,都是晚近時代蜥蜴求雨的民俗行事,時間上也後先相續,也都繼承了"古法"。《太平御覽》卷九四六引《抱樸子》佚文曰:"謂蜥蜴爲神龍者,非但不識神龍,亦不識蜥蜴。"③難道晉世已有用蜥蜴求雨者?《法言·問神》:"龍蟠於泥,蚖其肆矣。"蚖即蛇醫或蜥蜴,形狀似龍。④ 難道漢代求雨既有土龍,又有蜥蜴? 皆不可知。但至少中唐時已有此法,而直到近代仍然如此。

關於蜥蜴求雨的原因,《爾雅翼》卷三二《釋魚五》也解釋説:

> 蜥蜴,似蛇而四足,長五六寸。……蜥蜴,古語,今人多從方言名易蜥。……其狀既如龍,故禱雨用之。古法求雨,坊巷各以大甕貯水,插柳枝,泛蜥蜴,使青衣小兒環繞呼曰:……此亦象龍致雨之義也。⑤

蘇軾《蝎虎》亦云:"今年歲旱號蜥蜴,狂走兒童鬧歌舞。能銜渠水作冰雹,便向蛟龍覓雲雨。"⑥可知使用蜥蜴求雨的原因,正在於其狀如龍,能向龍覓雨,與龍并稱乃至在求雨中與龍并用,故蜥蜴求雨跟像龍求雨如出一轍。

除了形狀、族類相近的原因外,利用蝦蟆、蜥蜴之類的龍族動物求雨,還可能有自然物候方面的因素。《淮南子·泰族訓》言:"其(天)且雨也,陰曀未集,而魚已噞矣。"許慎注:"魚潛居,知雨也。"同書《主術》:"水濁則魚噞。"高誘注:"魚短氣,出口於水,喘息之諭也。"⑦《文選》卷二九張華《情詩》其二云"穴處識陰雨",李善注引緯書《春秋漢含孳》曰:

---

① 南宋初《墨客揮犀》卷三亦録熙寧時兒童蜥蜴歌(見[宋]彭□輯撰,孔凡禮點校:《墨客揮犀》,北京:中華書局,2002年9月,第313頁),《宋詩紀事》卷一〇〇據此輯入,題《熙寧中語》(見《宋詩紀事》,[清]厲鶚撰,胡道靜、吳玉如等點校,上海:上海古籍出版社,1983年6月,下册,第2355頁),惟第三句作"降雨滂沱"。目前似無證據表明唐代已有蜥蜴歌,若考慮到晚唐至宋初出現蜥蜴求雨,五代、宋初已有蜥蜴歌,則輯入《全唐詩》亦差强近之。
② 引自《中國地方志民俗資料彙編·華東卷》上册,第352頁。
③ [宋]李昉等編:《太平御覽》,原上海涵芬樓影宋本,北京:中華書局,1960年2月複製重印,第4册,第4199頁。
④ 參[漢]揚雄撰,汪榮寶義疏,陳仲夫點校:《法言義疏》,北京:中華書局,1987年3月,第141~142頁。
⑤ [宋]羅願撰:《爾雅翼》,淳熙元年(1174)成書,[元]洪焱祖音釋,《叢書集成初編》"語文學訓詁類",據《學津討原》本排印,北京:中華書局,1985年,第1148册,第340頁。
⑥ [宋]蘇軾撰,[清]王文誥輯注,孔凡禮點校:《蘇軾詩集》,北京:中華書局,2009年5月,第3册,第745頁。
⑦ 分見劉文典:《淮南鴻烈集解》,下册第663頁、上册第272頁。

"穴藏先知雨,陰曀未集,魚已噞喁。"①《太平御覽》卷一〇引《淮南子》佚文也說:"朱鼈浮於水上,必大雨。""黑蜧,神虬(虵、蛇)〔也〕,潛泉而居,將雨則躍。"②知魚鼈蛇蟲潛居水下,雨水將至則上浮呼氣。貴陽市雲岩區有漢族傳說稱,蝦蟆逼迫天庭玉帝:"人間乾旱,一聽到我的叫聲,就得降雨。"所以,"人們祇要聽到蝦蟆的叫聲,就曉得天要下雨了"③。

這是物候觀察。再進一步,就可產生龍族浮出水面則雨水將至的民間信仰。《咸淳臨安志》卷二七載,昌化縣(在今浙西臨安昌化鎮一帶)有銅坑山,"有龍池三,草木蔭蔽,龜蛇浮游,或雲氣籠罩必雨,歲旱禱焉"。又同書卷三六載,同縣有羊頭潭,"有龍宅焉""有五石杯,類祭奠所設,或陰晦,龍出游,其聲如鐘鼓,歲旱,以墨缶禱取其水,有鱗屬入之,必雨"。同書卷三八載,同縣有龍孔泉,"下有龍孔,泉流不竭,巨魚出,必雨"④。這是南宋浙江俗信,或謂蛇魚浮游即有降雨,或謂鱗屬進入禱雨取水之墨缶即是必雨徵兆;而前述民國間浙江地區求雨行事,或說以蛙蟲置瓶,或以蛙蟲浮水爲"請得",知浙地(例子多在浙西、浙南)求雨風俗淵源有自,也可作爲我們分析的典型。比如《夷堅志》支丁卷二《龍溪巨蟹》說,福州長溪有龍溪,"與溫州平陽接境""相傳神龍居之",淳熙元年(1174)請雨,"見一巨蟹,游泳水面",乃"滌净器迎挹之,蟹隨以入",隨即大雨傾注,自後以蟹禱雨必應。⑤ 長溪"與溫州平陽接境",長溪在今閩東寧德霞浦一帶,平陽在浙南,其風俗相近,則浙江求雨風俗并非孤例。

看來,在對水中龍族自然物候觀察的基礎上,結合龍神致雨、龍族亦能致雨的民間信仰,就逐步形成了利用蝦蟆、蜥蜴等龍族動物求雨的風俗,這當然也是民間禱雨往往確實有應的一個原因。

(三)禽鳥飛舞

《點石齋畫報》所述白門(南京)祈雨中還有禽鳥飛舞一法:

居民鋪户則翦黄紙尺許,書"石燕高飛""商羊起舞"等字,遍挂通衢。

石燕之類屬於飛鳥道具,這是與設龍王神位、掘埋蝦蟆、挂畫龍、塑土龍等結合運用的方

---

① [南朝梁]蕭統編,[唐]李善注:《文選》,清嘉慶十四年(1809)胡克家刻本,北京:中華書局 1977 年 11 月影印,中册,第 418 頁。
② 《太平御覽》,北京:中華書局,第 52 頁。按,黑蜧一條非佚文,而爲异文,今本《淮南子·齊俗訓》許慎注云:"黑蜧,神蛇也,潛於神淵,蓋能興雲雨。"見劉文典《淮南鴻烈集解》上册,第 349 頁。
③ 謝琴芳講述,李榮華采録:《蝦蟆鬥天要水》,見燕寶主編《中國民間故事集成·貴州卷》,北京:中國 ISBN 中心,2003 年 5 月,第 396 頁。
④ 以上 3 條分見《咸淳臨安志》,[宋]潛説友纂,咸淳四年(1268)成書,[清]汪遠孫校補,道光十年(1830)錢塘汪氏振綺堂刊本,臺北:成文出版社,1970 年 3 月,第 298、364、377 頁。
⑤ [宋]洪邁撰,何卓點校:《夷堅志》,北京:中華書局,2006 年 10 月,第 3 册,第 982~983 頁。按,"滌净器迎挹之"後原作"蟹隨以之",點校者以爲疑有脱誤,此據《四庫全書》本。

法，從其書寫文字看，特別與張挂畫龍的思路一致。

石燕、商羊都是致雨之鳥。《水經注》卷三八《湘水》説，應陽縣（在今湘南祁陽一帶）石燕山，"其山有石，紺而狀燕，因以名山，其石或大或小，若母子焉，及其雷風相薄，則石燕群飛，頡頏如真燕矣"①。《初學記》卷一引庾仲雍（晋宋間人）《湘州記》曰："零陵（零陵郡在今湘南永州一帶）山有石燕，遇雨則飛，雨止還化爲石也。"②燕子不僅隨雨飛舞，還可能作爲討好龍神的佳餚。《爾雅翼》卷一五《釋鳥三》：

> （燕）入水爲蜃蛤，《淮南》云"燕之爲蛤"是也。今人言蜃是蛟類，吐氣爲樓臺，伺燕棲集則食之。又言龍噬燒燕，水枯竭者，投之立漲，今人亦投以求雨，人食燕者，則不可以適河，然則燕與蛟龍蜃蛤之氣相往來，蓋水類。③

燕龍同氣，故投燕求雨，也可能在求雨中并用石燕、土龍。北周庾信《同顏大夫初晴》詩云："燕燥還爲石，龍殘更是泥。"又《喜晴》詩云："已歡無石燕，彌欲弃泥龍。"④知石燕因遇雨而飛、與龍同氣，故作爲祈雨的道具與泥龍同時并用。

"商羊起舞"則有更爲悠久的根源。《説苑·辨物》記：

> 齊有飛鳥，一足，來下，止於殿前，舒翅而跳。齊侯大怪之，又使聘問孔子。孔子曰："此名商羊，〔水祥也。〕急告民，趣治溝渠，天將大雨。"於是如之，天果大雨，諸國皆水，齊獨以安。孔子歸，弟子請問，孔子曰："异哉！……兒又有兩兩相牽，屈一足，〔振訊兩眉〕而跳，〔且謡〕曰：'天將大雨，商羊起舞。'今齊獲之，亦其應也。"⑤

《論衡·變動》亦言："天氣變於上，人物應於下矣。故天且雨，商羊起舞，〔非〕使天雨也。商羊者，知雨之物也，天且雨，屈其一足起舞矣。故天且雨，螻蟻徙，蚯蚓出，琴弦緩，固疾發，此物爲天所動之驗也。"⑥王充實際很好地解釋了祈雨儀式中利用商羊乃至石燕的物候原因。從物候角度看，商羊之"舒翅而跳"，就是雨前翅重難飛，下止殿前；"石燕"也衹是用石片製作可帶來奇趣，真正的背景乃是雨水將至群燕低飛的物候

---

① ［北魏］酈道元注，楊守敬、熊會貞疏，段熙仲點校，陳橋驛復校：《水經注疏》，南京：江蘇古籍出版社，1989年6月，下册，第3132頁。
② ［唐］徐堅等編，司義祖點校：《初學記》，北京：中華書局，2004年2月，第18頁。
③ 《叢書集成初編》本《爾雅翼》，第1146册，第160頁。
④ ［北周］庾信撰，［清］倪璠注，許逸民校點：《庾子山集注》，北京：中華書局，1980年10月，第292、349頁。
⑤ ［漢］劉向撰，向宗魯校證：《説苑校證》，北京：中華書局，1987年7月，第465頁。向校據《孔子家語·辨政》提示异文，此處作括注增補。
⑥ 黄暉：《論衡校釋》第2册，第649～650頁。

經驗帶來的巫術想象。

這些物候一旦運用到民俗中,也確實會具有巫術意義。在我們的印象中,從生活習性、科學分類、民俗信仰看,水生物跟雨水、龍都有"自然"的聯繫,所以在求雨中利用水生的龍族是極爲自然的選擇。但燕、龍爲何皆屬水類?特别是鳥類爲何也可用來求雨呢?前人探討中國求雨風俗似未有深入解析。據人類學家弗雷澤介紹:

> 澳大利亞中部的迪埃里人,在嚴重乾旱時節……祈求那些他們稱之爲"穆拉穆拉"的遠祖們賜給他們力量促成一場大雨……兩位據認爲從"穆拉穆拉"那兒獲得神靈的男巫師,讓一位德高望重的老人用燧石把他們的胳臂肘下皮膚划破,并把血滴在擠坐在小屋中的其他男人身上。與此同時這兩位流血的人撒出滿把羽毛,而另一些羽毛還漂浮在空中。血被認爲可代表雨,而羽毛則代表雲。

在澳大利亞北方的阿努拉部落,則"把'轉舌金絲雀'和雨聯繫起來,稱它爲'雨鳥',一個以此鳥爲其圖騰的人可以在指定的水塘邊施行求雨術"①。

弗雷澤所説羽毛跟雨水的關係,在中國古代早已存在。在陰陽五行系統中,羽跟雨水有關。《吕氏春秋·孟冬紀》説"其音羽",高誘注:"羽,水也,位在北方。"②《春秋繁露·五行五事》:"春夏多暴雨,雨者水氣也,其音羽也,故應之以暴雨。"③儘管此"羽"爲五音之一,但羽跟水、雨的關聯在此説中已然存在,且還有别證。如雨落即似羽散,《釋名·釋天》云:"雨,羽也,如鳥羽動則散也。"④求雨之雩祭亦用羽舞,《説文解字》十一下《雨部》:"雩,夏祭於赤帝,以祈甘雨也。"又説其字或作上"羽"下"亏"之形,"雩或从羽,雩舞羽也"。⑤雩舞早記於《周禮·地官·舞師》,稱舞師掌"教皇舞,帥而舞旱暵之事"。鄭氏注:"旱暵之事謂雩也。暵,熱氣也。鄭司農(鄭衆)云,皇舞,蒙羽舞。……玄(鄭玄)謂,皇析五采羽爲之。"⑥這説明古代早有舞羽求雨的禮制。雨、羽關聯也可能是俗語"毛毛細雨"的來源。

一方面,羽、雨在讀音上相同,在五行中處於同一系統,羽毛、雨水在飄落形態上也相似,另一方面,禽鳥與雨旱確實有關:群鳥低旋可能預示降雨,高飛則可能使雨氣分散導致旱情:

---

① [英]弗雷澤:《金枝》中譯本,第 98、109 頁。
② [秦]吕不韋撰,[漢]高誘注,許維遹集釋(1935),梁運華整理:《吕氏春秋集釋》,北京:中華書局 2009 年 9 月版,上册,第 215 頁。
③ 蘇輿:《春秋繁露義證》,第 388~389 頁。
④ [漢]劉熙撰,[清]畢沅疏證,王先謙等補:《釋名疏證補》,北京:中華書局,2008 年 6 月,第 6~7 頁。
⑤ 參[漢]許慎撰,[清]段玉裁注:《説文解字注》,嘉慶二十年(1815)段氏經韵樓藏版,上海:上海古籍出版社,1981 年 10 月影印,第 574 頁。
⑥ [漢]鄭玄注,[唐]賈公彦疏:《周禮》,《十三經注疏》本,上册,第 721 頁。

鸛，江淮謂群鸛旋飛爲鸛井。鶴（鸛）亦好旋飛，必有風雨。人探巢取鸛子，六十里旱。能群飛，薄霄激雨，雨爲之散。（《酉陽雜俎》前集卷一六《廣動植之一·羽篇》）①

鸛……天將雨，則長鳴而喜，蓋知雨者也。又善群飛，薄霄激雨，雨爲之散。……《詩》曰："鸛鳴於垤，婦嘆於室。"垤，蟻冢也。鸛知天將雨，有見於上；蟻知地將雨，有見於下。鸛鳴於垤，將雨之候也。……《禽經》曰："鸛俯鳴則陰，仰鳴則晴。"仰鳴則晴，是有見於上也；俯鳴則陰，是有見於下也。（《埤雅·釋鳥》）②

事實上，預知雨水的飛鳥還有多種，如烏，上引《酉陽雜俎》後又言："俗候烏飛翅重，天將雨。"《埤雅·釋鳥》："烏，陽物也，感陰氣而翅重，故俗以此占其雨否。"又如鵓鳩，同上書云："陰則屛逐其匹，晴則呼之，語曰'天將雨，鳩逐婦'者是也。"又如鷸，同上書云："鷸，一名述，似燕，紺色，知天將雨之鳥也。"③又如鴆鳥，《淮南子·繆稱訓》："暉目（暉日，運日）知晏，陰諧知雨。"許慎注："暉目，鴆鳥也。晏，無雲也。天將晏静，暉目先鳴。陰諧，暉目雌也，天將陰雨則鳴。"④《爾雅翼》卷一六《釋鳥四》說："鴆，毒鳥也，似鷹，大如鴞，毛紫黑色，長頸赤喙。雄名運日，雌名陰諧。天晏静無雲，則運日先鳴；天將陰雨，則陰諧鳴之。"⑤雄鴆知晴，雌鴆知雨，恰如鸛之高飛兆晴、低翔兆雨一樣，它們都成了民衆眼中的"晴雨表"和"天氣預報員"。

（四）插戴楊柳

前述《點石齋畫報》戊集《求雨述聞》說，金陵上元縣求雨時，"插柳枝"；又金集《祈雨新奇》前半說南京求雨時，"衆童各執楊枝沿途灑水"。楊柳是求雨風俗中較爲重要的植物道具。

前引數條資料都有楊柳求雨之說，如北宋《畫龍祈雨法》說"楊柳枝灑水龍上"，《蜥蜴祈雨法》說"人持柳枝沾水散灑"，《爾雅翼》說"插柳枝"，《帝京景物略》說"磁瓶插柳枝，挂門之旁"，《中華全國風俗志》說近代越巂"折楊柳扎爲龍形，并以柳圈戴於頭上"。

民國時期求雨普遍使用柳枝，茲舉數例，如冀中保定《滿城縣志略》說"壇插柳枝""人各戴柳圈"，冀東南滄州《滄縣志》說"貯水插柳""抬大柳鉢"，《南皮縣志》說"執柳灑水作雨狀"。⑥ 又如遼中鞍山《海城縣志》說"村人皆頭戴柳枝之圈"，遼東南丹東《鳳城縣志》說

---

① 方南生點校：《酉陽雜俎》，第153頁。按"亦好旋飛"句之"鶴"字乃形誤字，没有在言鸛之際插入鶴事之理，當據《太平廣記》卷四六三引文改作"鸛"，參［宋］李昉等編，汪紹楹點校：《太平廣記》，北京：中華書局，1961年9月，第10册，第3814頁。

② ［宋］陸佃撰，王敏紅校點：《埤雅》，約在紹聖二年（1095）成書，杭州：浙江大學出版社，2008年5月，第53頁。

③ 以上3條《埤雅》引文，分見王敏紅校點《埤雅》，第57、66、90頁。

④ 劉文典：《淮南鴻烈集解》上册，第337～338頁。

⑤ 《叢書集成初編》本《爾雅翼》，第1146册，第173頁。

⑥ 以上3條引自丁世良、趙放主編：《中國地方志民俗資料彙編·華北卷》，北京：書目文獻出版社，1989年5月，分見第360、377、407頁。

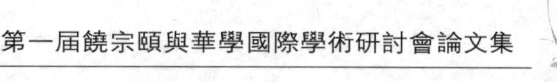

"概以柳圈罩頭",遼西南錦州《義縣志》説"頭上皆戴一柳枝之圈";吉林通化《海龍縣志》説"頭銜柳圈,以柳條編成之";黑龍江中部《綏化縣志》説"戴柳枝冠",《望奎縣志》説"家各一人手持柳條,頭戴柳條圈",北部《璦琿縣志》説"宅内貯水器,均插柳枝,以冀甘霖"。①與越嶲柳龍近似,滇西劍川白族也"用柳樹扎成柳龍""讓人扎的柳龍與潭中的'真龍'相鬥,認爲二龍相鬥可以下雨"。②

　　就現在掌握的材料言,唐代以前似未見楊柳祈雨的風俗,應該是北宋畫龍、蜥蜴祈雨法中較早使用楊柳。與此相應,宋代寒食節也有插柳的行事。《東京夢華録》卷七説:"尋常京師以冬至後一百五日爲大寒食,前一日謂之'炊熟',用麵造棗餬、飛燕,柳條串之,插於門楣,謂之子推燕。"③《歲時廣記》卷一五兩引吕原明(北宋吕希哲)《歲時雜記》云:"以棗麵爲餅,如此地棗菰而小,謂之子推,穿以楊枝,插之户間,而不知何得此名也。""今人寒食節,家家折柳插門上,唯江淮之間尤盛,無一家不插者。"④爲什麽寒食節要插柳於門呢?其實,從根本上説,寒食節的主要功能正是祈求雨水。⑤如此,則北宋畫龍、蜥蜴祈雨中使用楊柳與寒食節插楊柳就相互一致,甚至柳串飛燕即所謂子推燕也與石燕一致,大體都是爲了獲得雨水。

　　現在的問題是:爲什麽楊柳跟雨水有關?可能的解釋如楊柳多生長於水邊,春夏楊柳色青,柳烟花霧似烟雲霧雨,這都是合理的。但也可能恰恰是這種自然物候的觀察,帶來了楊柳跟雨水關聯的民俗信仰。

　　事實上,楊柳確實在信仰上是可以帶來雨水的樹木。《爾雅·釋木》:"檉,河柳。"郭璞注:"今河旁赤莖小楊。"⑥《詩·大雅·皇矣》云"其檉其椐",毛傳:"檉,河柳也。"正義引陸璣《疏》(三國吴陸璣《毛詩草木鳥獸蟲魚疏》)云:"河傍皮正赤如絳,一名雨師,枝葉似松。"⑦知河柳之檉有"雨師"之名。《爾雅翼》卷九《釋木》:"天之將雨,檉先起氣以應之,故一名雨師。而字從聖,《字説》(北宋王安石撰)曰:知雨而應,與於天道。木性雖仁聖矣,猶未離夫木也,小木既聖矣,仁不足以名之。"⑧《履齋示兒編》卷一六《物相反》據《藝圃折

---

① 以上東北材料引自丁世良、趙放主編:《中國地方志民俗資料彙編·東北卷》,北京:書目文獻出版社,1989年4月,分見第83、179、215、312、444、458、500頁。
② 宋恩常:《白族的本主崇拜》,見宋恩常編《中國少數民族宗教初編》,第298頁。
③ [宋]孟元老撰,伊永文箋注:《東京夢華録箋注》,紹興十七年(1147)自序,北京:中華書局,2006年8月,下册,第626頁。
④ 《續修四庫全書》本《歲時廣記》,第261、262頁。
⑤ 參李道和:《寒食習俗源於求雨禮俗考》,載中山大學《民俗學刊》第5輯,澳門:澳門出版社,2003年11月,第101~119頁;李道和:《歲時民俗與古小説研究》,天津:天津古籍出版社,2004年2月,上篇第一章《寒食考辯》,第49~96頁。
⑥ [晉]郭璞注,[宋]邢昺等疏:《爾雅》,《十三經注疏》本,下册,第2636頁。
⑦ [漢]毛氏傳,[漢]鄭玄箋,[唐]孔穎達等正義:《詩經》,《十三經注疏》本,上册,第519、520頁。
⑧ 《叢書集成初編》本《爾雅翼》,第1146册,第102頁。

中》(南宋初年鄭厚撰)也説："葵知隨日,檉知應雨。"①《本草綱目》卷三五下"檉柳"條釋名,稱其別名有：赤檉、赤楊、河柳、雨師、垂絲柳、人柳、三眠柳、觀音柳,又解釋説：

> 或曰,得雨則垂垂如絲,〔雨師〕當作雨絲。……今俗稱長壽仙人柳,亦曰觀音柳,謂觀音用此灑水也。②

在"灑水觀音"的民間傳説中,觀音是"手持楊枝寶瓶","取楊枝在寶瓶中蘸了甘露,望空四面遍灑一周",使百姓脱離苦厄,往生樂土。③

雖然觀音所灑是功德水,但其持楊就瓶灑水諸方式大體都與求雨行事相類似。如用楊柳枝,實是宋代畫龍、蜥蜴祈雨以來直至民國的古俗。至於從瓶中灑水,也至少是唐代以來就有的行雨法術,唐小説中常有描寫,如戴孚《廣异記》之穎陽里正,馬總《唐年小録》之王忠政、李復言、《續玄怪録》之李靖諸事皆然。④ 觀音寶瓶,也讓人聯想到前述明京求雨的柳枝插瓶、民國遂安的蛇蟲置瓶,或是唐宋泛蜥蜴、插柳枝於水甕。至於灑水或檉柳得水則垂垂如絲,也是常見的模擬雨水的巫術。弗雷澤指出,很多民族"如果他們想要降雨,就用灑水或用蒸氣造點假雲來模仿","用樹枝灑水是純粹的巫術儀式"。⑤ 前引民國《南皮縣志》説"執柳灑水作雨狀",當代《臺灣省通志稿》也説"以竹枝、樹枝沾水撒滴四邊,作下雨之朕兆"⑥,則是中國之例。

據李時珍説及我們的分析,可以推知明代已把唐代瓶水行雨、宋代楊柳求雨及觀音蘸灑功德水等結合起來,形成觀音用檉柳灑水的信仰；至於宋代以來楊柳求雨風俗,則根源於三國以來的檉柳爲雨師之説。雖然作爲河柳,檉祇是柳之一種,但檉之起氣應雨,也可理解爲一般楊柳之隨風飄舞,或者柳絲狀如雨絲。從雨水滴灑樹枝的自然現象,反推求雨風俗以樹枝灑水模擬降雨,可知巫術儀式中的樹枝或是任選的,但恰恰因爲楊柳得雨垂垂如絲而跟雨絲相似,所以楊柳之被選也是有原因的,并因此在中國形成了柳爲雨師及以楊柳灑水求雨的民俗信仰。

"檉"字從"聖",木性"仁聖",其實這樣的仁聖或即由於知雨而應,普降甘霖。再進一

---

① [宋]孫奕撰,開禧元年(1205)自序,[清]顧廣圻校補：《履齋示兒編》,《叢書集成初編》"總類各科叢著",據《知不足齋叢書》本排印,北京：中華書局,1985年,第207册,第161頁。

② [明]李時珍：《本草綱目》,萬曆十八年(1590)初刊,光緒十一年(1885)張氏味古齋本,北京：人民衛生出版社,1957年4月影印,下册,第1190頁。

③ 江村著,張穎、陳述校點：《觀音得道》,收入《觀音菩薩全書》,瀋陽：春風文藝出版社,1987年9月,參第十六回,引見第199~201頁。

④ 參錢鍾書：《管錐編》,北京：中華書局,1979年8月,第2册,第796頁。

⑤ 弗雷澤《金枝》中譯本,第95、97頁。

⑥ 引自《中國地方志民俗資料彙編·華東卷》下册,第1375頁。

步,聖者可爲神、爲仙,偏偏南宋就有一位神仙特別與柳枝相關。《嘉泰會稽志》卷六載,諸暨縣(今爲浙中諸暨市)東南孝義鄉有"俞柳仙判官廟":

> 父老傳有姓俞者,久寓村媼家,病革,語媼曰:"死以兩大甕合以葬我,扛折則窆。"鄉人如其說。復夢俞曰:"今爲天曹雨雪部判官。"會野火且至,烈日中雨雪冢上,遠近异之,即其地立祠。紹興(1131—1162)初,久旱,迎神至大雄寺,禱雨立應,歲以大稔。相傳神喜柳枝,邑人致禱必持柳枝以獻,因號柳仙云。

接下載該鄉又有"柳鮑仙姑廟":"廟負山帶溪,景趣勝絶,父老以溪聲高下卜雨暘,甚驗,人皆异之。"①作爲天曹"雨雪部"判官的俞柳仙,能讓百姓禱雨立應,其原因或在柳枝與雨水的關聯;至於所謂鮑姓柳仙姑,或是俞柳仙的對偶神,或其寓居主人村媼死而爲神,她也有卜雨甚驗的神迹。

最後,我們再從唐宋文學作品考察柳、雨關聯。這裏僅以《全芳備祖》後集卷一七《楊柳》爲據,如"巫娥廟裏低含雨,宋玉門前斜帶風"(杜牧),"風雨不知春早晚,柳條搖動半江陰"(劉過),"渭城朝雨浥輕塵,客舍青青柳色新"(王維)。又如"風飄飄兮雨蕭蕭"(白居易),"晚來更帶龍池雨"(温庭筠),"含烟帶雨過平橋"(吕本中),"供斷閑愁細雨中"(朱淑真),"絲絲烟雨弄輕柔"(宋自遜),"雨重垂楊綠未乾"(王埜),"雨過曨曨斜日透"(周邦彦),"一番雨過年芳淺"(僧仲殊),"烟雨池塘"(李方舟)。② 這些詩詞也許同樣暗示了楊柳跟雨水的自然物候關聯,而古人之所以要使用楊柳求雨,也當是長期觀察物候而逐步形成的風俗。

三、從"人事"看《點石齋畫報》的求雨風俗

在《點石齋畫報》的求雨風俗畫中,還有幾幅更多地側重於行事主體即"人事"方面,其中的人成爲求雨的重要因素,這些風俗也往往包涵深厚的歷史文化。

(一)地方官

畫報描述晚清各地求雨往往是地方官(又稱"邑尊"、"官憲"或某太守、刺史等)主其事,爲民請命,而百姓積極參與。茲以戌集《賽燈求雨》(第7册,第249頁)爲例:

> 昔成湯桑林禱雨,特下罪己之言。誠以蒼蒼者天,性至誠,焉能感格?此固不拘

---

① [宋]施宿:《嘉泰會稽志》,嘉泰元年(1201)陸游序,清嘉慶十三年(1808)采鞠軒刊本,臺北:成文出版社,1983年3月,據民國十五年(1926)景印本影印,第6248頁。
② [宋]陳咏(字景沂)撰,[宋]祝穆訂正:《全芳備祖》,寶祐四年(1256)陳氏自序,日本宫内廳書陵部藏宋刻本,以徐乃昌藏抄本補配,北京:農業出版社,1982年2月影印,參第1226~1250頁(抄本)。

帝王爲然也。方今天氣亢陽，杲杲日出，凡我小民，皆以旱熯爲慮。

事實上，地方官帶頭祈雨就是源自商湯時代的久遠傳統。《吕氏春秋·順民》説：

> 昔者湯克夏而正天下，天大旱，五年不收，湯乃以身禱於桑林，曰："余一人有罪，無及萬夫；萬夫有罪，在余一人。無以一人之不敏，使上帝鬼神傷民之命。"於是剪其髮，𠜱其手，以身爲犧牲，用祈福於上帝。民乃甚説，雨乃大至。①

湯王之後，這種爲民請命、禱天祈雨的君王、地方官不計其數，特別在漢代極爲盛行，直至晚清仍然存在。又如《清稗類鈔·迷信類》"曾忠襄祈雨"條説，光緒三年（1877）八月至次年二月，山西大旱，曾國荃乃率衆官紳祈雨，"請皆自焚，以塞殃咎""與衆跪薪上，兩日夜不食飲不眠"。"易字宜雨"條又説，光緒間高州（今爲粤西南高州）大旱，"民咎地方官吏姓名之不能致雨"，如高州守楊霽，字子晴；鎮道縣諸官姓名，亦"多晴霽不雨之意"，乃"相率易其字爲宜雨之意"。② 其實，後世的君王、地方官源自早期的祭司王、巫王，他們的求雨是在肩負政治責任的同時承擔的宗教職責，是其燮理陰陽、爲民請命的應有之義。此不詳論。③

（二）人犧

《點石齋畫報》有數則圖文涉及捨身求雨的事例，如辛集《捨命求雨》（第 3 册，第 144 頁）説：

> 七月初，浙之鄞縣方苦旱，邑尊設壇祈禱。方橋江有龍潭。光緒五年（1879），有施姓寡婦二人，因歲旱禾槁，投身蔣山龍潭，爲地方請命。今則又有楊姓女郎，年僅十七，住西南鄉上水碶，與其母織席度日者。亦以官民盼雨情切，伺母赴市，沐浴更衣，徑赴方橋江龍潭而死。越半日，雨果沛然下，苗遂勃然興。此女洵功德在民哉！竭血誠一片，當血食千秋！

畫報辛集約作於光緒十二年（1886），知在鄞縣（今爲寧波鄞州區）地方數年間竟有兩次捨命求雨事件。畫報竹集《捨身求雨》（第 9 册，第 210 頁）又言："今夏（約光緒十八年）江浙各屬俱苦旱乾，慕義之徒捨身求雨，時有所聞，從未有如温州樂清縣陳興文之捷於響應者。"陳氏"躍入潭中，面求龍王"，後"果大雨如注"，民建祠報祀。

---

① 許維遹：《吕氏春秋集釋》，第 200~201 頁。𠜱（意爲砥），原字從磨從邑，據清畢沅校正改。
② 徐珂：《清稗類鈔》，北京：中華書局，1984 年 12 月，第 10 册，分見第 4679、4680、4687 頁。
③ 參鄭振鐸：《湯禱篇》，原載《東方雜志》1933 年第 30 卷第 1 號；收入《鄭振鐸古典文學論文集》，上海：上海古籍出版社，1984 年 1 月，第 100~130 頁。又，李道和：《歲時民俗與古小説研究》，第 70~72 頁。

其實,捨命求雨源於早期的人犧祭神風俗,在中國較早的還是湯王的"以身爲犧牲",衹是他的剪髮曆手基本是象徵性的巫術形式,并未真正捨身捨命。後世君王、地方官爲民請命,雖然心誠意正,但也沒有真做犧牲。比如《新序·雜事二》載:

> 昔齊景公之時,天大旱三年,卜之曰:"必以人祠乃雨。"景公下堂,頓首曰:"凡吾所以求雨者,爲吾民也,今必使吾以人祠乃且雨,寡人將自當之!"言未卒,而天大雨方千里者。①

齊景公,或又作宋景公,都是春秋時期君王。如同春秋景公一樣,後世大多數君王、地方官雖然虔誠地要自焚身塞,但往往是"言未卒""火將然",即甘雨大澍。《水經注》卷二一《汝水》說,平輿縣(在今豫東南汝南縣)故城有張熹(東漢人)祠、碑及自焚處,引《桂陽先賢畫贊》(三國吳張勝撰)說,張熹爲平輿令,"時天大旱,熹躬禱雩,未獲嘉應,乃積柴自焚。主簿侯崇、小史張化,從熹焚焉。火既燎,天靈感應,即澍雨"②。火燎即雨,似未真焚,但既言僚屬從焚,又有自焚處,若後者爲實,則張熹及其僚屬或是歷史上少有的真正自焚求雨的官方人士。

比起裝模作樣的君王、地方官來說,《點石齋畫報》所述的普通百姓就更顯光彩。值得注意的是,畫報說"慕義之徒捨身求雨,時有所聞",又在匏集《愚不可及》(第 9 册,第 232 頁)中說:"本年(光緒十八年)入夏以來,久無雨澤,甌、寧各屬無知男婦捨身求雨者此倡彼和,亦幾數見不鮮矣。"從前述鄞縣、樂清事看,甌指溫州、寧指寧波的可能性較大,知晚清捨命求雨事件多發生於江、浙尤其是浙江地區,其"此倡彼和""時有所聞"的背景如何?浙江有傳説:初唐詩人楊炯作盈川(在今浙西衢州東)令,遇大旱,在枯井求雨,覺得身爲父母官,却不能拯救百姓,乃跳入井中,忽井水暴漲,流灌田地,百姓爲之建楊公祠。③ 難道浙地捨身求雨事件受到楊炯傳說的影響?

畫報所述捨身求雨事件還有一個特例,射集《割股祈雨》(第 11 册,第 230 頁)說:

> 祈雨之術多矣,從未聞有割股以禱天者,有之,則自湖北黃梅縣之甘姓鄉農始。緣今年(約光緒十九年,1894)該處旱魃爲虐……爰設壇代衆祈禱。自七月朔日起,跪求於烈日中三日,雨仍未至。乃割股肉一塊,盛之盤中,以作供奉。次日停午,雷電以風,大雨繼至,頃刻間,田疇沾足,溝澮皆盈。

---

① [漢]劉向撰,石光瑛校釋,陳新整理:《新序校釋》,北京:中華書局,2001 年 1 月,第 221～222 頁。
② 楊守敬、熊會貞:《水經注疏》中册,第 1785～1786 頁。
③ 李劍平主編:《中國神話人物辭典》,西安:陝西人民出版社,1998 年 10 月,第 294 頁。一說躍入盈川潭中殉職,祠在衢州東郊四十里的高家鄉盈川村,參姜彬主編:《稻作文化與江南民俗》,上海:上海文藝出版社,1996 年 4 月,第 660 頁,鄭土有執筆。

割股療親之事素所習聞,確實少見割股求雨者,但春秋時介子推曾爲晋公子重耳(晋文公)割股。《莊子·盜跖》言:"介子推至忠也,自割其股以食文公,文公後背之,子推怒而去,抱木而燔死。"①我們已經論證説,介子推之割股實際就是以人肉作爲求雨的犧牲,是介子推傳説與求雨風俗互爲表裏的應有行事。② 過去在魯南滕州鄉間,常舉行祈年、祈雨、驅雹的公祭,"每遇大的公祭,人們都要斂錢買猪獻禮,祭後的肥猪宰殺後,分食衆人,人們稱作'啃神腿'"③。啃神"腿"的風俗恰似介子推的割"股",也與畫報所述湖北黄梅之甘氏割股求雨一致,儘管後者也可能受到割股療親的啓發。

(三)僧人

《點石齋畫報》所述捨命求雨事件表明,那種捨身亡命的求雨行爲,已接近某種宗教獻身的性質。南宋就有一位焚目求雨的僧人,《夷堅志》乙志卷一三《法慧燃目》説,紹興五年(1135)夏大旱,朝廷於臨安法慧寺禱雨,久而弗應,有苦行頭陀潘法慧者,"乞焚右目以施,即取鐵彈投諸火,煅令通紅,置眼中,然香其上,香焰纔起,行雲滿空,大雨傾注"④。

事實上,在歷代求雨風俗中,佛教、道教人士就發揮了重要作用。這裏僅及《點石齋畫報》木集《求雨志奇》(第10册,第273頁)略論之:

> 客有自河間府來者言,去年該處自入夏以來,連月不雨,太守爲民請命,祈禱彌虔。聞西塔寺僧慧如,戒律精嚴,爲緇流所宗仰,因往請之。僧曰:"身老,無以動天地,惟每日説法時,必有一老叟來聽講,莫知所從來,疑爲龍矣。使君欲有所求,宜於明旦至此,潔誠以待。"太守從之。如期叟至,太守望見,即焚香稽首。叟驚,止之,問何故,太守以亢旱求雨,懇切陳辭。叟默然久之,嘆曰:"效豐年,饒舌者,師也。今機已泄,吾雖獲罪於天,當有以報之。"言畢,忽不見。翌日,一雨歷三晝夜,田疇沾足,是歲,民穫有秋。按,小説載,釋元(玄)照講《法華經》於嵩山,有三叟日來諦聽,自言是龍。照以天旱,令降雨。三叟曰:"雨禁絶重,倘不奉命擅行,詰責非細,唯孫處士能脱弟子之禍。"照爲之謁孫思邈致懇。是夜,千里雨足。三叟化爲獺,匿於孫所居後治,遭使者捕執,孫使解而釋之。與此事頗相類。

按,清有河間府,在今河北中東部任丘、河間、獻縣、景縣一帶,然似未聞有西塔寺,所謂"去年"約在光緒十九年(1894)。事實上,本則題圖文字當據《夷堅志》支甲卷一"河中西岩龍"條改寫。

據《夷堅志》,時間在金熙宗完顔亶皇統(1141—1149,當南宋紹興十一年至十九年)

---

① [清]郭慶藩集釋,王孝魚整理:《莊子集釋》,北京:中華書局,1982年8月,第998頁。
② 參李道和:《歲時民俗與古小説研究》,第74~75頁。
③ 參高潮:《啃神腿》,載《民俗研究》2000年第1期,第170~171頁。
④ 何卓點校:《夷堅志》,第292~293頁。

中,地在河中府,太守名李金吾,寺名西寺,僧名慈惠,叙事甚詳。即如聯繫小説釋玄照事的筆法,《夷堅志》亦言,"唐小説所載釋玄照講《法華經》於嵩山""事頗相類"云云。① 按,釋玄照事,出《太平廣記》卷四二〇引《神仙感遇傳》(五代後蜀杜光庭撰)佚文②,"相類"之事也可加上《點石齋畫報》射集《爲民請命》(第 11 册,第 285 頁)之鍾離祖師"違天降雨"事。至於《點石齋畫報》之《求雨志奇》根據《夷堅志》改編,連帶著該畫報與古代小説相關聯的話題,此不贅。

(四) 女性

前述捨命求雨者有女性,即鄞縣施姓寡婦二人、楊姓女郎一人,《點石齋畫報》金集《祈雨新奇》南京求雨之後半題文(第 8 册,第 120 頁)則特別與女性有關:

> 有主理數之説者,以旱爲陽元所致,思折陽以扶陰,乃選美男子數人,傅以脂粉,飾以巾幗。有作老嫗,持杖龍鍾者;有高盤墜馬髻、鴛帶鳳裙,爲閨中少婦者;有長衫高履,爲八旗服色者。又有一醜婦,滿頭插通草花,手持雨蓋前行,易弁而釵。是真鬚眉短氣矣!

女巫祈雨可能時有所聞,這種男扮女裝的求雨行事幾乎是未見前事,但應該也有其文化淵源。

淵源即在題文所謂"折陽以扶陰"之説。《史記》卷一二一《儒林列傳》説,董仲舒"以《春秋》災異之變,推陰陽所以錯行,故求雨閉諸陽,縱諸陰,其止雨反是"③。《漢書》本傳亦同,顏注曰:"謂若閉南門,禁舉火,及開北門,水灑人之類是也。"④顏注未及女性,實際上女性求雨也運用了閉陽縱陰的原則:

> 四時皆以庚子之日,令吏民夫婦皆偶處。凡求雨之大體,丈夫欲藏匿,女子欲和而樂。(《春秋繁露·求雨》)⑤

> 求雨之方,損陽益陰。願大王無收廣陵女子爲人祝者一月租,賜諸巫者;諸巫毋大小,皆相聚於郭門,爲小壇,以脯酒祭;女獨擇寬大便處移市,市使無内丈夫,丈夫無得相從飲食;令吏妻各往視其夫,皆到即起,雨注而已。(《後漢書·禮儀志中》注引董仲舒《奏江都王》)⑥

---

① 何卓點校:《夷堅志》第 2 册,第 716~717 頁。
② 汪紹楹點校:《太平廣記》第 9 册,第 3419~3420 頁。
③ [漢]司馬遷撰,[南朝宋]裴駰集解,[唐]司馬貞索隱,[唐]張守節正義:《史記》,北京:中華書局 1959 年 9 月,第 10 册,第 3128 頁。
④ [漢]班固撰,[唐]顏師古注:《漢書》,北京:中華書局,1962 年 6 月,第 8 册,第 2524、2525 頁。
⑤ 蘇輿:《春秋繁露義證》,第 437 頁。
⑥ 《後漢書》第 11 册,第 3118 頁。

丈夫藏匿，女子和樂，街市無内（納）丈夫，吏妻往視其夫，這些都是發揮女子的陰性作用，遏制男子的陽性力量。求雨凸顯女性，止雨則反是，故《春秋繁露·止雨》云，"凡止雨之大體，女子欲其藏而匿也，丈夫欲其和而樂也"，故"禁婦人不得行入市""夫婦在官者，咸遣婦歸"，這是因爲"止雨之禮，廢陰起陽"。① 弗雷澤也説，"凡是不希望有太多雨水的地方，原始巫術的推理總是要求氣象巫師舉行與求雨的儀式正恰相反的法術儀式"，其中男女"嚴格節欲"就是一法。② 這種通過性別陰陽來求雨止雨的觀念，就是晚清南京男扮女裝求雨的原因。

至於畫報所説滿頭插花、"手持雨蓋（畫中爲雨傘）"前行的"醜婦"也值得關注。我們懷疑這種女性，從性別上説，應是《山海經》黃帝時的天女"女魃"之類人物的化身，從醜態上説，則是"倛醜""女醜"的化身；從職責上説，又是求雨女巫的化身。女魃"所居不雨"，其貌亦不揚，《唐韻》殘卷卷五《入聲·十三末》："魃，旱魃。""妭，鬼婦。"後字下引《文字指歸》（隋唐間曹憲撰）云："女妭秃無髮，所居之處天不雨。"③《山海經·海外西經》："女醜之尸，生而十日炙殺之。……以右手鄣其面。"學者以爲此神話是指"女醜飾爲旱魃而被暴也"。《大荒西經》又説她"以袂蔽面"④。雖然"女醜之尸"其字作"醜"，然其以手、袂鄣面的舉動或是因爲貌"醜"。旱魃也貌醜，《詩·大雅·雲漢》正義引《神異經》（舊題漢東方朔撰）説，魃又名"旱母"，"目在頂上"。⑤ 巫尪也有類似的狀貌，《禮記·檀弓下》記，戰國魯穆公（前407—前376年在位）因旱"欲暴尪"，"暴人之疾子"，又"欲暴巫"，"望之愚婦人"。鄭注："尪者面向天，覬天哀而雨之。"⑥《左傳·僖公二十一年》："夏大旱，公欲焚巫尪（尩）。"杜注："巫尪，女巫也，主祈禱請雨者，或以爲尪非巫也，瘠病之人，其面上向，俗謂天哀其病，恐雨入其鼻，故爲之旱。是以公欲焚之。"⑦旱魃、巫尪也是求雨土人，《文選》卷四二應璩《與廣川長岑文瑜書》注："《淮南子》曰：'西施、毛嫱，猶倛醜也。'高誘曰：'倛醜，請雨土人也。'"⑧跟倛醜對比的是"美麗"的"女子"，原來倛醜也是與女醜、魃、尪一樣的貌醜之人，被用來向天祈哀求雨。

旱魃、巫尪、倛醜既是旱災的原因，也是求雨的工具甚至主體。其面上向、目在頂上，自然也是鼻孔上向，所以擔心雨水入鼻，這應該也是南京醜婦"手持雨蓋"而行的原因，其

---

① 蘇輿：《春秋繁露義證》，第438、437、439頁。
② ［英］弗雷澤《金枝》中譯本，第103頁。
③ 唐寫本《唐韻》爲晚清蔣斧購藏，收入周祖謨編《唐五代韻書集存》，北京：中華書局，1983年7月影印，下冊，第701~702頁。按，此本《唐韻》成書於盛唐，抄寫於中唐。
④ 袁珂：《山海經校注》，第262、263、458頁。
⑤ 《十三經注疏》本《詩經》，上冊，第562頁。
⑥ ［漢］鄭氏注，［唐］孔穎達等正義：《禮記》，《十三經注疏》本，下冊，第1317頁。
⑦ ［晋］杜預注，［唐］孔穎達等正義：《左傳》，《十三經注疏》本，下冊，第1811頁。
⑧ 胡刻本《文選》中冊，第598頁。按，高誘請雨土人之説，不見於今本《淮南子》注，參劉文典《淮南鴻烈集解》，第228~229頁。

實持蓋打傘的醜婦人正是旱魃、巫尪、俱醜的扮演者。當然,巫尪持雨蓋(傘、笠)既有怕雨喜旱的原因,也有雨來可避的考慮,甚至還是巫師掌握天雨的權力標志。在醫書中,破敗的斗笠被稱爲"敗天公",《唐韵》殘卷卷五《入聲·廿八緝》:"笠,雨笠。《本草》呼破笠爲'敗天公'。"①"天公"之名與天體論有關,《本草綱目》卷三八《服器部一》以爲,"笠乃賤者御雨之具……《穹天論》云:'天形如笠,而冒地之表。'則'天公'之名,蓋取於此。"②按,據《初學記》卷一,這種天體論出虞昺(魏晋間人)《穹天論》。③《太平御覽》卷五九五引葛洪《抱樸子》佚文亦曰:"洪造《穹天論》云:天形穹隆,如笠冒地。"④斗笠似天體穹窿之狀,戴笠者或能控制天雨,而山雲如笠也是將雨徵兆。《太平寰宇記》卷一三三載,山南西道興元府褒城縣(今屬陝南漢中)有"牛頭山":"山形如牛頭,高百仞,雲覆如笠即雨,故彼人號爲'戴笠山'。"⑤戴笠可以控制雨水,可能是巫師戴笠打傘而其他求雨者則一般禁止使用雨具的原因。如民國遼東《鳳城縣志》稱,"不撐傘、不戴笠";吉南《海龍縣志》稱,"不許戴笠"⑥。在民國浙中東陽縣(今爲東陽市)求雨時,群衆"大都不戴笠帽","衹有巫師可以帶傘",途中"碰到戴笠帽的或打傘的人,就要求他們脱帽或收傘",否則,從龍潭取回裝在瓶中的"龍公子"就會逃回去。⑦ 這些普通民衆不用雨具的要求,以及"衹有巫師可以帶傘"的講究,恰恰反襯出南京求雨行列中"手持雨蓋(傘)"前行的"醜婦"就是掌控雨水的旱魃、巫尪或俱醜。⑧

(五) 兒童

《點石齋畫報》多次説到求雨中的兒童角色,如前述端州揭游蕉龍的"衆小孩",南京求雨則有"兒童數十輩"塑土龍,"兩童執黄旗前導,兩童鳴鑼從之,衆童各執楊枝沿途灑水"。這也是傳承久遠的習俗。

在多種史料中都有求雨童子,特別是《論語·先進》沂水舞雩中的"童子六七人"最爲著名。⑨ 前引《神農求雨書》言"小童舞之",《春秋繁露·求雨》説,春旱求雨,"小童八人,皆齋三日,服青衣而舞之"。⑩《説苑》中孔子亦言,兒童兩兩相牽,屈足而跳,且歌商羊。前述唐代蛇醫求雨"選小兒十歲已下十餘",宋代蜥蜴求雨"擇童男十三歲下、十歲上者二

---

① 周祖謨編:《唐五代韵書集存》下册,第 721 頁。
② 《本草綱目》下册,第 1264 頁。
③ [唐]徐堅撰,司義祖點校:《初學記》,第 2 頁。
④ 《太平御覽》第 4 册,第 2679 頁。
⑤ [宋]樂史撰,王文楚等點校:《太平寰宇記》,北京:中華書局,2007 年 11 月,第 6 册,第 2615 頁。
⑥ 引自《中國地方志民俗資料彙編·東北卷》,第 179、312 頁。
⑦ [日]直江廣治著,王建朗等譯:《中國民俗文化》(1967),上海:上海古籍出版社,1991 年 2 月,第 95 頁。
⑧ 關於求雨風俗中戴斗笠、打傘蓋者的角色、性質,别參李道和、刀潔著:《開遠市壯族傳統文化及其現代適應》,昆明:雲南人民出版社,2010 年 8 月,第 102~103 頁。
⑨ [魏]何晏集解,[宋]邢昺疏:《論語》,《十三經注疏》本,下册,第 2500 頁。
⑩ 蘇輿:《春秋繁露義證》,第 429 頁。

十八人",明南京兒歌更曰:"青龍頭,白龍尾,小兒求雨天歡喜。"近代川西越巂求雨時,"必有童子數十成群"燒香求雨,童子大呼:"童子燒香,祝告上蒼!"①前述天津求雨中也是兒童口喊:"家家小孩來求雨咧。"

爲什麽"家家小孩來求雨"?爲什麽"小兒求雨天歡喜"?很少有人解釋其意。實際上,使用兒童作爲祈雨行事的重要成員甚至主體,仍然基於董仲舒提倡的閉陽縱陰原則。《論衡·訂鬼》云:

> 世謂童子爲陽,故妖言出於小童。童、巫含陽,故大雩之祭,舞童暴巫。②

恰如暴巫,舞童也是對陽氣的阻遏。

可以參證兒童含陽的是驅鬼風俗,《文選》卷三張衡《東京賦》寫歲末大儺:"方相秉鉞,巫覡操茢。侲子萬童,丹首玄製。"三國吳薛綜注:"侲子,童男童女也。"李善注:"《續漢書》曰:大儺,謂逐疫。選中黃門子弟,十歲以上、十二以下,百二十人爲侲子。皆赤幘皁製,以逐惡鬼於禁中。"③這是利用兒童的陽氣驅逐鬼魅的陰氣。這都暗示我們,使用兒童求雨是對兒童陽氣的某種懲罰,儘管他們的行列和歌聲也給人們帶來了諧趣。

四、從"新法"看《點石齋畫報》的求雨風俗

《點石齋畫報》中的求雨風俗既有深厚的歷史文化蘊涵,也有求雨風俗的晚近發展,更有嶄新的現代科技,這些"新方法"和"技術"是這一求雨文獻最具特色的部分。

畫報主要描述的是求雨風俗,但也有止雨。如酉集《擊鼓求晴》(第7册,第193頁)論古代鼓的多種用途之後説:

> 《後漢書·禮儀志》:"旱則伐朱鼓。"則求雨者用之矣。至用以求晴者,惟《晋書》載,雨多則縈祭、赤幘、朱衣、朱索縈社、伐朱鼓一説。知此道者,其惟張朗帥乎?聞朗帥以東省(今山東省)入夏後,陰雨連綿,經月不已,爲民請命,竭誠祈晴。飭令各營兵丁,在四門城樓打鼓,以爲開霽之助。夫雨陰氣也,鼓陽氣也,求晴而擊鼓,其即扶陽抑陰之義乎?

題文作者知識淵博,解釋甚當。所謂"扶陽抑陰之義"也即董仲舒的陰陽理論,《春秋

---

① 胡樸安:《中華全國風俗志》下編,第351頁。
② 黄暉:《論衡校釋》第3册,第944頁。
③ 胡刻本《文選》,第63頁。李善所引《續漢書》,見《後漢書·禮儀志中》,北京:中華書局,1973年,第11册,第3127頁。

繁露·精華》言,"大旱雩祭而請雨,大水鳴鼓而攻社","大水者,陰滅陽也","故鳴鼓而攻之,朱絲而脅之"。《止雨》篇亦言求晴之法,如祭社"擊鼓""鼓用牲於社"。①

(一) 鳴槍放炮

鳴鼓求晴還是傳統信仰,但《點石齋畫報》還描述了一些晚近時代纔出現的求雨習俗。如畫報未集《止雨新法》(第6冊,第234頁)所言即是"新法":

> 江浙兩省霪雨爲灾,下隰高原盡成澤國。安慶防營統領宋軍門,飭令屬下兵弁,於某日辰刻,各持後膛洋槍,猱升省垣雉堞,向烟雨中扳機然放,以散鬱蒸。一時響若連珠,果見宿霾四捲,頓露曦光。浙撫崧中丞亦用是法,即日放晴云。按,泰西天文家謂,雨係地中濕氣,鬱而蒸騰,被雲氣吸致,乃散漫而爲雨,故將雲轟散,可殺雨勢。又西人向有巨火致雨之説。曩年,倫敦大火,久旱之際,天忽大雨,西人僉謂爲空氣鼓蕩所致。然聞輪船在大洋中,如遇颶風,然炮向空擊之,亦能轟散。竊疑此係神奇其説,或不盡然。惟據故老傳言,道光二十九年(1849),吳大節公撫浙時,亦以久雨兼旬,在吳山頂上然放大炮,其時杭人傳爲笑談,不料後果晴朗。至咸豐九年(1859),湖南大雨,亦有遵行此法立見奇驗者。爰備錄之,以爲格致之一助。

此條内容豐富,既有"古法",也有"新法"。如倫敦大火致雨解説爲新,但中國也有燒山求雨之古法,如《搜神記》卷二七樊山、《酉陽雜俎》前集卷一四太原崖山習俗。② 又如道光、咸豐間事爲古,光緒間江浙事則爲新,又均爲槍炮止雨。民國時期也有類似做法,如桂中《同正縣志》載,"遇多雨則封北城門,向天鳴銃,此習至清光緒末年始不有行"③。

就驅散烟雨雲氣言,前述鸛鳥高飛"薄霄激雨,雨爲之散",也發揮了與槍炮類似的止雨作用,或者鳴鼓祈晴也有類似的意圖,但鳴槍放炮畢竟是較爲新穎的近世技術,所以是新法。當然,清代後期的槍炮止雨新法也可能受到古俗的啓示,比如說把地上的鼓鳴像飛鳥一樣搬到天上成爲槍擊和炮轟。

但此條最有新意的是引用了西方天文學家的説法:"雨係地中濕氣,鬱而蒸騰,被雲氣吸致,乃散漫而爲雨,故將雲轟散,可殺雨勢。"是與中國古代陰陽變化信仰完全不同的近代科學思想。與古代浩如烟海的求雨文獻相比,《點石齋畫報》最爲突出的就是,其對近代西方求雨、止雨新技術,即今日所謂"人工降雨"或"人工影響天氣"技術作了介紹(我們尚不知是否爲首先或惟一的介紹)。

---

① 蘇興:《春秋繁露義證》,分見第85~87、437~439頁。

② [晋]干寶撰,李劍國輯校:《新輯搜神記》,北京:中華書局,2007年3月,第433頁;方南生點校:《酉陽雜俎》,第130頁。

③ 引自丁世良、趙放主編:《中國地方志民俗資料彙編·中南卷》,北京:書目文獻出版社,1991年12月,下冊,第916頁。

如石集《雨師聽命》(第8册,第282頁)説,"美國人智鄰科擅釀雨術","製一氣球,中載輕養(氫氧)二氣,使之上騰至半空中,球忽炸裂,轟然大震","復以紙鳶數具,繫以炸炮,乘風而起,俾轟散空中之霾氣",又"從下焚其火藥,烟焰騰起,上徹雲霄",終於"陽氣銷除""雲行雨施"。看來,轟散雲氣既可能使低層雨雲散而爲雨,也可使高層雲氣散而放晴。但題文作者對此還没有清晰的認識,所以在土集《槍炮致雨》(第10册,第39頁)中,叙及美國一將軍用槍炮降雨的失敗之例,以爲欺人之舉;再叙國内某武員用槍炮止雨的成功事件,以爲尚近事理。

(二)懲罰神靈

嚴格地説,晚清所初知、今日所習聞的人工影響天氣是真正的"技術"而非"民俗",可以不必多論,當然也還有"新方法"産生以後的民俗可以關注。比如《點石齋畫報》鮑集《求雨奇聞》(第9册,第218頁)就頗有民俗意趣,略云:

> 美洲墨西哥嘉士登那省,大旱經年,官民共議定各款云:若某日内不雨,衆人"不准往教堂誦經祝禱";某日内不雨,所有"教堂尼庵等處全行焚燒","神器遺寶等物一概毁壞";某日内不雨,所有傳教人"悉處以火辟之刑"。從現在開始,"暫將各種禁令革除,任人作歹爲非,俾主天上帝知,我等决意共之爲難也"。

這是一種針對掌管雨水神靈的處罰措施。英國弗雷澤指出,當乾旱持續過久時,求雨者就會放弃祈禱,改用恫嚇、咒駡等方法向蒼天"强要雨水"。比如:

> 中國人擅長於襲擊天庭的法術。當需要下雨時,他們用紙或木頭製作一條巨龍來象徵雨神,并列隊帶它到處轉游。但如果没有雨水降落,這條假龍就被詛咒和被撕碎。

又説1888年4月,在廣東,龍王爺的塑像被加鎖、關押。"前一些年,旱災降臨,這位龍王爺又被套上鎖鏈牽到它的神廟的院子當中暴曬了好些天,爲的是讓它自己也去感受一下缺少雨水的苦楚"①。

日本學者直江廣治曾分析中國近代求雨風俗,特別是"曬龍王""盜龍王""巡回""取水"幾種方式,認爲龍王神像是晚起的,因而前三種方式都是新方法"'曬龍王''盜龍王''巡回'等方式是以神像的存在爲前提的,因此可以推定它們并不是自古就有的形態","在祈雨方式中,以神像爲中心的方式是新方式,尤其是那些讓神像受苦以求雨的方法更是一種新出現的祭儀"②。這種觀點大體可通,也非絶對,如宋代已有畫龍,其實也就是龍王像,

---

① 弗雷澤《金枝》中譯本,第111~112頁。
② 《中國民俗文化》中譯本,第85~99頁,引見第96、97頁。

古代也有摧毁土龍、懲罰龍族水生物的民俗事例,但曬龍王、盜龍王也許真的是近代纔有的。

弗雷澤所説的廣東懲罰龍王的事件,發生在光緒十四年或其前後,正是《點石齋畫報》創刊後的前幾年。除了將蕉龍"揭游市上"外,畫報中没有直接懲罰龍王的内容,但有間接懲罰龍族動物的習俗,我們姑且置於此節予以討論。

（1）懲罰龍族。

如畫報金集《祈雨新奇》説南京求雨時,在蝦蟆背上用硃筆書四"滅"字,還要"掘地埋之",這實際是在迫使作爲龍族的蝦蟆降雨。廣西壯族在蛙婆節中,也要葬(埋)青蛙,也當是爲了求雨。在當代臺灣也有與晚清南京埋蝦蟆相近的風俗,《南投縣志稿》説,臺灣布農人以爲,"埋青蛙及有尾的四脚動物於土内,可使天下雨"①。蝦蟆與青蛙同類,四脚有尾的一般是蜥蜴,也都是龍的族類,而除滅、掘埋都是懲罰性的求雨措施。

又如畫報匏集《赴潭搶龍》（第9册,第220頁）中説：

> 温郡入夏以來,久無雨澤……迎請龍神……凡民間欲赴潭搶龍者,務擇一亡命之徒,徑奔入洞,勇往直前,如見澤中有蛇鱉魚蝦等物,立即用袋撈起,置之懷中,飛奔出洞,供諸雨潭,其應如響。此搶龍之所由來也。惟甘澍降時,難免有大風疾雷繼其後。去年,樂清縣署被龍風損壞,人皆謂爲職是之故,特不知此次亦有靈驗否？

雖然温州求雨行事主要是"迎請龍神",没有掘埋、除滅之類懲罰性措施,但爲什麽謂之"搶龍"呢？這倒讓人想起前述毛難族稱求雨爲"打龍潭"。争先恐後、搶占頭功之外,是否也有迫使龍族降雨之意？我們懷疑這種搶龍方式可能混合了正向誘使、反向迫使的兩種意圖。

正是此條題圖文字所謂甘霖普降之際難免風雷隨至之説,啓示我們,温州搶龍真有可能包涵懲罰龍族之意。《太平廣記》卷四二五引《北夢瑣言》（五代孫光憲撰）佚文云："世言乖龍苦於行雨,而多竄匿,爲雷神捕之。"②乖龍也可能變爲蛇形,如同書卷三九五引《北夢瑣言》佚文陳絢事③,或是魚身,如《茅亭客話》卷五"避雷"條羅袂長事。④ 蛇、魚正可能是貶謫之龍,《太平廣記》卷三九五引《唐年小録》(中唐馬總撰)説,"每雷震,多爲捉龍。龍有過者,謫作蛇魚,數滿千,則能淪山"⑤。那麽,在民間信仰裏,下雨時之雷震被認爲是

---

① 引自《中國地方志民俗資料彙編·華東卷》下册,第1724頁。
② 汪紹楹點校：《太平廣記》第9册,第3457頁。
③ 汪紹楹點校：《太平廣記》第8册,第3158頁。
④ ［宋］黄休復撰：《茅亭客話》,《叢書集成初編》"文學小説類",據《琳琅秘室叢書》本排印,北京：中華書局,1991年,第2723册,第31頁。
⑤ 汪紹楹點校：《太平廣記》第8册,第3155頁。

"捉龍",求雨時亦"搶龍",就是捉拿蛇魚龍族迫使其降雨。

搶龍、捕龍、捉龍之類的求雨行事,實際也就是懲罰龍族,除了南京之滅殺、掘埋蝦蟆外,還有其他做法。如毒魚,《事類賦》卷二八引《南州异物志》(三國吳萬震撰)曰:"交州丹淵有神龍,每旱,村人以芮草置淵上流,魚則多死,龍怒,即時大雨。"①此作芮草,疑當據《太平御覽》卷七〇引《宜都山川記》(晋袁山松撰)②、《水經注》卷三七《夷水》而作茵草。③《文選》卷二八鮑照《苦熱行》云"茵露夜沾衣",李善注引《宋永初山川記》(南朝齊劉澄之撰)曰:"寧州鄣氣,茵露四時不絕。茵,草名,有毒,其上露,觸之肉即潰爛。"④其實,這種毒魚之草早被發現,《山海經》就多記"可以毒魚"之草,如《中次二經》之芒草,《中次四經》之芙、葶薴,《中次十一經》之莽草⑤,難道《山海經》時代已有用草毒魚以漁獵的方式或者祈雨的風俗?

與毛難族"打龍潭"近似的行事還有,如嘉慶《廣西通志》卷一五載,新寧州永淳縣(在今南寧東邕江流域)有"龍潭","下有伏龍","歲旱,官往祭禱,土人備藥草置潭中,龍急忿起,遂興雲雨。更有無數巨魚,隨之而起,爭以爲利,因號'打龍潭'"。⑥同治《來鳳縣志》卷二八載,來鳳(在今鄂西南)百姓,"大旱或召巫禱於洞神,巫戴楊枝於首,執梟吹角,跳躍而往,衆鳴鉦擊鼓隨之,名曰'打洞'。或禱於邑之佛潭,沿溪毒魚,名曰'鬧佛潭',以潭底有靈魚,能出雲爲風雨也"⑦。滇西北怒江州傈僳族,"用藥毒死江中的扁頭魚",以爲"能使天降雨",或者"以弩弓射入'龍潭',以觸動'龍神'使之降雨"。⑧還有程度較强的殺魚,《酉陽雜俎》前集卷一七《廣動植之二》:"蜀中每殺黃魚,天必陰雨。"⑨這是因爲魚爲龍族,甚至是降雨之龍,《太平廣記》卷四二三引《劇談錄》(晚唐康騈撰)說,崔道樞烹食井魚而遭水府所譴,因爲其魚爲"雨龍"⑩。這倒可能說明,毒魚之所以能降雨,是因爲龍不忍其族類遭到懲罰而不得不被迫下雨,因此"毒魚"跟"打龍",對龍或魚來說都是感同身受,都可以導致雨水。

---

① [宋]吴淑撰并注:《事類賦》,紹興十六年(1146)邊惇德序,收入《北京圖書館古籍珍本叢刊·子部·類書類》,北京:書目文獻出版社,1998年據宋刻本影印,第75册,第537頁。
② 《太平御覽》,第330頁。
③ 楊守敬、熊會貞:《水經注疏》下册,第3062~3063頁。
④ 胡刻本《文選》中册,第404頁。
⑤ 以上3條分見袁珂《山海經校注》,第149、157~158、200頁。
⑥ [清]謝啓昆修,胡虔等纂:《廣西通志》,嘉慶六年(1801)成書,廣西師範大學歷史系中國歷史文獻研究室點校,南寧:廣西人民出版社,1988年9月,第6册,第3394頁。謝志引據雍正十一年(1733)金鉷《廣西通志》。
⑦ [清]李勗修,何遠鑒、張鈞纂:《來鳳縣志》,同治五年(1866)李氏序,收入《中國地方志集成》之《湖北府縣志輯》,第57册,南京:江蘇古籍出版社,2001年8月影印,第465頁。
⑧ 楊建和:《怒江傈僳族的宗教信仰》,見宋恩常編《中國少數民族宗教初編》,第224頁。
⑨ 方南生點校:《酉陽雜俎》,第163頁。
⑩ 汪紹楹點校:《太平廣記》第9册,第3445~3446頁。

（2）抬狗笑狗。

還有一種抬狗游行、笑狗求雨的風俗，我們認爲也是懲罰的手段，這裏作一專門討論。《點石齋畫報》書集《賽狗求雨》（第12册，第179頁）題文説：

> 武漢自入夏以來，天氣亢旱，好事之徒先以一人，赤身坐於椅上，椅後插細青竹枝，手持一板，左右摇擺。以四人舁之，導以鑼鼓，飛行街市，居民争以木瓢瓦鉢，盛水澆灌，謂爲祈雨。事已奇矣。嗣以迎人無效，改而迎犬。其法捉一盧獒，倒翻木椅，束縛於中，復用竹杠，以二人抬之，游行大街小市間。其所以爲此者，蓋欲發衆人之笑，而因之得雨也。然猶恐不足以大解人頤，乃取羽纓凉帽一頂，戴於狗頭，帽上裝一大紅頂，後拖松枝，如雀翎然。……蓋其俗素有笑狗天陰之説也，然而愚矣。

通過抬狗笑狗的方式求雨非常有趣，其俗可能起於明代。《雪濤談叢·解嚛》説：

> 余邑（湖南桃源縣）又嚛云："笑狗落雨。"（張）宗聖曰："此亦不然。笑狗謂瘦狗，江西人呼瘦爲笑。落雨者，謂落尾，亦江西人讀字之訛也。"余每觀狗之瘦者，尾必下垂。此解亦確不可易。①

《古謡諺》卷四九亦據江盈科説録"笑狗落雨"之諺②，或在清代亦有此諺。

笑狗求雨的風俗可能在民國較爲盛行。賀伯辛《八省旅行見聞録》記山東泰安求雨："以桌抬狗游街，博見者之笑。"又説："'笑狗落雨'，爲吾川習俗，不圖此地亦得見之。"③四川也確實存在此俗，如川中新津縣《武陽鎮志》載，解放前求雨要"耍水龍"，"水龍後面由兩人抬著一條坐木椅的狗隨行"。④ 川東北《宣漢縣志》亦載傳統求雨時的各種行事，"有的'抬狗'，意在'笑狗落雨'"⑤。黔中地區亦有之，如民國《開陽縣志稿》第九章載："更舁（舁）一犬招摇過市，以引市人之訕笑，俗謂'人笑狗，天必雨'也。"⑥又如黔北，《習水縣志》記傳統風俗："扎一滑竿，將狗穿上衣服，戴上眼鏡，用滑竿抬上，四方游走，觀者笑之，相傳

---

① ［明］江盈科撰，黃仁生校注：《雪濤談叢》，上海：上海古籍出版社，2000年5月版（與《雪濤小説》合印），第144頁。
② ［清］杜文瀾編，周紹良校點：《古謡諺》，北京：中華書局，1958年1月，第624頁。
③ 賀伯辛：《八省旅行見聞録》，重慶：開明書店，1935年，第142頁；亦見張研、孫燕京主編：《民國史料叢刊》，鄭州：大象出版社，2009年8月，第878種，第392頁。
④ 引自丁世良、趙放主編：《中國地方志民俗資料彙編·西南卷》，北京：書目文獻出版社，1991年6月，上册，第87頁。
⑤ 四川省宣漢縣志編纂委員會編：《宣漢縣志》，成都：西南財經大學出版社，1994年1月，第887頁。
⑥ 解幼瑩修，鍾景賢纂：《開陽縣志稿》，民國二十九年（1940）貴陽印刷所鉛印本，收入《中國地方志集成》之《貴州府縣志輯》，成都：巴蜀書社，2006年4月影印，第38册，第481頁。

爲'笑狗落雨'。"①在當代，湘東南茶陵縣還有"抬狗求雨"的傳說稱，神農去世，雨師赤松子不知雲游何方，百姓就請神農餵過的獅子狗幫忙求雨，"獅子狗老了，大家便用椅子、竹杆扎成轎子，讓獅子狗坐上轎，幾個後生伢子抬着獅子狗，滿村滿壠跑，村裏人前呼後擁，鑼鼓齊鳴，爆竹震天"，果然得雨，從此"抬狗求雨的習俗在茶鄉代代流傳"。② 看來，抬狗笑狗以求雨的風俗至少在湘、鄂、贛、魯、川、黔地區存在，大體是明代以後特別是晚清、民國甚至當代的習俗。

爲什麼會抬狗求雨？爲什麼笑狗就會天陰下雨？這可能用兩種思路來加以回答。一種思路是把狗當作人。因爲畫報所述先是昇人而行，"嗣以迎人無效，改而迎犬"。那麼這一被昇游的人又是誰？這又可從其後狗之裝扮來分析：狗戴纓帽，當是代表有地位的人，帽頂又拖松枝"如雀翎然"，而翎是清代官帽上區別品級的羽毛，《清會典事例·禮部·冠服》云，"具子以下至輔國公及侍衛皆戴翎"③，本畫報之元集"兒生有尾"條亦言，"中國官場競尚雀翎翅"（第14冊，第145頁）。如此説來，被抬著游行的狗，實際是主持求雨儀式的地方官的象徵。

但是，關於昇抬官員以求雨的事例，似乎未有所聞，君王、地方官從來都是求雨儀式的主持者，他們怎麼可以被抬著游街呢？晚近以來，時有所聞、更爲流行的是將龍王爺昇游街巷，所以我們更傾向於從狗是龍的象徵這一角度來理解。

古代本有犬爲龍的俗信。古語常言"畫虎不成反類狗"，然《後漢紀》卷一二載，東漢孔僖説吳王夫差時事，嘆曰："若是所謂畫龍不成反爲狗者。"④儘管《野客叢書》卷三〇以爲，"龍"字是避唐高祖之祖李虎諱而改作"狗"⑤，但龍虎與狗相關則是事實。《博物志》卷七《異聞》説，徐偃王宮中狗名鵠蒼，"臨死生角而九尾，实黄龍也"⑥。《太平御覽》卷九〇四引《白澤圖》（漢魏間巫書）曰："黑狗，白頭、耳長、卷尾，龍也。"⑦《野客叢書》卷二四："今諺有喚狗作烏龍語。按《〔續〕搜神記》張然、《續仙傳》韋善俊，家有犬名烏龍，呼犬有自也。"⑧可惜同一作者未據"喚狗作烏龍"的此俗諺，去論證"畫龍不成反類狗"的彼俗諺。

---

① 貴州省習水縣地方志編纂委員會編：《習水縣志》，貴陽：貴州人民出版社，1995年5月，第878~879頁。
② 佚名講述，1987年譚鋒搜集整理，流傳於茶陵縣、炎陵縣部分地區，見劉振祥編：《茶陵民間文學集成》，長沙：湖南人民出版社，2007年11月，第33~34頁。
③ 引自《漢語大字典》編輯委員會編：《漢語大字典》，武漢：湖北辭書出版社，成都：四川辭書出版社，2001年8月，第3346頁。
④ ［晉］袁宏撰，張烈點校：《後漢紀》，北京：中華書局，2002年6月（與《漢紀》合印，稱《兩漢紀》），第237頁。
⑤ ［宋］王楙撰，王文錦點校：《野客叢書》，北京：中華書局，2007年4月，第345頁。按，《續搜神記》（《搜神後記》）爲晉陶潛撰，《續仙傳》爲晚唐沈汾撰，韋善俊爲武則天時人。
⑥ ［晉］張華撰，范寧校證：《博物志校證》，北京：中華書局，1980年1月，第76頁。
⑦ 《太平御覽》第4冊，第4010頁。
⑧ ［宋］王楙撰，王文錦點校：《野客叢書》，第280頁。原標點有誤。

又,《稿簡贅筆》以爲,韓偓、白居易詩稱"烏龍",當是用"拜狗作烏龍"的俚語。①

上述黑狗稱龍,犬常有"烏龍"之名,即使是徐偃王之黃龍本名鶻蒼,也該是蒼黑色。畫報稱被抬游之狗爲"盧獒",獒是猛犬,盧是古代名犬"韓盧",或謂韓國之盧,或謂"韓子盧",然"盧"均指黑色。《博物志》卷六《物名考》:"韓國有黑犬,名盧。"②《孔叢子·執節》:"申叔問曰:'犬馬之名,皆因其形色而名焉,唯韓盧、宋鵲獨否,何也?'子順答曰:'盧,黑色;鵲,白黑色,非色而何?'"③《文選》卷三七曹植《求自試表》云"盧狗悲號",唐劉良注:"盧,黑也,謂黑狗也。"④《甕牖閑評》卷四:"盧,黑色也。古劍名湛盧者,謂湛湛然黑色也。犬名韓盧者,蓋六國時韓氏之黑犬也。水名盧龍者,北方謂水之黑色者也。果名盧橘者,亦黑色也。"⑤《雲麓漫鈔》卷一亦論證,"古人皆以盧爲黑"⑥。

狗之爲"烏龍",盧之爲黑色,這有什麼意義或功能呢?從求雨風俗看,黑色正是最恰當的顏色。人類學家發現,求雨中使用的動物往往是黑色的,"利用黑色將使天空也因充滿雨雲而變黑","犧牲的顏色須是黑色的,以作爲要祈求的雨雲的象徵"。⑦

前述《山海經》"雨師妾"也是"其爲人黑",北宋畫龍時上畫黑魚,中畫白龍吐黑雲,下畫黿吐黑氣,鳩鳥亦"紫黑色"。又前引《水經注》說石燕"紺而狀燕",《埤雅》說鶂鳥"似燕紺色"。"紺"一般指微紅的深青色,但這種深青實際近於黑色。《論語·鄉黨》:"君子不以紺緅飾。"邢昺疏:"紺,玄色。"⑧《周禮·考工記·鐘氏》說,硃紅經多次入黑而爲紅中帶黑之纁、爲黑中帶紅之緅、爲黑色之緇。鄭注:"凡玄色者,在緅、緇之間。"⑨《雲麓漫鈔》卷一〇也梳理說,由硃而纁,再不斷入黑汁,則由纁而紺、而緅、而玄、而緇。⑩ 再說,石燕、鶂鳥均紺色似燕,而燕子恰亦黑色,故謂之"玄鳥"。

如果狗真的像龍,或是龍族,或其身黑色,那麼抬狗游行,或是嘲笑、懲罰它,都可能在信仰中帶來雨水:其色黑,恰如雨師妾爲人黑,或求雨所用水生物、飛鳥往往顏色偏黑一樣,都基於黑色與雨雲相聯的觀念;其像龍,或被扛抬"游行大街小市間",這種被游街、被

---

① [宋]章淵:《稿簡贅筆》,見涵芬樓本《說郛》,[元]陶宗儀輯,張宗祥重校,商務印書館1927年11月,北京:中國書店1986年7月影印,第7冊,卷四四,第7~8頁。"稿"字一般作"槀"。
② 范寧:《博物志校證》,第84頁。
③ 舊題孔鮒撰:《孔叢子》,杭州葉氏藏明翻宋本,上海:上海古籍出版社,1990年11月影印,第53頁。
④ [南朝梁]蕭統編,[唐]李善等注:《六臣注文選》,《四部叢刊》影宋本,杭州:浙江古籍出版社,1999年3月影印,第672頁。
⑤ [宋]袁文撰,李偉國點校:《甕牖閑評》,北京:中華書局,2007年10月(與《考古質疑》合印),第76頁。
⑥ [宋]趙彥衛撰,傅根清點校:《雲麓漫鈔》,北京:中華書局,1996年8月,第2頁。
⑦ 弗雷澤《金枝》中譯本,第110頁。
⑧ 《十三經注疏》本《論語》,下冊,第2494頁。
⑨ 《十三經注疏》本《周禮》,上冊,第919頁。
⑩ 傅根清點校:《雲麓漫鈔》,第172頁。

嘲笑,恰如龍王像之被抬游,或龍族之被懲罰一樣,都是從反向迫使雨神降雨的俗信。

五、結　語

　　我們上文祇是對《點石齋畫報》中較爲重要的求雨風俗作了初步論析,其實畫報的相關内涵是極爲豐富的,比如禁屠(未集,第 6 册,第 230 頁)、賽燈(戌集,第 7 册,第 249 頁)等求雨俗信,我們就還没有討論,好在這對我們的總結没有太大的影響。總體來看,《點石齋畫報》的求雨圖文材料,在同類相關文獻史料中是較爲重要的,其主要表現:

　　一是跨越古今中外。畫報涉及的求雨俗信時間性最爲突出,雖描叙的是晚清之事,但其中既有源自漢代以前上古神話時代的,也有源自中世唐宋時代的,還有在近世明清出現并在民國傳承的,更有近代西方人工技術影響天氣的;由於畫報處在晚清這樣的獨特時代,其跨越古今中外的視野恐怕是同類文獻所無法比擬,因而其價值也是無可替代的。

　　二是内涵豐富。畫報涉及求雨題材的有 20 多幅作品,而彙集清代社會史料的《清稗類鈔》迷信類的求雨資料,除我們已引兩條外,還剩 1 條,另有求晴 1 條,僅此 4 條而已;在畫報之後的《中華全國風俗志》,也没有多少近世求雨材料,它們與畫報相比都不免相形見絀。畫報求雨題材不僅數量較多,内容質量也較高。如求雨中各種物象道具、材料陳設品類繁多,水族、飛鳥、植物、家畜各有其用,官民、婦孺皆有其職,甚至僧俗、中外人士共與其事,或者古俗、新法兼采并用,給我們留下了豐厚的求雨風俗文化遺産。

　　三是圖文兼美。題圖文字叙述清晰,評判允當,有時充滿感情,富有文采,兼用史典,藴涵學問。題文用行書書寫,其文、其字、其畫,合爲一體,交相輝映,可謂近世"三絶"。我們不敢論其書畫藝術,但其圖書文獻價值不可忽略。中國早期文獻有圖有文,故謂之圖書,後世則文盛而圖衰。從民俗古籍言,《山海經圖》最爲著名,漢魏以來又有《白澤圖》,宋元之際有《事林廣記》等。就本題言,跟《點石齋畫報》類似的是北宋頒布《畫龍求雨法》《蜥蜴求雨法》,算是官方較早的圖文標準。《論衡·龍虚》篇言:"世俗畫龍之象,馬首蛇尾。"《驗符》篇言:"二黄龍見……狀如圖中畫龍。"《亂龍》篇又言:"楚葉公好龍,墻壁盤盂皆畫龍,必以象類爲若真是,則葉公之國常有雨也。"①這不禁讓人疑心:不僅漢代已有畫龍求雨法,戰國楚之葉公畫龍也可能已有求雨之意;再説《山海經》所謂"旱而爲應龍之狀,乃得大雨",則神話時代或者已有土龍的"雕塑"製作了。

　　當然,《點石齋畫報》的求雨圖畫不具有民俗上的巫術功能,甚至也非對民衆求雨加以圖示指導,但它圖文兼美的特點,不僅在文盛圖衰的古籍中异乎尋常,即使在《山海經》以來的求雨類文獻中也是後來居上。因爲《點石齋畫報》是在《申報》上附載附送,乘上了現代媒體的翅膀,從而使其在傳播文化、開導民智方面發揮著獨特而巨大的功能。

---

① 分見黄暉《論衡校釋》,第 1 册第 285 頁,第 3 册第 842、694 頁。

再論《西游記》中孫悟空形象之來源

張振國

（南京大學）

關於《西游記》中的孫悟空形象來源問題，已經有不少學說和成果，其中影響較大的有魯迅先生提出的"國產說"，認爲來自《古岳瀆經》中的無支祁；胡適先生提出的"進口說"，認爲悟空原型來自印度《羅摩衍那》中的神猴哈奴曼；蕭兵、蔡國梁等先生提出的"混血說"。還有不少學者認爲《穆天子傳》中的君子化身的猿猴、唐傳奇《補江總白猿傳》中的白猿、《柳毅傳》中的錢塘君等均對孫悟空形象產生了影響。有學者對近年來孫悟空原型的研究成果狀況進行了梳理，如張强、周業菊《新時期孫悟空原型研究述評》[1]，吉朋輝《孫悟空形象原型研究述評》[2]，徐奮奮《孫悟空原型研究綜述》[3]等。值得注意的是，晚唐作家張讀《宣室志》中《楊叟》一篇中的猿精形象影響了《西游記》中孫悟空形象的塑造。對此，錢鍾書先生在《小說瑣證》一文中就曾經指出《楊叟》對《西游記》中孫悟空形象的影響，說"《西游記》事，疑從此出，即所謂'骨都都滚出一堆心'者，亦自《金剛經》語，踵事增華者也。"[4]程毅中先生也認爲《西游記》中的孫悟空講《心經》情節和"心猿"意象"可能借鑒於唐人張讀《宣室志》裏的楊叟故事"，并且認爲"這個講《金剛經》的'胡僧'，可能就是講《心經》的'猢猻'的前身"[5]。

---

[1] 張强、周業菊：《新時期孫悟空原型研究述評》，《徐州師範大學學報》2002年第4期，第12~19頁。

[2] 吉朋輝：《孫悟空形象原型研究述評》，《陰山學刊》2009年第3期，第106~112頁。

[3] 徐奮奮：《孫悟空原型研究綜述》，《文藝理論》2010年第2期，第33~35頁。

[4] 錢鍾書：《寫在人生邊上·人生邊上的邊上·石語》，北京：生活·讀書·新知三聯書店，2002年，第86頁。

[5] 程毅中：《〈心經〉與"心猿"》，《文學遺產》2004年第1期，第110頁。

張讀的《宣室志》是唐人小説的代表作，書中多寫精怪類故事。《楊叟》一篇寫會稽民楊叟家殷富而患病垂危，其子宗素傾產求醫術。後經人推究病因，謂非食生人心不可以治好，宗素不得已而求諸佛法。在一次齋僧途中，遇到猿精化爲胡僧模樣在山裏苦修，宗素試圖説服胡僧捨心而救其父，結果胡僧將宗素的食物吃光之後，先要拜四方之聖，然後要給宗素講《金剛經》之奧義，在講了一番"過去心不可得，現在心不可得，未來心不可得"的經文之後，長嘯一聲，化爲猿猴，跳到樹上跑了。此篇寫猿精，而極具藝術個性，是一篇頗具諷刺意味的小説，其中寄寓著多種思想含義。筆者也認爲這隻猿猴精跟《西游記》中的悟空形象有著諸多相似之處，而且這種相似絕非簡單的巧合，應該是孫悟空原型之一。接下來我們就從五個方面具體分析《楊叟》中的猿精與孫悟空形象的相似之處。

一、石龕中的胡僧與石匣中的猢猻

《楊叟》寫那個爲了醫治父親的心病而到寺院裏去齋僧的楊宗素，在齋僧途中遇到一隻幻化成胡僧的猿精：

  一日，因挈食去，誤入一山徑中，見山下有石龕，龕有胡僧，貌甚老瘦枯瘠，衣褐毛縷成袈裟，踞於磐石上。①

《西游記》第十四回《心猿歸正　六賊無踪》寫獵戶劉伯欽護送唐僧到兩界山，遇到被壓在山下的悟空：

  却説那劉伯欽與唐三藏驚驚慌慌，又聞得叫聲"師父來也"。衆家僮道："這叫的必是那山腳下石匣中老猿。"……三藏祇得依從，牽馬下山。行不數里，祇見那石匣之間，果有一猴，露着頭，伸着手，亂招手道："師父，你怎麼此時纔來？來得好！來得好！救我出來，我保你上西天去也！"這長老近前細看，你道他是怎生模樣：

  尖嘴縮腮，金睛火眼。頭上堆苔蘚，耳中生薜蘿。鬢邊少髮多青草，頷下無須有綠莎。眉間土，鼻凹泥，十分狼狽，指頭粗，手掌厚，塵垢餘多。②

由以上文字可以看出，《楊叟》中變化成胡僧模樣的猿精是在石龕裏的，而《西游記》中被壓在五行山下的悟空則是在石匣裏，非常相似。從形象上來看，胡僧容貌枯瘦、衣衫襤褸，跟石匣裏被壓的悟空的尖嘴縮腮、頭上生苔、鬢邊長草、滿臉泥土塵垢的狼狽形象也比較接近。胡僧面對的是來收心的楊宗素，而悟空面對的則是來收束心猿的唐三藏。

---

① [唐]張讀：《宣室志》，北京：中華書局，1983年，第106頁。
② [明]吴承恩：《西游記》，北京：人民文學出版社，1980年。

二、心病、心藥與"心猿"

《楊叟》開頭寫楊叟得病,後得陳生者,究其原,曰:"是翁之病,心也。蓋以財產既多,其心爲利所運,故心已離去其身。非食生人心,不可以補之。而天下生人之心,焉可致耶?捨是,則非吾之所知也。"一開頭寫楊叟家資豐贍,沒有涉及人品的評判,但通過陳生之口我們可以隱約知道楊叟是個財迷心竅的人,估計他偌大的家業都是昧著良心得來的。這麼一顆爲利所蒙蔽的黑心,已經不是人心,自然要離其身而去。至於其子宗素,小説説他"以孝行稱於里人",但實際上既沒有古代愚孝子女們那種捨身救父的勇氣,也祇好平時不燒香,臨時抱佛腳了,到寺院裏齋僧。"心"病還需"心"藥醫,因此纔有了宗素山中遇到石龕裏的胡僧,并异想天開地希望胡僧能捨"心"救人的情節:

> 宗素因告曰:"師真至人,能捨其身而不顧,將以飼山獸,可謂仁勇俱極矣。然弟子父有疾已數月,進而不瘳,某夙夜憂迫,計無所出。有醫者云:'是心之病也,非食生人心則固不可得而愈矣。'今師能弃身於豺虎,以救其餒,豈若捨命於人,以惠其生乎?願師詳之。"僧曰:"誠如是,果吾之志也。檀越爲父而求吾心,豈有不可之意。且以身委於猛獸,曷若救人之生乎?然今日尚未食,願致一飯而後死也。"

《西游記》第七十八回《比丘憐子遣陰神 金殿識魔談道德》寫比丘國的國主受妖道蠱惑,用一千一百一十一個小兒的心肝做藥引以求長生不死,後又準備挖唐僧之"黑心"以替代小兒心。第七十九回《尋洞擒妖逢老壽 當朝正主救嬰兒》寫悟空化爲唐僧模樣當衆掏心的情節:

> "假唐僧"道:"我乃出家人,隻身至此,不知陛下問國丈要甚東西作引。"昏君道:"特求長老的心肝。""假唐僧"道:"不瞞陛下説。心便有幾個兒,不知要的甚麼色樣。"那國丈在旁指定道:"那和尚,要你的黑心。""假唐僧"道:"既如此,快取刀來。剖開胸腹,若有黑心,謹當奉命。"那昏君歡喜相謝,即着當駕官取一把牛耳短刀,遞與假僧。假僧接刀在手,解開衣服,袒起胸膛,將左手抹腹,右手持刀,呼喇的響一聲,把腹皮剖開,那裏頭就骨都都的滾出一堆心來。唬得文官失色,武將身麻。國丈在殿上見了道:"這是個多心的和尚!"假僧將那些心,血淋淋的,一個個撿開與衆觀看,却都是些紅心、白心、黃心、慳貪心、利名心、嫉妒心、計較心、好勝心、望高心、侮慢心、殺害心、狠毒心、恐怖心、謹慎心、邪妄心、無名隱暗之心、種種不善之心,更無一個黑心。

由以上文字可以看出,心病需要生人心做藥引以及"心猿"意象在《楊叟》和《西游記》

中都出現了，這也應該不是巧合。

三、拜四方與講經

《楊叟》中的猿精吃完楊宗素的飯食之後，還有拜四方的舉動：

> 宗素且喜且謝，即以所挈食置於前。僧食之立盡，而又曰："吾既食矣，當亦奉命，然俟吾禮四方之聖也。"於是整其衣，出龕而禮。禮四方已畢，忽躍而騰上一高樹。

《西游記》第一回也記載了孫悟空出世後亦有拜四方的舉動：

> 一日迸裂，產一石卵，似圓球樣大。因見風，化作一個石猴。五官俱備，四肢皆全。便就學爬學走，拜了四方。目運兩道金光，射冲斗府。

《楊叟》中的猿化胡僧吃完了宗素的飯食之後，要給宗素講《金剛經》之奧義：

> 僧曰："檀越所願者，吾已許焉。今欲先說《金剛經》之奧義，爾亦聞乎？"宗素曰："某素尚浮屠氏，今日獲遇吾師，安敢不聽乎？"僧曰："《金剛經》云：'過去心不可得，現在心不可得，未來心不可得。'檀越若要取吾心，亦不可得矣。"言已，忽跳躍大呼，化爲一猿而去。

《西游記》中悟空也要給唐僧講烏巢禪師傳授之《多心經》之奧義。如第四十三回《黑河妖孽擒僧去　西洋龍子捉鼉回》提道：

> 行經一個多月，忽聽得水聲振耳。三藏大驚道："徒弟呀，又是那裏水聲？"行者笑道："你這老師父，忒也多疑，做不得和尚。我們一同四衆，偏你聽見什麼水聲。你把那《多心經》又忘了也？"唐僧道："《多心經》乃浮屠山烏巢禪師口授，共五十四句，二百七十個字。我當時耳傳，至今常念，你知我忘了那句兒？"行者道："老師父，你忘了'無眼耳鼻舌身意'。我等出家人，眼不視色，耳不聽聲，鼻不嗅香，舌不嘗味，身不知寒暑，意不存妄想——如此謂之祛褪六賊。你如今爲求經，念念在意；怕妖魔，不肯捨身；要齋吃，動舌；喜香甜，嗅鼻；聞聲音，驚耳；睹事物，凝眸，招來這六賊紛紛，怎生得西天見佛？"

第八十五回《心猿妒木母　魔主計吞禪》也提道：

行者笑道："你把烏巢禪師的《多心經》早已忘了？"三藏道："我記得。"行者道："你雖記得，這有四句頌子，你却忘了哩。"三藏道："那四句？"行者道：

佛在靈山莫遠求，靈山祇在汝心頭。人人有個靈山塔，好向靈山塔下修。

三藏道："徒弟，我豈不知？若依此四句，千經萬典，也祇是修心。"行者道："不消說了。心净孤明獨照，心存萬境皆清。差錯些兒成惰懶，千年萬載不成功。但要一片志誠，雷音祇在跟下。似你這般恐懼驚惶，神思不安，大道遠矣，雷音亦遠矣。且莫胡疑，隨我去。"那長老聞言，心神頓爽，萬慮皆休。

悟空不止一次給唐僧講解《多心經》，這時的悟空儼然成了唐僧的精神導師。那麼，從情節上看，給唐僧講《多心經》的悟空與給楊宗素講《金剛經》的猿化胡僧就有了某種聯繫。

四、"心猿"的騙術和幽默感

《楊叟》中的楊宗素一心想的是怎樣讓胡僧把生人心獻出來。而猿精幻化的胡僧呢，也知道宗素的最終目的，他所覬覦的則是宗素齋僧的飯菜。二者區別是宗素是凡人，而猿精是精怪，宗素畢恭畢敬，猿精裝模作樣。等猿精騙得一頓吃喝之後，假裝禮四方之聖而跳上高樹，要給宗素講《金剛經》之奧義，講的是什麼呢？"過去心不可得，現在心不可得，未來心不可得"，既然如此，生人心自然也不可得了。最後胡僧現出原形而去，不但讓宗素驚駭失望，而且也讓讀者不免為猿精的狡黠和幽默發一噱。《西游記》中的孫猴子，在行騙的時候很有點這個猿精的影子。如《西游記》第三十三回《外道迷真性　元神助本心》中孫悟空騙那兩個奉了金角、銀角大王之命帶著寶貝收悟空的小妖兒精細鬼、伶俐蟲時候的一段描寫：

行者笑道："二位，你把寶貝借我看看。"那小妖那知什麼訣竅，就於袖中取出兩件寶貝，雙手遞與行者。行者見了，心中暗喜道："好東西，好東西！我若把尾子一扶，颼的跳起走了，祇當是送老孫。"忽又思道："不好，不好！搶便搶去，祇是壞了老孫的名頭，這叫做白日搶奪了。"

孫猴子沒有像《楊叟》中的猿精那樣跳到樹上長嘯一聲而去，但我們看到他還是有過這種想法，為了不壞名頭，他就變了個能"裝天"的大葫蘆騙得兩個小妖兒心甘情願地拿兩件寶貝交換，并且要賭咒發誓，寫合同文書，煞有介事，引人發笑。等兩個小妖說了誓，他"將身一縱，把尾子翹了一翹，跳在南天門前，謝了哪吒太子麾旗相助之功"。這段描寫又跟裝模作樣騙楊宗素飯食又"忽跳躍大呼，化為一猿而去"的猿精如出一轍。而且《楊叟》中最後兩手空空的楊宗素跟《西游記》中被孫悟空騙去寶貝的兩個小妖精是多麼相像啊。

五、故事模式：收心猿

　　《西游記》通過孫悟空所代表的"心猿"意象表現的中心是人類心靈中的欲望臆想的放縱與收束過程，也是人格的不斷自我完善過程。不少學者認爲這一點是受到明代心學的影響。其實，《楊叟》這個故事從佛教的意義上來看，也講述了一個收"心猿"的過程。《楊叟》中的胡僧老猿和"生人心"，乃是"心猿"的象徵。"心猿"不可收，則心病不能醫，收束了"心猿"，人纔能有生命。"心猿"是佛教語，比喻攀緣外境、浮躁不安之心有如猿猴。《維摩詰經·香積佛品》云："以難化之人，心如猿猴，故以若干種法，制御其心，乃可調伏。"①"心猿"代表了人的欲念和臆想，常用來比喻人的思緒飄蕩散亂不可把握，那麼該篇中楊叟之心"爲利所運"，自然難以收服。《楊叟》收束"心猿"最後以失敗而告終。這裏的猿精形象，實際上是楊叟生人之心的化身，"心猿"最後的逃脱，代表著凡人俗心的難以收束，也就意味著楊叟無藥可醫。《楊叟》這一"收心猿"模式對《西游記》產生了深遠的影響。在世德堂本《西游記》裏，有不少回目用"心猿"指代孫悟空。《西游記》裏的孫悟空之所以被稱爲"心猿"，也是因爲他六根未净，有許多世俗的念頭。《西游記》中想要收服"心猿"的人不少，包括唐三藏和各路神仙妖怪，但多數以失敗告終，如《西游記》第五十六回《神狂誅草寇　道昧放心猿》中有個"老楊"之子做强盗，也曾試圖拿住悟空一行人爲頭領報仇，不過最終被悟空打死，其"收束"也以失敗告終，但也導致不服收束的悟空被唐僧趕走。因爲這種"收心"來自外界，即使給孫悟空戴上了緊箍咒，最終還是會出現六耳獼猴這樣的"心猿"化身，因此要想真正收服"心猿"，還要靠自身的修行。那麼，《楊叟》中楊叟的心病也祇有靠自身的内省纔能治好，代表楊叟生人心的"心猿"祇能靠楊叟自己收束纔有可能成功，因此宗素的"收心"注定要失敗，這一點跟《西游記》中外界力量收束"心猿"的結局是一樣的。二者的不同之處在於：《西游記》中的孫悟空最終戰勝了心魔自我收束成功，而《楊叟》中代表楊叟之心的"心猿"逃之夭夭了。這一點正是《西游記》借鑒《楊叟》而又有所超越和深化的地方。

　　在前人研究的基礎上，我們從五個方面論述了唐傳奇《楊叟》中的猿精形象與《西游記》中孫悟空形象之間的聯繫。我們可以看到：《楊叟》中的猿精形象比《古岳瀆經》中的無支祁和《補江總白猿傳》中的白猿更接近世德堂本《西游記》中的孫悟空形象。

---

① 陳燕珠編述：《維摩詰經要義》，北京：宗教文化出版社，2005年，第188頁。

脫褐、上頭與成年禮、笄禮

——以一個澳門水上居民婚禮爲例

陳德好

（香港大學饒宗頤學術館）

一、引　言

　　港澳地區自20世紀80年代以來，社會發展迅速，經濟的轉型，加上西方文化的衝突，使社會結構也開始發生變化，這些變遷同時也使一些傳統文化的習俗和風貌漸漸消失，其中比較明顯的是祭祀、婚禮和喪禮這三種古代民間十分重視的禮儀。

　　在經濟和社會結構轉變的洪流下，傳統產業如漁、農、林業影響尤甚。漁業曾是澳門一個重要產業，20世紀80年代初漁民人口約有3萬人，水上居民則有萬餘人，是澳門漁業的最後一個高峰；20世紀80年代末，漁民人口驟降，至1996年，水上居民祇餘下不足3000人。[①] 大部分的水上居民選擇上岸，隨著生活方式的改變，很多風俗也漸漸被遺忘，一些十分重視的禮儀雖簡化了，但仍保留下來，如祭祀祖先、婚禮、喪禮等。

　　筆者是澳門水上居民的後代，自小生活在漁船上，十多歲纔隨父母移居岸上。家裏對祭祀、婚禮、喪禮的傳統儀式十分重視，至今仍保留了一些傳統禮儀，雖然由於生活空間和社會大氣候的影響，很多儀式都已簡化，但母親仍堅持進行那些被簡化而又具象徵意義的儀式。

　　2011年11月3～6日，筆者的姐姐舉行婚禮，筆者觀察和記錄了婚禮的過程。整個婚禮包括脫褐、明燭、上頭、女家婚宴、迎親、入門、禮拜祖先、男家婚宴等。這些儀式中如脫褐、上頭、迎親等包含了一些饒有趣味而又富含吉祥兆頭的環節，如用品必用紅色系、新娘

---

① 朱德新、孟慶順等：《二十世紀澳門漁民研究》，北京：中國檔案出版社，2002年，第176～180頁。

出門穿襪不穿鞋、新娘出門先跨左脚、新娘弟弟"耍櫳脚"①等。

本文主要介紹澳門水上居民婚嫁禮儀中的"脱褐"和"上頭"儀式。這是一系列與"成年禮"相關的儀式，前者是以誦經和擲筊杯形式進行的成年禮，後者則可視爲中國古禮中"笄禮"的遺留，兩者都可説是該社群中所進行的成年禮，同時也是婚禮的組成部分。

古代成年禮中分爲男子冠禮和女子笄禮，據清代文獻記載，男子冠禮早已被廢弃，祇有極少數貴族、士大夫繼續進行"男子十六而冠"之禮；女子笄禮則演變成"上頭"，部分地區男子冠禮也用"上頭"來取替。根據地方志資料，各式各樣的具地方或民族特色的成年禮，仍在民間進行，歷久不衰。

本文將以這兩個儀式的民俗學調查爲中心而展開，從儀式的過程及其特徵出發，根據古代文獻的記載，結合明清以來的兩廣地方志、民俗學調查等資料，探討這些傳統習俗的源流、發展和現况。

二、脱褐與成年禮

（一）"離阿婆"——調查中的脱褐儀式

調查中的"脱褐"儀式是由一位俗稱"拜神婆"的女士②主持，約在（2011年）11月3日下午二時開始，歷時約一小時。③

母親準備了祭品、衣服、香爐、酒水放在供桌上，供桌設在神臺前。祭品有水果一碟、牲肉一份（白煮肉一塊、白蒸鷄一隻），牲肉上放兩雙紅色筷子，還有一隻烤乳猪。桌上放一紅色盆，盆内有少許清水，并放一塊生薑和數片柚子葉④，盆口沿架上兩枝小木條，其上整齊地放置新衣、新襪、新鞋。⑤ 香爐和酒水（各三小杯）放在桌子前方。新娘則要穿上一件舊衣（此衣在儀式完成後要丢掉）。

---

① "耍櫳脚"即新娘的弟弟在新娘出門後，在新娘的隨嫁行李箱中尋找紅包。粤語"耍"即蒙著眼睛用手尋找；櫳，即樟木箱，以前新娘會以樟木箱載隨嫁衣服和物品，現代一般以紅色行李箱代替。母親會先準備一小袋白米、紅棗、蓮子、白百合及紅包一封，放入行李箱内。新郎迎親接過新娘後，伴娘會把行李箱交給伴郎，新娘的弟弟也跟著出門。然後男家代表團找一個合適的地方，放下行李箱，請新娘弟弟"耍櫳脚"，找到東西後，在袋中一次性拿取白米和紅包等，一次能拿多少就是多少，不能取第二次。

② 此女士爲年約70的老年婦女，平時也有幫人祈問神明，爲新娘母親的乾娘。

③ 爲方便行文，先在此陳述人物在文中的代稱。(1)新娘：調查中的主角。(2)主持：儀式主持人。(3)母親：新娘之母。(4)妹妹：新娘之三妹。

④ 柚子葉，粤語爲"碌柚葉"或"波碌葉"，偶然會與生薑一起用，同有辟邪之用。儀式完成後，新娘要用此盆水洗澡，以辟邪和驅小人。

⑤ 此套新衣、新襪、新鞋，以紅色爲最佳，由於現代不喜鮮紅，以其他紅色系代替。以前是要準備一套黑色衣服，現代人一般準備紅色衣服。衣服要全新，新娘上頭時和出閣時要穿上，出閣時一般要穿中式禮服，此套衣服則作爲内衣穿在禮服裹。以往新娘在上頭開始便要穿上這套衣服，直至洞房纔能脱的；現在由於新娘在婚宴裏要穿禮服，而把那套新衣提前脱下，不過在上頭和出閣時必須穿上。

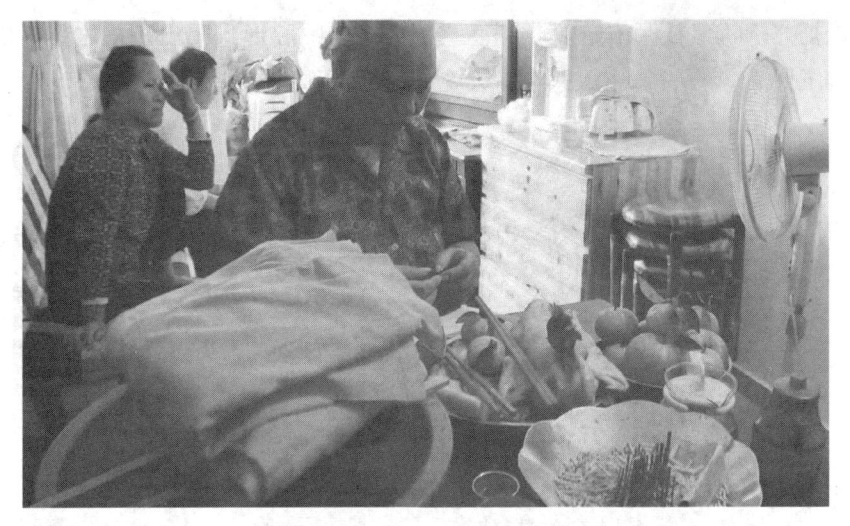

"離阿婆"(脱褐)儀式中供桌上的祭品陳設

爲新娘準備的新衣、新襪、新鞋

　　母親點蠟燭和上香,新娘和主持并坐在供桌前,然後主持便開始進行儀式。開始時主持先向神明和祖先禀明這是爲脱褐進行的儀式,某氏家門之女,於某日出閣,請各位神明和祖先到來祝賀,并祈求各位的保佑。先由觀音開始(神明還有佛祖和玉皇大帝等),然後是祖先,從遠至近,從長至幼,每祈問一位神靈或祖先,都包括祈求平安、夫婦和順、莫怪禮節不足等,都要擲筊杯一次,既要得到勝杯,又要得到寶杯;再而祈求保佑婚宴平安、順利、

歡喜;最後補充祈請竃君保佑婚宴順利。整個儀式以唱腔形式唱出祈禱之辭。儀式結束後,再焚燒紙祭品。① 最後,主人家在當天晚上,設宴招待親友。②

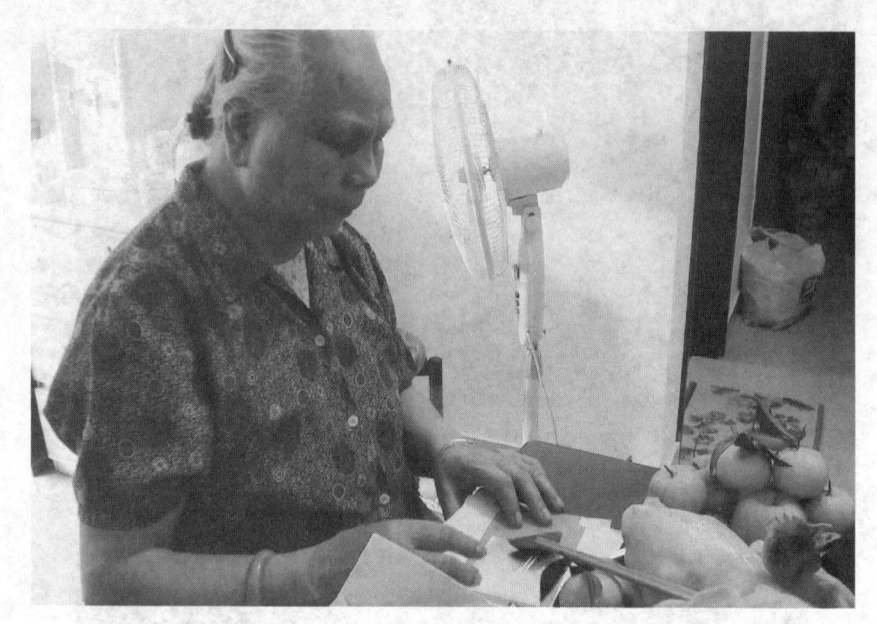

主持人正在主持"離阿婆"(脫褐)儀式(祈問和擲筊杯)

以下錄出主持的部分唱辭③:

　　點明香高火三敬請。請華光大哥能人上位,請觀音阿姐能人還上位,請地下觀音上位,請埋金童玉女,個個嚟齊。華光大哥請番飛天阿哥能人還上位,天衣阿哥頭人還上位。請埋梁氏親伯大師、阿哥能人、茅山個大哥,個個嚟齊;何氏阿哥頭還上位,樊氏家門伯爺還上位,新花狀元,個個嚟齊。請埋娘媽大姐頭人上位,娘媽大姐千兵萬馬,個個嚟齊。月聖龍母阿姐頭人還上位。九龍阿哥還上位,九大金剛還上位,個個嚟齊。請番我哋阿哥頭人還上位,請埋樊氏家門伯爺還上位,新花狀元,個個嚟齊。陳氏家門陳氏花女脫褐平安又擔個便。請埋金花阿姐能人還上位,××××插滿花園。鮮花、紅花紅蓮。陳氏家門陳氏弟子,今日乘龍之日答謝神明,舊花離開舊花脫褐,陽人就將新花接入,企滿祠堂。三勝得愛個寶,陽人太平無事保佢安平。陽人新官脚踏官船,陽杯陽人請得神明齊嚟有三牲禮盛菊花米酒。請陳氏家門觀音娘娘還上,九位大神齊齊嚟飲。

---

① 正常情況下,燒紙祭品是要在家裏或家門前燒,以便家裏供奉的神明和祖先接收祭品。但由於現在城市家居狹窄,同時基於防火安全考慮,一般大量的燒紙祭品,都會到街坊的土地神社前燒。焚燒的同時,主持人會在土地神前請家裏供奉的神明和祖先出來接收,也一邊祈請一邊擲筊杯。

② 這與古代冠禮、筓禮之後設宴款待賓客相同。

③ 此段唱辭的錄寫,由筆者母親憑地方口音協助完成聽錄。由於母親對內容不太熟悉,日後需要找機會拜訪主持人,就唱辭內容請教於她,以便進行更深入的研究。

咁多家先個個嚟齊，請到大太老爺大太安人還上，二太阿公二太阿婆還上，太公太婆還上，請埋阿公阿婆還上。今日嫩孫平安求你扶保，保得仔多新中太平腳踏官船，夫妻白髮到老、夫妻和順白髮齊眉。擔勝要求個寶，陽人太平無事保佢安平，齊擔勝愛個寶，保得太平。咁齊家先個個嚟齊，飲食都真心全保上。伯公能人還上，阿伯阿毛能人齊上，阿叔公叔婆個個還上，房房個個嚟齊，各房阿哥兄弟個個嚟齊。千人同杯、萬人同盞，請埋七姐娘娘圍圍到。玉皇阿哥能人……阿哥保得嫩孫夫妻白髮到老，夫妻和順白髮齊眉。一切擔勝保上，陽人千人同杯、萬人同盞……陽人多平安還保上，個個平安還保上。咁齊家先還老嫩，唔知裏底神明幾多十圍，咁齊家先個個嚟齊，飲食都真心全保上。……陳氏家門咁多家先還上，千人都同杯，萬人同盞……個個嚟，隔房阿哥能人還上……表哥表弟一齊還上，個個嚟齊，脫褐平安，離阿婆平安，求你扶保。陽杯陽人請得神明還上，陽人不識不窮曉，莫怪陽人。陽人夫妻功成、白髮到老，夫妻和順、白髮齊眉……小人呢左腳撥開右腳撥散，陽人撥開、貴人相逢。最驚小人……一定推開小人。佛祖、華光撤低小人，擔得一切、酒席平安，求你扶保。（不斷重複）

初十日子，今日離阿婆，求你扶保。（不斷重複上段的內容）

從祈禱之辭中，主持或稱這儀式為"離阿婆"，或稱為"脫褐"；母親和母親的兄嫂、弟婦都稱之為"離阿婆"，同時又稱之為"脫褐"。母親解釋說，"阿婆"指"婆仔"，即"床頭花公，床尾花婆"的花婆。對於這個解釋，母親祇是道聽途說，自己也不確定是否這個意思，這個問題需要再追查。但是，母親可以肯定的是，"離阿婆"也就是"脫褐"，在她家鄉都是以這種形式進行。因此，"離阿婆"是一種以誦經和擲筊杯為儀式的成年禮，是一種"脫褐"的地方形式。

（二）脫褐——道教科儀的成年禮

據澳門道教協會會長吳炳鋕的口述，澳門"漁民最喜做的儀式是脫褐（慶賀結婚），也稱釋褐，褐字是代表褀帶，放下褀帶，就會做一些儀式，表示長大成人"①。吳炳鋕又從道教科儀角度解釋"釋褐道場"，包括請將、禳解、還願（雪冤）、釋（脫）褐、禮斗、施幽及謝壇等科儀所組成，引申為孩子脫去襁褓，長大成人之意。② 由此可知，"脫褐"是通過道教科儀進行的成年禮。另外，男子、女子結婚前夕都要舉行，儀式并無區別。

由此可見，道教科儀式中的釋褐禮與調查中的脫褐禮，儀式過程是明顯不同的。這是否說明，珠三角地區所流行的脫褐儀式有不同的形式，但都有著成年禮的含義。雖然儀式有所不同，但同樣含有"成年禮"意義的"脫褐"儀式，應是至少在珠三角地區民間所流行的成年禮儀。

在20世紀的人類學調查中，也有關於"脫褐"的記述。中山大學人類學者黃淑娉在一篇研究珠江三角洲地區的水上人家的論文中指出，"過去珠江三角洲疍民婚前一日新郎新

---

① 蔡珮玲主編：《口述歷史四：從頭細說澳門的水上人家》，澳門：澳門東亞大學公開學院同學會、錄像空間、澳門歷史學會，2008年，第92頁。

② 吳炳鋕：《澳門的道教科儀》，《中國道教》2004年第5期，第27~28頁。

娘各自請道士念經後換上新衣服,稱爲'脫殼'"①。雖然材料中没有説明"過去"所指的時代,但據瞭解,澳門和香港地區的部分漁民,最近三代人都會在婚前進行"脫褐"。而調查中,女主持人、母親及母親的兄嫂、弟婦②都説,她們的故鄉嫁娶前夕都會進行"脫褐"③。故此,在珠江三角洲地區的部分漁民或岸邊居民,以"脫褐"作爲成年禮而在婚前進行,至少約存在了100年。但此"脫褐"的源流、變遷以及何時成爲婚禮的一部分?這是值得探討的問題。

在其他兩廣地方志中,暫時仍没有找到關於"脫褐"的記載。不過,廣西《隆安縣志》(民國二年玫瑰書局鉛印本)有一條這樣的記録:

> 冠禮久廢。習俗相沿,男子至十六歲時,或延道士,陳設香花、果品,拜斗祈年,名曰"還花堂",即加冠。此惟富家子嗣單弱者行之,貧户則不盡然。(據檔卷修)④

當中,編者説"還花堂"即冠禮,也就是成年禮之意。但這個儀式所帶出的幾點信息是:(1)成年爲16歲。(2)以道教科儀作爲成年禮。(3)富家子嗣單弱者所進行。(4)貧户可選擇進行此儀式。

類似的成年禮儀式在兩廣地區還有"出花園""度花"等,15~16歲時請道士誦經,表示已成年,還却孩童時向神明許下的願。"出花園"和"度花"都是嬰兒—孩童—成人的系列許願、還願儀式,前者是"種花—入花—出花",後者爲"度花—還花願"。⑤ 因爲古代社會醫療條件差,嬰兒和孩童的死亡率和生病率很高,故父母都會爲他們向神明祈求平安,并許下承諾,到成年時便向神明還願。這種習俗直至現在,港澳地區仍存在,在漁民群體也有不少,可以説20世紀90年代以前,每個小朋友都有拜神明做乾娘或乾爹,有的甚至不止一個。因此,脫褐時便要向這些神明還願。

"出花園"、"度花"與"脫褐"相似之處衹在於"以道教科儀作爲成年禮",并都包含有向神明還願的環節。而最大的異處在於前者是以年齡爲分界進行的成年禮,而"脫褐"則是以嫁娶爲分界進行的成年禮。當然,這些异同之處都是我們值得關注的問題,是否説明兩者之間的聯繫,可能有助我們追索"脫褐"儀式和含義的由來。

縱上所述,脫褐的儀式有幾點值得注意:(1)脫褐是一種成年禮儀式。(2)脫褐有不同

---

① 黄淑娉主編:《廣東族群與區域文化研究》第七章第五節《水上居民(疍家)文化》,廣州:廣東高等教育出版社,1999年,第374頁。粤語中"褐"和"殼"非常接近,可能該調查人員因不熟悉"脫褐"儀式而用了近音字,但也加上了引號以標示。

② 其家鄉爲廣東省中山市與珠海市的界河邊上,雖不是水上居民,但是爲漁農村落居民。

③ 這些婦人都没有説明她們家鄉所行的"脫褐"是否就是本調查中的儀式,還是道教科儀。

④ 丁世良、趙放主編:《中國地方志民俗資料匯編・中南卷》下册,北京:書目文獻出版社,1991年,第925~926頁。

⑤ 參鄭煒明:《晚清大詞人况周頤筆記中的民俗民料舉隅》,第8~9頁,發表於2011年10月四川成都"第四届中國俗文化國際學術研討會"。

的地方形式,其中至少包括道教科儀的宗教儀式和誦經、擲筊杯等民間巫覡儀式;(3)這種成年禮在結婚前夕進行,是婚禮的一部分。(4)婚禮中沒有進行脱褐儀式,表示一輩子都是小孩。(5)未結婚的人士,不能進行脱褐儀式。這些都顯示,作爲成年禮的脱褐儀式已與婚禮密不可分,甚至是婚禮的組成部分。

據吴炳鋕所言,脱褐亦等於"釋褐"。釋褐試是中國隋、唐科舉制度的一種考試,是通過"解試"與"省試"之後所遇到的第三級考試,由吏部主辦,又稱爲"關試"。進士及第後,祇有通過"關試",纔取得吏部銓選和授官的資格。故進士通過"釋褐試"後正式授官又被稱爲"釋褐"。《唐代科舉制度研究》一書中指出,關試後,新進士會舉辦大型宴會"曲江大會",又稱"關宴"。① 但該書并没有談到進士的"釋褐"是否有某種特定禮儀。宋代科舉制度承唐制,《事物紀原·旗旟采章部》"釋褐"條云:"《宋朝會要》曰:'太平興國二年正月十二日賜新及第進士諸科吕蒙正以下緑袍靴笏,非常例也,御前釋褐,蓋自是始。'"② 由是知,宋初始有御前釋褐,但仍不知有没有附隨禮儀,還是祇是殿前御賜而已,而且既説御前釋褐是首例,非御前釋褐則應該是常制,也應該有相關的禮儀。

本文所及的脱褐儀式,乃道教科儀,然則唐宋的科舉"釋褐"何時何以成爲道教科儀?是本來唐宋進士釋褐的禮儀是以宗教科儀進行,還是宋以後的道教科儀引入"釋褐"之名?另一個重要的問題,"釋褐"成爲道教科儀以後,何時何以變爲含有成年禮之意的宗教儀式?其與上述兩廣地區地方性的道教科儀"成年禮"有何關係?含有成年禮之意的道教科儀"釋褐",又何以成爲吴炳鋕所言爲慶賀結婚的儀式,成爲婚禮的一部分?這些都是十分值得探討的問題,是一個中國古代禮制向宗教科儀,再而向民間禮節發展的有趣課題,是一個需要結合史學、宗教學、民俗學的綜合研究。

三、"上頭"禮與古代的"笄禮"

兩廣地方志中,關於"笄禮"或婚禮前"加笄"的記載,約有 30 條,大部分都把"上頭"作爲古代冠禮、笄禮的遺留,具"成年禮"之遺意,并爲婚禮的組成部分,"臨娶而行""臨嫁而行"。在港澳地區,甚或珠三角地區,大部分華人至今仍保留在婚前行"上頭"禮的習俗。

(一)本次調查中的女子"上頭"禮

在本次的民俗學調查中,"上頭"儀式,與"明燭"儀式同時進行。

"上頭"儀式需選擇吉時進行,定爲 11 月 4 日早上五時。供桌上擺放水果、脱褐時用過的祭牲、甜湯圓三碗、禮餅三個③、香爐、紅色燭臺等,一個鐵秤鉈(放在碗中,以一片柚子

---

① 吴宗國:《唐代科舉制度研究》,瀋陽:遼寧大學出版社,1992 年,第 65~66 頁。
② [宋]高承撰:《事物紀原·旗旟采章部》卷三,據《文淵閣四庫全書》(網上版)。
③ 廣東人以前女兒出嫁要準備禮餅,由男方送來,稱爲"嫁女餅",派發給親友們。現在一般祇在祭祀儀式中用上禮餅,以及向直系親屬派發,其他的親友們則用西式餅店的禮券代替,附送於婚宴請柬中。

葉鋪底)①。還有一個盛滿白米、插有石榴樹枝的紅色米斗(禮斗)。另外,備有一個"上頭包"②。新娘穿上脫褐時禮祭過的新衣。上頭和明燭是由主持脫褐的女士主持。③

以下按儀式的步驟順序逐項列出:

(1)母親點亮神臺上、天神牌位、地主牌位、竈君牌位及供桌上的蠟燭和上香。

(2)由妹妹拿著竹席子在供桌前三拜,把席子放到新娘的椅子上(在供桌後),妹妹拉一拉新娘的衣角,請新娘坐下,而後新娘給妹妹紅包。④

(3)妹妹捧起放有小酒杯和小茶杯的托盤,亦在供桌前三拜,請新娘在供桌前奠酒、茶。如是者,分別再向神臺、當天、地主奠酒、茶。

(4)妹妹捧起盛滿餅乾、乾粉絲、花生、紅棗、荸薺等的托盤,在供桌前三拜,交給新娘。⑤

(5)約五點半,主持及其丈夫負責點龍鳳蠟燭,以新娘爲方位,左鳳燭、右龍燭,兩燭取同高。主持開始點蠟燭時,口中説吉祥話,蠟燭點亮後,用針各插在蠟燭龍鳳圖案中的口部。兩人坐在供桌兩旁,不時看著蠟燭的火焰,并以小蠟燭或木筷子使其火焰更旺盛。

(6)拿走供桌上的祭牲,放上插有石榴樹枝的紅色米桶。樹枝掛上紅封包數個,米桶上還插有長尺、剪刀、小鏡子等。⑥

(7)主持用木梳爲新娘三梳其髮,每一梳都説一句吉祥話。粵語原話爲"一梳梳到尾,二梳梳到白髮齊眉,三梳梳到仔孫瀉滿地"。然後用髮夾夾住左右髮鬢,以紅繩綁馬尾辮子。主持把木梳放到米桶上。

---

① 母親解釋這個秤鉈是用來治"四眼八鼻"的,即治邪和驅除不乾不凈、不吉利的東西。

② "上頭包"內有木梳、髮夾、紅繩(以上"上頭"用),以及女紅用的尺子、針綫盒、剪刀、鏡子(以上爲隨嫁物品,放在米斗上),這些都是女子的日用品,寓意家庭日用品齊備。此包現在在婚禮用品店有售,主要是爲現代人對古禮的遺忘設計的方便包裝,以前是每一物品都要單獨準備和購買。

③ 上頭儀式一般由俗稱"好命婆"的婦女主持,以健康長壽、兒孫滿堂的婦女爲佳;通常在族中尋找,也有在朋輩或鄰舍中尋找的。此傳統至少在清末民國時期已流行,民國《赤溪縣志》有云:"冠笄之禮……女亦擇年尊福備之婦人,於祖前加冠櫛髮,而謂之'上頭'。"(據丁世良、趙放主編:《中國地方志民俗資料匯編·中南卷》下冊,第817頁)

④ 《民國新修大埔志》中關於笄禮云:"女子臨嫁,擇吉至祖堂禮拜,坐以圓筐,母爲之加新髻,勉以好語,謂之'上頭'。(星按,坐圓筐,埔無此俗。)"(據丁世良、趙放主編:《中國地方志民俗資料匯編·中南卷》下冊,第748頁)據句中得知,廣東梅縣地區(大埔屬梅縣)的上頭儀式中,女子是坐在用粗竹編成的圓席上進行的。本次調查中的上頭儀式,雖不是用圓席,而是用普通的竹席,但應有異曲同工之義。母親解釋説,以前新娘上頭,要準備一張席子,新娘坐中間,兩位伴娘坐旁邊,一起嘆情聊天,稱謂"坐夜"。兩廣地方志也有相關記載。嘆情即以誦唱對答形式聊天,可視爲"喊水歌"的一種。

⑤ 此托盤中的食品,待"上頭"儀式完結後,分發給直系親屬,即拜同一祖先的親屬。此婚禮中,母親分給了新娘的叔叔、姑媽、姑姑、兩位姨婆(祖母的親妹妹)、一位表叔(父親外婆的神位在他家)、一位叔公(祖父的好兄弟,雖沒有血緣關係,大家都叫他叔公)。

⑥ 母親解釋説,放石榴樹枝是一種叫"采花"的儀式,與"明燭"相配。現代一般人都省略了"采花"這一環節,祇有明燭。如果沒有"采花",也要準備一個米斗或米盆,上放鏡子、尺子、剪刀、女工針綫、上頭用的梳子等物件。

(8)最後大家一起吃甜湯圓。大家一邊吃甜湯圓,一邊聊天,一邊看著龍鳳蠟燭,確保蠟燭不會熄滅。

主持人正在點燃一對龍鳳蠟燭

主持人爲新娘上頭

主持人爲新娘綁紅繩

(二) 古代的"笄禮"

"笄禮"和"冠禮"被視爲古代的成年禮,男子二十而冠,女子十五而笄,據說此制自周代始,《通典》曰:"周制,女子許嫁,笄而醴之,稱字。"至宋代文獻仍能找到有關"笄禮"的記載,北宋更有"公主笄禮"的詳盡記述。但至清初文獻則已不見"笄禮"的記載,可能古代的"笄禮"在明代已漸廢弃,取而代之的爲俗稱"上頭"的儀式。以下先從文獻中尋找"笄禮"的相關禮儀,以及其與"上頭"之關係。

現引兩段宋代文獻,以醴現古代笄禮的儀式參加女子的年齡條件:

> 女子許嫁,笄而醴之,稱字。注:許嫁,已受納徵禮也云云,云笄女之禮,猶冠男也,使主婦、女賓執其禮者。案:雜記云,女雖未許嫁,年二十而笄,禮之婦人執其禮。鄭注云:言婦人執其禮,明非許嫁之笄,彼以非許嫁笄輕,故無主婦女賓使婦人而已;明許嫁笄當使主婦對女賓執其禮,其儀如冠男也。又許嫁者用醴禮之,不許嫁者當用酒醮之,敬其早得禮也。①

> 又云十有五年而笄,女子子十五許嫁而笄。謂女子子年十五笄,四德已備,許嫁與人,即加笄,與丈夫二十而冠同。②

由上述文獻可知,古時女子行過納徵禮以後,便可行笄禮,而未許嫁者則最遲於20歲行笄禮;并指出"笄禮"猶如男子之"冠禮",爲女子"成年"的禮儀。納徵是古代婚禮中六禮之一,即自周代始,女子笄禮一直都是婚禮的一部分,而與現代"上頭"之分別在於,前者許嫁而笄,後者臨嫁而行。古代"十五許嫁而笄,二十而出"③,即笄禮非在臨嫁而行,是與"上頭"之區別。

司馬光《書儀》記錄"笄禮"儀式的過程較詳盡,引錄如下:

> 女子許嫁笄,(年十五雖未許嫁亦笄)主婦、女賓執其禮,(主婦謂笄者之祖母、母及諸母、嫂,凡婦女之爲家長者,皆可也。女賓亦擇親戚之賢而有禮者;贊亦賓自擇婦女爲之。)行之於中堂。執事者亦用家之婦女、婢、妾,戒賓、宿賓之辭改吾子爲某親或邑封。(婦人於婦黨之尊長,當稱兒,卑幼當稱姑姊之類;於夫黨之尊長,當稱新婦,卑幼當稱老婦。)陳服止用背子,無笲、幪頭,有諸首飾。(謂釵、梳之類)席一背,設於椸櫛,總首飾置卓子上、冠、笄盛以盤,蒙以帕。(笄如今朶子之類,所以綴冠者。)執事者一人執之,(陪位者及贊亦止於婦女內擇之。)贊立於中門內,將笄者雙紒襦。(襦今之襖子。)主婦迎賓於中門內,布席於房外南面。(如庶子之冠席。)賓祝而加冠及笄,贊

---

① 〔宋〕魏了翁:《儀禮要義》卷六,據《文淵閣四庫全書》。
② 〔宋〕魏了翁:《儀禮要義》卷二九,據《文淵閣四庫全書》。
③ 〔清〕秦蕙田:《五禮通考》卷二五六,據《文淵閣四庫全書》。

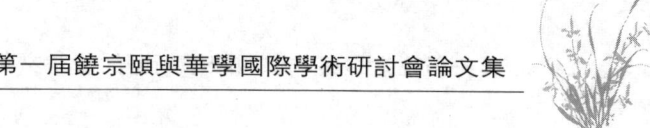

者爲之施首飾,賓揖笄者,適房,改服背子。既笄,所拜見者,惟父及諸母、諸姑、兄姊而已。(笄祝用冠者,始加巾,祝字辭,去髦士攸宜一句。)餘皆如男子冠禮。①

古代女子笄禮的儀式與男子冠禮相約,祇改主持人男士爲女士,服飾改用女士服飾,多加女士首飾,祝辭改吾子爲某親。儀式需要較多的婦女幫忙,包括主婦、女賓、贊者,女賓可有數人。要準備的用具有:女士服飾背子一套、冠、笄、首飾。儀式在中堂(房外南面)進行,女子從房中出來,接受加冠、笄,并戴上首飾,後回房中換上背子,然後拜見父母、兄姊等。

朱熹《家禮》在上述儀式後,還補充"醮"(向賓、贊者敬酒)和"取字"這兩個環節。②知古代的女子笄禮,除加笄以外,還如男子冠禮般取字。③

清人秦蕙田《五禮通考》在"女子笄"條末案云:"士庶女子笄禮,自宋《書儀》《家禮》而外,明世蓋無聞焉。然冠禮久廢,而今人家於女子年十三,則畜髮謂之'上頭',擇日行之,或拜見父母、尊長,告於親黨。"④知在清朝乾隆時期,江蘇人秦蕙田已不知女子笄禮,祇知女子"上頭"禮。然這裏的"上頭"禮與本文所述調查的"上頭"禮稍異,在於行禮時間,前者爲女子13歲,後者爲臨嫁之時。而乾隆元年《浙江通志》記昌化縣的習俗云"女子于歸日母爲之加笄",台州府的習俗爲"女臨嫁前數日行笄禮,受母訓戒"、分水縣的風俗爲"女子于歸始爲加笄"。⑤ 由此可見,至晚在雍乾時期,浙江部分地方女子笄禮是臨嫁而行之,與現在之"上頭"禮相近。可惜《通志》中沒有提及此"笄禮"的儀式,故不知其貌與古代笄禮、今之上頭有何區別。

民國《三江縣志》中有云:"笄,綰髮之簪也;女及齡爲之綰髮加笄。……女及齡行加笄禮者少,亦多於嫁時爲之梳頭,拜先祖,名曰'上頭',或亦笄禮之遺意。"⑥這裏指出,女子加笄是改變少女的髮式,換成綰髮,即結髮成髻。清末民初應該還是這樣的,已婚女子都要結髮成髻,這個"髻"應在"上頭"時首次梳成。現代女子一般不梳髻,故"上頭"禮中祇把頭髮象徵性地用紅繩綁起來。另,句中指出儀式中要拜先祖,與古代笄禮和本文調查的儀式相同。

廣西(民國)《桂平縣志》對當時的女子"笄禮"有這樣的描述:

女子嫁前一夕亦"坐花",其原出於古之笄禮。……按,今女子坐花,先由婿家用紅盒備簪珥送至婦家,(婦家)設筵陳盒燒燭,延女賓款女。先以長大婦有福命者爲女

---

① [宋]司馬光:《書儀》卷二,據《文淵閣四庫全書》。
② [宋]朱子:《家禮》卷二,據《文淵閣四庫全書》。
③ 近代因冠禮久廢,男子取字於宗廟或私塾,與成年未必直接相關。然在本文的調查對象中,其家族和社群仍保留有男子"上頭"時"取字"挂於牆上的習俗。如正文所述,"上頭"爲"冠禮""笄禮"的遺意,則其保留了"冠而字"的傳統。但"笄"則不取字。
④ [清]秦蕙田:《五禮通考》卷一五〇,據《文淵閣四庫全書》。
⑤ [清]沈翼機、嵇曾筠纂:《浙江通志》卷九九、卷一〇〇,據《文淵閣四庫全書》。
⑥ 據丁世良、趙放主編:《中國地方志民俗資料匯編·中南卷》下冊,第953頁。

櫳(梳)頭着衣,乃出筵與女賓相見,與古禮同。但女必對燭泣,以詞告別祖宗、父母、兄弟、姊妹、親戚,蓋今人臨嫁而筓,非如古人之許嫁而筓,故禮亦稍异。①

此段文字中,有幾點值得注意:(1)筓禮,名曰"坐花"。(2)男家用紅盒備簪珥送至女家。(3)設宴款待賓客。(4)上頭前燒燭。(4)以長大婦有福命者主持上頭禮。(5)上頭禮包括梳頭和著衣。(6)今臨嫁而筓與古代許嫁而筓稍异。

廣西《桂平縣志》所述的"坐花"從儀式和意義來說,當即本文的"上頭儀式",兩者有著大同小异之處(可參下表)。由此可見,兩廣地方的婚前"上頭"禮雖各具有少許地方特色,但整體是相同的。

"上頭""坐花"與古代筓禮的比較表

	本次調查	民國廣西《桂平縣志》	古代"筓禮"
名稱	"上頭"	"坐花"	"筓禮"
時間	臨嫁而行	臨嫁而行	許嫁而行(15~20歲)
主持者	健康長壽、兒孫滿堂之婦女	長大婦有福命者	主婦、女賓、贊
用具	上頭包	紅盒并備簪珥	背子、冠、筓、首飾
儀式			主婦於中門內迎賓,布席於房外南面
	坐席		
	禮拜神明和祖先		
			賓致祝辭
	明燭(龍鳳蠟燭)	燒燭	
	以木梳梳頭,以紅繩綁髮	櫳(梳)頭著衣	加冠、筓,施以首飾,回房,改服背子
	與父母、兄弟、姊妹、親戚一起吃甜湯圓	女必對燭泣,以詞告別祖宗、父母、兄弟、姊妹、親戚	既筓,所拜見者,惟父及諸母、諸姑、兄姊而已
			向賓、贊等人敬酒
			取字
			祠堂拜見尊長
		設筵,延女賓款女	設筵禮賓
備註	母親送新娘一對金耳環		

---

① 據丁世良、趙放主編:《中國地方志民俗資料匯編·中南卷》下冊,第1044頁。

從上文及圖表,比較了古代文獻中關於"笄禮"的記載、清末民初兩廣地方志中關於女子成年禮的記載,以及本次調查的"上頭"禮,都有一些相异和相同之處。別具意義的相同之處總結有:(1)女子成年禮,亦婚禮的組成部分。(2)主持人均爲婦女。(3)以改變髮式爲主要象徵。(4)儀式中皆要禮拜祖先。而別具意義之异處在於前者"笄而字之",後二者則没有取字這部分。

　　因此,現今的"上頭"最遲應出現在明末清初,分布範圍至少在江南、嶺南一帶①,并爲古代"笄禮"的遺意和演變。

四、結　語

　　本文以一個澳門漁民家庭的婚嫁禮儀爲中心,簡述了調查中的儀式概况,歸納儀式的特徵,結合文獻、地方志、人類學調查資料,從而探討具成年禮意義的"脱褐""上頭"儀式的源流、發展和現况。

　　文中的"脱褐"和"上頭"兩儀式,都含有成年禮之義。前者以道教科儀或民間宗教儀式進行,後者則是傳統古禮的遺留。從文獻和地方志中,宗教儀式的成年禮和笄禮古風,暫時没有發現兩者在同一個風俗中并存。

　　兩廣地區曾經存在一些不同的成年禮,如文中提及的"出花園""還花堂"等,都是以道教科儀進行的成年禮,并都有向神明還願的環節,但它們是在15～16歲時進行的成年禮,與婚禮無直接關係。而本文所述的"脱褐"則是婚禮前進行的無分年齡的成年禮,是爲一特色。而這一特色又與文獻所謂"笄禮"古風的"上頭"并列,成爲婚禮的一部分,也都受到重視,是另一特色。這也是我們的一個關注點,但其由來和含義,仍有待追查。

　　從本體(即舉行儀式的人)的認知角度看,他們都祇知道"上頭"是婚禮的一部分,有祈求婚姻生活美滿幸福之意,以前或有改變髮式的意思,表示已婚婦女,但并不認爲"上頭"有成年禮的意義。而從客體(觀察者即筆者)的分析角度看,從儀式的過程及其特徵,結合文獻和地方志材料,分析後,贊同明清學者和地方志編纂者對於"上頭"是"笄禮"遺意的觀點。

　　正是基於本體對"上頭"的認知,加上如前所述,他們流行爲孩童拜寄於神明,故需要在舉行儀式還願并以示成年,所以借用了成年儀式"脱褐"。但他們不是選擇固定的成年年齡進行,而是在婚前進行,并且不結婚不能行此儀式。這可能由於明清時期,曾流行早婚,女子十五六歲或以前便嫁人,故笄禮便直接在臨嫁時進行。

　　由於筆者對古禮和地方風俗并不十分熟悉,倉促之下寫就此文,以介紹調查中的觀察爲主。本意是解决澳門水上居民間"脱褐""上頭"這兩種成年禮儀式的源流、變遷以及其相關問題,經材料比較,"上頭"禮的源流、變遷與現况基本掌握了,但"脱褐"儀式的源流和

---

① 全國其他地區是否存在婚前"上頭"禮,有待研究。

變遷的問題,仍沒有解決,也衹是提出了可能性的解釋。

因此,希望藉此拋磚引玉,敬希各位專家、學者不吝賜教。

附表: 兩廣地方志中關於女子笄禮、上頭禮儀的記載選録

地方志	年代	禮儀	内容
《花縣志》	民國十三年鉛印本	冠禮	冠禮鮮有行者,然屬内大小各村,於娶前數日行加冠禮,男女皆同。是日謂之"冠笄",亦謂之"上頭",亦古人醮子之禮意也
《番禺縣志》	清同治十年刻本	婚禮	俗率臨娶前諏吉加冠,女亦同日加笄,謂之"上頭"
《曲江縣志》	清光緒元年刻本	冠禮	女子嫁之日始笄
《翁源縣新志》	清嘉慶二十五年刻本	冠禮	男子醮酌,鮮有行之者,惟女子于歸前數日行冠笄禮,猶存古人遺意
《清遠縣志》	民國二十六年鉛印本	婚禮	臨娶,男行冠禮,女行笄禮 粵中冠禮謂之"上頭"
《平遠縣志》	民國二十四年鉛印本	冠禮	女子於嫁時行笄禮
《民國新修大埔縣志》	民國三十二年鉛印本	冠禮	冠禮,埔邑無之,而有笄禮。女子臨嫁,擇吉至祖堂行拜,坐以圓筲,母爲之加新髻,勉以好語,謂之"上頭"(同治《張志》)
《澄海縣志》	清嘉慶二十年刻本	冠禮	女子將嫁而笄,則貴賤無異焉
		婚禮	女家將牲醴,爲女告祖而笄之,男亦以是日行冠禮
《饒平縣志》	清光緒九年增刻本	冠禮	女子許嫁,笄而字,儀如男子
《潮陽縣志》	清光緒十年刻本	冠禮	《唐志》云:"冠禮之廢久矣,而女子則有加笄之禮。將出閣,擇吉令拜於堂,坐以圓筲,母爲之加新髻,勉以好語,謂之'上頭'。"然愚訪潮俗,男子將娶,亦同於是日冠笄,則均爲冠禮遺意也

（续表）

地方志	年代	禮儀	內容
《普寧縣志》	清乾隆十年刻本	婚禮	將娶，先擇吉日爲女笄，曰"上頭"
《順德縣志》	民國十八年刻本	冠禮	古有冠、笄之禮，邑則臨娶而始冠，臨嫁而始笄，俱以二十前後爲率
《龍山鄉志》	民國十九年刻本	冠禮	古有冠笄之禮，鄉則臨娶而始冠，臨嫁而始笄，俱以二十前後爲率（據《郭縣志》《采訪冊》參修）
		婚禮	謹按，《輟耕錄》謂，女子之笄曰上頭
《赤溪縣志》	民國十五年刻本	婚禮	冠笄之禮，皆於婚日行之。男則延年尊而福備之男人，女亦擇年尊福備之婦人，於祖前加冠櫛髮，而謂之"上頭"
《四會縣志》	民國十四年鉛印本	冠禮	然率臨娶始冠，女家亦同時笄
《東安縣志》	民國二十五年鉛印本	冠禮	女子將嫁而笄，則貴賤無異
《西寧縣志》	清道光十年刻本	婚禮	女之嫁也，先一日加笄，所笄之物取給於婿家
《橫州志》	清光緒二十五年刻本	婚禮	男冠女笄，則於婚嫁日
《鳳山縣志》	民國三十五年修纂	冠禮	女子未嫁，耳後髮尚垂，將嫁前一日，母爲女剪髮加笄，醮而遣之，有女子許嫁及笄字之義
《三江縣志》	民國三十五年鉛印本	冠禮	女及齡行加笄禮者少，亦多於嫁時爲之梳頭，拜先祖，名曰"上頭"，或亦笄禮之遺意
《榴江縣志》	民國二十六年鉛印本	婚禮	冠笄儀式……女家則由女賓致訓詞，謂之"祝壽"
《武宣縣志》	民國二十三年鉛印本	婚禮	親迎……是日黎明，雙方主婚人各行醮男、女禮，備香燭、牲醴、果餅以祭祖，而加冠、笄於男、女，致訓詞、吉語
《陽朔縣志》	民國三十二年石印本	冠禮	男子於親迎前一夕行冠禮，女子笄禮亦同
《信都縣志》	民國二十五年鉛印本	冠禮	女子之笄，定以嫁之前一日，不另擇吉，城鄉皆然，此則猶有古遺風也
《容縣志》	清光緒二十三年刻本	冠禮	女子未出嫁，耳後髮恒披肩或結辮，婿家卜日親迎，乃爲之冠笄。是日亦會戚黨，張樂設宴。前一夕，母醮女，禮與父醮子同（參舊志）

（續表）

地方志	年代	禮儀	內容
《桂平縣志》	民國九年粵東編譯公司鉛印本	冠禮	女子嫁前一夕亦"坐花"，其原出於古之笄禮。……按，今女子坐花，先由婿家用紅盒備簪珥送至婦家，(婦家)設筵陳盒燒燭，延女賓款女。先以長大婦有福命者爲女櫳（梳）頭着衣，乃出筵與女賓相見，與古禮同。但女必對燭泣，以詞告別祖宗、父母、兄弟、姊妹、親戚，蓋今人臨嫁而笄，非如古人之許嫁而笄，故禮亦稍异
《貴縣志》	民國二十四年鉛印本	冠禮	婚前一日，婿家備簪珥，用紅盒送至婦家請加笄，謂之"開臉"

附錄

歲月悠悠説大師
——追憶與饒公兩代交誼的往事

詹伯慧

（暨南大學）

一

不久前到華僑大學（後簡稱華大）文學院爲那裏的學生作了一場題爲"中國語言與中國文化"的講演，在賈益民校長款待的晚宴上，文學院長王建設教授向賈校長請示有關華大近期要舉行"饒宗頤教授與華學研究"國際研討會一事。剛剛到任不久的賈校長喜形於色，一再強調這是華大舉辦的一次十分重要的學術盛會，一定要把會議組織好，要不辜負饒公關懷華大的殷殷情誼。接著賈校長對我説："你跟饒公很熟，請您一定前來與會。"這時我想起幾個月前潮州成立"饒宗頤研究所"，聘我擔任研究所顧問，請我出席挂牌慶典，我却因事未能到會；而不久前饒公親來廣州爲其書法展揭幕剪彩，不巧我又不在廣州，這兩件事使我一直愧疚在心。我想這回華大舉行弘揚饒公首創"華學"的盛會，我不能再有過失了，便毫不猶疑地推掉同時舉行的另一學術會議，向賈校長和王院長表了態：一定前來參加此次華大舉行的學術盛會。

記得1996年8月，我在潮州參加首届"饒宗頤學術研討會（國際）"時，曾以"我所認識的饒宗頤教授"爲題，略述我和父親跟宗頤先生兩代交往中所留下的一些珍貴回憶。屈指一算，時光又匆匆過去15年了。當時我在結語中寫道："宗頤先生雖然年近八十，他的學術精力仍然十分旺盛，他的著述仍在不斷刊行，他爲弘揚和發展華夏文化所作的貢獻還在與日俱增。……末了兒，我還要祝福宗頤先生老當益壯，既壽且康！不斷爲振興中華文化做出新的貢獻！"如今年届九五高齡的饒公，依然是充滿學術魅力、既壽且康的國學大師！

那次饒學研討會以來，15年間他著述不斷面世，宏論層出不窮，更兼書畫創作不輟，藝術日臻巔峰，兩年前學界在敦煌爲他祝壽，溫總理在北京親切會見了他，中央黨校也專門請他到校舉辦書畫展覽，他老人家風塵僕僕，南北奔波，仍精神抖擻，經得起長途跋涉，實在令人欽羨！不禁令人驚嘆不已：此乃神州之幸，國學之幸也！說起這個15年，倒也十分湊巧，我這個饒公稔熟的晚輩，不知不覺也已年過80，進入晚年暮境了。饒公比我長15年，而先父又剛好比饒公長15年。兩個15年，鑄成了兩代人經久不衰的情誼，再加上同是潮州"讀書人"，同飲潮州韓江水，在昔日的時相過從中，該留下多少共同的脚印，該有過多少值得追憶的往事，多少難以忘懷的經歷啊！此刻我來到這個以弘揚饒公"華學"精髓的國際盛會上，面對衆多來自海內外的饒學研究者，帶來許多潛心研究的宏篇佳作，我對饒學却一直是仰慕有加而研究不足，自然未敢班門弄斧；但與饒公兩代世交，此刻難免浮想聯翩，也就借此機會，説點父子兩代與饒公相處的陳年舊事，一鱗半爪，或可略窺饒公之超凡睿智與人格魅力於一斑也。

二

饒公生於1917年，這位自幼早慧的"潮州才子"，并沒有什麼高層次的學歷學位，可說是全靠著書香門第，自幼飽讀家中藏書而自學成才的。他的父親饒鍔博學多才，工於詩文，尤其擅長修編方志，於整理、研究潮汕文獻方面成績卓著，蜚聲遐邇，家藏典籍書畫逾10萬卷，建有書齋名"天嘯樓"，其藏書之豐富，實爲潮州城內所罕有。饒老先生著有《潮州西湖山志》10卷及《佛國記疏證》（稿）等，并著力主修《潮州志》，未竟而後由其哲嗣宗頤先生於1965年全部完成，凡16卷皇皇巨著。子承父業，繼往開來，父子共修潮州志書的業績，傳爲文壇佳話。少年時期的饒公，一直生活在這彌漫書香、得天獨厚的家庭環境下，跟著父親終日埋頭於浩瀚的卷軸之中，飽覽群書，浸淫詩文，廢寢忘餐。由於他聰穎過人，凡詩、詞、書、畫，以至琴藝古樂，從小莫不一試即通，"神童"之譽，由是而生。16歲時宗頤先生就曾以咏優曇花而語驚四座，競相唱和。18歲那年他就應聘到中山大學《廣東通志》館纂修史志，《潮州藝文志》就是在此期間完成的名作，至此，不到20歲的宗頤先生，已經是盡人皆知的潮州才子了。家父詹安泰自20世紀20年代於廣東高師（中山大學前身）畢業後就回到潮州，進入韓山師範，執教詩、詞、曲以及文學史等課程，平日賦詩作墨，跟饒家父子時有酬唱過從，年少翩翩的饒宗頤先生，當年已是我家客廳中的常客；而父親每上天嘯樓饒府去看書論學，也常常把我這四五歲的小孩帶在身邊，耳濡目染，在我幼小的心靈中，也就多少有了"潮州才子"和"天嘯樓"的印象。

關於饒公和我父親的交情，從以上的記憶中，可以知道早在"弱冠"以前，這位潮州才子就已經和家父有了交往，在我父親的腦海裏，早就對年輕多才的饒宗頤懷有深深贊賞之情了。現在韓山師範學院圖書館大廳的墻上挂有我父親和饒公的肖像，同樣作爲在韓師待過的前輩名人。由於家父跟饒公關係密切，而饒公又比我父親小 15 歲，因而常常有人誤以爲年輕時的饒公是我父親的學生。我在許多場合都鄭重説明：這完全是誤會！饒公進入韓山師範，第一次踏上講堂給學生講課，的確是我父親推薦的。但他們絕對不可能是師生的關係！當時我父親因爲生病需要一段時間休養，韓師校長要他找位代課教師，我的父親就堅決推薦了這位 20 歲左右的潮州才子。果然不負所托，年紀輕輕的饒宗頤先生出色地頂替了我父親所授的課程，深得學生的歡迎，可稱得上是一鳴驚人！這説明年輕的宗頤老師完全不愧爲學養深厚、才華橫溢、出類拔萃的好老師。而我父親當年敢於不問學歷資歷地大力推薦，也凸顯了那時韓師領導不拘一格、唯才是用的用人觀。無獨有偶，後來我父親被中山大學文學院院長吴康以名士身份聘到中山大學接替嶺南詞學名家陳洵講授詩學、詞學，從一個地區師範學校的教師一躍而爲國辦大學的教授，不也正是不拘一格、唯賢是舉人才觀的體現嗎！我父親不可能是饒公的師輩，但對這位才學非凡的年輕英才，倒是時刻深懷愛才之心，一有機會就想要推薦饒公進入更高層次的學術機構，好讓他充分發揮才華。爲此，在我父親接到聘書即將前往已經因抗日戰爭内遷雲南澄江的中山大學時，又想起要推薦宗頤先生也來中山大學任教，并且已跟宗頤先生坦言他的想法。無奈烽火連天，時局動蕩，父親先行單身赴任，饒公入滇的計劃終究没能實現，却因一個偶然的機會，在父親入滇後不久，宗頤先生進入了另一個地方——香港，開始與香港結下了不解之緣。

  提起饒公和香港結緣的事，實在有點偶然，這裏不妨就我所知再補説幾句：原來在我父親應聘前往雲南中山大學履新之際，廣州已經淪陷，必須繞道纔能入滇，我母親當時懷抱不到兩歲的妹妹，不便跟隨前往。後來得知宗頤先生有意應我父親之邀入滇，便和他相約一道從家鄉繞道惠州到香港，再從香港經安南（今越南）取道滇越鐵路進入雲南昆明。没料到路上宗頤先生有點不適，到香港後留下來被香港文化界所聘用，便中止了入滇之行，母親祇好獨自帶著我兩歲的妹妹輾轉到達雲南。宗頤先生則因此而開始和香港結緣。雖然後來他曾回内地先後任教無錫國學專科學校、廣東文理學院及汕頭南華學院等院校，但到了 1948 年，也就回香港定居了，接下來的半個多世紀，他一直以香港同胞的身份，馳騁文壇教壇，從事他不斷攀升的學術事業，創造出一個又一個的業績，鑄就起一生的輝煌。宗頤先生第一次踏入講堂和第一次進入香港，都與我父親有點關係，在茫茫人海中，這"緣分"二字往往對人生的取向發揮著神秘的作用，此刻追憶往事，重温早年父親與宗頤先生的深厚情誼，緬懷命途坎坷、含恨九泉的先人，寧不令人唏噓無已！

  父親執教中山大學，凡三十載，戰亂中多次隨校播遷，最終病逝中山大學康樂園，可謂從一而終。生前與饒公雖無緣同居一城，共處一校，然音訊常通，酬唱不輟，堪稱莫逆之交。20 世紀 40 年代，饒公任教廣西"無錫國專"期間，兩度進入大傜山，賦詩結集爲《傜山詩草》，家父聞訊喜极，即賦古詩一首作爲題辭，後爲饒公録入《選堂詩詞集》中。

三

　　1949年中秋前後，先父惦記著香江的文壇故舊，曾赴港短暫探訪，與時在香港大學執教的饒公及多位詩壇友朋相聚，盡享酬唱之樂，數日後家父北返羊城，廣州隨即解放，詎料此後港穗兩地咫尺天涯，家父與饒公，雖仍時刻縈懷，惟囿於時勢，音訊漸疏。到了1958年家父罹難，被錯劃爲"右派"，知己如饒公者，亦不得不斷絕來往，此後便失去聯繫。"文革"期間，先父因癌魔纏身，藥石罔效，不久辭世，從此與饒公再會無期！而先父與饒公的深交情誼，也就落到我這下一代人的身上了。從20世紀70年代末開始，借著改革開放的東風，我終於有機會直接接觸饒公，建立起從先父那裏傳承下來的深厚情誼，這確是我這輩子的一大幸事。饒公十分牽挂父親辭世後家母及弟妹們的生活，對家父遺稿的搜集和去向尤耿耿在懷。其時我在武漢大學任教，恰好1979年冬，他應邀訪問湖北博物館鑒賞出土文物，一到武漢就和我取得聯繫，專程到武漢大學來看我，見面之下，親如家人，令我十分感動。先父和饒公結下的深情厚誼，終於由我承傳下來了。那天我陪饒公游覽東湖，一同追憶先人往事。他聽我訴說先父30年來風風雨雨的坎坷人生，在深爲嘆惜之餘始終把話題落到如何搜集、整理先父詩詞遺稿遺墨，設法梓印刊行這一"慎終追遠"的大事上。饒公一再叮囑我要想盡辦法做好這件事，表示他將竭力玉成。饒公說："我一到武漢就急著要找到你，是想和你商量這件事。"并強調說："祝南先生的遺稿是他一生心血的結晶，是寶貴的財富，一定要想盡辦法刊行問世。"又說："詩詞稿本以影印祝南先生原手書刊行爲宜。""有困難我一定竭力幫助。"說來也真有緣分，就在饒公訪問武漢的第二年春天，我受教育部推薦應聘出任日本東京大學客座教席兩年，而這年初夏，饒公也應京都大學清水茂教授之邀，到日本訪問講學四個月，關於先父詩詞遺作連同手稿遺墨影印刊行一事，我們終於能够在日本進一步策劃落實了，真是天助我也！我按照饒公的主意，出國時先把先父手寫的詩詞遺稿帶到東京，再由我送到京都給他，由他負責張羅梓印。饒公把它帶回香港後，果然不出兩年，就由他出面商得到熱心刊行嶺南文獻的何耀光先生鼎力支持，作爲何氏《至樂樓叢書》第25種，以典雅的綫裝影印形式，將《鷦鷯巢詩》和《無庵詞》合刊印行。先父遺作蒙饒公奔波鼎力，終得面世，深深寄托著饒公對先父的懷念之情，令我輩感銘無已；此舉亦盡顯饒公尊賢崇文的高風亮節，令學界贊賞不絕。誠如香港作家聯誼會創會會長曾敏之先生在紀念先父的《感舊見遺篇》中所言："很感激饒宗頤教授爲我送來《鷦鷯巢詩》及《無庵詞》合集。這是中山大學詹安泰教授的遺作，幾經波折終能付梓問世，這真是文苑中值得一記的美事。……饒教授學貫古今，也是詩詞能手，崇尚道義，引詹老爲鄉賢，遂毅然承擔擘劃出版詹老著作之責，曾幾何時，詹老之詩詞就能以裝幀精美、影印其手迹問世了。"（見《詹安泰紀念文集》，廣東人民出版社，1987年）

　　20世紀80年代以後，改革開放之風吹遍祖國大地，隨著中國學術事業大振興，傳統文化大弘揚時代的到來，饒公博大精深的學問越來越受到學術界的贊賞，他頻頻接受邀請，傳業播道，學術交流。大江南北，都留下了饒公的足跡，各地學府及文物單位都以能夠迎接饒公到訪爲榮。國務院也聘饒公擔任古籍整理的顧問。國學大師的桂冠，已經自然而然地戴到饒公的頭上了，"南饒北季"的説法也在國學界廣爲傳播。饒公名氣越來越大，但他始終謙遜待人，一再表示不能稱他爲大師。而對於我們這些熟悉的晚輩，他始終熱情親切，關愛有加。自從 1980 年在日本多次見面以後，他不僅著力張羅出版我父親的遺作，也十分關注我在學術事業上的發展。1981 年初，我從東京大學回國度假，臨走前不久接到香港大學中文系單周堯先生一封信，説是饒宗頤先生要他寫的，信中説香港大學中文系想請我趁回國之便，到香港大學中文系作一次學術講演。後來我就在假畢返回東京途中到香港大學做客。主持我講演會的是馬蒙系主任，正好那天香港大學歡送馬教授榮休，我的講演會是馬教授退休前最後一次主持中文系的學術講演會了。從那以後，我和香港大學就結下了不解之緣。香港大學中文系的老師也跟我日漸熟悉，迄今 30 年間，我不止一次受聘客座教席，又和系裏的同行學者有過不少學術上的合作，也常常出席香港大學主辦的學術會議，和當年給我寫信，如今也已年過花甲的前系主任單周堯教授一直保持著密切的學術交往，我和他談起 30 年前饒公要他寫信到東京大學給自己的事，他還記憶猶新呢！我想，當年若沒有饒公的關心牽綫，自己又怎麼可能在 30 年前就和香港大學結下不解之緣呢！

我於 1982 年從日本講學歸來，翌年從武漢大學南調廣州暨南大學，此後常有機會見到饒公，或在香港及海外和他一起出席國際學術會議，或他應邀來穗（廣州）參加學術活動，祇要有機會，我總要和他相聚一下，我也多次登門造訪過他在香港跑馬地那滿屋是書的寓所。1985 年我當暨南大學復辦後的首任文學院長時，就想到要聘饒公做我們的顧問，他一口答應了，學校給他發的聘書就是我送到他跑馬地的家中給他頒發的。20 世紀 90 年代以後，他在香港中文大學中國文化研究所有一個工作室，我也曾有機會在那兒做客好幾個月，期間祇要是他來到工作室，我就總愛去敲門和他聊聊。不論在什麼地方，饒公祇要是見到我，除了問起我的工作外，也總要問起我母親及家人的生活近況，儘管父親早已作古，父親和饒公共同鑄成的深厚情誼依然在我們後一代得到延續，跟饒公在一起，我們總能感受到一種非同尋常的親切和溫暖。

2002 年是我父親誕生一百周年，中山大學籌劃舉行紀念活動，請一些海內外詞學名家，開一個以我父親詞學研究爲主題的學術研討會。我向饒公報告此事，他十分贊同，表示一定支持，一定到會。後來我又約同曾憲通兄和中山大學的系主任唐鈺明教授在香港登門拜訪潮州同鄉總會的陳偉南會長，請他支持辦好紀念我父親百年誕辰的活動。偉南先生一聽説是紀念詹安泰，二話沒説馬上表示大力支持。他説："祝南先生是我在韓師時的老師，我一定要參加。"説罷當場答應資助 10 萬元港幣。結果我們就用這 10 萬元做了 3 件事：一是請香港翰墨軒許禮平先生以影印手跡的形式製作一本完整而精緻的《詹安泰詩詞集》，二是請暨南大學出版社重印業已絕版的先父遺著《屈原》及《離騷箋疏》兩書，合成一本《屈原與離騷》。上述兩本書共花8萬元，都趕在紀念會前完成，在會上贈送與會嘉賓了。三是把剩下的兩萬元用作補貼會議的開支。結果這個會議開得十分成功，饒公和陳偉南先生專程前來與會，氣氛十分熱烈。我母親也從醫院坐輪椅前來和大家見面。她跟饒公親切叙談憶舊，重温當年潮州、韓師的舊誼。悠悠歲月，念及作古先人，難免感慨萬千！

2010年底，潮州市政府和韓山師院隆重舉行"紀念詹安泰先生國際學術研討會"，海内外嘉賓彙集潮州古城，饒公聞訊十分高興，立即揮毫寫了"博學於文"的賀詞，派人送到會場，表達了他對自己的深交、"嶺南詞宗"的敬仰和懷念之情。在那次100多位海内外學者雲集的盛會上，不少人把詹公和饒公并提，認爲要建設好國家級潮州文化名城，就得在大力傳承和弘揚潮州文化先輩饒公、詹公等的優良學風上多下功夫。會議期間，還專門組織大家訪問饒平新豐詹氏故居的土樓，又在潮州市内參觀了5年前建成的、旨在全面展示饒公學藝雙全業績的"饒宗頤學術館"，它和此前建立的香港大學同名學術館是各呈异彩的兩個姊妹館，但潮州館作爲潮州文化名城的一張靚麗名片，它的規模較大，影響無疑也更爲突出。

近兩三年，我這個退下來的"文人"，在朋友們的慈惠和鼓勵下，也拿起早已擱下的毛筆來寫寫字，把這作爲一種自得其樂的消閒玩意兒，并借此寄托我對書道名家已故父親的永遠懷念。每當揮毫之際，小時候父親教我臨摹魏碑，在他寫字時讓我一邊替他磨墨牽紙，一邊細細欣賞書法的情景一幕幕呈現腦際，讓我沉浸在童年的快樂回憶之中。我從未想過要把自己寫的字展示人前，倒是想寫完送給親朋好友看看，讓他們也感受到自己的自得之樂。没有想到，幾位熱心書畫藝術的朋友，在我有了一定積累之後，竟提出要把我的書法"作品"挂到廣東畫院的展覽廳上展覽，這真叫我受寵若驚！更讓我意外的是，畫院的朋友還找到了饒公，告訴他要爲我辦書法展的事。饒公腦子一動，竟然給我寫了個題詞"文士情懷——詹伯慧書法展"，令我感動莫名！仔細尋味饒公這四字題詞的含義，我纔依稀領悟到，這可不僅僅是給我這個世交晚輩飽含深情的勉勵之詞，而是饒公對當前的書道"行情"有他的一些思考，是不是借此題詞鼓勵有更多整天埋在書堆裏做學問的"文人"也來參與弘揚傳統書法藝術的實踐，也來通過書道舒遣情懷呢？由此我更想到，大師的學問無時不在，片言隻語，字字珠璣，都值得我們珍惜啊！

四

上面略述了饒公和我父子兩代交往的一些記憶，下面再補充説點我個人親歷其境的、足以折射出饒公在海外有巨大影響的事情。

自20世紀80年代以來，我有機會先後受邀到海外一些國家和地區訪問講學。其中日本、法國、新加坡和美國都是饒公停留時間較長的國家,恰好我也有幸到過這幾個國家講學,在日本和法國,都曾接觸到一些熟悉饒公的學者,談及一些有關饒公的話題,不妨略舉一二,以印證饒公的博學多才和蜚聲寰宇。

前面談過,1980年春我到日本東京大學講學,饒公在我到後不久就來到京都大學,住在清水茂教授按照饒公的意願給他安排的一座廟宇——三緣寺内。那可是一個清幽潔净、讀書做學問的好地方。6月初我到那裏去看他,把他時刻惦記著的先父詩詞遺稿交給了他。在談及爲什麽不住賓館酒店而偏愛住進廟宇來時,他談了許多關於民族化和現代化的見解,對我很有啓發和教育,讓我久久難以忘懷。饒公説:"你看這三緣寺多好!我們中國能有這樣可供讀書做學問的廟宇嗎?"接著又舉了好多身邊的例子,贊賞日本在保護歷史文物方面,在民族化和現代化的結合方面,給他留下了很好的印象。饒公還給我引述了一位日本朋友給他説過的一段話:"爲什麽你們中國人一修馬路就想到要拆城牆?"這真是對我們當年搞城市建設一針見血的批評!饒公生平樂水樂山,雲游四海,此番在日期間,遍游關東關西,飽覽山川秀色,從九州到東京,一路所見所聞,輒以詩紀勝,以詩咏史,以詩抒懷,給日本學者留下了極其深刻的印象。我接觸過的日本漢學家,都對饒公的才華四溢贊嘆不已。九州大學原文學院長岡村繁教授,漢學造詣很深,又寫得一手好字,近期上海古籍出版社還出版了他的全集,就是這麽一位學養深厚的學者,30年前那次饒公訪日之行,岡村教授陪他漫游九州,饒公詩興大發,日賦新作,令岡村教授嘆服不止,而饒公則笑著直白:"此行每日賦詩,當作日記。"那年(1980年)6月,饒公回港前北游到了東京,日本書道家們爲他舉辦了規格極高的個人書法展覽,請他做書法藝術講座,新聞媒體紛紛采訪,可謂轟動書壇。就在那次訪問期間,和日本權威的書畫出版機構"二玄社"達成協議,饒公的《敦煌書法叢刊》29卷由二玄社開始陸續刊行。此時我也利用難得機會,作爲東道約請日本一些鼎鼎大名的漢學家,在一家中國餐館宴請饒公,一些久聞大名而尚未識荆的漢學家都應約而來,歡聲笑語,飲宴暢叙,氣氛十分熱烈。席間饒公向與會學者分發他來日後一路創作的《九州詩稿》影本,大家都驚嘆饒公之"下筆成詩"。尤其令人欽佩的是:在饒公的詩作中,常常出現日本文壇典故,一些鮮爲人知的日本史料也躍然紙上,實在令人拍案叫絶!這次歷時兩個多小時中日學者歡聚的動人場面,久久刻印在我的腦海中,如今想起,仍歷歷在目。它是我在日本講學兩年間最有意義的一次聚會,也是我這個晚輩承傳父志,和饒公交往中最難忘懷的一幕。饒公逗留東京期間,在繁忙酬酢之餘,還偷閑擠出一個夜晚來到我在東京的客居寓所。我特意煮了潮州白粥款待他,他對久違的家鄉"白糜"情有獨鍾,連聲叫好,説難得有機會來你家洗洗腸胃。30年前在東京寓所讓饒公吃"白糜"的事,也深深刻在我的記憶之中,可算是我們兩代交誼中一段小小的插曲。

法國是饒公學術生涯中具有重大意義的地方,他跟法國有著較深的學術情結。法國學術界對饒公的學問也極爲賞識,特別是關於敦煌學的研究,饒公的成就很多都是在法國實現的。饒公自20世紀五六十年代開始就把視綫射向法國一些相關的學術機構,如法國

遠東學院、法國科學中心和法國國立圖書館等，他多次前往法國從事研究，利用法國一些研究機構珍藏的大量文物文獻，孜孜不倦地進行研究探索。饒公的研究得到了法國的高度評價，早在1962年，就獲得了法國儒蓮漢學獎。20世紀70年代饒公和法國著名漢學家戴密微教授合作研究敦煌寫本，出版了集敦煌寫本詞曲大成的《敦煌曲》一書。1978年饒公在香港中文大學退休後，又再赴巴黎，在法國高等研究院擔任客座教授一年，繼續從事研究工作。1990年5～6月，我應法國高等社會科學院之聘前往巴黎講學，我所接觸到的法國漢學界人士，幾乎沒有誰不熟知這位常到法國的饒宗頤教授的。一次我經法國朋友預約，到國立圖書館去參觀，作爲來自中國的學者，我被特別優待，允許進入館內閱看該館珍藏的敦煌寫本資料。該館寫本部東方組的學者向我說明這些寫本都是珍品，一般讀者是不能閱看的，接著就向我介紹說："香港的饒宗頤教授曾到這裏仔細翻閱有關的寫本資料。他在敦煌學上的研究成果，得益於我們這裏所藏資料，實在不少。他是我們非常敬佩的一位學者。"當我提到跟饒教授十分熟悉時，這位管理寫本部的學者更滔滔不絕地向我憶述起當年饒教授在這裏做研究的情景來。這不禁使我想起饒公曾經好幾次跟自己談起他到歐洲幾家大圖書館大博物館瞭解所藏中國珍貴文物及文獻資料的情況，也提到他在巴黎臨摹敦煌寫本的情況，此刻我又想起1991年和他一同出席在新加坡國立大學舉行的"漢學研究之回顧與前瞻"國際會議時，他在會上宣讀的論文正是《敦煌研究業績小結及其發展方向》。我在巴黎短短一個月裏，耳聞目睹，使我深深感到饒公在法國有很大的影響，他爲發展中國敦煌學所做的貢獻，正是他贏得國際漢學界崇高聲望的重要因素，人們尊稱饒公爲國際漢學大師，真可謂實至名歸。

五

以上僅就記憶所及，拉拉雜雜談了我和父親跟饒公的兩代情誼，以及我在和海內外學者接觸中耳聞目睹所感受到饒公的巨大影響和偉大魅力。如今以饒宗頤命名的星星正在太空不停運行，我們祝福地球上的饒宗頤大師既壽且康。他不僅是感動香港的國學大師，也是感動全世界的漢學大師！

即之彌近，仰之彌高

——我所認識的饒宗頤教授

楊式挺

（廣東省博物館）

我發言的題目是《即之彌近，仰之彌高——我所認識的饒宗頤教授》，意思是說，當你讀饒教授的書越多，越接近他，瞭解、認識他，你就會對饒老越加仰慕。

《詩經·小雅》有這樣一句古語，叫"高山景行"，即"高山仰止，景行行止"。饒老就是當代中國德高望重、高山仰止、受人仰慕的學術泰斗。

胡曉明在《饒宗頤學記》一書中說："中國學術史有一個傳統，就是司馬遷所說的，'讀其書，想見其人'。讀書要讀出了這個人，纔算是真的懂了這本書；治一種學問要看出了學問背後的生命情調與精神，纔算懂得了此種學問。"

饒宗頤教授是中國當代學藝兼修的漢學大師。他"業精六學，才備九能"、博古通今、中西融貫；他德藝雙馨，譽滿三洲；他扶掖後學，不遺餘力；他謙遜嚴謹，和藹可親；他著作等身，超越前賢。他是嶺南大地上高高聳立的學術豐碑，是我最敬仰的一位良師益友。

我讀饒老的書不多，衹是滄海一粟，所幸的是先生久居香江、潮州，與廣州近在咫尺，1980年以來我們有機會和先生多次謀面會晤，聆聽教誨，當面求教，親切交談，受益匪淺，終生難忘！我們要學習先生70年耕耘不輟、考證不止、永不言休的學術探索精神！

2010年6月，齊魯書社出版了鄭煒明、林愷欣編的《饒宗頤教授著作目錄新編》，編者在卷首"饒宗頤教授學術歷程述要"中說：饒宗頤，字伯濂，又字選堂，號固庵，1917年生於廣東潮州，先生家學淵源（父親建置的"天嘯樓"，藏書十萬冊，大型書籍如《四部備要》《古今圖書集成》《叢書集成》等），天資聰穎，7歲著《後封神演義》；10歲能讀《史記》；16歲時咏《優曇花詩》，一時詩壇老宿竟與唱和，享神童之譽。同年（1932年）父親饒鍔老先生病逝，先生繼承父志續編《潮州藝文志》，刊於《嶺南學報》，成為研究潮州歷代文獻的里程碑

著作，共計65萬字。

先生從事學術研究及教學工作逾70載，研究範圍廣博，蓋可歸納爲：上古史、甲骨學、簡帛學、經學、禮樂學、宗教學、楚辭學、史學（包括潮學）、中外關係史、敦煌學、目錄學、古典文學及中國藝術史等十三大門類；已出版著作70多種，發表文章近900篇，另亦善詩、書、琴、畫，刊行的詩文集有十餘種、書畫集45種等。先生精通中國古代文獻及多種外語，研究注重史料考證，繼承乾嘉學派考據學風，且不斷創新，在多個學術領域皆有開創性的研究成果。例如他是首位編著詞學目錄和《楚辭書錄》的學者，首位研究敦煌本《老子想爾注》、《日書》、敦煌白畫及寫卷書法，首位將《盤古圖》的年代推到東漢，首位編錄新馬華人碑刻，開海外金石學先河，首位中國學人翻譯及研究《近東開闢史詩》等，多項研究在國際漢學界獲得高度評價與回響，對於海內外推動漢學研究及弘揚中華文化貢獻至巨。

20世紀80年代起，先生經常到內地進行學術交流，中國學界對先生的學術成果漸有認識。著名東方學權威、北京大學教授季羨林老先生曾在《〈饒宗頤史學論著選〉序》中，以"地下實物與紙上遺文""异族故書與吾國舊籍""外來觀念與固有材料"三方面，高度概括了先生的治學方法與成就。

先生晚年的研究碩果累累，1982—2005年間，先後編著及出版書刊近50部，各類文章約570篇。舉其要者，如《選堂集林·史林》、《雲夢秦簡日書研究》、《虛白齋藏書畫選》、《敦煌書法叢刊》（29册）、《楚帛書》、《甲骨文通檢》（主編，共5册）、《中印文化關係史論集·語文編——悉曇學緒論》、《梵學集》、《補資治通鑒史料長編稿系列》、《符號·初文與字母——漢字樹》、《饒宗頤二十世紀學術文集》（14卷、20大册，臺灣新文豐出版公司，2003年）等；2005年出版的《饒宗頤新出土文獻論證》，更獲得第九屆華東地區古籍優秀圖書二等獎。《畫頿——國畫史論集》亦獲得第九屆華東地區古籍優秀圖書二等獎。

先生認爲研究傳統中國學問，得用中文撰寫，1995年，他創辦及主編了一部以中文爲媒介的大型國際性學報——《華學》，至今已出版至第10期。1990年，先生在香港中文大學辦有《香港敦煌吐魯番研究中心叢刊》，至2006年共出11册。1995年又與北京大學季羨林、周一良先生合作創辦和主編學刊《敦煌吐魯番研究》，獲得國際有關學界高度評價，2000年，他榮獲中國國家文物局及甘肅省人民政府頒給"敦煌文物保護研究特別貢獻獎"。他曾獲西方漢學之諾貝爾獎的"儒蓮獎"，被國際漢學界譽爲20世紀"導夫先路的漢學大師"和"整個亞洲文化的驕傲"。2009年1月，饒先生成爲首位獲聘爲中央文史研究館館員的香港學者，同年4月，獲香港藝術發展局授予"終身成就獎"，2000年獲香港特區政府"大紫荊勛章"，其豐碩的學術成果與藝術成就進一步得到肯定。2011年10月22日到12月1日，《嶺南風韵——饒宗頤書畫藝術特展》在廣東省博物館隆重展出。

這裏我祇是説説從"向導"到"教導"——九次會晤、接觸饒先生的一段段美好的、難忘的回憶。

所謂"向導"：1958年7月，我從北京大學歷史系考古專業畢業，分配到杜國庠爲所長的廣州哲學社會科學研究所。1961年要制定開展廣東考古規劃時,首先接觸的兩種書,就是饒先生的著述。一套是《潮州志》,這部《潮州志》首開現代科學編纂體例,如教育志、商業志等,又如天文、氣候、地質、礦物等已聘請自然科學專家撰稿。另一本是1950年出版的《韓江流域史前遺址及其文化》,這是當時廣東第一本介紹粵東考古發現的專書,圖文并茂,有石器、陶器圖片,如揭陽縣黃岐山遺址發現有雞形壺,尤其是"發現史略",使我第一次知道粵港20世紀三四十年代的考古發現概況。所以,這兩種書籍對剛踏上南國大地開展考古的我,起了啓蒙、向導的作用。

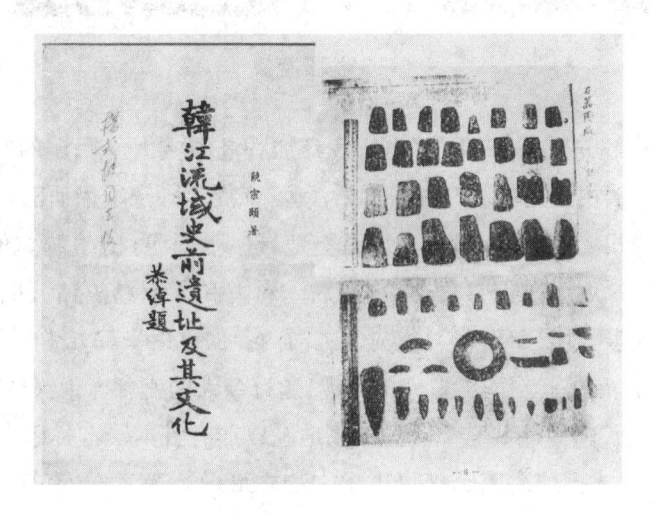

《韓江流域史前遺址及其文化》書影

所謂"教導":自1981—2007年期間,我有機會與饒先生先後九次會晤和求教。

A. 第一次拜會饒先生是1981年10月,我參加由廣東省文化局潘燕修副局長率領的廣東赴港考古代表團。在香港中文大學拜會了鄭德坤教授和饒宗頤教授。饒先生對我們代表團的來訪表示歡迎,并説"希望今後加强港粵兩地文物考古界的往來"(參看楊式挺:《香港與廣東大陸的歷史關係——赴港考古印象記》,載《嶺南文史》1983年第2期)。

B. 第二次、第三次會見饒先生是1991年10月間,本人應香港中華文化促進中心和香港中文大學中國文化研究所之邀,講《南越王墓的發現及其重要價值》和《從考古發現看香港與廣東大陸的歷史關係》。在促進中心講《南越王墓的發現及其重要價值》題目(區家發先生主持)時,我講到南越王墓除發現年代確切的"文帝行璽"龍鈕金印、"文帝九年樂府工造"一套八件銅勾鑃樂器等1000多套件珍貴文物外,還發現一件錯金銘文銅虎節,虎背上有"王命=車徒"5個字,并説這個奇字"徒"是饒教授考證的,他在香港《明報》月刊1991年2月發表的《南越文王墓虎節之奇字"徒"的考釋》一文中説,不論釋爲"馬土"釋爲"纏",皆可通"徒",音義皆無不合。這時,我突然看到饒老端坐在學術報告廳的最後一排,我立即下去恭請饒先生上臺講述。……饒先生的這種"不露聲色,甘當聽衆"的謙遜學風,讓我深受教育,留下了深刻印象。隨後,我又在中文大學中國文化研究所作演講,饒老也來了,還有楊建芳、王人聰、

張光裕先生等。

錯金銘文銅虎節

C. 第四次會見饒先生是1994年2月，我參加香港中文大學舉辦的"南中國及鄰近地區古文化研究——慶祝鄭德坤教授從事學術活動60周年國際學術研討會"。

饒先生在開幕式上作《由牙璋分布論古史地域擴張問題》的演講。他説道，這次會議的中心爲南中國與鄰近地區古文化交流，特別以彩陶和牙璋爲焦點。把牙璋作爲研究是古器物學的一樁大事。1991年12月饒先生去河内參加遠東學院九十周年的慶典，介紹了牙璋在國内外的分布，引起越南考古界的興趣，遂有今天的盛會。他又説："從《中國、越南牙璋遺址分布》圖表，國内外共有23處，廣東地區以前有日本學者林巳奈夫記録一件即增城縣紅花村出土，楊式挺認爲這是廣東出土文物之最像牙璋者；又有東莞村頭、揭陽仙橋出土的牙璋，香港大灣遺址6號墓又發現一件，以往福建漳州漳浦的眉力水庫工地也發現過一件。"那次會上，饒先生還點名提到湖南裴安平的《中原商代"牙璋"南下沿海的路綫和意義》及我的《淺説"牙璋"及相關器物——夏商周文化南傳迹象探微》兩文，并具體談到牙璋的南傳問題，這是對我們很大的鼓勵。

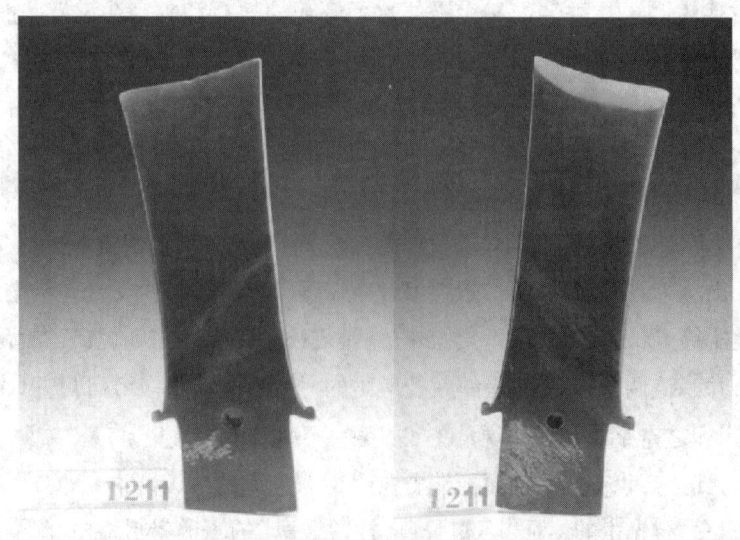

牙璋（廣東省博物館收藏，江門陳白沙族人提供）

這次會議的論文集,收錄了饒先生的《由牙璋略論漢土傳入越南的遺物》一文。饒先生在《由牙璋分佈論古史地域擴張問題》指出,"由牙璋發現地點觀察,東瀕黃海,南至交州及閩粵海隅,都有牙璋傳播的足跡","這使我想起了半世紀前顧頡剛先生(一八九三——一九八〇)創辦《禹貢》半月刊時候,他寫了一篇文章《古史中地域的擴張》,認爲時代愈後,歷史傳說對地域的知識愈加擴大,因此,《尚書·堯典》'宅南交'一類的記載乃是出於漢代人的觀念……因此談殷代地理也祇限於大河南北。幸而頻年以來考古事業的發展,令人看法完全改觀,證明商代遺址的分佈東至遼寧、內蒙古,西及四川,南極湘贛……現今我們看牙璋的分佈又推進一步,更遠到南海和交趾(阯)了……殷人勢力已及於西南地區,牙璋從蜀地輸入南越與雒越是没有困難的"。《由牙璋略論漢土傳入越南的遺物》一文,饒先生首先肯定越南永富等地已發現 4 件牙璋,形制屬龍山文化晚期至早商,應由漢土傳去,可見殷人的勢力已遠及東南亞群島,中原發現的海龜、海貝可作佐證。饒先生又說,如越南發現的一件銅鐏戈和一件銅鉬,銅戈銘文,與湖北包山和湖南常德楚墓的戈銘有相近者,可斷定其必是楚器無疑。

戈銘上的"棘"字,疑是"僰"(音 b6)的异寫。筆者在此擬定棘爲僰,是我國古代西南夷名。秦漢時期,僰人大量遷入雲南以至越南,故越南青銅器受楚文化濡染甚深(詳見楊式挺:《讀饒宗頤教授若干考古學論著感懷》,載曾憲通主編《饒宗頤學術研討會論文集》,香港翰墨軒出版有限公司,1997 年)。

1994 年饒先生還惠賜行書對聯:"讀書必秦漢以上,肆志在山水之間。"書法楼茂雄健,自成一格,極富書卷氣,亦足見饒老法書之精工。

D. 第五次會見饒先生是 1995 年,在香港大學馮平山博物館舉辦的"東南亞考古國際學術研討會",我撰寫了一篇文庫題目叫《略論粵、港、海南島的有肩石器和有段石器》(載《東南亞考古論文集》,香港大學美術博物館編,1995 年)。

饒先生在閉幕式會議上,榮獲了一件特別珍貴的禮物——香港南丫島大灣遺址 20 世紀 30 年代出土的一片夔紋陶片,以有機玻璃盒裝潢,以表彰他在香港、華南和東南亞考古作出的卓著貢獻,饒先生作了答謝講話。

饒宗頤行書對聯

E. 第六次會見饒先生是 1996 年 1 月,我參加廣東省博物館、廣州市博物館和香港歷史博物館三家聯合舉辦的《南海海上交通貿易二千年展覽》并學術研討會,我寫了一篇《略論南海早期交通貿易二題》文章參與(載《南海海上交通貿易二千年》圖集,香港市政局出版,1996

年)。饒先生在郭偉川先生陪同下,神采奕奕地參觀了展覽,并接見了我們籌展人員,盛贊3家努力協作,舉辦出文物展品如此豐富精彩的展覽。參觀後,饒老對我説,"我會盡快把寫好的《嶺南文物考古論集》序寄到廣州"。回到廣州,我無比高興地收到饒老函寄的書序,他還特別賦詞一首《夜飛鵲》,内容是將本人在曲江石峽、南海西樵山、佛山河宕、封開杏花河和廣州南越王墓等地的重要考古發現,用詞牌形式巧妙地聯綴起來,如開頭説"綢繆嶺南事,稽古年年""無數新知收穫,足鋤經訂史,苴綴陳編""願從君問故,花間量屐,酒後攤箋",讀後感激涕零,思緒萬千,從師問故,我牢記心間,學生奮蹄,嚴師加鞭。

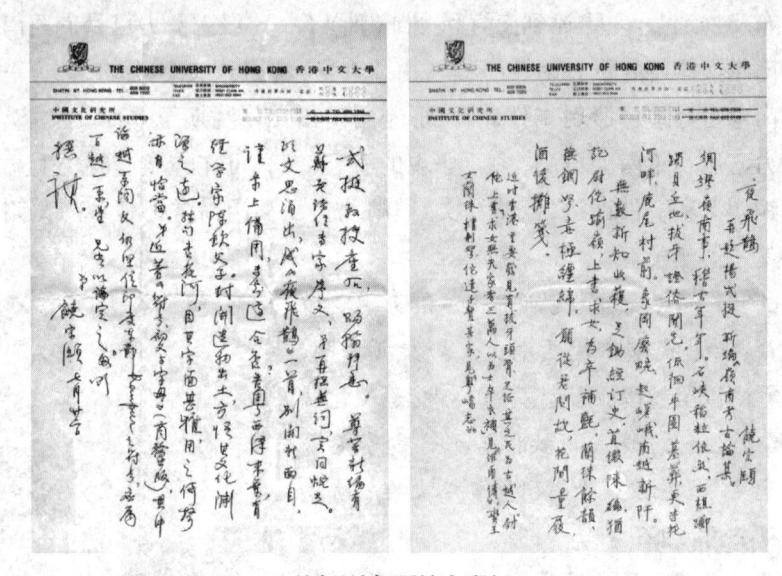

饒宗頤《夜飛鵲詞》手迹

說到這裏,我油然想起中山大學歷史系姜伯勤教授等人曾撰文,指出饒先生在學術研究領域有多項(30餘項)"首創"、"率先"和"第一人"的可貴精神。如總纂《潮州志》,首開現代科學編纂體例(1949),首次提出"楚文化""吴越文化"(1970—1971)作爲學科名,首次提出六祖慧能出生地(新州,今新興縣)(1989),研究長沙仰天湖楚簡第一人(1954),撰寫宋金元琴史之第一人(1960),率先編著《殷代貞卜人物通考》,治楚帛書第一人,最早在國際學術會議上提出"禮經"的問題(1986),首次將陶文古證明爲"羊"的象徵(1990),講巴黎所藏甲骨、日本所藏甲骨之第一人(1956、1957),率先把印度河谷圖形文字介紹來華,首次利用日本石刻證明中日書法交流源自唐代(1980),講有關越南歷史的《日南傳》之第一人(1969),利用中國文獻補緬甸史之第一人(1975)等。

饒先生治學穿越多學科并開拓交叉學科的新領域,運用國際學術視野倡説"古史五重證"方法。爲探索夏文化,先生認爲必須將田野考古、文獻史料和甲骨文結合起來研究,即用"三重證據法"(比王國維的"二重證據法"多了一重甲骨文),著名史學家楊向奎又加了一重"民族學"的材料,饒先生還主張加入异邦的古史資料(如西亞楔形文字等),五種證據相互抉發和證明,這就是"古史五重證"的方法。從《符號·初文與字母——漢字樹》一書

中,可以看到先生的這種創新方法的具體應用(見《羊城晚報》2011年10月30日)。

我想具體説四例:

一是介紹、研究潮瓷第一人(1955,《潮州宋瓷小記》)。1958年潮州發現一座宋劉景墓引人注目(彭如策有簡報),曾廣億撰文引《廣東通志》稱"劉景爲潮陽人",饒先生引《潮州志》《桃坑劉氏族譜》等,説明劉允之子劉景爲海陽人。又引筆架山宋窑出土的著名"治平四年"(1067)紀年銘文白瓷佛像,像座四面刻有"潮州水東中窑甲弟子劉扶發心塑釋迦牟尼佛永充供養爲父劉用母李二十娘治平四年丁未歲造匠人周明"等63字,其餘三尊"熙寧"紀年白瓷佛像刻銘也大致相同,説明水東中窑即百窑村也即筆架山窑;劉扶、劉滿皆劉允、劉景的族人,筆架山爲桃坑劉氏聚族之地,故有劉姓多人造佛供養。

另外,據説流失海外多年的著名"治平四年"白瓷佛像,就是饒家出巨資從香港搶救回來的,後來捐贈給了廣東省博物館珍藏。

北宋"熙寧"紀年白瓷佛像、北宋"治平四年"白瓷佛像

其二,是誰先提出"海上絲路"這一名稱,據本人查實是饒宗頤先生1974年6月在臺灣歷史語言研究所集刊發表《海上絲路與昆侖舶》一文首先提出了"海上絲路"這一名稱,比日本學者三杉隆敏早了5年(參看鄭煒明編《論饒宗頤》一書,第193頁)。我在2002年發表的《試論"海上絲綢之路"的考古學研究》一文中介紹了這個問題(參看《嶺南文史》2002年增刊)。

其三,饒先生在考證中國樟腦西傳的問題時,引用法國學者阿里的"中國的樟腦與絲綢之路"之説,認爲6世紀時,樟腦作爲遠東物産,在波斯(今伊朗)薩珊王朝中占有重要地位。饒先生作進一步考證,他説在我國臺灣藴藏有大量熱帶作物樟腦樹,荷蘭人占領臺灣時,充當了臺灣與印尼所有樟腦和遠東及歐洲貿易的經紀人。而原籍福建的客人,又擔任外國與土著人之間樟腦商的角色。聯繫廣東潮州饒平在明代有個出海港口叫樟林港(筆

者按:曾發現有明清海船殘體及貨物),饒先生認爲,該名"必與此地生產樟樹的緣故有關",從而得出,在中西海交貿易上,中國物質文明的西傳,樟腦與絲綢居於同樣重要的地位,從而否定了文化史上絲綢在中西交流過程中起關鍵作用的傳統觀點。

《饒宗頤二十世紀學術文集》卷七《中西關係史》共20篇文章,幾乎全是以"外國"他者的眼光審視中外之關係,并大量引用外文資料,成爲饒宗頤先生治學的一個突出特點。

其四,1998年,饒先生發表了《符號·初文與字母——漢字樹》一書。在這本重要的書中,先生審視與利用了海內外有關陶符、圖形文的考古發現,可謂集全國發現的史前先秦陶符陶文之大成,并從世界觀點出發,對漢字的成就做了總的考察,探索原始時代漢字結構和演進的歷程,説明文字起源的多元性及地區分布的交互關係。這本書的重要論點之一是,指出中國歷來統治者施行以文字控制語言的政策即"書同文",致使語(言)、文(字)分離,文字不隨語言而變化;而且漢字結合書、畫藝術與文學上的形文、聲文的高度美,造成漢字這一枝葉葱蘢、風華絶代的大樹,卓然兀立於世界文化之林。文字、文學、書法藝術的連鎖關係,構成漢文化的最大特色。其次,揭示漢字未形成初期,陶器上大量的綫形符號多與腓尼基字母相似,類似於西亞早期的綫形圖文,認爲反映了古代閃族人使用字母并嘗試采擇彩陶上符號,以代替借用契形文的刕型字母之特殊現象,從而提出了具有原創性的字母出自古陶文的"字母學假説"。饒教授更指出漢字之所以不走上使用字母的道路,在古代先人早已做了明智的選擇。把史前陶符與漢字形成聯繫起來研究,并與西亞等國綫形圖文作了比較,把文字、文學、書法藝術結合起來,指出這是構成漢文化的最大特色并兀立於世界文化之林;尤其是更深刻地指出漢字不走上使用字母拼音之路,是我們古代先人早已做出的明智選擇,我想,也是第一人。

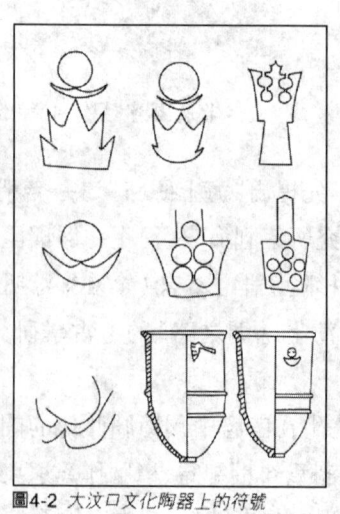

圖4-2 大汶口文化陶器上的符號

《符號·初文與字母——漢字樹》書影

F. 第七次會見饒先生是 1996 年 8 月，我參加在潮州舉行的祝賀饒先生八十壽辰暨國際學術研討會。我們參觀了潮州饒宗頤學術館及饒先生著述、書畫藝術展覽，聆聽了饒教授的講話，和饒先生照了相。我寫了一篇《談饒宗頤教授若干考古學論著感懷》文章，文中比較具體地説明了我讀饒教授的《韓江流域史前遺址及其文化》、《九龍李鄭屋村古墓磚文考釋》、《南越王墓墓主及相關問題》（香港《明報》月刊 1983 年 4 月）、《南越文王墓虎節之奇字"𠀤"的考釋》、《潮州展品小識》、《從浮濱遺物論其周遭史地與南海國的問題》、《由牙璋略論漢土傳入越南的遺物》等的心得體會。

參加那次潮州《饒宗頤八十壽辰暨學術研討會》，我在《感懷》一文中寫道："這是我等晚輩學習饒宗頤著述、學術思想及治學精神和考據方法的極好機會，它對於承傳和弘揚祖國優秀民族文化寶藏，亦必將産生積極而深遠的影響。"會前，筆者匆匆談到《饒宗頤學記》（胡曉明著）、《論饒宗頤》（鄭煒明編）及《饒宗頤教授著作目錄》（鄭煒明和陳佳榮各一種）等書，真有頓開茅塞，拓寬視野，深受教育，獲益匪淺，相見恨晚，感觸良多！因而借用"學如不及，猶恐失之"一語（引自經法《〈選堂集林讀後〉讀後》一文），表示自己知今生之不及，願來世以補之的願望。

大概 2005 年前後，饒先生要去法國出席一個學術會議，來函要我提供 1984 年遂溪縣邊灣村南朝窖藏出土波斯銀器碗上細刻的波斯文字。我通過湛江阮應祺館長、遂溪陳學愛館長辦好了這件事。邊灣村發現的十多枚薩珊王朝波斯銀幣（383—484），其中有年代早於波斯國及滑國正式入貢南朝（建康即今南京）的年代，姜伯勤教授認爲，這表明遂溪邊灣村波斯幣應是從海路貿易傳入的。《隋書·食貨志》記載："交廣之域，全以金銀爲貨。"

薩珊王朝波斯銀幣

G. 第八次會見饒先生是 2006 年 12 月，我參加在香港大學聯合舉辦的慶祝饒老九十華誕暨國際學術研討會，會上學術討論熱烈盛況空前。我和黃青松提交了一篇《概説粵港陶符及其相關問題》的論文，全文 5 萬多字，以報答饒老多年的教導和扶掖。該文發表在饒先生主編的《華學》第 9 輯上。隨後我參觀了大嶼山上饒先生在 38 根原木上題寫的八分體"心經簡林"，即《心經》中的經典句子，其氣勢雄偉，禪義深遠。"走近饒宗頤"學術研討會還移到潮州繼續隆重舉行，我們又聽到了饒先生的親切話語。

《概說粵港陶符及其相關問題》論文

H. 我第九次會見饒先生是 2007 年 11 月，在香港中文大學中國考古藝術研究中心舉辦的以玉玦、白陶為主題的國際學術研討會，晚宴上，我拜會了饒老，中國考古學會理事長徐蘋芳先生在座。

2006 年參加饒宗頤九十華誕國際研討會時與饒宗頤先生合影，前排左二為筆者

以上幾次會面得以實現，應歸功於改革開放的政策。改革開放以來，廣東省博物館、廣州市博物館、深圳市博物館等各文博單位，在内地及香港各博物館，舉辦了一系列歷史文物展、書畫展、陶瓷展、南越王墓玉器薈萃展（1990）等。饒先生大都莅臨參觀指導，或撰寫文章；另方面，1983 年以來饒先生在中山大學中文系曾憲通先生的陪同、跟隨下，走遍了全國各地，在 30 多個博物館、文物考古所觀摩交流。因此，20 世紀八九十年代，饒老撰寫中國史前陶符、陶文、古玉、甲骨、金文、帛書、竹簡以及上古史方面的文章驟增。

　　最後，讓我引用論饒宗頤漢學大師著述的一個重要特點和杰出貢獻是"率先"和"首創"。胡曉明《饒宗頤學記》一書的標題稱"饒氏治學規模與識見的表現之一是原創力强"。胡曉明著重指出，"原創力是中國學術發展一個生死攸關的重要問題。現在（指1995 年）的中國當代學壇是陳陳相因的東西太多，更何論輾轉抄襲之風！下個世紀國學的真正生機不僅在於存舊統，更在於開新域。學術生命的旺健纔能有文化生命的暢通。饒宗頤其人在學術思想史上啓示意義之一或正在於此"。

　　瞬間十多年又過去了，在這段時間裏，我們又"走進饒宗頤"一步，認識也加深了。就是饒老給予我們的，不僅僅是學術和藝術上的成就，更重要的是他的人品、風格和魅力，以及他擁有一顆成人之美的心境。饒老寄語："當前是科學技術帶頭的時代，人文科學更增加他的重任，到底操縱物質的還是人；我們應該好好去認識自己，以'求是''求真''求正'三大廣闊目標去追求，去完成我們的任務。"（見《羊城晚報》2011 年 10 月 30 日）

　　發言到此爲止，謝謝大家。
　　下面，請允許我再放幾幅饒先生惠贈的墨寶和爲拙著論文集題寫的書名。

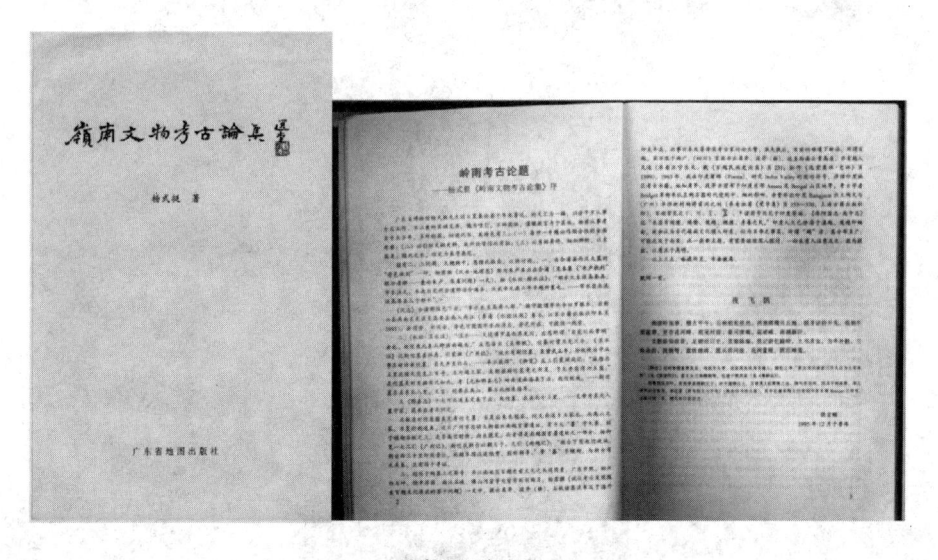

饒宗頤題寫書名

饒宗頤墨寶之一

饒宗頤墨寶之二

2007年11月在香港中文大學拜會饒宗頤先生

"饒宗頤、季羨林世紀相會"通訊報導

饒宗頤先生與曾蔭權先生在"心經簡林"前合影(2005年)，下爲"心經簡林"局部放大，意爲"生生不息，無窮無盡"

饒宗頤先生(左二)與学者合影，攝於龙门

圖書在版編目(CIP)數據

第一屆饒宗頤與華學國際學術研討會論文集／賈益民,李焯芬主編.
—濟南:齊魯書社,2016.5
ISBN 978－7－5333－3436－9

Ⅰ.①第… Ⅱ.①賈… ②李… Ⅲ.①饒宗頤—人物研究—國際學術會議—文集 Ⅳ.①K825.4－53

中國版本圖書館CIP數據核字(2015)第287773號

第一屆饒宗頤與華學國際學術研討會論文集
　　賈益民　李焯芬　主編

主管單位	山東出版傳媒股份有限公司
出版發行	齊魯書社
社　　址	濟南市英雄山路189號
郵　　編	250002
網　　址	www.qlss.com.cn
電子郵箱	qilupress@126.com
營銷中心	(0531)82098521　82098519
印　　刷	山東金坐標印務有限公司
開　　本	787mm×1092mm　1/16
印　　張	36
插　　頁	2
字　　數	750千
版　　次	2016年5月第1版
印　　次	2016年5月第1次印刷
標準書號	ISBN 978－7－5333－3436－9
定　　價	128.00圓